FRIEDENSGUTACHTEN 2000

Forschungsstätte der Evangelischen Studiengemeinschaft (FEST)

Institut für Friedensforschung und Sicherheitspolitik an der Universität Hamburg (IFSH)

Hessische Stiftung Friedens- und Konfliktforschung (HSFK)

in Kooperation mit

Institut für Entwicklung und Frieden (INEF)

Bonn International Center for Conversion (BICC)

herausgegeben von

Ulrich Ratsch, Reinhard Mutz und Bruno Schoch

LIT

Titelphoto: Reuters

Die Deutsche Bibliothek – CIP-Einheitsaufnahme

Friedensgutachten . . . / Forschungsstätte der Evangelischen Studiengemeinschaft (FEST); Institut für Friedensforschung und Sicherheitspolitik an der Universität Hamburg (IFSH); Hessische Stiftung Friedens- und Konfliktforschung (HSFK); in Kooperation mit Institut für Entwicklung und Frieden (INEF); Bonn International Center for Conversion (BICC) . – Münster : Lit, 2000

Erscheint jährl. – 2000 –

Grevener Str. 179 48159 Münster Tel. 0251–23 50 91 Fax 0251–23 19 72

Inhalt

Vorwort

Der Krieg ist wieder an die Türschwelle Europas gerückt. Dies ist eine der Erfahrungen, die dazu nötigen, über das europäische Selbstverständnis nachzudenken. Der beschleunigte Prozeß der EU-Erweiterung, die fortschreitende Integration im Inneren und die veränderte internationale Machtkonstellation sind weitere Gründe. Im letzten Jahr schrieben wir im Vorwort, daß uns die Entwicklung auf dem Balkan gezwungen hatte, "einmal mehr und contre cœur Europa in den Mittelpunkt zu rücken." Damals mußten wir uns auf den Krieg im Kosovo konzentrieren. In diesem Jahr erweitern wir das Feld der Analyse.

Das Friedensgutachten 2000 hat den thematischen Schwerpunkt "Friedensmacht Europa?" Zunächst werden die Herausforderungen untersucht, denen gegenüber sich die europäische Politik sieht. Der Kosovo-Krieg wirft Fragen nach der zukünftigen Rolle Europas auf. Vor allem droht die Gefahr, daß militärische Interventionen zum unbefragten Bestand der Instrumente gezählt werden, die bereitgehalten werden, um Konflikte zu bearbeiten. Wir analysieren die ethischen Kriterien, die bei der Entscheidung über militärische Interventionen beachtet werden müssen, und untersuchen die Optionen nicht-militärischer Konfliktbearbeitung.

Die Beziehungen zu Rußland, im Kosovo-Krieg belastet, werden nun vom anhaltenden Tschetschenien-Krieg strapaziert. Das Verhältnis zu den USA leidet unter dem wachsenden Unilateralismus der westlichen Führungsmacht. Durch die geplante Aufnahme neuer Staaten wird sich die EU bis nahe an die Konfliktregionen im Kaukasus und im Nahen Osten erstrecken. Die Globalisierungsprozesse nötigen die Union, ihre traditionellen Instrumente und Konzepte zu überdenken, um sich als Akteur im weltweiten Mächtekonzert behaupten zu können. Im Friedensgutachten ist dabei naturgemäß von besonderem Interesse, mit welchen institutionellen Strukturen und politischen Akzenten sich Europa als friedenspolitischer Innovator profilieren kann. Unter dieser Perspektive stellen wir Konzepte einer europäischen Verteidigungsidentität den Chancen einer Stärkung der OSZE gegenüber. Zivile Krisenprävention und insbesondere die Stabilisierung konfliktträchtiger Regionen durch Entwicklungszusammenarbeit wird an Bedeutung gewinnen. Wir thematisieren dieses Handlungsfeld in vier Einzelanalysen. Untersuchungen zu europäischen Handlungsoptionen mit Blick auf Rüstungskontrolle und Waffenexporte, sowie zu einer zeitgemäßen Struktur der Bundeswehr und zur Rolle der UNO bei der Bewältigung akuter Konflikte schließen das Schwerpunktthema ab.

Wegen seiner Bedeutung nimmt das Schwerpunktthema im diesjährigen Friedensgutachten großen Raum ein. Daneben finden sich aber auch die aus den Friedensgutachten der vergangenen Jahre bekannten Rubriken "Globale Herausforderungen" und "Krise der Abrüstung" mit jeweils fünf Beiträgen. Abschließend behandeln wir fünf ausgewählte Krisenherde: Nordirland, Naher Osten, China/Taiwan, Indonesien und Sri Lanka. Alle weltweit schwelenden Krisen und offenen Konflikte zu behandeln, würde den Rahmen des Friedensgutachtens sprengen. Deshalb haben wir uns entschlossen, den ausgewählten Konfliktherden eine Übersicht des globalen Konfliktgeschehens in Form des "Konfliktpanoramas" voranzustellen. Für die Bereitstellung der Daten und der graphischen Gestaltung danken wir dem Heidelberger Institut für Internationale Konfliktforschung.

Wie in den vergangenen Jahren wird das Friedensgutachten von drei Instituten gemeinsam herausgegeben: Forschungsstätte der Evangelischen Studiengemeinschaft

(FEST), Heidelberg, Institut für Friedensforschung und Sicherheitspolitik an der Universität Hamburg (IFSH), Hessische Stiftung Friedens- und Konfliktforschung (HSFK), Frankfurt. Schon immer schrieben im Friedensgutachten auch Autoren, die nicht in diesen Instituten arbeiten. Im diesjährigen Friedensgutachten haben wir die Kooperation erweitert. An seiner Erstellung waren das Institut für Entwicklung und Frieden (INEF), Duisburg, und das Bonn International Center for Conversion (BICC), Bonn, beteiligt. Auch an den zusammenfassenden Aussagen "Friedensmacht Europa – Stellungnahme und Empfehlungen" haben diese beiden Institute mitgewirkt.

Wie schon in den früheren Ausgaben soll das Glossar dem Leser das Auffinden von Fachausdrücken und Abkürzungen erleichtern. Die Zeittafel erlaubt einen schnellen Überblick über die Chronologie von Ereignissen.

Die Einzelanalysen wurden Mitte April abgeschlossen, die Stellungnahme der Herausgeber Mitte Mai. Die Zeittafel erstreckt sich über den Zeitraum vom 1.3.1999 bis zum 29.2.2000. Die Gesamtredaktion lag in diesem Jahr turnusgemäß bei der FEST in Heidelberg. Ein ganz besonderer Dank gilt Frau Antje Leist. Ihr herausragendes Engagement, ihre einzigartige Zuverlässigkeit und Übersicht sowie die Präzision im organisatorischen Ablauf und der Schlußredaktion haben maßgeblich zum Gelingen des Buches beigetragen. Unser Dank gilt auch Herrn Carsten Schütte, der im LIT Verlag mit Geduld und Umsicht immer neue Änderungen am Manuskript in den Satz gegeben hat.

Heidelberg, Hamburg, Frankfurt,
den 6. Juni 2000

Die Herausgeber

I.

Friedensmacht Europa? Stellungnahme und Empfehlungen

Ziel bleibt, den Krieg abzuschaffen

Unter dem Schock, daß die Menschen imstande sind, sich selbst und vielleicht alles Leben auf ihrem Planeten auszulöschen, hatte Carl Friedrich von Weizsäcker 1963 die Abschaffung des Krieges als Institution zur Überlebensbedingung der Zivilisation erklärt. Verglichen mit dem grauenhaften Szenario eines nuklearen Schlagabtauschs mochten die vielen sogenannten konventionellen Kriege so unbedeutend erscheinen, daß sie dennoch hingenommen wurden. Um so mehr, als fast alle auf weit entfernten Erdteilen stattfanden. Nuklearraketen wurden nur in Agentenfilmen abgefeuert – und dort immer gerade noch rechtzeitig zerstört. Dem geübten Fernsehzuschauer läßt deshalb auch der Gedanke an Kernwaffen nicht mehr den Atem stocken.

Doch unversehens ist 1999 der Krieg an unsere Türschwelle gerückt. Die Bilder im Fernsehen ähnelten denen in Spielfilmen, man konnte sich an sie gewöhnen. Ist unsere Öffentlichkeit dabei, sich wieder mit der angeblichen Unvermeidlichkeit von Kriegen abzufinden? Dann stünde es schlecht um die Menschheit. Das Ziel, sie "von der Geißel des Krieges zu befreien", wie es in der Präambel der UN-Charta heißt, besitzt am Beginn des 21. Jahrhunderts unverminderte Aktualität.

Europa zeigt, daß sich der Krieg überwinden läßt

Friedensprojekt Europa

Die Geschichte der Europäischen Union lehrt, daß dieses Ziel keineswegs utopisch ist. Es ist fast in Vergessenheit geraten, wie sehr sich die europäische Integration am Anfang als Friedensprojekt verstand. Die EWG/EU ermöglichte nicht nur einen rapiden Modernisierungsschub und einen steilen Anstieg des allgemeinen Lebensstandards. Sie verhalf den parlamentarischen Demokratien von Italien über Westdeutschland bis Griechenland, Spanien und Portugal zum Durchbruch. Die Integration hat auch zur Befriedung Europas beigetragen. Ausgerechnet den europäischen Nationalstaaten, Urhebern der meisten Gewaltexzesse vom Beginn der Neuzeit bis zum Zweiten Weltkrieg, ist es gelungen, den Krieg untereinander auszuschließen und nationalstaatliche Rivalitäten und vermeintlich uralte "Erbfeindschaften" zu pazifizieren.

Das allein wäre Grund genug dafür, daß wir uns im diesjährigen Friedensgutachten ausgiebig mit den Perspektiven Europas als einer Friedensmacht auseinandersetzen. Wir sind uns dessen bewußt, daß in dieser Verwendung des Machtbegriffs ein normatives Element mitschwingt. Es beruht auf der Erfahrung, daß sich der Krieg überwinden läßt, und zielt auf eine Politik, die diese Errungenschaft nach außen fortsetzt. Auch unser Begriff von Europa besitzt eine normative Komponente; er intendiert mehr als die Usurpation des geographischen Europabegriffs durch die Europäische Union. Diese Stellungnahme will Kriterien und Optionen für friedenspolitisches Handeln Europas entwickeln, ohne der Versuchung zu erliegen, eurozentristische Modelle zu propagieren.

Herausforderungen

Historische Chance der Integration

Die Ursachen für die weitgehend gelungene Pazifizierung in Europa liegen nicht nur in kollektiven Lernprozessen, die von der Fähigkeit des Menschengeschlechts zur moralischen Vervollkommnung zeugen. Vielmehr gründete die Erfolgsgeschichte der europäischen Integration auch auf einer außergewöhnlich günstigen internationalen Konstellation. Die beiden Weltkriege hatten alle europäischen Mächte so nachhaltig geschwächt, daß ihr imperialer Anspruch nicht mehr aufrechterhalten werden konnte. Zugleich wirkte die politische Lagerbildung des Ost-West-Konflikts für die Westeuropäer als zweifacher externer *fédérateur*. Die perzipierte Bedrohung durch die bis nach Mitteleuropa vorgestoßene Sowjetunion nötigte sie, wozu sie die nach dem Zweiten Weltkrieg überwältigende Überlegenheit der USA befähigte: zur Relativierung nationaler Differenzen und zum europäischen Zusammenschluß. Gewiß war der Prozeß der Integration gelegentlich von Dissonanzen begleitet. Doch im großen und ganzen war es den westeuropäischen Staaten nach ihren drastischen Machteinbußen vergönnt, im Schatten des Ost-West-Konflikts mit seinem unverrückbaren sicherheitspolitischen Koordinatensystem ihr Einigungswerk in historisch ungewöhnlicher Ruhe voranzubringen.

Metamorphose in einem veränderten Koordinatensystem

Erweiterung als Herausforderung

Inzwischen haben jedoch die epochalen gesellschafts- und machtpolitischen Umbrüche seit 1989 auch Westeuropa ereilt. Die EU befindet sich in einem rasanten Prozeß der Selbstveränderung. Der Binnenmarkt und die integrationspolitische Schubwirkung der gemeinsamen Währung mischen sich mit ebenso ungewohnten wie schwierigen Herausforderungen durch die bereits begonnene Erweiterung. Anfang 1993 war der Binnenmarkt weitgehend vollendet, 1995 traten Finnland, Österreich und Schweden der Gemeinschaft bei. Seit 1996 wird intensiv über Strukturreformen nachgedacht und debattiert, in denen viele die *conditio sine qua non* der anstehenden Osterweiterung sehen. Seit März 1998 verhandelt die EU mit den ersten Kandidaten für ihre Osterweiterung. Am 1. Januar 1999 wurden der Euro und die Europäische Zentralbank eingeführt.

Als die NATO im März 1999 zum ersten Mal Krieg führte, waren fast alle EU-Staaten daran beteiligt. Damit haben sie ihre Unschuld als ausschließliche "Zivilmacht" verloren. Im Dezember beschloß die EU auf dem Gipfeltreffen von Helsinki, im Rahmen einer "Europäischen Sicherheits- und Verteidigungspolitik" (ESVP) in den nächsten zwei Jahren eine eigene Streitmacht von 50.000 bis 60.000 Soldaten aufzustellen. Auch für den Erweiterungsprozeß wirkte der Krieg als Katalysator. In ihrem nicht zuletzt auf deutsches Betreiben zustande gekommenen "Stabilitätspakt für Südosteuropa" stellte die EU im Juni 1999 Albanien sowie den Nachfolgestaaten des ehemaligen Jugoslawien einen Beitritt in Aussicht. Im Dezember kam die Türkei als EU-Kandidat hinzu.

Krieg in Europa

Zu Beginn des 21. Jahrhunderts zeichnen sich einschneidende sicherheits- und machtpolitische Verschiebungen ab. Sie berauben die Europäer des Koordinatensystems, an das sie sich bisher halten konnten. Zum einen ist die amerikanische Vormacht dabei, von ihrem hegemonialen Multilateralismus abzurücken und sich immer unverhohlener nur noch auf die eigene militärische Stärke zu verlassen. Zum anderen haben der zweite Tschetschenien-Krieg und die mit ihm einhergehenden autoritären Tendenzen in Rußland dessen Distanz von Westeuropa wieder vergrößert. Da es aber für Europa ohne oder gegen Rußland – seines Nuklearpotentials wegen noch eine Großmacht – keine Sicherheit geben kann, ist die Isolierung Rußlands trotz aller nötigen Kritik an seinem Feldzug gegen Tschetschenien keine akzeptable Option.

Machtpolitische Verschiebungen

Herausforderung Globalisierung

Die EU hat das Potential eines mit den USA vergleichbaren globalen Akteurs, sie nutzt es jedoch zu wenig zur Mitgestaltung einer neuen *global governance*-Architektur, in der die demokratische Entwicklung zum umfassenden Politikziel erhoben wird. Möglicherweise lassen sich die Osterweiterung und die damit zusammenhängenden Reformen auch weiterhin mit den bewährten Verfahren europäischer Verhandlungen voranbringen. Die EU muß jedoch lernen, auch als globaler Akteur zu handeln und weltweit Gestaltungsmöglichkeiten wahrzunehmen. Andernfalls werden ihr von den USA als der einzig verbliebenen Supermacht die zukünftigen globalen Ordnungsstrukturen diktiert.

EU als global player

Im Bann des Unilateralismus

Die Geschlossenheit, mit der die mächtigste Militärallianz der Welt den Luftkrieg gegen das Jugoslawien Miloševićs führte, konnte nur

Krise des Transatlantismus

kurz über massive Interessendivergenzen unter den 19 Verbündeten hinwegtäuschen. Der Transatlantismus steckt insofern in einer Krise, als auf beiden Seiten des Atlantiks das Gefühl um sich greift, man verstehe die jeweils andere immer weniger.

Zwar entsprangen der Multilateralismus und die wichtigsten internationalen Organisationen und Institutionen einst dem politischen Denken der USA. Doch ist davon nicht nur die Republikanische Partei in den letzten Jahren zusehends abgerückt. In der sich rasant verdichtenden weltweiten Interdependenz vertrauen viele US-Amerikaner einzig auf sich selbst. Die Empfindung, das eigene Wirtschaftsmodell sei das fraglos beste, mischt sich dabei mit der Gewißheit militärisch-technologischer Überlegenheit. In wachsendem Maß begegnen die USA allen internationalen Organisationen, insbesondere den Vereinten Nationen, mit Argwohn. Auch Bill Clinton, einst ein überzeugter Multilateralist, hat sich nun dem offenbar übermächtigen Trend zum Unilateralismus angepaßt.

Mißliche Alternative für die Europäer

Übermächtige USA

Auf der Bühne der Weltpolitik spielen die USA unüberhörbar die erste Geige. Ihre europäischen Verbündeten behandeln sie dabei in vielen Fragen als Statisten. Die Dominanz der USA ist auf den Gebieten der Wirtschaft, der Wissenschaft und Forschung, der Informations- und Kommunikationstechnik manifest. Im Kosovo-Krieg wurde auch ihre militärische Überlegenheit deutlich, sowohl quantitativ als auch qualitativ. Gestützt auf ihre unangefochtene Führungsposition in vielen Politikbereichen wollen die USA die Welt nach ihrem Bilde formen. Internationale Verpflichtungen und Regime werden oft nur noch als lästige Versuche wahrgenommen, die amerikanische Handlungsfreiheit zu begrenzen. Zu dieser Politik nationaler Vorherrschaft und Unverwundbarkeit gehört massive Aufrüstung. Obwohl die USA schon jetzt mehr als ein Drittel der Weltmilitärausgaben bestreiten, soll ihr Verteidigungshaushalt weiter steigen. Die Voraussetzungen für Rüstungskontrolle und Abrüstung verschlechtern sich damit aber ebenso wie die Chancen für die transatlantische Kooperation.

Der amerikanische Unilateralismus konfrontiert die Europäische Union mit einer mißlichen Alternative. Entweder eifern die Europäer den Amerikanern nach und geben ebenfalls ihre multilateralen Prinzipien preis, oder sie insistieren auf diesem Ansatz und stellen sich auf heftige Kontroversen mit den USA ein. Beides ist für die Europäer ungewohnt.

Lehrstück Kosovo

Zukunft des Kosovo

Ein Jahr nach dem Luftkrieg der NATO ist die Frage unbeantwortet, was aus dem Streitanlaß, der Kosovo-Provinz, werden soll. Der Konflikt darf keine neuen Opfer fordern, ein Wiederaufleben der Kampfhandlungen muß verhindert werden. Dieses Minimalziel läßt sich durch Vorkehrungen zur Gewaltunterdrückung sicherstellen, wie es gegenwärtig die KFOR demonstriert. Eine politische Befriedung, die das Gewaltrisiko an seinen Ursachen neutralisiert, ist damit noch nicht erreicht.

Lösung des Konflikts versperrt

Autonomie: illusorisch

Die politische Autonomie unter dem Dach einer fortbestehenden jugoslawischen Souveränität war bis zum Kriegsbeginn unter den denkbaren Lösungen die einzige, die überhaupt eine Chance bot, den Konflikt durch Verständigung beizulegen. Inzwischen haben sich Bevölkerungszusammensetzung und Machtverteilung einschneidend verschoben. Zwar hält das UN-Mandat für die Übergangsverwaltung weiter am Ziel eines Autonomiestatuts fest, aber die Ereignisse sind darüber hinweggegangen. Die internationale Gemeinschaft könnte vielleicht die ethnographische Vorkriegssituation wiederherstellen und die Rückkehr der geflohenen Nichtalbaner erzwingen. Zu deren Schutz müßte sie allerdings ein Vielfaches der Kräfte aufbieten, die sie gegenwärtig im Kosovo bereithält.

Staatliche Unabhängigkeit: riskant

Das Ziel vollständiger staatlicher Unabhängigkeit des Kosovo haben die Vertreter der Albaner nie aufgegeben. Sie müssen es heute weniger denn je, die Zeit spielt zu ihren Gunsten. Jeder administrative Schritt in Richtung auf ein neues Rechts-, Wirtschafts- und Währungssystem löst die Provinz ein Stück weiter aus dem jugoslawischen Staatsverband heraus. Es bleibt die Frage, ob und wann der sich entwickelnde Zustand völkerrechtlich anerkannt werden soll. Davor scheut der Westen bislang zurück. Die Folgen wären unabsehbar: Der Präzedenzfall einer mit Gewalt erkämpften Sezession könnte andere separatistische Bewegungen ermutigen. Außerdem gilt als sicher, daß Rußland die Unabhängigkeit des Kosovo ablehnen würde.

Territoriale Teilung: kein Ausweg

Da bei keiner dieser Optionen mit der Zustimmung beider Konfliktparteien zu rechnen ist, käme als Ausweg die territoriale Teilung des Kosovo in Frage. Die inzwischen geschaffenen Fakten würden den bei Serbien verbleibenden Teil der Provinz auf den kleinen Landzipfel nördlich von Mitrovica begrenzen. Gegen den Vorschlag spricht unter anderem, daß eine Gebietsteilung die Frage der noch bestehenden serbischen Enklaven im Zentralkosovo nicht löst, was bedeutet, daß ein begleitendes Umsiedlungsprogramm erforderlich würde.

Es sind mithin ausnahmslos unerfreuliche Perspektiven, die der internationalen Staatengemeinschaft zur Wahl stehen, wenn sie für den Schlüsselkonflikt des Balkans einen Lösungsansatz sucht. In dem Vertreibungsexzeß vom April 1999 und der gegenläufigen Vertreibungswelle vom Juni 1999 manifestierte sich ein abgrundtiefer Haß, der durch die wechselseitig aneinander verübten Verbrechen weiter geschürt wurde. Kooperative Lösungen erscheinen heute unvorstellbar; zwangsweise auferlegte Regelungen hingegen begründen keine dauerhaften Lösungen. Für eine Übergangszeit von unbestimmter Dauer bleibt also die Aufrechterhaltung des bestehenden *de facto*-Protektorats politisch ohne Alternative.

De facto Protektorat

Bisher mißachtete Lehren

Krieg schafft keinen Frieden

Es wäre eine selbstgerechte Betrachtung, das entstandene Dilemma allein den endogenen Konfliktfaktoren zuzuschreiben und die Mitverantwortung der internationalen Akteure zu übersehen. Realistische Chancen für einen Verständigungsfrieden, dem sowohl die Serben und Albaner als auch die Vermittlungsmächte der Balkan-Kontaktgruppe zustimmen konnten, gab es bestenfalls bis zum Tag des Abbruchs der politischen Kompromißbemühungen, dem 24. März 1999. Gegenwärtig gibt es solche Chancen nicht mehr. Die sich aufdrängende Lehre lautet: Waffenmacht erweist sich als zu grobschlächtiges Werkzeug, um einen komplexen ethnopolitischen Konflikt zu regulieren und eine internationale Krise beizulegen. Dem Kosovo und den Kosovaren hilft diese Einsicht nicht.

Doppelgesichtige europäische Streitmacht

Schieflage westlicher Sicherheitspolitik

Ausgerechnet auf die militärische Intervention in Jugoslawien, die den erwarteten Erfolg schuldig geblieben ist, antwortet die Europäische Union mit einem Konzept, das die Militärlastigkeit westlicher Sicherheitspolitik noch verschärfen könnte. Wozu braucht Westeuropa die Fähigkeit, auf künftigen Kriegs- und Krisenschauplätzen eigenständig zu handeln? Sicher nicht, um sich des möglichen Angriffs eines möglichen äußeren Feindes zu erwehren. Denn diese Aufgabe soll gerade nicht in die Zuständigkeit der vorgesehenen europäischen Streitmacht übergehen, sondern weiterhin von der NATO wahrgenommen werden. Insofern führt die Bezeichnung "Verteidigungsidentität" in die Irre. An Kapazitäten zur militärischen Krisenreaktion auf dem Kontinent mangelt es ebenfalls nicht. Sie sind im Übermaß vorhanden, aber nicht optimal ausgebildet und ausgestattet.

Für Aufgaben der Konfliktkontrolle, wie sie sich gegenwärtig auf dem Balkan stellen, werden andere Streitkräfteprofile benötigt als zur raumdeckenden Landesverteidigung. Die notwendige Umstellung haben alle europäischen Armeen erst unzulänglich bewältigt, am wenigsten die Bundeswehr. An mehr Professionalität und Spezialisierung der Soldaten führt kein Weg vorbei. Ihre Ausrüstung muß transportfähig sein und außerhalb der Standorte eingesetzt werden können. Um diesem Modernisierungserfordernis nachzukommen, bedarf es jedoch keiner Duplizierung der bestehenden Bündnisstrukturen.

Beschaffungsvorhaben ganz anderen Kalibers stehen gleichfalls auf der Wunschliste der EU-Planer: Strategische Fernerkundungs- und Aufklärungsmittel, Abstandswaffen, zielsuchende Munition, Systeme zur Nachtkampfführung. Sie sind für die Aufgaben krisenreaktiver Friedenssicherung ebenso überflüssig wie zur selbständigen Kriegführung unerläßlich. Eine sicherheitspolitisch plausible Begründung haben sie nicht.

Zweite Militärallianz?

Der Aufbau einer zweiten Militärallianz neben der NATO würde sowohl dem Verhältnis zu Rußland Schaden zufügen als auch die Entwicklung eines gesamteuropäischen Sicherheitssystems blockieren. Europa endet nicht an den Außengrenzen der EU. Konfliktkonstellationen und Gewaltpotentiale, die denen des Balkan ähneln, reihen sich entlang der gesamten russischen Peripherie. Einwirkungsmöglichkeiten hat der Westen dort weniger in Konfrontation zu als durch Kooperation mit Moskau.

Rußland und sein Krieg im Kaukasus

Krieg in Tschetschenien

Der seit Jahren schwelende Konflikt in Tschetschenien brach im September 1999 abermals aus und eskalierte rasch. Nachdem Rußland die NATO-Intervention in Jugoslawien scharf mißbilligt hatte, konnte nun der Westen Rußland wegen der Verletzung der Genfer Kriegsrechtskonventionen und der Unverhältnismäßigkeit der Mittel anklagen. Doch auch dies stieß auf taube Ohren; Rußland führt seinen Krieg gegen die abtrünnige Kaukasusrepublik weiter.

Der neue Präsident verdankt seine Wahl dem Krieg

Neuer Präsident Putin

In Moskau ist die Ära Jelzin zu Ende gegangen. Die Popularität seines politisch-programmatisch farblosen Nachfolgers Wladimir Putin gründet nicht zuletzt in dessen Unnachgiebigkeit gegenüber den "tschetschenischen Banditen". Während das Land mit der Bewältigung seiner Wirtschafts- und Finanzkrise nicht recht vom Fleck kam, wuchs offenbar der Wunsch nach einem "starken Mann". Putin bediente dieses Bedürfnis während der Duma- und Präsidentschaftswahlen geschickt. Von der anhaltenden ökonomischen und sozialen Misere lenkte er mit großrussisch-patriotischer Rhetorik ab und versprach, im Kaukasus mit harter Hand Ruhe und Ordnung sowie die Ehre Rußlands wiederherzustellen.

Die ersten Schritte des neuen Präsidenten fügen sich zu einem widersprüchlichen Bild. Er kann darauf verweisen, daß der mittels regulärer Wahlen erfolgte Machtwechsel die Stabilität der Demokratie bezeugt habe. Zugleich verfügt Putin über eine solide Parlamentsmehrheit, was der Effizienz der Gesetzgebung zugute kommen sollte: Die Ratifizierung wegweisender Rüstungskontrollabkommen wie START II und des Nuklearen Teststopp-Vertrags durch die Duma im April 2000, zuvor jahrelang verschleppt, ist ein erstes positives Signal. Schließlich machte der Präsident im Zuge der Regierungsbildung deutlich, daß der marktwirtschaftliche Umbau beschleunigt fortgeführt werden soll.

Kluft zwischen Rußland und dem Westen

Opposition verstummt

Indes gibt es Anzeichen für zunehmende autoritäre Tendenzen im Land. Daß Popularität und Wahlerfolge des neuen Präsidenten weitgehend auf seinem rücksichtslosen militärischen Durchgreifen im Kaukasus beruhen, ist kein gutes Omen. Die Opposition – auch der Intellektuellen – gegen den Krieg blieb diesmal aus. Hinzu kommt, daß der Präsident die versprochene "Stärkung" des Staates vor allem als Ausbau seiner Repressionsinstrumente zu verstehen scheint, mit altgedienten Geheimdienstoffizieren in Schlüsselpositionen.

Kein Bruch mit Moskau

Die Unklarheit über die Entwicklung in Rußland kennzeichnete schon das vergangene Jahrzehnt unter Boris Jelzin. Sie darf jedoch nicht zur Unentschiedenheit in der deutschen Politik führen. Diese wirkt Rußland gegenüber seit Monaten auf eine merkwürdige Weise gelähmt. Es hat nicht den Anschein, als gäbe es im Auswärtigen Amt eine Rußlandpolitik. Damit wird die Chance verspielt, die sich mit einem den Deutschen geneigten Präsidenten eröffnet. Das trägt wenig dazu bei, der Kritik am Tschetschenien-Krieg glaubhafte Taten folgen zu lassen. Auch dafür gäbe es Chancen. Auf der einen Seite kann Tschetschenien nicht die ungeteilte Sympathie eines nationalen Freiheitskampfes zuteil werden – nach all den Geiselnahmen und Anschlägen, die der russischen Invasion vorausgingen. Andererseits ist Rußland noch immer ein viel zu gewichtiger weltpolitischer Akteur, als daß der Westen einen dauerhaften Bruch riskieren könnte. Rußland ist eine Nuklearmacht. Das verbietet militärisches Eingreifen, muß aber keineswegs völlig handlungsunfähig machen. Vielmehr kann Deutschland, ein Vertrauensverhältnis zum Kreml vorausgesetzt, durchaus die notwendigen "kleinen Schritte" eines ehrlichen Maklers gehen. Wie entscheidend das sein kann, zeigte sich vor einem Jahr bei der Beendigung des NATO-Kriegs im Kosovo.

Glaubwürdigkeitsverlust des Westens

Vor den Leiden der Zivilbevölkerung in Tschetschenien darf der Westen die Augen nicht verschließen. Daß die Proteste gegen die russische Kriegführung auffallend verhalten blieben, geht nicht nur auf die beklemmenden Aktionen tschetschenischer Freischärler zurück. Vielmehr hat die eigentümliche Sprachlosigkeit des Westens viel mit seinem Krieg gegen Jugoslawien zu tun.

Vor einem neuen Rüstungswettlauf?

Krise der Rüstungskontrolle und Abrüstung

Gefahr neuen Wettrüstens

Europa ist bei der Bestimmung seiner außen-, friedens- und sicherheitspolitischen Ziele und Strukturen mit den Tendenzen einer sich abschwächenden "Abrüstungsdekade" und den Gefahren eines neuen internationalen Wettrüstens konfrontiert. Eine Serie von Ereignissen signalisiert die Krise der internationalen Rüstungskontrolle: die gescheiterte Ratifizierung des Nuklearen Teststopp-Abkommens im amerikanischen Senat, die Infragestellung des ABM-Vertrages zum Verbot einer landesweiten Raketenabwehr, die lange Stagnation bei der Abrüstungskonferenz in Genf, der Streit um die Erfüllung der Verpflichtungen der Nuklearstaaten aus dem Atomwaffensperrvertrag, die Verzögerungen bei der Umsetzung der Chemiewaffen-Konvention, die Schwierigkeiten mit der Erarbeitung eines Biologiewaffen-Protokolls zur Verifikation.

Die Krise der Rüstungskontrolle ist in erster Linie, wenn auch nicht allein, ein amerikanisches Phänomen. In Rußland gab es in den letzten Jahren große Schwierigkeiten, parlamentarische Mehrheiten für Verträge wie etwa die Chemiewaffen-Konvention oder den START II-Vertrag zum geregelten Abbau strategischer Nuklearwaffensysteme zu finden – auch wenn die Duma jüngst START II und das Nukleare Teststopp-Abkommen ratifiziert hat. Indien und Pakistan haben durch ihre Nuklearwaffentests dem Nichtverbreitungsregime für Atomwaffen schweren Schaden zugefügt. Die mangelnde Kooperation Nordkoreas und des Irak bei der Verschrottung von Massenvernichtungswaffen beschäftigt internationale Gremien. Je tiefer die Risse in den bestehenden Rüstungskontrollregimen für Massenvernichtungswaffen werden und je wahrscheinlicher ihr Zusammenbruch erscheint, desto größer wird die Zahl von Staaten, die ihre Sicherheitsinteressen neu definieren. Es ist zu befürchten, daß einige ihre Sicherheit eher mit als ohne ABC-Waffen gewährleistet sehen werden.

Notwendigkeit der Rüstungskontrolle

Die Krise der Rüstungskontrolle und neue Rüstungsschübe sind keine naturgegebenen Phänomene. Sie haben vielfältige Ursachen: die wachsende militärische Überlegenheit und der Unilateralismus der USA, veränderte Bedrohungswahrnehmungen und die Kosten von Rüstungskontrolle. Zunehmend neigen Regierungen wieder zu militärischen Aktionen, um Problemen zu begegnen, die nur politisch lösbar sind. Das Kriegsgeschehen in der Welt, vorwiegend innerstaatlicher Natur, verdeutlicht die Notwendigkeit vertraglich gesicherter Kontrolle und tatsächlicher Abrüstung. Bei Landminen ist ein großer Erfolg gelungen, der nun für einen größeren Bereich von Kleinwaffen wiederholt werden muß. Indem die Europäer die Revision des Vertrags über Konventionelle Abrüstung in Europa durchsetzten, haben sie gezeigt, daß Rußland und die USA nicht allein über wichtige Rüstungsfragen entscheiden können.

Gefährliche Raketenabwehr

Noch keine Krise der Abrüstung

Die ins Stocken geratene Rüstungskontrolle ist bisher noch nicht mit einer Krise der Abrüstung gleichzusetzen. Weltweit und auch in Europa wird noch immer abgerüstet, wenn auch deutlich weniger als in den frühen neunziger Jahren. Aber die quantitative Reduktion ist schon in der Dekade nach dem Ende des Kalten Krieges durch ständige qualitative Modernisierung konterkariert worden. Der enorm hohe Aufwand für militärische Forschung und neue Waffen ist eine weitere Quelle zukünftiger Rüstungsschübe. Fast 90 Prozent der weltweit wieder steigenden Ausgaben für militärische Forschung und Entwicklung entfallen auf die NATO-Staaten, zwei Drittel davon auf die USA.

Nationales Raketenabwehrsystem

Eine Schlüsselrolle bei der Rüstungsmodernisierung und für die damit verbundenen Gefahren nehmen die im amerikanischen Wahlkampf forcierten Pläne für ein nationales Raketenabwehrsystem ein, das 2007 in Alaska stationiert werden soll. Die Kritik betrifft nicht nur die Kostenexplosion, sondern auch Probleme der technischen Machbarkeit, eine mangel- bzw. fehlerhafte Bedrohungsanalyse und – hierauf haben die Europäer bisher den Schwerpunkt gelegt – die Sorge vor einem Dominoeffekt für die gesamte Rüstungskontrolle. Auch in Moskau und Peking stoßen diese Pläne auf weitgehende Ablehnung. Beide Staaten wittern bei einer potentiellen Unverwundbarkeit des amerikanischen Kontinents die Gefahr, daß die USA ihre unilaterale Außen- und Militärpolitik verstärken könnten. Rußland und China drohen, ihre Rüstungsanstrengungen im Nuklearbereich zu intensivieren, um den US-Schutzschirm mit den eigenen Interkontinentalraketen im Kriegsfall überwinden und somit die nukleare Abschreckung aufrechterhalten zu können. Rußland könnte sich ferner genötigt sehen, bestehende Regime wie den INF-Vertrag oder den KSE-Vertrag zu blockieren. Regionale Aufrüstungsschübe, insbesondere in Europa, wären die Folge, die die Sicherheit aller Staaten bedrohen.

Konventionelle Abrüstung in Europa

Anpassung des KSE-Vertrags

Trotz der Belastung der politischen Beziehungen zwischen der NATO und Rußland durch den Kosovo- und den Tschetschenien-Krieg ist es gelungen, auf dem Istanbuler OSZE-Gipfel ein Abkommen über die Anpassung des KSE-Vertrags zu unterzeichnen. Das neue Begrenzungskonzept auf der Grundlage nationaler und territorialer Obergrenzen überwindet endgültig die obsolete bipolare Gruppenstruktur und führt trotz einiger verbleibender Mängel, z.B. überzogener Flexibilitätsregelungen, zu einem insgesamt höheren Maß an Stabilität. Gleichzeitig wird der Vertrag für den Beitritt weiterer Staaten geöffnet, was besonders für die Sicherheit der baltischen und südosteuropäischen Staaten von Bedeutung ist. Informations- und Verifikationssysteme wurden weiter verbessert.

Die Tatsache, daß die Mitgliedsstaaten der NATO die KSE-Anpassung trotz der mit dem Tschetschenien-Krieg verbundenen russischen Vertragsverletzungen unterzeichnet haben, spricht ebenso für eine gewisse Belebung der Beziehungen wie der Umstand, daß der NATO-Rußland-Rat und die Kontaktgruppe ihre Arbeit wieder aufnehmen konnten. Die Umsetzung der KSE-Anpassung wird jedoch sehr schwierig werden. Während die westlichen Staaten den Vertrag erst ratifizieren werden, wenn die russischen Streitkräfte die Vertragsbegrenzungen wieder einhalten, könnte Rußland eine Ratifizierung der KSE-Anpassung von der Einhaltung des ABM-Vertrags abhängig machen. Eine übermäßige Verzögerung des Inkrafttretens der KSE-Anpassung birgt jedoch die Gefahr einer politischen Entwertung des gesamten Vertragswerks.

Keine neuen Rechte für die OSZE

Anders als bei KSE scheiterte der Versuch einer Weiterentwicklung des Wiener Dokuments am Tschetschenien-Krieg. Rußland war angesichts der Erfahrungen während der Kosovo-Krise und seines eigenen Vorgehens in Tschetschenien nicht bereit, der OSZE neue Rechte zur friedlichen Beilegung innerstaatlicher Konflikte einzuräumen, und sperrte sich auch gegen mehr Transparenz bei paramilitärischen Streitkräften. Vorübergehende Verletzungen des Wiener Dokuments 1994 durch die US-Streitkräfte in Mazedonien konnten überwunden werden. Die bereits bestehenden Rüstungskontrollabkommen nach dem Dayton-Friedensabkommen blieben erhalten; die Ausführungsverhandlungen wurden zwar während des Kosovo-Krieges suspendiert, aber nach Kriegsende wieder aufgenommen.

Entwicklungspolitik als Friedenspolitik

Dilemmata der Entwicklungspolitik

Ein wachsender Anteil der weltweit zu beobachtenden Konflikte spielt sich auf innerstaatlichen Schauplätzen ab. Soziale und politische Spannungen, ethnische und religiöse Differenzen, Autonomiebestrebungen, Flucht vor Umweltschäden, Streit um Ressourcen wirken dabei zusammen. Diese Ursachen lesen sich wie eine Liste der Notstände, die eine auf Armutsbekämpfung, Demokratisierung, ökologische Stabilisierung und Einkommenssteigerung zielende Entwicklungszusammenarbeit beheben soll. Indem sie die Lebenssituation vieler Menschen im Süden zu verbessern hilft, baut sie Ursachen für Konflikte ab. Zwar darf nicht übersehen werden, daß Gelder der Entwicklungshilfe auch für Waffen zweckentfremdet werden, daß sie autoritäre Regime stabilisieren und ungewollt klientelistische Herrschaftsstrukturen festigen kann. Trotz all ihrer Mängel erhebt die Entwicklungspolitik doch zu Recht den Anspruch, Friedenspolitik zu sein.

Tatenlose EU

Entwicklungspolitik kann die Ursachen von Krisen abschwächen, sie kann Konflikte und Kriege nicht verhindern. Wie soll sich die EU in akuten Gewaltkonflikten in Afrika, Asien oder Lateinamerika verhalten? Soll sie im Gebiet der Großen Seen nur zuschauen, wie sich ein Krieg zunehmend internationalisiert? Im Falle Ruandas verabschiedete der UN-Sicherheitsrat zwar eine Serie von Resolutionen, schickte diplomatische Missionen und Blauhelme zur Überwachung des im August 1993 in Arusha ausgehandelten Friedensabkommens, verringerte sie aber auf eine hilflose Resttruppe, die nur zuschauen konnte, als in Kigali die Massaker begannen. Inzwischen bestätigte eine unabhängige Untersuchungskommission der Vereinten Nationen, daß der Genozid durch Friedenstruppen hätte vermieden werden können.

Auch im Falle des Kongo zögerten die Europäer. Sie ließen es zu, daß der Konflikt im UN-Sicherheitsrat mit dem durchschaubaren Zweck zum "inneren Konflikt" erklärt wurde, daß sich die internationale Staatengemeinschaft nicht zu einer Intervention verpflichtet sah. Und dies, obwohl niemand am Tatbestand des Genozids zweifelte. Wieder überließ die EU den USA die Initiative, die UNO wenigstens zum Entsenden einer 5.500 Personen starken Beobachter-

und Blauhelmtruppe zu bewegen, obwohl die Europäer immer eine besondere Verantwortung für Afrika reklamieren und diese durch das Lomé-Vertragswerk auch dokumentieren. Auch hier gilt: Es gibt nicht zuviel USA, sondern zu wenig Europa.

Konzepte und Optionen

Europa als globaler Akteur

Weltweite Mitgestaltung

Die Außenpolitik der EU läßt noch kein kohärentes Profil erkennen. Der EU fehlen die Leitbilder, die sie befähigen würden, als aktive, weltweit gestaltende politische Kraft aufzutreten. Die Kommission denkt noch immer in europäischen, nicht aber globalen Kategorien. Im Zeitalter der Globalisierung muß die EU neben ihrem Erweiterungs- und Reformprozeß den politischen Anspruch auf Mitgestaltung neuer globaler Ordnungsrahmen geltend machen und politische Visionen, insbesondere für Welthandels-, Weltfinanz- und Weltumweltpolitik, anbieten. Auch die Festlegung rechtlicher und politischer Rahmenbedingungen für den gesamten Medienbereich und für das Internet entzieht sich längst nicht nur der nationalstaatlichen, sondern auch der europäischen Steuerung.

Die schroffe Ablehnung des gemeinsamen Kandidaten der EU für den Chefposten des IWF durch die USA steht beispielhaft dafür, daß die USA die EU nach wie vor als schwachen und mitnichten ebenbürtigen Partner wahrnehmen und behandeln. Das unterstreicht auch die Notwendigkeit für die EU, nach außen inhaltlich und formal geschlossener aufzutreten. In der Debatte um die IWF-Reform, der eigentlichen Ursache dieses Streits, hätte die EU dem amerikanischen Drängen, den IWF nicht mehr in die Armutsbekämpfung einzubinden und damit seine Reform auf dem Rücken der Entwicklungsländer auszutragen, deutlicher und mit inhaltlichen Argumenten entgegentreten sollen.

Außerdem sollte die EU auf globaler Ebene noch stärker als Anwalt rechtsstaatlicher Normen, insbesondere der Menschenrechte, demokratischer Strukturen und sozialer Gerechtigkeit auftreten und auf eine weitere Verrechtlichung des internationalen Systems, unter anderem durch die Stärkung des Internationalen Strafgerichtshofs, drängen.

Modell Multilateralismus

Die EU hat sich in einem von Grund auf veränderten Umfeld viel vorgenommen. Nicht nur, daß die alten Koordinaten, innerhalb derer sie zu agieren gelernt hat, weggebrochen sind: im Westen ein Hegemon, der zusehends auf eigene Stärke setzt und die multilateralen Netzwerke als Fesseln empfindet, im Osten und Süden Staaten, die trotz des immensen ökonomischen Gefälles ungestüm in die EU drängen, sowie Rußland, das unverhohlen auf seine nuklearwaffengestützte Großmachtrolle pocht, obwohl die wirtschaftliche und gesellschaftliche Transformation weiterhin stagniert. Diesen veränderten Anforderungen von außen muß sich die EU *nolens volens* stellen. Hinzu kommt, daß die gemeinsame Währung einen Sog nach vertiefter Binnenintegration erzeugt.

Für einen europäischen Konstitutionalismus

EU als politisches Projekt

Die begonnene Erweiterung der EU gestattet kein *business as usual.* Sie verlangt mutige politische Schritte, will die EU ihre Handlungsfähigkeit nicht verlieren. Die Europäer dürfen nicht darauf bauen, daß die gemeinsame Währung und der Markt allein genügend Integrationskraft entfalten. Die EU muß sich auch als politisches Projekt verstehen. Dieses wird erfolgreich sein, wenn seine Bürger Europa zu ihrer Sache machen. Das tun sie nur, wenn ihre Partizipationsmöglichkeiten erweitert werden. Erst neuer politischer und ideeller Schwung ist imstande, den Bedürfnissen nach den vermeintlichen Gewißheiten überschaubarer Zugehörigkeiten – sei es nationaler, regionaler oder lokaler Art – entgegenzuwirken. Solche Bedürfnisse nach kollektiven Identitäten gehen einher mit den von der Globalisierung bewirkten sozialen Umbrüchen. Antieuropäische nationalistische Ressentiments sind beileibe keine österreichische Besonderheit.

Europäische Verfassung

Wir begrüßen deshalb alle Vorschläge, die der europäischen Integration neue Impulse verleihen. Dazu kann die Anstrengung beitragen, eine Europäische Charta mit all jenen Bürgerrechten und -freiheiten, die von der Union materiell verbürgt und juristisch garantiert werden, auszuarbeiten, in den Mitgliedsstaaten zu diskutieren und umzusetzen. Schon heute gelten Niederlassungs-, Gewerbe- und Erwerbsfreiheit – historische Errungenschaften des Nationalstaates und lange seinen Bürgern exklusiv vorbehalten – auf Unionsebene. Diese dringt inzwischen auch in klassisch nationalstaatliche Hoheitsbereiche ein. So durchbricht das Kommunalwahlrecht für EU-Bürger die deutsche Tradition, politische Rechte aus der Volkszugehörigkeit abzuleiten. Und es war der EuGH, der im Januar 2000 den Gleichheitsgrundsatz höher bewertete als das Grundgesetz-Verbot des Militärdienstes für Frauen. Diese Neuverteilung der Kompetenzen zwischen Union und Nationalstaaten sollte aber nicht einem Gerichtshof überlassen, sondern politisch bewußt artikuliert werden. Deshalb verdienen die jüngsten Anregungen von Regierungsseite Anerkennung, in der EU eine breite Diskussion über einen europäischen Konstitutionalismus mit dem Ziel zu führen, die politische Integration weiter voranzutreiben. Gefordert sind Überlegungen und Modelle, die

- dem europäischen Friedensprojekt wieder stärkeren Impuls und neue Überzeugungskraft verleihen;
- in der EU mehr Transparenz und mehr demokratische Partizipation ermöglichen und dadurch die europäische Identifikation der Bürger stärken;
- alle auf die EU übertragenen Kompetenzen explizit festschreiben und damit zugleich alle übrigen ausdrücklich bei den Nationalstaaten belassen. Wie alle erfolgreichen Föderationen zeigen, ist die doppelte politisch-demokratische Identifikation mit dem Ganzen und mit dem jeweiligen Teil, dem man angehört, möglich;
- sicherstellen, daß Staatengruppen, welche die politische Vergemeinschaftung in einzelnen Sachbereichen vorantreiben wollen, darin von anderen, zögernden Mitgliedsstaaten nicht gehindert werden. Ein differenziertes "Kerneuropa" ist längst kein Schreibtischkonzept mehr, sondern hat im Euro bereits Gestalt gewonnen. Nur auf diese Weise läßt sich der Wille mancher Mitgliedsstaaten, die Vergemeinschaftung weiter voranzutreiben, mit dem Recht anderer, Kernbereiche ihrer Souveränität beizubehalten, in Übereinstimmung bringen. Eine neue europäische Konstituierung soll dazu beitragen, daß die EU-Erweiterung keine Rückschritte hinter den bisherigen Stand der Integration bewirkt.

Ein differenziertes "Kerneuropa"

Stärkung von UNO und OSZE

Doppelgesicht der ESVP

Europa braucht keine Streitkräfte, die es befähigen würden, einen Krieg wie den gegen die Bundesrepublik Jugoslawien so wie die USA, aber ohne sie, zu führen. Die in Helsinki beschlossene europäische Streitkraft im Rahmen der ESVP besitzt ein Doppelgesicht. Sofern sie als Instrument kollektiver Sicherheit im Rahmen von OSZE oder UNO geplant und aufgestellt wird, stellt sie die Kontinuität der Europäischen Gemeinschaft nicht in Frage.

Weiterentwicklung der GASP

Wichtiger als ein ambitioniertes Militär- und Rüstungsprogramm ist für die Europäische Union die Weiterentwicklung der Gemeinsamen Außen- und Sicherheitspolitik, die noch in den Kinderschuhen steckt. Hier kann Europa seinen Einigungswillen und seine Konsensfähigkeit unter Beweis stellen, z.B. bei der anstehenden Reform der Vereinten Nationen. Von der ständigen Mitgliedschaft im Sicherheitsrat sind ganze Kontinente ausgeschlossen, aber Westeuropa beharrt starrsinnig auf seinen zwei Sitzen – dem britischen und französischen – und drängt sogar noch mit einem dritten Anwärter – Deutschland – in den exklusiven Kreis. Für ein Europa, das mit einer Stimme sprechen will, sollte es naheliegen, bei einer Reform des Sicherheitsrates einen gemeinsamen Sitz zu verlangen.

Zentrale Rolle der UNO

Die Europäer können ihre Bereitschaft, globale Verantwortung zu übernehmen, durch die Stärkung eines klassischen Instruments der Vereinten Nationen, der friedenserhaltenden Missionen, mit überschaubarem Mittelaufwand glaubhaft unterstreichen. Erstens muß die bisherige Praxis, für jede mandatierte Mission die Finanzierung durch freiwillige – und oft genug interessengeleitete – Beiträge erst einzuwerben, durch einen regulären, von der Vollversammlung zu beschließenden Etat abgelöst werden. Zweitens benötigt der Generalsekretär einen Verfügungsfonds für Sofortmaßnahmen. Drittens sind die den Vereinten Nationen zugesagten *stand by*-Kontingente militärischer Einsatzkräfte durch häufig noch dringender benötigte zivile Polizeikräfte und administratives, technisches und medizinisches Fachpersonal zu ergänzen.

Polizisten und Friedensfachkräfte

Zur Wiederherstellung der inneren Sicherheit im Kosovo werden beispielsweise mindestens 6.000 ausländische Polizisten benötigt. Ein Jahr nach Beginn der Mission befinden sich erst rund 2.000 vor Ort. Der Westen kann mit Zehntausenden von Lufteinsätzen für Milliarden von Dollar über Wochen Krieg führen. Aber er vermag nicht einmal, ein bescheidenes Kontingent ziviler Ordnungskräfte auf die Beine zu stellen. Es fehlt an Personal, Ausbildung, Logistik und Geld. Das muß dringend anders werden. Das von der Bundesregierung in Angriff genommene Programm für die Ausbildung von Friedensfachkräften weist in die richtige Richtung, ist jedoch erst ein Anfang.

Deutsche Blauhelme

Bei der Übernahme globaler Verantwortung muß die Bundesrepublik nach wie vor mit Sensibilität für die deutsche Geschichte entscheiden, wohin sie ihre Streitkräfte schickt und wohin nicht. Die Probe aufs Exempel könnte in den kommenden Monaten anstehen, wenn die UNO wie vorgesehen ihre UNIFIL-Truppen nach dem Rückzug Israels aus dem Südlibanon verstärkt und zur Grenzsicherung einsetzt. Deren Aufgabe wäre es dann, militärische Aktivitäten von libanesischer oder israelischer Seite über die Grenze hinweg zu unterbinden. Sollte die Bundeswehr an einer solchen Aufgabe mitwirken? Die Idee, die im Verteidigungsministerium Anhänger hat, teilen wir nicht. Friedenserhaltende Einsätze sind nicht dazu bestimmt, Wiedergutmachung zu leisten oder gar die wiedergewonnene Normalität Deutschlands unter Beweis zu stellen. Die UNO sollte bei ihrem bewährten Grundsatz bleiben, dazu nur solche Länder heranzuziehen, die von dem Verdacht der Befangenheit frei sind. *Peacekeeping* soll den Frieden bewahren, sonst nichts. Im Nahen Osten wäre die Bundeswehr eine Fehlbesetzung. Es fehlt nicht an anderen Orten für sinnvolle, historisch weniger vorbelastete Einsätze.

Über ein noch kaum erschlossenes Reservoir an Methoden der Gewaltvorbeugung verfügt die OSZE. Ihre Erfolge – in Estland, Lettland und Moldawien – können sich sehen lassen. Wenn sie dennoch selten Schlagzeilen macht, so deshalb, weil sie an Orten anfallen, wo die Kriegsberichterstatter noch nicht den Ton angeben oder weil Konflikte, die nicht in Gewalt eskalieren, wenig spektakulär sind. Vorzüge der OSZE sind:

Vorzüge der OSZE

- An Effizienz im Verhältnis von Aufwand und Ertrag ist sie den übrigen in Europa tätigen Sicherheitsorganisationen bereits heute überlegen.
- Mit ihrer Ausrichtung auf Demokratie, Rechtsstaatlichkeit und Menschenrechte erzielt sie eine Tiefenwirkung, die an den Entstehungsbedingungen von Gewalt ansetzt, statt ausgebrochene Gewalt zu bekämpfen.
- Indem sie allen Teilnehmern gleiche Rechte einräumt und gleiche Pflichten auferlegt, vermeidet sie neue sicherheitspolitische Grenzen und Gräben in Europa.

Auch wenn derzeit wenig Aussicht besteht, der OSZE eine alternative Rolle zu den Militärbündnissen zu übertragen, ist jede Stärkung ihrer komplementären Funktionen sinnvoll. An Aufgaben mangelt es nicht.

Um die Aussichten politischer Konfliktreduktion und -regulation in Europa steht es schlecht. Ein Jahrzehnt ungewöhnlich günstiger Rahmenbedingungen zur Entwicklung neuer problemadäquater Sicherheitsstrukturen ist ungenutzt verstrichen. Wir haben sie im Friedensgutachten Jahr für Jahr angemahnt und wiederholen: Statt leistungsfähige Institutionen und Instrumente der zivilen Konfliktbearbeitung, der Gewaltprävention, der friedlichen Streitbeilegung, der Schlichtung und Vermittlung auszubilden, behielt Europa seine überkommene bündnisförmige Sicherheitsorganisation bei. Geschaffen gegen Gefahren von gestern, ist sie den Herausforderungen von heute und morgen nicht gewachsen.

Obsolete Sicherheits-organisation

Stabilität durch Integration

Die EU ist sich der Sogwirkung an ihrer Peripherie bewußt und nutzt sie gegenüber den mittelost- und südosteuropäischen Nachbarstaaten als friedenspolitisches Steuerungsmittel, indem sie diesen Ländern unterschiedlich konkrete und terminierte Beitrittsperspektiven eröffnet. Der EU-Erweiterungsprozeß ist jedoch kein Selbstläufer: Die stabilisierende und zivilisierende Wirkung, die von der EU auf die Anrainerstaaten ausgeht, ist begrenzt. Sie wirkt vor allem auf kleinere Staaten wie die Slowakei oder Kroatien. Überdies verschärft sich die Konkurrenz zwischen der Erweiterung bei gleich-

Ambivalenz der EU-Erweiterung

bleibender ökonomischer Leistungsfähigkeit und Erhalt der sozialen Standards einerseits und dem Ziel der Vertiefung andererseits. Eine breitere politische Debatte über die Formen und Funktionen, insbesondere über die Grenzen der Aufnahmefähigkeit der EU steht nach wie vor aus.

Dynamische EU-Erweiterung

Mit ihren Beschlüssen auf dem Gipfeltreffen von Helsinki im Dezember 1999 hat die EU allen Staaten, die ein Beitrittsgesuch gestellt haben, den Weg zur Mitgliedschaft geebnet. Werden alle diese Staaten Mitglied der Union, so wird sie in Zukunft 30 Länder umfassen. Der gesamte Raum der Anrainer des südlichen und südöstlichen Mittelmeers soll bis 2010 über die "euro- mediterrane Partnerschaft" in eine Freihandelszone mit der EU einbezogen werden. Damit gerät die gesamte Region noch stärker als bisher in das wirtschaftliche und politische Gravitationsfeld der EU.

Beitrittsperspektive für die Türkei

Wie wir bereits in früheren Friedensgutachten gefordert haben, spricht vieles dafür, der Türkei – der die EU seit 1963 eine Beitrittsperspektive versprochen hat – die Tür nicht zu verschließen. Außerdem müssen wir ein nachhaltiges Interesse daran haben, daß der von Atatürk begonnene Demokratisierungs- und Säkularisierungsprozeß mit all seinen Implikationen für islamische Länder konsolidiert wird. Doch sind die außenpolitischen Folgen dieses Schrittes zu bedenken. Die EU rückt an die Kaukasusregion, an Iran, den Irak und an Syrien heran und muß sich, ob sie will oder nicht, mit den Konflikten dieser neuen Nachbarn anders als bisher befassen. Auf diese neue außenpolitische Verantwortung ist sie schlecht vorbereitet. Auch ist die Integrationsfähigkeit der EU nicht grenzenlos. So positiv wir den Ansatz bewerten, mit Hilfe einer Beitrittsperspektive in den Staaten an ihrer Peripherie Stabilität zu befördern, wenn nicht zu erzeugen: Er darf nicht dazu führen, die strengen Beitrittskriterien aufzuweichen. Das ginge auf Kosten der Geschlossenheit und Handlungsfähigkeit der Gemeinschaft. Eine EU, die sich zu viel aufbürdet und sich dabei übernimmt, könnte sich selbst destabilisieren.

Vorrang demokratischer Legitimität

Demokratische Legitimation vor Effizienz

Durch die gegenwärtig verhandelten institutionellen Veränderungen, die wahrscheinlich auf eine generelle Einführung des Mehrheitsprinzips hinauslaufen, verschärft sich die Diskrepanz zwischen dem Erfordernis der Effizienz und dem der demokratischen Legitimation. Zwar kann unter Umständen auch Handlungsfähigkeit Legitimation erzeugen, doch erfordert die langfristige Stabilität der Gemeinschaft nicht irgendeine, sondern demokratische Legitimation. Um diese ist es nicht zum besten bestellt, denn immer mehr Entscheidungen fallen im Arkanum zwischenstaatlicher Verhandlungen, dem demokratischen Souverän entzogen. Schon deshalb wird die Union auf absehbare Zeit eine Konsensgemeinschaft bleiben müssen, soll sich die Kluft zum vielfach beschworenen, aber kaum praktisch erfahrbaren Europa der Bürger nicht noch mehr vertiefen. Im Zweifel, so scheint uns, ist die demokratische Legitimität in der EU durch Konsens wichtiger als die Steigerung der Leistungsfähigkeit.

Ein richtiger Ansatz: der Balkan-Stabilitätspakt

Modell: Stabilitätspakt

Mit dem Stabilitätspakt für Südosteuropa, verabschiedet im Juni 1999, hat die EU außenpolitisches Neuland betreten. Statt wie zuvor immer nur dort vorzugehen, wo es gerade brennt, entschloß sie sich zum ersten Mal zur Selbstverpflichtung für eine gesamte Region, die als integraler Bestandteil Europas bezeichnet wird. Sie verfolgt dabei einen präventiven Ansatz, der Frieden durch Demokratie schaffen will. Der Stabilitätspakt beherzigt die Lehren des Multilateralismus und vor allem die heute gern vernachlässigten Erfahrungen mit der KSZE/OSZE: Vertragsrechtliche Regelungen zwischen den Staaten sind imstande, Stabilität und Vertrauen zu schaffen. Hinzu kommt, daß der Stabilitätspakt den interethnischen Ausgleich betont. Die Teilnehmer verpflichten sich "zum Erhalt der multinationalen und multiethnischen Vielfalt der Länder der Region." Damit erteilt die EU allen Vorstellungen eine Absage, mit Gewalt ethnisch homogene, auf dem Abstammungsprinzip beruhende Nationalstaaten schaffen zu wollen. Vielmehr setzt sie sich für einen umfassenden Minderheitenschutz ein.

Voraussetzungen für den Erfolg

Voraussetzungen für das Gelingen

Das Gelingen des Stabilitätspaktes hängt von mehreren Voraussetzungen ab. Die alles entscheidende ist gewiß die innere Reformbereitschaft und äußere Verständigungsbereitschaft in den südosteuropäischen Staaten selber. Und die Geberländer müssen ihre finanziellen Zusagen einhalten und erforderlichenfalls aufstocken. Mit knapp fünf Milliarden Mark ist die Ausstattung der Anlaufphase (*quick start*) nicht üppig ausgefallen. Dieselbe Summe hat die NATO an zehn der 78 Tage ihres Luftkrieges allein für Munition ausgegeben. Daß die EU einen Teil ihrer Aufwendungen aus dem regulären Haushalt zu Lasten anderer Regionalförderprogramme und der Agrarsubventionen bestreiten will, läßt nichts Gutes ahnen.

Ende der Isolation Serbiens mit Bedingungen

Die Liste der Empfängerländer des Stabilitätspakts weist eine Lücke auf. Der wiederholten Beteuerung, nicht gegen die Bevölkerung, sondern gegen das Regime Milošević Krieg geführt zu haben, würde es entsprechen, Jugoslawien in das Hilfsprogramm einzuschließen. Denn es sind die Menschen, die unter der zerstörten Infrastruktur zu leiden haben, kaum der Staatschef und sein unmittelbares Herrschaftspersonal. Auch die Staaten am Unterlauf der Donau, Bulgarien und Rumänien, beklagen die Milliardenschäden, die ihnen insbesondere der unterbrochene Handelsverkehr mit dem Nachbarland Jugoslawien einträgt. Das gilt in gleicher Weise für die Wirtschaftssanktionen. Die Isolation Serbiens ist für seine zivilgesellschaftliche und sozio-ökonomische Entwicklung und die seiner Anrainerstaaten kontraproduktiv. Sie begünstigt die Entwicklung bzw. Aufrechterhaltung mafioser Strukturen einer Kriegsökonomie. Und sie trägt nicht dazu bei, die während des Luftkriegs verfestigte Wagenburgmentalität in der Bevölkerung aufzubrechen. Einen politischen Systemwechsel in Serbien, ohne den die Stabilisierung Südosteuropas schwer vorstellbar ist, dürfte das Embargo gegen Belgrad daher eher erschweren als erleichtern. Die Aufnahme Serbiens in den Stabilitätspakt ist allerdings an Bedingungen zu knüpfen. Gleichgeschaltete Massenmedien und zusammengeknüppelte Demonstranten sind unvereinbar mit den politischen Grundsätzen des Stabilitätspakts.

Zivile Konfliktprävention durch Entwicklungszusammenarbeit

Entwicklungspolitik ist Friedenspolitik

Während die nationalen Entwicklungshilfeetats in den letzten Jahren ständig gesunken sind, wächst gleichzeitig die Bedeutung und auch die Aufmerksamkeit für aktive Krisenprävention als Aufgabe der Entwicklungszusammenarbeit. In dem Maße, in dem die EU ihr außenpolitisches Profil schärft, steigen die Erwartungen an ein aktiveres Engagement der EU außerhalb ihres unmittelbaren Einflußgebietes, also jenseits des Mittelmeerraumes und Osteuropas.

Sowohl die nationale als auch die europäische Entwicklungspolitik müssen sich immer wieder an dem selbst gesetzten Ziel messen lassen, Friedenspolitik zu sein. Häufig kann Entwicklungspolitik nicht mehr erreichen, als die Schäden zu reparieren, die durch die europäische Agrarpolitik oder die Welthandelspolitik mitverursacht werden. In diesem Wettlauf hat die Entwicklungspolitik ein hohes Handicap. Um den Wirkungen jener Politikfelder nicht hoffnungslos unterlegen zu sein, ist eine Koordination und Bündelung der nationalen entwicklungspolitischen Ansätze auf europäischer Ebene notwendig. Darauf sollte die Bundesregierung drängen. Es ist zu begrüßen, daß der Lomé-Prozeß in diesem Sinne weiterentwickelt wird. Die EU hat die Chance, durch eine Abstimmung der bilateralen Bemühungen den Einfluß nationaler Interessen zurückzudrängen, der als Protektionismus oder nicht-tarifäre Handelshemmnisse der sozio- ökonomischen Entwicklung schadet.

Entwicklungspolitik kann die Ursachen von Krisen abschwächen. Die EU hat hierzu neben dem Ausbau ihres Frühwarnsystems und der Aufstockung humanitärer Nothilfekapazitäten weitere konzeptionelle und institutionelle Entscheidungen getroffen, um Entwicklungszusammenarbeit als Instrument ziviler und nachhaltiger Krisenprävention nutzen zu können. Hierzu zählen beispielsweise das *Conflict Prevention Network* sowie die institutionalisierte Zusammenarbeit mit Entwicklungshilfeorganisationen. Diese Entscheidungen begrüßen wir.

Förderung regionaler Kooperation

Eine effektive Entwicklungszusammenarbeit auf europäischer Ebene ist von einer berechenbaren, kohärenten Außen- und Sicherheitspolitik abhängig. In diesem Sinne sollte die EU die Regionalisierungsprozesse insbesondere in Schwarzafrika, aber auch in Süd- und Zentralamerika fördern. Die Ursachen der Krisen im Gebiet der Großen Seen beispielsweise können nur durch grenzüberschreitende Kooperation in dieser Region bekämpft werden. Die EU sollte eine solche deshalb initiieren und begleiten. Dazu gehören auch Initiativen zur internationalen Kontrolle des Kleinwaffenhandels als einer eigenen Quelle für die Proliferation der Gewalt. Die wesentliche Voraussetzung für eine strukturell wirksame Krisenprävention, die Eröffnung fairer Chancen auf dem EU-Handelsmarkt für die Länder des Südens, ist noch längst nicht erfüllt.

Neue Impulse für Abrüstung

Angesichts drohender neuer Rüstungsschübe mit fatalen Folgen für das internationale Sicherheitsgefüge scheint multilaterale, kooperative Rüstungskontrolle auch zu Beginn des 21. Jahrhunderts ohne Alternativen zu sein. Abrüstung und Rüstungskontrolle müssen international neu aufeinander bezogen werden. Europa muß sich gegen ein neues Wettrüsten engagieren und Impulse für wirkungsvolle Abrüstungsinitiativen unterbreiten. Obwohl Deutschland in den letzten zehn Jahren massiv abgerüstet hat, rangiert es mit seinen Militärausgaben immer noch in der Weltspitzengruppe. Aus eigenem Interesse, mit eigenen Vorschlägen und entsprechenden Prioritätensetzungen sollte Deutschland im Rahmen der Gemeinsamen Außen- und Sicherheitspolitik weitere Abrüstungsvorschläge zur Diskussion stellen.

Förderung multilateraler Rüstungskontrolle

Bestehende Rüstungskontrollregime erhalten und vertiefen

ABM-Vertrag einhalten

Letztes Ziel nuklearer Rüstungskontrolle ist die vollständige Abrüstung aller Potentiale, wie die Kernwaffenstaaten dies anläßlich der unbefristeten Verlängerung des Atomwaffensperrvertrages 1995 erklärt und während der Folgekonferenz im April/Mai 2000 wiederholt haben. Den Worten müssen jedoch Taten folgen. Das besondere Interesse der Europäer, die Sicherheitsrisiken und Kosten eines neuen Rüstungswettbewerbs auf dem eigenen Kontinent zu vermeiden, berechtigt und nötigt sie, die Einhaltung des ABM-Vertrags zu fordern und die Aushöhlung des Stationierungsverbots für Abwehrsysteme abzuwenden. Dazu müssen sie ihren politischen Einfluß auf den Hauptverbündeten USA geltend machen. Die konstruktive Antwort auf die amerikanische Sorge vor der Weiterverbreitung atomarer, biologischer und chemischer Waffen besteht darin, Raketen mittlerer und größerer Reichweite rüstungspolitisch zu begrenzen und langfristig abzuschaffen. Das Raketentechnologie-Kontrollregime sollte zu einem multilateralen Regime mit Überprüfungskomponenten und Sanktionsmöglichkeiten ausgebaut werden. Als nächste Schritte sind eine Globalisierung des bilateralen Vertrages zwischen den USA und der UdSSR/Rußland über die Abschaffung der landgestützten nuklearen Mittelstreckenraketen, über die Einrichtung von Zonen, die frei von ballistischen Raketen sind, und über die Schaffung einer Nuklearwaffenkonvention, die auch Trägersysteme einbezieht, denkbar. Für den regionalen Ansatz bietet sich insbesondere der östliche Mittelmeerraum an. Dazu ist eine Verhandlungsinitiative erforderlich, die Iran, Syrien, Libyen, den Irak und Israel mit einbezieht.

Nuklearer Teststopp-Vertrag

Die Ratifizierung des Nuklearen Teststopp-Vertrags durch die USA ist für das Inkrafttreten des Vertrages unverzichtbar; eine diesbezügliche mittelfristig angelegte EU-Initiative sollte auf die Gewinnung auch der anderen "kritischen" Staaten wie Israel, Indien, Pakistan und Nordkorea zielen.

Cut off-Vertrag

In der Genfer Abrüstungskonferenz müssen endlich die bereits 1995 vereinbarten Verhandlungen über einen Vertrag zur Beendigung der Herstellung von spaltbarem Material für Atomwaffen beginnen. Schließlich sollte die Bundesregierung erneut versuchen, bereits propagierte rüstungskontrollpolitische Maßnahmen im Nuklearbereich zurück auf die politische Agenda zu bringen – der Vorschlag, ein Kernwaffenregister zu errichten, bietet sich hierfür an. Noch immer stellt ein solches Register ein wichtiges Instrument für zukünftige Rüstungskontrollschritte dar.

Biologische und chemische Waffen

Zur Umsetzung der Chemiewaffen-Konvention ist kurzfristig die US-Politik in Überprüfungsfragen zu korrigieren, um die Risse in der Konvention und der Organisation zu ihrer Implementierung wieder zu schließen. Entsprechend muß von deutscher Seite im Verbund mit den europäischen Partnern auf die US-Administration eingewirkt werden, damit diese ihrer Deklarationspflicht im Industriebereich nachkommt und eine Korrektur der amerikanischen Ausführungsgesetze zur Konvention vornimmt. Die deutsche Verhandlungsposition hierfür könnte durch eine politische Neubestimmung der deutschen Haltung in der Frage der alten chemischen Waffen erleichtert werden. In diesem Punkt sieht die Mehrheit der Vertragsparteien Deutschland eher als Teil des Problems denn als Teil der Lösung. Mittelfristig wird die bisher noch nicht einmal begonnene Vernichtung von Chemiewaffen in Rußland die größte Aufgabe werden. Auf russischer Seite mangelt es weniger an Willen als an Geld – hier sind Deutschland und Europa gefordert, mehr als bisher zu helfen.

Chemiewaffen-Konvention

Über das Biologiewaffen-Verifikationsprotokoll gibt es gelegentlich Unstimmigkeiten innerhalb der EU. Dies ist auf Grund der verschiedenen Industrieinteressen nicht ungewöhnlich. Jedoch könnte die deutsche Politik, nachdem sie maßgeblich zum Schutz vertraulicher Informationen im Rahmen des Protokolls beigetragen hat, weniger darauf abzielen, Partikularinteressen zu schützen, als vielmehr Maßnahmen zur Errichtung eines effektiven Verifikationsregimes zu propagieren.

Biologiewaffen-Verifikations-protokoll

Kleinwaffen

Ein wichtiger neuer Schwerpunkt der Rüstungskontrolle und Abrüstung sind die Kleinwaffen, mit denen in heutigen Kriegen mehr Menschen als mit anderen Waffen getötet werden. Die Bemühungen zur Umsetzung des Ottawa-Vertrages, insbesondere der Minenräumung, müssen verstärkt werden. Im September 2000 wird dem Vertrag der Vereinten Nationen zur Bekämpfung staatsübergreifender organisierter Kriminalität ein UN-Feuerwaffenprotokoll hinzugefügt werden, das helfen soll, illegalen Besitz, illegalen Handel und illegale Herstellung vor allem von Handfeuerwaffen und Gewehren, aber auch anderen Typen von Kleinwaffen einzudämmen. Etwa 30 Nicht-Regierungsorganisationen haben im Februar 2000 Verbesserungsvorschläge zum Protokollentwurf gemacht. Die Kleinwaffenkonferenz der UN im Jahr 2001 kann an das Feuerwaffenprotokoll anknüpfen. Wünschenswertes Ziel wäre ein Vertrag, in dem sich

Kleinwaffen-konferenz

Staaten verpflichten, den Kleinwaffenhandel strikter zu kontrollieren, ihren Sicherheitssektor rechtsstaatlich zu reformieren, die öffentliche Sicherheit zu gewährleisten und das Gewaltmonopol des Staates zu festigen und zu wahren. Die Umsetzung solcher Reformen wird in den meisten Fällen ein starkes Engagement der Industrieländer erfordern. Deutschland sollte für eine Vorreiterrolle der EU auf diesem Gebiet eintreten.

Finanzielle und technische Unterstützung von Abrüstung

Mehr Hilfe für internationale Abrüstung

Wir fordern die Bundesregierung auf, ihre Unterstützung von Abrüstung in anderen Ländern zu verstärken. Sie unterstützt bereits Minenräumprogramme und auch die chemische Abrüstung in Rußland, aber mit eher bescheidenen Summen. Insgesamt sind für die Abrüstungszusammenarbeit im Haushalt des Auswärtigen Amtes für das Jahr 2000 lediglich 34 Mio. DM vorgesehen. Eine Erhöhung dieser Programme wäre vernünftig und würde die Position Deutschlands bei Initiativen außerhalb tradierter Rüstungsforen zusätzlich legitimieren. Wer Konfliktprävention und -lösung zu einem seiner außen-, sicherheits- und entwicklungspolitischen Ziele erklärt hat, muß Interesse an der Fortsetzung und Festschreibung von Rüstungskontrolle und Abrüstung haben, die Gewaltkonflikte verhindern oder zumindest den Grad der Zerstörung mindern. Soweit dies durch Begrenzung bestimmter Waffensysteme und deren Verschrottung möglich ist, wie z.B. bei automatischen Gewehren, sollte die Bundesregierung sich für solche Regelungen einsetzen und sie finanziell und technisch fördern.

Begrenzung des Rüstungsexports

Den restriktiven EU-Verhaltenskodex rechtsverbindlich machen

Restriktive Rüstungsexportpolitik

Die Bundesregierung hält sich viel auf ihre restriktive Rüstungsexportpolitik zugute. Mit den im Januar 2000 verabschiedeten "Politischen Grundsätzen der Bundesregierung zum Export von Kriegswaffen und sonstigen Rüstungsgütern" ist ein neues Instrumentarium zur Hand, das aber dringend durch internationale Initiativen abgesichert werden muß. Ohne solche Initiativen bleibt die eigene Politik ineffektiv und wird durch die Internationalisierung der Rüstungshersteller unterlaufen. Vorrangig ist hierbei, die europäische Rüstungsexportpolitik zu harmonisieren. Entscheidendes Hindernis für kollektives Einvernehmen bleibt das Festhalten an der exklusiven Zuständigkeit der Staaten. Für *dual use*-Güter sind

Anfänge gemacht worden, die auch bei den harten Rüstungsexportgütern weitergeführt werden müssen. Sämtliche Vereinbarungen, die den Transfer von konventionellen Kriegswaffen, Munition und Rüstungsmaterial betreffen, wie etwa der EU-Verhaltenskodex für Rüstungsexporte vom Juni 1998, sind auf multilateraler Ebene ausschließlich politisch verbindlich. Ihre Anwendung ist der Auslegung durch die Staaten überlassen und – soweit überhaupt geregelt – ihrer souveränen Jurisdiktion unterworfen. Zuviel Gehör wird den Lobbyisten der Rüstungsindustrie geschenkt. Die Bundesregierung sollte zu gemeinschaftlichen Regelungen in der Europäischen Union – und wenn möglich auch der OSZE oder der UNO – bereit sein, sofern das kein Abrücken von der restriktiven Rüstungsexportpolitik impliziert. Das heißt konkret: Eine Genehmigung ist nur in solchen Fällen zu erteilen, in denen Importeure die Waffen zur Wahrnehmung ihres völkerrechtlich verbrieften Rechtes auf Selbstverteidigung benötigen. Dies kann im Rahmen der GASP geschehen, sollte aber mittelfristig auch in die Handelspolitik der EU eingehen.

Keine Panzer in die Türkei

Panzergeschäfte und Menschenrechte

Sichtlich überrascht von der Heftigkeit des Widerstandes in den eigenen Reihen gegen die beabsichtigte Lieferung von 1.000 Leopard-II-Kampfpanzern in die Türkei zeigte sich die Regierungskoalition seit Oktober 1999 um politische Schadensbegrenzung bemüht. Das strittige Probeexemplar wurde pünktlich verschifft, die endgültige Lieferentscheidung vertagt. Der Streit mündete wenige Monate später in neue, deutlich restriktivere Exportrichtlinien der Bundesregierung. Die ausdrückliche Würdigung der Menschenrechte als Entscheidungskriterium auch bei Rüstungsausfuhren an verbündete NATO-Staaten dürfte den Export von Panzern in die Türkei auf absehbare Zeit ausschließen. Jüngste Regierungsäußerungen, die Einhaltung der Menschenrechte in der Türkei reiche für eine Lieferung noch nicht aus, waren auch als ein Signal an die Regierung in Ankara zu verstehen, von sich aus zum gegenwärtigen Zeitpunkt auf eine Entscheidung zugunsten des deutschen Anbieters zu verzichten.

Auch künftig wird der tatsächliche Stellenwert der Menschenrechte in den Empfängerländern deutscher Rüstungsgüter sich gegen bündnis-, wirtschafts- oder auch arbeitsmarktpolitische Interessen behaupten müssen. Bezüglich der Türkei greift ein weiteres Kriterium. Sowohl die Regelung des Transfers konventioneller Waffen der OSZE als auch der Verhaltenskodex für Rüstungsexporte der EU besagen, daß Kriegswaffenexporte unterbleiben sollen, wenn erwartet werden muß, daß der Empfängerstaat sie nicht nur zu seiner legitimen Verteidigung einsetzt. Die Türkei nutzt bzw. mißbraucht ihre Armee zum Kampf gegen die Kurden, zur militärischen Besetzung Nordzyperns, zur Androhung von Gewalt gegen Syrien und zu regelmäßigen bewaffneten Operationen auf dem Territorium des Irak.

Bundeswehrreform

Neuaufbau der Bundeswehr

Die Bundeswehr ist nicht unterfinanziert, sie ist überdimensioniert und fehlstrukturiert. Hat sie Mühe, mit einer Mannschaftsstärke von 320.000 Soldaten zwei parallele Auslandsmissionen von insgesamt 9.000 Mann (Bosnien und Kosovo) zu beschicken und über längere Zeit aufrechtzuerhalten, so geht sie mit ihren Ressourcen nicht zweckdienlich um. Eine Reorganisation muß so einschneidend ausfallen, daß sie einem Neuaufbau gleichkommt.

Alle derzeit diskutierten Reformvorschläge stimmen darin überein, daß der Verteidigungsfall, auf den die deutsche Verfassung die Bereitstellung militärischer Streitkräfte beschränkt, die geringste Eintrittswahrscheinlichkeit aufweist. Sollte er dennoch eintreten, stünde die Bundesrepublik nicht allein da. Sie könnte auf die Hilfe ihrer Verbündeten zählen. Landesverteidigung heißt für NATO-Mitglieder Bündnisverteidigung. Jeder potentielle Aggressor stünde einer weit überlegenen Verteidigungsallianz gegenüber. Für die deutsche Streitkräfteplanung folgt daraus, daß die schwerfälligen, nur zur ortsgebundenen Kampfführung geeigneten Hauptverteidigungskräfte, die gegenwärtig noch das Gros der Bundeswehr ausmachen, nicht mehr benötigt werden.

Krisenreaktion mit militärischen Mitteln?

An deren Stelle treten zunehmend Überlegungen zur militärischen Krisenreaktion. Das Kennzeichen dieses Begriffs ist seine Vieldeutigkeit. Er umfaßt so unterschiedliche Einsatzarten wie die von den Vereinten Nationen mandatierte Überwachung der Waffenruhe im Kosovo durch eine multinationale Streitmacht einerseits und den ohne UN-Mandat geführten Luftkrieg der NATO gegen Jugoslawien andererseits. Für eine rationale Bedarfsanalyse taugt der Zweck der Krisenreaktion deshalb nur insoweit, als er mit einer klaren politischen Definition der Ziele einhergeht, für die der Einsatz militärischer Mittel überhaupt in Betracht kommen kann. Rechtliche Zulässigkeit und sicherheitspolitische Unerläßlichkeit sollten sich als Kriterien dafür von selbst verstehen. Daran gemessen zeichnet sich in Europa nur eine sehr begrenzte Zahl möglicher Einsatzschauplätze ab. Mehr als zwei sogenannte mittlere Szenarien friedenserhaltender Operationen, an denen die Bundeswehr bereits heute teilnimmt, bieten keine realistische Planungsbasis. Darin stimmt die Mehrzahl der vorgelegten Reformkonzepte überein.

Wir fordern im Friedensgutachten seit Jahren einen radikalen Umbau der Bundeswehr zu einer deutlich kleineren, nicht ausschließlich zur Landes- und Bündnisverteidigung verwendbaren Streitkraft. Sie soll aus voll präsenten, mobilen Einsatzverbänden bestehen, die wie bisher multinationalen Korps zugeordnet bleiben. Deren Gesamtumfang kann deutlich niedriger veranschlagt werden als in den meisten Reformkonzepten. Selbst die Weizsäcker-Kommission, die eine Bundeswehrstärke von 240.000 Soldaten und Soldatinnen vorschlägt, scheint der Versuchung erlegen zu sein, den zur Auftragserfüllung erforderlichen Personalumfang zu überschreiten. Nebenziele wie die Bündnis- oder Europafähigkeit Deutschlands, die es angeblich zu gewährleisten gelte und die zutreffender als generelle Interventionsfähigkeit zu umschreiben wären, haben in einer friedenspolitisch vertretbaren Streitkräfteplanung keinen Platz. Mangels einer plausiblen Begründung lehnen wir auch die Beibehaltung der allgemeinen Wehrpflicht ab: Da Militärdienst aufgehört hat, Wehrdienst zu sein, kann ihn der Staat nicht länger qua gesetzlicher Dienstpflicht einfordern. Es drängt sich der Verdacht auf, daß diese in Wirklichkeit in einer Schrumpfform beibehalten werden soll, um die zahlreichen Vorteile der preiswerten Zivildienstleistenden in vielen sozialen Einrichtungen erhalten zu können.

Abschaffung der Wehrpflicht

Ulrich Ratsch
Reinhard Mutz
Bruno Schoch

in Kooperation mit
Corinna Hauswedell
Christoph Rohloff

II.

Einzelanalysen

Zusammenfassungen der Einzelbeiträge

1.1. Amerikanischer Unilateralismus: Ein Weltordnungsproblem (Harald Müller)

Mit unverhohlenem Unilateralismus, gestützt auf ihre, in allen Politikbereichen dominante Stellung, wollen die USA die Welt nach ihren Vorstellungen formen. In einer interdependenten Welt ist der *leader* jedoch auf die Mitarbeit der anderen angewiesen. Und er muß sich selbst an die Regeln der von ihm etablierten Regime halten. Aber nicht nur die Politik gegenüber der UNO und die Aufrüstung zeigen, daß die Supermacht über dem Recht stehen will, das für alle andere gelten soll. Triebkraft dafür sind die Republikaner im Kongreß, nationalistische Gruppen und die religiöse, anti-multilateralistische und pro-militärische Rechte. Mit aufwendigen Medienkampagnen gelingt es ihnen, die breite öffentliche Meinung zu überlagern. Die Europäer, weiterhin an einem funktionierenden Multilateralismus interessiert, müssen ihre Positionen gegenüber Washington *unisono* artikulieren.

1.2. Den Krieg gewonnen, den Frieden verfehlt – Das Debakel der Kosovo-Intervention (Reinhard Mutz)

Gemessen an seinen erklärten Zielen war der Kosovo-Krieg ein Fehlschlag. Es herrscht kein Frieden in der Provinz, die Gewalt dauert an, ein multiethnisches Kosovo in einem multiethnischen Jugoslawien liegt außer Reichweite, die Statusfrage ist ungeklärt. Lediglich die Rückführung der Vertriebenen gelang – ein zweifelhafter Triumph, angesichts der Umstände, die zur Vertreibung geführt hatten. Der Mißerfolg hat zwei Ursachen. Erstens unterblieb der ernsthafte Versuch, beide Konfliktseiten auf eine zumutbare Kompromißlösung zu verpflichten. Zweitens erschöpfte sich das westliche Krisenmanagement in einseitigen Schritten militärischer Eskalation. Schwere Versäumnisse der Politik, so hat sich gezeigt, kann ein noch so massiver Waffeneinsatz nicht wettmachen. Offenbar ist Krieg nicht nur ein unzulässiges, sondern auch ein untaugliches Mittel der Krisenbewältigung.

1.3. Schwierige Partnerschaft: Rußland und der Westen nach Kosovo und Tschetschenien (Sabine Fischer)

Im Kosovo-Krieg fror Rußland seine Beziehungen zur NATO ein und warf dieser einen völkerrechtswidrigen Angriffskrieg gegen einen souveränen Staat vor, der sich gegen terroristische Separatisten wehre. Erst gegen Ende des Krieges wurde Russland wieder eingebunden. Kurz darauf brach der seit Jahren schwelende Konflikt in Tschetschenien abermals aus und eskalierte zu einem großflächigen Krieg. Nun war es am Westen, Rußlands Verletzung der Genfer Kriegsrechtskonventionen und die Unverhältnismäßigkeit der Mittel zu brandmarken. Doch auch er stieß auf taube Ohren, Rußland führt seinen Krieg weiter. Zugleich ist in Moskau die Ära Jelzin zu Ende gegangen. Wladimir Putins Popularität beruht vor allem auf seiner Unnachgiebigkeit gegenüber den "tschetschenischen Banditen". Der Westen befindet sich im Dilemma, daß er trotz seiner Verurteilung dieses Krieges Rußland nicht isolieren kann.

1.4. Die "humanitäre Intervention" zwischen Recht und Moral: Rechtsethische Anmerkungen aus Anlaß des Kosovo-Krieges (Hans-Richard Reuter)

So gewiß die Anerkennung der Menschenrechte zu den Grundlagen einer gerechten internationalen Ordnung gehört, so wenig darf außer acht bleiben, daß es sich beim allgemeinen Gewaltverbot und dem Grundsatz der Staatensouveränität ebenfalls um moralisch begründete Prinzipien einer internationalen Friedensverfassung handelt. Alle drei Prinzipien müssen so weit als möglich zusammen verwirklicht werden. Im Kollisionsfall leiten sich daraus Anwendungsbedingungen hinsichtlich der Kriterien ab, die militärische Gewalt äußerstenfalls rechtfertigen können. Gemessen daran (hinreichender Anlaß, autorisierende Instanz, legitime Ziele und Mittel) steht die moralische Rechtfertigung der Kosovo-Intervention auf schwachen Füßen. Insbesondere müßten im Fall rechtsethisch erlaubter Nothilfe die Ziele einer Militärintervention strikt auf den Schutz der bedrohten Menschen vor Massenmord und Vertreibung beschränkt bleiben. Nothilfe ermächtigt weder zur Durchsetzung politischer Ansprüche, noch zum Punitiv-, Vergeltungs- oder Nötigungskrieg.

1.5. Die Europäische Union muß kooperative Weltmacht werden (Dirk Messner)

Auch wenn sich in der Außenpolitik der EU einiges bewegt, ergibt sich daraus noch kein Gesamtpanorama, keine klare Sicht auf zukünftige globale Herausforderungen, keine Prioritäten, keine Richtung, kein abgeklärtes Selbstverständnis von der eigenen Rolle in der Welt des 21. Jahrhunderts. Die Kernfrage lautet: Will die EU weltweit mitgestalten und Verantwortung übernehmen, eine konstruktive Rolle in einer globalisierten Welt spielen und den anstehenden Aufbau einer möglichst kooperationsorientierten *Global Governance*-Architektur mitprägen? Die EU steht vor der weitreichenden Entscheidung, ob sie Weltmacht werden will. Die Beantwortung der Frage drängt, denn die Weichenstellungen für den Gobalisierungsprozeß des 21. Jahrhunderts werden heute vorgenommen. Entschließt sich die EU, nicht Weltmacht werden zu wollen, leistet sie dem starken Trend eines unilateralistischen Politikstils der USA Vorschub.

1.6. Die OSZE zwischen organisatorischer Überforderung und politischem Substanzverlust (Wolfgang Zellner)

In quantitativen Parametern hat sich die organisatorische Stärke der OSZE in den vergangenen fünf Jahren vervielfacht. Dem steht allerdings eine drastische Ausweitung der

Aufgaben gegenüber, so daß sich die für die OSZE schon fast konstitutive Ressourcenknappheit weiter verschärft hat. Bedenklicher noch ist, daß dieser Dauerzustand organisatorischer Überforderung spätestens seit dem Gipfeltreffen von Lissabon 1996 von einem schleichenden politischen Substanzverlust begleitet wird. Die OSZE ist jedoch als reiner Dienstleistungsbetrieb für Wahlbeobachtung, Krisenprävention und Friedenskonsolidierung langfristig nicht überlebensfähig, ihre praktische Tätigkeit bedarf der politischen Unterfütterung. Wenn die Teilnehmerstaaten wünschen, daß die OSZE weiterhin ihre Aufgaben vor Ort erfüllt, müssen sie ihr dauerhaft eine politische Rolle zukommen lassen.

1.7. Die EU mit eigener Verteidigungsidentität – Ein Beitrag zum Frieden in Europa? (Matthias Dembinski)

Mit dem Beschluß auf dem EU-Gipfel in Helsinki, die europäische Integration um eine sicherheitspolitische Dimension zu ergänzen und als ersten Schritt eine bis zum Jahr 2003 interventionsfähige Streitmacht von 50 bis 60.000 Soldaten aufzustellen, begibt sich die EU in gefährliches Fahrwasser. Weitreichende Konsequenzen könnte der vor allem durch eine Kehrtwende der britischen Politik zustande gekommene Beschluß für die NATO, das Konzept gesamteuropäischer Sicherheit sowie die EU selbst zeitigen. Trotz aller Bedenken und innereuropäischen Widersprüche lassen die Verschiebungen im transatlantischen Verhältnis keine Alternative zur Entwicklung einer Europäischen Sicherheits- und Verteidigungspolitik zu. Es wird darauf ankommen, bei der Ausgestaltung dieser Politik sowohl den EU-internen Konsensbedürfnissen als auch dem bisher erfolgreichen Konzept der EU als Zivilmacht gerecht zu werden.

1.8. "Ich dehne mich aus, also bin ich" – Zur EU-Erweiterung (Peter Schlotter)

Im Dezember 1999 öffnete die EU die Tür zur Mitgliedschaft allen Staaten, die einen Beitrittsantrag gestellt haben. Zwar weist die Politik, Frieden durch die Erweiterung der EU-Integration zu schaffen, in die richtige Perspektive, doch kann die Union nicht bis ins Unendliche wachsen. Rußland, Weißrußland, die Ukraine und die Kaukasusländer sollten ohne Mitgliedschaft in ein besonderes Verhältnis zur EU gebracht werden. Mit der Regierungskonferenz zu institutionellen Reformen soll die Handlungsfähigkeit einer Union mit zukünftig bis zu 30 Mitgliedstaaten gewährleistet werden. Hoffnungen, mit der Einführung des Mehrheitsprinzips würde die Leistungsfähigkeit der EU erhöht, dürften sich jedoch nicht erfüllen. Schon wegen ihrer demokratischen Legitimationslücken wird die Union eine "Konsensgemeinschaft" bleiben müssen.

1.9. Zivile Krisenprävention durch die EU: Zur Programmatik und Institutionalisierung eines Politikfeldes (Tobias Debiel / Martina Fischer)

Seit Mitte der neunziger Jahre hat die EU Konzepte zur Krisenprävention formuliert. Sie integrierte Fragen der Rechtsstaatlichkeit, der guten Regierungsführung und der Krisenprävention in die Entwicklungspolitik. Die Neuorientierung der EU-Handels- und Außenwirtschaftspolitik verfehlt jedoch das Ziel des Maastrichter Vertrags, eine nachhaltige Entwicklung insbesondere der am meisten benachteiligten Entwicklungsländer zu fördern. Fortschritte der Krisenprävention und des *peace-buildung* werden durch die Strukurreformen des Amsterdamer Vertrags gefährdet. Die Verbindung von Außen- und Entwicklungspolitik droht verloren zu gehen, zivile Krisenprävention zum Anhängsel des militärischen, reaktiven Krisenmanagements zu werden. Die EU bleibt nur glaubwürdig, wenn das eklatatante Mißverhältnis zwischen den Ausgaben für militärische Krisenintervention und für zivile Konfliktbearbeitung überwunden wird.

1.10. Nachholende Prävention: Der Stabilitätspakt für Südosteuropa (Christoph Rohloff)

Der Stabilitätspakt ist seiner inneren Logik nach ein großer friedenspolitischer Entwurf der Staatengemeinschaft. Die Anerkennung Südosteuropas als integraler Bestandteil Europas ist ein lange überfälliger Schritt gewesen. Der Pakt wird seine intendierte friedenspolitische Wirkung jedoch nur dann voll entfalten können, wenn einerseits die Geberländer auch in Zukunft nicht von ihren politischen und finanziellen Zusagen an die Region abrücken und andererseits das Erreichte nicht durch eine erneute Gewalteskalation zunichte gemacht wird.

1.11. Anarchie und Krieg in Zentralafrika: Was kann Europa zur Befriedung tun? (Franz Nuscheler)

Um in Konfliktregionen wie dem Gebiet der Großen Seen in Afrika präventiv und entwicklungspolitisch nachhaltig wirken zu können, müßte sich die EU vom Klagen über die eigene Hilflosigkeit verabschieden, das ihr Sonderbeauftragter zur Rechtfertigung der passiven Zuschauerrolle vorträgt, und sich zu einer aktiven und wirklich vergemeinschafteten Entwicklungs- und Friedenspolitik durchringen. Sie hätte dann die Chance, die im Lomé-Vertragswerk verankerte Entwicklungspartnerschaft zu einer Sicherheitspartnerschaft zu erweitern, wenn sie umsetzen würde, was sie in ihren Gremien zur Krisenprävention und "präventiven Diplomatie" beschlossen hat. Ihre Afrika-Politik leidet nicht an Ratlosigkeit, sondern an Tatenlosigkeit.

1.12. Gute Waffen, schlechte Waffen? Neuer Streit um Rüstungsexporte (Hans J. Gießmann)

Nicht der Krieg gegen Jugoslawien, sondern ein einzelner Testpanzer stürzte die neue Bundesregierung im Herbst 1999 in ihre erste Existenzkrise. Durch Vertagung der Lieferentscheidung und die Verabschiedung neuer Exportrichtlinien wurde der akute Koalitionskonflikt zunächst zugedeckt. Gelöst wurde er nicht. Ob die jetzt strengeren Ausfuhrkriterien gegen politisch, wirtschaftlich und militärisch widerstreitende Interessen im In- und Ausland bestehen können, bleibt abzuwarten. Jüngste Bestrebungen in der EU zur engeren militärischen und Rüstungskooperation lassen allerdings befürchten, daß noch verbliebene nationale Restriktionen der geplanten "Harmonisierung" der Exportregeln zum

Opfer fallen. Unabwendbare exportpolitische Weichenstellungen in Europa könnten sich für die rot-grüne Koalition zur größten Herausforderung ihres weiteren Bestandes entwickeln.

1.13. Die Zukunft der Bundeswehr – Von der Wehrpflicht zur Berufsarmee (Dieter S. Lutz)

Weder in ihrer zahlenmäßigen Stärke noch in ihrer Rekrutierungsform als Wehrpflichtarmee entspricht die Bundeswehr den sicherheitspolitischen Herausforderungen am Beginn des 21. Jahrhunderts. Deutschland genießt den Schutz eines jedem denkbaren Gegner hochüberlegenen militärischen Bündnisses. Seine äußere Bedrohung hat sich auf eine nur noch hypothetische Restgröße verringert. Damit ist die verfassungsrechtliche Begründbarkeit der Wehrpflicht entfallen. Zugleich verändert sich die Funktionsbestimmung von Streitkräften: Krisenintervention ersetzt die Landesverteidigung. Der deutsche Beitrag zu einer europäischen Sicherheitsstruktur, in der das Nebeneinander nationaler Armeen überwunden sein wird, sollte aus einer Bundeswehr mit maximal 200.000 freiwilligen Zeit- und Berufssoldaten und einem jährlichen Haushaltsaufkommen von um die 40 Milliarden Mark bestehen.

1.14. Besser als ihr Ruf – Die Vereinten Nationen im Dienst für den Frieden (Manfred Eisele)

Nach der Charta der Vereinten Nationen trägt der Sicherheitsrat die Hauptverantwortung für den Weltfrieden und die internationale Sicherheit. Aber die Weltorganisation ist keine Weltregierung. Sie kann ihre Aufgaben nur erfüllen, wenn die Großmächte an einem Strang ziehen. Fehlt es an der nötigen Einigkeit, handelt die UNO in internationalen Krisen und gewalttätigen Konflikten zu spät, zu schwach oder gar nicht. Die notwendige Reform muß beim Sicherheitsrat ansetzen, indem das Vetorecht der fünf ständigen Mitglieder relativiert wird. Mandatierte Friedensmissionen sind mit einem ausreichenden regulären Budget auszustatten, um die unzuverlässige freiwillige Finanzierung zu erübrigen. Der Generalsekretär benötigt einen Verfügungsfonds für Sofortmaßnahmen, und die abrufbereiten Kontingente müssen einen größeren Anteil ziviler Polizeikräfte einschließen.

2.1. Umweltzerstörung und Ressourcenknappheit als Konfliktursachen (Ulrich Ratsch)

Die Zahl ressourcenbedingter Konflikte ist seit dem Zweiten Weltkrieg stark gestiegen. Künftig kann vor allem Wasserknappheit, die das Überleben von Menschen gefährdet, zu gewaltsamen Konflikten beitragen. In vielen Konflikten spielt Umweltzerstörung eine auslösende oder verschärfende Wirkung. An Beispielen läßt sich zeigen, daß Umweltschäden oder Ressourcen meist nur im Zusammenspiel mit anderen Faktoren konfliktauslösend oder -verschärfend wirken. Ethnische und religiöse Gegensätze, Streben nach politischer Macht oder nach Autonomie treten als Konfliktursachen hinzu. Die Dynamik der Konflikte erwächst aus der Wechselwirkung aller Faktoren. Andererseits kann gemeinsames Management wichtiger Ressourcen in zwischenstaatlichen Konflikten vertrauensbildend und konfliktmindernd wirken.

2.2. Die Weltkonferenzen der 90er Jahre: Spielwiese oder Zukunftsmodell globaler Problemlösung? (Brigitte Hamm / Thomas Fues)

Die Weltkonferenzen der frühen 90er Jahre spiegeln die Strukturveränderungen in der Weltgesellschaft wider. Sie lassen sich als Laboratorium für neue Formen der Politikgestaltung, die als *Global Governance* diskutiert werden, verstehen. Dennoch ist die Umsetzung auf den verschiedenen Handlungsebenen eher zufällig, disparat und halbherzig. Der innovative Charakter der Konferenzen äußert sich in folgenden Merkmalen:
- enge zeitliche Bündelung von 10 Konferenzen in den Jahren 1990 bis 1996,
- im Rahmen eines integrativen Politikverständnisses stehen Querschnittsthemen im Vordergrund,
- Durchsetzung des global gültigen Leitbilds nachhaltiger Entwicklung mit den Elementen ökologische Nachhaltigkeit, Demokratie und Menschenrechte, Armutsbekämpfung und soziale Integration,
- Erweiterung des Akteurskreises in der internationalen Politik durch Zivilgesellschaft und Wirtschaft.

2.3. Im Nord-Süd-Vergleich: Lokale Agenda 21 (Stefan Wilhelmy)

Die Agenda 21 wurde auf der Konferenz der Vereinten Nationen für Umwelt und Entwicklung von den Regierungen beschlossen, um global eine nachhaltige Entwicklung zu verwirklichen. In dem Aktionsprogramm werden die Kommunen weltweit aufgefordert, für ihren Wirkungsbereich unter Beteiligung der Bevölkerung jeweils eine eigene "lokale" Agenda 21 zu beschließen und umzusetzen. Dieser Ansatz beruht auf der Erkenntnis, daß sich das globale Ziel der Nachhaltigkeit im lokalen Handeln manifestieren muß. Nach anfänglichem Zögern kommen mittlerweile immer mehr Kommunen dem Auftrag von Rio nach. Diese Aktivitäten konzentrieren sich überwiegend auf einige europäische Staaten. Wie zahlreiche Beispiele aus Entwicklungsländern zeigen, lassen sich aber auch hier die Kriterien einer lokal nachhaltigen Entwicklung in partizipativen Prozessen erfolgreich anwenden.

2.4. Welternährung und internationale Agrarpolitik – ein gordischer Knoten? (Hans Diefenbacher)

Die weltweite Versorgung mit Grundnahrungsmitteln erscheint derzeit unsicherer als vor 15 Jahren. Es zeigt sich, daß die industrialisierte Landwirtschaft auch mit hohen Dosen chemischer Inputs zum Teil mit wieder sinkenden Produktionsergebnissen konfrontiert wird. Die vielfältigen Techniken der Grünen Gentechnik, die die industrialisierte Landwirtschaft perfektionieren sollen, erscheinen nicht geeignet, um unter den gegebenen sozialen und weltwirtschaftlichen Rahmenbedingungen das Problem des Welthungers zu lösen. Die Bedrohung der Artenvielfalt durch den Einsatz der neuen Techniken stellt dabei eine besondere Gefahr da. Ein alternativer Entwicklungspfad eines standortgerechten, ökologisch orientierten Landbaus müsste durch eine adäquate Rahmensetzung bei den kommenden internationalen Agrarverhandlungen gestützt werden.

2.5. Das Private sichtbar machen: Feministische Perspektiven auf Kriegs- und Friedensprozesse (Marianne Braig)

In die Friedensforschung die ungewohnte Perspektive des Privaten einzubringen, provoziert. Denn mit ihr verschwimmen die klaren Unterscheidungen zwischen Krieg und Frieden. Doch kann gerade das zu neuen Erkenntnissen beitragen und bisher ungewohnte Anschlußstellen zwischen Frauen- und Geschlechterforschung und Friedensforschung herstellen. So wird nicht nur die Perspektive der Opfer sichtbar, sondern es treten auch vielfältige verborgene Formen von Gewalt zutage, die bisher meist ausgeblendet bleiben. Zugleich erlaubt das Hinterfragen der eindeutigen Grenzziehungen, *strukturelle* Gewalt weiterzudenken und dabei das Private als von Krieg, Vor- und Nachkrieg geprägt einzubeziehen. Darüber hinaus lassen sich auch konkrete Impulse für feministisches Engagement in der internationalen Politik gewinnen. Dabei ergeben sich provokative Fragen zu Positionen, die in differenztheoretischen Aporien verharren.

3.1. Rüstungskontrolle – noch relevant für Abrüstung? (Michael Brzoska / Herbert Wulf)

Institutionalisierte Rüstungskontrolle ist seit der Mitte der neunziger Jahre in einer tiefen Krise. Gleichzeitig wurde aber vor allem in den Kernstaaten des Kalten Krieges weiter abgerüstet. Rüstungskontrolle ist deswegen aber nicht überflüssig geworden, ihre Krise gefährdet den Fortgang der Abrüstung. Für eine neue Ausrichtung der Rüstungskontrolle ist eine an den gegenwärtigen sicherheitspolitischen Prioritäten orientierte Rückbesinnung auf die ursprünglichen Ziele notwendig: Rüstungskontrolle soll helfen Kriege zu verhindern, Zerstörung zu mindern und Kosten zu sparen. Sie kann nicht auf strategische Stabilität zwischen den Staaten begrenzt sein sondern muß verstärkt auf humanitäre Ziele ausgerichtet und kosteneffektiver werden. Durch eine aktive innovative Rüstungskontrollpolitik könnte die Bundesregierung selbstgesteckte politische Ziele international besser umsetzen.

3.2. Raketenabwehrpläne in Zeiten des amerikanischen Wahlkampfs (Bernd W. Kubbig / Götz Neuneck)

Präsident Clinton will im Sommer 2000 einen Beschluß über ein Nationales Verteidigungssystem gegen ballistische Raketen treffen, der aufgrund vier Kriterien gefällt werden soll: Kosten, technische Machbarkeit, Bedrohung sowie Folgen für Rüstungskontrolle und strategische Gesamtsituation. Tests haben gezeigt, wie schwierig es ist, Sprengköpfe bereits im Weltraum abzufangen. Zudem wird das System durch relativ einfache technische Gegenmaßnahmen wirkungslos. Nukleare Rüstungskontrolle und Abrüstungskooperation mit Rußland würden durch die Stationierung einer Raketenabwehr beträchtlich erschwert. Die Europäer könnten Einfluß auf die Abrüstungspolitik Rußlands nehmen und Länder wie China in die Rüstungskontrollpolitik einbeziehen. Zugleich müssen sie gegen eine möglichen Bedrohung aus dem Mittleren Osten eigene Rüstungskontrollkonzepte entwickeln. Ein verstärkter Dialog mit Iran und anderen Staaten der Region ist nötig.

3.3. Bröckeln die Pfeiler der multilateralen Rüstungskontrolle? Die Verträge zu Massenvernichtungswaffen (Alexander Kelle)

Die Rüstungskontrolle bei den ABC-Waffen steckt in der Krise. Der 1996 abgeschlossene Vertrag, Nuklearwaffen zu testen (CTBT) tritt nicht in Kraft. Fortschritte bei der bilateralen Rüstungskontrolle zwischen USA und Rußland bleiben ungewiß, solange die USA an einem landesweiten Raketenabwehrsystem festhalten. An dieser Stagnation ändert auch die im April 2000 erfolgte Ratifizierung von CTBT und START-II Vertrag durch Rußland wenig. Im Bereich der Chemiewaffen bleibt Rußland immer weiter hinter den Zielen des Chemiewaffenübereinkommens (CWÜ) zurück, dessen Umsetzung generell gefährdet ist. Das bestehende Übereinkommen für Biowaffen soll durch ein Verifikationsprotokoll gestärkt werden, doch gestalten sich die Verhandlungen zäh. Kernfragen sind nach fünf Verhandlungsjahren noch immer strittig. Die Bedeutung nationaler oder Industrieinteressen schwächen die Protokolle.

3.4. Konventionelle Rüstungskontrolle im Belastungstest: Der Einfluß regionaler Gewaltkonflikte (Hans-Joachim Schmidt / Wolfgang Zellner)

Die europäische Rüstungskontrolle stand 1999 unter dem Eindruck der Kriege im Kosovo und in Tschetschenien. Der Kosovo-Krieg führte zu einer vorübergehenden Suspendierung des Artikel IV-Abkommens, einer Verzögerung der Artikel V-Verhandlungen und einer nur knapp bestandenen Bewährungsprobe für das Wiener Dokument 1994. Eine diplomatische Formel für den Tschetschenien-Krieg und die Zusage Rußlands, die Überschreitung der Flankenobergrenze des KSE-Vertrags wieder rückgängig zu machen, waren die Minimalbedingungen dafür, daß die 30 Vertragsstaaten auf dem Istanbuler OSZE-Gipfel Ende 1999 zwei Dokumente unterzeichnen konnten, mit denen der KSE-Vertrag an veränderte strategische Bedingungen angepaßt wird. Ein System nationaler und territorialer Obergrenzen ersetzt das bisher geltende Gruppenprinzip des Vertrags und öffnet ihn für den Beitritt weiterer OSZE-Teilnehmerstaaten.

3.5. Kleinwaffen als Herausforderung für Rüstungskontrolle und Entwicklungspolitik (Sami Faltas)

Die Kleinwaffen sind weltweit ein Problem, mit dem die herkömmliche Rüstungskontrolle nicht fertig wird. Aber die Vereinten Nationen arbeiten im Rahmen der internationalen Kriminalitätsbekämpfung an Regeln zur effektiveren Kontrolle von Feuerwaffen. Es steht zu hoffen, daß die VN-Kleinwaffenkonferenz im Jahr 2001 die Kontrolle und Beseitigung von Kleinwaffen in einem politischen Rahmen regeln wird. Handel, Besitz, Gebrauch und Herstellung sollten streng reglementiert und kontrolliert werden. Überschüssige Feuerwaffen müssen vernichtet und Gewaltkulturen bekämpft werden. Die EU beabsichtigt solche Initiativen zu unterstützen. Das muß tatkräftig umgesetzt werden. Auch Deutschland hat sich auf diesem Gebiet profiliert und sollte auch im Rahmen der technischen Zusammenarbeit die Kontrolle und Entsorgung von Kleinwaffen fördern.

4.2. Troubles mit dem Frieden in Nordirland (Corinna Hauswedell)

Die Umsetzung des Belfaster Abkommens vom April 1998 hat mit der Suspendierung der nordirischen Selbstregierung nach nur elf Wochen im Februar 2000 durch den britischen Nordirlandminister einen neuen Tiefpunkt erreicht. Die permanenten Krisen des Friedensprozesses signalisieren ein nach wie vor großes Mißtrauen zwischen den Hauptkontrahenten, der protestantischen Mehrheitspartei UUP und der katholisch-republikanischen *Sinn Fein*, den im Abkommen beschriebenen weitreichenden Rahmen konstitutioneller und sozialer Reformen und den endgültigen Abschied von der Gewalt gemeinsam zu beschreiten. Die gegenwärtig unter Führung der britischen und irischen Regierung erarbeitete Bilanz des Abkommens wird voraussichtlich eine neue zeitliche und sachliche Abfolge der Reformen empfehlen, in deren Rahmen auch Inhalt und Form der Entmilitarisierung für Nordirland genauer zu bestimmen sein werden.

4.3. Drei Schritte vor, zwei zurück: Der Friedensprozeß im Nahen Osten (Margret Johannsen)

Nach dem Sieg Ehud Baraks in den israelischen Wahlen vom Mai 1999 kam der nahöstliche Friedensprozeß auf allen drei Schauplätzen wieder in Gang. Israel entließ weitere Teile der Westbank in die palästinensische Autonomie. Die Verhandlungen über einen Vertrag für den Endstatus, die vereinbarungsgemäß im September 2000 abgeschlossen werden sollen, verliefen bisher jedoch nicht nach Plan. Schwierig gestalteten sich auch die israelisch-syrischen Gespräche über den Rückzug Israels von den Golanhöhen, die nach einer dreieinhalbjährigen Pause wieder aufgenommen wurden. Die Parteien konnten sich nicht auf den künftigen Grenzverlauf einigen. Nach einem Monat liefen sich die Verhandlungen Mitte Januar 2000 wieder fest. Trotz dieser erneuten Blockade bereitet sich Israel auf einen Abzug aus der okkupierten "Sicherheitszone" in Südlibanon vor, der notfalls auch ohne Abstimmung mit Syrien erfolgen soll.

4.4. Showdown im Jahr des Drachens? – Die sino-taiwanesischen Beziehungen (Gunter Schubert)

Nach den zweiten direkten Präsidentschaftswahlen im März 2000 in Taiwan und der Ankündigung der VR China, eine fortgesetzte Verzögerung der nationalen Wiedervereinigung durch seine "Renegatenprovinz" könne einen Krieg nach sich ziehen, stehen die sino-taiwanesischen Beziehungen am Scheideweg. In dieser Situation ist danach zu fragen, ob die deutsche Bundesregierung ihre bisherige unkritische Übernahme der Position Beijings nicht modifizieren und das "deutsche Modell" der Jahre 1972–1989 als Lösungsoption stärker in die internationale Diskussion bringen sollte.

4.5. Indonesien auf dem Weg zu einer neuen Ordnung? (Peter Kreuzer)

Indonesien ist auf seinem Weg zur Demokratie wichtige Schritte weitergekommen. Die Parlamentswahlen verliefen fair und mit Abdurahman Wahid wurde ein moderater Muslimführer zum Staatspräsidenten gewählt. Seine Politik ist auf einen Ausgleich der vielfach widerstreitenden regionalen, ethnischen und religiösen Interessen bedacht, an denen das Land der 13.000 Inseln zu zerreißen droht. In Anbetracht des hohen Gewaltpotentials dieser Konflikte sind schnelle Lösungen nicht zu erwarten. Immerhin zeichnen sich Erfolge beim institutionellen Wandel ab: Hervorzuheben sind die Demokratisierung des politischen Systems auf nationaler Ebene und die Unterordnung der Streitkräfte unter die Politik. Die neue Regierungskoalition steht nun vor der gigantischen Aufgabe, Indonesien umfassend zu dezentralisieren, ohne zugleich die Fähigkeit der Zentrale zu regionalem Ausgleich zu verlieren.

4.6. Der Bürgerkrieg auf Sri Lanka: Singhalesische Hegemonie und tamilische Irredenta (Jakob Rösel)

Der 1983 zum ethnischen Bürgerkrieg eskalierte Konflikt zwischen der singhalesischen, buddhistischen Mehrheit und der (Sri Lanka-)tamilischen hinduistischen Minderheit der Insel ist nicht das Resultat unüberbrückbarer kultureller, religiöser oder historischer Gegensätze, sondern Konsequenz eines die singhalesische Mehrheit privilegierenden Demokratisierungsprozesses. Durch diesen entstanden frühzeitig zwei moderne Massenparteien. Sie wenden sich vorrangig an die singhalesische Mehrheit und suchen sich wechselseitig durch eine chauvinistische Rhetorik und Ausgrenzungsmaßnahmen gegenüber den Tamilen zu übertreffen. Von dem singhalesischen Staat und Parteiensystem ausgegrenzt, fordern die Tamilen seit 1976 einen eigenen Staat. Nach blutigen Kämpfen werden die *Liberation Tigers of Tamil Eelam* (LTTE) zu den ausschließlichen Trägern dieser Aufstandsbewegung.

1. Friedensmacht Europa?

1.1. Amerikanischer Unilateralismus: Ein Weltordnungsproblem

Die Welt hat ein Problem: Das Problem heißt USA. Ist diese Behauptung nicht unfair oder gar, horribile dictu, antiamerikanisch? Sind nicht die Vereinigten Staaten von Amerika der gutmütigste Hegemon der Neuzeit für alle Beteiligten, außer für "Schurkenstaaten"-Diktatoren wie Kim Jong Il, Saddam Hussein oder Slobodan Milošević? Wäre nicht jeder andere Kandidat für die Weltführung eine schlechtere, vor allem gefährlichere Alternative? Entspringen nicht die eigentlichen Probleme für die Weltordnung dem unbefriedigten Ehrgeiz der neuen Mächte China und Indien, die ihren Platz an der Sonne suchen, aus der riskanten Sturheit der russischen Föderation, die partout nicht einsehen will, daß sie ihren Status als gleichberechtigte Weltmacht nicht behaupten kann, aus dem blinden Machtstreben der Handvoll Diktatoren, die mit Hilfe ihrer ABC-Waffenpläne ihre Ambitionen auf regionale Vorherrschaft unterstreichen möchten? Und sind nicht die Vereinigten Staaten die einzige Hoffnung der Welt, daß diese Ziele und die aus ihnen entstehenden Prozesse regionaler und globaler Dynamik einigermaßen unter Kontrolle gehalten werden können?

Die neue Machtfigur des internationalen Systems: Unipolarität

Ohne die Vereinigten Staaten läuft auf globaler Ebene, aber auch auf den regionalen Ebenen nichts. Dies ist der Ausdruck der vorherrschenden globalen Machtfigur: Unipolarität. Sie ergibt sich daraus, daß die Vereinigten Staaten, auf welchen Politiksektor auch immer man schaut, dominieren oder der führende Wettbewerber sind. Am augenfälligsten ist diese Position natürlich im Militärischen. Die USA geben bei pessimistischster Rechnung etwa siebenmal so viel aus wie der potentielle Rivale mit dem höchsten Militärhaushalt, die Volksrepublik China. Die Vereinigten Staaten sind als einziges Land der Welt in der Lage, Krieg auf dem Niveau der sogenannten *Revolution in Military Affairs* zu führen, d.h. moderne Elektronik, Kommunikationstechnik und Materialkunde in militärisches Handeln umzusetzen. Einzig die USA sind fähig, an jedem Punkt der Welt wirksam militärisch einzugreifen.

Die USA können sich ihren riesigen Militärhaushalt leisten: Sie sind das reichste Land der Welt. Ihr Bruttosozialprodukt ist bei weitem das größte aller Nationalstaaten, ihre Währung die Weltleitwährung. Im Weltexport sind sie Wettbewerber um die Spitzenstellung, ihr Binnenmarkt ist begehrtes Ziel aller Konkurrenten. Ihre Unternehmen haben die Anpassung an die Bedingungen globalen Wirtschaftens schneller als alle anderen vollzogen. In den Schlüsseltechniken der Gegenwart und Zukunft, Mikroelektronik, Kommunikationstechnik, Bioengineering sind die USA führend. Ihre wissenschaftlichen Einrichtungen sind weltweit von einzigartiger Qualität, der Wissenschaftssektor insgesamt auch quantitativ konkurrenzlos.

Washington verfügt über den technisch am besten ausgestatteten Geheimdienst der Welt. Seine Informationsmittel sind ohne ernsthaften Rivalen. Der diplomatische Dienst ist omnipräsent und professionell. Die amerikanische Nachrichten- und Kulturindustrie beherrscht die Kanäle. Das amerikanische Kultur- und Politikmodell ist – bei allen Abwehrreaktionen – von überwältigender Attraktivität.

Umgekehrt sind die USA der größte Energieverbraucher und Umweltverschmutzer der Welt. Paradoxerweise verleihen auch diese Negativa Macht. Es geht also bei der Beurteilung der gegenwärtigen Machtfigur der Welt keineswegs um militärische Fähigkeiten allein. Was vielmehr die Unipolarität ausmacht, ist die dominierende Stellung der USA quer durch alle Politikbereiche.

Damit ist eines klar: Um die Menschheitsaufgaben am Beginn des 21. Jahrhunderts zu lösen, bedarf es der amerikanischen Führung. Eine derart unipolare Struktur läßt sich nicht durch ein Konzert, durch ein Parlament oder dergleichen führen. Die Führungsrolle fällt den USA nolens volens zu. Nun liegt das Problem sicher nicht darin, daß sie nicht führungswillig wären. Davon kann keine Rede sein. Der vielbeschworene Isolationismus ist eine zwar gelegentlich lautstark artikulierte, aber politisch marginale Randerscheinung. Die amerikanische politische Elite ist sich in allen Lagern der Position des eigenen Landes und der daraus erwachsenden Verantwortung durchaus bewußt. Über das Wie und das Wohin der Führung freilich gehen die Meinungen auseinander.

Damit ist die kritische Frage gestellt: Was verlangt eigentlich die Aufgabe, an der Spitze der Weltordnung zu stehen, im heutigen Zustand der Welt ihrer Führungsmacht ab? Wie muß sie ihre Rolle gestalten, um dieser Forderung gerecht zu werden?

Weltpolitische Führung unter den Bedingungen der Globalisierung

Daß wir im Zeitalter der Globalisierung leben, ist eine Binsenweisheit. Weit weniger trivial ist jedoch, was diese Prozesse für die Gestaltung von Ordnung bedeuten. Globalisierung steigert die seit langem bestehende transnationale und internationale Interdependenz auf eine präzedenzlose Qualität. Damit relativiert sich freilich Macht als Gestaltungsinstrument. Wenn alles von allem abhängig ist, wenn Staaten anderen Akteuren nicht mehr ihre Ziele aufherrschen, sondern allenfalls Rahmenbedingungen klug und sinnvoll formen können, setzt auch der unipolare *leader* Ziele nicht per Kommando durch. Er ist auf die Mitarbeit anderer Spieler angewiesen, um in der enorm komplexen Welt – welches Politikfeld auch immer auf der Agenda steht – Zielvorstellungen zu verwirklichen. Zerstören, hindern, blockieren kann er alleine. Seine Gestaltungsmacht hingegen realisiert sich nur kollektiv.

Dies ist das erste wichtige Faktum von Führung in der Unipolarität. Sie darf nicht verwechselt werden mit Omnipotenz. Dazu sind die Verflechtungen in der Welt zu weit gediehen. Das zweite wichtige Faktum resultiert aus den besonderen Risiken einer unipolaren Machtfigur. Sie enthält, wie geschildert, ein beträchtliches Maß an Überlegenheit eines Mitspielers. Für die übrigen ist diese Superiorität problematisch. Sie ist nicht schon von Natur aus bedrohlich, wie vereinfachende Spielarten der Theorie des "Realismus" weismachen wollen. Der Prozeß von Allianzbildung und Machtgleichgewichtsbestrebungen entsteht nicht allein aus der Mathematik unterschiedlich verteilter Machtressourcen.

Entscheidend ist vielmehr, was der überlegene Partner mit seinem Vorteil anstellt. Sind seine Handlungen bedrohlich, werden sich die anderen nach Kräften zu wehren suchen. Verhält er sich konstruktiv und zum allgemeinen Vorteil, ist dieser Impuls schwächer, wenn er sich überhaupt entfaltet.

Beide Fakten, die Erfordernisse positiver Gestaltung und die Voraussetzungen minimaler Bedrohlichkeit, weisen in dieselbe Richtung: zum Multilateralismus. Multilaterale Steuerung berücksichtigt die Interessen aller beteiligten Partner. Sie folgt gemeinsam verabredeten, oft rechtlich fixierten Regeln, die alle binden. Die Wechselseitigkeit der Verpflichtungen meint nicht zwangsläufig völlige Gleichheit. Die Unterschiede in den eingebrachten (Macht-) Ressourcen schlagen sich in der Konstruktion, den Verteilungsleistungen und auch in den Partizipationsmöglichkeiten multilateraler Regime nieder. Gleichwohl ist entscheidend, daß sie bei ihren Mitgliedern ein Gefühl von Beteiligung und Fairneß erzeugen. Daraus beziehen multilaterale Regime ihre Legitimation und damit ihre ordnungsstiftende Wirksamkeit.

Dem Hegemon fordert diese Struktur dreierlei ab. Er muß erstens zuhören können. Ohne das Eingehen auf die Nöte, Ängste, Bedürfnisse und Wünsche seiner Partner läßt sich nicht in multilateralem Stil führen. Zweitens muß er bereit sein, bei der Durchsetzung seiner eigenen Interessen auch Abstriche zu machen. Machtvorsprung bedeutet nicht absolute Verwirklichung der eigenen Interessen. Und drittens muß er bereit sein, sich selbst binden zu lassen. Die Regeln gelten für alle, nicht nur für die Schwächeren. Der Hegemon steht nicht über dem Gesetz – dies ist die Grundvoraussetzung für das Funktionieren multilateraler Regime.

Was hat ein Staat, der auf der Ressourcenskala überall oben oder ganz oben steht, davon, sich die eigene Handlungsfreiheit derart einschränken zu lassen?

- Multilateralismus erlaubt Steuerung in geteilter Verantwortung. Die freiwillige Mitwirkung wichtiger Akteure vermindert den zu wirksamer Steuerung benötigten Ressourceneinsatz. Die Führungsmacht kann ihre Interessendurchsetzung zwar nicht maximieren, aber optimieren.
- Die Partizipationschancen im Multilateralismus und die Selbstbindung der Führungsmacht schwächen die Befürchtungen anderer Mächte; die Bildung von Gegenkoalitionen unterbleibt. Die Sicherheit des Hegemons kann so in idealer Weise gewahrt bleiben.

Ein Blick auf die Praxis verrät, daß amerikanische Weltpolitik den Ansprüchen multilateraler Führung gegenwärtig nicht genügt.

Die Realität amerikanischer Außenpolitik: allumfassender Unilateralismus

Der Siegeszug amerikanischer Politik nach dem Zweiten Weltkrieg beruhte auf dem planvollen Aufbau eines Geflechts multilateraler Institutionen. Die Ausdehnung des internationalen Rechts war ein strategisches Ziel. Dabei wurde nicht verdrängt, daß eine Rechtsordnung auch der Machtmittel zu ihrer Sicherung bedarf.

Heute hat der Multilateralismus seinen Rang als zentrales strategisches Instrument amerikanischer Außen- und Sicherheitspolitik eingebüßt. Er wird vielmehr auf seinen unmittelbaren Nutzen zur Durchsetzung kurzfristiger Interessen hin abgefragt. Wo Multilateralismus und internationales Recht auch die USA binden oder binden müßten, werden sie als lästige Fesseln amerikanischer Handlungsfreiheit verstanden. Auch die zunächst dem Multilateralismus positiv gegenüberstehende Clinton-Administration hat mit der *Presidential Decision Directive 25*, die grundsätzlich ausschloß, amerikanische Verbände dem Kommando der UNO zu unterstellen, die entscheidende Wende vollzogen. Für die geltende Politik sprechen der Umgang mit den Vereinten Nationen oder die Ablehnung des Internationalen Strafgerichtshofs als Exempel eine eindeutige Sprache: Die Beiträge an die Weltorganisation werden nicht oder nur teilweise entrichtet, aber die Besetzung ihrer Führungsposition soll nach amerikanischem Willen erfolgen. Die UNO wird instrumentalisiert, wenn es paßt, aber beiseite geschoben, wenn sich Widerstände zeigen, wie im Herbst 1998 im Falle des Irak sowie später im Kosovo. Der Strafgerichtshof erscheint nicht opportun, weil er ja auch amerikanische Soldaten anklagen könnte: Die Supermacht will über dem Recht stehen, sie will die internationalen Organisationen als ihr Instrument verfügbar halten, ohne dafür den notwendigen Preis, die Bindung an die geltenden Regeln, bezahlen zu müssen. Es steht außer Frage, daß sich diese Politik zerstörerisch auf das Völkerrecht und die Internationalen Organisationen auswirken muß.

Amerikanische Sicherheitspolitik ist hochgradig militarisiert. Rüstungskontroll- und Abrüstungspolitik finden sich nur noch am Rand. Die USA bestreiten mehr als ein Drittel der Weltmilitärausgaben. Dabei ist zu berücksichtigen, daß mehr als ein weiteres Drittel von engen Verbündeten aufgewandt wird. Dennoch soll der Verteidigungshaushalt weiter steigen! Im Vergleich dazu sind die zivilen Ausgaben für die Außen- und Sicherheitspolitik mit einer bemerkenswerten Ausnahme unbedeutend und überdies im Sinken begriffen. Die Mittel für Entwicklungszusammenarbeit betragen weniger als ein Drittel der europäischen Ausgaben. Die Verschuldung bei Internationalen Organisationen ist notorisch. Die lobenswerte Ausnahme ist die Hilfe bei der Abrüstung des russischen Nuklear- und Chemiewaffensektors; allerdings unterliegen auch diese Ausgaben neuerdings schmerzhaften Eingriffen des Kongresses.

Die Vereinigten Staaten setzen gegenwärtig auf militärische Überlegenheit und Unverwundbarkeit. Mit den Grundsätzen der Rüstungskontrolle – Stabilität, Gleichgewicht, keine erfolgversprechenden Angriffsoptionen – ist dieses Konzept nicht vereinbar. Es ist problematisch in einer Welt, in der es noch geopolitischen Wettbewerb und Abschreckung zwischen größeren Mächten gibt.

Das Streben nach größtmöglicher Handlungsfreiheit verwandelt den Multilateralismus von einem Mittel eigener Sicherheit in eine lästige Fessel. Heute beobachten wir quer durch alle Rüstungskontrollfelder den Versuch der USA, bindende Verpflichtungen nach Möglichkeit abzuwenden oder aufzuheben, zur Not durch die Umdeutung und Entwertung bestehender Abkommen, wobei nicht einmal der ABM-Vertrag (vgl. Beitrag 3.2), sondern das Chemiewaffen-Übereinkommen (vgl. Beitrag 3.3.) symptomatisch ist. Hier haben die USA durch die Bedingungen des Ratifizierungsgesetzes die Vertragsbestimmungen für sich selbst geändert. Versäumnisse bei der Vertragserfüllung stellen die US-Chemieindustrie bis heute von Inspektionen frei – im Unterschied zu den wichtigsten Konkurrenten. Die Ablehnung des nuklearen Teststoppvertrags durch den Senat war nur der vorläufige Höhepunkt eines länger anhaltenden Trends.

Was für die Rüstungskontrolle gilt, läßt sich auch auf anderen Politikfeldern beobachten: Vom Seerecht bis zum Kyoto-Protokoll, von der Konvention über Artenvielfalt bis zur extraterritorialen Anwendung von Handelsembargos gegen Kuba oder Iran, von den rabiaten Reformforderungen an die Weltbank und den Internationalen Währungsfonds bis zum Internationalen Strafgerichtshof: Amerikanischer Unilateralismus erscheint als ein die Weltpolitik durchdringendes, allgegenwärtiges Syndrom.

Die amerikanische Rechte: Triebkraft des Unilateralismus

Unterschiede und Nuancen zwischen Kongreß und Administration sollen nicht verkannt werden. Dennoch gibt es für die "harte Hegemonie" eine gemeinsame ideologische Grundlage. Die nachlassende Fähigkeit, andere Interessen mit den eigenen zu vermitteln, betrifft auch die Administration. Der Einsatz militärischer Lauscheinrichtungen zur Wirtschaftsspionage, die mit Duldung der Alliierten auf deren Territorium betrieben werden, ist keine Sache des Kongresses, sondern der Administration; ebenso der Mißbrauch der UNSCOM – der Sonderkommission zur Abrüstung der Massenvernichtungswaffen des Irak – zur geheimdienstlichen Aufklärung durch amerikanische Agenten, die Mitglieder der Inspektionsteams waren. Der Opportunismus gegenüber der Mandatierung durch den Sicherheitsrat (man läßt mandatieren, wenn die Bereitschaft dazu vorhanden ist, handelt aber ohne Mandat unilateral, wenn man dies für richtig hält) ist – anders als es die unzureichenden Beitragszahlungen für die UNO sind – ebenfalls der Exekutive zuzurechnen. Die Liste der Beispiele ließe sich verlängern. Es zeigt sich daran, daß die unilaterale Politik auch innerhalb der Administration, namentlich im Verteidigungsministerium, verankert ist.

Freilich übt der republikanische Kongreß einen ständigen Druck auf die Regierung aus, dem diese bis zu einem gewissen Grade willfahren zu müssen glaubt, um sich nicht in der Öffentlichkeit des Ausverkaufs amerikanischer Interessen bezichtigen zu lassen. Gerade weil die republikanische Rechte vor demagogischen Vereinfachungen, grobgezeichneten Feindbildern und der Propagierung militärischer Stärke nicht zurückschreckt, hält sich die Exekutive für verwundbar. Innerhalb der Republikaner wiederum üben die radikaleren Elemente einen ähnlichen Druck auf die zentristischen Senatoren und Abgeordneten aus. Der früher gerade in der Außenpolitik starke liberale Flügel der Republikaner ist vom Aussterben bedroht.

Dieser Mechanismus des von rechts in die Mitte wirksamen Drucks gehört zu den Besonderheiten des amerikanischen Systems. Die Öffentlichkeit ist überwiegend unpolitisch. Die Parteihierarchien sind flach, die Parteien bilden keine mächtigen Apparate mit eigenen Interessen, die sich selbst rekrutieren und für Kontinuität sorgen. Vielmehr sind sie anfällig für den Einfluß von Medien-Kampagnen. Diese Ausgangslage erlaubt es hochmotivierten, professionell organisierten Gruppen, einen massiven politischen Einfluß auszuüben, der sich durch die finanzielle Abhängigkeit der individuellen Parlamentarier im Mehrheitswahlsystem von Spendern für ihre Wahlkampagnen noch verstärkt. Ultranationalistische Gruppierungen sowie die religiöse Rechte, beide promilitärisch und antimultilateral eingestellt, können so auf die republikanische Partei eine überproportionale Wirkung erzielen.

Um diese Konstellation zu verstehen, bedarf es eines Blicks auf die Verschiebungen der gesellschaftlichen und politischen Gewichte, die seit Mitte der siebziger Jahre vonstatten gegangen sind und in der "Reagan- Revolution" der achtziger Jahre ihren gewichtigen und nachwirkenden Niederschlag gefunden haben. Der Konservatismus in den USA hat sich umgruppiert und wurde dabei gestärkt. Er hat eine Form angenommen, die sich von europäischen Konservatismen deutlich – und beunruhigend – unterscheidet. Dabei bildet er keine monolithische Einheit, sondern beruht auf einer Koalition heterogener Elemente.

Nach wie vor unterstützt ein traditioneller, bürgerlicher Konservatismus vorwiegend die Republikanische Partei. Er ruht im Mittelstand und in der *upper class* und unterscheidet sich von seinem europäischen Pendant nur durch die noch stärkere Betonung von Markt und die noch weit radikalere Ablehnung staatlicher Interventionen in Wirtschaft und Gesellschaft. Dieser Zweig des Konservatismus, vorwiegend an der Ostküste beheimatet, hat den USA gerade im Senat eine Reihe von hervorragenden außenpolitischen Experten der "Mitte" zugeführt, deren vereinsamte Überbleibsel die Senatoren Lugar und Roth sind. Innerhalb der Partei sind sie aber gegenwärtig nicht die bestimmende Kraft. Die Dynamik der letzten Jahrzehnte wurde in die *Grand Old Party* vielmehr von zwei anderen, neueren Strömungen hineingetragen.

Auf der einen Seite stehen die Modernisierungsverlierer, vorwiegend in den ländlichen Regionen, aber auch im städtischen Kleinbürgertum bis hin zu Teilen der Facharbeiterschaft. Ihre Hinwendung zu traditionellen Werten, vor allem zu einer puritanischen Moral und zur Familie mit konventioneller Rollenteilung, beschwört eine verlorene, angeblich sichere Vergangenheit; diese Disposition macht diese Schichten auch anfällig für den christlichen Fundamentalismus. Der fernen Bundesregierung unterstellen sie mißtrauisch, die föderale und lokale Freiheit als Bedingung des traditionalen Kommunitarismus abschaffen und den Kräften der Globalisierung auf lokaler Ebene zum Durchbruch verhelfen zu wollen. Das Fremde ist verhaßt: als ungreifbare Gefahr, die in die lokale Idylle eindringt, und als konkrete Konkurrenz in Gestalt mexikanischer oder asiatischer Immigranten. Die Hinwendung zur Vergangenheit begünstigt auch rassistische Überlegenheitsphantasien. Die Angst vor dem eigenen Statusverlust wird kompensiert durch das feindselig-verächtliche Herabsehen auf diejenigen, die vermeintlich oder tatsächlich auf der sozialen Stufenleiter noch weiter unten rangieren. Die sozialstaatliche Förderung der Ärmsten stößt auf massive Ablehnung, auf eine Art Sozialneid nach unten.

Die gesamte nichtamerikanische Außenwelt stößt auf das gleiche Mißtrauen. Die personifizierten Bedrohungen in Gestalt der *rogue states,* Chinas, Rußlands, Japans oder des Generalsekretärs der UNO, dienen als Projektionsobjekte einzelner Ängste und motivieren dazu, eine Politik der Stärke zu unterstützen. Entwicklungspolitik verfällt dem gleichen Verdikt wie sozialstaatlicher Ausgleich; Rechtsbindungen in Verträgen und internationalen Organisationen fügen sich ein in die paranoide Angst vor der Verschwörung gegen die kommunitäre Freiheit des "kleinen Amerika".

Anders geartet ist der Konservatismus der neureichen Modernisierungsgewinner. Ihnen geht es im wesentlichen darum, den Zugriff des Wohlfahrtsstaates auf ihren neugewonnenen Reichtum und gegen egalitäre Umverteilung abzuwehren. Der Staat soll auf seine Kernrolle – innere und äußere Sicherheit – zurückgeschnitten, die wirtschaftliche Tätigkeit von jeglichen regulativen Schranken befreit werden. Radikale Steuersenkungen, der Verzicht auf Umwelt- und Sozialpolitik, die völlige Privatisierung des Erziehungs- und Bildungssektors machen den innenpolitischen Forderungskatalog aus. Wie gesagt, bleibt nur die innere und äußere Sicherheitspolitik von diesem Staats-Minimalismus ausgenommen. Die Handlungsfreiheit der neureichen Wirtschaftsbürger verträgt auch keine Einschränkung durch internationale Verpflichtungen. Der Multilateralismus wird nicht so sehr als Öffnung neuer Möglichkeiten wirtschaftlichen Handelns gedeutet, sondern als unwillkommene Einschränkung von Chancen, die sich vor allem aus der Stärke und Überlegenheit Amerikas ergeben und die durch freiwillige Selbstbeschränkungen der Supermacht eher Schaden nehmen würden. Trotz der höchst unterschiedlichen sozialen Basis gibt es also eine Konvergenz der innen- und außenpolitischen Forderungen dieser Gruppe mit denen der kleinbürgerlich-bäuerlichen Modernisierungsverlierer. Dem Ultrakonservatismus der neuen Reichen fehlt zumeist der dumpf- rassistische, ressentimentgetränkte Unterton, in seinen politischen Folgen jedoch ist er weitgehend gleichgerichtet.

Am extremen Pol des Konservatismus finden sich die Milizbewegung und die evangelikal-religiöse Rechte. Erstere organisiert mehrere hunderttausend Amerikaner in Wehrsport-Gruppen, deren selbstgewählte Aufgabe in der Abwehr der Verschwörung zwischen Washington und der UNO gegen die Freiheit der Amerikaner besteht. Aufgrund der großzügigen amerikanischen Waffengesetzgebung bis an die Zähne gerüstet und in zahllosen Übungen wohltrainiert, verkörpern die Milizen die Paranoia und die Fremdenfeindlichkeit des kleinbürgerlichen Konservatismus im Extrem. Ihre Gewaltbereitschaft darf nicht unterschätzt werden. Der blutige Anschlag in Oklahoma am 19. April 1995 geht auf die Rechnung von Personen, die aus der Milizbewegung stammen. Die extensive Auslegung der Freiheitsrechte der amerikanischen Verfassung gestattet diesen Gruppierungen, ihre (bundes)staatsfeindlichen Aktivitäten und ihre Haßpropaganda ohne nennenswerte Behinderung zu praktizieren.

Politikwirksamer ist die Bewegung der religiösen Rechten. Die Durchsetzung einer bibelgetreuen Moral in der Politik, das Verbot und die Ausgrenzung von Verhaltens- und Lebensweisen, die dieser Moral widersprechen, sind Zielsetzungen, die eine kuriose Parallele zur Programmatik islamischer Fundamentalisten darstellen. Daß die religiösen Rechten darauf hinarbeiten, die Evolutionslehre aus den schulischen Lehrplänen zu verbannen und durch die Schöpfungsgeschichte des Ersten Buch Mosis zu ersetzen, zeigt den anti-aufklärerischen Impuls, der hier in Politik umgesetzt werden soll.

Auch in der Außenpolitik setzt die religiöse Rechte eigene Schwerpunkte. Es geht ihr um die Durchsetzung der fundamentalistisch definierten christlichen Moral nach außen, unter Nutzung der amerikanischen Machtstellung. Bekämpft werden die Programme zur Familienplanung mit der Begründung, sie propagiere die Abtreibung. Aus diesem Motiv führt die religiöse Rechte seit Jahren eine erfolgreiche Kampagne gegen die Begleichung amerikanischer Schulden bei den Vereinten Nationen und einigen ihrer Tochterorganisationen. Sie fordert weltweit die religiöse Freiheit und die Garantie der ungehinderten Missionierung. Daher bekämpft sie energisch die Normalisierung der politischen Beziehungen zwischen den USA und China oder eine vorsichtige Annäherung zwischen den USA und Iran. Für manche (inzwischen überwundene) Diktatur hat die religiöse Rechte Sympathie entwickelt, für den guatemaltekischen Despoten Rios Montt, für Pinochet in Chile, für das südafrikanische Apartheid-Regime und für Mobutu in Zaire, zum Beispiel.

Die Abrüstung sieht man mit Mißtrauen und Ablehnung: Armageddon und der Kampf zwischen Christus und dem Antichristen verlangen von den Kräften des Guten die Bereitschaft zum totalen Krieg. Die Unterstützung der amerikanischen Rüstung und das Propagieren der Raketenabwehr nähren sich aus dieser Lesart der Offenbarung Johannis.

Die religiöse Rechte ist heute die am besten organisierte politische Kraft der USA. Ihre Organisationen verfügen über eigene analytische und beratende Einheiten, kontrollieren 200 Fernsehsender und 1500 Radiostationen, nutzen in virtuoser Weise das Internet und sind in der Lage, in kürzester Zeit Brief- und Telefonkampagnen zu organisieren, um Einfluß auf die Abgeordneten und Exekutiven auf lokaler, regionaler und bundesstaatlicher Ebene zu nehmen. In achtzehn Staaten kontrollieren sie die Republikanische Partei, in dreizehn weiteren nehmen sie erheblichen Einfluß. Der Charakter der *Grand Old Party* als Ort eines aufklärerischen, weltoffenen Konservatismus, der zuvor nur vom Isolationismus ernsthaft gefährdet worden war, hat sich damit massiv verändert. Im *Council for National Policy* koordinieren die Führer der christlichen Lobbygruppen ihre Politik mit Schlüsselfiguren im Kongreß wie Trent Lott, dem Mehrheitsführer der Republikaner, Jesse Helms oder Tom DeLay, dem Fraktionschef der Republikaner im Repräsentantenhaus. Aber der Einfluß endet nicht hier. Ihre Kampagnenfähigkeit hat auch die Clinton-Administration wiederholt veranlaßt, opportunistisch auf die religiöse Rechte Rücksicht zu nehmen. Hinzu kam die persönliche Schwäche des Präsidenten, der zwar politisch durchaus erfolgreich, aber aufgrund der Lewinsky-Affäre leicht angreifbar war und in der Außen- und Sicherheitspolitik keinen neuen Kriegsschauplatz eröffnen wollte.

Milizbewegung und religiöse Rechte sind keine Mehrheitsphänomene, weder unter den republikanischen Wählern noch gar in der amerikanischen Bevölkerung insgesamt. Die Milizen sind eher randständig, die religiösen Aktivisten bilden eine Minderheit. Dies läßt sich deutlich an öffentlichen Umfragen zur Außen- und Sicherheitspolitik ablesen, die mit großer Kontinuität zeigen, daß die amerikanische Bevölkerung im Durchschnitt sowohl von den Positionen der Rechten als auch von der Washingtoner Politik deutlich abweicht. So gibt es eine solide Unterstützung für die UNO und andere Internationale Organisationen; die Bereitschaft, Entwicklungshilfe zu leisten, ist hoch; und die Mehrheit äußert deutliche Präferenzen sowohl für ein starkes Amerika als auch für Abrüstungsverhandlungen und -verträge. Der Teststoppvertrag wurde nach letzten Umfragen von 80% der Bevölkerung befürwortet, auch bei den Anhängern der Republikaner lag die Unterstützung bei über 70%.

Dennoch nehmen die rechten Gruppierungen überproportionalen Einfluß. Die Milizbewegung beispielsweise ist stark in der *National Rifle Association* vertreten, der Waffenlobby, die zu den einflußreichsten politischen Kräften in den USA zählt. Die religiöse Rechte beeinflußt den politischen Diskurs nicht nur durch ihre vorzügliche Organisation, sondern auch aufgrund der tiefen Religiosität vieler Amerikaner. Selbst wenn Mehrheiten weitreichende Ziele der Fundamentalisten ablehnen, gelingt es ihnen immer wieder, punktuell Unterstützung und Sympathie zu mobilisieren.

Da Außenpolitik von vergleichbar geringem Interesse ist, kommen die Auffassungen der Bevölkerungsmehrheit nicht wirklich zum Tragen. Sie finden deshalb keinen nachhaltigen Niederschlag, weil andere Bereiche von Politik – Sozialpolitik, Familienpolitik, Steuern – weitaus mehr Interesse binden und dort Gemeinsamkeiten zwischen der Rechten und Teilen des amerikanischen *mainstream* bestehen. In dieser Diskrepanz zwischen öffentlicher außenpolitischer Meinung und lobbyistischer, extremer Minderheit liegt jedoch auch die Chance einer Änderung, wenn nämlich die Öffentlichkeit begreift, daß die politikwirksamen Minderheitspositionen die eigenen Interessen verletzen. In diesem Falle könnte es den gegenwärtig in die Wartestellung verdrängten liberalen, multilateralen Positionen – die es in der politischen und akademischen Elite durchaus gibt – wieder gelingen, Boden zu gewinnen.

Bis es so weit ist, bleiben indes die Vereinigten Staaten das Problem für eine multilaterale Weltordnung: Ihre unilaterale Neigung blockiert auch den Weiterbau des globalen Regelgebäudes; das politische Oszillieren gemäß den Stimmungen und Kräftekonstellationen in Washington beeinträchtigt die Verläßlichkeit des stärksten Partners, der für das Gebäude unbedingt gebraucht wird.

Europa – was tun?

Deutschland und seine europäischen Partner befinden sich in einer schwierigen Lage. Der wachsende Unilateralismus der verbündeten Supermacht verändert ihr außen- und sicherheitspolitisches Umfeld gravierend. Ihre eigene Politik ist auf eine Stärkung des Völkerrechts und der Internationalen Organisationen und damit auf einen intensiven Multilateralismus festgelegt. Das ganze Projekt der europäischen Integration ist auf diesen Prinzipien gebaut und gedeiht am besten in einem kongenialen Umfeld. Daß der "große Bruder" ausbricht, stellt die Europäer vor eine unkomfortable Alternative: die eigenen Prinzipien über Bord zu werfen und den Kotau zu machen, oder sich auf Widerstand und damit auf vielleicht heftige Dispute mit den USA einzustellen.

Da das Problem in den gegenwärtig politisch dominierenden Minderheitskoalitionen in den USA liegt, läßt sich Einfluß nur indirekt nehmen. Indirekt, weil der Kanal, der die europäischen Regierungen mit der Exekutive in Washington verbindet, nur die Tagespolitik und die in die USA hinein wirkenden Stellungnahmen der Regierung beeinflussen kann. Der Versuch, die gesellschaftlichen Kräftekonstellationen zu verändern, ist weitaus schwieriger. Er verlangt nach einer Koordination zwischen den Regierungen und nichtgouvernementalen Kräften.

Im Dialog mit der amerikanischen Regierung müssen die Europäer deutlicher als bisher ihr vitales Interesse an einer Stärkung internationaler Institutionen zur Geltung bringen. Es muß Washington klar werden, daß es sich mit seiner Politik der Stärke auch von seinen engsten Verbündeten isoliert und daß Gefolgschaft verweigert wird und politische Konfrontation in den Bereich des Möglichen rückt, wenn Prinzipien des Multilateralismus und Grundsätze des Völkerrechts dauerhaft verletzt werden. Nur wenn die Kosten dieser verfehlten Politik den liberalen wie den republikanischen Multilateralisten schmerzlich fühlbar werden, gibt es eine gewisse Chance, die von den radikalen Minderheiten ins politische Zentrum reichenden Handlungs- und Einflußketten wirksam zu unterbrechen. Die sicherheitspolitische Elite der USA hat kein Interesse an einem Bruch der atlantischen Allianz. Sie ist – in ihrer Sicht – ein wertvoller Multiplikator amerikanischen Einflusses und ein Stabilitätsfaktor in Europa. Übrigens verstärkt sich dieses Interesse in dem Maße, in dem die Europäer ihre eigenen Verteidigungsanstrengungen koordinieren; gerade für Kräfte in den USA, die zwischen Allianzpolitik, Multilateralismus und Unilateralismus schwanken, steigert sich der Wert Europas mit dessen auswärtiger Handlungsfähigkeit. Um den Bruch zu vermeiden, werden auch die USA zu Kompromissen bereit sein. Allerdings müssen die Europäer ihre Standpunkte klar artikulieren und konfliktfähig sein. Hierfür hat es positive Ansätze gegeben, etwa beim Ottawa-Prozeß, der zum Abschluß der Antipersonenminen-Konvention (vgl. Friedensgutachten 1998, Beitrag 5.3) geführt hat, oder bei der Einrichtung des Internationalen Strafgerichtshofs. In beiden Fällen hat Europa, so gut es ging, die fehlende amerikanische Führungsleistung zu ersetzen versucht. Dies quer durch alle Politikfelder durchzuhalten, erfordert (vgl. Friedensgutachten 1999, Beitrag 4.5) ein bislang noch nicht erreichtes Maß an Gemeinsamkeit in der europäischen Außen- und Sicherheitspolitik.

Die weitere verteidigungspolitische Integration in Europa mit dem Ziel einer gesteigerten gemeinsamen Handlungsfähigkeit ist unverzichtbar. Dies verlangt nicht nach mehr, aber nach intelligenteren, d.h. effektiveren Verteidigungsausgaben; die Europäer wenden mit ca. 160 Mrd. Dollar durchaus genug für militärische Belange auf. Ziel ist nicht, tatsächlich unabhängig von den USA zu werden oder gar gegen die Amerikaner militärisch zu handeln. Vielmehr geht es darum, durch die Schaffung dieser Möglichkeit das faktische amerikanische Definitionsmonopol in der Sicherheitspolitik zu brechen und zugleich in Washington Gehör für die eigenen Anliegen, Lageanalysen und Interessen zu erhalten, das dort eben nur dem Mächtigen gewährt wird. Die gegenwärtige Konstellation bringt ein beispielloses Paradox hervor: Die Europäer müssen ihre eigene militärische Stärke konsolidieren, um den Bündnispartner dazu zu bewegen, sich auf eine weniger militarisierte und stärker auf Multilateralismus angelegte Weltordnungspolitik einzulassen. Die Vereinigten Staaten stehen dann vor drei Alternativen: Sie können sich aus Europa zurückziehen, weil die europäische Sicherheit nunmehr mit eigenen Mitteln gewährleistet wird; sie können zwar weiter am Einfluß in Europa interessiert bleiben, die Einlösung des europäischen Anspruchs auf gleichberechtigte Mitsprache jedoch als einen zu hohen Preis ansehen und daher ihre transatlantische Bindung aufgeben; oder sie können bereit sein, diesen Preis zu zahlen, weil der Rückzug ihre Interessen nicht hinreichend wahrt. Angesichts des massiven Interesses der USA am Schicksal ihrer europäischen Gegenküste ist das dritte Szenario am wahrscheinlichsten.

Einer Militarisierung der europäischen Außenpolitik soll damit keinesfalls das Wort geredet werden. Ein schlimmer Fehler wäre es nämlich, in der Notwendigkeit gemeinsamer Verteidigung die absolute Priorität europäischer Außen- und Sicherheitspolitik zu sehen. Gerade weil die Politik der USA in der nichtmilitärischen Gewaltprävention und Konfliktnachsorge so eklatante Mängel aufweist, müssen die Europäer schon im eigenen Interesse mindestens die gleichen, wenn nicht größere Anstrengungen – einschließlich des erforderlichen Ressourceneinsatzes – auf eben diese Gebiete verwenden. In der gegenwärtigen Diskussion hat man gelegentlich den Eindruck, es ginge nur um den militärischen Arm der GASP. In dieser Hinsicht die falschen Prioritäten Washingtons nachzuahmen, wäre jedoch eine große Dummheit. Auf europäischer Seite sind die nichtmilitärischen auswärtigen Handlungskapazitäten zwar besser entwickelt als diejenigen Washingtons, jedoch immer noch dürftig, unterfinanziert, zu wenig gebündelt und ohne strategischen Zusammenhang. Abhilfe tut not.

Harald Müller

1.2. Den Krieg gewonnen, den Frieden verfehlt – Das Debakel der Kosovo-Intervention

"Lektion eins ist kristallklar: Wir haben gesiegt."[1] NATO-Generalsekretär George Robertson richtete die vollmundige Botschaft an ein Auditorium sicherheitspolitischer Experten von beiden Seiten des Atlantiks. Unbestreitbar trifft die Feststellung zu. Sonderlich originell ist sie gleichwohl nicht. Hält die NATO doch fast halb so viele Soldaten unter Waffen wie überhaupt Serben in Serbien leben. Die mächtigste Militärallianz der Geschichte bezwang einen Kleinstaat. Bei einem so ungleichen Kräfteverhältnis hätte jeder andere Kriegsausgang überrascht. Die Vermutung liegt nahe, daß die Betonung des Unbezweifelbaren Zweifel anderer Art überdecken soll. Denn mit dem Ertrag ihrer elfwöchigen Luftangriffe kann die NATO kaum zufrieden sein. Zu offensichtlich war der Sieg der Waffen kein Triumph der Politik.

Für den Zweck einer Zwischenbilanz genügt es, die eingetretenen Ergebnisse zu den ursprünglichen Zielen in Beziehung zu setzen. Am Grad der Übereinstimmung bzw. Nichtübereinstimmung bemißt sich Erfolg oder Mißerfolg der Operation. Schwieriger steht es um den Versuch, das Resultat zu erklären. Zwar hat das Interesse am Kosovo eine Flut von Veröffentlichungen unterschiedlichster Intention und Qualität hervorgebracht, aber die abschließende Geschichte der Eskalation vom Regionalkonflikt zum internationalen Krieg wird so bald nicht geschrieben werden. Zu viele der benötigten Informationen liegen noch im Dunkeln, sowohl über die Beweggründe der Hauptbeteiligten als auch über die Details ihres Zusammen- und Gegeneinanderwirkens. Immerhin hat sich im Abstand eines Jahres die Quellenlage verbessert, die weißen Flecken werden weniger. Ein vorläufiges Fazit kann sich auf mehr als Mutmaßungen stützen.

Die Kriegsziele und was daraus wurde

Am 24. März 1999 hatte die NATO zum Ziel des militärischen Losschlagens gegen die Bundesrepublik Jugoslawien nicht noch einmal offiziell Stellung genommen. Sie überließ es den Regierungen, ihren Gesellschaften die Kriegsgründe zu vermitteln, und die Erklärungen variierten sowohl von Land zu Land[2] als auch im zeitlichen Verlauf der Kampfhandlungen. Lag in den europäischen Mitgliedstaaten die Betonung ganz auf den humanitären Motiven der Intervention, so fügten amerikanische Sprecher meist die Absicht hinzu, die westliche Entschlußkraft unter Beweis zu stellen und die Machthaber in Belgrad in die Schranken zu weisen. Nach und nach ergriff eine Rhetorik nervöser Militanz das gesamte Bündnis. Auf dem Jubiläumstreffen der Staats- und Regierungschefs in Washington am 23. und 24. April 1999 – der erste Kriegsmonat war absolviert und ein Erfolg außer Sichtweite – erreichte sie ihren Höhepunkt. Erbittert über das Ausbleiben der Kapitulationsbereitschaft Belgrads und besorgt um die Glaubwürdigkeit der Allianz drängte die Beschwörung militärischen Durchhaltewillens das politische Anliegen des Krieges zeitweilig in den Hintergrund.

1 Speech by Lord Robertson, NATO Secretary General, at the Munich Conference on Security Policy, 5. Februar 2000, S. 1.

2 Berthold Meyer/Peter Schlotter: Die Kosovo-Kriege 1998/99 – Die internationalen Interventionen und ihre Folgen, HSFK-Report 1/2000, S. 37.

Die Gipfelkonferenz formulierte die fünf Bedingungen, von deren Annahme die NATO die Einstellung ihrer Luftangriffe abhängig machte.[3] Zwei davon – die Beendigung der Gewalthandlungen und der Beginn des Abzuges der jugoslawischen Militär- und Polizeikräfte aus dem Kosovo – waren so gefaßt, daß die Erfüllung unmittelbar überprüft werden konnte. Die übrigen Bedingungen nannten Forderungen, denen die jugoslawische Regierung zustimmen sollte. Sie betrafen die Verhältnisse im Nachkriegs-Kosovo, zogen sich sprachlich mehr oder minder unverändert durch die diplomatischen Vermittlungsbemühungen der nachfolgenden Wochen und fanden schließlich Eingang in die Resolution 1244 des Sicherheitsrats der Vereinten Nationen vom 10. Juni 1999.[4] Diese Resolution bildet die Rechtsgrundlage und das Basisdokument für den gegenwärtigen Status der Krisenprovinz. Sie enthält in zwei Anlagen die Grundsätze, die am 6. Mai von den Außenministern der G-8-Staaten in Bonn verabschiedet wurden, und die Absprachen, die am 2. Juni die internationalen Unterhändler Ahtisaari und Tschernomyrdin in Belgrad mit Präsident Milošević trafen. Sowohl die Resolution als auch jede der beiden Anlagen führen die drei Prinzipien auf, deren Verwirklichung als das politische Ziel des Luftkrieges verstanden werden kann: 1. die sichere und ungehinderte Rückkehr aller Flüchtlinge und Vertriebenen in das Kosovo,[5] 2. friedliche und normale Lebensbedingungen für alle Einwohner des Kosovo,[6] 3. eine substantielle Autonomie des Kosovo innerhalb der Bundesrepublik Jugoslawien.[7]

Sichere und ungehinderte Rückkehr aller Flüchtlinge und Vertriebenen in das Kosovo

Das Ziel wurde erreicht. Zeitgleich mit dem Einmarsch der ersten KFOR-Verbände in das Kosovo begann der Rückstrom der vertriebenen Albaner. Viele fanden in den Heimatorten nur noch die Ruinen ihrer Häuser vor. Mit Unterstützung der internationalen Sicherheitstruppe und ziviler Hilfsdienste konnte ihnen ein zumindest provisorisches Unterkommen bereitet werden. Wo nötig, übernahmen die internationalen Organisationen auch die Versorgung. Da die serbischen Streitkräfte und die Sonderpolizei zuvor das Land verlassen hatten, waren die Rückkehrer vor neuer Verfolgung sicher. Ohne diesen Umstand und ohne Aussicht auf Schutz durch eine NATO-Streitmacht wäre die Rückführung vermutlich schleppender verlaufen. So mußten die Auffanglager an den Außengrenzen des Kosovo nicht, wie geplant, winterfest gemacht werden. Bereits im Juli 1999 konnte das letzte von ihnen geschlossen werden. Angesichts der Tatsache, daß noch im Vormonat die Balkanprovinz zur Hälfte entvölkert war und eine dreiviertel Million Menschen notdürftig außer Landes kampierten, ist das kein geringer Erfolg.

Die Frage stellt sich, warum zu Beginn des NATO-Bombardements die ausufernde Gewalt und die systematische Verletzung der Menschenrechte im Kosovo als die Verbrechen gebrandmarkt wurden, die es durch eine humanitäre Intervention zu stoppen gelte, aber kein Vertreter der kriegführenden Staaten auch die Rückkehr der Vertriebenen unter die zu erreichenden Ziele reihte. Die Antwort lautet: weil das Problem noch nicht

3 NATO-Gipfelerklärung zum Kosovo vom 23. April 1999, Ziffern 3 und 4, in: Bulletin der Bundesregierung 24/1999, S. 231.

4 Deutsch in: Stichworte zur Sicherheitspolitik 6/1999, S. 44–49.

5 UN-Resolution 1244, Ziffern 9c und 11k; Anlage 1, Punkt 5; Anlage 2, Ziffern 4 und 7.

6 Ebd. Ziffer 10: Anlage 1, Punkt 4; Anlage 2, Ziffer 5.

7 Ebd. Ziffer 10; Anlage 1, Punkt 6; Anlage 2, Ziffern 5 und 8.

existierte. Von sich reden machten zunächst die sogenannten "Binnenflüchtlinge", d.h. Menschen, die vor den Schrecken des Bürgerkrieges außerhalb ihrer Wohnorte, meist in deren Nähe, jedoch innerhalb der Provinz und teils nur kurzzeitig Zuflucht gesucht hatten. Ihre Zahl schwoll an, wenn die Kampfhandlungen zunahmen, sie ging zurück, wenn die Kämpfe abflauten. Die Gipfelwerte wurden im Oktober 1998 und im März 1999 mit 200.000 bzw. 230.000 internen Flüchtlingen erreicht.[8] Außerdem hatten zwischen März 1998, dem Ausbruch des Bürgerkrieges, und März 1999, als die NATO militärisch eingriff, rund 170.000 Kosovaren ihr Land verlassen, teils in Nachbarstaaten, teils nach Westeuropa. Von einer Massenvertreibung der Bevölkerung zur gezielten Veränderung der demographischen Verhältnisse sprach damals noch kein westlicher Politiker.

Zwischen Flucht und Vertreibung mag oft nur ein abstrakter Unterschied bestehen. Ohne Not verlassen kaum ganze Familien und Dorfgemeinschaften Haus und Hof. Aus freien Stücken fliehen auch keine Menschen auf schrottreifen Schiffen über das offene Meer. Der zeitweilige Staatszerfall der Nachbarrepublik Albanien im Frühjahr 1997 und der Bürgerkrieg im Kosovo lösten Fluchtwellen in einer Größenordnung aus, wie sie für vergleichbare Unruheregionen charakteristisch sind. Beide Szenarien hatten jedoch nichts gemein mit der Entwicklung, die im Kosovo explosionsartig am Wochenende vom 27. zum 28. März 1999 einsetzte,[9] nachdem in Belgrad die ersten NATO-Raketen eingeschlagen waren. Der Massenexodus über die albanische und mazedonische Grenze erfaßte schon im ersten Monat über 600.000 Menschen, vierzigmal mehr als die 14.000 Kosovaren, die während des einjährigen Kampfes zwischen den serbischen Machthabern und den albanischen Aufständischen ohne NATO-Beteiligung im Monatsdurchschnitt aus der Provinz geflohen waren.[10] Bis zum Ende der Militärintervention im Juni stieg die Zahl der Vertriebenen auf mehr als 800.000 an. Es wäre zynisch, diese Gewaltopfer als Flüchtlinge zu bezeichnen und ihrem Aufbruch damit den Anschein von Freiwilligkeit anzuheften. Sie wurden bedroht, mißhandelt, zum Verlassen ihrer Häuser und zur Aufgabe ihrer Lebensgrundlagen gezwungen – nicht weil sie einen bewaffneten Kampf führten, sondern weil sie einer mißliebigen ethnischen Gruppe angehörten.

Ab Ende März 1999 wurde die internationale Medienöffentlichkeit Zeuge der Kriegsbilder zweier benachbarter Schauplätze: An den Grenzen zu Mazedonien und Albanien stauten sich die Elendstrecks entkräfteter Menschen, im jugoslawischen Luftraum entledigten sich Wellen von Kampfflugzeugen ihrer Bombenlast. Das Urteil über den Krieg stand und fiel mit der Frage, was die beiden Schreckensszenarien miteinander verband. Sollte es glaubhaft erscheinen, daß die Luftoffensive geführt wurde, um dem Vertreibungsexzeß Einhalt zu gebieten, so mußte eine vom tatsächlichen Hergang abweichende Abfolge der Ereignisse suggeriert werden. Dies unternahm Bundeskanzler Schröder vor dem Bundestag mit der Behauptung: "Vertreibung und Mord waren längst im Gange, als die NATO ihre Militäraktion begann."[11] Die in Politik und Medien breit aufgegriffene Version berief sich auf einen von Verteidigungsminister Scharping kolportierten "Ge-

8 Lageanalyse des Auswärtigen Amtes vom 19. März 1999 zur humanitären Situation im Kosovo, in: Vierteljahresschrift für Sicherheit und Frieden 3/1999, S. 211.

9 Astri Suhrke, "Day One" – the initial response, in: UNHCR (Ed.), The Kosovo refugee crisis, Geneva, Februar 2000, S. 31.

10 Zahl der Flüchtlinge aus dem Kosovo – Graphik nach Quellen des UNHCR, in: FAZ v. 8. und 29. Mai 1999.

11 Deutscher Bundestag, Plenarprotokoll 14/32, 15. April 1999, S. 2620.

heimplan Hufeisen", aus dem angeblich hervorgehe, daß die Vertreibung der zivilen Bewohner des Kosovo von der Belgrader Führung langfristig geplant und bereits um die Jahreswende 1998/99 in die Praxis umgesetzt worden sei. Bis heute ist die Existenz eines solchen Planes ungeklärt. Aber schon zum Zeitpunkt der Verlautbarungen war ersichtlich, daß sich Inhalt und Interpretation nicht deckten. Nach der vom Verteidigungsministerium veröffentlichten Zusammenfassung bezweckte der Operationsplan die "Neutralisierung der UCK".[12] In Scharpings Zuspitzung wurde daraus "die systematische Vorbereitung und Durchführung von Mord und Vertreibung der Bevölkerung im Kosovo".[13]

Von einer Massenvertreibung aus dem Kosovo hinaus, wie sie nach Eröffnung des Luftkrieges massiv einsetzte, kann für die Zeit davor keine Rede sein. Weder den OSZE-Beobachtern vor Ort noch den Grenzbehörden der Nachbarstaaten wäre sie verborgen geblieben. Näher liegt die Vermutung eines nicht nur zeitlichen, sondern auch ursächlichen Zusammenhangs zwischen den beiden Gewaltaktionen. Unmittelbar vorausgegangen war der Abzug der Verifikationsmission der OSZE und der zivilen Hilfsorganisationen. Eine internationale Präsenz, die zur Mäßigung anhalten konnte, gab es nun nicht mehr. Die Albaner wurden zu schutzlosen Opfern einer ungehemmten Vergeltungswut ihrer Peiniger. Ob befohlen oder geduldet, jedenfalls unbeachtet von lästigen Zeugen, konnte sich kollektiver Haß austoben an einer wehrlosen Bevölkerung, die ihrerseits haftbar gemacht wurde, für den Krieg aus der Luft, dem man selbst wehrlos ausgesetzt war. Waren sie es doch, die Albaner, so die serbische Sicht, die das NATO-Bombardement herbeigerufen hatten, ihre Bestrafung sei verdient gewesen.

Vier von fünf der Vertriebenen, die mit den einrückenden Truppen der internationalen Streitmacht in das Kosovo zurückkehren konnten, hatten die Provinz erst während und im Gefolge des alliierten Luftkrieges verlassen müssen. Das relativiert den Erfolg der NATO. Ein Übel zu beheben, das man zum ganz überwiegenden Teil selbst ausgelöst hat, ist ein eingeschränktes Verdienst. Nicht die NATO verjagte die Albaner des Kosovo, sondern die militärischen und paramilitärischen Formationen unter Belgrader Kommando. Aber von Mitverantwortung für Untaten läßt sich nicht freisprechen, wer ihre Ausführung begünstigt.

Friedliche und normale Lebensbedingungen für alle Einwohner des Kosovo

Dieses Ziel wurde vorerst verfehlt. Den gegenwärtigen Zustand als Frieden zu bezeichnen, wäre euphemistisch. Die Gewalt hat nicht geendet. Sie bestimmt als Mittel politischer Einschüchterung und in Form gewöhnlicher Kriminalität weiterhin die Lebenswirklichkeit der Bewohner. Von einer rechtsstaatlichen, demokratisch legitimierten Ordnung ist das Kosovo noch weit entfernt. Formal liegt die oberste Autorität in den Händen von UNMIK (*UN Mission in Kosovo*) und KFOR (*Kosovo Force*), der internationalen Zivil- bzw. Sicherheitspräsenz, die durch die UN-Resolution 1244 eingesetzt wurden. De facto ist das Kosovo ein westliches Protektorat. Unterhalb der Besatzungsstruktur hat sich ein informelles Herrschaftsgeflecht ausgebildet, in dem die Partei des Demokratischen Fort-

12 Vertreibung der Kosovo-Albaner mit der "Operation Hufeisen" – Darstellung des Bundesministeriums der Verteidigung, in: FAZ v. 22. April 1999.

13 Rudolf Scharping: Der Stein auf unserer Seele – Deutschland und der gerechte Krieg, in: FAZ v. 3. Mai 1999.

schritts (PPDK), die aus der UCK hervorging, den maßgeblichen Einfluß ausübt. Sie dominiert die provisorischen Lokalverwaltungen. Eine multiethnische Gesellschaft existiert nicht, sie ist, was schwerer wiegt, auch nicht im Entstehen begriffen.

Zunächst vollzog sich ein weiterer Akt der Tragödie. Die Bühne war dieselbe, nur die Rollen hatten gewechselt. Jetzt gaben die Albaner den Ton an, und Serben wie Roma hatten um ihr Leben zu fürchten. Wer konnte, brachte sich in Sicherheit. Im August teilte die Flüchtlingskommissarin der UNO, Ogata, mit, von den 200.000 serbischen Bewohnern seien 170.000 aus Furcht vor den Albanern geflohen. [14] Nach einer Untersuchung der "Gesellschaft für bedrohte Völker" hatten von den vormals 150.000 Roma und Aschkali 120.000 das Kosovo verlassen. [15] Treffen die Angaben zu, sind die nichtalbanischen Minderheiten mit 80 bzw. 85 Prozent noch stärker dezimiert worden als zuvor die Albaner durch die serbische Vertreibungswut. Es kursieren jedoch auch weniger dramatische Zahlen. General Reinhardt, der Kommandeur der KFOR, bezifferte unter Berufung auf UN-Administrator Kouchner die Anzahl der noch im Kosovo lebenden Serben auf 97.000, die der Angehörigen anderer Minderheiten auf 73.000 Personen. [16] Sie führen eine Art Ghetto-Existenz: "Die verbliebene serbische Bevölkerung lebt im wesentlichen zusammengedrängt in einigen Enklaven. Die größte dieser serbischen Zonen ist die Nordecke Kosovos bei Mitrovica; sie hat Anschluß an Serbien. Größere Enklaven im Innern Kosovos gibt es noch bei Gracanica südlich von Pristina und im Bergtal von Brezovica östlich von Prizren. Bei Kamenica in Ostkosovo und auch andernorts hat sich in vereinzelten Dörfern die serbische Bevölkerung gehalten. Die Roma leben zum Teil in Lagern, etwa in der Nähe von Djakovica. ... Die Enklaven werden von der KFOR bewacht; Panzer stehen an den Durchfahrtsstraßen und bei Kirchen. Das verhindert nicht, daß es immer wieder Anschläge gibt." [17]

Mord, Brandschatzung, Plünderung – auch für die Verfolgung der Serben durch die Albaner gibt es keine Entschuldigung, aber es gibt Erklärungen. Was Anfang 1998 als bewaffneter Kampf der albanischen Widerstandsbewegung gegen das jugoslawische Regime begann, steigerte sich zum internationalen Krieg einerseits und zum blindwütigen Exzeß gegen wehrlose Zivilisten andererseits. Als im Kosovo die Machtverhältnisse umschlugen und die Vertreibungsopfer zurückkehrten, rief jedes neu entdeckte Grab das erlittene Leid frisch in Erinnerung. Haß und Fanatismus haben sich schon aus geringerem Anlaß gewalttätig entladen als dem Wunsch nach Rache. Darin wird man weniger eine Rechtfertigung erkennen als die Eigendynamik einmal entfesselter Gewalt. Der Unterschied zwischen den beiden Verfolgungen vor und nach Beendigung des NATO-Krieges liegt in den äußeren Umständen. Der Überfall der serbischen Staatsmacht auf die albanische Bevölkerung geschah gleichsam unter Ausschluß der Öffentlichkeit. Heute jedoch steht eine stattliche Eingreiftruppe vor Ort, mit allen Befugnissen versehen und bis an die Zähne bewaffnet. Sie soll für Sicherheit sorgen, die sich gleichwohl nicht einstellt.

Daraus ist den Soldaten am wenigsten ein Vorwurf zu machen. Ihre Rolle hat kaum etwas gemein mit dem Auftrag, für den sie ursprünglich vorgesehen waren. Das verdeut-

---

14 Beratungen über das Kosovo, in: FAZ v. 21. August 1999.

15 Vertreibung der Zigeuner aus dem Kosovo beklagt, in: FAZ v. 8. September 1999.

16 Die Gewaltkurve im Kosovo zeigt steil nach unten – Interview mit General Klaus Reinhardt, in: Frankfurter Rundschau v. 17. September 1999.

17 Die Sicherheit ist nicht gewährleistet, in: Neue Zürcher Zeitung v. 27. März 2000.

licht der Fristenplan zur Demilitarisierung des Kosovo im Abkommen von Rambouillet, das nicht in Kraft trat: sechs Monate für den (Teil-)Rückzug der jugoslawischen Streitkräfte, zwölf, erforderlichenfalls 24 Monate für die Rückführung der Sonderpolizei, aber nur vier Monate für die Entwaffnung und Auflösung der UCK. [18] Parallel dazu sollte der Neubau der politischen Ordnung erfolgen, schrittweise in Form eines Überleitungskonzepts von unten nach oben aus den bestehenden Institutionen heraus und auf der Grundlage demokratischer Wahlen. [19] Die Bomben auf Belgrad haben den schönen Plan vom Tisch gefegt. Nach der Eskalation der Gewalt – auch im Kosovo selbst – war es mit den Rambouillet-Bedingungen nicht mehr getan. Die neue Forderung der Alliierten verlangte den unverzüglichen und vollständigen Abzug aller militärischen und polizeilichen Kräfte binnen sieben Tagen. Dem hektischen Aufbruch des Sicherheitsapparats schloß sich das Verwaltungspersonal des alten Regimes an. Was die KFOR im Kosovo vorfand, waren nicht nur geräumte Kasernen, sondern auch leere Amtsstuben. Die zivile Infrastruktur hatte sich aufgelöst.

Den Friedensprozeß absichern, Widersetzlichkeit notfalls entgegentreten, dafür war die internationale Militärpräsenz vorgesehen. Aber Soldaten sind weder Richter noch Verwaltungsfachleute, weder Streifenpolizisten noch Gefängniswärter. Engagement und Improvisation allein ersetzen keine fehlende Qualifikation. Mag sie sich noch so sehr mühen – das administrative Vakuum kann die Sicherheitstruppe nicht füllen, und ebensowenig kann sie den Haß beseitigen, der zwischen den verfeindeten Bevölkerungsgruppen herrscht. Sie muß nicht den Sündenbock spielen für Versäumnisse, die von der Politik zu verantworten sind. Den Frieden erst herstellen, den sie bewachen soll, ist ein aussichtsloses Unterfangen.

Substantielle Autonomie des Kosovo innerhalb der Bundesrepublik Jugoslawien

Das Ziel liegt inzwischen weitab jeder politischen Realität. Als neue Herren im Kosovo fühlen sich die Widerstandskämpfer der UCK. Ihr Führer Thaci hofft, auch im inneralbanischen Machtkampf die Früchte des Sieges einzustreichen, die gegen den äußeren Feind die NATO für ihn errungen hat. Dem widersetzt sich einstweilen noch sein Opponent Rugova. Aber beide Politiker eint die Überzeugung, daß eine Rückkehr der Provinz unter jugoslawische Oberhoheit nicht mehr in Frage kommt. So spricht vieles dafür, daß die unter dem humanitären Banner der Menschenrechte geführte Intervention letztendlich dasselbe Ergebnis zeitigen wird wie hunderte ordinärer Kriege zuvor: Der Sieger bzw. der Schützling des Siegers erhält, was der Verlierer abtreten muß.

Was wird sich dann eine zukünftige Regierung in Pristina zum Ziel setzen? Nur die politische Unabhängigkeit? Oder den Zusammenschluß mit der Republik Albanien? Oder die Vereinigung aller Albaner in einen gemeinsamen Staat? Die stärkste Anhängerschaft scheint die Idee der nationalen Einheit in Tirana zu haben, [20] aber auch die UCK denkt über die Grenzen des Kosovo hinaus. Mazedonien gilt im Sprachgebrauch ihrer Führung als "Operationsgebiet Nr. 2". [21] Seit dem Frühjahr macht ein UCK-Ableger mit Anschlägen

18 Interim Agreement for Peace and Self-Government in Kosovo, 23. Februar 1999, Kapitel 7, Artikel IV-VI.
19 Ebd. Kapitel 1 bis 3.
20 Jens Reuter, Der Traum vom Großalbanien, in: NZZ Folio 6/1999, S. 26 – 31.
21 Frank Richter, Balanceakt – Die Lage im Kosovo spiegelt die Instabilität der Region, in: Information für die Truppe 7 – 8/1999, S. 18.

im südlichen Serbien auf sich aufmerksam. Außer im Westen Mazedoniens und im Süden Serbiens leben albanische Bevölkerungsgruppen im Osten Montenegros und im Norden Griechenlands. Drei der vier Zielgebiete großalbanischer Ambitionen grenzen unmittelbar an das Kosovo. Der KFOR wird auf längere Sicht die Aufgabe zuwachsen, eine selbstbewußte Guerilla daran zu hindern, ihr erfolgreiches Befreiungswerk auf benachbartem Territorium fortzusetzen.

Eine weitere Unbekannte in der Rechnung ist die Haltung, die Belgrad einnehmen wird. Ob mit oder ohne Milošević, der Anspruch auf das Kosovo stellt eine Konstante serbischer Politik dar. Auch die Opposition einschließlich der orthodoxen Kirche hält daran fest. Nicht den Feldzug gegen die Kosovo-Albaner werfen manche innenpolitische Gegner dem jugoslawischen Präsidenten vor, sondern daß er ihn verloren hat. Darüber täuschen westliche Politiker hinweg, wenn sie den Eindruck erwecken, mit einer anderen Regierung leichteres Spiel zu haben. Gerade waren die Chancen auf ein multiethnisches Kosovo in einem multiethnischen Jugoslawien endgültig vertan, als sich der Westen, um Rußland zu beschwichtigen, gehalten sah, den Grundsatz der territorialen Integrität Jugoslawiens neu zu bekräftigen. In der Resolution 1244 hat Belgrad einen international verbrieften Titel auf seine abtrünnige Provinz. Die NATO muß jeden Ehrgeiz einer militärischen Rückeroberung vorsorglich abschrecken. Das ist der zweite Grund, der ihr eine lange und kostspielige Präsenz in der Krisenregion aufbürden wird.

Gründe des Scheiterns

Eine militärische Operation, deren politische Ziele so gründlich verfehlt wurden, muß als gescheitert betrachtet werden. Über die Gründe des Scheiterns ist damit noch nichts gesagt. Es können andere als die deklarierten Ziele verfolgt worden sein, oder die gewählten Mittel haben nicht zu den Zielen gepaßt, oder die Ziele waren unzureichend aufeinander abgestimmt. Wenn hier die Auffassung vertreten wird, daß jede dieser Annahmen einen Teil der Erklärung liefert, so ist ein bestimmtes Verständnis der Pflichten Dritter gegenüber politischen Gewaltkonflikten vorausgesetzt: Die internationale Gemeinschaft darf nicht untätig bleiben, wenn Menschen an Leib und Leben bedroht oder in ihren elementaren Rechten verletzt werden; genauso wenig darf sie unbesehen die Anliegen einer der streitenden Parteien zu ihren eigenen machen.

Gerade wenn es zutrifft, daß in ethnopolitischen Konflikten sich gegenseitig ausschließende Ansprüche aufeinanderprallen, die zur gewaltsamen Austragung treiben, ist den nichtbeteiligten Außenstehenden eine Haltung verwehrt, die den Fatalismus der Kontrahenten teilt und vor der vermeintlichen Ausweglosigkeit der Konfrontation resigniert. Nicht die Befangenheit historischer oder ethnischer Argumente der unmittelbar Beteiligten sollte das eigene Verhalten leiten, sondern Kriterien des Rechts und der Vernunft, der Billigkeit und der Angemessenheit. Auch wenn sich der Konflikt damit nicht aus der Welt schaffen läßt, ist die Überführung in einen Zustand normierter Zivilität bereits ein bedeutender Erfolg. Wer die Händel des Balkans verstehen will, so heißt es, muß die Mythen und Legenden durchdringen, die sie umranken. Wem an einer zuträglichen Lösung für gegenwärtige und künftige Generationen liegt, muß das keineswegs. Die Geschichte der Aversion zwischen Albanern und Serben hat stämmige Wurzeln. Je nachdem ob sie ab 1989, 1974, 1913 oder gar ab 1389 erzählt wird, fördert sie unterschiedliche bis unvereinbare Wahrheiten zu Tage. Es sind Pseudowahrheiten, tröstlich für das kontemplative Ritual in der eigenen Gruppe, aber nutzlos bei der Suche nach einem heute und morgen tragfähigem politischen *Modus vivendi*. Insofern kommt von den drei oben genannten Zielsetzungen der internationalen Gemeinschaft zur Beilegung der Kosovo-Krise die zweite einer verallgemeinerungsfähigen Maxime am nächsten: friedliche und normale Lebensbedingungen, und zwar für alle Bewohner eines umkämpften Territoriums. Nicht weniger, aber auch nicht mehr zu erreichen sollte sich die internationale Schlichtungs- und Vermittlungspolitik vornehmen.

Asymmetrische Konfliktperzeption

Erfolgreiche Kriegsbeendigung auf dem Balkan hat einen Namen: Dayton. Er steht für die Entschlossenheit, widerspenstige Kriegsherren solange am Verhandlungstisch zu halten, bis sie einem Kompromiß zustimmen, der zwar keinen auf Versöhnung gegründeten Frieden garantiert, aber doch das dauerhafte Schweigen der Waffen sicherstellt. Mit diesem Vorbild verglichen nehmen sich die Aktivitäten zur Beilegung der Kosovo-Krise dilettantisch aus. In den westlichen Hauptstädten war bekannt, daß die Gewalt von beiden Bürgerkriegsparteien ausging und daß sie ihre Opfer bei den Albanern wie bei den Serben fand. Noch kurz vor Beginn der NATO-Luftoffensive unterrichtete der Sonderstab des Bonner Auswärtigen Amtes darüber die Spitzen der zuständigen Ministerien: "Von Flucht, Vertreibung und Zerstörung im Kosovo sind alle dort lebenden Bevölkerungsgruppen gleichermaßen betroffen. Etwa 90 vormals von Serben bewohnte Dörfer sind inzwischen verlassen."[22] Dennoch wandten sich die Eingriffe von außen, sofern sie über Appelle hinausgingen und mit Druckmitteln operierten, ausschließlich an die eine, die Belgrader Kriegspartei. Das markanteste Beispiel ist die Holbrooke-Milošević-Übereinkunft vom 13. Oktober 1998. Vereinbart wurde eine vollständige Waffenruhe und die Rückführung von Militär und Polizei, beaufsichtigt von einer luftgestützten Überwachungsmission der NATO und von der KVM der OSZE am Boden. NATO-Generalsekretär Solana bestätigte zwei Wochen später die Einhaltung der jugoslawischen Verpflichtungen.[23] Die UCK-Führung hingegen erklärte, sich an die Waffenruhe nicht gebunden zu fühlen.[24] Sie wurde mit keinerlei Auflagen belegt und konnte sogar unbehelligt die gerade geräumten Gebiete unter ihre Kontrolle nehmen. Der Vorsitzende des NATO-Militärausschusses, General Naumann, mußte später einräumen, daß es die UCK war, "die uns den Erfolg des Holbrooke-Abkommens kaputtgemacht hat. Sie stieß in das Vakuum vor, das der Abzug der Serben hinterlassen hatte, und breitete sich in einer Weise aus, die vermutlich niemand in irgendeinem unserer Staaten akzeptiert hätte. Ich kann mir nicht vorstellen, daß in Deutschland akzeptiert wird, wenn da irgendjemand, der meint, sich gegen den Staat auflehnen zu können, Straßensperren, Grenzposten errichtet, anfängt Uniform zu tragen, Waffen zu schwenken."[25]

22 Lageanalyse (Anm. 8), S. 211.

23 Statement by NATO Secretary General, 27. October 1998, in: Marc Weller (Ed.), The Crisis in Kosovo 1989–1999, Cambridge 1999, S. 284.

24 Wolfgang Petritsch/Karl Kaser/Robert Pichler: Kosovo, Kosova – Mythen, Daten, Fakten, Klagenfurt 1999, S. 245.

25 Zit. n. Hubert Seipel: Chronik eines angekündigten Krieges – Eine Bilanz des Kosovo-Konflikts, ZDF, 21. September 1999 (Manuskript), S. 3f.

Ein anderes Beispiel und, wie sich erweisen sollte, die letzte Gelegenheit, das Debakel abzuwenden, war die Konferenz von Rambouillet, zu der die Kontaktgruppe beide Konfliktseiten einbestellt hatte. Auf der Grundlage vorgegebener "Basis-Elemente", die für unverhandelbar erklärt worden waren und denen Belgrad bereits zugestimmt hatte, sollte in kurzer Frist ein Übergangsstatut für das Kosovo beschlossen werden. Die zweiwöchigen Verhandlungen endeten am 23. Februar 1999 keineswegs mit einem vollständigen Fehlschlag, sondern mit dem weitreichenden Ergebnis der "grundsätzlichen Einigung der Parteien (jedoch ohne Unterschrift) über den politischen Teil des Abkommens, einschließlich einer Autonomie für das Kosovo".[26] Einer der drei internationalen Verhandlungsführer berichtete, daß 95 Prozent des Abkommens ausgehandelt, die restlichen fünf Prozent bereits erschöpfend behandelt waren,[27] und daß die jugoslawische Seite auch eine internationale Überwachungspräsenz zugestanden habe, "und zwar nicht eingeschränkt auf nur zivile Präsenz".[28] Die Konferenz scheiterte nicht an einer neuen Verfassung für das Kosovo auf der Grundlage von Selbstbestimmung und Selbstregierung. Rambouillet scheiterte an der Frage der militärischen Umsetzung. Die Vertreter Belgrads weigerten sich, der Stationierung einer Streitmacht "unter der Autorität, der Führung und der politischen Kontrolle des Nordatlantikrats durch Nutzung der NATO-Kommandostruktur"[29] zuzustimmen. War es doch ihr Widersacher im Bürgerkrieg, die kosovo-albanische Befreiungsarmee, die seit Ausbruch der Kampfhandlungen den Einmarsch der NATO gefordert hatte – aber als Verbündeten, nicht als unparteiischen Schlichter. Als feststand, daß die jugoslawisch-serbischen Unterhändler die Ablehnung der Besatzungsregelung aufrechterhalten würden, zog die albanische Delegation ihre noch bestehenden Vorbehalte zurück, unterzeichnete das Abkommen und stellte damit die Konstellation her, die von der NATO vorab zur Voraussetzung der Aufnahme von Luftangriffen erklärt worden war.

In westlicher Sicht fungierte die UCK de facto ebenfalls als Alliierter. So zählte das amerikanische Verteidigungsministerium zu den Gründen, die im Juni 1999 Milošević schließlich zur Kapitulation zwangen, neben der Wucht der Luftschläge und der politischen Geschlossenheit des Westens auch "die hartnäckigen militärischen Anstrengungen der Kosovo-Albaner".[30] In einer frühen Phase des Konflikts war die Grundentscheidung gefallen, durch asymmetrisches Interventionsverhalten die Sache der Kosovo-Albaner zu unterstützen, obwohl nach außen stets am Eindruck der Unparteilichkeit festgehalten wurde. Die UCK hatte keinen Eigenbeitrag zu leisten, um einem Frieden durch Interessenausgleich den Weg zu ebnen. Sie war nicht gehalten, Abstriche an ihren politischen Maximalforderungen vorzunehmen. Ihr konnte kein Verstoß gegen die Verpflichtung zur militärischen Zurückhaltung vorgeworfen werden, weil sie nie genötigt worden war, einen Waffenstillstand zu schließen. Sie mußte auch keine internationalen Sanktionen befürchten, weder hinsichtlich des Nachschubs an Waffen und Ausrüstung noch in bezug auf ihre Finanzquellen im Ausland. Die westliche Öffentlichkeit empfing beständig das Zerrbild

26 Bundesministerium der Verteidigung: Chronologie der politischen und militärischen Ereignisse auf dem Balkan zwischen 1986 und April 1999, Bonn, 21. April 1999, S. 13.

27 Petritsch u.a. (Anm. 24), S. 318.

28 Botschafter Petritsch in einem Fernseh-Interview, zit. n. Seipel (Anm. 25), S. 5.

29 Interim Agreement (Anm. 18), Kapitel 7, Artikel I, Ziffer 1b.

30 US-Department of Defense: Kosovo/Operation Allied Force After-Action Report, Washington, 31. Januar 2000, S. 11.

einseitiger Vergehen unprovozierter Täter an passiven Opfern. Es wurde ihr wider besseren Wissens vermittelt. Denn die Informationen in den inneren Entscheidungszirkeln lauteten anders. Noch am Vorabend der ersten Luftangriffe meldete der Lagebericht des deutschen Verteidigungsministeriums: "Das Anlaufen einer koordinierten Großoffensive der serbisch-jugoslawischen Kräfte gegen die UCK im Kosovo kann bislang nicht bestätigt werden. ... Die UCK ihrerseits wird wahrscheinlich weiter versuchen, durch die bekannten *Hit-and-Run*-Aktionen die serbisch-jugoslawischen Kräfte zu massiven Reaktionen zu provozieren in der Hoffnung, daß diese in ihren Ergebnissen hinsichtlich Zerstörungen und Flüchtlingen ein Ausmaß annehmen, das sofortige Luftschläge der NATO heraufbeschwört".[31]

Primat militärischer Krisenbewältigung

Für die NATO, die im Frühsommer 1998 das Heft in die Hand nahm, ging das Management der Kosovo-Krise weitgehend in militärischer Einsatzplanung auf. Die vier Optionen, die ausgearbeitet wurden, hatten zur Voraussetzung, daß entweder ein Vertragsschluß zustande käme, der mit Streitkräften zu überwachen gewesen wäre, oder daß Zwangsmittel gegen die Belgrader Regierung ergriffen werden würden. Sie reichten von der Überwachung des Luftraums und der Durchsetzung eines Flugverbots über Luftschläge gegen Bodenziele in Jugoslawien bis zu unterstützenden Einsätzen von Landstreitkräften. Im Visier der Planer befand sich von Anfang an nur die eine Konfliktpartei, denn die Untergrundarmee der Kosovo-Albaner verfügte über keine Luftwaffe, die mit einem Flugverbot neutralisiert werden konnte, und ihre Versorgungslinien führten nicht nach Jugoslawien, sondern nach Albanien. Die Kontrolle der albanischen Grenze fehlt jedoch im Katalog der Optionen. Sie wurde zwar erwogen, aber als unerwünscht verworfen. Damit war die politische Richtung der Lösungssuche vorgegeben, die Zuständigkeit für die Detailarbeit der diplomatischen Umsetzung jedoch offengeblieben. Wer sollte die Kontrahenten an den Verhandlungstisch bringen, wer ihre Auffassungsunterschiede überbrücken? Weder die Balkan-Kontaktgruppe noch die OSZE besitzt Autorität und Handlungsspielraum für eigenständige Initiativen neben der omnipotenten NATO. Mit drei ausführlichen Resolutionen zum Kosovo hat sich der Sicherheitsrat der Vereinten Nationen zu Wort gemeldet. Sie sind ausgewogen in der Beurteilung und lassen an Eindeutigkeit der Empfehlungen nichts zu wünschen übrig. Was hätte die machtlose Weltorganisation mehr tun können? Sie sei blockiert gewesen, warfen westliche Regierungen ihr vor, da Rußland und China dem Ansinnen widerstanden, ein militärisches Vorgehen der NATO gutzuheißen. Der Weg führe nicht zum angestrebten Ziel, begründeten die Sprecher der östlichen Großmächte ihre Ablehnung. Darin sind sie nicht widerlegt worden. Was wäre gewonnen gewesen, hätte die NATO mit ihrer Zustimmung bomben können? Die Intervention trüge nicht den Makel des Völkerrechtsbruchs. Wäre sie deshalb erfolgreicher gewesen? Hätte sie weniger Opfer gekostet?

In der Regie der NATO beschränkte sich die Krisenbewältigung auf das schlichte Mittel, über die eine Militärallianz verfügt: die Androhung von Gewalt. Zwischen den Eskalationsschritten lagen nur kurze Abstände. Im Juni 1998 unternahm die Allianz Luft-

31 Bundesministerium der Verteidigung (FÜ S II): Zusammenfassung der Lageentwicklung im ehemaligen Jugoslawien (Stand 23. März 1999), S. 2.

manöver über Mazedonien, im August kombinierte See-, Luft- und Landübungen in Albanien. Auf den italienischen Luftwaffenstützpunkten stockte sie ihre Kampfgeschwader auf und in den Mittelmeerhäfen ihre Kriegsflotte. Die Mobilisierungserlasse ACTWARN und ACTORD ergingen am 24. September bzw. 13. Oktober, letzterer wurde nach dem bestätigten Truppenrückzug Belgrads nur ausgesetzt, nicht aufgehoben, um eine erneute Befassung der Parlamente zu umgehen. Am 30. Januar 1999, also vor Verhandlungsbeginn in Rambouillet, bevollmächtigte der NATO-Rat seinen Generalsekretär, Luftschläge gegen jugoslawisches Territorium zu autorisieren, was am 23. März geschah. Daß elf Wochen später Präsident Milošević in Belgrad die weiße Fahne hißte, leiht ihm rückblickend die Aura eines verantwortungsvollen Staatsmanns, denn "sonst hätte die NATO weitergebombt," so ihr Oberbefehlshaber General Clark, "seine Infrastruktur pulverisiert. Wir hätten die Nahrungsmittelindustrie zerstört, die Heizkraftwerke. Wir hätten alles getan, was nötig gewesen wäre." [32]

Ein Kurs des Diktats, der so konsequent auf die militärische Entscheidung zulief, macht die Frage unausweichlich: Ging es überhaupt um die proklamierten Ziele? Für die Vermutung, daß mehr Umsicht und Augenmaß, mehr kompetentes Konfliktmanagement zu einem besseren Resultat sowohl für die Opfer des Krieges als auch für die Stabilität der Region geführt hätten, läßt sich der Beweis nicht antreten. Allen amtlichen Beteuerungen zum Trotz hat es an politischen Alternativen zum Waffengang nicht gefehlt. Gelegenheiten kamen und gingen, blieben ungenutzt oder wurden ausgeschlagen. Es ist unerheblich, ob die NATO diesen Krieg wirklich wollte oder ob sie ihn nur der Gesichtswahrung wegen am Ende nicht mehr zu vermeiden wußte. Sie hat ihn geplant, vorbereitet, im Übermaß angedroht und schließlich geführt. Das ist es, was zählt. Ein neues Völkerrecht entsteht? Das Verständnis der Menschenrechte ist im Wandel begriffen? Die Zukunft wird es zeigen. Fest steht: Der veränderte Auftrag an ein militärisches Bündnis hat sich durchgesetzt. Seit Verabschiedung des Strategiekonzepts der Allianz auf dem Jubiläumsgipfel in Washington ist der Waffengebrauch zur eigenen Interessenwahrung programmatisch verankert, also wiederholbar. Die für niemanden mißverstehbare Botschaft besagt, wer in Europa die Ultimaten setzt und wessen Weisungen befolgt werden müssen. Der hehre Satz, daß Krieg kein Mittel der Politik mehr sein dürfe, liegt bei den Akten.

Reinhard Mutz

32 General Clark in einem Fernseh-Interview, zit. n. Seipel (Anm. 25), S. 10.

1.3. Schwierige Partnerschaft: Rußland und der Westen nach Kosovo und Tschetschenien

Zwei Kriege in Europa innerhalb eines Jahres haben die Beziehungen zwischen Rußland und dem Westen auf eine harte Bewährungsprobe gestellt. Die NATO-Bomben auf Kosovo und die Bundesrepublik Jugoslawien stießen in Rußland auf so heftige Ablehnung, daß ein Bruch des ohnehin gespannten Verhältnisses in greifbare Nähe rückte. Der Krieg, den Rußland seit September 1999 in Tschetschenien führt, löste in den westlichen Staaten Entsetzen und Protest aus. Manche Beobachter sprechen bereits vom Ende der ersten "freundlichen" Phase in den Beziehungen zwischen Rußland und dem Westen nach der Systemkonfrontation. Welche Zukunft haben diese Beziehungen im neuen Jahrzehnt?

Rußland und der Kosovo-Krieg

Nach den Kontroversen um die NATO-Osterweiterung trieben die Bomben der NATO auf Jugoslawien den bislang tiefsten Keil zwischen Rußland und Westeuropa bzw. die USA. Rußland hatte sich einem militärischen Einsatz der NATO bereits in den Verhandlungen von Rambouillet vehement widersetzt. Die russische Führung bestand auf einer politischen Lösung und bemühte sich, ihre "besonderen Beziehungen" zu Serbien in diesem Sinne zu nutzen. Dies mißlang nicht zuletzt wegen der unnachgiebigen Haltung Belgrads. Aber auch zwischen russischen und westlichen Diplomaten bestanden tiefgreifende Uneinigkeiten. Die Strategie der NATO, die Verhandlungen mit massivem militärischem Druck zu begleiten, wurde von russischer Seite scharf kritisiert. Außerdem fehlte jeglicher Konsens über die Zusammensetzung und den Stationierungsmodus einer möglichen internationalen Friedenstruppe im Kosovo.

Auf den Beginn des Krieges reagierte Moskau mit scharfem Protest und brach die offiziellen Beziehungen zur NATO ab. Die russische Regierung drohte mit der Entsendung von Kriegsschiffen in die Adria. Vor allem oppositionelle Politiker forderten immer wieder entschlossene Maßnahmen bis hin zur militärischen Unterstützung Belgrads. Auch in der Bevölkerung gab es Protestaktionen gegen den Krieg. Einige radikale Parteien und Gruppierungen richteten Sammelpunkte für russische Freiwillige ein.

Bereits Anfang April 1999 fand Moskau mit der Entsendung von Premierminister Jewgenij Primakov nach Belgrad und Bonn seinen Weg zurück auf die internationale Bühne. Mitte April ernannte Präsident Boris Jelzin den ehemaligen Ministerpräsidenten Viktor Tschernomyrdin zu seinem Sonderbeauftragten auf dem Balkan. Dieser war gemeinsam mit dem finnischen Präsidenten Ahtisaari aktiv an den Verhandlungen beteiligt, die im Juni zum Ende des Krieges führten.

Auch wenn sowohl die russische als auch die westliche Seite letztendlich den Anschein wahrten, die Kosovo-Krise sei schließlich von allen Beteiligten gemeinsam gelöst worden, so kann die Bilanz für Rußland bestenfalls ambivalent ausfallen. Zum einen war mit der Tatsache, daß die NATO überhaupt militärisch eingriff, für die russische politische Elite das *worst case*-Szenario schlechthin seit dem Beginn der Debatte um die NATO-Osterweiterung Wirklichkeit geworden. Zum anderen mußte Moskau während des Krieges immer wieder feststellen, daß nicht nur die NATO, sondern auch Belgrad sich seinen

Vorschlägen und Bemühungen gegenüber als resistent erwiesen. Schließlich war Rußland gezwungen, seine Forderungen nach einer eigenständigen Rolle in der internationalen Friedenstruppe zurückzunehmen und seine Truppen im amerikanischen und deutschen Sektor zu stationieren.

Der Krieg mit den Augen des anderen: Motive und Folgen aus russischer Sicht

Im Zentrum der russischen Argumentation gegen den Kosovo-Krieg stand der Schutz der Souveränität Jugoslawiens. Der Konflikt zwischen Serben und Kosovo-Albanern sei eine interne Angelegenheit des jugoslawischen Staates, die Maßnahmen Belgrads gegen die UCK ein legitimes Vorgehen gegen eine terroristische Separatistenorganisation. Moskau umging dabei den westlichen Genozid-Vorwurf ebenso wie eine klare Verurteilung des Milošević-Regimes und versuchte auf diese Weise, die moralisch-ethische Begründung des Krieges auszublenden. Aus dieser Perspektive stellte sich der Krieg der NATO als Angriffskrieg dar.

Rußland sah sich im Laufe des Kosovo-Krieges wieder einmal mit der Erkenntnis konfrontiert, daß die USA und Westeuropa gegebenenfalls auch gegen russische Interessen zu handeln bereit waren. Zwar wurde die russische Führung zu den Verhandlungen in Rambouillet hinzugezogen, doch hatte sie letzten Endes auf die Entscheidung zur Intervention keinerlei Einfluß. Dies lag zum einen daran, daß der in der NATO-Grundakte von 1997 verankerte NATO-Rußland-Kooperationsrat Moskau kein Vetorecht bei Entscheidungen der NATO einräumt. Zum anderen umging die NATO das einzige Gremium, das völkerrechtlich entscheidungsbefugt gewesen wäre und in dem Moskau Einfluß hätte nehmen können: den UN-Sicherheitsrat. Die völkerrechtliche und die politische Absicherung wurden in Form der Resolution 1244 des UN-Sicherheitsrates und des Neuen Strategischen Konzepts der NATO "nachgeliefert". Für die russische Seite bedeutete dies einen klaren Vertrauensbruch sowie eine Konfrontation mit der eigenen Machtlosigkeit. Es mußte der Eindruck entstehen, der Westen – unter der hegemonialen Führung der USA – sei lediglich rhetorisch bereit, Rußland einzubinden, entscheide jedoch unilateral, sobald seine strategischen Interessen betroffen seien.

Die Beziehungen Rußlands zur NATO haben seit dem Ende des Ost-West-Konflikts mehrere schwierige Phasen durchlaufen. Zwar hatten sich beide Seiten in Form der Grundakte auf einen Kompromiß einigen können, der einen Ausgleich für die Aufnahme Tschechiens, Ungarns und Polens schaffen sollte. Doch ließ Moskau auch weiterhin keinen Zweifel an seiner grundsätzlichen Ablehnung der Erweiterung. Der Bombenkrieg bestätigte die schlimmsten Befürchtungen der russischen NATO-Skeptiker in mehrfacher Hinsicht: Zum einen fand der Krieg *östlich* des Bündnisgebietes, also in größerer Nähe zu russischem Territorium, statt. Zum zweiten wurde er *außerhalb* des Bündnisgebietes geführt, ohne daß ein Mitglied der NATO angegriffen worden wäre. Schließlich richtete er sich gegen einen Staat, den Rußland in gewissem Sinne als Partner betrachtete. All dies mußte in Moskau den Eindruck verstärken, der Krieg der NATO sei nur ein weiterer Schritt hin zur Ausdehnung des Bündnisses nach Osten. Die Kosovo-Krise ging also aus der Perspektive der russischen politischen Elite einher mit einem deutlichen militärischen und politischen Bedeutungszuwachs der NATO, die als exklusiv und sogar feindlich wahrgenommen wurde.

Die Haltung der russischen Führung zu den Krisen im ehemaligen Jugoslawien war auch geprägt von der Befürchtung, auf dem Territorium der Rußländischen Föderation könnten sich ähnlich destruktive Prozesse abspielen. Bereits der erste Tschetschenienkrieg hatte den Beweis erbracht, daß auch in Rußland entsprechende Konfliktpotentiale existierten. Der Einsatz der NATO in Jugoslawien in Kombination mit dem Neuen Strategischen Konzept, das den Weg zu weiteren Einsätzen dieser Art zu ebnen schien, wurde in Rußland als Bedrohung interpretiert: Nicht nur schloß die NATO Moskau aus einer Entscheidung aus, die wichtige russische Interessen betraf, sie schuf auch noch einen Präzedenzfall, der sich in ähnlicher Form in einem Konflikt innerhalb Rußlands und seiner unmittelbaren Umgebung wiederholen könnte.

Das betrifft vor allem den Tschetschenienkonflikt, aber auch die gesamte Region des Kaukasus und des Kaspischen Meeres mit ihren Ölreserven. In den vergangenen Jahren haben westliche Staaten, allen voran die USA, wirtschaftliche und strategische Interessen in dieser Region lokalisiert und begonnen, Beziehungen zu einzelnen Staaten aufzubauen. Exemplarisch hierfür sei auf die Kooperation Aserbaidschans und Georgiens vor allem mit den USA verwiesen, die den gerade im Amt bestätigten georgischen Präsidenten Eduard Schewardnadse veranlaßte, die Aufnahme seines Landes in die NATO zu fordern. Von russischer Seite wurde darauf verwiesen, die Hemmschwelle für das Eingreifen in einen der zahlreichen Konflikte dieser Region könnte um so leichter überwunden werden, je konkreter die Interessen westlicher Staaten sich entwickeln. Rußland sah durch den Krieg der NATO also nicht nur seine Interessen als Großmacht in einer multipolaren Welt bedroht, sondern auch seine nationale und territoriale Sicherheit.

Two level crisis: Rußland zwischen innerer und äußerer Krise

Aus den geschilderten Argumentationsmustern geht deutlich hervor, daß es in der russischen Debatte nur bedingt um den serbisch-albanischen Konflikt, um die territoriale Integrität der Bundesrepublik Jugoslawien oder um den Mord an der albanischen Bevölkerung des Kosovo ging. Die russische politische Elite diskutierte vor allem die Position des eigenen Landes im internationalen System, die Beziehungen zu Europa, zur NATO und besonders zu den USA. Diese Diskussion ist Teil einer Auseinandersetzung, welche die russische Gesellschaft seit dem Ende der Sowjetunion über ihre Identität und Zukunft führt. Sie wird immer dann mit besonderer Heftigkeit ausgetragen, wenn interne oder externe Krisen Anlaß zum Schlagabtausch geben. Zu Beginn des Jahres 1999 war beides der Fall.

Das Land stand noch ganz unter dem Eindruck des Rubel-Sturzes im August 1998, der schwersten Wirtschaftskrise seit dem Beginn der 90er Jahre. Sie hatte die wenigen Reformerfolge mit einem Schlag zunichte gemacht und die ohnehin begrenzte Handlungsfähigkeit des Staates weiter eingeschränkt. In dieser Situation verschärfte sich der Konflikt zwischen Präsident und Parlament. Die kommunistisch und nationalistisch dominierte Duma strengte ein Absetzungsverfahren gegen den Präsidenten an. Der Krieg im Kosovo wurde zur willkommenen Projektionsfläche für die innenpolitischen Auseinandersetzungen. Während die Duma der Regierung eine entschlossenere Haltung bis hin zur militärischen Unterstützung Belgrads abforderte, warf die Regierung der Opposition vor, die Einheit des Landes zu gefährden. Die Duma betrieb eine regelrechte Nebenaußenpolitik, indem sie eigene Delegationen nach Belgrad entsandte, die Milošević Unterstützung zusagten. Dabei berief sich die Opposition auf die "slawische Bruderschaft" zwischen Serben und Russen und bediente sich einer nationalistischen Rhetorik, die in der innenpolitischen Auseinandersetzung auch von manchem Vertreter der Exekutive übernommen wurde. Dieses Stimmengewirr drang um so stärker nach außen, je näher der Termin für das Absetzungsverfahren Mitte Mai rückte, und irritierte die internationalen Verhandlungspartner, die vor allem im Rahmen der G-7(+Rußland) über eine politische Lösung des Konflikts diskutierten. Auch die bevorstehenden Wahlen zur Duma und zur Präsidentschaft verschärften die Auseinandersetzungen. Zwar scheiterte im Mai 1999 das Absetzungsverfahren gegen Jelzin. Die Kosovo-Krise hat jedoch deutlich die Kräfte in Rußland gestärkt, die dem Westen skeptischer gegenüberstehen.

Der Westen und der Krieg in Tschetschenien

Terrorismus oder Unabhängigkeitskrieg?

Der Krieg zwischen Rußland und den tschetschenischen Separatisten, der Anfang Oktober eskalierte, ist bereits der zweite russisch-tschetschenische Krieg seit dem Zerfall der Sowjetunion. Er ist direkt aus dem ersten, der mit dem Waffenstillstand von Chasawjurt im August 1996 endete, hervorgegangen. Die Konfliktparteien verzichteten damals auf die Regelung der Statusfrage und legten so bereits die Zündschnur für eine erneute Eskalation.

Anfang September 1999 besetzten etwa 2000 tschetschenische Kämpfer einige Dörfer in der an Tschetschenien grenzenden Republik Dagestan. Rußland reagierte mit Luftangriffen. Am 30. September 1999 marschierten russische Truppen in die Republik Tschetschenien ein. Die militärische Aktion, die sich nach russischen Darstellungen ausschließlich gegen "die Terroristen" richten sollte, entwickelte sich zu einem breitflächigen Krieg gegen die tschetschenische Bevölkerung. In den ersten Wochen gelang den russischen Truppen ein rascher Vormarsch, der jedoch im November stagnierte. Ende Januar 2000 meldete die Armee die Einnahme Grosnys. In der Zwischenzeit hatten sich die Kämpfe auch in die südlichen Bergregionen der Republik ausgeweitet. Anfang April meldete die russische Armee die Einnahme des gesamten Gebietes der Tschetschenischen Republik. Der zur gleichen Zeit anbrechende Frühling ermöglichte den tschetschenischen Kämpfern jedoch, zum Partisanenkrieg überzugehen. Dies schien der Auftakt zu einer neuen Phase in den bewaffneten Auseinandersetzungen zu sein.

Bereits zu Beginn des Krieges setzten sich Flüchtlingsströme in Richtung der inguschetischen Grenze in Bewegung. In kurzer Zeit sammelten sich dort über 200 000 Menschen, notdürftig versorgt in Hallen, Lagern oder Zelten. Der russische Umgang mit dem Flüchtlingsproblem und mit der tschetschenischen Zivilbevölkerung insgesamt zeichnete sich durch große Willkür aus. Einige Male schloß die russische Armee Grenzübergänge nach Inguschetien mit der Begründung, unter den Flüchtenden hielten sich Terroristen verborgen, welche die Flüchtlingslager infiltrieren sollten. Tausende von Menschen waren gezwungen, tagelang in kilometerlangen Menschenschlangen vor den Übergängen auszuharren. Immer wieder drangen Meldungen westlicher und kritischer russischer Journalisten aus dem abgeriegelten Kampfgebiet, die von sogenannten Filtrationslagern, Folterungen, Plünderungen und Vergewaltigungen berichteten. Die russische Armee machte Städte und Dörfer systematisch dem Erdboden gleich und hinterließ in dem bereits im letzten Krieg fast zerstörten Land nun endgültig verbrannte Erde.

Die russische Führung bestritt, einen Krieg gegen die Zivilbevölkerung zu führen und Menschenrechte zu verletzen. In den ersten Wochen hatte Moskau in Anlehnung an das Beispiel der NATO noch versucht, den Krieg als gezielte militärische Aktion gegen einzelne terroristische Gruppierungen darzustellen. Wichtig war dabei vor allem die Botschaft, daß die russische Armee geordnet vorginge und nicht unter großen Verlusten zu leiden habe. Im Fortgang des Krieges wurde dieses Bild zur Farce. Die russische Armee geriet immer tiefer in eine Dynamik, die einerseits durch den erbitterten Widerstand der Rebellen, andererseits die Weigerung der russischen Führung, auf Vermittlungsvorschläge des Westens oder Verhandlungsangebote des tschetschenischen Präsidenten Aslan Maschadow zu reagieren, verstärkt wurde.

Die Rhetorik vom Kampf gegen "die tschetschenischen Terroristen", denen unterschiedslos alle politischen Akteure in Tschetschenien zugeordnet wurden, ließ nur eine Strategie zu: die bedingungslose Vernichtung des Gegners. Bereits Anfang Oktober hatte Moskau die Anerkennung Aslan Maschadows als legitimer Präsident Tschetscheniens verweigert und sich somit des einzigen potentiellen Verhandlungspartners beraubt. Dadurch förderte die russische Seite den Schulterschluß zwischen Maschadow, mit dem sie 1996 den Friedensvertrag unterzeichnet hatte, und den radikaleren islamistischen Feldkommandanten wie Schamil Basaew.

Rußlands Tschetschenienkrieg verletzt Menschenrechte und trifft die Zivilbevölkerung in einem Ausmaß, das mit den Genfer Kriegsrechtskonventionen unvereinbar ist. Es handelt sich um einen kolonialen Krieg, der ein ganzes Volk zu vernichten droht. Gleichzeitig sind jedoch auch die tschetschenischen Rebellen nicht unbeteiligt an der Entwicklung und der Eskalation der Krise. Tschetschenien hat sich seit dem Beginn der 90er Jahre zu einen Gewaltmarkt entwickelt, in dem unterschiedliche Clans um die politische Macht kämpfen, wo Raub und Menschenhandel an der Tagesordnung sind und die Schattenwirtschaft blüht. Einzelne Clanführer vertreten auch in den Beziehungen zu Rußland entgegengesetzte Strategien: Während der gewählte Präsident Maschadow sich immer wieder für Verhandlungen aussprach, lehnte sein stärkster innenpolitischer Gegner, Basaew, jeden Kompromiß ab. Der Einfall der tschetschenischen Kämpfer in Dagestan, der den Krieg auslöste, war nur ein Glied in einer langen Reihe von Übergriffen auf russisches Territorium. Von den Gewalttaten, den innenpolitischen Scharmützeln und den Übergriffen auf russisches Territorium ging in den letzten Jahren eine kontinuierliche Bedrohung der russischen Sicherheit aus, über die bei der Beurteilung des Geschehens nicht hinweggesehen werden kann.

Rußland ist anders: Westliche Reaktionen auf den Krieg

Die Ereignisse an der dagestanischen Grenze im August und September 1999 wurden in den westlichen Hauptstädten zunächst unterschätzt. Doch auch nachdem niemand mehr übersehen konnte, daß die Kriegsmaschine in Tschetschenien wieder angelaufen war, blieben die westlichen Reaktionen auf verbalen Protest beschränkt. Es gab Kritik an der russischen Gleichgültigkeit gegenüber den tschetschenischen Flüchtlingen und der Zivilbevölkerung. Internationale Organisationen und Einzelstaaten boten immer wieder Vermittlungsdienste an. Die russische Führung lehnte dies konsequent ab. Der Konflikt sei eine innere Angelegenheit Rußlands. Außerdem leiste man einen Beitrag im Kampf gegen den internationalen Terrorismus, müsse also eigentlich von den westlichen Staaten, allen voran den USA, unterstützt werden. Diese Argumentation zeigte insofern Wirkung, als westliche Kommentare meist mit dem Verweis auf das Recht des russischen Staates eingeleitet wurden, sich vor terroristischen Bedrohungen zu schützen. Die Kritik bezog sich dann auf die Mittel, mit denen Rußland dieses Ziel verfolgte. Auch der tschetschenischen Seite warf man Menschen- und Kriegsrechtsverletzungen vor. Schließlich wurde von russischer Seite auch die Verletzung des Völkerrechts durch die Militäraktion der NATO im ehemaligen Jugoslawien in die Waagschale geworfen.

Hinzu kommt, daß in Europa und in den USA keinerlei Interesse an einem selbständigen islamistischen "Chaos-Staat" im Kaukasus besteht. Dies um so weniger, als westliche Staaten, wie bereits erwähnt, dort aktiv ihre Interessen verfolgen. Sie versuchen einerseits, durch die Loslösung ihrer Partner aus den ehemals sowjetischen Strukturen den russischen Einfluß in der Region zu verringern und den eigenen zu vergrößern – diesem Ziel käme es natürlich entgegen, wenn Rußland aus Tschetschenien verdrängt würde. Andererseits jedoch kann ihnen wenig an einem instabilen, von islamistischen Extremisten geführten Tschetschenien gelegen sein, das die Region mit ihren zahlreichen Konfliktherden noch weiter destabilisieren würde.

Die Politik des Westens erweckte den Eindruck der Ratlosig- und Widersprüchlichkeit. Zwar gab es Proteste, vor allem im Vorfeld des OSZE-Gipfels in Istanbul Ende November 1999. Zwar reisten einzelne Delegationen der EU, der OSZE oder des Europarates – soweit man sie ließ – nach Tschetschenien und Inguschetien und stellten die katastrophale Lage dort fest. In den ersten Monaten des Krieges blieben die Argumente, Angebote, Drohungen, mit denen westliche Staatschefs Moskau zur Räson bringen wollten, jedoch ohne spürbare Folgen. Vielmehr schreckten westliche Kritiker vor einem tatsächlichen Bruch mit Moskau zurück. Gleichwohl belastete der Krieg die Beziehungen zu Rußland. Dies fand erstmals Anfang April 2000 in der Entscheidung der Parlamentarischen Versammlung des Europarates, der russischen Delegation ihr Stimmrecht zu nehmen, seinen Niederschlag. Dieser Beschluß war verbunden mit der Androhung, die Mitgliedschaft Rußlands im Europarat vollends zu suspendieren, sollte es Moskau nicht gelingen, bis Ende Mai den Krieg in Tschetschenien zu beenden. Gleichzeitig bemühten sich die Regierungen der Einzelstaaten jedoch weiter, die Beziehungen zu Rußland nicht abreißen zu lassen, wie direkte telephonische Kontakte Putins mit westlichen Staatschefs in den ersten Tagen nach der PACE-Versammlung und seine Reise nach Großbritannien Mitte April zeigten.

Der Konflikt um Tschetschenien erweist sich als außerordentlich komplex und vielschichtig. Wer politische Maßnahmen ergreifen will, gerät unausweichlich in ein kaum zu überbrückendes Dilemma. Der Vergleich mit dem Konflikt zwischen Serben und Kosovo-Albanern drängt sich auf, denn auch dort ging es um die brutale Niederschlagung der Sezessionsbestrebungen einer ethnischen Minderheit. Im Kosovo reagierte die westliche Staatengemeinschaft mit einer humanitären Intervention, um die albanische Bevölkerung vor Genozid und Massenvertreibungen zu schützen. Zumindest letzteres erleidet die tschetschenische Bevölkerung seit Monaten. Der Westen beschränkt sich jedoch fast ausschließlich auf verbalen Protest und will gleichzeitig verhindern, daß seine Beziehungen mit Rußland ernsthaft Schaden nehmen. Rußlands Atomwaffen und die unübersehbare Bedeutung des Landes für die europäische Sicherheit erklären diese Zurückhaltung. Eben deshalb muß der Westen sein Verhalten in internationalen Krisen und Konflikten und das Konzept der humanitären Intervention kritisch hinterfragen. Die strukturelle Ungleichheit der internationalen Beziehungen, die vor allem in der Existenz von Atommächten begründet liegt, scheint wenig Raum für Konzepte kollektiver Sicherheit oder die Idee der humanitären Intervention zu lassen.

Der russische Transformationsprozeß

Im von oligarchischen Strukturen durchzogenen politischen System Rußlands hat ganz offensichtlich die sogenannte "Kreml-Partei" um den ehemaligen Präsidenten Jelzin den lange schwelenden Konflikt in Tschetschenien genutzt, um im Doppelwahljahr 1999/2000 ihre Machtposition auszubauen. Der Krieg in Tschetschenien, das resolute Vorgehen der Armee, die Nachrichtenzensur bis hin zur Entführung kritischer Journalisten – das alles soll Stärke demonstrieren, die in anderen politischen Bereichen fehlt. Die wirtschaftliche Situation großer Teile der Bevölkerung gibt keinen Anlaß zur Hoffnung auf eine wenn auch nur mittelfristige Besserung. Der Staat hat weiter an Steuerungskapazitäten eingebüßt, die Exekutive ist durch die dauernden Umbesetzungen gelähmt. In dieser Situation soll der Wahlbevölkerung demonstriert werden, daß bestimmte Teile der politischen Elite entschlossen für den Erhalt des Staates und des Imperiums eintreten. Tschetschenien ist dabei eine Projektion, denn in keiner anderen Region gibt es eine ähnlich homogene und gewaltbereite Sezessionsbewegung; das von russischer Seite häufig angeführte Domino-Argument greift also kaum. Vielmehr geht es, verbunden mit einem in der russischen Gesellschaft weit verbreiteten rassistischen Vorurteil gegen die sogenannten "schwarzen" Kaukasier, um die Demonstration von Steuerungsfähigkeit in einem Politikbereich, um ihr vollkommenes Fehlen in anderen Politikbereichen zu überspielen.

Der Tschetschenienkrieg zeigt, daß die politische Elite Rußlands bereit ist, zur Durchsetzung ihrer politischen Ziele rücksichtslos militärische Gewalt anzuwenden. Dies verweist darauf, wie wenig zivile Mittel der Konfliktaustragung im politischen System verankert sind. Dieser Umstand findet sein Gegenstück in der Haltung der russischen Bevölkerung. Im Laufe des September explodierten in drei russischen Städten Bomben, die etwa 300 Menschen in den Tod rissen. Politiker, allen voran der Moskauer Bürgermeister Jurij Luschkow und der damalige Ministerpräsident Wladimir Putin, brachten die Anschläge noch vor Beginn der gerichtlichen Untersuchungen mit dem "tschetschenischen Terrorismus" in Verbindung. Seither kann sich die russische Regierung breiter Unterstützung für ein hartes Vorgehen sicher sein. Dies betrifft sowohl den Krieg in Tschetschenien als auch die willkürlichen Maßnahmen gegen "Personen kaukasischer Nationalität" in Rußland. Die Bombenanschläge sind bis heute nicht aufgeklärt. Es gibt mannigfaltige Erklärungstheorien, einige deuten gar darauf hin, daß der russische Geheimdienst die Terrorakte verübt haben könnte, um eine weitere Rechtfertigung für die militärische Aktion zu liefern. In Rußland wird das jedoch kaum hinterfragt. Auch die Leiden der tschetschenischen Zivilbevölkerung, wenn sie durch die Nachrichtensperre überhaupt nach Rußland dringen, scheinen kaum wahrgenommen zu werden. Die Medien, die politischen Akteure, die Gesellschaft sprechen eine Sprache, die sich anlehnt an das offizielle Diktum vom "tschetschenischen Terrorismus", den es zu vernichten gilt. Die russische Gesellschaft akzeptiert die Gewaltorgie in Tschetschenien nicht nur, sie heißt sie offenbar auch gut.

Die Gewaltbereitschaft der politischen Elite korrespondiert also mit einer hohen Gewalttoleranz in der russischen Bevölkerung. Zivilgesellschaftliche Gegenmachtbildung, wie sie sich noch im ersten Tschetschenienkrieg abzeichnete, ist kein spürbarer Faktor mehr. Statt dessen macht sich der Wunsch nach dem starken Mann bemerkbar, der offenbar seine Personalisierung in Wladimir Putin, dem Protagonisten dieses Krieges, gefunden hat. Putin, der im August von Jelzin in das Amt des Ministerpräsidenten berufen wurde, war zu diesem Zeitpunkt ein programmatisch unbeschriebenes Blatt. Sein politisches Profil sollte sich in den darauffolgenden Monaten entlang einer einzigen Linie bilden: seiner harten Haltung im Tschetschenienkrieg. Von Beginn an trat er als entschlossener Kriegsherr auf, was seine Popularität explosionsartig ansteigen ließ. Als Jelzin am 31. Dezember überraschend zurücktrat, war Putin bereits der aussichtsreichste Kandidat für die anstehenden Präsidentschaftswahlen. Mit seiner Ernennung zum amtierenden Präsidenten verfügte er über eine Macht, die seine Konkurrenten regelrecht vom Platz fegte. An seinem Sieg in den Präsidentschaftswahlen am 26. März 2000 bestand schon Wochen vor dem Wahltag keinerlei Zweifel mehr.

Im Westen war man nach der Ernennung Putins zum Ministerpräsidenten zunächst noch von der durchschnittlichen Halbwertszeit russischer Ministerpräsidenten ausgegangen. Erst im Laufe des Tschetschenienkrieges wurde klar, daß er große Chancen hatte, die Präsidentschaftswahlen für sich zu entscheiden. Das veränderte die Haltung der westlichen Regierungen grundlegend. Putin empfing eine Reihe hochrangiger westlicher Politiker/innen, die sich nach langen Gesprächen über die russischen Transformationsprobleme und den Tschetschenienkrieg von seiner Intelligenz und seinem Scharfsinn beeindruckt zeigten. Die Herstellung guter Beziehungen zu Rußlands künftigem Präsidenten genoß eindeutig Priorität. Die Unsicherheit und der Wunsch nach guten oder zumindest stabilen Beziehungen schien in den Händen Putins zu einem Faustpfand für das Schweigen des Westens zum Krieg zu werden. Gleichzeitig fürchteten westliche Beobachter wie liberale Kritiker aufgrund der KGB-Vergangenheit Putins, daß mit seiner Wahl der Autoritarismus endgültig in das politische System zurückkehren könnte. Andere betrachten ihn als Anhängsel der Machtpartei im Kreml und bezweifeln seine Fähigkeit, seine Position auszubauen. Eine inhaltlich-programmatische Grundlinie ist bisher kaum erkennbar. Putin verficht nach innen einen starken Staat. Nach außen betont er sein Interesse an stabilen Beziehungen zu Europa und den USA. Dieses Interesse manifestiert sich beispielsweise in der Ratifizierung des START II-Vertrages, die seit seiner Unterzeichnung 1993 mehrmals von der kommunistisch-nationalistischen Duma blockiert worden war. Sie kann auch als großer innenpolitischer Erfolg Putins gelten. Gleichzeitig verweist er jedoch auch auf die zahlreichen Meinungsverschiedenheiten mit dem Westen und pocht auf Rußlands Position als Großmacht in einer multipolaren Welt.

Die westliche Politik befindet sich auch hier in einem Dilemma: Die altbekannten Protagonisten russischer Politik, wie Boris Jelzin oder Jewgenij Primakow, haben in kurzer Zeit die politische Bühne verlassen. An ihre Stelle sind jüngere Akteure getreten, deren Exponent Putin ist. Er ist keine Galionsfigur der russischen Diplomatie wie Primakow oder des "demokratischen Kampfes" gegen die Sowjetherrschaft wie Jelzin. Er hat keine langjährigen persönlichen Beziehungen zu den Staatschefs des Westens aufgebaut. Vielmehr ist er ein unbeschriebenes Blatt aus der zweiten Reihe, das man nicht einschätzen kann. Das wenige, was bekannt ist (Vergangenheit als Mitarbeiter des sowjetischen Auslandsgeheimdienstes, enge Beziehungen zum Militär und zu den russischen Geheimdiensten etc.) weckt keine positiven Assoziationen, sondern korrespondiert in der westlichen Wahrnehmung mit einer Kette negativer Vorurteile. Zudem ist sein Bild geprägt von dem grausamen Krieg in Tschetschenien, als dessen Hauptverantwortlicher er gilt. Dennoch sehen sich die westlichen Regierungen der Notwendigkeit ausgesetzt, Putin entgegenzukommen.

Fazit: Keine Alternative zur schwierigen Partnerschaft

Mit dem Anbruch des neuen Jahrzehnts ist eine spürbare Entfremdung zwischen Rußland und dem Westen zu verzeichnen. Aus russischer Perspektive ist hierfür zum einen der krisenhafte Transformationsprozeß verantwortlich, der die gesellschaftlichen Beziehungen weiter belastet und die Handlungsfähigkeit des Staates einschränkt. Dafür wird häufig der Westen mitverantwortlich gemacht, da die liberalen Wirtschaftsreformen mit westlichen Empfehlungen in Verbindung gebracht werden. Zum anderen beobachtet die russische politische Elite mißtrauisch die Eigenmächtigkeit, mit der westliche Regierungen sicherheitspolitisch relevante Entscheidungen treffen und Moskau dabei marginalisieren. Der Argwohn ist mit dem Kosovo-Krieg in Rußland zu einer Gewißheit geworden. Zwei wichtige liberale Argumente haben in Rußland erheblich an Wirkungskraft verloren: die Notwendigkeit liberaler wirtschaftlicher und politischer Reformen im Innern und die Notwendigkeit von Partnerschaft und Kooperation auf der internationalen Ebene.

Diese Entwicklung schlägt sich sowohl in der Person des neuen Präsidenten als auch in dem neuen Konzept nationaler Sicherheit vom Februar 2000 nieder. Es werden wieder deutlich Gefahren benannt, die Rußland von seiten anderer Staaten oder Staatengemeinschaften wahrnimmt, und gegen die es sich "angemessen" zur Wehr setzen will. Die Rede von der Partnerschaft mit dem Westen ist dem nüchternen Begriff der Kooperation gewichen, in der Rußland auf Gleichberechtigung pocht. Auch die neue außenpolitische Konzeption, die im Mai die Konzeption von 1993 ablösen soll, insistiert auf einer unabhängigen, an den eigenen Interessen orientierten Politik Rußlands. Genausowenig jedoch, wie Putin der erste Protagonist dieser Politik ist, besteht die Idee zu diesen Konzepten erst seit gestern – sie wurde bereits seit Beginn des Jahres 1999 diskutiert. Insgesamt tritt Moskau dem Westen erheblich distanzierter und verschlossener gegenüber als noch Mitte der neunziger Jahre.

Tatsächlich läßt sich bei westlichen Regierungen eine Neigung feststellen, Rußland nicht als gleichberechtigte Stimme in Entscheidungsprozesse mit einzubeziehen, auch wenn auf verbaler Ebene immer wieder das Gegenteil versichert wird. Dies ist sicherlich eine Reaktion auf die Unberechenbarkeit der russischen Außenpolitik, auf die autoritäre Wendung der russischen Innenpolitik, auf die unerwartet grausame Aggression in Tschetschenien. Es ist jedoch auch zurückzuführen auf die Hilflosigkeit US-amerikanischer und europäischer Politik angesichts der Komplexität des russischen Transformationsprozesses, die einfache Rezepte und "Männerfreundschaften" kläglich versagen läßt. Schließlich fehlt es – wie im Kosovo-Krieg oder in der expansiven Politik der USA in der kaspischen Region – an der Bereitschaft, russischen Empfindungen und Interessen Rechnung zu tragen.

Die westliche Rußland-Politik ist in den nächsten Jahren mit schwierigen Aufgaben konfrontiert. Sie hat es mit einem wirtschaftlich und politisch destabilisierten Rußland zu tun, dessen Gesellschaft und politisches System autoritäre Tendenzen aufweisen. Sie hat es mit einem Staat zu tun, der brutale Kriege führt, um seinen Zerfall zu verhindern. Dennoch wird der Westen gezwungen sein, sich weiter mit Rußland zu arrangieren, denn das Land ist und bleibt ein zentraler Faktor für die internationale und die europäische Sicherheit. Westliche Regierungen und Gesellschaften sollten daher bemüht sein, Empathie für die Spezifik und die Bedürfnisse dieser hochkomplexen Transformationsgesellschaft zu entwickeln. Das betrifft sowohl den Bereich der wirtschaftlichen Reformen, als auch den der Politik. Mit dem Schriftsteller Viktor Jerofeew ist darauf zu verweisen, daß es Rußland ist, das "Putin macht". Als politische Figur ist er Teil einer bestimmten Situation des Transformationsprozesses, und der Westen wird mit ihm leben müssen. Die westliche Strategie der vergangenen Jahre, sich auf eine kleine Gruppe einmal als liberal identifizierter Reformer zu kaprizieren und vor deren Korrumpiertheit und Selbstbereicherung beflissen die Augen zu verschließen, hat sich als kontraproduktiv erwiesen. Ein differenzierter Blick auf die politischen Akteure Rußlands – und differenziertere Kritik an ihnen – ist gerade jetzt, wo sich offenbar ein Generationswechsel anbahnt, elementar wichtig für die westliche Politik. Auf keinen Fall sollte das Land jedoch isoliert werden. Eine Isolation würde die negativen Tendenzen hin zu mehr Nationalismus und Autoritarismus verstärken und den Weg zu den wenigen Trägern demokratischer und liberaler Ideen in der Zivilgesellschaft blockieren.

Die Möglichkeiten, Sanktionen gegen die russische Kriegspolitik zu implementieren, sind nicht sehr weitreichend. Die Entscheidung der Parlamentarischen Versammlung des Europarates ist als positiv zu bewerten, und auch der Schritt zur Suspendierung sollte ernsthaft erwogen werden, wenn sich die Ereignisse in Tschetschenien bis Ende Mai 2000 nicht in Richtung einer politischen Lösung entwickelt haben sollten. Davon ist jedoch auch deshalb kaum auszugehen, weil es nicht in Putins Hand allein liegt, diesen Krieg zu beenden. Die tschetschenischen Clanführer indessen zeigen wenig Verhandlungsbereitschaft. Teile der Hilfsprogramme wie Tacis sowie Teile des Partnerschaftsprogramms der EU mit Rußland und bilaterale Abkommen sollten in humanitäre Hilfe für die Flüchtlinge in Inguschetien und die tschetschenische Zivilbevölkerung umgewidmet werden. Kredite müssen in den nächsten Jahren unter anderem an den Wiederaufbau des zerstörten Landes gebunden werden. Die Bemühungen westlicher Regierungen, den Dialog mit Rußland nicht abreißen zu lassen, sollten gerade einhergehen mit einer konsequenten Diskussion des Krieges in Tschetschenien. Tun sie dies nicht, so wird sich letztendlich auch das humanitäre Argument selbst als unglaubwürdig erweisen.

Sabine Fischer

1.4. Die "humanitäre Intervention" zwischen Recht und Moral: Rechtsethische Anmerkungen aus Anlaß des Kosovo-Krieges

Über elf Wochen hinweg hat im vergangenen Frühjahr der Luftkrieg des westlichen Bündnisses gegen Rest-Jugoslawien – die erste Militärintervention der Allianz ohne Mandat der UN, zugleich der erste Kampfeinsatz deutscher Soldaten nach 1945 – die deutsche Bevölkerung mehrheitlich in stumme Ratlosigkeit getrieben. Nie wieder Krieg! Nie wieder Völkermord! – wie lassen sich beide Lektionen der deutschen Geschichte im 20. Jahrhundert auf einen Nenner bringen? Der Kosovo-Krieg sortierte Überzeugungsformationen endgültig um, die schon seit dem Ende des Ost-West-Konflikts im Zerfallen begriffen waren. Über Nacht hatte die Moral die Fronten gewechselt: Die Folge der Maxime "Nie wieder Krieg" sei im Ernstfall – so wurde unterstellt – bloße Verweigerung; dem Imperativ "Nie wieder Völkermord" zu folgen bedeute dagegen: aktive Solidarität. Daß der Pazifismus Auschwitz möglich gemacht habe: ein einstmals Empörung auslösendes Argument gegen die Friedensbewegung schien zu genügen, um bekennende Pazifisten zur moralischen Sekte schrumpfen zu lassen.

An einer differenzierteren Bewertung der NATO-Intervention scheiden sich bis heute die Geister. Womit hatten wir es zu tun: mit einem "gerechten Krieg" oder mit simplem Rechtsbruch? Während des Konflikts fochten in der veröffentlichten Meinung – wie Norman Paech vermerkt hat – die Moralisten meist für den Krieg der NATO, die Juristen gegen ihn. Ein Jahr danach sieht es so aus, als sei der moralische Impetus weitgehend verbraucht; stattdessen ist in der völkerrechtlichen Bewertung eine erstaunliche Verschiebung zu beobachten. Inwieweit diese auch als Reflex der deutschsprachigen völkerrechtlichen Zunft auf die Klage Jugoslawiens vor dem IGH zu erklären ist, sei dahingestellt. Was allerdings die "Moralisten" betrifft, so empfiehlt es sich, Kants Unterscheidung zwischen dem "moralischen Politiker" und dem "politischen Moralisten" zu beachten: Während jener "die Prinzipien der Staatsklugheit so nimmt, daß sie mit der Moral zusammenbestehen können", gehört es zur Unart des politischen Moralisten, daß er "sich eine Moral so schmiedet, wie es der Vorteil des Staatsmanns zuträglich findet". [1]

Wie ist der Krieg der Allianz "an der Grenze zwischen Recht und Moral" [2] rechtsethisch zu beurteilen? Die Frage zielt auf das Gegenteil von politischem Moralismus, nämlich auf die Klärung derjenigen Kriterien für militärischen Gewaltgebrauch, die aus den Prinzipien einer moralisch legitimen Völkerrechtsordnung resultieren. Man kann einwenden, ein solches Räsonnement ein Jahr danach komme sowohl zu spät, weil es nichts mehr bewirkt, als auch zu früh, weil die historische Wahrheit über den Krieg erst langsam zutage tritt. Beide Einwände treffen zu; der erste aber nur zum Teil. Denn durch die NATO-Aktion hat die Debatte über die sog. "humanitäre Intervention" [3] eine neue Zuspit-

---

1 Immanuel Kant, Zum ewigen Frieden. Ein philosophischer Entwurf (2.Aufl. 1796), B 76.

2 Jürgen Habermas, Bestialität und Humanität. Ein Krieg an der Grenze zwischen Recht und Moral, Die Zeit Nr.18, 29.4.1999, 1ff.

3 Unter diesem (verschleiernden, aber eingeführten) Begriff wird hier verstanden jeder grenzüberschreitende bewaffnete Eingriff einer externen Drittpartei gegen schwerwiegende Unrechtshandlungen, sei es einer Regierung an der eigenen Bevölkerung, sei es zwischen Gruppen der Bevölkerung.

zung erhalten (vgl. bereits Friedensgutachten 1994, Beitrag 1.5.), so daß es auch *ex post* keineswegs sinnlos erscheint, sich anhand des Kosovo-Falls exemplarisch ihrer normativen Grundlagen zu vergewissern.

Darauf braucht sich natürlich nicht einzulassen, wer die (jederzeit respektable) individuelle Haltung eines unbedingten Pazifismus einnimmt. Argumentationspflichtig hingegen ist, wer in der Perspektive des organisatorischen Pazifismus auf die Bändigung der Gewalt durch das Recht setzt. Das Projekt des *legal pacifism* ist darauf gerichtet, wie den innerstaatlichen, so auch den zwischenstaatlichen Naturzustand durch einen vereinbarten Rechtszustand zu überwinden, in dem die einzelnen Glieder der Rechtsgemeinschaft auf die eigenmächtige Bereithaltung und Anwendung von Gewaltmitteln verzichten. In einer solchen Rechtsordnung kann es keinen "gerechten Krieg" mehr geben, allenfalls und äußerstenfalls den rechtmäßigen Gebrauch militärischer Gewalt – verdiente doch eine Rechtsordnung (und sei es eine internationale) ihren Namen nicht, wenn sie gegenüber unrechtmäßiger Gewalt ohnmächtig bliebe.

Bewertungskontroversen im Überblick

Die Frage nach der Rechtsqualität des Luftkriegs der NATO ist ethisch keineswegs irrelevant – ist doch die Rechtsbefolgung in den Grenzen des moralisch Verantwortbaren selbst ein moralisches Gebot. Die völkerrechtliche Beurteilung des Vorgehens der Allianz ist allerdings umstritten und, wie gesagt, in Bewegung geraten. Ohne die verschiedenen Bewertungen und ihre Begründung im Detail ausbreiten zu können, lassen sich zwei Argumentationsrichtungen gegenüberstellen:

1. Die *Kritiker* der Luftangriffe stützen sich auf den Wortlaut der Charta der UN und argumentieren wie folgt: Grundlegend für das Friedenssicherungssystem der Charta ist das alle Mitgliedsstaaten bindende allgemeine Gewaltverbot: "Alle Mitglieder unterlassen in ihren internationalen Beziehungen jede gegen die territoriale Unversehrtheit oder die politische Unabhängigkeit eines Staates gerichtete oder sonst mit den Zielen der Vereinten Nationen unvereinbare Androhung oder Anwendung von Gewalt." (Art. 2 Ziff. 4) Das naturrechtliche *ius ad bellum*, das in der Periode des klassischen Völkerrechts in das souveränitätsrechtliche *liberum ius ad bellum* verwandelt worden war, ist damit prinzipiell aufgehoben. Neben dem allgemeinen Gewaltverbot erklärt die Charta außerdem die souveräne Gleichheit der Mitgliedstaaten der UN (Art. 2 Ziff. 1) und demzufolge auch das Prinzip der gegenseitigen Nicht-Intervention zu zentralen Grundsätzen. Auch "eine Befugnis der Vereinten Nationen zur Einmischung in Angelegenheiten, die ihrem Wesen nach zur inneren Zuständigkeit eines Staates gehören" (Art. 2 Ziff. 7), kann aus der Charta nicht abgeleitet werden. Das allgemeine Gewaltverbot kennt nur zwei Ausnahmen:
   - Die erste betrifft das Naturrecht auf Selbstverteidigung im Fall eines bewaffneten Angriffs (Art. 51). Es steht als individuelles Selbstverteidigungsrecht dem angegriffenen Staat oder als kollektives Selbstverteidigungsrecht diesem zusammen mit anderen, ihm zuhilfekommenden Staaten zu. Es schließt also Notwehr ebenso wie Nothilfe ein; aber nur im Fall einer zwischenstaatlichen Aggression und nur subsidiär, d.h. solange bis der Sicherheitsrat selbst die erforderlichen Maßnahmen zur Friedenssicherung trifft. Da die Bundesrepublik Jugoslawien weder ein NATO-

Mitglied noch einen anderen Staat angegriffen hat, ist der (individuelle oder kollektive) Selbstverteidigungsfall im Kosovo-Konflikt nicht gegeben gewesen.

– Die andere Ausnahme vom allgemeinen Gewaltverbot besteht in der Befugnis des UN-Sicherheitsrats, unter Kap. VII der UN-Charta militärische Zwangsmaßnahmen zu beschließen, wenn "eine Bedrohung oder ein Bruch des Friedens oder eine Angriffshandlung vorliegt" (Artt. 39, 42). Die Durchführung obliegt entweder dem Sicherheitsrat selbst oder von ihm beauftragten Regionalorganisationen nach Art. 53. Ein solcher Beschluß des Sicherheitsrats lag bekanntlich nicht vor. Die einschlägigen Resolutionen des Jahres 1998 (1160, 1199 und 1203) wurden zwar unter Kap. VII der UN- Charta beschlossen. Die beiden letzteren stellten explizit eine Bedrohung des Friedens und der Sicherheit in der Region fest und sprachen ein Verbot des Waffenexports nach Jugoslawien aus, enthielten aber keine Ermächtigung zu militärischen Zwangsmaßnahmen. Die NATO-Aktion beruhte deshalb – so ihre Kritiker – auf einer völkerrechtswidrigen Selbstmandatierung, die sich über das Gewaltmonopol der UN hinwegsetzte.

2. Die *Befürworter* gehen von der dynamischen Fortbildung des Völkerrechts aus und fordern, die UN-Charta entwicklungsoffen und extensiv auszulegen. Die kontinuierliche Verrechtlichung der zwischenstaatlichen Beziehungen seit 1945 habe den Bereich der "eigenen Angelegenheiten" der Staaten erheblich schrumpfen lassen. Gehöre die Förderung der Menschenrechte bereits laut Art. 1 Abs. 3 UN-Charta zu den Zielen der Vereinten Nationen, so sei der Menschenrechtsschutz inzwischen durch zahlreiche Verträge und Konventionen zu einer rechtsverbindlichen Aufgabe der Staatengemeinschaft geworden. Das Völkerrecht gebiete heute nicht mehr nur die Achtung der staatlichen Souveränität, sondern mehr noch diejenige der Menschenrechte – jedenfalls der elementaren Personrechte, die zum menschenrechtlichen Mindeststandard gehören. Auch wenn über dessen Abgrenzung keine volle Einigkeit besteht, begründen nach einem IGH-Urteil von 1970 die den menschenrechtlichen Mindeststandard betreffenden Verbotsnormen Pflichten der Einzelstaaten *erga omnes*, d.h. gegenüber der Staatengemeinschaft als ganzer. Jeder Staat ist gegenüber allen anderen Staaten der Welt zur Einhaltung der *erga-omnes*-Normen verpflichtet – so wie umgekehrt alle übrigen Staaten berechtigt sind, deren Befolgung gegenüber jedem normverletzenden Staat einzufordern.

   Eine klare völkervertragsrechtliche Grundlage dafür, daß die Befolgung von *erga-omnes*-Pflichten durch einzelne Staaten auch mit militärischen Mitteln erzwungen werden darf, gibt es allerdings nicht; außer Zweifel steht nur die Befugnis zu Reaktionen unterhalb der militärischen Schwelle. Insoweit ändert der Ansatz bei den Pflichten *erga omnes* an der Völkerrechtswidrigkeit der NATO-Aktion nichts (vgl. Friedensgutachten 1999, Beitrag 1.4.). Ihre Befürworter berufen sich deshalb auf einen Wandel der Rechtsauffassung. Mit der in der Praxis des Sicherheitsrats während des letzten Jahrzehnts gewachsenen Bereitschaft, die Notlage einer Bevölkerung innerhalb eines Staatsgebiets als Bedrohung des Friedens (nach Art. 39 UN-Charta) zu qualifizieren, habe sich ein Völkergewohnheitsrecht herausgebildet, wonach jedenfalls den UN ein Recht auf "humanitäre Intervention" zustehe. Darüberhinaus sei der Prozeß der Intensivierung des Menschenrechtsbewußtseins so weit fortgeschritten, daß er auch eine Militärintervention ohne Mandat des UN- Sicherheitsrats erlaube. Dieser These dürften die herkömmlichen Regeln über die Bildung völkerrechtlichen Gewohnheitsrechts (dauerhafte, einheitliche Regelbefolgung, übereinstimmende Staatenpraxis und gemeinsame Rechtsüberzeugung) entgegenstehen; das Staatenverhalten nach dem Kosovo- Krieg (Osttimor, Tschetschenien) widerlegt sie geradezu.

Wer nicht so weit geht, ein Gewohnheitsrecht zu konstatieren, argumentiert mit einem Recht zur Nothilfe – sei es in Analogie zum kollektiven Selbstverteidigungsrecht aus Art. 51 UN-Charta, sei es als (übergesetzliche) Notstandsmaßnahme. Wenn der Sicherheitsrat trotz schwerster Verletzungen fundamentaler Menschenrechte wegen eines drohenden Vetos daran gehindert sei, die erforderlichen Zwangsmaßnahmen zu verhängen, dann trete der nicht nur moralisch, sondern auch rechtlich erlaubte Fall der Nothilfe ein, solange der Sicherheitsrat keine anderweitige Maßnahme trifft.

3. In beiden Argumentationsreihen mischen sich zutreffende und problematische Basisannahmen: Die *Kritiker* betonen zurecht, daß die im Friedenssicherungssystem der UN-Charta vorgesehene Internationalisierung der Verfügung über militärische Zwangsmittel einen zivilisatorischen Fortschritt bei der Einhegung der Gewalt bedeutet, der nicht unterboten werden darf. Sie unterstellen jedoch häufig, daß es faktisch oder rechtlich ein bei den UN institutionalisiertes Gewaltmonopol gebe. Ein solches globales Gewaltmonopol existiert schon faktisch nicht, weil sich alle durch den Sicherheitsrat verhängten Zwangsmaßnahmen der Mitwirkung der entsprechend gerüsteten Mitgliedstaaten bedienen müssen; Art. 43 der UN-Charta, der vorsieht, daß dem Sicherheitsrat in Sonderabkommen Streitkräfte zur Verfügung gestellt werden, ist unausgefüllt geblieben. Rechtlich würde das globale Gewaltmonopol einen Weltstaat voraussetzen, von dem wir weit entfernt sind – von seiner Wünschbarkeit ganz abgesehen. Die *Befürworter* weisen darauf hin, daß es bei der rechtlichen Bewertung der NATO-Aktion nicht – wie oft behauptet wird – um die Alternative "Völkerrecht oder Menschenrechte" geht, denn der Schutz der Menschenrechte ist selbst Gegenstand verbindlichen Völkerrechts. Sie gehen aber allzu schnell darüber hinweg, daß hinsichtlich der zwangsbewehrten Durchsetzung der Menschenrechte, auch der Durchsetzung ihres Kernbestands, eine rechtliche Lücke besteht.

Dem allgemeinen Gewaltverbot steht somit kein supranationales Gewaltmonopol zur Seite, und dem moralischen Gebot der Nothilfe entspricht kein völkerrechtlich anerkanntes Recht auf (unilaterale) "humanitäre Intervention". In Anbetracht dessen hat es nicht an gewichtigen Stimmen gefehlt, die – in unterschiedlichen Varianten – die Kosovo-Intervention als moralisch legitime Antizipation eines weltrechtlichen Zustands interpretierten. So hat Jürgen Habermas – nicht ohne skeptischen Unterton, jedoch im Grundtenor der Emphase – den Krieg der NATO als möglichen "Sprung auf dem Wege des klassischen Völkerrechts der Staaten zum kosmopolitischen Recht einer Weltbürgergesellschaft" verteidigt, das konsequent durch die Staatensouveränität hindurchgreift.[4] Er bescheinigt der intervenierenden Allianz das "Dilemma", zum Zweck der Nothilfe "so handeln zu müssen, als gäbe es schon den weltbürgerlichen Zustand, den zu befördern die Absicht ist", gibt aber keine Auskunft darüber, ob und inwieweit der Nothilfezweck auch die Ziele und Mittel des militärischen Eingriffs begrenzen

4 Jürgen Habermas, a.a.O.

muß. Immerhin folgt aus dem regelverletzenden Vorgriff auf besseres Recht laut Habermas die Notwendigkeit besonderer “Sensibilität gegenüber bestehenden Institutionen und Verfahren” der UN. Demgegenüber hält Otfried Höffe die rechtsethische Legitimität der Vereinten Nationen für zweifelhaft, weil eine Kollektivhegemonie der fünf Großmächte nicht dem Postulat eines Weltminimalstaats mit globaler Rechtsdurchsetzungsmacht entspreche.[5] Bei gravierenden und wiederholten Menschenrechtsverletzungen begründe die Nothilfe ein Interventionsrecht (wenn nicht sogar eine Interventionspflicht[6] einzelner Staaten mit dem doppelten Ziel, das Opfer des Unrechts in sein Recht zu setzen und die schuldigen Täter zur Rechenschaft zu ziehen.

So gewiß das hier ins Zentrum der Argumentation gerückte Postulat der weltweiten Anerkennung und Durchsetzung der Menschenrechte dem Ziel einer gerechten internationalen Ordnung entspricht, so wenig darf in einer prinzipiengeleiteten Betrachtung außer acht bleiben, daß es sich beim allgemeinen Gewaltverbot und dem Grundsatz der Staatensouveränität ebenfalls um moralisch fundierte Pfeiler einer internationalen Friedensverfassung handelt. Gewiß: Es gibt keinen gerechten Frieden ohne Anerkennung der Menschenrechte. Frieden ist ein *Prozeß*, zu dessen Vollendungsbedingungen die Gerechtigkeit (unter Einschluß der rechtlichen Garantie der Menschenrechte) gehört. Zu seinen Anfangsbedingungen jedoch zählt der allgemeine Gewaltverzicht. Die folgende Skizze geht deshalb davon aus, daß die Prinzipien des allgemeinen Gewaltverbots, der gleichen Souveränität bzw. des Selbstbestimmungsrechts der Völker *und* der universellen Menschenrechte so weit als möglich zusammen verwirklicht werden müssen, und daß im Konfliktfall klare Vorzugs- und Begrenzungsregeln einzuführen sind.

Kriterien und Anwendungsbedingungen

Die Kriterien, die militärische Gewalt äußerstenfalls rechtfertigen können, sind klar: In moralischer Hinsicht muß immer skrupulös geprüft werden, ob der *Anlaß* bzw. die Begründung, die *autorisierende Instanz*, die *Absichten und Ziele* sowie die *Mittel* eines militärischen Gewalteinsatzes hinreichend legitim sind. Daß es sich dabei formal um Kriterien handelt, die auch in den *bellum iustum*-Lehren eine Rolle spielten (die Frage nach der *causa iusta*, der *legitima potestas*, der *recta intentio* und des *debitus modus*) trifft zu. Sie sind aber nicht an eine Rahmentheorie vom “gerechten” Krieg gebunden und als allgemeine Kriterien ethischer Gewaltkritik und -begrenzung unverzichtbar. Während über die Kriterien als solche Einigkeit besteht, ist ihre Anwendung kontrovers.

Anlaß?

Als Begründung für das Vorgehen der NATO-Allianz wurden von der deutschen Bundesregierung frühzeitig “schwere und systematische Verletzungen der Menschenrechte” angegeben.[7] Hinter dem Schutz elementarer Menschenrechte habe – so heißt es seitdem

5 Otfried Höffe, Humanitäre Intervention? Rechtsethische Überlegungen, NZZ v. 8./.9.5.1999.

6 Ähnlich Dieter Senghaas, Recht auf Nothilfe. Wenn die Intervention nicht nur erlaubt, sondern regelrecht geboten ist, FAZ v. 12. Juli 1999.

7 Bundeskanzler Gerhard Schröder laut FR v. 26. März 1999.

verstärkt – die Achtung der Staatensouveränität zurückzutreten. Der menschenrechtsorientierte Interventionismus läuft darauf hinaus, die der UN-Charta zugrundeliegende Reihenfolge umzukehren: Nennt diese doch den zwischenstaatlichen Frieden, die Selbstbestimmung der Völker und die Achtung der Menschenrechte als Ziele der UN (Art. 1) – und zwar in dieser Reihenfolge. Gegenüber der Umkehrung dieser Sequenz – erst die Menschenrechte, dann das Gewaltverbot – ist es angebracht, sich zunächst einmal den guten Sinn der ursprünglichen Reihenfolge klarzumachen.

Die Ratio des Gewalt- und Interventionsverbots besteht zunächst in der elementaren Befriedungsfunktion, die der Achtung der territorialen Souveränität zukommt. Souveränität bedeutet die Eigenschaft der Staaten, keiner politischen Macht untergeordnet zu sein und deshalb ihre Beziehungen als Gleiche im Medium des für alle geltenden Rechts regeln und gerade so aus Freiheit Souveränitätsverzichte leisten zu können.

Es kommt ein entscheidender politisch-ethischer Gesichtspunkt hinzu: Souveränität bedeutet nicht nur Staatensouveränität. Wie Kant für den Begriff der Republik ausgeführt hat, ist der Staat in normativer Hinsicht auf Volkssouveränität zu gründen.[8] Staatliche Souveränität ist insofern der Schutzmantel für die Selbstbestimmung eines politischen Gemeinwesens. Das Interventionsverbot schützt die Autonomie des Staatsvolkes bei der Gestaltung seiner politischen Verhältnisse. Diese sollten überall demokratisch und menschenrechtlich sein, aber eben durch die Autonomie, die Selbstgesetzgebung der Völker. Auch die Anerkennung und Garantie der Menschenrechte kann nicht an staatlich organisierten Gemeinwesen vorbei verwirklicht, sie muß vielmehr *in* ihnen und *durch* sie realisiert werden. Wenn ein Staat nicht den *internen* Legitimitätsstandards freiheitlicher Demokratien entspricht, so ist dies noch kein hinreichender Grund, seine *externe* Legitimität durch eine bewaffnete Intervention zu mißachten. Es kommt hier auf die Unterscheidung zwischen einer rechtlichen und einer rechtmäßigen, d.h. gerechten politischen Ordnung an[9] Rechtlich ist ein Zustand, in dem überhaupt Gesetze und eine ihre Befolgung garantierende Staatsgewalt existieren; rechtmäßig ist ein Zustand, in dem die Gesetze (relativ) gerecht sind. Auch Rückfälle in die Despotie rechtfertigen Eingriffe von außen nicht, es muß vorrangig Sache der Mitglieder des Gemeinwesens selber sein, ihre politischen Freiheiten wiederherzustellen oder in einer veränderten politischen Ordnung zu erringen. Das kann – so schrecklich die Folgen für die Betroffenen sein mögen – auch den Bürgerkrieg einschließen. Aber keine paternalistische Militärintervention darf die Auseinandersetzung im Innern ersetzen, solange die Konfliktparteien zur Selbsthilfe fähig sind und die Minimalbedingungen eines rechtlichen Zustands bestehen.

Eine Ausnahme vom Prinzip der Nicht-Intervention kann erst dann in Betracht kommen, wenn diese Mindestbedingungen außer Kraft gesetzt werden, d.h. wenn ein Staat nicht einmal seine primäre Funktion des Schutzes der in ihm lebenden Menschen und der Wahrung eines minimalen Rechtszustands erfüllt. Als Erlaubnisgrund für militärische Interventionen kommen nur solche schwersten Unrechtshandlungen in Betracht, welche die faktische Befriedungsleistung einer politischen Ordnung überhaupt aufheben und der Selbstbestimmung der Bevölkerung die Grundlage entziehen, indem ganze Gruppen einer Bevölkerung an Leib und Leben bedroht und der Vernichtung preisgegeben werden. Ein

8 Immanuel Kant, a.a.O., B 7.
9 Immanuel Kant, a.a.O., B 79f.

Staat, in dem die physische Existenz der Bevölkerung bedroht ist und der seine Bürger massenhaft entrechtet, ist moralisch – und gegebenenfalls auch faktisch – in den Naturzustand zurückgefallen und hat den legitimen Anspruch auf Respektierung seiner territorialen und politischen Integrität verloren. Bei Völkermord, bei Versklavung oder Vertreibung nationaler, ethnischer oder religiöser Gruppen mit Vernichtungsabsicht – kurz: bei Menschheitsverbrechen – kann externes militärisches Eingreifen legitim sein.

Ob solche Tatbestände bereits *vor* dem Beginn der Luftangriffe am 24. März 1999 im Kosovo erfüllt waren, ist unklar. Daß die massenhafte Vertreibung der Kosovo-Albaner – wie der deutsche Verteidigungsminister behauptete – einem seit Ende 1998 feststehenden Operationsplan folgte, wird durch neuere Recherchen in Zweifel gezogen. Unstrittig ist aber: Seit dem Erstarken der UCK als militanter Widerstandsorganisation und seit Beginn des Sezessionskriegs im März 1998 hatten der Sicherheitsrat ebenso wie der Generalsekretär der UN zwar die Gewalttaten beider Seiten verurteilt, die Hauptverantwortung für exzessive Gewaltanwendung gegen die Zivilbevölkerung und für massenhafte Vertreibungen jedoch den serbischen Militärs und Paramilitärs zugewiesen. Im Oktober 1998 waren 300.000 Kosovo-Albaner vertrieben und 50.000 auf der Flucht. Mitte Januar 1999 wurden die 40 Toten von Racak entdeckt, bei denen es sich nach der (inzwischen allerdings fraglichen) Version des Leiters der OSZE-Mission um die Opfer eines durch serbische Sicherheitskräfte verübten Massakers handelte. Die OSZE-Beobachter, denen keine bewaffnete Friedenstruppe zur Seite stand, mußten abgezogen werden. Die Gefahr, daß die von Milošević seit langem betriebene Entrechtung und Drangsalierung der albanisch- stämmigen Bevölkerung in die "Endlösung" eines albanerfreien Kosovo umschlagen würde, war nicht von der Hand zu weisen; das Trauma westlichen Versagens angesichts des Mordens in Bosnien-Herzegowina (1992–1995) kam hinzu. Unterstellt, man konnte unter den im März 1999 gegebenen Umständen von einem hinreichenden Interventionsgrund ausgehen, so gehörte es dennoch zu den erstaunlichen Verkürzungen der öffentlichen Debatte, daß das moralische Urteil über den Krieg im allgemeinen auf die Frage der *"causa iusta"* reduziert wurde.

Autorisierung?

Die Autorisierung durch ein anerkanntes, unparteiisches Kollektivorgan der internationalen Rechtsgemeinschaft gehört zu den unverzichtbaren ethischen Legitimationsbedingungen einer humanitär begründeten Militäraktion; denn nur so kann verhindert werden, daß sich partikulare Akteure zum Richter in eigener Sache aufschwingen. Eine legitime Autorisierung ist heute nur im Rahmen der Vereinten Nationen denkbar, auch wenn sie keine vollendete Weltlegalität, schon gar keine weltrepublikanische und weltbürgerliche Ordnung repräsentieren. Es ist weder ein internationales Gewaltmonopol noch eine rechtsstaatsanaloge Gewaltenteilung in Sicht, es gibt kein demokratisches Repräsentationsorgan und keinen Verfassungskonsens. Dennoch sind die UN die einzige politische Institution, die vom Geltungsanspruch ihrer Normen und von ihrer Mitgliedschaft her auf Universalität angelegt ist. Jede Etablierung weltrechtlicher Standards an den UN vorbei wäre selbstwidersprüchlich, sie liefe auf die Gefahr hinaus, die organisatorischen Bedingungen zu zerstören, die eine fortschreitende Verrechtlichung der internationalen Beziehungen erst ermöglichen.

Die Charta der UN zeichnet nicht die Verfassung eines Weltstaats vor, sondern ein globales System kollektiver Sicherheit: eine vertraglich vereinbarte zwischenstaatliche Ordnung, welche den Schutz des einzelnen Staates wie der zwischenstaatlichen Rechtsordnung einer gemeinsamen Aktion der Mitgliedstaaten vorbehält und dafür zwar nicht über ein Gewaltmonopol, wohl aber über ein Entscheidungsmonopol verfügt. Von Haus aus sind die Aufgaben eines kollektiven Sicherheitssystems auf zwischenstaatliche Kriegsverhütung beschränkt. Wenn sich jedoch ein Staat moralisch oder faktisch seines Rechtsstatus begibt, indem er Menschheitsverbrechen begeht oder zuläßt, kann man einer durch die UN autorisierten Militärintervention die ethische Rechtfertigungsfähigkeit nicht absprechen. Ein unilaterales Recht auf "humanitäre Intervention" dagegen, wie es die Allianz im Kosovo-Fall beansprucht hat, würde – konsequent gedacht – die Rückkehr zum freien Kriegsführungsrecht bedeuten und in die Anarchie des internationalen Systems führen. Wer könnte dann noch mit Gründen bestreiten, daß eine östliche Miliärallianz zugunsten der Kurden gegen das NATO-Mitglied Türkei intervenieren darf? Ein unilaterales Interventionsrecht galt bislang als völkerrechtlich verboten; dabei muß es bleiben.

Bei allem, was man gegen die derzeitige Zusammensetzung und die geltenden Verfahrensregeln des Sicherheitsrats kritisch einwenden kann: Sein Entscheidungsmonopol bietet einen zwar nur relativen, aber bei weitem besseren Schutz gegen interventionistische Willkür und Selektivität als die Selbstmandatierung einzelner Staaten oder Militärbündnisse. Gerade der Kosovo-Konflikt zeigt, daß ein Ende des Luftkriegs erst möglich war, als Rußland, das durch das eigenmächtige Vorgehen der NATO zunächst ausgebootete ständige Mitglied des UN-Sicherheitsrats, wieder in den politischen Prozeß eingebunden werden konnte. Diese Erfahrung spricht nachgerade für die Weisheit des Zwangs zur Einigung, der durch das Einstimmigkeitsprinzip des Art. 27 Abs. 3 UN-Charta gegeben ist: Wäre dieser Konsens der ständigen Sicherheitsratsmitglieder vor dem 24.3.1999 mit vergleichbarer diplomatischer Intensität angestrebt worden wie nach Wochen erfolglosen Bombardements, so wäre die Militärintervention entweder vermeidbar gewesen oder es hätte sich doch noch ein UN-Mandat erwirken lassen.

Nothilfe?

Kann, wenn der UN-Sicherheitsrat selbst im Fall evidenter Menschheitsverbrechen untätig bleibt, eine unilaterale Militärintervention als Nothilfe gerechtfertigt werden? Nothilfe und Notwehr sind wie die Selbstverteidigung ursprünglich naturrechtlich begründet, wobei zu beachten ist, daß es nicht nur eine Moral der Legalität, sondern auch eine Moral des Ausnahmefalls gibt: Der Satz "Not kennt kein Gebot" ist irrig. Zum Argument der Nothilfe ist dreierlei zu bemerken:

1. Positiv-rechtlich ist der Tatbestand der Nothilfe in einzelstaatlichen Rechtsordnungen anerkannt. Will man ihn nicht nur in den innerstaatlichen, sondern auch in den internationalen Rechtsbeziehungen gelten lassen, so verändert der andere Kontext auch die Bedeutung des Nothilfetatbestands: Beim modernen staatlichen Recht handelt es sich um eine Ordnung mit gefestigtem Gewaltmonopol und einer Judikatur, die in der Lage sind, exzessiv-mißbräuchliche Inanspruchnahmen des Nothilferechts zu unterbinden. Ein internationales Gewaltmonopol jedoch existiert – wie ja gerade die Befürworter des Nothilfe-Gedankens betonen – nicht; genau deshalb ist das Argument äußerst pro-

blematisch. Um eine verfremdende historische Analogie zu bemühen: Im Prozeß der allmählichen Zurückdrängung des Fehderechts, der sich sehr langsam mit der Herausbildung territorialstaatlicher Strukturen verband, wurde von prominenten Autoren ein Nothilferecht Privater mit Tötungsfolge abgelehnt – eben um der anstehenden Aufgabe der Zentralisierung der Gewalt willen. [10] Thomas von Aquin z.B. argumentierte, wenn die Rettung von Leben nur durch Tötung des Angreifers möglich sei, müsse der Verteidiger auf den Lebensschutz verzichten; Martin Luthers Opposition gegen jedes "Richtersein in eigener Sache" lag auf derselben Linie.

2. Die dem entwickelten innerstaatlichen Recht entlehnte Nothilfe-Analogie hebt den Deliktcharakter der Gewaltanwendung nicht auf, sondern unterstreicht ihn. Sie qualifiziert den Gewalteinsatz als prinzipiell rechtswidrige, nur im übergesetzlichen Notstand straffrei bleibende Handlung. Vorausgesetzt sind im Kern naturrechtlich begründete Tatbestände der Rechtsgüterkollision, bei denen Dritten zugestanden wird, im Fall von Angriffen auf fremde Rechtsgüter diese zu schützen, auch wenn dadurch ein anderes Rechtsgut verletzt wird. Handelt es sich um einen Eingriff zugunsten eines höherwertigen Rechtsguts, so liegt der rechtfertigende Notstand vor; als entschuldigender Notstand kommt der Verstoß gegen eines von zwei gleichwertigen Rechtsgütern in Betracht. [11] Argumentieren die Befürworter eines Nothilferechts der NATO im Fall Kosovo auf der Ebene einer innerstaatlichen Analogie, so ist von ihnen zumindest eine klare Güterabwägung zu verlangen: Es kollidieren das Schutzgut des Lebens einer Volksgruppe und – letztlich – das des Weltfriedens. Diese Güterkollision muß man in ihrer individualethischen und religiösen Dimension tragisch nennen und als eine Lage alternativlosen Schuldigwerdens erkennen. In rechtsethischer Sicht jedoch fällt die Bewertung differenziert aus, je nachdem, ob man beide Schutzgüter für gleichrangig hält oder nicht:
3. Da eine rechtliche Ordnung des Weltfriedens nichts Abstraktes ist, sondern langfristig dem Überlebensschutz der Menschheit dient, zugleich aber das akut bedrohte Leben (der Kosovo-Albaner) nicht gegen das potentiell bedrohte Leben (aller Menschen) aufzurechnen ist, wird man bei der Abwägung von einer Gleichrangigkeit der Güter sprechen müssen. Das heißt: ein Nothilferecht war höchstens im Sinn des entschuldigenden, nicht des rechtfertigenden Notstands gegeben; der NATO-Einsatz konnte insoweit rechtsethisch nur toleriert, nicht gerechtfertigt werden – allerdings bei Erfüllung weiterer Kriterien. Sie betreffen die Absichten und Ziele der Intervention ebenso wie die eingesetzten Mittel.

Ziele?

Unterstellt man, ein tolerables Nothilferecht sei gegeben, so sind damit den legitimen Zielen einer Militärintervention enge Grenzen gesetzt. Jeder militärische Gewalteinsatz, der eine andere Absicht als den *Schutz* der bedrohten Menschen vor Massenmord und Vertreibung verfolgt, ist durch den Gedanken der rechtsethisch entschuldbaren Nothilfe nicht gedeckt. Nothilfe ermächtigt nur zur Abwehr einer akuten Bedrohung, nicht zur Durch-

10 Summa theologica II-II q 59ff, vgl. dazu Gerhard Beestermöller, Zeit zum Abschied von der NATO? Neue Ordnung 53, 1999, 170f.

11 Vgl. im deutschen Strafrecht StGB §§32–35.

setzung von berechtigten Ansprüchen oder politischer Ordnungsvorstellungen. Schon die Rückführung der Flüchtlinge läßt sich unter Berufung auf die Nothilfe nur schwer, die zwangsweise Implementierung eines Menschenrechtsprogramms oder gar der Demokratie keinesfalls rechtfertigen. Die Wiederherstellung elementarer Menschenrechte im umkämpften Territorium kann nicht Gegenstand der Nothilfe, sondern nur einer durch die UN autorisierten Intervention sein: sie erfordert ein Mandat, wie es nach Beendigung des Luftkriegs die KFOR- Truppen erhalten haben. Unter Bedingungen eines inexistenten Welt(minimal)staates wären nicht einmal die UN zu einer bewaffneten "Strafaktion", zum Punitivkrieg, Vergeltungskrieg oder Nötigungskrieg befugt – um wieviel weniger die Nothilfeaktion eines Militärbündnisses!

Soweit erkennbar, genügten die Absichten und Ziele des westlichen Bündnisses dem strikten Nothilfekriterium in keiner Weise. Die Redewendung, die Intervention habe der Verhinderung einer "humanitären Katastrophe" gedient, war der Sprache der Sicherheitsrats-Resolutionen entnommen. Sie rückte aber nicht erst dadurch ins Zwielicht, daß die Allianz auf das Ausmaß des Flüchtlingselends nicht im mindesten vorbereitet war. Die alleinige Hervorhebung des humanitären Motivs bedeutet eine empfindliche Verkürzung – um nicht zu sagen: Verfälschung – der tatsächlichen wie der deklarierten Ziele des Luftkriegs. Der amerikanische Präsident nannte am 24. März 1999 drei Ziele der Operation: Sie solle erstens die Stärke und Entschlossenheit der NATO demonstrieren, zweitens Jugoslawien von weiterer Gewaltanwendung gegen die Albaner abhalten und drittens Miloševićs militärische Fähigkeiten einschränken (vgl. Friedensgutachten 1999, Beitrag 1.3., 67). Mit dem humanitären Schutzzweck verband sich von vornherein das klassische Ziel eines Clausewitz'schen Krieges als eines Aktes der Gewalt, "um den Gegner zur Erfüllung unseres Willens zu zwingen".[12] Milošević sollte genötigt werden, doch noch das Rambouillet-Abkommen zu unterzeichnen, das außer einer – von der serbischen Seite am Schluß sogar weitgehend zugestandenen – Autonomieregelung für das Kosovo auch die Stationierung von NATO-Truppen mit weitreichenden Befugnissen in ganz Jugoslawien vorsah. Weder die Durchsetzung eines politischen Ordnungsmodells, noch die Erzwingung eines Teilsouveränitätsverzichts sind aber legitime Ziele der Nothilfe. Vor dem Hintergrund der Erfahrung mit dem Despoten in Belgrad erscheinen zunächst die seit Juni 1998 aufgebaute militärische Drohkulisse des Westens, dann der Krieg selbst als Fortsetzung der (Macht-)Politik mit anderen Mitteln, die sich in ihren eigenen Glaubwürdigkeitszwängen verfangen hatte. Es läßt sich schwerlich ignorieren, daß die Entwicklung im Kosovo in US-amerikanischer Sicht eine willkommene Gelegenheit bot, jenes Neue Strategische Konzept der Allianz zu testen, das vorsieht, auch in Krisengebieten *out of area* einzugreifen, wenn "zentrale Interessen" der Mitgliedstaaten berührt sind. Ferner bedarf es keiner Hermeneutik des Verdachts, um zu erkennen, daß die NATO im Vorfeld des ehemaligen Warschauer Pakts auch geostrategische Interessen verfolgt. Über die Mischung moralischer mit interessenpolitischen Motiven konnte die angeblich "glasklare normative Sprache" (Habermas) der westlichen Entscheidungsträger nicht hinwegtäuschen.

---

12 Carl v. Clausewitz, Vom Kriege, hg. v. W. Hahlweg, Bonn 1980, 191f.

Mittel?

Eine Ethik der Mittel militärischer Gewalt hat sich hauptsächlich an zwei Prinzipien zu orientieren: einerseits am Prinzip der Unterscheidung zwischen militärischen und zivilen Zielen (die Zivilbevölkerung und zivile Einrichtungen sind zu schonen), andererseits am Prinzip der Verhältnismäßigkeit. Zu letzterem gehören die Teilgrundsätze der Geeignetheit, der Erforderlichkeit und der Angemessenheit: Das Mittel der Gewalt muß geeignet sein, um das angestrebte Ziel zu erreichen. Der Gewaltgebrauch muß ferner als äußerstes Mittel erforderlich sein, d.h. alle wirksamen milderen Mittel sind zuvor auszuschöpfen. Im Rahmen ethischer Gewaltkritik bezeichnet das Prinzip der *ultima ratio* zwar nicht das letzte Mittel auf einer – im Prinzip ja unendlichen – Zeitreihe; wohl aber bedeutet es, daß unter allen geeigneten, d.h. wirksamen Mitteln immer das jeweils gewaltärmste vorzuziehen ist. Schließlich muß das Mittel angemessen sein, d.h. das durch die Aggression verursachte Übel darf nicht mit einem noch größeren Übel beantwortet werden.

Auch wenn für Einzelheiten eine genaue Überprüfung notwendig wäre – die NATO-Intervention dürfte keinem der Verhältnismäßigkeitskriterien entspochen haben. Das gilt jedenfalls dann, wenn man voraussetzt, daß sie ohnehin nur in den Grenzen einer erlaubten Nothilfeaktion verantwortbar war. Man konnte in diesem Zusammenhang lesen [13] "angesichts des Umfangs, der Intensität und der Grausamkeit der an den Kosovaren verübten Menschenrechtsverletzungen" seien die Jugoslawien zugefügten "nicht unbedeutenden Opfer an menschlichen Leben und materiellen Schäden" keineswegs *unangemessen*. Diese Annahme setzt implizit einen Vergeltungskrieg voraus – ein für christliche Ethik und zivilisierte Rechtskultur atavistischer Gedanke.

Als zum Schutz der Kosovaren *ungeeignetes* Mittel hatte sich der Luftkrieg bereits nach ein bis zwei Wochen erwiesen, sobald sich nämlich herausgestellt hatte, daß das Wahrmachen der Interventionsdrohung den serbischen Vernichtungsfeldzug keineswegs stoppte, vielmehr anheizte und damit die Realisierung jener Menschheitsverbrechen möglicherweise erst provoziert hat, deren Abwendung als einzig legitimer Interventionsgrund gelten konnte. Eine gewaltsame Nothilfe, die die Not der Schutzbefohlenen steigert, ist zweifelsfrei untauglich. Wer das Risiko einer wirksamen Intervention mit Bodentruppen scheut, weil sie entweder zu viele eigene Opfer kosten oder aber den Konflikt eskalieren lassen würde, der muß den militärischen Eingriff unterlassen.

Das unter allen Gewaltmitteln *mildeste* wählten die NATO- Staaten nur für sich selbst; sie führten einen *high-tech*-Krieg ohne Verluste und aus so sicherer Höhe, daß sich der Einsatz kaum direkt gegen die Rechtsverletzer richten konnte. Stattdessen sollte das zunehmende Bombardement der zivilen Infrastruktur die jugoslawische Führung demoralisieren: keine Nothilfe also, sondern ein Nötigungskrieg mit der bewußten Inkaufnahme überwiegend ziviler Opfer. Denn Nothilfe legitimiert sich "allein aus einer Norm ... , die es unter keinen Umständen erlaubt, dafür unschuldige Dritte zu töten". [14]

---

13 Ulrich K. Preuß, Zwischen Legalität und Gerechtigkeit. Der Kosovo-Krieg, das Völkerrecht und die Moral, Blätter für deutsche und internationale Politik 7/99, 816ff. (826).

14 Reinhard Merkel, Das Elend der Beschützten, Die Zeit Nr. 20, 12.5.1999, 10.

Schluß und Ausblick

Nicht retrospektive Besserwisserei, sondern die Klärung elementarer Legitimationsbedingungen und ihrer Anwendung war – wie eingangs bemerkt – Zweck der vorstehenden Überlegungen. Wer ihnen folgt, wird allerdings zu dem Ergebnis kommen, daß die rechtsethische Rechtfertigung der Militärintervention in Jugoslawien auf äußerst schwachen Füßen steht: So begründet aus damaliger Sicht der Anlaß, so problematisch die Selbstmandatierung eines Militärbündnisses, so dubios die Ziele, so untauglich und unangemessen die Mittel, um die bedrohten Menschenleben zu schützen. Zu den gefährlichsten Folgewirkungen eines unilateralen westlichen Interventionismus kann gehören, daß er diktatorische Regimes dazu anhält, sich gegen vergleichbare Maßnahmen durch den Erwerb nuklearer und chemischer Waffen zu schützen. Wenn schon – zumal in Kriegszeiten – der "politische Moralismus" über die Idee einer "moralischen Politik" zu triumphieren pflegt, so bleibt doch zu hoffen, daß wenigstens "Staatsklugkeit" die NATO-Mitglieder von der Rolle des selbsternannten Weltpolizisten Abstand wieder nehmen läßt.

Auch und gerade als Konsequenz des Kosovo-Konflikts hat der seit langem geforderte Aufbau wirksamer Instrumentarien der Krisenprognostik und -prävention oberste Priorität. Nur flankierend dazu behält die Frage einen Sinn, wie nicht auszuschließende politische Blockaden des Friedenssicherungsmechanismus der UN vermieden werden können, *ohne* die normative Autorität konsensfähiger Verfahrensregeln zu schwächen. Hier könnte man an die in der UN-Charta vorgesehene Regionalisierung kollektiver Sicherheit anknüpfen. Winrich Kühne [15] hat für regionale Systeme kollektiver Sicherheit einen regionalen Autorisierungsmechanismus empfohlen, der in modifizierter Form an die letztinstanzliche Kontrolle des UN-Sicherheitsrats rückgekoppelt bleibt: Demnach wäre eine regionale Einrichtung der UN (d.h. nicht die NATO, sondern vorzugsweise die OSZE) zu Zwangsmaßnahmen ermächtigt, wenn sie erstens den Sicherheitsrat zum Handeln aufgefordert hat, dieser aber nicht handlungsfähig ist; wenn zweitens der Sicherheitsrat die Existenz einer Friedensbedrohung nicht explizit bestreitet, und wenn die Aktion drittens im Einklang mit den Grundsätzen der UN erfolgt.

Hans-Richard Reuter

15 Winrich Kühne, Humanitäre NATO-Einsätze ohne UN-Mandat?, Mskr. SWP-AP 3096, Ebenhausen 1999.

1.5. Die Europäische Union muß kooperative Weltmacht werden

Die Europäische Union beginnt sich seit Mitte der neunziger Jahre sukzessive als außenpolitischer Akteur zu konstituieren. Die Handlungsunfähigkeit der EU im ehemaligen Jugoslawien, die militärische, logistische und propagandistische Übermacht der USA gegenüber ihren Verbündeten, die im Kosovo-Krieg sichtbar wurde, die Verärgerung der Europäer über zunehmende Alleingänge der Supermacht USA in zentralen weltpolitischen Fragen, lösen Debatten um die Rolle der EU auf weltpolitischer Bühne aus. Hinzu kommt, daß die europäische Währungsunion die EU de facto in eine Weltwährungsmacht transformiert hat. Nach und nach setzt sich in den Euroländern die Erkenntnis durch, daß kein europäischer Nationalstaat im Alleingang in der vernetzten Welt international handlungs- und durchsetzungsfähig sein kann. Nur eine Bündelung der Kräfte verspricht außenpolitisches Gewicht. Es bleibt nicht beim Dialog – die EU schafft auch neue Fakten in ihrer Gemeinsamen Außen- und Sicherheitspolitik: Mit Javier Solana ist endlich ein *Mister GASP* berufen, die Anstrengungen zum Aufbau gemeinsamer militärischer Kapazitäten gewinnen ungewöhnlich rasch Konturen (ESVP), auch wenn der Aufbau einer europäischen Armee noch Zukunftsmusik zu sein scheint, und im Kosovo richtet sich die EU auf ein langfristiges Engagement ein und bemüht sich zu zeigen, daß sie in der Lage ist, in ihrem unmittelbaren Umfeld – im Verbund mit UNO und NATO – für Stabilität, Wiederaufbau, vielleicht sogar Demokratisierung zu sorgen.

Europäische Außenpolitik: Fehlende Orientierung und retardierende Kräfte

Auch wenn sich in der Außenpolitik der EU einiges bewegt, ergibt sich daraus noch kein Gesamtpanorama, keine klare Sicht auf die zukünftigen globalen Herausforderungen, keine Prioritäten, keine Richtung, kein abgeklärtes Selbstverständnis von der eigenen Rolle in der Welt des 21. Jahrhunderts. Die Agenda entsteht eher aus Reaktionen auf zufällige Krisen (gestern Osttimor, morgen Subsahara Afrika?) und bleibt bisher punktuell sowie ohne Langfristperspektive. Letzeres verdeutlichte z.B. der Streit der EU um die Position des geschäftsführenden Direktors des IWF, ohne daß radikalen IWF-Reformplänen aus den USA ernsthaft Paroli geboten würde. Vor allem wird die GASP-Diskussion durch den “Kosovo-Faktor” überdeterminiert. Die intensive Diskussion über die Legitimität, die Reichweite und die Grenzen humanitärer Interventionen zum Schutz der Menschenrechte sowie die militärischen Kapazitäten zu deren Durchsetzung ist notwendig. Sie droht jedoch zu einer verengten Wahrnehmung der weltpolitischen Herausforderungen des neuen Jahrhunderts zu führen, die sich aus der Globalisierung ergeben.

Die handlungsmächtigen Akteure der EU denken noch nicht in weltpolitischen und globalen Kategorien. Es mangelt an Leitfragen und ordnenden Ideen für die außen- und weltpolitischen Suchprozesse der EU: Hat die EU ein Bild von den wesentlichen Herausforderungen der Globalisierung, den neuen Kräftefeldern der Weltpolitik und Kernelementen einer politischen Ordnung für die Welt des 21. Jahrhunderts? Hat sie die personellen und institutionellen Kapazitäten, in eine solche Richtung systematisch Fragen zu formulieren und Antworten zu finden? Mit welchen Themen, Normen und Visionen will die EU zukünftig weltweit identifiziert werden? Welche Rolle will die EU in der Weltpolitik der kommenden Dekaden spielen? Was sind ihre strategischen Interessen und wie gedenkt sie diese durchzusetzen?

Dies sind grundsätzliche Fragen, insbesondere aus einer deutschen Perspektive, die in den vergangenen Dekaden aus gutem Grund durch weitgehende außenpolitische Abstinenz und Zurückhaltung geprägt war. Während die Protagonisten der GASP vor allem damit beschäftigt sind, die Skeptiker von der Sinnhaftigkeit einer sukzessiven Vergemeinschaftung der Außenpolitik zu überzeugen und daher ihr Augenmerk auf das kurzfristig Machbare konzentrieren müssen, sind drei wirksame Bremssysteme sichtbar, die die Durchsetzung einer handlungsfähigen europäischen Außenpolitik unterminieren könnten. Der *erste* Bremsmechanismus entwickelt sich aus dem Zusammenwirken derjenigen, die vor Selbstzufriedenheit nach dem schwierigen und erfolgreichen Projekt der Währungsunion nun zunächst das Erreichte stabilisieren wollen, sowie denjenigen, denen die Vergemeinschaftung eh zu weit geht und die vor weiteren Experimenten warnen. Beide Gruppen mahnen eine "Atempause" an. Eine *zweite* Bremsspur droht durch die anstehenden und aus vielen Gründen wichtigen Erweiterungsrunden zu entstehen, die ohne Zweifel viel Kraft, Konzentration und Geld kosten werden und schwierige sowie konfliktträchtige institutionelle Reformen der EU notwendig machen. Diese Entwicklung könnte dazu führen, daß sich die EU weiterhin vor allem mit sich selbst und ihrem immer komplexeren Innenleben beschäftigt. Das *dritte* Bremssystem entwickelt sich aus den allgegenwärtigen Selbstzweifeln an der eigenen globalen Handlungsfähigkeit, die sich nicht zuletzt in den Studien und Publikationen vieler Europa-Experten finden: die außenpolitischen Streitereien zwischen den EU-Staaten, die zum Beispiel im Bosnien-Konflikt sichtbar wurden; die militärische Schwäche der EU; die langatmigen Entscheidungsfindungsprozesse in Brüssel sowie zwischen den Mitgliedsstaaten in außenpolitischen Fragen; die Intransparenz von Kompetenzstrukturen, z.B. zwischen den nationalen Außenministerien, *Mister GASP* sowie den EU-Kommissaren für die Osterweiterung und für Außenbeziehungen; fehlende konzeptionelle Beiträge Europas zu Kernfragen der Weltpolitik. All dies sind hinlänglich beschriebene Faktoren, die in der Eigen- wie in der Fremdwahrnehmung Zweifel an der außenpolitischen Kompetenz und dem Handlungswillen der EU nähren.

Die Gretchenfrage: will Europa Weltmacht werden?

Die EU scheint nicht imstande und nicht willens zu sein für eine Rolle als *global player* auf der neuen Bühne der Weltpolitik. Da klingt es beinahe schon optimistisch, wenn Eberhard Rhein schreibt: " It is likely that <u>the future</u> Europe will be forced to involve itself in world affairs with an intensity that few observers dare to envisage today."[1] (Hervorhebung D.M.) Doch die Zukunft hat längst begonnen; zu Beginn des 21. Jahrhunderts findet Weltpolitik im Zeitraffer statt. Es steht zu befürchten, daß die Welt keine Rücksicht auf die Befindlichkeiten und Überforderungen der EU nehmen wird. Der Zusammenbruch der sozialistischen Länder sowie die Beschleunigung der Globalisierung haben die alte

1 Eberhard Rhein (1998): The European Union on ist Way to Becoming a World Power, in: European Foreign Affairs, Nr. 3, S. 336

Weltordnung hinweggefegt. Nun werden bestehende internationale Ordnungsrahmen umgebaut und neue Strukturen, Kraftfelder, Allianzen, inter- und supranationale Organisationen und Regelungsmechanismen entstehen. Ein *window of opportunity* zur Gestaltung des zukünftigen internationalen Systems, der neuen Weltwirtschaft und den Grundmustern einer *Global Governance*-Architektur öffnet sich. Die Weichenstellungen für das 21. Jahrhundert werden heute vorgenommen: wer zu spät kommt, den straft die Geschichte – er hat sich an die Regeln der Architekten der ersten Stunde anzupassen. Charles A. Kupchan vom US- amerikanischen Council on Foreign Relations bringt die Situation aus Perspektive der Supermacht auf den Punkt: "The coming decade represents a unique window of opportunity; the United States should plan for the future (of foreign policy and of changing global landscape) while it still enjoys preponderance, and not wait until the diffussion of power has already made international politics more competitive and unpredictable." [2]

Die EU muß also in den kommenden Jahren einen Quantensprung organisieren, der großen politischen Willen, konzeptionelle Kraft und Reformfähigkeit voraussetzt: sie muß die Erweiterung der Union bewältigen, die Vertiefung der Integration und innere Reformen in Richtung politischer Union vorantreiben und zugleich Handlungsfähigkeit als *global player* aufbauen. Gelingt dieser Dreisprung nicht, wird die EU zu einem Objekt der neuen Weltpolitik ohne Einfluß auf die Dynamiken der Globalisierung, die das 21. Jahrhundert entscheidend prägen werden. Und die Globalisierung findet nicht etwa "draußen in der Welt" statt. Sie greift tief in die Entwicklungen von Nationen hinein und ist durch nationale Regierungen nicht beherrschbar. Die Frage lautet also: Will die EU weltweit mitgestalten und Verantwortung übernehmen, eine konstruktive Rolle in einer globalisierten Welt spielen und den Aufbau einer möglichst kooperationsorientierten *Global Governance*-Architektur mitprägen, die auch die Entwicklungschancen der EU maßgeblich beeinflussen wird? Oder will die EU in der Ära des Globalismus zu einer passiven, reaktiven und tendenziell sich abschließenden Notgemeinschaft zur Bewältigung von Globalisierungsfolgen mutieren und sich in einem "luxuriösen Protektorat" mit "großzügiger Mitbestimmung" unter US- amerikanischer Führung einrichten? [3] Die EU steht also vor der weitreichenden Entscheidung, ob sie Weltmacht werden will. Erst wenn diese Gretchenfrage beantwortet ist, stellen sich die Fragen nach konkreten Wegen, Instrumenten, der Reichweite und den Grenzen einer kooperationsorientierten Weltmacht EU.

Die Globalisierung verändert die Grundmuster der Weltpolitik

"Weltmacht", das klingt nach weltweiter Militärpräsenz, Landnahme, egoistischer Durchsetzung nationaler Interessen, Imperialismus, Sicherung von Einflußsphären, "*indispensable nation*", Hegemonie oder – positiv gewendet – "Interventionsmacht, (die) draußen in der Welt Frieden stiftet" [4] . Doch diese Assoziationen bleiben der Weltpolitik des 19. und 20. Jahrhundert verhaftet, in der militärisch zu lösende Sicherheitsprobleme und militärisch flankierte Machtpolitik von Nationalstaaten im Zentrum standen. Die Globali-

2 Charles A. Kupchan (1999): Life after Pax Americana, in: World Policy Journal, Fall/ 99, S. 20
3 Egon Bahr (1998): Deutsche Interessen, München, Blessing, S. 36
4 Wolfgang Ischinger (1998): Die Gemeinsame Außen- und Sicherheitspolitik nach Amsterdam, Discussion Paper Nr. C 14, Zentrum für Europäische Integrationsforschung, Bonn

sierung schafft eine neue Welt, die durch immer stärkere Vernetzung, wechselseitige Verwundbarkeiten, Weltprobleme und geteilte Souveränitäten charakterisiert ist. Nahezu jedes Politikfeld besitzt zu Beginn des 21. Jahrhunderts grenzüberschreitende oder gar globale Dimensionen. Die Reichweite "nationaler" Wirtschafts-, Sozial-, Umwelt-, Energie-, Technologie-, Forschungs-, Steuer-, Verbraucherschutz-, Finanzmarkt- oder Sicherheitspolitik wird immer kürzer. Die Grenzen zwischen Innen- und Außenpolitik werden fließend. Nationale Politiken werden immer enger mit internationalen und globalen Regelwerken verknüpft sein.

Weltpolitik und Weltmacht müssen unter diesen Bedingungen neu buchstabiert werden. Die Weltpolitik des 21. Jahrhunderts wird zwar auch klassische Sicherheitspolitik, ökonomisch basierte Interessenpolitik und stabilitätsschaffende Friedenspolitik sein – vor allem aber wird sie zur Gestaltung und institutionellen Einbettung der janusköpfigen Globalisierung beitragen und zu einer Art *Weltinnenpolitik* werden müssen. Der neue globale Referenzrahmen erfordert einen neuen Typus von Außenpolitik und von Weltmacht sowie die Entwicklung einer kooperativen *Global Governance* – Architektur. Weltmacht im 21. Jahrhundert sein zu wollen, heißt, sich an diesem Prozeß der Entwicklung einer tragfähigen globalen Ordnung aktiv zu beteiligen: Weltwirtschaftspolitik, Weltumweltpolitik, internationaler Menschenrechtsschutz, international abgestimmte Strategien zur signifikanten Reduzierung von weltweiter Armut, Entwicklung von Elementen einer Weltsozialordnung, Reform der Internationalen Organisationen, Suchprozesse, um Demokratie in der Global Governance-Architektur zu verankern – die Liste der Herausforderungen ist lang und betrifft alle Nationen sowie deren Zusammenleben. Die Frage nach der Weltmacht stellt sich daher auch nicht nur der EU, sondern auch anderen "Weltmächten im Wartestand" wie Japan, China, Indien, dem MERCOSUR.

Kooperation als Grundmuster der neuen Weltpolitik?

Die Staaten sind schon lange ökonomisch, politisch, sozial und militärisch miteinander vernetzt. In den siebziger Jahren wurde das Phänomen der "komplexen Interdependenz" zwischen formal independenten Staaten diskutiert. Die komplexe Interdependenz bedroht die *externe Souveränität* der Staaten. Das Konzept der externen Souveränität beschreibt das Verhältnis zwischen Staaten in einem internationalen System, das keine Zentralinstanz und kein Machtmonopol kennt und daher durch die Anarchie der Staatenwelt gekennzeichnet ist. Staaten sind in diesem Kontext darauf ausgerichtet, ihre Independenz, also ihre externe Souveränität, so weit wie möglich zu wahren und für ihre Sicherheit zu sorgen. Externe Souveränität zu wahren, heißt, externe Einmischung in interne Angelegenheiten (z.B. durch militärischen Druck, kulturelle "Überfremdung" durch Migration, eine aggressive Exportförderungspolitik von Nachbarökonomien) soweit wie möglich auszuschließen. Diskutiert wurden also vor allem "*externe Schocks*" für nationale Gesellschaften, die durch zwischenstaatliche Beziehungen verringert oder moderiert werden sollten.

Die Globalisierung geht über das Muster "komplexer Interdependenz" entscheidend hinaus. Die Betonung liegt hier erstens nicht auf der Verdichtung *zwischen*staatlicher Beziehungen, sondern auf *cross-border* Strukturen, die dazu führen, daß nationale und "externe" Strukturen sich überkreuzen und vermischen. Damit erodiert die klare Trennung zwischen Innen und Außen. "Nationale" ökonomische Probleme sind in der neuen Weltwirtschaft oft global verursacht und können durch Regierungen nur unzureichend bekämpft werden. In globalen Finanzmärkten fällt es nationalen Regierungen immer schwerer, Kapitaleinkommen zu besteuern; volatile globale Finanzströme, die ganze Ökonomien zu Fall bringen können, lassen sich nicht durch unkoordinierte Aktivitäten nationaler Bankenaufsichten beeindrucken; Umweltprobleme haben oft grenzüberschreitende oder gar globale Dimensionen, so daß nationale Lösungen zu kurz greifen; Verbraucherschutz im Internet, dem Weltmarkt der Zukunft, entzieht sich nationaler Regulierung; ethische Regeln zum Umgang mit der Gentechnologie machen in einer Welt globaler Produktions- und Wissenschaftsstandorte auf nationaler Ebene nur begrenzt Sinn; globale NGOs, weltweit gewachsenes Menschenrechtsbewußsein und schnelle globale Kommunikationsmöglichkeiten tragen zu einer Aufwertung des globalen Menschenrechtsschutzes und einer Relativierung der Souveränitätsrechte der Staaten bei. In der Epoche des Globalismus geht es nicht mehr nur um "externe Schocks", denen nationale Gesellschaften ausgesetzt wären, sondern darum, daß in vielen Bereichen nationale Systeme zu Subsystemen grenzüberschreitender oder globaler Dynamiken werden.

Im Trend schwächt die Globalisierung – zwar nicht im legalen, jedoch im operationalen Sinne – die *interne Souveränität* der Staaten, die die Beziehungen des Staates, mit gesellschaftlichen Akteuren und der Wirtschaft innerhalb des nationalen Territoriums beschreibt. Im Rahmen "komplexer Interdependenz" ging es um externe Souveränität, also das Management zwischenstaatlicher Beziehungen, die Abwehr der Einmischung in interne Angelegenheiten und vor allem die Herstellung von Sicherheit im anarchischen Internationalen System. In der Epoche des Globalismus sind die Nationalstaaten darüber hinaus in einer zunehmenden Zahl von Politikfeldern nicht mehr dazu in der Lage, Probleme in ihren territorialen Grenzen im Alleingang zu lösen und öffentliche Interessen durchzusetzen, da Steuerungsressourcen außerhalb der Grenzen verteilt sind und der Standortwettbewerb die Handlungsoptionen nationaler Regierungen begrenzt. Die Erosion interner Souveränität der Staaten kann nur durch die Bündelung "geteilter Souveränitäten", also die Zusammenarbeit mit anderen Staaten, Inter- und Supranationalen Organisationen und privaten Akteuren gestoppt werden. In der neuen Weltpolitik geht es nicht mehr um die Abwehr von Einmischung in die inneren Angelegenheiten, sondern geradezu umgekehrt um die Organisation von wechselseitiger Einmischung, um grenzüberschreitende Problemlagen und "verstreute Souveränitäten und Handlungspotentiale" zusammenzuführen.

Unter den Bedingungen der Globalisierung ist die Sicherung *interner Souveränität* nicht mehr in einem konfliktiven Wettbewerb der Nationalstaaten zu sichern, sondern *nur* durch Kooperation zwischen ihnen (und Akteuren der Gesellschaftswelt). Die Fähigkeit zur Kooperation im internationalen System bzw. der *Global Governance*-Architektur wird so grundlegend für die Fähigkeit der Nationalstaaten, ihre interne und externe Souveränität sowie Handlungsfähigkeit, Legitimation und Identität zu reproduzieren. Die Handlungsfähigkeit der einzelnen Nationalstaaten kann nur noch kollektiv gesichert werden. Dies gilt insbesondere für kleine und mittlere Länder, aber auch für Schwergewichte wie die USA, China oder Indien – globale Finanz-, Kommunikations- und Wissensströme machen auch vor ihren Grenzen nicht halt; und die Lösung zentraler Weltprobleme – vom

Klima, über globalen Terrorismus und Drogenhandel, bis zum Bevölkerungsproblem – kann keine Nation im Alleingang lösen. Die neue Weltpolitik ist auf ein kooperatives Ordnungsmuster angewiesen – oder es droht permanentes Politikversagen.

Diese Sicht auf die Globalisierung zeigt die Grenzen von Strategien hegemonialer oder gar unilateraler Durchsetzung "nationaler Interessen" gegenüber anderen Staaten auf. Die Zukunft der Nationalstaaten, ihre interne und externe Souveränität, und die Chance, Weltprobleme zu lösen, hängen von ihrer Kooperationsfähigkeit und der Herausbildung eines kooperativen Grundmusters in der Global Governance-Architektur ab. Die Weltmächte des 21. Jahrhunderts werden sich auf diese Herausforderungen einstellen müssen.

Pointiert bringt Richard Haass, Direktor der *Brookings Institution* und Warner vor unilateralen Alleingängen der Supermacht, den Wandel der Weltpolitik auf den Begriff: "The proper goal for American foreign policy, then, is to encourage a multipolarity characterized by cooperation and concert rather than competition and conflict. In such a world, order would not be limited to peace based on a balance of power or a fear of escalation, but would be founded in a broader agreement on global purposes and problems."[5] Eine Weltmacht EU sollte ihren Beitrag dazu leisten, Kooperation und Kompetenz zur Lösung globaler Probleme und zur Gestaltung der Globalisierung zu organisieren, auch um der eigenen Handlungsfähigkeit innerhalb ihrer Mitgliedsstaaten und der europäischen Institutionen Willen. *Global Governance* lautet der Terminus, der die Entwicklungsrichtung angibt: Globale Regelwerke dort, wo nationale Handlungsfähigkeit abnimmt; verbindliche Spielregeln für die Zusammenarbeit der Staaten und privater Akteure; Vereinbarungen, Regime und Verträge als Schutz vor Willkür; Internationales Recht zur Zügelung nationaler Macht; Sanktionsmöglichkeiten gegen Verletzungen gemeinsamer Regeln. Eine kooperative *Global Governance*-Architektur entsteht nicht von allein, schon gar nicht ist ihre Konstruktion derzeit von der einzigen Supermacht zu erwarten, die eher nach der Maxime "sowenig Multilaterismus wie notwendig, soviel Multilateralimus wie eben nötig" agiert und die internationalen Institutionen nach eigenem Gusto umzugestalten versucht: "Empires have no interest in cooperation within an international system; they aspire to be the international system."[6]

Dieses Panorama deutet die neue Agenda der Weltpolitik an und die Aufgaben, denen sich die Weltmacht EU stellen muß: Mitwirkung an der Erarbeitung tragfähiger Lösungen für global wirkende ökonomische, soziale und ökologische Probleme, Mitgestaltung globaler Ordnungs- und Regelsysteme, Organisation und Durchsetzung einer neuen Logik globaler Kooperation, Aufbau tragfähiger Sicherheitssysteme: Kooperieren statt beherrschen – überzeugen statt oktroyieren – Konsultation und Dialog statt Diktat und Alleingänge – Multilateralismus statt Unilateralismus heißen die neuen Wegmarken. Entschließt sich die EU, nicht Weltmacht werden zu wollen, leistet sie dem starken Trend eines unilateralistischen Politikstils der USA Vorschub.

---

5 Richard N. Haass (1999): What to Do With American Primacy, in Foreign Affairs, Nr. 5, S. 38

6 James Chace/ Nicholas Rizopoulos (1999), Toward a New Concert of Nations, in: World Policy Journal, Fall/99, S. 3

Neue globale Konflikte: militärisch nicht zu lösen

In der immer dichter vernetzten Welt gehen Prozesse der Strukturbildung mit der Entstehung neuer Konfliktlinien, die zu sozialer Desintegration führen können, einher. Vier wichtige Konfliktkonstellationen zeichnen sich ab:

Soziale Konflikte: Der globale Arbeitsmarkt führt weltweit zu harter Konkurrenz zwischen unqualifizierten Arbeitskräften. Im Norden entsteht eine neue Ungleichheit. Zugleich werden viele Ökonomien des Südens sowie einige Transformationsgesellschaften durch die Anforderungen der Weltwirtschaft überfordert. In Afrika und Südasien könnten ganze Länder zu "Weltsozialfällen" werden. Ob die Tendenzen globaler Vernetzung weltweite Spannungen und Disparitäten abbauen helfen oder zu mehr Fragmentierung, Konflikten oder auch einem neuen Protektionismus führen, wird auch davon abhängen, ob sich im globalen System wirksame Mechanismen sozialen Ausgleichs entwickeln werden.

Ökologische Verteilungskonflikte: Der weltweite Umweltverbrauch steigt weiter an. Da es sich bei der Umwelt um ein begrenztes Gemeinschaftsgut handelt, bedarf deren Nutzung unter Berücksichtigung der Erneuerbarkeit der Ressourcen, globaler Vereinbarungen darüber, wer wieviel davon beanspruchen kann. Damit stehen schwierige ökologische Verteilungskonflikte auf der internationalen Tagesordnung, wie bereits im Verlauf der Klimaverhandlungen der vergangenen Jahre deutlich wurde.

Moralisch-ethische Konflikte: Der beschleunigte technologische Fortschritt wirft in vielen Bereichen neue ethische Fragen auf und zwingt auch zu gesetzgeberischen Regulierungen. Angesichts der Mobilität von Unternehmen und von Forschungseinrichtungen laufen nationalstaatliche Gesetzesinitiativen allerdings oft ins Leere. Diskurse über die Chancen und Risiken der Gentechnologie, der Transplantationsmedizin oder der Präimplantationsdiagnostik sowie die Suche nach wirkungsvollen Regulierungen in diesen ethisch schwierigen Feldern müssen daher grenzüberschreitend organisiert werden.

Eine Welt – Viele Weltbilder. Konfliktlinien zwischen Gewinnern, Verlierern und Konkurrenten: Das Ende der Ost-West- Bipolarität hat die Universalisierung wichtiger gesellschaftlicher Leitbilder (wie Menschenrechte, Demokratie, Marktwirtschaft) vorangebracht. Die Globalisierung wirkt einerseits in die gleiche Richtung und provoziert andererseits bei Gewinnern und Verlierern sowie zwischen Konkurrenten der weltweiten Umbruchprozesse die Herausbildung ganz unterschiedlicher Weltbilder. Diese reflektieren potentielle Konfliktlinien in der sich herausbildenden Weltgesellschaft:

In den westlichen Ländern wird oft von einer zunehmenden "Verwestlichung der Welt" ausgegangen und die USA feiern sich sogar als die "*indispensable nation*" (Madeleine Albrigth), von der alle Welt lernen müsse.

In Asien ist derweil von den westlichen Industriestaaten als den "*Newly Decaying Countries*" die Rede. Hier wird das "pazifische Jahrhundert" beschworen, auch wenn dieses Gegenprojekt zur westlichen Moderne nach der Asienkrise einen Dämpfer bekommen hat.

Benjamin Barber hat ein weiteres polarisiertes Szenario der Weltentwicklung entworfen. "*Djihad*" und "*McWorld*" rivalisieren miteinander. "*Djihad*" symbolisiert die antiwestlich orientierte Rückentwicklung zum neuen Stammesbewußtsein auf der Grundlage militanter Fundamentalismen. "*McWorld*" steht bei Barber für die globale Integration über den Markt sowie gleichgeschaltete Konsum- und Kulturwelten. "*Djihad*" und "*McWorld*" sind oft einflußreich in den gleichen Ländern; es sind parallele Trends, die in entgegengesetzte Richtung wirken, aber beide zerstören demokratische Institutionen.

Das Bild einer radikalen neuen Bipoparität zeichnet Jean-Chistophe Rufin. Da der Süden aus seiner Perspektive ökonomisch weitgehend bedeutungslos ist, muß sich der Norden vor der "barbarischen Welt" mit militärischen Methoden schützen und vom Katastrophenpotential des Südens abzukoppeln versuchen.

Diese divergierenden Weltbilder reflektieren weltfremde "Siegergefühle" vermeintlicher Globalisierungsgewinner und Globalisierungsängste der in der Welt an den Rand gedrängten Akteure. Sie veranschaulichen, daß die Welt des 21. Jahrhunderts ohne massive Anstrengungen zur Intensivierung des weltweiten kulturellen Austausches sowie wirksame Strategien zur Reduzierung der Zahl der Globalisierungsverlierer durch vielfältige grenzüberschreitende und bürgerkriegsähnliche Konflikte gekennzeichnet sein könnte.

Diese Skizze verdeutlicht die Schieflage der europäischen Diskussion über die GASP, die infolge des Kosovo-Konfliktes eine militärische Schlagseite bekommen hat. Militärische Handlungsfähigkeit, möglichst multilateral organisiert und dem Regelwerk einer zu reformierenden UN unterstellt, sind in spezifischen Krisensituationen oder auch zum Schutz elementarer Menschenrechte unerläßlich. Globale Gestaltungsfähigkeit setzt jedoch – neben ökonomischer Wettbewerbsfähigkeit und hoher technologischer Kompetenz – vor allem die Fähigkeit zur Organisation und Umsetzung von Macht und Kooperation voraus.

Machtressourcen in der neuen Weltpolitik: Europa hat Nachholbedarf

Die entscheidende Grundlage der Macht in der neuen Weltpolitik bilden Informationen und Wissen. Wer die Problemkonstellationen der Zukunft erkennt und seine Partner dazu veranlaßt, sie in einer spezifischen Weise zu interpretieren, verfügt über bedeutende Macht. Der Export von global wirksamen Ideen, Orientierungen und Leitbildern ist eine zentrale Machtquelle. Wirkungsvoll ist die *Definitions- und Konsensmacht*, die darauf ausgerichtet ist, zu klären und vorzugeben, was zentrale Probleme sind, in welche Richtung Lösungen gesucht werden müssen und wie Konflikte vermieden oder bearbeitet werden können. Sie schafft gemeinsame Leitbilder, die die Situationsdeutung harmonisieren, und zielt darauf ab, Ergebniskontrolle sowie die Mobilisierung und Koordination von Kooperation zu verbinden. Die Macht, Problemkonstellationen und Lösungswege zu definieren sowie Konsens und Kooperation in eine vorgezeichnete Richtung zu organisieren und so *zukünftige* Handlungsmuster zu beeinflussen, gewinnt in einer vernetzten Welt, in der die Steuerungsressourcen zur Lösung gemeinsamer Probleme breit gestreut sind, an Bedeutung.

Die entwickeltste Form der Macht ist die *strukurelle Macht* oder besser die *Fähigkeit zur Strukturbildung*, mit dem Ziel, durch Institutionen und Regeln die zukünftigen Handlungen anderer Akteure sowie deren Interaktionen über lange Zeiträume zu beeinflussen, ohne deren Autonomie direkt in Frage zu stellen. So werden die Akteure, denen es in den kommenden Jahren gelingt, durch Definitions- und Konsensmacht sowie die darauf aufbauende Fähigkeit zur Strukturbildung, die Reorganisation der Weltbank und des Internationalen Währungsfonds zu prägen und die Herausbildung neuer Institutionen zur Regulierung der internationalen Finanzmärkte aktiv voranzutreiben, die zukünftige Ausrichtung der Weltwirtschaft signifikant beeinflussen können.

Macht basiert im 21. Jahrhundert also nicht mehr auf der Beherrschung großer Territorien und nur sekundär auf Gewaltandrohung oder der Höhe der Rüstungsetats, sondern primär auf der strategischen, organisatorischen, wissensbasierten und auf gemeinsame Problemlösung ausgerichteten Kompetenz, komplexe Interaktionen zu steuern, Kooperation zu organisieren und durch Strukturbildung die Richtung des Wandels aktiv und zielorientiert mitzugestalten. Konflikte werden selbst in einer kooperativ ausgerichteten *Global Governance*-Architektur eher zunehmen, weil durch "Nähe", erzeugt durch globale Interdependenzen und Weltprobleme, auch die Anlässe für Konflikte steigen. Doch wer seine Umwelt veranlassen will, etwas zu tun (sei es, um gemeinsame Probleme zu lösen oder eigene Interessen durchzusetzen), muß im Regelfall darauf achten, den Konsens der Betroffenen aufrechtzuerhalten.

Was heißt das für die EU? Der Umbau von 15 oder bald 20 oder 25 nationalen Armeen in eine europäische Armee wäre sicher ein anspruchsvolles und lohnendes Projekt – umrüsten statt aufrüsten, bündeln statt duplizieren sollten hier die Leitideen sein. Doch wirklich aufrüsten muß Europa in den Feldern Wissenschaft, Bildung, Spitzenforschung, globales *Agenda- Setting*, Aufbau weltpolitischer Kompetenz. Dies setzt voraus, daß Europa global denken lernt: In Deutschland existieren 200–300 professionelle Politikberater im weiten Feld der Außen-, Sicherheits- und Entwicklungspolitik – in den USA sind es mehr als 10.000! Man täusche sich nicht; die Macht der USA basiert nicht nur, nicht einmal im Kern, auf ihrer militärischen Stärke: Die Nachrichten über das was in der Welt passiert, erreichen uns über CNN, das Wall Street Journal, die Herald Tribune und Newsweek. Die besten Universitäten der Welt, die global wirksame Interpretationsmuster produzieren, sind US-amerikanisch, und sie ziehen die jungen Eliten der gesamten Welt an. Die US-amerikanischen Think Tanks und Zeitschriften wie Foreign Affairs, Foreign Policy und National Interest setzen global die Orientierungsmarken der außenpolitischen Diskussion. Die Lehrbücher, nach denen zukünftige Ökonomen, Manager und Experten für Weltpolitik studieren, sind überwiegend US-amerikanisch. Zudem spricht und lernt die Welt englisch. Die europäischen Debatten um die GASP und neue Anforderungen in der Weltpolitik müssen sich diesen zentralen Herausforderungen widmen.

Gute Gründe für europäisches Selbstbewußtsein

Es gibt nicht nur gute Gründe, um die derzeitige globale Handlungsunfähigkeit der EU zu belegen. Es gibt auch sehr gute Gründe für europäisches Selbstbewußtsein und "EU-Kapital", das in den Prozeß der Zivilisierung und Gestaltung der neuen Weltpolitik eingebracht werden kann:

Die große historische Leistung der EU in ihren ersten vier Jahrzehnten bestand *erstens* darin, nach zwei verheerenden Kriegen in der ersten Hälfte des 20. Jahrhunderts, die Beziehungen ihrer Mitgliedsländer auf eine stabile und friedliche Grundlage zu stellen. Die europäische Integration hat einen grausamen Kriegs- und Krisenherd in eine *de-*

mokratische Friedensregion verwandelt. Es lohnt sich, über Lehren dieser einzigartigen "friedenschaffende Maßnahme" für andere Weltregionen nachzudenken.

In einer instabilen Welt ist die EU *zweitens* ein wichtiges Stabilitätszentrum. Durch die angestrebte Erweiterung der EU "nach Osten" leistet die Union einen enormen Beitrag, zur Ausdehnung dieser *Stabilitätszone*. Stabilität in Europa bedeutet auch mehr Stabilität in einer global vernetzten Welt. Dieses in der Welt bisher einmalige Vorhaben der Verdichtung von Kooperation bis hin zur Vergemeinschaftung ganzer Politikfelder über viele territoriale Grenzen hinweg und deren *international wirksame Stabilitätsgewinne* werden in der Diskussion unterbewertet. Die USA betonen gern ihr besonderes globales Engagement (und dessen Kosten). Eine EU, die sich anschickte, global orientiert zu denken und zu handeln, könnte mit Fug und Recht auf ihre Erfolgsbilanz in Sachen Friedenswahrung und -schaffung, Stabilisierung und Demokratisierung in einer zentralen Weltregion verweisen.

Die EU steht *drittens* für das *Projekt eines zivilisierten Kapitalismus*. Marktwirtschaft, Wettbewerbsfähigkeit, soziale Entwicklung, Gerechtigkeit und Chancengleichheit werden zusammengedacht. Soziale Demokratie soll die Kräfte des Marktes nutzen und dessen destruktive Kräfte bändigen. Dieses Leitbild muß in einer vernetzten Weltwirtschaft globalisierungstauglich "neu erfunden" werden. Es wird immer deutlicher, daß auch die globale Marktwirtschaft krisenanfällig wird und zur Exklusion ganzer Weltregionen führen kann, wenn die sozialen Dimensionen der Ökonomie vernachlässigt werden. Die EU kann ihr spezifisches Bild von Marktwirtschaft in den Prozeß der Gestaltung der Weltwirtschaft einbringen.

Das vielleicht entscheidende Kapital der EU für die Epoche des Globalismus besteht *viertens* in den *kumulierten* und internalisierten *Erfahrungen aus vier Dekaden sich verdichtender Kooperation* zwischen den Mitgliedsstaaten. Die sukzessive Überwindung nationalstaatlicher Borniertheiten, die Entwicklung gemeinsamer, europäischer Sichtweisen, alltägliche Kooperation und Koordination über nationale Grenzen hinweg, die Schaffung einer gemeinsamen Währung und – alles in allem und bei aller berechtigten Kritik – handlungsfähiger europäischer Strukturen, die Übertragung nationaler Souveränitäten auf gemeinsame Institutionen, die Bündelung "geteilter Souveränität" zur Stärkung europäischer Handlungsfähgkeit, die Schaffung verbindlicher europäischer Regel- und Rechtssysteme sowie die permanente Suche nach einem sinnvollen Gleichgewicht zwischen nationalstaatlichem, zwischenstaatlichem und supranationalem Handeln stellen einen unschätzbaren Erfahrungsschatz dar. Was jahrzehntelang von vielen europäischen und nicht-europäischen Beobachtern als (hoher) Preis und (ineffektiver) Ballast im Dienste der friedensschaffenden Funktionen der EU gegolten hat, könnte sich als Prototyp eines Ordnungsmusters erweisen, das nun auf globaler Ebene entwickelt werden muß, um den Globalisierungsfolgen Herr zu werden. Die EU könnte das Fernziel einer tragfähigen und kooperativen *Global Governance*-Architektur als europäische Innenpolitik – im Nebeneinander von vergemeinschafteten Politiken in supranationalen Institutionen und Mehrebenenpolitik durch die Verknüpfung lokaler, nationaler und europäischer Aktivitäten – vorwegnehmen. Eine kooperationsorientierte Weltmacht EU, die das Kooperieren sowie Austarieren von Interessen und deren Transformation in gemeinsame Interessen lange eingeübt hat, sollte in der neuen Weltpolitik über gute Startchancen verfügen.

Europäische und US-amerikanische Beiträge zur Gestaltung der Globalisierung – Kontrastprogramme

Verfügt die EU – jenseits der wichtigen transatlantischen Übereinstimmungen zum Stellenwert von Demokratie, Menschenrechten und Marktwirtschaft – über ein eigenständiges Profil, das nach außen ausstrahlen und die Debatte um die Gestaltung der Globalisierung und die Kernelemente von *Global Governance* bereichern könnte? Holzschnittartig sollen einige Elemente skizziert werden, die Eckpunkte eines außenpolitischen Profils der EU darstellen könnten und sich deutlich von US-amerikanischen Vorstellungen unterscheiden würden. Der Konjunktiv deutet an, daß die EU diese Elemente noch nicht zu Kernbestandteilen ihrer Außen- und Globalpolitik entwickelt hat. Beschrieben werden also ein mobilisierbares Potential und Ansatzpunkte, die zu einem Profil verdichtet werden könnten, nicht die Wirklichkeit.

Das angelsächsische und das *kontinentaleuropäische Konzept von Marktwirtschaft und Demokratie* unterscheiden sich, wie bereits dargestellt, signifikant. Zweifelsohne sind die europäische Ökonomie und ihr Sozialmodell reformbedürftig und müssen den neuen Rahmenbedingungen angepaßt werden. Die Gesamtphilosophie – Wettbewerb und soziale Verpflichtung, Markt und Schutz vor der Gnadenlosigkeit des Marktes, soziale Gerechtigkeit sowie Leistungs- und Chancengerechtigkeit – gewinnt jedoch gerade unter den Bedingungen globaler Ökonomie, die große Chancen eröffnet, aber zu permanentem Wandel zwingt, zu sozialen Ungleichgewichten tendiert und infolgedessen anfällig ist für politische Instabilitäten, an Bedeutung. Die Europäer sollten sich engagiert in die Diskussion um *globalization with a human face* einmischen, statt auf internationaler Ebene und in den Internationalen Organisationen den USA das Feld zu überlassen.

Die EU unterstützt (zum Beispiel im MERCOSUR) *Ansätze regionaler Kooperation und Integration und verfolgt ein Konzept der Kooperation zwischen Regionen.* Die USA setzten demgegenüber auf bilaterale Beziehungen, die Bildung von Freihandelszonen (Typus NAFTA) und die selektive Einbindung einzelner Länder in spezifische Handelsabkommen (in Lateinamerika z.B. mit Argentinien, aber nicht mit Brasilien). Die Strategie reproduziert notwendigerweise die asymetrischen Beziehungen zwischen den USA und jedwedem Partner und unterminiert die Bündelung von Macht und Handlungsfähigkeit durch regionale Kooperation in anderen Weltregionen.

In der Logik der Europäischen Integration liegt eine Global Governance- Architektur, die auf *handlungsfähigen Weltregionen* und intensiven Kooperationsmustern zwischen den Regionen basiert. Die USA präferieren lockere regionale Zusammenschlüsse, in denen sie möglichst eine zentrale Rolle spielen können (Typus APEC). In ihrer hierarchischen Weltordnungsvorstellung spielt die Supermacht USA die Rolle eines "global protector of last resort".

Die EU setzt in der Weltpolitik auf *Multilateralismus*, der gemeinsame Interessen, Machtteilung, Reziprozität und Interessenabstimmung mit anderen betont und auf verpflichtende gemeinsame Spielregeln sowie Kooperation ausgerichtet ist. Die USA präferieren seit Mitte der 90er Jahre altbewährte Instrumente klassischer Machtpolitik. Sie pflegen bilaterale "Sonderbeziehungen" zu strategischen Partnern und setzen immer öfter auf Unilateralismus oder die Verweigerung von globaler Regelbildung, der sie sich dann auch selbst unterwerfen müßten. Multilateralismus wird nur im Schatten des *benevolent hegemon* akzeptiert: "... multilateralism must be preceded by unilateralism", schreibt Robert Kagan,[7] Direktor des *US Leadership Project* der *Carnegie Endowment for International Peace*. Manch einflußreicher US-Autor diskutiert gar "A new age of liberal imperialism".[8]

Die EU unterstützen eine *handlungsfähige*, wenn auch zu reformierende *UN sowie leistungsfähige Internationale Organisationen*. Deren Bedeutung nimmt in einer global vernetzten Welt weiter zu. Die USA verfolgen seit Jahren das Konzept einer schwachen UN, die zuweilen zur Legitimationsbeschaffung instrumentalisiert wird, deren Regeln und Institutionen sich die Supermacht aber immer weniger verpflichtet fühlt.

Die EU baut intern auf der Idee gemeinsamer Regelbildung und der Macht des Rechts zur Bändigung des Egoismus der Nationen auf. Die Stärkung und Weiterentwicklung des *Völkerrechts und globaler Regelwerke* als Grundlage internationaler Kooperation ergeben sich aus dieser Logik. Die USA vertrauen auf ihre Stärke und Durchsetzungsfähigkeit und mißtrauen einem Ausbau des Völkerrechts, wie z.B. in den Auseinandersetzungen um den Internationalen Strafgerichtshof deutlich wurde.

Zugegeben, die Kernelemente realer US-Weltpolitik und potentieller EU- Weltpolitik sind mit groben Pinselstrichen gemalt und daher an mancher Stelle überpointiert. Und die EU müßte zu einem gewaltigen außenpolitischen Sprung ansetzen, um Wirkungen in die angedeutete Richtung zu erzeugen. Die Skizze zeigt jedoch, daß sich im Anschluß an die punktuellen außenpolitischen Aktivitäten der EU und ihre innere Verfaßtheit ein Profil für die Mitgestaltung der Globalisierung durch ein global handlungsfähiges und -williges Europa entwickeln läßt. In jedem Fall würde sich ein internationaler Wettbewerb der Ideen um die Eckpfeiler der sich entwicklenden Global Governance-Architektur kreativitätssteigernd auswirken. Und als sicher kann gelten, daß die USA handlungsfähige Partner in der Weltpolitik benötigen, um den Weg zur Kooperation zurückzufinden. Monopole sind nicht nur in der Ökonomie schädlich, lähmend, unproduktiv, kurzsichtig und krisenanfällig.

Natürlich ist die EU noch nicht dazu in der Lage, die Rolle zu spielen, die in dem skizzierten Panorama angedacht ist. Die Agenda, die entwickelt werden müßte, um auf diesem Weg vorankommen oder auch nur die Richtung einzuschlagen, wäre lang, zu lang um an dieser Stelle entfaltet zu werden. Sicher ist jedoch eines: Ohne weitreichende institutionelle Reformen und eine Vergemeinschaftung der Außenpolitik (nach dem Muster der Währungsunion), an deren Ende wohl ein europäischer Außenminister stünde, wird es langfristig keine kooperationsorientierte und gestaltungsfähige Weltmacht EU geben. Die Gestaltung der Globalisierung, vielleicht die wichtigste Herausforderung an die Politik des 21. Jahrhunderts, würde dann anderen überlassen. Vielleicht denkt Außenminister Fischer in diese Richtung, wenn er in einem Interview davon spricht, daß in der Zukunft "die Hauptautorität in Brüssel liegen soll und die Alltagsautoritäten in die Hauptstädte

---

7 Robert Kagan (1998): The Benevolent Empire, in: Foreign Policy, Nr.111, S. 33

8 David Rieff (1999): A New Age of Liberal Imperialism?, in: World Policy Journal, Summer/99

gehören"[9]. Eine verwegene Idee für einen Außenminister, der sich – zumindest als Gedankenskizze – seine eigene Macht beschneidet. Doch er muß wohl kaum mit einer Realisierung des Projekts während seiner (ersten) Amtszeit rechnen.

Dirk Messner

9 Joschka Fischer(2000), Interview in: Der Spiegel, 4.März 2000, S. 29

1.6. Die OSZE zwischen organisatorischer Überforderung und politischem Substanzverlust

Immer neue Aufgaben für eine "schwache" Organisation

Gerade fünf Jahre ist die Organisation für Sicherheit und Zusammenarbeit (OSZE) in Europa alt, da attestiert man ihr bereits eine "Identitätskrise" [1] oder zumindest eine "unsichere Zukunft". [2] Die OSZE steht damit ganz in der Tradition der KSZE, deren Kontinuität als Diskussionszusammenhang immer wieder von nahezu unüberwindbar erscheinenden Gegensätzen bedroht war. Heute sind es vor allem zwei Widersprüche, die der OSZE zu schaffen machen: Erstens stellen die Teilnehmerstaaten die Organisation häufig kurzfristig vor schwierige Aufgaben, ohne ihr dafür immer ausreichende Mittel zu gewähren. Diese Mangellage, die schon fast zum Markenzeichen der OSZE geworden ist, verweist indes auf einen zweiten, tiefer liegenden Widerspruch: Während die wichtigsten Aufgaben der Organisation, Krisenprävention und Friedenskonsolidierung, hochpolitischer Natur sind und ein hohes Maß an Legitimität verlangen, da sie die sensible Frage der Einwirkung auf die innenpolitische Dimension souveräner Staaten zum Thema haben, hält sich die Übertragung politischer Kompetenzen an die OSZE seitens ihrer Teilnehmerstaaten in Grenzen. Infolgedessen steht die OSZE vor einem doppelten Legitimationsproblem: Sie muß nicht nur immer wieder jene "Eingriffe in die inneren Angelegenheiten" von Staaten legitimieren, die einen Gutteil ihres komparativen Vorteils ausmachen, sondern darüber hinaus fortlaufend ihre Existenzberechtigung als Organisation beweisen.

Quantitativ betrachtet stellt die Entwicklung der OSZE eine Erfolgsstory sondergleichen dar: Von 1995 bis 2000 hat sich ihr Budget mehr als verachtfacht, der Bestand an Mitarbeitern (aller Kategorien) ist um den Faktor vierzehn auf rund 3.300 gestiegen. Während sich dabei die Zahl der Missionsmitglieder vervielfacht hat, ist der Personalumfang im Sekretariat nur mäßig gestiegen – gerade einmal von 120 auf 180. Die OSZE ist heute in rund 20 Teilnehmerstaaten vor Ort aktiv und zeigt damit sowohl auf dem Balkan als auch in der Kaukasusregion und in Zentralasien flächendeckende Präsenz. In einigen halbsouveränen Staaten wie z.B. Bosnien und Herzegowina nimmt sie sogar originäre Staatsaufgaben wahr, etwa bei der Durchführung von Wahlen. In Wien organisierten die Konferenzdienste der OSZE im vergangenen Jahr rund 1.600 Treffen und Sitzungen der Teilnehmerstaaten.

Politikwissenschaftlich kann man die OSZE trotzdem als "schwache" Organisation beschreiben. Denn als solche besitzt sie kaum autonome Handlungsmöglichkeiten und noch nicht einmal partielle Völkerrechtssubjektivität; ihr Generalsekretär hat kein politisches Mandat. Leicht zugespitzt könnte man sagen: Die OSZE ist eine Organisation im Besitz ihrer Teilnehmerstaaten, die streng darüber wachen, daß sich daran nichts ändert und die ihr nahezu alles verweigern, was den intelligenten Kern einer Organisation, d.h. ihre Fähigkeit zur Erfahrungs- und Wissensakkumulation ausmacht. Erstens besitzt die OSZE ungeachtet ihrer großen Mitarbeiterzahl keine zentrale Analysekapazität – weder

1 Alexander Matwejew, Die Identitätskrise der OSZE, in: Institut für Friedensforschung und Sicherheitspolitik an der Universität Hamburg / IFSH (Hrsg.), OSZE-Jahrbuch 1999, Baden-Baden 1999, S. 67 – 90.

2 Wolfgang Heydrich/Bernard von Plate, Der OSZE-Gipfel von Istanbul, Ebenhausen 1999 (SWP-aktuell, No. 48, Dezember 1999), S. 8.

in allgemeiner Hinsicht noch bezogen auf die Einsatzländer, obwohl mehr als 90 Prozent des Personals dort tätig sind. Zweitens beruht das Personalsystem der Organisation auf der sog. Sekundierung, d.h. die Teilnehmerstaaten stellen der OSZE für einen gewissen Zeitraum Personal zur Verfügung, das dann wieder abgezogen oder ausgetauscht wird. OSZE-eigenes Personal darf für maximal sieben Jahre beschäftigt werden. Beides bewirkt, daß sich ein "institutionelles Gedächtnis" der OSZE, das gleichzeitig auch die Basis für eine Organisationsidentität wäre, nur schwer herausbilden kann. Zudem verschafft das Sekundierungssystem jenen Ländern mehr Einfluß, die über die personellen und finanziellen Mittel verfügen, Personal entsenden zu können. Drittens verfügt die OSZE nur über geringe Ausbildungskapazitäten, obwohl dies angesichts der hohen Personalfluktuation besonders notwendig wäre. Im Sekretariat ist nur eine einzige Person hauptamtlich für Ausbildung zuständig, besser ist die Situation in den (großen) Missionen. Das quantitative Wachstum der OSZE hat an diesen institutionellen Defiziten kaum etwas geändert, sondern sie nur um so krasser hervortreten lassen.

Damit kann die OSZE als Musterbeispiel dafür gelten, wie größere Staaten über die Begrenzung der organisatorischen Kapazität einer internationalen Organisation ihren eigenen Einfluß maximieren können. Denn die Defizite des Sekretariats stärken nicht in gleichem Maße die Stellung aller Teilnehmerstaaten, sondern die Einflußmöglichkeiten der größeren Länder und insbesondere der USA: "Als reichstes Mitglied mit der größten Fähigkeit, Missionsmitglieder zu sekundieren, konnten die Vereinigten Staaten eine OSZE mit einem schwachen Sekretariat dominieren, die sich hauptsächlich auf ad hoc-Missionen mit sekundiertem Personal stützte. Und tatsächlich kamen die Missionsleiter der wichtigsten Missionen wie Bosnien, Ukraine oder die Kosovo-Verifikationsmission mit wenigen Ausnahmen aus den Vereinigten Staaten, was die US-Regierung in die Lage versetzte, diese Missionen wirksam zu dominieren."[3] Die überproportionale Ausdehnung politischer Einflußmöglichkeiten geht nicht nur zu Lasten des Einflusses kleinerer Staaten, sondern schränkt auch die Fähigkeiten der Organisation als solcher ein, ihre Aufgaben zu erfüllen. Dies gilt um so mehr, als der OSZE seit 1995 mehrmals kurzfristig große Einsätze übertragen wurden, die nur auf der Basis externer Kapazitäten der Teilnehmerstaaten bewältigt werden konnten und zudem das Gros der Sekretariatskapazität banden. Neben den oben beschriebenen politischen Einflußeffekten führte dies erstens zu einer Vernachlässigung der kleineren Missionen und anderer Aufgaben und zweitens zu einem Handlungsmuster, das mehr durch Reagieren auf von außen kommende Anforderungen als durch eigenes, proaktives Handeln geprägt ist. Dies ist schon deshalb relevant, weil dadurch der Anteil der im eigentlichen Sinne präventiven Einsätze zu Lasten von Einsätzen mit Schwerpunkt Friedenskonsolidierung zurückgeht (die auf höherer Eskalationsstufe ebenfalls wieder präventiv wirken).

Nun muß eine schwache, an der Grenze ihrer Leistungsfähigkeit arbeitende Organisation nicht unbedingt von Nachteil sein, vor allem dann nicht, wenn sich ihre politische Substanz dynamisch entwickelt. Das aber über die OSZE zu behaupten, fällt zunehmend schwer. Ihre Gipfeldokumente zeigen spätestens seit Lissabon 1996 einen erkennbaren politischen Substanzverlust. Die Charta von Paris 1990 markierte einen visionären Auf-

3 P. Terrence Hopmann, Building Security in Post-Cold War Eurasia, Washington, DC 1999 (United States Institute of Peace, Peaceworks No. 31), S. 46 [Eigene Übersetzung].

bruch in ein neues, besseres Zeitalter; ihr (Über-)Optimismus speiste sich primär aus dem befreienden Gefühl, erstmals eine gemeinsame Wertebasis für ganz Europa geschaffen zu haben. Sie wird von vielen zu recht als zweitwichtigstes K/OSZE-Dokument nach der Schlußakte von Helsinki betrachtet. In Helsinki 1992 war man bereits auf dem Boden der neuen Realität ethnopolitischer Konflikte angekommen, doch fiel die Reaktion konstruktiv aus: Mit den Missionen, dem Hohen Kommissar für nationale Minderheiten und der Option auf friedenserhaltende Maßnahmen schuf man den Kernbestand des Instrumentariums, das der K/OSZE die Hinwendung zu ihren neuen Aufgaben im Bereich der Krisenprävention, Krisenlösung und Friedenskonsolidierung ermöglichte. In Budapest 1994 benannte man die "Konferenz" zwar in "Organisation" um, straffte ihren Gremienapparat und übertrug dem Büro für Demokratische Institutionen und Menschenrechte (BDIMR) zusätzliche Aufgaben, auf grundsätzliche politische Schlußfolgerungen aus der neu gewonnenen Qualität einer Organisation konnte man sich jedoch nicht einigen. Im Gegenteil, der Gipfel beschloß explizit: "Durch den Namenswechsel von KSZE zu OSZE ändert sich weder der Charakter unserer KSZE-Verpflichtungen noch der Status der KSZE und ihrer Institutionen."[4] Auf Initiative Rußlands beschloß das Gipfeltreffen die Einleitung einer Diskussion über ein Modell gemeinsamer und umfassender Sicherheit im 21. Jahrhundert. Rückblickend markiert der Budapester Gipfel vielleicht schon den Beginn jenes schleichenden politischen Substanzverlusts, der in Lissabon 1996 und Istanbul 1999 unübersehbar wurde. Der wichtigste Erfolg beider Gipfeltreffen bestand in einem Mandat für KSE-Anpassungsverhandlungen bzw. in der Unterzeichnung des angepaßten Vertrags und betraf damit ein Thema, das zwar von erstrangiger Bedeutung ist und in weiterem Sinne unter das politische Dach der OSZE gehört, nicht jedoch zu ihrem Kerngeschäft. Zwar maß sich die OSZE im Lissabonner Dokument 1996 eine "Schlüsselrolle" bei der "Förderung von Sicherheit und Stabilität"[5] zu, doch auf praktischer Ebene blieben die Fortschritte mit der Schaffung der neuen Institution des OSZE-Beauftragten für Medienfreiheit sowie der Einrichtung eines Koordinators für ökonomische und ökologische Aktivitäten der OSZE eher bescheiden. In Istanbul schließlich mußte man rein organisatorische Aufgaben wie die Einrichtung eines Operationszentrums und der sog. *Rapid Expert Assistance and Co-operation Teams* (REACT)[6] als politischen Erfolg verkaufen, um der ansonsten substanzarmen Gipfelerklärung aufzuhelfen. Allerdings beschloß man erstmals die Option, durch die OSZE Polizeiaufgaben wahrzunehmen, wenn auch zunächst nur in den Bereichen Beobachtung und Ausbildung. Das wichtigste eigene Projekt zwischen 1994 und 1999, die Diskussion über ein europäisches Sicherheitsmodell, wurde zu einem Debakel, dessen in Istanbul 1999 beschlossenes Ergebnis den legitimatorischen Charakter des ganzen Unternehmens kaum noch zu verbergen vermag. Insgesamt ist im Bereich der Normensetzung trotz fortbestehenden Bedarfs insbesondere bei Minderheitenrechten im wesentlichen Stillstand zu konstatieren. Stellte der in Budapest 1994 beschlossene

4 Budapester Dokument 1994, Beschlüsse von Budapest, in: Institut für Friedensforschung und Sicherheitspolitik an der Universität Hamburg/IFSH (Hrsg.), OSZE-Jahrbuch 1995, Baden-Baden 1995, S. 449.

5 Lissabonner Dokument 1996, Gipfelerklärung von Lissabon, in: Institut für Friedensforschung und Sicherheitspolitik an der Universität Hamburg/IFSH (Hrsg.), OSZE-Jahrbuch 1997, Baden-Baden 1997, S. 454.

6 REACT bedeutet im wesentlichen die Einrichtung einer Datenbank für missionsgeeignetes Personal, die mit den entsprechenden Datenbanken der Teilnehmerstaaten vernetzt ist und so im Bedarfsfall eine rasche Rekrutierung von Personal erlaubt.

"Verhaltenskodex zu politisch-militärischen Fragen der Sicherheit" noch eine normative Innovation dar, deren Bedeutung durch die Schwierigkeiten ihrer Implementierung zwar relativiert, aber nicht grundsätzlich aufgehoben wird, so kann man das von der in Istanbul 1999 beschlossenen "Charta für europäische Sicherheit", die kaum neue Elemente enthält, nicht behaupten. Die Tatsache, daß die OSZE ab 1995 in Bosnien und Herzegowina sowie im Kosovo bedeutende Aufgaben übernahm, widerspricht dem Befund eines zumindest relativen politischen Substanzverlustes nicht. In beiden Ländern leistet die OSZE zwar sehr wichtige und unersetzliche Arbeit, spielt aber dennoch politisch eine eher nachgeordnete und keineswegs jene "Schlüsselrolle", die man noch 1996 reklamiert hatte.

Insgesamt ist in der Entwicklung der OSZE in den vergangenen fünf Jahren eine Tendenz hin zu einem effizienten Dienstleistungsunternehmen für Krisenprävention und vor allem Friedenskonsolidierung zu verzeichnen, begleitet von einer deutlichen Abnahme der Fähigkeit, eigenständig Themen zu besetzen. Die OSZE ist nicht der Ort bedeutender politischer Entscheidungen, sie werden dort allenfalls administriert. Da die OSZE der einzige gesamteuropäische Kooperationsrahmen ist, repräsentiert ihre partielle Entpolitisierung auch einen Verlust an gesamteuropäischer Politikfähigkeit, an gemeinsamen Interessen, Projekten und Ideen. Die stark unterschiedlichen Interessen der Teilnehmerstaaten lassen offenbar nur einen kleineren gemeinsamen Nenner zu. Daraus ergibt sich zum einen die Frage, wo die Ursachen für diese Entwicklung liegen und ob diese zwangsläufig ist oder zumindest teilweise korrigiert werden kann. Zum anderen ist zu überdenken, ob die OSZE auf der widersprüchlichen Grundlage einer starken Ausweitung ihrer operativen Tätigkeit bei gleichzeitigem politischen Substanzverlust auf Dauer zumindest so weit lebensfähig bleiben kann, um ihr derzeitiges Aufgabenspektrum weiter abzudecken.

Fragmentierung von Interessen auf Kosten gesamteuropäischer Substanz

Die Mitglieder der Europäischen Union stellen die größte Gruppe innerhalb der OSZE, zusammen mit den assoziierten Staaten machen sie schon bald die Hälfte der Teilnehmerstaaten aus. Die OSZE-Politik war eines der ersten Übungsfelder der Gemeinsamen Außen- und Sicherheitspolitik der Europäischen Union, die EU-Staaten stimmen in Wien in einem eigenen *Caucus* ihre Positionen ab und dürfte somit jene Staatengruppierung sein, die am meisten von den Aktivitäten der OSZE profitiert. Wenn der Hohe Kommissar für nationale Minderheiten in Estland und Lettland Fragen des Staatsbürgerschaftszugangs für die dortigen russischsprechenden Minderheiten klärt oder mit der slowakischen Regierung über ein Minderheitensprachengesetz spricht, dann tut er das nicht nur in enger Abstimmung mit der EU-Kommission, sondern er nimmt der Union auch ein gehöriges Stück Arbeit bezüglich der Erfüllung der Kopenhagener Beitrittskriterien von 1993 ab. In diesem Sinne leistet die OSZE wertvolle Vorfeldarbeit für die Erweiterung der EU. Dasselbe gilt auf einem wesentlich niedrigeren Stabilitätsniveau auch für den Balkan, wohin rund 80 Prozent aller OSZE-Mittel fließen. Die flächendeckende Präsenz der OSZE dort trägt wesentlich dazu bei, relativ preiswert erhebliche externe Kostenpotentiale der Union zu reduzieren, ganz gleich, ob diese in finanzieller Form (z.B. Aufwendungen für Flüchtlinge) oder in politischer Währung (z.B. Legitimationseinbrüche) anzufallen drohen. Trotz des augenfälligen Nutzens, den die EU aus der Arbeit der OSZE zieht, weisen die Positionen ihrer Mitgliedstaaten eine erheblich Streubreite auf. Dies reicht von Staaten wie Deutschland und den Niederlanden, die über die Jahre hin immer wieder (und gelegentlich auch gemeinsam) Initiativen zur organisatorischen und politischen Stärkung der OSZE vorgebracht haben, bis hin zu Großbritannien, das zumindest in bezug auf das Sekretariat eine schon fast dogmatische *no-growth policy* verfolgt. Der Dissens innerhalb der EU erstreckt sich auch auf die zentrale Frage, ob und in welchem Maße die OSZE eine politische Rolle spielen soll. Dieses breite Positionsspektrum steht einer offensiven OSZE-Politik der Union im Wege und führt im Alltag zu einer schleppenden Meinungsbildung im EU-*Caucus*, die sich auch darin niederschlägt, daß einmal gefundene Positionen nicht leicht wieder zu ändern sind. Aus der Schlüsselerfahrung des Kosovokrieges, der Abhängigkeit von den USA, haben die EU-Staaten auf ihrem Gipfeltreffen im Dezember 1999 in Helsinki insbesondere den Schluß gezogen, im Rahmen der Gemeinsamen Europäischen Sicherheits- und Verteidigungspolitik (GESVP) EU-eigene Krisenreaktionskräfte in einem Umfang von 50 – 60.000 Mann aufzustellen. Damit betrifft der Kern der EU-Reaktion auf Kosovo eine Stärkung der autonomen Handlungsmöglichkeiten der Union und weniger derjenigen der OSZE. Für die assoziierten Staaten, die nicht am EU-*Caucus* teilnehmen, sondern nur über dessen Ergebnisse informiert werden, steht der Beitritt zur EU und zur NATO absolut im Vordergrund, die OSZE ist für Staaten dieser Gruppe allenfalls eine Organisation, in der man frühzeitig zeigen kann, daß man in der Lage ist, den Vorsitz einer internationalen Organisation zu führen.

Die USA sind nicht, wie es einem gängigen Klischee entspricht, nur einfach für die NATO und gegen die OSZE. Natürlich ist die NATO für die Vereinigten Staaten das Hauptinstrument ihrer Europapolitik, in der sie ihre Stärke maximal zur Wirkung bringen können. Von daher ist jede Konkurrenz in höchstem Maße unerwünscht. Als solche wurde die OSZE gesehen, wenn auch schon deshalb in stark abnehmendem Maße, weil man das Potential der OSZE, zu einer (sicherheits-)politischen Konkurrenz zur NATO zu werden, gegen Null gebracht hat. Nach wie vor gilt zweierlei: Die US-Regierung verhält sich skeptisch bis ablehnend gegenüber einer größeren *politischen* Rolle für die OSZE, insbesondere in Fragen europäischer Sicherheit. Ob das langfristig angesichts der wachsenden Ambitionen der EU auf diesem Gebiet so bleiben muß, ist eine interessante Frage. Zweitens sind die USA nicht bereit, innerhalb der OSZE Verpflichtungen einzugehen, die sie in substantiellen Fragen binden würden. Dem widerspricht schon die wachsende Tendenz zum Unilateralismus in den Vereinigten Staaten (vgl. Beitrag 1.1.). Aber jenseits dieser beiden, allerdings grundsätzlichen Einschränkungen sind die USA durchaus für die OSZE und US-Regierungen haben längst erkannt, daß diese Organisation schon deshalb ein hervorragendes Instrument zur Stabilisierung der Transformationsgesellschaften auf dem Territorium der früheren Sowjetunion und des früheren Jugoslawien darstellt, weil die OSZE wie kaum eine andere Organisation auf die Innenpolitik dieser Staaten durchgreifen kann. In geographischer Hinsicht interessiert die USA an der OSZE, daß sie in Regionen tätig wird, die andere Organisationen kaum erreichen können, z.B. Zentralasien. Inhaltlich ist für die USA, die nicht Mitglied des Europarates sind, die Demokratisierungsarbeit der OSZE von besonderem Interesse.

Zur Zeit scheinen weder die EU-Staaten noch die US-Regierung recht zu wissen, welche Kooperationsmöglichkeiten sie Rußland über die OSZE anbieten können. Und auch Rußland scheint unsicher zu sein, was mit der OSZE anzufangen ist, nachdem der Traum einer die NATO in ihrer Bedeutung zumindest relativierenden Sicherheitsorganisation spätestens mit dem für Rußland enttäuschenden Verlauf der Sicherheitsmodell-Diskussion ausgeträumt ist. Sicher: "Für Rußland bleibt die OSZE die einzige gesamteuropäische Organisation, in der sie sich, westlichen Staaten gleichgestellt, an der Erörterung politischer und sicherheitspolitischer Angelegenheiten beteiligen kann."[7] Aber das reicht noch nicht für eine positive Perspektive. Ein weiteres Ereignis, das stark desillusionierend auf Rußland wirkte, war der Verlauf der Kosovo-Verifikationsmission, die von der russischen Regierung als direkte Vorbereitung des NATO-Luftkrieges gegen Serbien verstanden wurde. Damit kehrt sich aus russischer Sicht das Verhältnis zwischen OSZE und NATO um: Die OSZE relativiert nicht mehr die Bedeutung der NATO, sie wird vielmehr zu einem Hilfsinstrument der Atlantischen Allianz. Umgekehrt muß Rußland befürchten, daß sich der Westen mittels der OSZE in "seine inneren Angelegenheiten einmischt", z.B. in Tschetschenien. Das intensive Ringen um eine entsprechende Formulierung für das Istanbuler Gipfeldokument und die nachfolgende Weigerung der russischen Regierung, der OSZE eine politische und nicht nur eine rein humanitäre Rolle einzuräumen, sprechen eine deutliche Sprache. Zwischen der Entwicklung im Kosovo und in Tschetschenien bestehen vielfältige Zusammenhänge. Einer der längerfristig gefährlichsten Aspekte dabei ist der schon fast offene Rückfall in eine Politik der Einflußsphären, was in fundamentalem Widerspruch zu dem OSZE-Prinzip eines gleichen und unteilbaren Sicherheitsraumes steht. Im Kosovo hat der Westen das Sagen, Rußland spielt eine Randrolle und muß sich aufs Kommentieren beschränken. Umgekehrt fällt an den westlichen Reaktionen zum russischen Tschetschenienkrieg erstens die milde Wortwahl auf und zweitens, über die Verurteilung des russischen Vorgehens hinaus, die Ratlosigkeit in der Sache.

Zusammengenommen spricht einiges dafür, daß sich das kooperative Potential zwischen den westlichen Staaten und Rußland verringert hat. Es "deutet sich [..] abermals eine Kluft zwischen Ost und West an, die allenfalls in Jahrzehnten geschlossen werden kann."[8]

Zwar sind der ideologisch-politische Systemantagonismus und die daraus folgende militärische Konfrontation des Kalten Krieges überwunden, nicht jedoch Distanz, Mangel an Berührungspunkten und auch Mißtrauen, die sich aus den völlig unterschiedlichen Entwicklungsverläufen und der in nahezu jeder Hinsicht kraß asymmetrischen Macht- und Reichtumsverteilung zwischen den westlichen Ländern und Rußland ergeben. Negativ gesehen ist Rußland für den Westen nicht mehr so wichtig, weil es nicht mehr so gefährlich ist. Umgekehrt bietet der schwierige und vielfach chaotische Transformationsprozeß in Rußland aber auch wenig positive Kooperationsanreize, die seit 1993 zunehmende Tendenz der Selbstisolierung und der Großmachtreflexe Rußlands tragen zusätzlich zur Entfremdung bei. Vor diesem Hintergrund ist der Westen nicht bereit, Rußland als gleichwertigen Partner zu akzeptieren. Symptomatisch dafür ist, daß man den wichtigsten

7 Matwejew (Anm. 1), S. 87.
8 Heydrich/von Plate (Anm. 2), S. 8.

Kooperationsstrang mit Rußland an der NATO und nicht an der OSZE festmachte, also einer asymmetrischen Kooperation den Vorzug gab vor gleichberechtigter Zusammenarbeit, wobei der praktische Nutzen dieser Entscheidung angesichts der fast einjährigen Stillegung des NATO-Rußland-Rates nach dem Kosovokrieg durchaus in Zweifel gezogen werden kann. Weil die OSZE ohne die Zusammenarbeit mit Rußland einen guten Teil ihres Sinnes einbüßen würde, kommt der Entfremdung zwischen Rußland und dem Westen große Bedeutung zu. Die wichtigsten Krisenregionen innerhalb des OSZE-Raums liegen mit Ausnahme des Balkan alle an der russischen Peripherie, die Konflikte dort wären ohne Zusammenarbeit mit Rußland nur sehr schwer lösbar. Ohne eine kooperative Basis mit Rußland würde die OSZE tendenziell zu einer Organisation für Sicherheit und Zusammenarbeit in Südosteuropa.

Plädoyer für eine Repolitisierung der OSZE

Die in der Globalisierungsdebatte häufig hervorgehobene Fragmentierung von Interessen betrifft auch die OSZE. Ungeachtet der quantitativen Ausdehnung von OSZE-Aktivitäten haben wir es derzeit mit einer Schwächung gesamteuropäischer Gestaltungsfähigkeit, einem geringeren gemeinsamen Interessen- und Ideenvorrat und einem schleichenden Verlust von in der Vergangenheit akkumulierter politischer Substanz zu tun. Langfristig untergräbt dies auch die operativen Fähigkeiten der OSZE in den Bereichen Krisenprävention und Friedenskonsolidierung. Denn die operativen Fähigkeiten einer internationalen Organisation tragen auf Dauer nicht alleine, ein reiner Dienstleistungsbetrieb wäre langfristig nicht unbeschadet aufrechtzuerhalten. Es schadet nicht und schon gar nicht der OSZE, sich die Lage und die Perspektiven dieser Organisation ungeschminkt vor Augen zu führen. Denn politische Interessen und Entwicklungen sind nicht determiniert, sie sind nicht das zwangsläufige Resultat einer vorgefundenen Konstellation. Interessen repräsentieren vielmehr das Ergebnis politischer Rezeption und Verarbeitung einer vorgefundenen Lage und damit eine politische Strategie, zu der es immer Alternativen gibt. Die Definition politischer Interessen ist damit bereits Teil der politischen Auseinandersetzung, ein realistischer Ausgangspunkt bietet dafür Vorteile.

Einige Teilnehmerstaaten betrachten die OSZE immer noch als eine Art besseres Provisorium, das willkommen ist für Einsätze, die andere nicht übernehmen wollen oder können, das aber anders behandelt wird als "seriöse" Organisationen. Man braucht die OSZE, preist sie in Gipfelerklärungen und behandelt sie gleichzeitig im politischen Alltag wie einen ad hoc-Ausschuß, dem man die Attribute einer "richtigen" internationalen Organisation nicht zusprechen will. Dieser Haltung liegen drei diskussionsbedürftige Annahmen zugrunde.

- *Erstens* eine Unterschätzung der – vom EU-Raum aus gesehen – Konfliktpotentiale an der europäischen Peripherie, ihrer langfristigen Bedeutung für den entwickelten Teil Europas sowie der Zeitspanne, die zu ihrer Regelung erforderlich sein wird. Für den Balkan sollte das ebenso evident sein wie für den Kaukasus, wo große Ölvorkommen und eine komplizierte ethnopolitische Situation langfristig für ein hohes Konfliktpotential sorgen. Aber auch die zentralasiatischen Staaten markieren eine höchst konfliktträchtige Schnittstelle zwischen Rußland und der islamischen Welt und damit gleichzeitig ein erhebliches Rückwirkungspotential auf Rußlands Außenpolitik einschließlich seiner Beziehungen zum Westen. Gleichzeitig muß sich hier der universalistische westliche Menschenrechts- und Demokratieansatz insofern bewähren, als eine neue Synthese mit religiösen und regionalen Spezifika unabweisbar erscheint. Staats- und Nationsbildungsprozesse werden weder im Kaukasus noch in den zentralasiatischen Ländern nach (west-)europäischen Mustern ablaufen können. Aber *wie* sie gestaltet und gewaltsame Konflikte dabei verhindert werden können, darüber gibt es noch wenig konkrete Vorstellungen.

- *Zweitens*, trotz allen Höflichkeitsbeifalls für Kofi Annans "Kultur der Prävention", eine grundlegende Unterbewertung präventiver Mittel. Es hat selten einen politisch-strategischen Begriff gegeben, der so viel rhetorische Zustimmung erfahren hat wie die "Konfliktprävention" und der gleichzeitig so wenig handlungsrelevant wurde.
- *Drittens* die Unterschätzung der Bedeutung eines gesamteuropäischen Rahmens gleichberechtigter Kooperation unter Einschluß Rußlands. Die OSZE hat in dem Maße eine längerfristige Entwicklungschance, in dem die Einsicht handlungsrelevant wird, daß zur Entschärfung der Konfliktpotentiale im OSZE-Raum der Einsatz präventiver Mittel auch in größerem Maßstab notwendig ist und daß es dazu eines auf Dauer angelegten kooperativen Rahmens bedarf.

Vier Themenfelder sind vordringlich zu bearbeiten, wenn die OSZE politische Substanz (wieder-)gewinnen soll: Eine Repolitisierung der OSZE im engeren Sinne, die Übernahme neuer Aufgabenfelder, die Festigung der Legitimationsbasis und Maßnahmen zur organisatorischen Stärkung der Organisation.

Eine *Repolitisierung der OSZE* würde bedeuten, daß die Organisation in aktuellen Krisen eine politische Rolle übernimmt bzw. daß die Teilnehmerstaaten ihr eine solche einräumen. Dafür müßte die EU genauer klären, welche Fragen sie in die OSZE einbringen und wo sie autonom handeln will. Das Ziel dabei sollte nicht darin bestehen, die US-amerikanische Tendenz zu Alleingängen auf einem niedrigeren Niveau von Durchsetzungschancen zu kopieren, sondern so viele Politikfelder wie möglich in multilateralem Rahmen zu behandeln. Darüber hinaus sollte die OSZE für den Balkan, den Kaukasus und Zentralasien politische Regionalstrategien entwickeln. Da die Probleme in jeder dieser drei Regionen zusammenhängen, verspricht dies Synergieeffekte für die verschiedenen Vor-Ort-Aktivitäten der OSZE. Die politische Herausforderung dabei ist, den universalistischen Ansatz von OSZE-Verpflichtungen den unterschiedlichen regionalen Anforderungen anzupassen, d.h. es geht um eine originär politische Strategiebildung, nicht nur um eine organisatorische Abstimmung von Missionsaktivitäten. Dies würde einen besonders intensiven Dialog mit Rußland erfordern. Erste Berichte für Regionalstrategien haben der Leiter der OSZE-Mission in Bosnien und Herzegowina, Botschafter Barry, für den Balkan, und der frühere OSZE-Generalsekretär, Botschafter a.D. Höynck, für Zentralasien vorgelegt. Außerdem sollten Anstrengungen unternommen werden, um die OSZE-Normen zu Minderheitenrechten zu differenzieren und zu konkretisieren. Die Tatsache, daß sich der Hohe Kommissar für nationale Minderheiten genötigt sah, von internationalen Expertengruppen drei Sätze von Empfehlungen für verschiedene minderheitenrelevante Lebensbereiche (Erziehung, Sprachgebrauch, öffentliche Verwaltung) ausarbeiten zu lassen, zeigt, wie groß die Lücke zwischen einschlägigen OSZE-Dokumenten und den praktischen Anforderungen immer noch ist.

Bezüglich der *Übernahme neuer Aufgabenfelder* hat der Istanbul-Gipfel 1999 mit der Aufnahme von Polizeiaufgaben in den Aufgabenkatalog der OSZE einen zwar noch zögerlichen, da begrenzt auf Beobachtung und Ausbildung, aber ausbaufähigen Schritt getan. Wie die Entwicklung im Kosovo zeigt, wo die VN zum ersten Mal in eigener Regie zivilpolizeiliche Funktionen wahrnehmen, ist dies eine für Friedenskonsolidierung erstrangige Aufgabe, die weder von zivilen Missionen üblichen Zuschnitts noch durch militärische Verbände erfüllt werden kann. Alles deutet darauf hin, daß internationale Zivilpolizeieinsätze auch quantitativ ein Wachstumssegment darstellen. Die OSZE sollte daher auch die Durchführung solcher Einsätze in ihren Aufgabenkatalog aufnehmen. Die Option auf die Mandatierung bzw. Durchführung von *Peace Keeping*-Einsätzen der OSZE, die in Istanbul bekräftigt, aber nicht konkretisiert wurde, sollte ebenfalls weiter vorangetrieben werden.

Die Tatsache, daß sich die Aktivitäten der OSZE nahezu ausschließlich auf Transformationsländer beziehen und Mitgliedstaaten von EU und NATO nahezu vollständig ausgespart sind, untergräbt langfristig die *Legitimationsgrundlage* der Organisation. Die Präsenz einer OSZE-Mission wird zunehmend als Stigma, nicht als Hilfe empfunden. In der Argumentation der Ukraine, die sich erfolgreich für die Schließung der Mission in ihrem Land einsetzte, war dies ebenso zu spüren wie bei den gleichgerichteten Bemühungen Estlands und Lettlands. Allererste Ansätze zu einer Einbeziehung von NATO- bzw. EU-Ländern sind beim Hohen Kommissar für nationale Minderheiten zu finden, der sich mit der Situation in Griechenland befaßte, sowie beim OSZE-Beauftragten für Medienfreiheit, der die Lage in der Türkei zum Thema machte. Ein weiterer Schritt bestünde darin, daß sich der Hohe Kommissar mit der Minderheitensituation in der Türkei ebenso befaßt wie dies bei anderen EU-Kandidatenländern (Estland, Lettland, Rumänien, Slowakei) ganz selbstverständlich der Fall ist. Ebenfalls zu diesem Fragenkomplex gehört die Überlegung einer weiteren Ausdifferenzierung der Formen von OSZE-Aktivitäten, das Mandat des OSZE-Projektkoordinator in der Ukraine ist hier ein erster Schritt.

Last but not least ist die *organisatorische Stärkung der OSZE* ein Thema, das genügend Stoff für einen eigenen Artikel böte. Vordringliche Bereiche sind, um nur drei zu nennen, das Personalsystem, die Frage der Ausbildung sowie eine Analyseeinheit im Sekretariat zur Unterstützung des Vorsitzes. Das Sekundierungssystem sollte nicht abgeschafft, aber eingeschränkt werden, d.h. es sollte der OSZE gestattet werden, einen höheren Anteil eigenen Personals einzustellen. Für dieses Personal sollte keine maximale Beschäftigungsdauer mehr gelten. Beides zusammen könnte das institutionelle Gedächtnis der Organisation und ihre *corporate identity* wesentlich stärken. Die Ausbildung von Missionspersonal sollte weiterhin primär Aufgabe der Teilnehmerstaaten bleiben, allerdings sollte die OSZE mehr für die Sicherung der Ausbildungsstandards, die Herausbildung einer Arbeitsteilung unter den ausbildenden Staaten und möglicherweise für die Erarbeitung spezieller Ausbildungsinhalte tun. Dazu bräuchte der *Co-ordinator for Training and Capacity Building* im Sekretariat einige wenige Mitarbeiterinnen und Mitarbeiter. Schließlich sind die Anforderungen an den Amtierenden Vorsitz so hoch, daß sie von den verschiedenen Ländern recht unterschiedlich bewältigt werden. Ein schwankendes Leistungsniveau von Vorsitzländern ist jedoch für eine derart Vorsitz-orientierte Organisation wie die OSZE extrem nachteilig. Deshalb sollte im Sekretariat eine politische Analyseeinheit eingerichtet werden, die den jeweiligen Amtierenden Vorsitz unterstützt.

Ungeachtet des Prinzips der Gleichheit ihrer Teilnehmerstaaten ist die OSZE ein Kooperationszusammenhang fundamental ungleicher Partner. Daher muß der Impuls zu einer (Wieder-)Gewinnung politischer Substanz von den Starken kommen, d.h. von den Vereinigten Staaten von Amerika und/oder von der Europäischen Union bzw. ihren Mitgliedstaaten. Gemessen an politischer Tradition, Selbstverständnis und Konfliktbezug ist dies eher von EU-Mitgliedstaaten zu erwarten als von den USA. Wenn die Union nicht als ganze handeln kann oder will, könnte es auch eine *Coalition of the willing* sein, die damit beginnt.

Wolfgang Zellner

1.7. Die EU mit eigener Verteidigungsidentität – Ein Beitrag zum Frieden?

Die Europäische Union wird bis zum Jahr 2003 in "freiwilliger Zusammenarbeit" eine Streitmacht von 50.000 bis 60.000 Soldaten für militärische Operationen jenseits ihrer Grenzen aufstellen. Mit dem Beschluß von Helsinki (Dezember 1999) könnte sich die Europäische Union von Grund auf verändern. Je nach Couleur befürchten die einen, die Zivilmacht EU werde sich in eine militärische Supermacht verwandeln, deren Interventionsarmee jeder Zeit und allen Ortes eingesetzt werden wird. Die anderen jubeln, die Europäische Union finde endlich zu sich selbst. Die Vision der Gründungsväter, ein Europa, das selbst seinen außenpolitischen Interessen Geltung verschaffen und für seine Sicherheit sorgen könne, werde endlich Realität. Hier wird statt dessen argumentiert, daß die Schaffung einer Europäischen Sicherheits- und Verteidigungspolitik (ESVP) zunächst einmal die EU selbst einer Zerreißprobe aussetzt. Weitreichende Konsequenzen könnte der Beschluß von Helsinki auch für die NATO sowie für das Konzept einer gesamteuropäischen Friedensordnung zeitigen. Beunruhigend ist, daß die Konsequenzen dieser Entwicklung kaum abzuschätzen sind. Dies liegt zum einen an den widersprüchlichen Interessen der Akteure und an den Spannungen zwischen ESVP einerseits und NATO bzw. OSZE andererseits. Es liegt zum anderen an der Geschwindigkeit der Entwicklung, die wenig Zeit zur Reflexion läßt.

Von St. Malo nach Helsinki: Schritte zur Europäischen Sicherheits- und Verteidigungspolitik

Mit dem Beschluß von Helsinki erreichte eine stürmische Entwicklung ihren vorläufigen Höhepunkt, die im Herbst 1998 mit einer überraschenden Kehrtwende der britischen Politik einsetzte und die durch den Kosovo-Krieg rasant beschleunigt wurde. Bis dato hatte das Vereinigte Königreich, eine Gefährdung der NATO fürchtend, der Entwicklung einer sicherheits- und verteidigungspolitischen Dimension der EU enge Grenzen gezogen. Auf der Regierungskonferenz in Amsterdam hatte London zwar der Aufnahme der sogenannten Petersberg-Aufgaben in den EU-Vertrag zugestimmt, die von Rettungsaktionen bis hin zu großangelegten militärischen Einsätzen zur Friedenserzwingung reichen können (vgl. Friedensgutachten 1997, S. 124). Zu diesem Zweck sollte sich die EU der Westeuropäischen Union (WEU), einer bis Anfang der 90er Jahre nur auf dem Papier bestehenden Organisation zur kollektiven Verteidigung, bedienen. Sie sollte als Puffer oder Brücke zwischen der sich weiterhin vor allem als Wirtschaftsgemeinschaft definierenden EU und der von den USA geführten NATO fungieren. Die WEU wurde lediglich mit embryonalen operativen Institutionen ausgestattet – u.a. wurde ihr ein bescheidenes Satellitenzentrum und ein Lagezentrum zugeordnet –, so daß die (W)EU bei der Durchführung von Petersberg-Aufgaben auf das militärische Instrumentarium der NATO bzw. der USA hätte zurückgreifen müssen. Die Abhängigkeit von den USA blieb so unangetastet.

Auf dem EU-Sondergipfel in Pörtschach (14. Oktober 1998) kündigte Tony Blair neues Denken an. Europa müsse sicherheitspolitisch handlungsfähig werden. Eine Option bestünde darin, die WEU aufzulösen und ihre neuen Aufgaben der Friedenssicherung der

EU, die alte Funktion der kollektiven Verteidigung, der NATO zu übertragen. Deutlicher wurden die Briten auf einem bilateralen Gipfeltreffen mit Frankreich in St. Malo (4. Dezember 1998). Beide Seiten forderten, die EU solle künftig in der Lage sein, autonom Operationen im Sinne der Petersberg-Aufgaben durchzuführen und hierfür entsprechende Aufklärungs-, Analyse- und militärische Eingriffsfähigkeiten erwerben.

Nach dem Kosovo-Krieg erhoben die Westeuropäer sehr viel weitergehende Forderungen. Auf dem Europäischen Rat in Köln (3./4. Juni 1999) definierten die Staats- und Regierungschefs das Ziel, die EU müsse auch ohne Rückgriff auf Mittel der NATO militärisch handeln können. Konkrete Gestalt nahm die Europäische Sicherheits- und Verteidigungspolitik auf dem europäischen Gipfel in Helsinki an. Bis zum Jahr 2003, so das selbstgesetzte Leitziel, sollen die Mitgliedstaaten in der Lage sein, Streitkräfte in Korpsgröße aufzustellen, innerhalb von 60 Tagen voll einsatzfähig. Diese Truppe soll das gesamte Spektrum der Petersberg- Aufgaben durchführen und eine derartige Operation mindestens ein Jahr lang durchhalten können. Um die notwendigen Rotationen zu ermöglichen, sind ca. 200.000 bis 250.000 Soldaten erforderlich. Mit der Festlegung von kollektiven Fähigkeitszielen will die EU Rüstungsmaßnahmen koordinieren und die gröbsten Defizite bei der Streitkräfteführung, der strategischen Aufklärung und dem Transport abbauen. Auf Anregung des deutschen Verteidigungsministers plant die EU als einen der ersten Schritte die Einrichtung eines gemeinsamen strategischen Lufttransportkommandos.

Diese neuen Aufgaben erfordern eine neue institutionelle Struktur. Unterhalb des Außenministerrats wird sich ein permanenter Ausschuß für politische und Sicherheitsfragen (APS) mit allen Aspekten der Gemeinsamen Außen- und Sicherheitspolitik (GASP), einschließlich der ESVP befassen. Er würde auch die politische Kontrolle und strategische Leitung einer militärischen Operation übernehmen. Ihm unterstellt werden sollen ein Militärausschuß, der sich aus Vertretern der Stabschefs zusammensetzt, und ein Militärstab, der innerhalb der Ratsstrukturen militärisches Fachwissen bereitstellt und sich mit der militärischen Lagebeurteilung und Planung befaßt.

Widersprüche und offene Fragen

So klar, wie sich die Beschlüsse des Europäischen Rates auf den ersten Blick lesen, liegen die Dinge keineswegs. Und so entschlossen und einig, wie sich die europäischen Staaten geben, sind sie nicht. Schon die Bezeichnung des neuen Konzepts als Europäische Sicherheits- und Verteidigungspolitik ist ungenau. Es geht nicht um kollektive Verteidigung; diese soll eine exklusive Aufgabe der NATO bleiben. Und es geht auch nicht genuin um europäische Sicherheit. Zum einen ist eine explizite Begrenzung auf Europa nicht vorgesehen. Schon der WEU-Vertrag kennt, im Gegensatz zum NATO-Vertrag, keine geographische Limitierung. Frankreich und Großbritannien plädieren vor dem Hintergrund ihrer kolonialen Restinteressen in der Tendenz für eine weite Definition; die anderen für eine engere. In der Runde der Verteidigungsminister zeichnet sich eine Einigung dahingehend ab, als Einsatzgebiet für die ESVP von der Region in und um Europa auszugehen. Zum anderen sieht sich die EU nicht alleine für die Sicherheit in diesem Gebiet verantwortlich. Im Gegenteil haben die Europäer dieselben Funktionen, für die die ESVP Zuständigkeit reklamiert, auch der NATO übertragen.

ESVP und die Rolle der USA

Eine erste Kontroverse kreist um den geheimen Bezugspunkt jeglicher Diskussion über europäische Sicherheits- und Verteidigungspolitik: die Rolle der USA. Frankreich und Großbritannien markieren trotz ihrer in St. Malo bekundeten Einmütigkeit nach wie vor die Eckpunkte der Debatte. London möchte mit der ESVP Einfluß *in* den USA, Paris Autonomie *von* den USA erkaufen. Beide reagieren auf die erheblichen transatlantischen Ungleichgewichte und Ungewißheiten, die mit dem Kosovo-Krieg offenkundig geworden waren. Obwohl die USA von den Ereignissen im Kosovo am wenigsten betroffen waren, trugen ihre Piloten den weitaus größten Teil des Luftkriegs. Den europäischen Streitkräften mangelte es an allem, angefangen von der Satellitenaufklärung über die Präzisionsmunition bis hin zu Tankerflugzeugen. Die technologische Schere zwischen den amerikanischen und den europäischen Streitkräften wird sich, soviel ist unschwer zu erkennen, in den nächsten Jahren weiter öffnen. Die USA geben mehr Geld für die Verteidigung aus, der investive Anteil ihres Verteidigungsetats liegt deutlich über dem der westeuropäischen Länder, und die europäischen Rüstungsindustrien produzieren aufgrund der nationalen Fragmentierung weniger kostengünstig (vgl. Friedensgutachten 1999, 2.3.).

Während des Krieges bestimmten die USA entsprechend ihres überproportionalen Beitrags die meisten Entscheidungen. Nach dem Krieg signalisierten führende Kongreßmitglieder unzweideutig, die USA seien nicht mehr bereit, für die europäische Sicherheit einzustehen, wenn die Europäer weiterhin so wenig zur gemeinsamen Sicherheit beitrügen. Damit wurde schlaglichtartig die doppelte Gefahr der Abhängigkeit von den USA deutlich: Europa könnte von einer zunehmend ihrer innenpolitischen Interessenkonstellation folgenden Supermacht USA dominiert oder allein gelassen werden.

ESVP und die Gewichtung militärischer und ziviler Instrumente

Eine zweite Kontroverse betrifft die Gewichtung militärischer versus ziviler Instrumente des Krisenmanagements. Neben den *headline goals* beschlossen die Staats- und Regierungschefs eine Verbesserung des nicht-militärischen Instrumentariums der Krisenreaktion und Prävention. Gravierende Mängel in diesem Bereich zeigen sich nicht zuletzt bei dem Versuch, das Kosovo zu befrieden. Um künftig die Reaktions- und Handlungsfähigkeit zu verbessern, soll im Ratssekretariat ein Koordinierungsmechanismus eingerichtet werden, der in enger Kooperation mit der Kommission die nationalen Kapazitäten erfassen, die Anstrengungen der Länder koordinieren und ihr Zusammenwirken mit Nichtregierungsorganisationen verbessern soll. Die EU-Kommission hat diese Möglichkeit, institutionellen Einfluß auf die Sicherheits- und Verteidigungspolitik zu gewinnen, verständlicherweise schnell aufgegriffen. Sie verweist dabei auf ihre Expertise bei der Konfliktvorbeugung und der Hilfe bei humanitären Katastrophen. Um auch in finanzieller Hinsicht schneller und flexibler reagieren zu können, will die Kommission einen Krisenfond einrichten. Der Kommissar für Außenbeziehungen, Chris Patten, hat zudem eine Reihe von Initiativen zur Verbesserung des zivilen Krisenmanagements angekündigt.

Strittig ist, wieviel der verfügbaren Mittel für die zivile Konfliktbearbeitung aufgewandt werden sollen. Viel wird es, das zeichnet sich bereits ab, nicht werden. Auf die EU-Länder und insbesondere auf Deutschland wird massiver Druck ausgeübt, die Verteidigungsausgaben deutlich zu erhöhen und die Streitkräftestruktur anzupassen, sprich: die

Wehrpflicht abzuschaffen. Die NATO hat auf amerikanische Anregung mit der *Defense Capabilities Initiative* ein Programm beschlossen, das in seiner Wirkung die europäischen NATO-Partner verpflichten soll, ihre defizitäre Bewaffnung und Einsatzbereitschaft den wesentlich besseren amerikanischen Ausrüstungsstandards anzupassen. Die EU ist auf der Grundlage der *headline goals* dabei, detaillierte Streitkräfteplanungen zu entwerfen und den Modernisierungsbedarf zu ermitteln. Ende des Jahres sollen sich die Staaten auf einer *Capability Pledging Conference* zu Modernisierungsmaßnahmen verpflichten. Dann werden die Stimmen an Gewicht gewinnen, die analog zur Europäischen Währungsunion monetäre Konvergenzkriterien, also eine Festlegung auf höhere Verteidigungsausgaben fordern.

Militärische Friedenserzwingung oder zivil-militärisches Konfliktmanagement

Eine damit zusammenhängende Kontroverse betrifft die wahrscheinlichen Szenarien, auf die sich Europa vorbereiten muß. Ist das Kosovo ein Vorzeichen für ähnliche Situationen in der Zukunft? Oder sind zwischenstaatliche Kriege und hochmilitarisierte Bürgerkriege in und um Europa die extreme Ausnahme und sind Szenarien ähnlich der Operation Alba nach dem Zusammenbruch der staatlichen Ordnung in Albanien wahrscheinlicher? Muß sich die EU also auf das obere, militärische oder das untere, zivil-militärische Spektrum der Petersberg-Aufgaben vorbereiten? Offenbar haben sich in dieser Frage die Vertreter der ersten Auffassung durchgesetzt. Zumindest formuliert ein britisches Planungspapier, das die Diskussionen der EU-Verteidigungsminister anleitete, als Planmarke komplexe friedenserzwingende Maßnahmen. Die Planungskriterien berücksichtigen dabei ausschließlich eng militärische Fähigkeiten wie geringe Verwundbarkeit, Mobilität und Flexibilität.

Europa als Militär- oder als Zivilmacht? ESVP und die institutionelle Reform

Eine vierte Kontroverse betrifft die Anpassung der institutionellen Struktur. Inwieweit kann die EU eine Zivilmacht bleiben? Wie muß sie ihre Entscheidungsstrukturen ändern, um den neuen sicherheitspolitischen Herausforderungen gerecht zu werden? Einen breiten Raum in der Debatte nimmt die Frage ein, wie sich die institutionellen Dopplungen und bürokratischen Reibungsverluste, die mit den neuen Strukturen zwangsläufig entstehen, begrenzen lassen. Viel wichtiger ist eine andere Tendenz: Die EU-Institutionen insgesamt werden durch die ESVP einem schleichenden Anpassungsdruck ausgesetzt. Die Institutionen und Strukturen der EU sind darauf ausgerichtet, gesetzesähnliche Regelwerke zu produzieren und zu implementieren. Sie sind darauf angelegt, alle Betroffenen in einen zeitaufwendigen Dialog einzubinden und wann immer möglich Konsensentscheidungen herbeizuführen. Auch die GASP ist durch diese Strukturmerkmale charakterisiert. Das außenpolitische Koordinierungssystem der EU ist daraufhin ausgerichtet, einen Konsens zwischen den Mitgliedstaaten herbeizuführen. Dabei wird in Kauf genommen, daß dieser Vorgang u. U. sehr lange dauert und daß europäische Politik oftmals wenig profiliert, wenig flexibel, sehr formal, normorientiert und pfadabhängig ist. Diese Merkmale haben viele Beobachter zu der ungenauen Charakterisierung der EU als Zivilmacht veranlaßt. Aber dafür ist europäische Außenpolitik aus der Sicht Dritter in besonderer Weise berechenbar. Derartige Strukturen sind hinreichend, um beispielsweise einen strategischen

Dialog mit den ASEAN-Staaten zu führen. Sie mögen auch noch dazu taugen, im Rahmen des Barcelona-Prozesses die Anlieger-Staaten des Mittelmeeres über Zeit in ein spezifisches Normen- und Regelwerk einzupassen. Um militärische Operationen durchführen zu können, bräuchte die EU jedoch andere Strukturen. Dann käme es auf Geschwindigkeit und Bestimmtheit an, sowie auf die Fähigkeit, Machtressourcen zu bündeln, effektiv zum Einsatz zu bringen und den eigenen Willen gegen Widerstand durchzusetzen.

Die meisten Akteure in den verschiedenen europäischen Hauptstädten begreifen die Notwendigkeit einer Anpassung der institutionellen Strukturen. Allerdings wird die Reichweite der nötigen Anpassung sehr unterschiedlich beurteilt. Erhebliche Divergenzen gibt es schon in der Frage, wer dem APS vorsitzen soll. Die großen Staaten, einschließlich Deutschland, argumentieren, Kontinuität, Kohärenz, Effektivität und Sichtbarkeit seien von größter Bedeutung. Deshalb solle der Hohe Repräsentant auch den APS leiten. Die kleineren Staaten insistieren darauf, daß der Vorsitz rotiert, weil sie im anderen Falle fürchten, der Hohe Repräsentant werde Instruktionen nur von den großen Staaten entgegennehmen und sie entsprechend an Einfluß verlieren. Spätestens bei dem ersten militärischen Einsatz werden die Europäer aber feststellen, daß militärische Operationen nicht von einem Komitee durchgeführt werden können. Dann werden sich unter dem Zwang der militärischen Notwendigkeiten Strukturveränderungen durchsetzen, die sowohl den Zivilmachtscharakter verändern als auch die innere Kohäsion oder die Akzeptanz der Union aus der Sicht der Mitgliedstaaten untergraben.

Rein intergouvernemental oder auch supranational? ESVP und die weitere Integration Europas

Betrachtet man die Beschlüsse von Helsinki, scheinen sich die Gegner supranationaler Arrangements klar durchgesetzt zu haben. Die ESVP wird strikt auf der freiwilligen Kooperation der EU-Mitgliedstaaten beruhen. Eine europäische Armee wird es nicht geben, die Mitwirkungsrechte der Kommission bleiben eng begrenzt und das EU-Parlament ausgeschlossen. Befürworter einer supranationalen Ausrichtung der europäischen Integration befürchten, in einem Rückkopplungseffekt könnte es zu Renationalisierungstendenzen in der gesamten EU kommen. Ihnen bleibt lediglich die Hoffnung, daß unter dem Zwang der knappen Mittel auch in der Sicherheitspolitik eine Tendenz zur Vergemeinschaftung wirkungsmächtig werden wird. Und diese ist nicht unbegründet. Auch wenn die Übertragung von Hoheitsrechten an eine supranationale Institution nicht in Sicht ist, könnten sich die Staaten zu einer Zusammenlegung ihrer Kompetenzen gezwungen sehen. Einen ersten Schritt in diese Richtung stellt das Lufttransportkommando dar, das als gemeinsames Unternehmen geplant ist. Nur würde dann eine andere Gefahr drohen: Wenn die EU-Staaten ihre Kompetenzen zusammenlegen oder in der Spezialisierung ihrer Streitkräfte Zuflucht nehmen, entstehen Handlungszwänge und könnten Entscheidungen über Krieg oder Frieden auf demokratisch kaum zu kontrollierender zwischenstaatlicher Ebene bereits vorgeprägt werden, bevor demokratisch legitimierte Parlamente involviert werden.

Konsequenzen der ESVP für NATO und OSZE

ESVP und die gesamteuropäische Sicherheit

Mit der Aufwertung der EU zu einem machtvollen sicherheitspolitischen Akteur ginge die weitere Abwertung des Konzepts kollektiver Sicherheit in Europa einher. Der Idee eines kollektiven Sicherheitssystems wurde zwar schon mit der Entscheidung zur Erweiterung der NATO die politische Grundlage entzogen. Indem sich die EU jetzt ebenfalls für die Friedenssicherung in und um Europa zuständig erklärt, entwertet sie die residualen Funktionen eines derartigen kollektiven Sicherheitssystems und damit den Einfluß Rußlands auf die Gestaltung und Anwendung dieser Residualfunktionen. Die OSZE wird zwar nicht abgeschafft werden. Aber in dem Maße, in dem die EU potentielle Funktionen der OSZE (und der Vereinten Nationen bzw. ihrer Spezialorganisationen) wie die Krisenvorsorge effizienter ausfüllt und dabei auf mehr Akzeptanz bei den Betroffenen stößt, macht sie diese überflüssig.

Auch die politischen Funktionen von OSZE und UN-Sicherheitsrat könnten potentiell beeinträchtigt werden. Die Staats- und Regierungschefs der EU haben zwar in Helsinki "die vorrangige Verantwortung des Sicherheitsrats der Vereinten Nationen für die Aufrechterhaltung des internationalen Friedens und der Sicherheit" anerkannt. Sie machen mit anderen Worten militärische Einsätze jenseits der Unionsgrenzen von einem Mandat des Sicherheitsrats abhängig und garantieren Rußland so ein Mitspracherecht über derartige Operationen. Nur ist nicht auszuschließen, daß sich die EU als eine auf einem gemeinsamen Rechtsverständnis gegründete Union in einer Konfliktsituation ähnlich wie die NATO im Kosovo entscheiden könnte. Das ist zwar so lange allenfalls eine theoretische Überlegung, wie die EU primär Wirtschaftsmacht ist und nur über schwache militärische Fähigkeiten verfügt. Wenn sie sich aber tatsächlich in einen militärisch handlungsfähigen Akteur verwandelt, ist nicht auszuschließen, daß sie sich vor derartige Entscheidungssituationen gestellt sehen wird. Insgesamt droht Rußland weiter isoliert zu werden, ohne daß die Erweiterung einer sicherheitspolitisch ergänzten EU, ähnlich wie dies bei der NATO- Erweiterung der Fall war, eine Perspektive auf institutionelle Einbindung bis hin zur Mitgliedschaft Rußlands bietet.

ESVP und die transatlantischen Beziehungen

Wie bereits angedeutet, könnte eine ESVP die NATO stärken oder unterminieren, je nachdem, ob sich Europa in einen autonom handlungsfähigen und –willigen Akteur verwandelt oder ob ESVP ein politisch schwaches Reserveinstrument bleibt. Nur kann Europa entgegen einer landläufigen Auffassung nicht beides haben: eine starke NATO und eine starke und autonome ESVP. Die Vorstellung einer NATO, die mit einem amerikanischen und einem europäischen auf zwei gleich starken Pfeilern ruht, ist ein Widerspruch.

Fundamentale Gegensätze lassen sich schon auf einer praktischen Ebene erkennen. Madeleine Albright und andere haben die amerikanischen Vorbehalte gegen ESVP präzise formuliert. Diese sei nur dann akzeptabel, wenn

- die transatlantischen Bindungen gefestigt (*indivisibility*),

- die Verteidigungsfähigkeit gestärkt (*improvement*),
- und den europäischen NATO-Ländern, die nicht Mitglied der EU sind, weitestgehende Partizipationsrechte eingeräumt werden (*inclusiveness*).

Erstens muß die NATO das prioritäre Forum für die Konsultation zwischen den Verbündeten und das Forum sein, in dem Beschlüsse mit sicherheits- und verteidigungspolitischer Relevanz gefaßt werden. Das bedeutet aus amerikanischer Sicht, daß Europa nur dann alleine handeln soll, wenn die NATO als ganze zuvor entschieden hat, nicht tätig zu werden. Ebenso lehnen die USA einen europäischen *Caucus*, einen Mechanismus für Vorabsprachen, ab. Entscheidungen innerhalb der NATO müßten wie bisher als Ergebnis eines offenen Diskussionsprozesses fallen. Die EU-Institutionen dürften zu Fragen, für die sich die NATO zuständig erklärt, keine festen europäischen Positionen entwickeln.

Zweitens müssen Duplizierungen der operativen Planungsprozesse und Befehlsketten ebenso wie unnötige Dopplungen der Ausrüstung vermieden werden. Statt dessen soll sich die EU, wenn unter ihrer Verantwortung eine militärische Krisenoperation durchgeführt wird, aus dem Menü separierbarer aber nicht separater NATO-Kommandostrukturen die notwendigen Elemente ausleihen. Die *headline goals* sollen eng mit den im Rahmen der *Defense Capabilities Initiative* (*DCI*) entwickelten Planungsvorgaben abgestimmt werden.

Der dritte Punkt bezieht sich insbesondere auf die Türkei. Sie soll weitestgehend gleichberechtigt bei der Vorbereitung und Durchführung einer von der EU verantworteten militärischen Operation teilnehmen dürfen. Darüber hinaus dringen die USA auf eine umfassende Transparenz und ein vertraglich geregeltes enges Verhältnis zwischen der NATO und der EU. Sie möchten möglichst frühzeitig an militärischen Planungen der EU beteiligt sein.

Würde die EU auf diese Forderungen eingehen, müßte sie ihre Ambitionen deutlich zurückstutzen und die ESVP auf ein schwaches Reserveinstrument beschränken. Will sich die EU hingegen in einen außen- und sicherheitspolitisch starken und autonomen Akteur verwandeln, könnte sie gar nicht umhin, in der NATO einen *Caucus* einzurichten. Sie müßte sich beispielsweise Aufklärungssatelliten auch dann beschaffen, wenn die USA dies als verschwenderische Dopplung begreifen. Und schließlich könnte sie weder Staaten wie die Türkei gleichberechtigt an ihren Beratungen beteiligen, noch den USA die gewünschten Konsultationsrechte einräumen.

Eine autonome ESVP würde aber auch gegen ein Strukturmerkmal der NATO verstoßen. Bekanntlich übertrugen die Europäer, nachdem der schnelle Sprung hin zum eigentlichen Ziel der Integration – der politischen Union – mit dem Scheitern der Europäischen Verteidigungsgemeinschaft 1954 verfehlt worden war, die Verantwortung für die äußere Sicherheit und die Sicherheit der westeuropäischen Staaten untereinander der NATO. Eine bis heute gültige stille transatlantische Übereinkunft umfaßt zwei Bestimmungen: Die USA führen und berücksichtigen dabei soweit als möglich die Interessen ihrer europäischen "Vasallen"[1], und die Europäer beschränken die Integration im wesentlichen auf den wirtschaftlichen Bereich.

---

1 Zbigniew Brzezinski, Die einzige Weltmacht. Amerikas Strategie der Vorherrschaft, Weinheim: Beltz Verlag 1997, S. 92.

Die USA beklagen sich zwar seit den 50er Jahren periodisch über die hohen Kosten dieses Arrangements, glaubten aber, keine Alternative zu haben, weil ohne die stabilisierende Wirkung ihres hegemonialen Einflusses das Projekt der europäischen Integration an seinen eigenen Widersprüchen zerbrechen würde. Die Europäer beklagen sich zwar über die hohe Abhängigkeit von den USA, fürchten jedoch gleichzeitig, von den USA alleingelassen zu werden. Im Grunde aber lebten sie sehr bequem mit der transatlantischen Vereinbarung, erlaubte diese ihnen doch, die sektorale Integration fortzusetzen, ohne die vertrackte Frage der *finalité politique* klären zu müssen. Deutlich ist aber, daß nicht nur amerikanische Stärke, sondern auch europäische Schwäche die geheime Machtquelle der NATO ist.

Der Kosovo-Krieg – und dies erklärt seine katalytische Wirkung auf die Diskussionen um die ESVP – machte schlaglichtartig die Grenzen dieses Arrangements deutlich. Sollen sich die westeuropäischen Staaten in dieser Situation einerseits durch Rüstungsanstrengungen den USA als interessante Partner anbieten, andererseits auf eine politische Profilierung der EU verzichten und den Führungsanspruch der USA anerkennen? Oder muß die EU damit rechnen, daß die innere Aushöhlung des Bündnisses unausweichlich ist? Gegen die erste Option würde die neuerdings vielfach diagnostizierte Unberechenbarkeit der amerikanischen Außenpolitik sprechen (vgl. Beitrag 1.1.). Vor allem spricht gegen diese Option, daß auf die Führungsbereitschaft der USA kein Verlaß ist. Spätestens wenn die gegenwärtige konjunkturelle Hochphase ausläuft und sich die amerikanische Gesellschaft erstmals seit Ende des Ost-West-Konflikts offen mit den Kosten der Führungsrolle auseinandersetzen muß, wird die traditionelle transatlantische Vereinbarung in Frage gestellt werden. So wie die Dinge liegen, ist eine geordnete Lockerung der transatlantischen Bindungen das beste der realistischen Szenarien.

ESVP und die Zukunft der EU

Nun könnte man argumentieren, die ESVP sei ein historisches Projekt, das, einmal auf den Weg gebracht, seine eigene Dynamik entfalten werde. In diesem Prozeß seien transatlantische Konflikte zum einen ohnehin unvermeidbar, könnten zum anderen fruchtbare Konsequenzen zeitigen. Schließlich sei die europäische Integration immer durch Krisen, genauer durch die kreative Manipulation der Wahrnehmung einer Krise, vorangebracht worden. Ein transatlantischer Konflikt könnte die Union vor die Notwendigkeit stellen und ihr die Kraft und Inspiration verleihen, die alte Frage nach der politischen Finalität endlich zu lösen.

Diese Strategie mag funktionieren. Sie könnte aber auch scheitern. Beunruhigend ist, daß keine Lösung des Dilemmas zwischen Vertiefung und Erweiterung in Sicht ist. Weder wird die Methode Monnet – die Schaffung starker supranationaler Institutionen, die als Bezugspunkt und Motor der Zusammenarbeit wirken – im Bereich der Außen- und Verteidigungspolitik funktionieren, noch können die verschiedenen Modelle der Flexibilisierung der Integration überzeugende Lösungen anbieten. Durch eine Forcierung der Integration, etwa durch die Einführung von Mehrheitsentscheidungen, ließe sich zwar die Handlungsfähigkeit garantieren. Aber für diesen Schritt gibt es keine Mehrheiten, und er würde die legitimatorische Basis der EU überdehnen. Auf intergouvernementaler Basis läßt sich eine dauerhafte und belastbare Zusammenarbeit am ehesten von einem großen und führungsbereiten Staat – einem Hegemon – sichern. Die NATO hat ihren natürlichen Hegemon. Die EU müßte einen solchen simulieren. Genau dies wäre die eigentliche Funktion des französischen Direktoriumsmodells. Nur gibt es in der EU weder einen Kern großer Staaten mit hinreichend parallelen Interessen – ein Stottern des deutsch-französischen Motors wird allenthalben diagnostiziert –, noch ist zu erkennen, daß die kleinen Staaten einer Verfestigung hierarchischer Strukturen und einer Entwertung ihrer Einflußposition zustimmen würden.

Europa wohin? Empfehlungen

Dies bedeutet freilich nicht, das Projekt ESVP aufzugeben oder auf ein Minimalprogramm zu beschränken. Die Verschiebungen im transatlantischen Verhältnis, die doppelte Gefahr des amerikanischen Unilateralismus und Isolationismus, lassen dazu keine Alternative. Die EU ist nicht die Schweiz. Sie könnte sich im Falle eines Funktionsverlusts der NATO der Aufgabe der politischen und sicherheitspolitischen Strukturbildung in ihrem Umfeld nur mit dem Risiko entziehen, daß die europäischen Nationalstaaten, dann möglicherweise in Konkurrenz zueinander, diese Aufgabe übernehmen. Dies ist nicht als Empfehlung dahingehend zu verstehen, daß die EU beim Ausbau der ESVP amerikanische Bedenken ignorieren sollte. Weil für die ungelösten Fragen einer rein europäischen sicherheitspolitischen Architektur keine Antworten in Sicht sind, wäre eine Einpassung der ESVP in den NATO-Rahmen nicht die schlechteste Lösung. Weil aber auf die amerikanische Bereitschaft zur Mitwirkung in einem multilateralen Rahmen kein Verlaß ist, und weil die Widersprüche zwischen der ESVP und der NATO nur schwer zu überbrücken sind, muß sich die EU bereits heute auf eine Lockerung der transatlantischen Bindungen einstellen.

Wenn es keine Alternative gibt, kommt es darauf an, die ESVP so auszugestalten, daß ihre europapolitischen Risiken und friedenspolitisch potentiell abträglichen Effekte minimiert werden. Das bedeutet erstens, die Mandatierung durch den UN-Sicherheitsrat oder eine regionale Organisation kollektiver Sicherheit zur bindenden Voraussetzung einer friedensschaffenden militärischen Operation zu machen. Es bedeutet zweitens, daß die zivilen Aspekte der Konfliktvorsorge und des Krisenmanagements sehr viel nachhaltiger betont werden sollten. Dies betrifft sowohl den Umfang der geplanten zivilen Instrumente als auch den Charakter des aufzustellenden Eingreifkorps. Wichtiger als die Fähigkeit zur *high tech*-Kriegsführung ist die Vorbereitung und Ausrüstung der Soldaten auf die Aufgaben des zivil-militärischen Krisenmanagements. Dieser Empfehlung liegt die Einschätzung zugrunde, daß die wahrscheinlichen sicherheitspolitischen Gefährdungen im unmittelbaren Umfeld der EU nicht klassischer militärischer Art sein werden. Es gibt die berechtigte Hoffnung, daß sich mit Hilfe der Erweiterungs- und Assoziierungspolitik die an Europa angrenzenden Regionen stabilisieren lassen. Ein starkes militärisches Instrument könnte andere jedoch gerade erst zur Gegenmachtbildung herausfordern.

Vorausblickend ist ein weiteres Risiko zu bedenken. Zu befürchten steht, daß es auf der Welt auch in Zukunft viele gewaltsame Konflikte und ebenso viele Versuche der Streitparteien geben wird, Dritte in diese Konflikte zu verwickeln. Die EU als ein mit Ressourcen reichhaltig ausgestatteter Akteur bietet sich hier in besonderer Weise an. Sie wird darauf achten müssen, sich nicht zu überfordern. Äußerste Bescheidenheit und eine klare und enge geographische Begrenzung des Einzugsbereichs der ESVP ist in diesem Fall eine Tugend und keine Fessel. Die Vorstellung etwa, Westeuropa könne im Verhältnis zu den AKP-Staaten im Sinne einer Ordnungsmacht konfliktvermittelnd und friedenschaffend wirken, würde die EU komplett überfordern.

Schließlich muß der landläufigen Meinung entschieden widersprochen werden, ausschlaggebend für den Erfolg der ESVP sei die Schaffung von Kapazitäten und nicht das Gerede über institutionelle Strukturen. Nichts könnte falscher sein. Zunächst einmal sind hochgradig einsatzfähige und kampfstarke Streitkräfte weder notwendig noch wünschenswert. Sehr viel wichtiger als die Fähigkeit zur Durchsetzung eigener Interessen gegen Widerstand ist die Fähigkeit zum inneren Ausgleich. Bei der institutionellen Reform ist sicherlich einerseits darauf zu achten, daß die größere Union in hinreichender Weise handlungsfähig bleibt. Andererseits müssen, um die innere Kohäsion nicht zu gefährden, die tragenden Elemente staatlicher Souveränität zumindest vorläufig unangetastet bleiben. Das sicherheits- und verteidigungspolitische Entscheidungssystem sollte deshalb im Kern am Konsensprinzip festhalten. Wenn dies auf Kosten der Durchsetzungsfähigkeit geht, sollte man dies in Kauf nehmen. Europa wird eben keine Supermacht, und sollte es auch nicht werden.

Matthias Dembinski

1.8. "Ich dehne mich aus, also bin ich" – Zur EU-Erweiterung

1999 war ein Jahr der europäischen Weichenstellungen. Die NATO führte zum ersten Mal Krieg. Auch wenn die Europäische Union als solche nicht an ihm teilnahm, so hat sie doch die Militärintervention gegen Serbien mitgetragen. Fast alle ihre Mitgliedstaaten waren über die NATO daran beteiligt. Damit nahm die EU Abschied von der ihr oft zugeschriebenen Rolle einer "Zivilmacht", die allein auf friedliche Mittel der Konfliktregelung setzt.

Kriege haben unintendierte Folgen, beschleunigen und radikalisieren oft Entwicklungen, die sich seit längerem abzeichnen. Dies gilt auch für den Kosovo-Krieg. Er hat den Trend, die Europäische Union zu erweitern, rasant verstärkt. Nachdem bereits im April 1999 absehbar war, daß die Absicht, die serbische Führung rasch zur Unterschrift unter das Rambouillet-Abkommen zu bomben, gründlich verfehlt werden würde und ganz Südosteuropa im Strudel der Destabilisierung zu versinken drohte, bedurfte es eines politischen Ziels, um den Krieg zu Ende zu führen. Es bestand – über den "Stabilitätspakt für Südosteuropa" – im Angebot, allen Staaten in der Region, also auch der noch im Krieg mit der NATO befindlichen Bundesrepublik Jugoslawien, die Perspektive einer EU-Mitgliedschaft zu eröffnen. Einmal in Fahrt gekommen, wurde die Türkei ein halbes Jahr später gleich mit darauf gesattelt: Auf dem EU-Gipfeltreffen in Finnland am 11./12. Dezember 1999 erhielt sie auch politisch den Status eines Beitrittskandidaten. Dieser Schritt hatte zwar nicht unmittelbar mit dem Kosovo-Krieg zu tun, paßt sich aber in eine Strategie ein, "unruhige" Zonen an den Grenzen der bisherigen Gemeinschaft mittels einer Politik der Integrationserweiterung zu stabilisieren und in die EU-Friedenszone einzubeziehen.

Es hat fast den Anschein, als ob das alte Bild von der Europäischen Gemeinschaft, sie sei wie ein Fahrrad, das nur dann nicht umfalle, wenn es sich bewege, sie sich also stets zu einer "immer engeren Union der Völker" weiterentwickle, ergänzt werden sollte durch die Vorstellung, der Corpus der EU müsse immer umfangreicher werden, damit sie nicht umfalle. Muß die EU sich erweitern, um zu "sein"?

Wenn dem so sein sollte, muß gefragt werden, welche Probleme sich die Europäische Union mit ihrer gegenwärtigen Politik einhandelt, ob es dazu praktikable Alternativen gibt, wo die Grenzen der Erweiterungen liegen, also wo "Europa endet", und welche Konsequenzen sich aus der Erweiterung für die institutionelle Struktur der Europäischen Union ergeben.

Die EU-Erweiterung – Momentaufnahmen einer Entwicklung

Mit den Beschlüssen von Helsinki hat die Europäische Union allen Staaten, die ein Beitrittsgesuch gestellt haben, die Tür zur Mitgliedschaft geöffnet. Seit 31. März 1998 werden bereits mit Estland, Polen, Tschechien, Ungarn, Slowenien und Zypern Verhandlungen über einen Beitritt geführt. Am 28. März dieses Jahres begannen formelle Gespräche mit Lettland, Litauen, der Slowakei, Rumänien, Bulgarien und Malta. Im Stabilitätspakt für Südosteuropa hat die EU den Nachfolgestaaten Jugoslawiens und Albanien langfristig die Mitgliedschaft in Aussicht gestellt. Die Türkei hat immer noch einen Sonderstatus, sie ist seit Dezember 1999 offizieller Kandidat, ein Verfahren, wie sie an die EU herangeführt werden kann, ist noch in der Verhandlungsphase. Die neue ukrainische Regierung hat ebenfalls angekündigt, daß sie gerne Mitglied der Gemeinschaft werden würde. Mit Moldawien werden bereits Gespräche geführt, dem Land eventuell auch einen Kandidatenstatus zu geben.

Wenn alle diese Staaten Mitglied der Union werden, wird sie in Zukunft 30 Länder umfassen. Doch damit nicht genug, auch der gesamte Raum der Anrainer des südlichen und südöstlichen Mittelmeers soll bis 2010 über die "euro-mediterrane Partnerschaft" in eine Freihandelszone mit der EU einbezogen werden. Auch wenn dabei nicht an eine Mitgliedschaft gedacht ist, so kommt doch die gesamte Region noch stärker als bisher in das wirtschaftliche und politische Gravitationszentrum Europäische Union.

Das "screening" der Beitrittskandidaten

Der Erweiterungsprozeß wird auf diversen Ebenen organisiert. Im wesentlichen sollen mittels einer "Heranführungsstrategie" die Kandidaten befähigt werden, der wirtschaftlichen Konkurrenz standzuhalten und politisch in den Organen der EU aktiv sein zu können. Die Kommission evaluiert in einem abgestuften Überprüfungsverfahren deren "Beitrittsreife" (*screening*). Hierbei wird kontrolliert, wie weit die Kandidaten den politischen und rechtlichen Besitzstand, den *acquis communautaire*, schon in ihr politisches, wirtschaftliches und rechtliches System übernommen haben. Die Beitrittsverhandlungen haben dann die Aufgabe, im einzelnen Übergangsfristen festzulegen, an deren Ende die vollständige Integration in die Europäische Union steht.

In ihrem letzten Bericht über die "Fortschritte jedes Bewerberlandes auf dem Weg zum Beitritt" vom 13. Oktober 1999 kam die Europäische Kommission zur Schlußfolgerung, daß mit Ausnahme der Slowakei und der Türkei alle Bewerberländer die politischen Kriterien erfüllten, wie sie vom Europäischen Rat in Kopenhagen im Juni 1993 als Voraussetzung für eine Bewerbung festgelegt wurden. Sie umfassen die institutionelle Stabilität, eine demokratische und rechtsstaatliche Ordnung, die Wahrung der Menschenrechte sowie Achtung und Schutz von Minderheiten, eine funktionsfähige Marktwirtschaft und Wettbewerbsfähigkeit wie auch die Fähigkeit, sich die aus der EU-Mitgliedschaft erwachsenden Verpflichtungen und Ziele zu eigen zu machen. Die Kommission stellte zusammenfassend fest, daß sich die Leistung der Bewerberländer beim Aufbau einer stabilen und widerstandsfähigen Demokratie und des Rechtsstaates allgemein verbessert habe, wenn auch weiterhin die Behandlung der Minderheiten und der Roma sowie die Lage von Heimkindern in Rumänien Anlaß zu Bedenken gäben. Bei der Türkei sei die Realisierung der politischen Beitrittskriterien noch nicht gegeben. Zwar seien die Grundmerkmale eines demokratischen Systems in der Türkei vorhanden, aber es bestünden vor allem ernsthafte Mängel beim Schutz der Menschen- und Minderheitenrechte. Die Folter sei zwar nicht die Regel, aber immer noch weit verbreitet, und die freie Meinungsäußerung werde von den Regierungsbehörden regelmäßig eingeschränkt. Die Kommission kritisiert die weiterhin große Rolle des vom Militär bestimmten Nationalen Sicherheitsrates im politischen Leben. Auch die Justiz sei nicht unabhängig, vor allem was das System der Sondergerichte angehe. Die Kommission hofft, so schreibt sie in einem Bericht vom 28. September 1999, daß die "ermutigenden Anzeichen für die Demokratisierung" nicht durch die Vollstreckung des Todesurteils gegen Abdullah Öcalan zunichte gemacht würden.

Tabelle 1: Stand der Verhandlungen zwischen der EU und den Ländern der ersten Erweiterungsrunde (März 2000)

Kapitel	**Eröffnet**	**vorläufiger Abschluß**	**Eröffnung (ab Juli 2000)**
Wissenschaft und Forschung	X	X	
Allgemeine und berufliche Bildung	X	X	
Kleine und mittlere Unternehmen	X	X	
Kultur und audiovisuelle Medien	X		
Telekommunikation	X	X	
Industriepolitik	X	X	
Gemeinsame Außen- und Sicherheitspolitik	X		
Gesellschaftsrecht	X		
Statistik	X	X	
Verbraucher- und Gesundheitsschutz	X	X	
Fischerei	X		
Wettbewerbspolitik	X		
Freier Warenverkehr	X		
Zollunion	X		
Auswärtige Beziehungen	X		
Sozialpolitik	X		
Wirtschafts- und Währungsunion	X		
Freier Kapitalverkehr	X		
Energie	X		
Verkehr	X		
Steuerwesen	X		
Dienstleistungsfreiheit	X		
Umwelt	X		
Landwirtschaft			X
Regionalpolitik			X
Freizügigkeit			X
Justiz und Inneres			X
Finanzkontrolle			X
Finanz- und Haushaltsrecht			X
Institutionen*			X

* Dieses Kapitel wird erst behandelt, wenn die EU-interne Institutionenreform stattgefunden hat.

Bei den wirtschaftlichen Kriterien sieht es nach Ansicht der Kommission düsterer aus. Nur Zypern und Malta verfügten über funktionierende Marktwirtschaften und dürften in der Lage sein, dem Wettbewerbsdruck und den Marktkräften in der Union standzuhalten. Bei allen anderen Ländern seien noch große Defizite festzustellen. Ungarn und Polen kämen der Einhaltung der wirtschaftlichen Kriterien am nächsten, gefolgt von Slowenien und Estland und danach von der Tschechischen Republik. Bei Litauen, Bulgarien und Rumänien sehe es besonders schlecht aus. Die Türkei sei ein Sonderfall, da es sich um eine "duale Wirtschaft" mit einem starken Staatssektor handele.

Bei der Übernahme der *acquis communautaire* seien die Fortschritte in allen Ländern – wenn auch abgestuft – ins Stocken geraten. Die Leistungsfähigkeit der Verwaltung und Justiz reiche keineswegs aus, um den EU-Besitzstand zu übernehmen und innenpolitisch durchzusetzen.

Wenn diese insgesamt sehr kritischen Berichte (die Einzeluntersuchungen sind noch deutlicher als die politisch geglättete Zusammenfassung) über den Stand der Beitrittsreife ernst genommen würden, hätte es eigentlich noch gar nicht zu Beitrittsverhandlungen kommen dürfen. Der politische Impuls, die Beitrittsverhandlungen schnell vorankommen zu lassen, um in den Beitrittsländern Politik und Gesellschaft eine Reformperspektive zu zeigen, scheint über die Absicht zu überwiegen, die Aufnahmekriterien auch wirklich ernst zu nehmen. Wenn aber zu sehr "ein Auge zugedrückt wird", besteht die Gefahr, daß die Beitrittsländer vorzeitig aufgenommen werden, was negative Folgen für die Handlungsfähigkeit der EU hat und letztlich auch den Bewerberländern nicht dient.

Da politische Rhetorik nicht über die realen Probleme hinwegtäuschen kann, kommen die Beitrittsverhandlungen auch nur langsam voran. Kapitelweise wird der "Besitzstand" der EU mit den Kandidaten durchgegangen und abgearbeitet. Wie Tabelle 1 illustriert, stehen die eigentlichen Fragen von politischer und wirtschaftlicher Brisanz, wie die Übernahme der Agrarordnung, die neue Ausgestaltung der Regionalpolitik, die Regelungen für die Freizügigkeit sowie Justiz und Inneres noch gar nicht auf der Agenda der Gespräche.

Die Regierungskonferenz zur institutionellen Reform

Mit der größeren Zahl von Mitgliedern wird die Reform der Institutionen und Entscheidungsprozesse der EU unaufschiebbar. Wenn Ende dieses Jahrzehnts die Europäische Union wahrscheinlich 28 Staaten umfaßt, würde sich nach dem bisherigen Schlüssel die Zahl der Europa-Abgeordneten auf fast tausend erhöhen, das Stimmengewicht im Ministerrat verschöbe sich noch mehr zugunsten der kleinen Länder und die Europäische Kommission würde auf künftig 35 Kommissare aufgebläht (Tabelle 2).

Da dies zur Lähmung der EU-Organe führen würde, wurde am 14. Februar 2000 die Regierungskonferenz über die institutionelle Reform einberufen, die dritte innerhalb nur eines Jahrzehnts. Genaugenommen geht es bei dieser Konferenz um Nachsitzen. Drei Aufgaben, die bei der Vertragsrevision von Amsterdam im Juni 1997 unerledigt blieben (*left overs*) sollen nun hauptsächlich angegangen werden: Die Möglichkeit zu Mehrheitsbeschlüssen im Ministerrat auszuweiten, die Stimmenzahl der Mitgliedstaaten im Europäischen Rat neu zu gewichten sowie die Größe und Zusammensetzung der Europäischen Kommission neu zu bestimmen. Bis Ende des Jahres, auf dem Gipfeltreffen in Nizza, soll die Vertragsrevision unter Dach und Fach gebracht sein, um den Zeitplan für die Erweiterung nicht zu gefährden. Bereits in Amsterdam hatte der Europäische Rat beschlossen, die EU müsse ihre Hausaufgabe der Institutionenreform abschließen, spätestens bis Ende 2002, bevor neue Mitglieder aufgenommen würden.

Tabelle 2: Konsequenzen der Erweiterung für die EU-Institutionen

Land	Einwohner (in Mio.)	Mitglieder im Parlament	Stimmen im Ministerrat	Kommissare
Deutschland	82,038	99	10	2
Großbritannien	59,247	87	10	2
Frankreich	58,966	87	10	2
Italien	57,612	87	10	2
Spanien	39,394	64	8	2
Niederlande	15,760	31	5	1
Griechenland	10,533	25	5	1
Belgien	10,213	25	5	1
Portugal	9,980	25	5	1
Schweden	8,854	22	4	1
Österreich	8,082	21	4	1
Dänemark	5,313	16	3	1
Finnland	5,160	16	3	1
Irland	3,744	15	3	1
Luxemburg	0,429	6	2	1
EU Gesamt	375,325	626	87	20
Türkei	64,385	89	10	2
Polen	38,667	67	8	2
Rumänien	22,489	49	6	1
Tschechische Republik	10,290	25	5	1
Ungarn	10,092	24	5	1
Bulgarien	8,230	21	4	1
Slowakei	5,393	15	3	1
Litauen	3,701	11	3	1
Lettland	2,439	9	3	1
Slowenien	1,978	8	3	1
Estland	1,446	7	3	1
Zypern	0,752	6	2	1
Malta	0,377	6	2	1
Gesamt	545,564	963	144	35

Die Kommission kann mit der Erweiterung nicht weiter wachsen wie bisher. Für eine Lösung dieses Problems werden auf der Konferenz zwei grundsätzliche Optionen diskutiert. Im einen Fall wird eine Obergrenze festgelegt, die auch nicht überschritten werden darf, wenn es mehr Mitgliedstaaten als die vorgesehene Zahl, zum Beispiel zwanzig, gibt. Im anderen legt die Regierungskonferenz die Regel: Ein Kommissar pro Mitgliedstaat als Grundsatz für die Zukunft fest. Bei der ersten Option, die die Europäische Kommission bevorzugt, stellt sich das Problem, daß die bevölkerungsstärkeren Mitgliedstaaten auf einen Kommissar verzichten müßten und zukünftig nicht mehr alle Mitgliedstaaten in der Kommission vertreten wären. Bei der anderen würde die Anzahl der Kommissare über die Effizienzgrenze hinaus wachsen.

Als eine entscheidende Frage für die Handlungsfähigkeit einer erweiterten Union wird zudem die Bereitschaft angesehen, Mehrheitsentscheidungen in möglichst vielen Bereichen anzuwenden. Über die Notwendigkeit eines solchen Schrittes sind sich im Prinzip alle beteiligten Regierungen einig. Umstritten ist nur, in welchen Fällen Beschlüsse mit qualifizierter Mehrheit gefällt werden können und *wie* die qualifizierte Mehrheit zusammenkommen soll. Bisher waren – entgegen den Vorgaben der Römischen Verträge – Einstimmigkeit die Regel und qualifizierte Mehrheiten in bestimmten, vorher klar festgelegten Bereichen die Ausnahme. Diskutiert wird eine Umkehrung des Verfahrens: Im Prinzip gilt die qualifizierte Mehrheit für den gesamten Bereich der Gemeinschaft, und das Erfordernis der Einstimmigkeit ist die Ausnahme. Folgende Kriterien könnten dafür in Frage kommen: Entscheidungen, die einem Ratifizierungsprozeß durch die Mitgliedstaaten unterliegen und konstitutionellen Charakters sind sowie Beschlüsse mit Bezügen zu Militär und Verteidigung.

Eng verkoppelt mit den beiden vorgenannten Fragen ist die Neubestimmung der Stimmgewichtung. Sie hat sich zwischen den großen und kleinen Mitgliedstaaten durch die verschiedenen Erweiterungsrunden zugunsten der kleinen verändert, weil deren Anzahl überproportional zugenommen hat. Diese Entwicklung wird sich zukünftig noch erheblich verstärken und kann dazu führen, daß Beschlüsse mit qualifizierter Mehrheit getroffen werden, obwohl diese keineswegs die Mehrheit in der EU-Bevölkerung widerspiegelt. Auch für dieses Demokratieproblem stehen zwei Lösungen zur Diskussion: Entweder wird die Bevölkerungszahl stärker berücksichtigt, was die großen Staaten begünstigt und auf den entschiedenen Widerstand der Kleinen trifft, oder der Grundsatz der doppelten Mehrheit eingeführt. In diesem Fall würde die derzeitige Gewichtung für die erste Abstimmung beibehalten, für die zweite eine qualifizierte Mehrheit erst dann erreicht sein, wenn z. B. 60 Prozent der Bevölkerung der Union repräsentiert wären.

Sämtliche Teile der Reformvorhaben stehen in einem engen Zusammenhang miteinander und werden von den einzelnen Mitgliedstaaten für Junktims genutzt. So erklärte die Bundesregierung, einer Ausweitung von Mehrheitsentscheidungen nur dann zustimmen zu wollen, wenn in anderen Bereichen, z. B. bei der Stimmgewichtung, für die deutschen Interessen befriedigende Ergebnisse erzielt würden.

Die Mitgliedstaaten sind sich noch nicht einig, ob die Regierungskonferenz auf die drei genannten Fragen beschränkt oder die Agenda ergänzt werden sollte. Die Bundesregierung hat sich für den ersten Ansatz entschieden, weil gute Gründe dafür sprächen, nicht noch weitere Probleme daraufzupacken. Andererseits – so geben andere Länder zu bedenken – würden durch eine Erweiterung der Verhandlungsthemen die Möglichkeiten für Kompromisse und Paketlösungen größer. Zu den Fragen, deren Behandlung noch umstritten ist, gehören die politische Verantwortlichkeit der Kommission, die Arbeitsweise und Zusammensetzung des Europäischen Gerichtshofes, mögliche Vertragsänderungen, die für die europäische Sicherheit- uns Verteidigungspolitik notwendig wären, und die Bestimmungen über die Flexibilität. Damit ist die Möglichkeit gemeint, daß diejenigen Mitgliedstaaten, die dies wollen oder können, mit der Vertiefung der europäischen Integration schneller vorangehen können als andere. Damit sollen die Handlungsfähigkeit in einer sich erweiternden Union und ihre Möglichkeiten, Fortschritte zu erzielen, nicht durch die Schwierigkeiten eines Partners, mit der Entwicklung Schritt zu halten, beeinträchtigt werden.

Wo endet Europa? Die Grenzen der EU-Erweiterung

Mit der Perspektive der Integration der Balkanländer und der in Helsinki erklärten Absicht, die seit 1963 versprochene, aber nie wirklich betriebene Aufnahme der Türkei in die Europäische Gemeinschaft mit dem Verfahren einer Beitrittspartnerschaft tatsächlich anzugehen, hat die Europäische Union den Schritt in eine ungewisse Zukunft getan. Sie wird nach dieser Erweiterungswelle nicht mehr die sein, die sie einmal war. Sie wird ihre innere Gestalt tiefgreifend verändern. Mit den Nachfolgestaaten des früheren Jugoslawien sucht sie Regionen zu integrieren, die von ethnischen Konflikten durchzogen, wirtschaftlich rückständig und sozial zerklüftet sind. Mit der Türkei soll ein Land aufgenommen werden, das in seiner islamischen Prägung aus dem bisherigen kulturellen Spektrum, das die Gemeinschaft ausmachte, herausfällt, einen seit 80 Jahren ungelösten Konflikt mit der kurdischen Bevölkerung austrägt und zudem mit dem Kaukasus, Iran und dem Nahen Osten an Regionen grenzt, die durch tiefgreifende und noch lange andauernde gewaltsame Auseinandersetzungen gekennzeichnet sind.

Die Erweiterungsstrategie wird von seiten der EU u. a. mit der Hoffnung begründet, daß sich im Zuge des Beitrittsprozesses in den einzelnen Ländern diejenigen Kräfte durchsetzen, die an kooperativen Lösungen in den zahlreichen Konflikten interessiert sind. Die Perspektive, zur EU zu gehören, schaffe in diesen Regionen viele Anreize zur Mäßigung, zumal wenn sie von finanziellen Angeboten gestützt werde; damit sei sie eine wichtige Entwicklungs- und Demokratisierungsressource. Dahinter steht die Annahme, daß freie Marktwirtschaft, Demokratie und die Einbeziehung in Internationale Organisationen (hier die EU und die NATO) eine Bedingung für einen stabilen Frieden seien. Die Erfahrungen mit dem Erweiterungsprozeß bestätigen *grosso modo* insofern diese Annahmen, als die Perspektive, zukünftig zur EU zu gehören, die Reformbereitschaft in den Beitrittländern erhöht und ihr Willen, Minderheitenkonflikte friedlich zu regeln, gefördert hat. Es stehen aber jetzt auch Staaten auf der Aufnahmeliste, in denen blutige Auseinandersetzungen stattfinden oder stattgefunden haben. Es ist noch nicht ausgemacht, daß die Strategie, den "demokratischen Frieden" in diesen Regionen mit Hilfe der EU-Erweiterung zu etablieren, auch wirklich greift. Auch ist es ein Irrtum zu glauben, tiefsitzende ethno-nationale Konflikte seien mit Wirtschaftswachstum und Sozialpolitik auszutrocknen. Quebec und das Baskenland sind dafür schlagende Beispiele.

Die Aufnahme neuer Mitglieder erhöht die Zahl der "Spieler". Schon jetzt gibt es zu jeder wesentlichen Frage, die in der EU zur Entscheidung ansteht, ein oder zwei Länder, die Nein sagen. Es wäre zwar denkbar, daß in Zukunft – wenn generell das Mehrheitsprinzip gelten sollte – Staaten auch in für sie wichtigen Fragen überstimmt werden können, also die Handlungsfähigkeit der EU selbst bei einer Erweiterung gewahrt sein würde. Es ist aber eher unwahrscheinlich, daß das Majoriätsprinzip häufig angewandt wird, weil es – wie weiter unten ausgeführt wird – das Legitimationsdefizit der Gemeinschaft verschärfen würde.

Mit einem zukünftigen Mitglied Türkei werden die anderen EU-Mitglieder "virtuelle Nachbarn" zur Kaukasusregion, zu Iran und zum Irak und zu Syrien. Die EU-Staaten müssen sich, gezwungen durch den Erweiterungsprozeß, mit Konflikten beschäftigen, um die sie sich als einzelne nicht in dieser Intensität hätten kümmern müssen. Damit ergeben sich ganz neue Verantwortlichkeiten für das, was jenseits der Grenze passiert, da Zonen der Instabilität offenkundig auf die Europäische Union zurückwirken. Damit wird die EU gedrängt – und drängt sich selbst – in eine außenpolitische Rolle, die auszufüllen sie erst lernen muß.

Ein Staatenbund diesen Umfangs – mit Ausstrahlungseffekten nach Nordafrika über die "euro-mediterrane Partnerschaft" [1] – und dieser wirtschaftlichen Attraktivität ist eine Großmacht, ob er es nun sein will oder nicht. Sie wird zugleich von starken inneren Spannungen und vom mühsamen Prozeß gekennzeichnet sein, sich zu einem wie immer im einzelnen ausgestalteten staatsähnlichen Gebilde zu entwickeln.

Die Entwicklung der Europäischen Union zu einer großräumigen Macht kann schon Angst machen. Es ist deshalb nicht verwunderlich, wenn am "größten Stammtisch Deutschlands", auf dem Politischen Aschermittwoch der CSU in Passau, der bayerische Ministerpräsident Stoiber vor einer überhasteten Erweiterung der EU warnt und fragt, wo denn die Grenzen Europas seien: Sonst könnten doch auch Marokko oder Tunesien Mitglieder werden, als Nachbarländer Spaniens. Und irgendwann stünden dann auch Iran und Irak als Nachbarn der Türkei vor den Türen der EU. "Die Integrationsfähigkeit der EU ist doch nicht unbegrenzt!" [2] Stoibers Fragen sind nicht nur Stammtischgerede: Sie benennen ein Problem, über das sich die EU-Mitgliedstaaten zu wenig Gedanken gemacht haben.

Es ist offenkundig, daß die Union nicht ins Unendliche wachsen kann, um sich irgendwann in den weiten Steppen Asiens zu verströmen. Irgendwo muß Schluß sein, da hat Stoiber schon recht. Aber wo? Eine geographische Grenze läßt sich nicht ziehen. Ohne Zweifel ist Rußland ein Teil Europas, auch wenn es weit über den Ural hinausreicht, der gemeinhin als europäisches Grenzgebirge bezeichnet wird. Aber auch das ist ziemlich willkürlich angesichts der russischen Besiedlung großer Teile östlich des Urals. Und wie steht es um die Kaukasusregion? Gehören Georgien oder Armenien (mit einer der ältesten autokephalen Kirchen des Christentums) nicht zu Europa? Wenn die Türkei ein europäischer Staat ist, warum dann nicht auch Aserbaidschan, wenn es sich zu einem demokratischen Staatsgebilde entwickeln sollte und den EU-Wertekonsens akzeptiert? Picasso reagierte auf die Frage, was Kunst sei, mit einer Gegenfrage: "Was ist nicht Kunst?" Läßt sich also die Frage, was Europa sei, nur mit der Gegenfrage beantworten: "Was ist nicht Europa?"

"Europa" ist eine Denkfigur, eine Konstruktion. Die Europäer definieren, was Europa ist – und damit auch, was nicht Europa ist. Diese Debatte ist noch nicht wirklich geführt worden, sie kann und darf nicht mit dem Postulat eines grenzenlosen Europas enden. Sie muß politisch handhabbare Kriterien dafür finden, warum Staaten, die möglicherweise in Zukunft auch Mitglieder der Europäischen Union werden wollen, z. B. Rußland, ihr nicht beitreten können, obwohl sie durchaus die Bedingungen dafür erfüllen würden. Sie muß Kriterien dafür aufstellen, daß z. B. Tunesien, das vielleicht irgendwann demokratisch und westlich sein wird, keinen Anspruch auf Mitgliedschaft hat, auch wenn es – pochend

1 Siehe Peter Schlotter, Freihandel + Demokratisierung = Entwicklung? Zur Maghrebpolitik der Europäischen Union, HSFK-Report 8/1998, Dezember 1998.

2 Edmund Stoiber, zitiert in: Financial Times Deutschland vom 9. März 2000.

auf seine historischen Beziehungen zu Europa, wenn auch nur als negative in Form des Kolonialismus – an die Tür der EU klopft. Kriterien dafür sind die Handlungsfähigkeit der EU-Institutionen nach innen und nach außen sowie die Belastbarkeit der demokratischen Legitimation der Gemeinschaft. Beide Anforderungen vertragen auf absehbare Zeit nicht die Aufnahme neuer Mitglieder über die Zahl der Kandidaten hinaus, die vor der Tür stehen – die Schweiz und Norwegen einmal ausgenommen. Rußland, Weißrußland, die Ukraine und die Kaukasusstaaten würden das innere Gleichgewicht der Union endgültig sprengen.

Die EU auf der Suche nach Handlungsfähigkeit

Der Erweiterungsprozeß wird die EU einer inneren Zerreißprobe aussetzen, er geht viel schneller vonstatten als die Effizienzsteigerung ihrer Entscheidungsorgane. Das Dilemma ist jedoch, daß jede Vergrößerung der Handlungsfähigkeit das "Demokratiedefizit" verschärft.

Wie die Diskussion in der und über die Regierungskonferenz zeigt, betrachten die politischen Entscheidungsträger die institutionelle Reform der Europäischen Union in erster Linie als eine Frage der Effizienz. Dies ist ohne Zweifel eine wichtige Aufgabe, zumal bei einer erweiterten Union. Die Debatte kreist dabei vor allem um die Frage der Abstimmungen mit Mehrheit. Die Annahme ist, daß damit ein entscheidender Schritt zur Effizienzsteigerung getan würde.

Diese Vermutung geht jedoch von einem Modell von Entscheidungsfähigkeit aus, das sich am Ideal des Nationalstaates orientiert. Die EU ist aber ein Zwitter zwischen einem – zugegebenermaßen sehr engen – Bund souveräner Staaten und einer supranationalen Organisation. Daraus ergeben sich Grenzen für die Übernahme des Mehrheitsprinzips.

Mehrheitsentscheidungen sind eine Entscheidungsmethode, die auf Dauer nur in Gesellschaften funktioniert, die einen breiten Grundkonsens aufweisen. Die Loyalitätsreserven der Mitgliedstaaten sind aber nicht so groß, als daß sie es lange aushielten, in der EU überstimmt zu werden und damit ihre Interessen nicht vertreten zu sehen. Hinzu kommt, daß – wegen des zwischenstaatlichen Charakters der EU – es für die Bevölkerung in den Mitgliedsländern keine Möglichkeit gibt, direkt auf die Politik der Gemeinschaft Einfluß zu nehmen, sondern nur mittelbar über die einzelnen Regierungen. Eine direkte Legitimation z. B. der Europäischen Kommission gibt es nicht. Sie wird auch nicht vom Europäischen Parlament gewählt. Obwohl immer mehr Bereiche des täglichen Lebens, für deren Beschlüsse demokratische Mitsprache notwendig wäre, von Brüssel bestimmt werden, fallen die Entscheidungen im Arkanum zwischenstaatlicher Verhandlungen. Je mehr diese jedoch mit Mehrheit gefällt würden, desto mehr verschärft sich dieses Legitimationsdefizit. Regierungen können im nationalen Rahmen dann nicht mehr für die Politik in der EU verantwortlich gemacht werden, weil sie zu Recht argumentieren können, sie seien überstimmt worden.

Die Belastbarkeit überstimmter Staaten ist also nicht groß, weil sie sich irgendwann die Frage stellen werden, ob der Gewinn, den sie über die EU einfahren, nicht geringer ist als die Nachteile, die sie erleiden. Sie könnten dann schnell zu einer Obstruktionspolitik übergehen, welche die EU vor Belastungen bis hin zum Auseinanderbrechen stellen würde.

Die EU steht also vor einem strukturellen Dilemma. Die Verbesserung der Leistungsfähigkeit vergrößert das Demokatiedefizit. Wird dieses reduziert, erhöht dies nicht die Effizienz, weil alle demokratischen Verfahren in einem Mischsystem zwischen Supranationalität und Nationalstaatlichkeit kompliziert sind. Und durch die Erweiterung auf bis zu 30 Staaten wird die Entscheidungsfindung nicht gerade leichter. Auch belasten die Ansprüche der neuen Mitglieder – über die Kosten für die alten – die sowieso schon schwache Legitimität der EU.

Wenn die EU nach der Erweiterung nicht an ihren inneren Konflikten zerbrechen soll, wird sie eine "Konsensgemeinschaft" bleiben müssen. Dies gießt Wasser in den Wein der Erwartung, die Union könne zukünftig sehr viel effizienter handeln. Angesichts der Herausforderungen, die ihre Vergrößerung – und die hier nicht behandelte gemeinsame Währung – mit sich bringt, sollte der Erhaltung der Legitimität durch weitgehenden Konsens der Vorrang vor der Steigerung der Leistungsfähigkeit gegeben werden.

Resümee

Die Union kann auf dem Weg der Aufnahme neuer Mitglieder nicht umkehren. *Pacta sunt servanda.* Außerdem würde gerade ein solcher Schritt ihrer Strategie widersprechen, über den Prozeß des Beitritts demokratische Entwicklungen zu stabilisieren und eine Friedenszone in ganz Europa zu schaffen.

Zu warnen ist daher vor einer Politik der Unehrlichkeit, mit der zwar den Kandidaten der Beitritt versprochen, aber hinter vorgehaltener Hand geäußert wird, die meisten würden es ja sowieso nicht schaffen. Eine solches Verhalten findet sich gelegentlich bei denen, die gegen eine Aufnahme der Türkei sind, sich aber nicht durchsetzen konnten. Es wäre auch fatal, bürokratische Hindernisse bei den Verhandlungen aufzubauen, die den Beitritt unmöglich machten. Damit würde die Entwicklungsressource, die die Perspektive darstellt, zu "Europa" zu gehören, auf unverantwortliche Weise verspielt.

Zu empfehlen ist ein zeitiger Beitritt, damit das Momentum des Reformwillens nicht auf dem Weg zum Sankt-Nimmerleinstag erschlafft, und lange bis sehr lange Übergangsfristen, damit die EU und die Beitrittsstaaten nicht zu früh überlastet werden. Bei dieser kombinierten Strategie sollten die EU-Vertreter allerdings dann hart bleiben und die Beitrittsbedingungen nicht auf Druck der Kandidaten, die die Mitgliedschaft möglichst "billig" haben möchten, verwässern. Es darf keine "Mitgliedschaft light" geben.

Die EU kann "ihr Verhältnis zu ihrer Umwelt nicht nur in der Perspektive von zusätzlichen Erweiterungen sehen, sondern muß auch über eine großräumige Ordnungsstruktur nachdenken."[3]

Sollte sich herausstellen, daß sie in ferner Zukunft Länder an der Peripherie der Gemeinschaft einen "Anspruch" auf Mitgliedschaft in dem Sinne haben, daß sie die EU beim Wort packen können, offen für jeden europäischen Staat zu sein, der die Kopenhagener Kriterien erfüllt, dann muß die Gemeinschaft eine Strategie formulieren, die ein solches

3 Beate Kohler-Koch, Regieren in der Europäischen Union. Auf der Suche nach demokratischer Legitimation, in: Aus Politik und Zeitgeschichte, B 6/2000 vom 4. Februar 2000, S. 36.

Gesuch ablehnt, ohne diese Staaten in die Isolation oder Gegnerschaft zu drängen. Anregungen für eine solche Politik könnten sich aus der Ausgestaltung der "euro-mediterranen Partnerschaft" mit den südlichen Mittelmeerländern ergeben.

Die intellektuelle Herausforderung für jede Analyse der Europäischen Union besteht darin, Konzepte für eine Institution zu entwerfen, die in näherer Zukunft zu einer großräumigen Macht wird, ohne ein Staat zu sein, und die angesichts der vielfältigen Herausforderungen Handlungsfähigkeit braucht, ohne sie unter dem Gesichtspunkt demokratischer Legitimität haben zu dürfen.

Peter Schlotter

1.9. Zivile Krisenprävention durch die EU: Zur Programmatik und Institutionalisierung eines Politikfeldes

Die Europäische Union (EU) hat Krisenprävention seit der zweiten Hälfte der neunziger Jahre in zahlreichen Resolutionen zum Leitbild für die Gestaltung von Entwicklungs- und Außenpolitik erklärt. Dabei spielte Afrika, das lange Zeit einen entwicklungspolitischen Schwerpunkt der EU darstellte, eine besondere Rolle. Der erste Teil des Beitrags behandelt die neuen Leitlinien und institutionellen Strukturen. Ein kohärenter Ansatz der Krisenprävention muß sich zum einen auf die bessere Steuerung krisenhafter Prozesse und auf die Stärkung friedensfähiger Kräfte und Institutionen vor Ort richten. Er muß zum anderen berücksichtigen, daß die Folgen der wirtschaftlichen Globalisierung zur Gewaltbereitschaft von Gesellschaften beitragen. Handels- und Außenwirtschaftspolitik sind so zu gestalten, daß sie der Zerrüttung von schwachen Ökonomien entgegenwirken. Genügt die Politik der EU diesem Anspruch? Der zweite Teil untersucht, ob die Abkommen zwischen der EU und den afrikanischen, karibischen und pazifischen Ländern (AKP-Staaten) entsprechende Vorkehrungen für eine stabilitätsorientierte Flankierung der weltwirtschaftlichen Integration enthalten.

Mit der Notwendigkeit effektiver Krisenbewältigung wurde auch die Fortentwicklung der Gemeinsamen Außen- und Sicherheitspolitik (GASP) der EU begründet. Die Umsetzung des Amsterdamer Vertrages vom Oktober 1997 und die EU-Gipfel in Köln und Helsinki vom Juni und Dezember 1999 haben die GASP inhaltlich und institutionell verändert. Welchen Stellenwert haben hierbei zivile Politikinstrumente? In welchem Verhältnis stehen Entwicklungs-, Außen- und Sicherheitspolitik zueinander? Der dritte Teil geht diesen Fragen nach.

Krisenprävention als Fokus der EU-Entwicklungspolitik

Neue Leitlinien und Strukturen auf EU-Ebene

Generell ist unter den westlichen Gebern die Aufmerksamkeit für Ansätze der Krisenprävention sowie für die Berücksichtigung von Konfliktursachen bei der Gestaltung von Entwicklungszusammenarbeit gestiegen.[1] Die EU hat dazu maßgeblich beigetragen. Sie stellt im Bereich der Entwicklungshilfe und der humanitären Hilfe insofern einen *Global Player* dar (vgl. Beitrag 1.5.), als die EU-Kommission und die Mitgliedstaaten etwa 60 Prozent der weltweit erbrachten bi- und multilateralen Entwicklungshilfe und 50 Prozent der humanitären Hilfe leisten.

Leitlinien im Bereich der Krisenprävention formulierte die EU zunächst mit Blick auf die afrikanischen Länder (vgl. Beitrag 1.11.). Die neue Politik zielte im Rahmen der GASP auf eine Stärkung der Frühwarn- und *Peacekeeping*-Kapazitäten der OAU. Außerdem nahm die EU auf subregionaler Ebene den Dialog mit der *Southern African Development Community* (SADC) sowie mit der *Economic Community of West African States*

1 Vgl. OECD (Organization for Economic Co-operation and Development), 1997: Conflict, Peace and Development Co-operation on the Threshold of the 21st Century ("DAC Guidelines" from 5 May 1997). Paris.

(ECOWAS) und der *Intergovernmental Authority on Development* (IGAD) auf. Die Generaldirektion für Entwicklungspolitik (DG VIII) entwickelte 1996 folgende Grundsätze: [2]

1. Die afrikanischen Staaten und Regionalorganisationen werden unterstützt, *effective ownership* bei der Bewältigung ihrer Konflikte zu übernehmen. Dazu gehört auch die Förderung zivilgesellschaftlicher Aktivitäten, etwa in den Bereichen Mediationstraining oder Versöhnungsarbeit.
2. Die Arbeit der EU-Kommission soll sich schwerpunktmäßig auf die frühzeitige Prävention gewaltträchtiger Konflikte richten.
3. Die Ursachen gewaltsamer Konflikte sollen durch einen kohärenten Gesamtansatz angegangen werden, der die EU-AKP-Programme einbezieht.
4. Verbesserte Analysekapazitäten sollen zu rechtzeitigem Handeln befähigen.
5. Der Austausch mit anderen internationalen Akteuren soll intensiviert und der GASP-Informationsverbund COREU (*Correspondance europêene*) für Fragen der Krisenprävention geöffnet werden.

Im Juni 1997 verständigte sich der Europäische Rat auf eine Gemeinsame Position zu *Conflict Prevention and Resolution in Africa*. Artikel 4 benennt ausdrücklich die hohe Verfügbarkeit von Waffen in Krisenregionen als zentrales Problem. Im November 1998 hat der Europäische Rat seine bisherige Politik in einer Entschließung mit dem Titel *The Role of Development Cooperation in Strengthening Peace-building, Conflict Prevention and Resolution* bekräftigt. Die bislang mit Bezug auf den afrikanischen Kontinent gefaßten Beschlüsse werden dadurch auf alle Entwicklungsländer ausgeweitet und fortan auch für die Politik der einzelnen EU-Mitgliedstaaten verbindlich. Selbstkritisch betont die Resolution, daß effektive Prävention unerwünschte Nebenwirkungen von Entwicklungshilfe (z.B. die Stärkung klientelistischer Herrschaftsstrukturen) vermeiden muß.

Ein erster praktischer Schritt zur Stärkung außenpolitischer Analysekapazitäten der EU war 1997 die Einrichtung des *Conflict Prevention Network* (CPN). Sie geht auf einen Vorschlag des früheren französischen Premierministers und jetzigen Europaparlamentariers Michel Rocard zurück. CPN wurde bei der Stiftung Wissenschaft und Politik (SWP) in Ebenhausen angesiedelt. Es hat den Auftrag, verschiedene Generaldirektionen der Kommission sowie das Europäische Parlament (EP) durch policy-orientierte Hintergrundanalysen und Workshops bei der Entwicklung politischer Maßnahmen zu unterstützen. Außerdem richteten die relevanten Ministerien der EU-Staaten Anlaufstellen (*focal points*) für Krisenprävention in Afrika ein.

Schon bei den Regierungskonferenzen im Vorfeld des Vertrags von Amsterdam spielte der Austausch mit einer zunehmend vernetzten Zivilgesellschaft auf EU-Ebene eine wichtige Rolle. Nichtregierungsorganisationen (NRO) aus der Menschenrechts-, Friedens- und Entwicklungszusammenarbeit wie auch aus der humanitären Hilfe forderten immer wieder "Kohärenz" in der Gestaltung der auswärtigen Beziehungen als Voraussetzung für Krisenprävention ein. Im Umfeld der EU haben inzwischen zahlreiche Entwicklungs-NRO Ansätze ziviler Konfliktbearbeitung mit ihrer Arbeit verknüpft. Einige Organisationen spezialisierten sich sogar auf diesen Bereich. Sie sind in der Trainingsarbeit sowie in

---

2 Vgl. "The European Union and the Issue of Conflict in Africa: Peace-building, Conflict Prevention and Beyond", Communication from the Commission to the Council, 6.3.1996.

verschiedensten Vermittlungsaktivitäten engagiert und setzen sich außerdem durch intensive Lobby-Arbeit für die Stärkung dieses Handlungsfeldes ein

Es sind neue Arbeits- und Diskussionszusammenhänge entstanden, die eine enge Kooperation sowie den Austausch von Expertise im Sinne eines "policy-Netzwerks" befördern. So gründeten im Februar 1997 in Amsterdam zahlreiche NRO die *European Platform for Conflict Prevention and Transformation.* Anfang 1997 haben sich verschiedene internationale Organisationen, Forschungseinrichtungen und NRO zum *Forum for Early Warning and Early Response* (FEWER) zusammengeschlossen. Bei zahlreichen Fragen der Krisenprävention und des Aufbaus friedensfähiger Gesellschaftsstrukturen (*peace-building*) bestehen gute Kontakte zwischen dem Europäischen Parlament und den NGOs. So haben sich durch monatliche Treffen der *EU-NGO Human Rights Contact Group* und der *EU-NGO CFSP Contact Group* sowie der *Arms Transfer Working Group* regelmäßige Konsultationen ergeben, an denen auch Vertreter der EU-Administration beteiligt sind. Damit verbessern sich die Chancen für ein abgestimmtes Vorgehen staatlicher und nichtstaatlicher Akteure.

Überwindung von Kriegsstrukturen und Eindämmung der Waffenverbreitung: Beispiele für konkrete Handlungsfelder

Krisenpräventive Entwicklungspolitik kann mit mittel- bis langfristiger Perspektive auf Wirtschafts-, Staats- und Gesellschaftsstrukturen in Transitionsländern zielen. Sie kann aber auch kurzfristig politische Prozesse zu beeinflussen versuchen. Eine zentrale Herausforderung besteht darin, Maßnahmen der Entwicklungszusammenarbeit so zu konzipieren, daß sie Kriegsstrukturen nicht ungewollt unterfüttern, sondern ihnen entgegenwirken. Für die humanitäre Hilfe hat Mary B. Anderson[3] eine Reihe von problematischen Nebenwirkungen benannt: Der Ressourcenzufluß kann die politische und ökonomische Situation vor Ort extrem verändern und lokale Märkte durcheinanderbringen. Mitunter werden Gelder für die Versorgung von Truppen und den Waffenkauf abgezweigt oder zur Absicherung politischer Unterstützung in bestimmte Gebiete gelenkt. Auch kann der Kontakt von Hilfsorganisationen mit Kriegsfürsten deren Legitimität erhöhen.

Um konkrete Initiativen zur Überwindung von Gewaltstrukturen zu ergreifen, haben die im Netzwerk *Eurostep* (*European Solidarity Towards Equal Participation*) zusammengeschlossenen NRO die EU aufgefordert, die Rolle von Waffenexporten und von Tropenhölzern, Diamanten oder Öl bei der Entstehung von Kriegsökonomien stärker zu beachten. Sie regten an, ein Verbot des Handels mit Diamanten, mit denen Kriege finanziert werden, mit Hilfe von Ursprungszertifikaten und Überprüfungsmechanismen durchzusetzen sowie Verstöße mit strafrechtlicher Verfolgung und dem Entzug von Konzessionen zu ahnden.

Besondere Beachtung verdient die Eindämmung der Waffenverbreitung. Die EU beschloß 1999, daß Kommission und Mitgliedstaaten die Frage von Kleinwaffen in den Dialog mit den AKP-Staaten und anderen Entwicklungsländern aufnehmen und Programme zur Beseitigung von Kleinwaffen sowie zur Stärkung lokaler Gemeinschaften bei der Überwindung der *cultures of violence* auflegen sollen (vgl. Beitrag 3.5.). Die EU könnte nach Meinung vieler zivilgesellschaftlicher Organisationen überdies durch die restriktive

3 vgl. Mary B. Anderson, Do No Harm: How Aid can Support Peace – or War. London 1999.

Gestaltung ihrer eigenen Waffenexportrichtlinien und eine Politik der Selbstbeschränkung bei der Rüstung als "Zivilmacht" Glaubwürdigkeit herstellen. Der am 8. Juni 1998 von der EU verabschiedete *Code of Conduct on Arms Exports*, der einheitliche Kriterien für die Rüstungsexportpolitik entwickelt, weist immer noch zahlreiche Lücken auf. Unzureichend ist auch noch die *Joint Action on Small Arms* vom 12. Dezember 1998. Die meisten Kleinwaffen, die derzeit nach Afrika exportiert werden, stammen aus Mittel- und Osteuropa. Bei den Assoziierungs- und Beitrittsverhandlungen mit diesen Staaten verfügt die EU durchaus über einen Hebel, um eine restriktivere Rüstungsexportpolitik dieser Länder durchzusetzen (vgl. Beitrag 1.12.). Voraussetzung dafür wäre, daß die drei zuständigen Generaldirektionen für Außenbeziehungen, Erweiterungsfragen und Entwicklung in dieser Frage einen koordinierten Ansatz verfolgen.

Die AKP-Politik: "Probe aufs Exempel" für die Kohärenz der EU-Politik

Gewaltsame Konfliktaustragung in Entwicklungs- und Transformationsländern hat mannigfaltige Ursachen. Schwach ausgebildete Staatlichkeit, fehlende Rechtsgarantien und sozio-ökonomische Entwicklungsblockaden zählen ebenso dazu wie die Destabilisierung durch regionale und globale wirtschaftliche Entwicklungen. Oft bilden externe "Schocks" Auslöser von Kriegen. Schwach diversifizierte Ökonomien, die über begrenzte Zugänge zu fremden Märkten verfügen und vom Export weniger Rohstoffe abhängen, sind dafür besonders anfällig. Einbrüche bei den Rohstoffpreisen können Krisen bedingen, die die Stabilität politischer Systeme gefährden und weite Teile der Bevölkerung in Existenznöte stürzen. Strukturelle Krisenprävention hat die Aufgabe, negative Folgen der wirtschaftlichen Globalisierung abzufedern, beim Aufbau sozialer Sicherheitssysteme zu helfen sowie den peripheren Ländern Entwicklungs- und Integrationschancen zu eröffnen. Hier soll geprüft werden, inwieweit die EU-Politik dieser Anforderung gegenüber den AKP-Staaten gerecht wird und ob sie die im Maastrichter Vertrag enthaltene Verpflichtung, eine "nachhaltige wirtschaftliche und soziale Entwicklung (...) insbesondere der am meisten benachteiligten Entwicklungsländer" zu fördern, eingelöst hat. Gegenstand der Erörterung sind dabei insbesondere das neue AKP-EU-Partnerschaftsabkommens vom Juni 2000 und die Frage der "Konditionalität".

Problematische Außenwirtschaftspolitik und unzureichende Initiativen zur Entschuldung

Die vier Lomé-Abkommen, die seit Mitte der 70er Jahre die Zusammenarbeit der EU mit den AKP-Staaten regelten, enthielten einige vorwärtsweisende Ansätze zur wirtschaftlichen Stabilisierung. Den AKP-Ländern wurden Handelspräferenzen eingeräumt. Ein Stabilisierungsfonds sollte verläßliche Exporterlöse für Mineralien garantieren (Sysmin) und ein weiterer (Stabex) Einnahmeschwankungen bei sonstigen Rohstoffausfuhren ausgleichen. Außerdem stellten Kommission und Mitgliedsländer beträchtliche Entwicklungshilfegelder bereit. Diese Maßnahmen wurden allerdings durch das Vorgehen der EU in anderen Politikbereichen konterkariert: Die Gemeinsame Agrarpolitik von EG bzw. EU erschwert bis heute den Marktzugang für landwirtschaftliche Produkte aus dem Süden. Exportsubventionen für EU-Produkte ermöglichten die Eroberung internationaler Märkte und Verdrängung anderer Anbieter. Schließlich lief die Zollprogression bei industriellen Produkten dem Bemühen um Exportdiversifizierung in den Entwicklungsländern entgegen.

Das neue Abkommen, das am 4. Februar 2000 verabschiedet wurde und im Juni 2000 auf Fidschi unterzeichnet werden soll (vgl. Beitrag 1.11.), gibt die beiden Stabilisierungsfonds auf. Nur auf länderspezifischer Ebene ist eine Kompensation bei den Mineralexporten vorgesehen. Im Bereich des Handels hat die EU zudem mit Bezug auf die Welthandelsorganisation (WTO) auf eine Liberalisierung gedrängt. Demgegenüber fordern NRO-Netzwerke und AKP-Staaten faire Übereinkünfte, die das ungleiche Entwicklungsniveau berücksichtigen. Im Zentrum steht die weitreichende Gewährung von Handelspräferenzen in den kommenden acht Jahren, für die eine Ausnahmegenehmigung bei der WTO erforderlich ist.

Noch ist nicht absehbar, wie weit die Öffnung des EU-Binnenmarktes für die übrigen AKP-Staaten gehen wird und ob die EU zum Abbau der Agrarsubventionen bereit ist. Für den vollständigen Marktzugang der ärmsten Länder wurde eine fünfjährige Frist ausgehandelt. Entwicklungsmöglichkeiten für die AKP-Staaten hängen jedoch entscheidend davon ab, ob die EU zur Marktöffnung bereit ist und den AKP-Staaten neue Exportmöglichkeiten verschafft. Sie müßte sich überdies aktiv für eine Reform der Welthandelsorganisation einsetzen. Im Sinne von *Good Global Governance* wäre es erforderlich, daß nicht nur die ärmeren Länder "WTO-konform" gemacht werden, sondern auch die Welthandelsorganisation selbst "entwicklungskonform" umgestaltet wird. Als handlungsfähiger Akteur bräuchte die EU überdies ökonomische Instrumente, mit denen sie – vergleichbar den Mitteln des IWF beim Zusammenbruch von Finanzmärkten – auf extern verursachte Wirtschaftskrisen stabilisierenden Einfluß ausüben kann.

In den vergangenen 25 Jahren sind die AKP-Staaten noch weiter an die Peripherie des Weltwirtschaftssystems geraten, während andere Staatengruppen – insbesondere in Ost- und Südostasien – aufholen konnten. Bedenklich ist, daß die Entwicklungshilfe-Etats der EU-Mitgliedstaaten für die ärmsten Länder des Südens drastisch reduziert wurden. Zwischen 1992 und 1997 ist der Anteil der AKP-Staaten an den Haushalts- und Mittelzusagen von 45 auf 14 Prozent gefallen. Der Anteil der Länder des südlichen Mittelmeerraums hat sich von 9 auf 25 Prozent erhöht. Der Großteil der Mittel fließt mittlerweile nach Mittelosteuropa und in die Staaten der GUS, deren Anteil sich von 33 Prozent auf 46 Prozent steigerte. Der Anteil der Länder Asiens und Lateinamerikas entspricht mit 15 Prozent etwa dem der AKP Staaten.[4]

Angesichts der schwierigen Finanzlage ist eine konsequente Entschuldungspolitik für die ärmsten Entwicklungsländer von großer Bedeutung. Eine 1996 von den öffentlichen Gläubigern gestartete Initiative verspricht zunächst Entlastung für die Gruppe der 41 hochverschuldeten armen Länder (*Heavily Indebted Poor Countries*, HIPC), die mit etwa 210 Mrd. US-$ bei den westlichen Gläubigern verschuldet sind. Der Kölner Weltwirtschaftsgipfel vom Juni 1999 und die gemeinsame Jahrestagung von Weltbank und IWF im Herbst 1999 haben Schuldenerleichterungen von bis zu 70 Mrd. US$ zugesagt. Positiv ist zu bewerten, daß die Entschuldung an Strategien zur Armutsbekämpfung gekoppelt

4 vgl. Mirjam van Reisen, Global Player EU. Die Nord-Süd-Politik der Europäischen Union. Analyse – Kritik – Reformansätze, WEED: Bonn 1999, S. 13.

werden soll. Doch dies erfordert eine tiefgreifende Veränderung der bestehenden Strukturanpassungsprogramme des IWF. Zudem muß die derzeitige Erlaßinitiative weiterentwickelt werden, damit die armen Länder nicht in einer ökonomischen und politischen Krisenspirale gefangen bleiben. Der Zielwert von 150 % für das Verhältnis Schuldenstand zu Exporterlösen ist immer noch zu hoch angesetzt.

Peace-building als Bestandteil des AKP-EU-Kooperationsabkommens

Das neue AKP-EU-Partnerschaftsabkommen bietet Spielräume für Maßnahmen der Krisenprävention und der Förderung friedensfähiger Gesellschaftsstrukturen. Es eröffnet NRO die Möglichkeit, sich am Politikdialog zu beteiligen. Zusätzlich sind Programme zum Mediationstraining für lokale Autoritäten, zur Stärkung von Zivilgesellschaft und zum Aufbau demokratischer Institutionen vorgesehen. Die Angebote richten sich an lokale Verwaltungen, Privatunternehmen und zivilgesellschaftliche Organisationen. Dieser partizipative Ansatz ermöglicht eine gegenseitige Abstimmung bei der Formulierung von Entwicklungsstrategien und bei der Durchführung konkreter Projekte. Dabei ist allerdings eine kritische Auswahl der zivilgesellschaftlichen Akteure erforderlich. Denn oftmals versuchen autoritäre Regierungen, ihr genehme Organisationen zu kooptieren oder gar neu ins Leben zu rufen, um sie mit Entwicklungsgeldern zu begünstigen.

Die strittige Frage der Konditionalität

Ein Instrument, mit dem die EU Einfluß auf die Regierungsführung in den AKP-Staaten nehmen kann, bildet die Konditionierung von Entwicklungshilfe. Die Vergabe von Hilfsgeldern wurde auch in der Vergangenheit stets an Bedingungen geknüpft. Anfang der neunziger Jahre beschlossen die Geberstaaten, die Leistungen an "gute Regierungsführung" (*good governance*) zu binden ("politische Konditionalität"). So wurden bereits unter Lomé IV von der EU die Zahlungen an den Sudan, Somalia, Zaire und Liberia ausgesetzt. In den Verhandlungen um das neue AKP-EU-Kooperationsabkommen war gerade der Begriff *good governance* strittig. Er wurde als politischer Rahmen definiert, in dem Menschenrechte, demokratische Grundprinzipien, Rechtsstaatlichkeit sowie die verantwortungsvolle Verwaltung öffentlicher Mittel garantiert sind. Die EU hat diese Klausel gegen den Widerstand vieler AKP-Staaten durchgesetzt. Das Beharren darauf beinhaltet die Gefahr einer Bevormundung. Jedoch kann eine Mittelvergabe, die eine Verstetigung repressiver Machtstrukturen vermeiden und gewaltpräventiv wirken will, nicht losgelöst von politischen Kriterien erfolgen. Dieser Widerspruch ist nicht lösbar. Er kann nur durch eine sorgfältige länderbezogene Strategieentwicklung aufgefangen werden.

Krisenprävention und die Reform der GASP

Mit der Notwendigkeit, "Verantwortung über die gesamte Bandbreite von Aufgaben zur Konfliktprävention und zum Krisenmanagement zu übernehmen"[5] wurden zahlreiche konzeptionelle und institutionelle Neuerungen in der Gemeinsamen Außen- und Sicherheitspolitik (GASP) der EU begründet. Der Anfang 1999 in Kraft getretene Amsterdamer

5 Javier Solana, Die gemeinsame Europäische Sicherheits- und Verteidigungspolitik - Das Integrationsprojekt der nächsten Dekade, in: Integration, 23.Jg. 1/2000, S. 1 – 6 (hier: S. 2).

Vertrag eröffnete den Weg, die Westeuropäische Union (WEU), also ein Militärbündnis, in die EU einzubeziehen. Beim Gipfel am 10./11. Dezember 1999 in Helsinki beschloß der Europäische Rat den Aufbau einer *Rapid Reaction Force* zur militärischen Krisenintervention im Rahmen einer neuen Europäischen Sicherheits- und Verteidigungsidentität (ESVI) (vgl. Beitrag 1.7.). Gleichzeitig kündigten die Staats- und Regierungschefs den Ausbau ziviler Instrumente der Krisenprävention und Konfliktbearbeitung an. Allerdings stellt sich die Frage, inwieweit Maßnahmen der zivilen Krisenprävention eine eigenständige Bedeutung beigemessen wird.

Zivile Krisenprävention: Mehr als ein Anhängsel des militärischen Ansatzes?

Der für die Außenbeziehungen zuständige EU-Kommissar Christopher Patten kündigte nach dem Helsinki-Gipfel an, daß die EU in folgenden Bereichen aktiv werden müsse: humanitäre Hilfe und Rettungsdienste, Minenräumung und Entwaffnung, Entsendung von Polizeikräften, administrative und rechtliche Unterstützung bei der Demokratisierung, Wahl- und Menschenrechtsbeobachtung, Konfliktvermittlung in Krisenregionen. Um diese Aufgaben zu bewältigen, wird eine *Rapid Reaction Capability* entwickelt. Weiterhin wird angestrebt, eine Bestandsaufnahme der nationalen und gemeinsamen Ressourcen in diesem Bereich zu machen und innerhalb des Sekretariats des Europäischen Rates einen Koordinationsmechanismus zu etablieren.

Massive Ungleichgewichte zeichnen sich schon jetzt in der Ressourcenverteilung für den militärischen und zivilen Bereich ab: Für zivile Krisenprävention wird derzeit in der EU-Kommission ein Haushaltsansatz von 15 Millionen Euro diskutiert. Es ist kaum vorstellbar, daß die von Patten genannten Maßnahmen mit einer derart geringfügigen Summe auch nur ansatzweise koordiniert und initiiert werden könnten. Damit ist offenkundig: Während die Planungen im militärischen Bereich rasant vonstatten gehen, bereits detailliert ausgearbeitet sind und erhebliche Mittel absorbieren werden, bleiben die Beschlüsse im zivilen Bereich bislang auf die Verbesserung von Information und Koordination beschränkt. Zivile Krisenprävention droht zum Anhängsel eines militärisch ausgerichteten Ansatzes des reaktiven Krisenmanagements zu werden.

Präventive Politik, die sich auf mittel- und langfristige Prozesse der Friedensförderung orientiert, ist gegenüber der Krisenreaktion mit einer grundlegenden Schwierigkeit konfrontiert: Sie kann in der Regel nicht mit eindeutig nachweisbaren Erfolgen aufwarten und ist institutionell nicht genügend sichtbar. Um dem entgegenzuwirken, haben Mitte der neunziger Jahre Abgeordneten des Europaparlaments angeregt, ein *European Civilian Peace Corps (ECPC)* zu etablieren. Es soll eine Scharnierfunktion übernehmen, das heißt in Krisenregionen die Verbindung zwischen der EU-Bürokratie und gesellschaftlichen Akteuren herstellen und letzteren zur Unterstützung dienen.

Als rein ziviles Kontingent, das sich aus Fachkräften der Friedens-, Menschenrechts- und Entwicklungszusammenarbeit sowie aus der Humanitären Hilfe, aus Verwaltung, Justiz und Polizei zusammensetzt, ist es vor allem für den Vor- und Nachsorgeeinsatz unter einem Mandat von UNO oder OSZE gedacht. Bisherige Vorschläge gehen dahin, es als offizielles Gremium auf EU-Ebene zu verankern. Die Finanzierung würde aus dem Gemeinschaftshaushalt sowie durch die Mitgliedstaaten erfolgen. Der Aufgabenkatalog reicht von der Tatsachenermittlung und dem Menschenrechts-Monitoring über das lokale

Konfliktmanagement bis hin zur Konfliktfolgenbewältigung und zur Unterstützung zivilgesellschaftlicher Strukturen. Das EP verabschiedete Anfang 1999 eine Empfehlung an den Rat, ein ECPC einzurichten, nachdem der Ausschuß für auswärtige Angelegenheiten einen entsprechenden Bericht vorgelegt hatte[6]. Derzeit ist die Kommission darum bemüht, eine Pilotstudie zu erstellen.

Die Strukturreformen des Amsterdamer Vertrags und die Beschlüsse von Helsinki: Mehr Kohärenz und Effektivität, Demokratie und Transparenz?

Die vielschichtigen Kompetenzverteilungen innerhalb der GASP programmieren Koordinationsprobleme regelrecht vor: Nach außen hin ist die EU nun durch eine neue Troika vertreten, die neben der amtierenden Präsidentschaft den Hohen Vertreter und die künftige Präsidentschaft umfaßt. Die GASP fällt in die Verantwortung des Ministerrats und ist dem Einfluß des Parlaments weitgehend entzogen. Während das Europäische Parlament gegenüber der EU-Kommission über gute Kontrollmöglichkeiten verfügt, hat es im Bereich der GASP nur das Recht der Konsultation und keine Mitentscheidungsbefugnis. Die EU-Kommission hat wiederum bei der Gestaltung der Handels- und Entwicklungspolitik die Federführung. Auch innerhalb der Kommission gibt es Kompetenzgerangel und Ressortrivalitäten. Für Krisenprävention und Entwicklungszusammenarbeit sind das Generaldirektorat für Außenbeziehungen, das Generaldirektorat für Entwicklung und zum Teil auch das Generaldirektorat für die EU-Erweiterung zuständig.

Der neue Kommissar für Außenbeziehungen, Christopher Patten, soll ein Team anführen, dem drei weitere EU-Kommissare angehören: Pascal Lamy (Handel), Paul Nielson (Entwicklungspolitik) und Günter Verheugen (EU-Erweiterung). Durch den Amsterdamer Vertrag wird zwar dem Kommissar für Außenbeziehungen eine koordinierende Funktion zugedacht. Doch erscheint zweifelhaft, ob sich diese Vorgabe in der Praxis umsetzen läßt. Vielmehr gibt es Indizien dafür, daß der für den zivilen Bereich der Prävention zuständige Kommissar Christopher Patten hinter dem Amt des Hohen Repräsentanten für die GASP, das mit dem früheren NATO-Generalsekretär Javier Solana besetzt wurde, zurückbleibt. Denn die für die Krisenprävention erforderliche Infrastruktur steht in erster Linie dem für den militärischen Bereich zuständigen "Mr. GASP" zur Verfügung. Dazu gehört die neue Strategieplanungs- und Frühwarneinheit (*Policy Planning and Early Warning Unit,* PPEWU) mit einem *Situation Centre.* Letzteres soll rund um die Uhr internationale Entwicklungen auf ihre Krisenrelevanz hin überprüfen, für den Europäischen Rat Policy-Optionen entwerfen und in Zusammenarbeit mit der EU-Kommission auch die Verbindung mit der Handels- und Entwicklungspolitik herstellen.

Mit der Mitte 1999 begonnenen Strukturreform der EU-Kommission deutet sich zudem an, daß die Politikfelder Außen- und Entwicklungspolitik institutionell und inhaltlich wieder stärker getrennt werden. Im Kommissionssekretariat wurde die *Conflict Prevention Unit* der früheren Generaldirektion für Entwicklungspolitik (DG VIII) aufgelöst. Dies ist insofern bedauerlich, als diese Einheit die Frage der Krisenprävention mit Elan vorangetrieben hatte. Der Bereich der Krisenprävention wird zum einen in die Strategie- und Frühwarneinheit des Hohen Repräsentanten der GASP verlagert, zum anderen der neuen

6 Per Gahrton, Bericht über die Einrichtung eines Europäischen Zivilen Friedenscorps mit dem Vorschlag für eine Empfehlung des EP an den Rat, 28.1.1999, DOC_DE/RR/371/371338, A4–0047/99.

Generaldirektion für Außenbeziehungen zugeordnet. Die Schwerpunktsetzungen liegen hier auf der Ukraine, Rußland, dem Balkan und dem Kaukasus. Die Auslagerung aus der "Generaldirektion für Entwicklung" wird vermutlich die Tendenz verstärken, daß nicht-europäische Regionen aus dem Blickfeld geraten, daß die Aufmerksamkeit für die Krisenländer Subsahara-Afrikas nachläßt und daß die Rückkehr zu einer "ent-politisierten" Entwicklungshilfe befördert wird. Die hohen Anforderungen, die die Erweiterungspolitik an die EU stellt (vgl. Beitrag 1.8.), dürften ebenfalls eine Konzentration auf Europa und die unmittelbar angrenzenden Regionen begünstigen.

Fazit

Seit Mitte der neunziger Jahre hat die EU in ihrer Entwicklungspolitik Fragen der Rechtsstaatlichkeit und der guten Regierungsführung aufgegriffen und gezielt Maßnahmen der Krisenprävention und zivilen Konfliktbearbeitung gefördert. Dies ist als Fortschritt zu werten. Wenig Konstruktives hat dagegen die Handels- und Außenwirtschaftspolitik vorzuweisen. Ansätze zur Abfederung der negativen Folgen der Globalisierung wurden nicht entwickelt und ein fairer Austausch mit den Ländern des Südens ist nach wie vor nicht gewährleistet. Auch in Zukunft ist hier kein kohärenter Politikansatz zu erwarten.

Die institutionellen Umstrukturierungen, die die EU im Bereich der Außen- und Sicherheitspolitik vorgenommen hat, sind kaum geeignet, ein abgestimmtes Handeln zu erleichtern. Zunächst deutet alles darauf hin, daß im Zuge der Neubesetzung der Kommission und der Einrichtung des Amts des Hohen Repräsentanten der Gemeinsamen Außen- und Sicherheitspolitik ("Mr. GASP") zusätzliche Kompetenz- und Koordinationsprobleme entstanden sind. Mit der Auflösung bewährter Arbeitszusammenhänge und der Verlagerung von Kompetenzen wächst die Gefahr, daß bisher erreichte Fortschritte im Bereich der Krisenprävention und des *peace-buildung* in einer institutionellen Reform zerrieben werden.

Auch haben die Reformen bislang nicht dazu geführt, die Gemeinsame Außen- und Sicherheitspolitik der EU einer demokratischen Kontrolle zu unterwerfen und größere Transparenz zu gewährleisten. Die GASP ist der Überprüfung durch die europäischen Bürgerinnen und Bürger weitgehend entzogen. Der Bereich der Sicherheits- und Militärpolitik ist bislang nur in sehr begrenztem Maße, nämlich ausschließlich im Bereich der Haushaltsansätze, rechenschaftspflichtig. Dieses Demokratiedefizit gilt es zu beheben.

Die vielfältigen Deklarationen der EU für Krisenprävention können nur Glaubwürdigkeit beanspruchen, wenn der Ausbau der zivilen Instrumente im Rahmen der GASP mit einem angemessenen Budget ausgestattet wird. Das würde jedoch die Bereitschaft der Mitgliedstaaten voraussetzen, das eklatante Mißverhältnis zwischen den beträchtlichen Ausgaben für militärische Krisenintervention und der mageren Ausstattung der zivilen Ansätze zu überwinden.

Tobias Debiel / Martina Fischer

1.10. Nachholende Prävention: Der Stabilitätspakt für Südosteuropa

Der Stabilitätspakt für Südosteuropa wurde am 10. Juni 1999 in der Hoffnung beschlossen, diese krisen- und kriegsgeschüttelte Region durch internationale Hilfsprogramme langfristig zu befrieden, politisch zu stabilisieren und an die Europäische Union heranzuführen. Sollten die Skeptiker ein Jahr später Recht behalten: Bleibt der Stabilitätspakt für Südosteuropa vor allem politische Rhetorik und Gewissensberuhigung für die Geberländer nach einer desaströsen Militärintervention? Bleibt die Absicht, durch ein ganzheitlich angelegtes und koordiniertes Stabilisierungsprogramm ganz Südosteuropa nachhaltig befrieden zu wollen, schon bei den ersten Implementierungsversuchen in Interessenswidersprüchen und nationalen Sonderinteressen der Geberländer festgefahren? Wurden die Erwartungen an den Stabilitätspakt zu hoch geschraubt?

Oder arbeiten die unzähligen privaten Initiativen, die bilateralen Aufbauprogramme und die multilateralen Institutionen im Rahmen des Stabilitätspakts im Hintergrund und vor Ort weitaus effektiver, als es in den Medien dargestellt wird? Ist der enorme Mitteleinsatz trotz der gewaltträchtigen Dauerkrisen in und um Serbien zum jetzigen Zeitpunkt angemessen und verantwortbar?

Ein anspruchsvoller entwicklungs- und friedenspolitischer Entwurf

Der entwicklungs- und friedenspolitische Erfolg des Stabilitätspakts läßt sich sicherlich nicht an einer einzigen Meßlatte ablesen. Er ist ein langfristig angelegtes komplexes Mehrebenenprojekt im Sinne des Senghaas'schen Hexagons gesellschaftlicher Zivilisierung[1] und ein – historisch betrachtet – lange überfälliges Element des integrativen "Friedensprojekts Europa".

Nun sollte das viel zitierte demokratische Friedensmodell – im Kern bestehend aus politischer Teilhabe der Bürger – nicht als selbsttragende globale Friedensgarantie verstanden werden. Bislang konnte sich ein stabiles zwischenstaatliches Friedenskonstrukt in diesem Sinne nur in Europa entwickeln – und dies mit massiven inneren Widersprüchen: der Formulierung europäischer Außenpolitik durch bürgerferne Eliten, der Fortdauer innerstaatlicher Gewaltkonflikte, etwa in Nordirland, Korsika und im Baskenland, und der Bereitschaft europäischer Demokratien, Nicht-Demokratien vom Gewaltverzicht auszunehmen.

Trotzdem: Der sukzessive Integrationsprozeß der europäischen Staaten belegt, daß von der europäischen Integrationsidee eine friedenspolitische Sogwirkung ausgeht, der sich bislang keine Regierung und keine Gesellschaft an der Peripherie entziehen konnten. Der Stabilitätspakt für Südosteuropa ist somit eng mit den Debatten um eine umfassende Ost- und Südosterweiterung der Europäischen Union verknüpft und ein folgerichtiger Schritt zur Überwindung der letzten Gräben aus dem Ost-West-Konflikt.

Neben dem Nexus zur europäischen Einigung kann der Stabilitätspakt auch als Fortentwicklung des KSZE/OSZE-Prozesses verstanden werden. Dieser sollte bekanntlich in

1 Dieter Senghaas, Frieden als Zivilisierungsprojekt, in: ders. (Hg.): Den Frieden denken. Frankfurt a.M.: Suhrkamp, 1995, S. 196–223

den siebziger Jahren die ideologische Konfrontation im Ost-West-Konflikt durch vertrauensbildende Maßnahmen aufweichen und gemeinsame Normen und Interessen definieren. Der KSZE-Prozeß mündete 1989/90 in eine Reihe historischer Erklärungen, die den europäischen Friedensgedanken normativ und institutionell auf Rechtsstaatlichkeit, Demokratie und die Achtung der Menschenrechte festgelegt haben. Da der OSZE nach dem hastigen Abzug ihrer Beobachtermission im Kosovo im März 1999 keine neue tragende Rolle im Rahmen des Stabilitätspakts zugeteilt wurde, gebot es wohl zumindest die diplomatische Höflichkeit, daß der Stabilitätspakt unter ihrer Schirmherrschaft steht.

Die unheilvolle Vorgeschichte des Pakts

Für eine Bewertung muß der Stabilitätspakt aber auch vor dem Hintergrund des bisherigen Krisen- und Kriegsverlaufs in Südosteuropa betrachtet werden. Dabei spielte die Unfähigkeit der politischen Eliten in der EU trotz aller Krisen und Kriege, die seit 1989 auf dem Balkan stattfanden, einen gemeinsamen Handlungswillen und eine politische Zukunftsvision mit und für Südosteuropa zu entwickeln, eine unrühmliche Rolle. Auch die europäischen Zivilgesellschaften vermochten es nicht, "von unten" ausreichenden Handlungsdruck auf die europäischen Regierungen auszuüben, insbesondere auf die Beendigung des Bosnienkriegs hinzuwirken. Einzig die Medien haben einmal mehr – zuletzt im Kosovokrieg – ihre katalytische und in der Tendenz pro-interventionistische Wirkung auf Regierungshandeln demonstriert.

Der Stabilitätspakt für Südosteuropa ist als Abkehr vom "Feuerwehrprinzip" und als überfällige Wende hin zu Ursachenbekämpfung und nachhaltiger Konfliktprävention angekündigt worden. Dieser Politikwandel wäre epochal für ein Europa, das die Balkanregion und ihre Nationalitätenkonflikte seit Mitte des 19. Jahrhunderts entweder zum eigenen Vorteil instrumentalisierte oder aber weitgehend ausgeblendet ließ. Einzig Titos föderatives Jugoslawien-Modell schien ein verläßlicher Garant für die konstruktive Bearbeitung der Konfliktpotentiale vor Ort gewesen zu sein – nicht umsonst wollten viele europäische Staaten über den Ausbruch der Jugoslawien-Kriege 1991 hinaus an diesem Modell festhalten und den sezessionistischen Teilrepubliken die Anerkennung (vorerst) verweigern.

In der strategischen Mittel- und Mittlerposition Jugoslawiens während des Ost-West-Konflikts konnte die Region an einem mäßigen wirtschaftlichen Nachholprozeß und einer kulturellen und in Maßen rechtsstaatlichen Entwicklung teilhaben. Mit dem Ende des Ost-West-Konflikts jedoch verlor Jugoslawien seine geostrategische Bedeutung und versank angesichts ausbleibender Privatinvestitionen und ertragsarmer Staatsbetriebe schnell in Auslandsschulden. Diese Wirtschaftskrise der späten achtziger Jahre verschärfte die föderalen Spannungen auf Kosten der Bundesregierung und des Verfassungskonsenses. Präventive Maßnahmen seitens der EU, etwa durch einen breit angelegten Stabilitätspakt, der von einem offenen, aber friedlichen Verlauf der Bundeskrise in Jugoslawien abhängig gewesen wäre, blieben in dieser Phase jedoch aus.

Die unvorbereitete Demokratisierung 1989/90 erfolgte in den Teilrepubliken mangels wirtschaftspolitischer Alternativen schließlich durch den Rückgriff auf dissoziative national-ethnische Identitäts- und Parteienbildung. Früh wiesen Viktor Meier[2] u.a. auf die potentiell eskalationsträchtige Situation und die jugoslawischen Besonderheiten hin, die es von den "typischen" Reformstaaten Mittel- und Osteuropas unterscheiden. Doch bis 1992 wurde in den EU-Staaten die im Vergleich zu Mittel- und Osteuropa grundsätzlich unterschiedliche historische, konstitutionelle und sozio-politische Lage Jugoslawiens verkannt und auf eine ähnlich friedliche Entwicklung wie etwa in Ungarn oder Polen gehofft.

Erst während des vierten Kriegs auf dem Gebiet des ehemaligen Jugoslawien im Frühjahr 1999 bekannten sich alle EU-Staaten gemeinsam dazu, Südosteuropa in Zukunft als integralen Bestandteil Europas zu betrachten und die Region durch den Stabilitätspakt auf eine nicht mehr umkehrbare Schiene in Richtung politisch-wirtschaftlicher Stabilität und einer zukünftigen EU-Mitgliedschaft zu setzen. Der Stabilitätspakt ist vor diesem Hintergrund auch ein indirektes moralisches Schuldeingeständnis der EU-Staaten und angesichts der vielen gescheiterten Präventionsmaßnahmen zum Erfolg verdammt.

Die innere Logik des Stabilitätspakts

Waren die Konzepte der vergangenen zehn Jahre auf ein reaktives Krisenmanagement, also die bloße Einhegung des Gewaltpotentials gerichtet, so sollte nun ein ursachenorientiertes, präventives und nachhaltig angelegtes Stabilisierungs- und Wiederaufbauprogramm an dessen Stelle treten. Der Stabilitätspakt bildet dabei den übergeordneten Rahmen für den Mittelabfluß aus den Geberländern; er soll aber auch in umgekehrter Richtung lokale, staatliche und regionale Initiativen aus den betroffenen Gebieten aufgreifen und fördern. Bei der Ausarbeitung des Stabilitätspakts, die nach Beginn der Bombardierungen durch das Auswärtige Amt geleistet wurde, konnte auf drei Vorläufer aus der post-Dayton-Periode zurückgegriffen werden, den Royaumont-Prozeß, den Regionalansatz und das Konditionalitätsprinzip.

Drei Arbeitstische, zu Sicherheitsfragen, zu Demokratisierung und Menschenrechten und zu wirtschaftlichem Wiederaufbau, wirtschaftlicher Entwicklung und Zusammenarbeit, arbeiten dem Regionaltisch Südosteuropa zu (vgl. Schaukasten 1). Trotz der dünnen Personal- und Finanzdecke, die diese Arbeitstische von den Mitgliedsstaaten des Pakts zugestanden bekommen, und trotz der jeweils großen Teilnehmerzahl an Staaten und Organisationen, die die Verhandlungen nicht vereinfachen, konnten die Arbeitstische erste Arbeitsprogramme verabschieden und Teilerfolge erzielen. Übergreifende Projekte wie Anti-Korruptions-Programme, Trauma- Behandlung von Kindern und Jugendlichen oder Flüchtlingsprobleme werden als *cross table issues* behandelt.

Trotz aller guten Absichten bleibt beim Stabilitätspakt unklar, wie ausgerechnet dieses neue, in sich wiederum komplexe Programm zur Verschlankung der bestehenden Programm- und Institutionendichte auf dem Balkan beitragen kann. Aufgrund seiner übergreifenden Themen- und Aufgabenstellung bleibt der Stabilitätspakt wohl vor allem ein "Koordinierungsprogramm für Koordinatoren"[3] ohne dabei die politische Kraft zu besitzen, die Programme und Interessen seiner Kooperationspartner wesentlich beeinflussen zu können.

---

2 Viktor Meier, Wie Jugoslawien verspielt wurde, München: Beck, 1996

3 Reinhard Stuth,: Stabilität in Sicht? Fragen an die europäische Balkanpolitik, in: KAS Auslandsinformationen 4/2000, S. 18

Mitglieder des Stabilitätspakts

29 Teilnehmer: alle EU-Mitglieder, Albanien, Bosnien-Herzegowina, Bulgarien, Kroatien, Mazedonien, Rumänien, Russische Föderation, Slowenien, Türkei, Ungarn, USA, Europäische Kommission, Vorsitzende der OSZE, Europarat; 16 "facilitators" und regionale Initiativen des Stabilitätspakts : Japan, Kanada, UNO, UNHCR, NATO, OECD, WEU, IMF, Weltbank, Europäische Investitionsbank EIB, die Europäische Bank für Wiederaufbau und Entwicklung EBRD, Royaumont Prozeß, Wirtschaftliche Zusammenarbeit der Anrainerstaaten des Schwarzen Meeres (BSEC), Zentraleuropäische Initiative (CEI), Südosteuropäische Kooperationsinitiative (SECI) und der Kooperationsprozeß in Südosteuropa (SEECP).

Leitbild

Außenministers Fischer am 10. Juni 1999 auf dem Ratstreffen der EU- Außenminister in Köln:" [. . .] der Stabilitätspakt basiert auf der Überzeugung, daß Südosteuropa ein integraler Teil dieses unseres Kontinents Europa ist".

Gründung, Ziele und Struktur

Die teilnehmenden Staaten und Institutionen beschlossen den Pakt förmlich am 30. Juli 1999 in Sarajevo. Die tragende Kraft innerhalb des vielstimmigen Pakts bildet die Europäische Union während die OSZE die Schirmherrschaft übernommen hat.
Als Ziel des Pakts wird in Artikel 9 angegeben: "[..], Staaten in Südosteuropa bei ihren Bemühungen um die Förderung des Friedens, der Demokratie, der Achtung der Menschenrechte sowie des wirtschaftlichen Wohlstands zu stärken, um Stabilität in der gesamten Region zu erreichen".
Dafür wurde dem ehem. Kanzleramtsminister Hombach das Amt des Sonderkoordinators, das mit 40 Mitarbeitern ausgestattet ist, übertragen. Drei Arbeitstische, die den drei Körben der Helsinki Schlußakte von 1975 nachempfunden sind, der Arbeitstisch zu Demokratisierung und Menschenrechten, zu wirtschaftlichem Wiederaufbau, wirtschaftlicher Entwicklung und Zusammenarbeit und zu Sicherheitsfragen, arbeiten dem zentralen "Regionaltisch Südosteuropa" zu.

Auf den beiden ersten Geberkonferenzen 1999 wurde noch nicht für konkrete Projekte im Rahmen des Stabilitätspakts, sondern vor allem um Mittel für den Wiederaufbau im Kosovo geworben. Die Geberländer, die EU und die Weltbank kündigten im August 1999 in Brüssel an, mehr als vier Milliarden DM aufzubringen, etwa die Hälfte davon aus Mitteln der EU und ihren Mitgliedsstaaten. Der größte Teil hiervon wurde für die dringlichste humanitäre Hilfe mit 1,5 Milliarden DM veranschlagt. Etwa 30 Millionen DM aus EU-Töpfen sollten dem knappen Etat der Mission der Vereinten Nationen im Kosovo (UNMIK) zu Gute kommen. Auf der zweiten Geberkonferenz im November 1999 wurden weitere zwei Milliarden DM zugesagt. Der Finanzbedarf für die kommenden fünf Jahre wurde mit knapp fünf Milliarden DM angegeben. Doch schon in der unmittelbaren Anfangsphase wurden nationale Interessenunterschiede deutlich: Die Benennung des

EU-Sonderbeauftragten war in Form und Person umstritten, Thessaloniki als Standort der Wiederaufbau-Agentur in der Kritik und selbst die Übernahme der Kosten für die Auftaktkonferenz in Sarajevo wurden zu einem diplomatischen Ränkespiel.

Die Zeit bis zur dritten Geberkonferenz Ende März 2000, auf der die Projektvorhaben innerhalb des Stabilitätspakts finanziell ausgestattet werden sollten, wurde vom EU-Sonderbeauftragten Bodo Hombach daher als "Stunde der Wahrheit" bzw. von Außenminister Fischer "als entscheidende Phase" für den Umstieg von der Planungs- in die Implementierungsphase des Pakts angesehen. Als Ausdruck ihrer Entschlossenheit stellte die Bundesregierung dem Pakt für einen Zeitraum von vier Jahren in einem "Gesamtkonzept" 1,2 Milliarden DM zur Verfügung. Hinzu zu rechnen wären nach Angaben des BMZ auch die 1,4 Milliarden DM, die bereits vor der dem Krieg im Kosovo in bilateraler Hilfe aus Deutschland nach Südosteuropa geflossen waren. Die Anrainerstaaten Jugoslawiens einigten sich zusammen mit der EU, der Wiederaufbau-Agentur, der Europäischen Bank für Wiederaufbau und Entwicklung (EBRD) und der Weltbank auf ein quick-start Paket mit einem Gesamtvolumen von zwei Milliarden DM. Zudem sind mittel- und langfristigere Pakete beschlossen worden, deren Finanzierung derzeit jedoch weitgehend unklar ist. Insgesamt wurden im Laufe der Konferenz Zusagen über insgesamt 4,7 Milliarden DM gegeben. 35 Infrastruktur- Projekte wurden aus über 400 Vorschlägen in das quick-start-Paket aufgenommen. Der jeweils aktuelle Finanzierungsstand der Projekte des Stabilitätspakts kann auf der gemeinsamen Website von EU und Weltbank abgerufen werden, die Fortschritte in den Arbeitstischen können auf der Website des Stabilitätspakts verfolgt werden.[4]

Die Investitionen im Rahmen des Stabilitätspakts sind nicht selbstlos. Sie ermöglichen und sichern auch den langfristigen Einfluß von privaten Unternehmen in der jeweiligen Region und sind Teil ihrer marktstrategischen Überlegungen. In diesem Zusammenhang forderte der Hauptgeschäftsführer des Bundes der Deutschen Industrie Ludolf von Wartenberg eine angemessene Beachtung der deutschen Wirtschaft: "Es dürfe nicht der gleiche Fehler wie in Bosnien begangen werden, wo Deutschland ein Drittel der Kosten übernommen, aber nur zwischen vier bis acht Prozent der Aufträge erhalten habe".[5] Der Lenkungskreis aus Vertretern der beteiligten Bundesministerien und der Industrieverbände zur Verteilung und Implementierung der Einzelprojekte im Rahmen des Stabilitätspakts sollte daher neben seiner sicher sinnvollen Koordinierungsfunktion auch als ein Instrument nationaler Interessendurchsetzung betrachtet werden. Deutsche Wirtschaftsinteressen stehen dabei in Konkurrenz zu britischen, französischen und US- amerikanischen Wirtschaftsinteressen, die hinter der Fassade europäischer und transatlantischer Balkansolidarität ausgetragen werden.

Stand der Umsetzung

Trotz der personellen und finanziellen Freigiebigkeit der deutschen Regierung im Rahmen des Stabilitätspakts zeichnete die Medienöffentlichkeit am ersten Jahrestag des Beginns der Bombardierungen ein düsteres bis fatales Bild von der Lage vor Ort. Es besteht

4 Website von Weltbank und EU: http://www.seerecon.org, und des Stabilitätspakts: www.stabilitypact.org
5 Handelsblatt vom 25./26.6.1999

jedoch kein direkter kausaler Zusammenhang zwischen Finanzhilfen und einer zivilgesellschaftlichen Stabilisierung der Region, schon gar nicht wenn mit Serbien bzw. der BR Jugoslawien einer der zentralen Balkanstaaten auf absehbare Zeit vom Stabilitätspakt ausgenommen bleibt.

Das Gelingen des Pakts, also die dauerhafte Stabilisierung der Region, ist in erster Linie ein politisch und gesellschaftlich offenes Projekt der Menschen vor Ort, das von Auslandskrediten im Sinne wirtschaftlicher Entwicklung gefördert, nicht aber garantiert werden kann. Solange insbesondere in den Krisenstaaten Albanien, Mazedonien und Serbien eine konsensfähige politische Zukunftsvision fehlt beziehungsweise solange das Ziel einer multiethnischen Gesellschaft und der politischen Ordnung vornehmlich von außen diktiert wird, werden die sicherheitspolitischen, zivilgesellschaftlichen und wirtschaftlichen Anstrengungen der Geberländer, wie es in Bosnien-Herzegowina zu beobachten ist, auch unter einer strafferen Koordinierung und Kontrolle der Hilfsmittel oftmals ins Leere laufen.

Mitunter kann die Möglichkeit einer fernen Beitrittsperspektive zur EU ein wirksamerer Anreiz zur Mäßigung und Zivilisierung innen- und außenpolitischer Ziele einer Gesellschaft sein als milliardenschwere Sofortkredite: So bot der reformorientierte kroatische Präsident Mesic nur wenige Wochen nach dem Regierungswechsel der slowenischen Regierung an, die durch die Selbständigkeit der beiden Staaten 1991 entstandene Grenzfrage in der Bucht von Piran, die für Slowenien den einzigen Zugang zur Adria bildet, friedlich und einvernehmlich zu lösen – ein Politikwechsel, der unter der nationalistischen Politik Tudjmans kaum denkbar gewesen wäre.

Ein Erfolgsbeispiel für die Förderung demokratischen Wandels auf der lokalen und zivilgesellschaftlichen Ebene ist der "Prozeß von Szeged", der mit vergleichsweise wenig Geld, 22 Millionen DM von Italien und Deutschland, im Rahmen des Arbeitstisches 1 des Stabilitätspakts gefördert wird. Bis April 2000 schlossen in diesem Projekt 44 westeuropäische Städte Patenschaften mit serbischen Städten, die von oppositionellen Parteien regiert werden.

Im Mittelpunkt des öffentlichen Interesses in den Geberländern steht jedoch nicht der Stabilitätspakt, sondern der Wiederaufbau des in weiten Teilen verwüsteten und verminten Kosovo (vgl. Schaukasten 2). Hier kooperieren die NATO-Truppen der Kosovo Force (KFOR), die UN-Mission im Kosovo (UNMIK) und die Europäische Wiederaufbau-Agentur der Europäischen Kommission. Letztere verfügt über ein jährliches Budget von 720 Millionen DM und etwa 40 Mitarbeiter am Hauptsitz in Thessaloniki und in der Einsatzzentrale in Pristina. Ihr Arbeitsfeld ist von der im Juni 1999 gebildeten Task Force for Kosovo (TAFKO) vorbereitet worden. Seit Februar 2000 ist sie nun für den Wiederaufbau der von den serbischen Milizen zerstörten Häuser und die Rückführung der Flüchtlinge und Vertriebenen im Kosovo verantwortlich. KFOR und UNMIK bemühen sich unterdessen, die militärische Sicherheit im Kosovo zu gewährleisten und zivile Verwaltungsstrukturen wiederherzustellen. UNMIK teilt ihre Arbeit dabei in vier Bereiche auf: Aufbau einer zivilen Verwaltung und eines Polizeiapparats, Flüchtlingsbetreuung durch das Flüchtlingswerk der Vereinten Nationen (UNHCR), Demokratisierung, Parteienbildung und Wahlvorbereitungen, unterstützt von der OSZE, und der Wiederaufbau und die ökonomische Stabilisierung, letztere werden von der EU koordiniert.

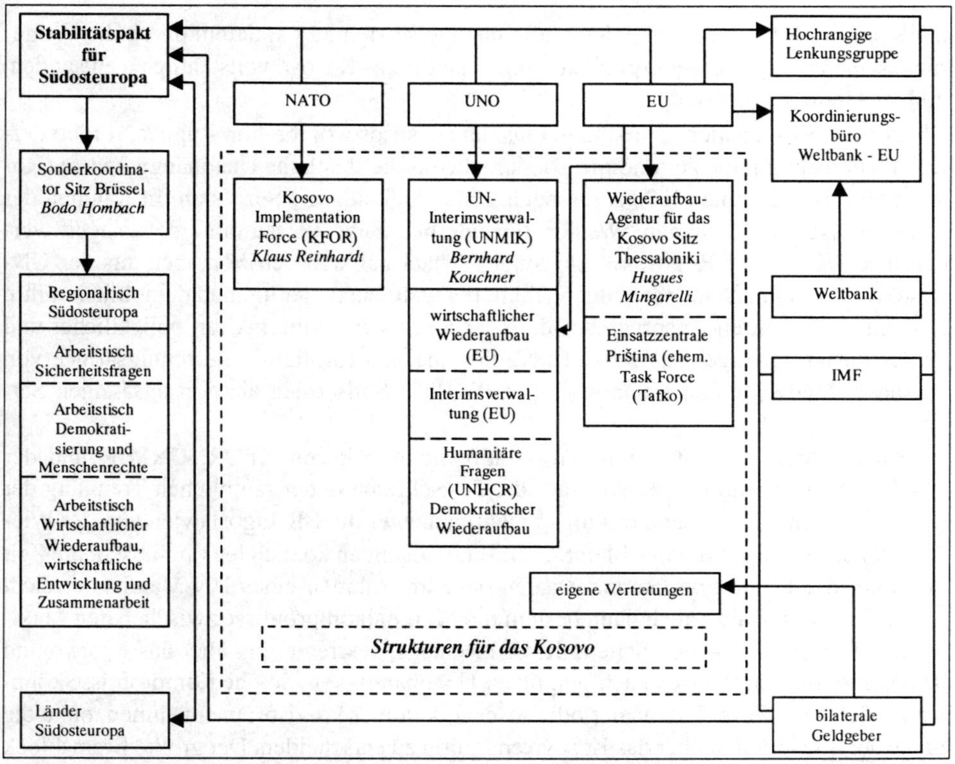

(nach Andreas Wittkowsky, Stabilität durch Integration? Südosteuropa als Herausforderung für die Europäische Union, Reihe Eurokolleg 4/2000, Bonn: Friedrich Ebert Stiftung, 9)

UNMIK bewegt sich dabei auf völkerrechtlich umstrittenem Terrain, denn die Mission beansprucht gemäß der Mandatsresolution 1244 in direkter Konkurrenz zur Bundesrepublik Jugoslawien bzw. Serbien die Autorität über Land und Leute, über Legislative und Exekutive im Kosovo. Faktisch bedeuten die Einführung der D-Mark als Währung im Kosovo, der Aufbau einer kosovarischen Polizei und Bürokratie sowie die Registrierung von Wählern den Beginn eines staatlichen Eigenlebens des Kosovo, das die Autonomieregelungen, die bis 1989 für das Kosovo gegolten haben, übertrifft. Auch Montenegros Führung hat unter anderem mit dem Beschluß, sich vom inflationären jugoslawischen Dinar abzukoppeln und ab 2001 den Euro im bargeldlosen Zahlungsverkehr einzuführen, seine Ansprüche auf eine mögliche staatliche Unabhängigkeit von "Rest-Serbien" angemeldet. Nach den bisherigen Erfahrungen sind gewaltsame Reaktionen der derzeitigen jugoslawischen Führung auf diese und andere Ankündigungen staatlicher Eigenständigkeit des Kosovo und Montenegros vorprogrammiert.

Die Kosovaren und ein Teil der Montenegriner fühlen sich durch die antiserbische Position des Westens auf ihrem Unabhängigkeitskurs bestätigt und ermuntert. So wurden die teilweise umstrittenen Sanktionen gegen Serbien auch auf der Geberkonferenz Ende März 2000 nicht gelockert. Lediglich das in der EU umstrittene Flugverbot wurde aufgehoben. Frankreich scherte aus diesem insbesondere zwischen Großbritannien und Deutschland mühsam erreichten Beschluß wiederholt aus und setzte unter anderem durch die Weigerung, seinen angekündigten Anteil an Polizisten für das Kosovo vollständig zu entsenden, mißverständliche Akzente.

Der von Serbien nicht anerkannte Präsident des Kosovo, Ibrahim Rugova, fordert derweil nicht mehr nur die Autonomie, sondern die rasche staatliche Unabhängigkeit des Kosovo. Noch im Sommer 2000 sollte nach seiner Meinung die Sezession im Rahmen der von der UNO vorgesehenen "Wahlen für eine beratende Versammlung" besiegelt werden. Die UCK unter Rugovas Gegenspieler Thaci hat sich den Vorgaben aus der UN-Resolution 1244 nach monatelangem Taktieren weitgehend gefügt und demobilisiert ihre Einheiten, ohne ihren Anspruch auf die Besetzung semi-militärischer, polizeilicher und ziviler Posten aufzugeben. Derweil bedroht eine neu formierte "Befreiungsarmee von Preshove, Medvegje und Bujanovac" (UCPMB) in Südserbien die dort ansässigen Serben.

Aller hehren Absichten zum Trotz läuft die Arbeit von KFOR, UNMIK und der Wiederaufbau-Agentur im Kosovo auf die Festschreibung der räumlichen Trennung der beiden Ethnien hinaus – und das umso mehr, je länger die BR Jugoslawien von der Wiederaufbauhilfe ausgenommen bleibt. Politische Lösungen können hier auf absehbare Zeit nur unter der Obhut von Garantiestaaten oder im Rahmen eines UN-Mandats erreicht werden; sie wären aber auch dann bestenfalls Minimalkompromisse zwischen den Maximalforderungen der beiden Seiten, der serbischen Direktregierung über das Kosovo und dem kosovarischen Wunsch nach staatlicher Unabhängigkeit. Solche Kompromisse könnten zunächst die Form kantonaler oder loser föderativer Provisorien annehmen, ohne die Frage der Souveränität über das Kosovo endgültig zu entscheiden. Der größte Bremsblock bei der Umsetzung des Stabilitätspakts und der Wiederaufbauhilfen im Kosovo dürfte daher das Festhalten am Aufbau einer "multiethnischen Gesellschaft" sein, so wie es die UN-Resolution 1244 vorsieht. Denn, mit den Worten von Matthias Rüb: "der 'ewige Kampf' (der Völker auf dem Balkan, d.A.) ist ebenso eine Fiktion wie das multiethnische Idyll".[6]

Die Verknüpfung zur EU-Erweiterung

Die Verknüpfung der EU-Erweiterung nach Mittel- und Osteuropa mit der Südosterweiterung durch den Stabilitätspakt eröffnet für alle Beteiligten neue Chancen und Risiken.

Nach Ansicht des EU-Sonderkoordinators Bodo Hombach spielt die intraregionale Kooperation in Südosteuropa im Rahmen der EU-Osterweiterung eine zentrale Rolle. An die Adresse des "Kooperationsprozesses Südosteuropa" (SEECP), einer der regionalen Teilnehmer-Organisationen am Pakt, stellte er am 12.2.2000 fest: "There is now clear recognition that regional co-operation, far from leading to regional isolation or the slow-lane to Europe, in fact represents the acceleration-lane". Hinter dieser Einschätzung offenbart sich die komplizierte Suche nach der optimalen Strategie für drei teilweise konkurrierende Politikziele, der Stabilisierung und Vertiefung der Euro-Staaten, der Aufnahme der Beitrittskandidaten Mittel- und Osteuropas und der in Aussicht gestellten Heranführung der Staaten Südosteuropas an die EU (vgl. Beitrag 1.8).

6 Frankfurter Allgemeine Zeitung vom 25.3.2000

Eine Option wäre die zügige Aufnahme aller mittel- und osteuropäischen Länder, die überwiegend aus eigener Kraft und nur teilweise flankiert von EU-Programmen wie PHARE[7] die Kopenhagener Kriterien erfüllen. Auch Bosnien-Herzegowina, Mazedonien und Albanien als südosteuropäische Staaten erhielten im Rahmen des PHARE-Programms 8,8 Milliarden DM für ihren innerstaatlichen Reformprozeß hin zu einer EU-kompatiblen Verwaltungsstruktur. Bis 2006 sind im Rahmen von PHARE und anderen begleitenden Projekten nach Angaben des Auswärtigen Amts 21,84 Milliarden DM für den gesamten mittel-, ost- und südosteuropäischen Raum vorgesehen. Solch eine Gesamtintegration Europas bleibt jedoch vorerst eine Zukunftsvision: Im Frühjahr 2000 zeichnet sich wegen der schwierigen Verhandlungen zu einer neuen Agrarmarktordnung eine Verzögerung der Aufnahme der sechs fortgeschrittensten Beitrittskandidaten bis 2004 ab.

Die Minimalposition würde die Interessen der Erweiterungsskeptiker stärker berücksichtigen und den Schwerpunkt auf eine Konsolidierung der bestehenden Gemeinschaft legen. Eine Studie der Friedrich-Ebert- Stiftung[8] zeigt, daß sich der Handel der südosteuropäischen Staaten schon heute mit 70 Prozent überwiegend auf die EU ausrichtet – abgesehen von wenigen Ausnahmen, etwa dem traditionell starken Handel Mazedoniens mit Serbien und Griechenland. Es sind für die Staaten Südosteuropas also nur wenige ökonomische Anreize vorhanden, den intraregionalen Handel bis hin zu einer sich selbst stabilisierenden Freihandelszone auszubauen. Eine Belohnung der Länder Südosteuropas mit einer schnellen EU-Aufnahme oder mit dem Erreichen des Kandidatenstatus wäre gegenüber den schon länger wartenden mittel- und osteuropäischen Beitrittsländern derzeit nur schwierig vertretbar.

Die EU steht daher vor einem Dilemma: Die politische, wirtschaftliche und gesellschaftliche Stabilisierung, die sich die EU vom Pakt in Südosteuropa erhofft, steigt vor allem mit der Konkretisierung von Beitrittsperspektiven. Auf diese Weise jedoch kämen die südosteuropäischen Länder im Rahmen des Stabilitätspakts in den Genuß einer de facto EU-Mitgliedschaft, ohne daß sie die Kopenhagener Aufnahmekriterien tatsächlich umgesetzt hätten. Andererseits lehren die Balkankriege der letzten zehn Jahre, daß an Südosteuropa andere Kriterien angelegt werden müssen als an die mittel- und osteuropäischen Staaten. Diese konnten in ihrem schwierigen Anpassungsprozeß an EU-Standards auf größtenteils kurze, aber dennoch identitäts- und konsensstiftende liberale Traditionen in ihrer Landesgeschichte zurückgreifen.

Keine Stabilität ohne Serbien

Der gesamteuropäische Kooperations-, Erweiterungs- und Vertiefungsprozeß entwickelt sich in Südosteuropa unter dem Damoklesschwert einer erneuten Gewalteskalation – entweder als Konflikt in Südserbien, im Kosovo, in Montenegro, in Mazedonien, in Bosnien, in Albanien oder als gewaltsame Zuspitzung der innerserbischen Situation durch die anhaltenden Repressionen des Milošević-Regimes gegen Medien und Oppositionelle.

7 Akronym für einen Aktionsplan aus dem Jahre 1989: "**P**oland and **H**ungary: **A**ction for the **R**estructuring of the **E**conomy". Derzeit sind 14 osteuropäische Staaten Mitglied des PHARE-Programms.

8 Andreas Wittkowsky, Stabilität durch Integration? Südosteuropa als Herausforderung für die Europäische Union, Reihe Eurokolleg 4/2000, Bonn: Friedrich Ebert Stiftung, 14

Auch wenn mittlerweile über 40.000 KFOR-Soldaten aus 28 Staaten im Kosovo stationiert sind und die NATO gegenüber Milošević deutlich gemacht hat, daß sie nach Bosnien und Kosovo auch ein drittes Mal militärisch intervenieren würde, ist es nicht auszuschließen, daß Milošević den nächsten Krieg gegen Montenegro bereits geplant hat. Der montenegrinische Präsident Djukanovic brachte angesichts dieser Drohkulisse die Widersprüchlichkeit der Lage auf den Punkt: "Damit der Stabilitätspakt realisiert werden kann, braucht es Stabilität". [9]

Das Ende der Milošević-Herrschaft durch Sanktionen, internationale Isolation und oppositionellen Widerstand bleibt jedenfalls unwahrscheinlich. Dies wurde im Winter unter anderem durch das Scheitern des Projekts *energy for democracy* deutlich, das die notorisch zerstrittene innerserbische Opposition zum Widerstand motivieren sollte. Die serbische Opposition will offensichtlich weder den Kosovaren mehrheitlich zur Seite stehen noch ist sie über die Kosovo-Frage zu dem vom Westen ersehnten Widerstand gegen die Regierung zu bewegen. Hier offenbart sich die Begrenztheit der Möglichkeiten demokratischer Staaten, mit friedlichen Mitteln auf des Ende eines Gewaltregimes hinzuwirken.

Fazit

Der Stabilitätspakt ist nach seiner inneren Logik ein großer friedenspolitischer Entwurf der Staatengemeinschaft. Die Anerkennung Südosteuropas als integraler Bestandteil Europas ist ein lange überfälliger Schritt gewesen. Der Pakt wird seine intendierte friedenspolitische Wirkung voll entfalten können, wenn einerseits die Geberländer auch in Zukunft nicht von ihren politischen und finanziellen Zusagen an die Region abrücken und andererseits das Erreichte nicht durch eine erneute Gewalteskalation zunichte gemacht wird. Das Dilemma, regionale Stabilität nicht ohne eine EU-Annäherung zu erreichen, eine EU-Annäherung aber nicht ohne Stabilisierung der Region zulassen zu können, läßt sich aus EU-Perspektive kaum auflösen. Deshalb sind im Stabilitätspakt auch die Gesellschaften Südosteuropas gefordert, die Geberländer beim Wort zu nehmen und den Pakt als ihre Chance zu begreifen, eigene Vorstellungen und Forderungen über ihre politische und gesellschaftliche Zukunft als gleichberechtigte Europäer selbstbewußt und konstruktiv einzubringen.

Christoph Rohloff

9 Frankfurter Rundschau vom 20.3.2000

1.11. Anarchie und Krieg in Zentralafrika: Was kann Europa zur Befriedung tun?

Wenn in den "Millenium-Runden", die zur Jahrtausendwende in den Akademien und Medien veranstaltet werden, an Rückfälle in die Barbarei und in das hobbesianische Szenario von "Kriegen aller gegen alle" erinnert wird, dienen häufig der nahe Balkan und die ferne Region der Großen Seen (Ruanda, Burundi, Ostkongo) als Belege. Was sich in den neunziger Jahren in Zentralafrika (aber auch in Angola, Somalia, Liberia und Sierra Leone) abspielte, verglichen manche Beobachter schon mit der Anarchie und Brutalität des Dreißigjährigen Krieges in Europa: Chaotisierung, Staatszerfall, blindwütiges Morden und Plündern, Massenfluchtbewegungen, Zerstörung der materiellen und sozialen Infrastruktur und damit des Grundstocks von Entwicklung. Damit einher gingen die Herausbildung von Raubwirtschaften unter dem Kommando von Warlords, die sich nach Wallensteins Rezept durch Plündern bereichern, die Destabilisierung einer ganzen Region und im Gefolge die Stigmatisierung eines ganzen Subkontinentes als Debakel der Entwicklungszusammenarbeit.

Das Entstehen eines großen Krieges im Zentrum Afrikas

Theodor Hanf beschrieb im Friedensgutachten 1999, wie der Genozid in Ruanda vom Frühjahr 1994 eine Massenfluchtbewegung in die Kivu-Region im Ostkongo auslöste und dort das Flüchtlingsproblem durch mitgeflüchtete Hutu-Milizen und bereits früher eingewanderte Tutsi (Banyamulenge) in grausamer Weise militarisiert wurde; wie der Rebellenführer Laurent-Désiré Kabila mit Hilfe ugandischer und ruandischer Truppen den Diktator Mobutu vertrieb, Zaire in die Demokratische Republik Kongo umfirmierte, diese aber bald nicht weniger autokratisch und korrupt regierte. Der "Befreier" bemächtigte sich nicht nur der Paläste, sondern auch der Herrschaftsmethoden des davon gejagten Diktators. Hanf analysierte auch, warum im Sommer 1998 erneut ein Bürgerkrieg ausbrach, der sich zum ersten großen innerafrikanischen Krieg ausweitete.

Dieser Krieg ist durch eine Vielzahl von externen Interventionen, wechselnde Allianzen mit schwer durchschaubaren Kriegszielen, viele vergebliche Vermittlungsversuche, eine Zuschauerrolle der Weltführungsmächte und Europas und – daraus folgend – eine hilflose Rolle der Vereinten Nationen gekennzeichnet. Er internationalisierte sich, weil die im Ostkongo operierenden (und früher mit Kabila verbündeten) Rebellenorganisationen nicht nur von Uganda und Ruanda unterstützt wurden, sondern die Armeen dieser beiden Nachbarländer tief in das Staatsgebiet der DR Kongo eindrangen.

Als die Rebellenorganisationen nicht nur in das Innere des Kongo und auf die wichtige Bergbauregion Shaba vorrückten, sondern mit einer Luftbrücke auch Städte im Westen überrumpelten und die Hauptstadt zu umzingeln begannen, intervenierten Truppen aus Angola, Namibia, Zimbabwe und dem Tschad auf Seiten des existentiell bedrohten Kabila-Regimes. Später griff auch noch die burundische Armee auf der Jagd nach Hutu-Milizen in das verworrene Konfliktgemenge ein. Die Spaltung der Rebellenorganisationen und zunehmende Spannungen zwischen Uganda und Ruanda machten das Kriegsgeschehen noch unübersichtlicher und erschwerten Friedensbemühungen.

Die Interventionsmächte hatten je eigene Interessen. Sie reichten – wie im Falle Angolas – vom Versuch, Rückzugsgebiete von Rebellenorganisationen (hier der UNITA) aus dem eigenen Land zu bekämpfen, bis zu persönlichen Profitinteressen des zimbabwischen Präsidenten Mugabe an Bergbauunternehmen im Kongo. Aber sie hatten auch das gemeinsame Interesse, das Auseinanderbrechen dieses labilen Staatsgebildes, ein Überschwappen der regionalen Instabilität auf die eigenen Territorien und eine Umschichtung der regionalen Machtverhältnisse durch eine neue Dominanz der Achse Uganda-Ruanda zu verhindern. Die labile Friedensordnung, die auf dem "heiligen" OAU-Prinzip der Unverletzlichkeit und Unveränderbarkeit der von den Kolonialmächten hinterlassenen Staatsgrenzen beruht, war gefährdet.

Uganda und Ruanda versuchten es als legitimen Versuch zu rechtfertigen, durch eine Vorwärtsverteidigung die Bedrohung der eigenen Sicherheit, die von verschiedenen vom Ostkongo aus operierenden Rebellenorganisationen ausging (im Falle Ruandas der Hutu-Milizen, die für den Genozid von 1994 verantwortlich waren), im Keim zu ersticken. Die anderen Interventionsmächte deuteten dies ganz anders: als Versuch, den Osten des faktisch bereits zweigeteilten, moribunden, aber strategisch wichtigen und rohstoffreichen Kongo zu annektieren oder durch Marionettenregime zu beherrschen. Sie unterstellten insbesonders den in Ruanda regierenden Tutsi, ihrem übervölkerten und ressourcenarmen Kleinstaat mehr "Lebensraum" schaffen zu wollen.[1]

Ein Waffenstillstand kann nur ein erster Schritt sein

Für eine dauerhafte Konfliktregelung und Friedenssicherung stellt sich in der Tat die Frage, ob der existentielle Konflikt zwischen Hutu und Tutsi angesichts der dichten Bevölkerung und Knappheit der natürlichen Ressourcen innerhalb der Grenzen der beiden Kleinstaaten Ruanda und Burundi gelöst werden kann. Die ist besonders fraglich, nachdem das Ventil der Migration, das in vorkolonialen und kolonialen Zeiten Entlastung geschaffen hatte, durch die Staatsbildung zunehmend verstopft wurde. Weil diese Frage angesichts der seit der Unabhängigkeit immer wieder aufkommenden Bürgerkriege und Massenvertreibungen, die im Genozid von 1994 gipfelten, auch durch massive Wirtschaftshilfe von außen nicht beantwortet werden konnte, muß die weiterreichende Frage gestellt werden, was nach einem Waffenstillstand kommen soll.

In der Zwischenzeit gab es nach diversen Friedensverhandlungen und Friedensabkommen schon kurzfristige Waffenstillstände, die aber allesamt wieder gebrochen wurden.[2] Theodor Hanf empfahl das unbedingte Festhalten am "OAU-Prinzip" der Unverletzlichkeit der bestehenden Staatsgrenzen und die Bindung von Wirtschaftshilfe, die es Uganda und Ruanda bisher ermöglichte, den teuren Krieg im Ostkongo zu führen, an die sofortige Einstellung der Kriegshandlungen. Er überschätzte dabei nicht nur die Hebelwirkung einer solchen Konditionalität, sondern auch die Bereitschaft der Geberländer zu einem koordinierten Vorgehen, das Wirkung hätte erzielen können.

---

1 Vgl. Stefan Mair, Staatsverfall und Interventionismus: Determinanten grenzüberschreitender politischer Neuordnung in Afrika: SWP-AP 3114, Dezember 1999, S. 40.

2 Vgl. Hans Schindler / Christoph Rohloff 2000: Der Kongo-Konflikt. Internetdokument (http://www.interconflict.com)

Die USA rüsteten Uganda weiterhin mit reichlicher Militärhilfe als Bollwerk gegen den sudanesischen Fundamentalismus und als Brückenkopf eigener regionalpolitischer Interessen aus. Frankreich bestrafte seinen Klientelstaat Tschad nicht, und die ganze "Gebergemeinschaft" versuchte, ihre Zuschauerrolle beim Genozid in Ruanda durch reichliche Wiederaufbauhilfe vergessen zu machen. Sie konnte auch nicht die Bedrohung ignorieren, die noch immer von den im Ostkongo operierenden Hutu-Milizen ausging, die sie nicht entwaffnet und zusammen mit den Flüchtlingen in den Flüchtlingslagern durchgefüttert hatte. Angola, Namibia und der Tschad haben im Verlauf des Jahres 1999 ihre Interventionstruppen nicht so sehr aufgrund des internationalen Drucks zurückgezogen, sondern aufgrund der hohen Kosten und Verluste, wachsender innerer Konflikte oder weil sie – wie im Falle Angolas – im Bürgerkrieg im eigenen Land gebraucht wurden.

Ist die Entwicklungshilfe hilflos – oder sogar konfliktverschärfend?

Die Entwicklungspolitik erhob in amtlichen Erklärungen immer den Anspruch, weltweite Friedenspolitik zu sein. Sie wurde aber diesem Anspruch, durch die Überwindung von Armut, sozialen und regionalen Gegensätzen sowie durch die Förderung von Demokratie und Menschenrechten zum Abbau von Konfliktursachen und zum Aufbau friedlicher Mechanismen der Konfliktbearbeitung beizutragen, nicht gerecht. Sie scheiterte an diesem Ziel auch deshalb, weil die geostrategische Logik des Ost-West-Konflikts andere Prioritäten gesetzt hatte. Obwohl Ruanda ein Schwerpunktland der westlichen Entwicklungshilfe war, konnte diese die weitere Verarmung, ökologische Degradierung und Verknappung der Überlebenschancen nicht verhindern, die den im ethnischen Gewande ausgetragenen "ethnopolitisierten" Macht- und Ressourcenkonflikten zugrunde lagen. Sie trug sogar zur Verschärfung der Machtkonflikte bei, weil sie zu lange ein autoritäres Regime stützte, das den Genozid plante, und sich nicht zu einem koordinierten Vorgehen durchringen konnte. Es gab weder eine gemeinsame OECD-Politik, welche die Interessen der USA und EU aufeinander abstimmte, noch – als Voraussetzung dazu – eine gemeinsame EU-Politik oder GASP (Gemeinsame Außen- und Sicherheitspolitik)

Wenn Konflikte einmal eine gewalttätige Eskalationsstufe erreicht und alle Mediationsversuche versagt haben, kann in der Regel auch die Androhung des Subsidienentzuges oder das Angebot von Gratifikationen für friedliches Verhalten die weitere Eskalation kaum aufhalten. Dann obsiegt der aufgestaute Haß über alle Vernunft – wie Ruanda in fataler Weise demonstriert hat. In diesem Fall kann und muß die "Gebergemeinschaft" unter öffentlichem Druck, den Fernsehbilder aus den Kriegsgebieten erzeugen, nur noch Nothilfe und später Wiederaufbauhilfe leisten. Wo Krieg herrscht, kann keine Entwicklung stattfinden und verliert Entwicklungshilfe ihren eigentlichen Sinn und Zweck. Die Erfahrung zeigt hinreichend, daß die Kosten der Prävention weitaus geringer sind als die Kosten, die durch die Beseitigung der Kriegsfolgen entstehen.

Von der "Kultur der Reaktion" zur "Kultur der Prävention"

Es waren vor allem die afrikanischen Erfahrungen, die Vermehrung innerstaatlicher Gewalteruptionen und die drohende Chaotisierung ganzer Regionen, die die Vereinten Nationen, die Weltführungsmächte, die OECD und EU sowie die bi- und multilateralen Entwicklungsagenturen dazu anhielten, sich intensiver mit der Frage zu beschäftigen, wie kriegerische Konflikte vermieden werden können.[3]

Der Grund für diese Rückbesinnung auf die Kriegsverhütung lag auch darin, daß die USA und Europa nach dem Debakel der militärischen Intervention in Somalia immer weniger zu friedenserhaltenden oder gar friedenserzwingenden Interventionen bereit waren. Deshalb fand auch eine zentrale Forderung der 1992 vom früheren UN-Generalsekretär Boutros Boutros-Ghali vorgelegten Agenda für den Frieden, mittels schnell einsetzbarer Eingreiftruppen (stand by-forces) frühzeitig in die Konfliktgenese eingreifen und einer Eskalation der Gewalt vorbeugen zu können, kein Gehör mehr.

Im Falle Ruandas verabschiedete der UN-Sicherheitsrat zwar eine Serie von Resolutionen, schickte diplomatische Missionen und Blauhelme zur Überwachung des im August 1993 in Arusha ausgehandelten Friedensabkommens, verringerte sie aber auf eine hilflose Resttruppe, die nur zuschauen konnte, als in Kigali das Chaos ausbrach. Inzwischen bestätigte eine unabhängige Untersuchungskommission der Vereinten Nationen, daß der Genozid durch den Einsatz von bewaffneten Friedenstruppen hätte vermieden werden können.[4]

Der UN-Sicherheitsrat weigerte sich auch, in den Krieg auf dem Boden des Kongo einzugreifen, indem er ihn – trotz der militärischen Intervention mehrerer Nachbarstaaten – kurzerhand zu einem inneren Konflikt erklärte und eine Konfliktlösung mit der Berufung auf *African Ownership* afrikanischen Akteuren überließ. Erst am 24. Februar 2000 beschloß er auf Drängen der USA eine 5500 starke Beobachter- und Blauhelmtruppe (MONUC) zu entsenden, die das Kriegsgeschehen beobachten und Schutz für bedrohte Zivilisten leisten soll. Wieder überließ die EU den USA die Initiative, obwohl sie immer eine besondere Verantwortung für Afrika reklamierte und sie durch das Lomé-Vertragswerk auch dokumentierte. Auch hier gilt: Es gibt nicht zuviel USA, sondern zu wenig Europa.

Die Denkfabriken der Vereinten Nationen, der OECD, der EU und der nationalen Außen- und Entwicklungsministerien produzierten in der Zwischenzeit eine ganze Serie von Strategiedokumenten, wie der Vermehrung von kriegerischen Konflikten in Afrika vorgebeugt werden könnte. UN-Generalsekretär Kofi Annan gab in seinem 1998 vorgelegten *Report on the Causes of Conflict and the Promotion of Durable Peace and Sustainable Development in Africa* die Maxime vor: Von der "Kultur der Reaktion" zur "Kultur der Prävention". Seine Forderung an die bi- und multilaterale Entwicklungspolitik, durch den Kampf gegen Massenarmut, Umweltzerstörung, soziale Diskriminierung und Menschenrechtsverletzungen die strukturellen Konfliktursachen anzugehen, sowie durch den Aufbau von friedensfähigen Gesellschafts- und Herrschaftsstrukturen eine friedliche Bearbeitung von Konflikten zu ermöglichen, tauchte auch in mehreren Memoranden der EU-Kommission und Beschlüssen des EU-Ministerrates auf. Die wichtigsten waren:

- Der Beschluß des EU-Ministerrates von 1995 über *Preventive Diplomacy, Conflict Resolution and Peace Keeping in Africa*;

3 Winrich Kühne 1997: Improving African and International Capabilities for Preventing and Resolving Violent Conflict: The Great Lakes Region Conflict. Ebenhausen: Stiftung Wissenschaft und Politik.

4 Report of the Independent Inquiry into the Actions of the United Nations During the 1994 Genocide in Rwanda, 15. Dezember 1999.

- der Bericht der EU-Kommission über *The EU and the Issue of Conflicts in Africa: Peace-Building, Conflict Prevention and Beyond* von 1996;
- der Beschluß des EU-Ministerrates vom 2. Juni 1997 über *Conflict Prevention and Resolution in Africa*;
- der Beschluß des EU-Ministerrates vom 30.11.1998 über *The Role of Development Cooperation in Strengthening Peace-Building, Conflict Prevention and Resolution*, der besonders die friedenserhaltende Funktion der Entwicklungszusammenarbeit betonte und ihre Ausrichtung auf die Überwindung von Konfliktursachen forderte.

Der letztgenannte Beschluß orientierte sich wiederum weitgehend an den Empfehlungen, die schon die 1997 vom DAC (Entwicklungshilfe-Ausschuß der OECD) vorgelegten Guidelines on Conflict, Peace and Development enthielten. Sie waren wichtig, weil auch die USA und die nicht der EU angehörigen OECD-Mitglieder an seiner Erarbeitung beteiligt waren und sie besonders die Notwendigkeit einer koordinierten Entwicklungs- und Friedenspolitik betonten. Auch der UN-Generalsekretär entdeckte in einer besseren Koordination und Kohärenz die Voraussetzungen für einen friedenspolitischen Erfolg der Entwicklungspolitik. In Deutschland rückte die rot-grüne Koalitionsregierung die Krisenprävention in den Mittelpunkt ihres Konzepts der globalen Strukturpolitik.

Die Bundesministerin Heidemarie Wieczorek-Zeul erklärte in vielen Reden und Schriften die Verhinderung und Bewältigung gewaltsamer Konflikte zu einem zentralen Ziel der deutschen Außen-, Sicherheits- und Entwicklungspolitik.[5]

Fraglich bleibt allerdings, ob diese verstärkte friedenspolitische Ausrichtung der Entwicklungspolitik erreichen kann, was sie bisher nicht erreichte. Ist sie nach dem massiven Schrumpfen der Entwicklungsetats in fast allen OECD-Ländern überhaupt willens, die für die Bekämpfung der strukturellen Konfliktursachen notwendigen politischen Energien und finanziellen Mittel aufzubringen? Mit weniger Geld kann nicht gelingen, was all die Beschlüsse der EU-Ministerräte in wohlgemeinte Absichtserklärungen faßten. Sie erwiesen sich beim Management aktueller Konflikte mehr als papierene Rechtfertigungen für unterlassenes Handeln denn als Handlungsanleitungen.

Die "Gebergemeinschaft" hat sich aus dem Krieg im Zentrum Afrikas herausgehalten. Sie hat wenig zu seiner Verhinderung getan und sich dann hinter dem bequemen Schlagwort *African Ownership* versteckt, das es den afrikanischen Staaten und ihren Regionalorganisationen überließ, selbst Lösungen für ihre Krisen und Kriege zu finden. Was sogar vernünftig und notwendig sein könnte und auch zum Konzept von UN-Generalsekretär Kofi Annan gehört, entbindet aber gerade Europa, das in vielfacher Weise in das Geschehen in Afrika verwickelt ist, nicht von der Verpflichtung, am Aufbau friedensfähiger Strukturen und Mechanismen zur friedlichen Konfliktbearbeitung mitzuwirken.

"African Ownership": Ausdruck afrikanischer Eigenverantwortung oder Ausrede für westliche Verantwortungslosigkeit?

Das Debakel der Intervention in Somalia hat die Afrikapolitik des Westens nachhaltig beeinflußt. Er schaute zu, als in Ruanda das Chaos ausbrach und sich zu einem Geno-

5 Heidemarie Wieczorek-Zeul, Aufgaben und Ziele Globaler Strukturpolitik im 21. Jahrhundert, in: Jahrbuch Dritte Welt 2000, München 2000, S. 29 ff.

zid auswuchs; er schaute auch zu, als die von ihm ausgerüsteten Armeen von Uganda und Ruanda in den Ostkongo einmarschierten und einen internationalen Krieg heraufbeschworen. Die EU, die durch das Lomé-Vertragswerk in eine wirtschaftliche und politische Partnerschaft mit Afrika eingebunden ist, ernannte im März 1996 mit dem Italiener Aldo Ajello einen Sonderbeauftragten für die Region der Großen Seen. Er sollte die Politik der EU koordinieren und der GASP Profil und Gewicht geben, das "europäische Engagement in der Region sichtbarer" machen und die Friedensbemühungen der Vereinten Nationen, der OAU und subregionaler Organisationen unterstützen.[6] Wenn diese Diplomatie eine "stille Diplomatie" hinter der Kriegskulisse gewesen sein sollte, dann war sie zwar sehr still, aber auch wenig "sichtbar".

Die Abstinenz des Westens fand eine bequeme Ausrede, weil afrikanische Regierungen und Propheten der "afrikanischen Renaissance" (wie Julius Nyerere oder Nelson Mandela) seit Beginn der neunziger Jahre immer lauter eine *African Ownership* oder einen "Frieden in Afrika durch Afrikaner" forderten. Die OAU hatte auf ihrer Gipfelkonferenz von 1992 den Aufbau einer gesamtafrikanischen Sicherheitsstruktur und die Aufstellung einer Eingreiftruppe beschlossen, um dem "imperialistischen" Interventionismus von außen einen Riegel vorzuschieben. Weil diese Absichtserklärungen des "Clubs von Staatschefs" jedoch an grundlegenden Interessengegensätzen und am Mangel an Geld und militärischen Kapazitäten scheiterten, verließen sich der UN-Sicherheitsrat und der UN-Generalsekretär (in dem oben erwähnten Bericht von 1998 über die Möglichkeiten der Gewaltprävention und Konfliktregulierung) mehr auf subregionale Organisationen wie die ECOWAS in Westafrika und die SADC im südlichen Afrika. Sie übergingen dabei völkerrechtliche Bedenken, weil Kapitel VIII der UN-Charta nur "regionalen Organisationen" das Recht einräumt, mit einem UN-Mandat für die Erhaltung oder Erzwingung von Frieden zu agieren.

Wer aber sollte in der DR Kongo, die Mitglied der SADC ist, intervenieren, nachdem Nelson Mandela zwar frühzeitig zu vermitteln versuchte, aber eine militärische Intervention ablehnte? Angola, Namibia und Zimbabwe intervenierten nicht im Auftrag der SADC. Die erst in Wiederbelebungsversuchen befindliche Ostafrikanische Gemeinschaft war durch die Kriegsbeteiligung Ugandas blockiert. Militärexperten bezweifeln zudem die professionelle und logistische Fähigkeit der meisten afrikanischen Armeen zu geordneten und wirksamen Peacekeeping-Operationen.[7] Erst in den letzten Jahren versuchten die Vereinten Nationen und einzelne Staaten (USA, Frankreich, Großbritannien), diesem Mangel durch spezielle Ausbildungsprogramme und Ausrüstungshilfe abzuhelfen. Wo aber blieb die EU, die im Rahmen der Lomé-Verträge großes Gewicht auf die regionale Kooperation legt und gezielt den Aufbau von regionalen Sicherheitsstrukturen fördern könnte? Wo blieben die Folgerungen aus ihren klugen Strategiedokumenten und Absichtserklärungen, die viel aus friedenswissenschaftlichen Erkenntnissen lernten?

African Ownership ist durchaus sinnvoll, weil Afrika Verantwortung für die Gestaltung der eigenen Angelegenheiten übernehmen muß. Es gab im Rahmen der OAU und

---

6 Aldo Ajello, Der Konflikt in der Region der Großen Seen. Politische Lösungsversuche der Europäischen Union, in: Benita Ferrero-Waldner (Hrsg.), Die Zukunft der Entwicklungszusammenarbeit, Wien 1999, S. 185.

7 Vgl. Anatol N. Ayissi, Preventive Diplomacy and Peace-keeping in Africa, in: Anita Ferrero-Waldner (Hrsg.), Die Zukunft der Entwicklungszusammenarbeit, Wien 1999, S. 194 ff.

SADC immer wieder Versuche, durch Verhandlungen eine Friedenslösung für den Krieg im Zentrum Afrikas zu finden. Durch Vermittlung von Libyen schlossen Uganda und Ruanda im April/Mai 1998 separate Friedensabkommen mit dem Kabila-Regime, die aber bald Makulatur waren, weil keine der Vertragsparteien die im Vertrag eingegangenen Verpflichtungen erfüllte. Dieses Wechselspiel zwischen Bekundungen der Friedensbereitschaft, die auch an die Adresse von externen Geldgebern gerichtet waren, Verhandlungen, feierlichen Vertragsunterzeichnungen und schnellen Vertragsbrüchen gehört bis heute zur Dramaturgie des Krieges.

Auf Initiative von Südafrika, im Auftrag der SADC, die den Druck auf die Konfliktparteien verstärkte, und mit demonstrativer Rückendeckung durch die EU startete der sambische Präsident Chiluba im Februar 1999 eine neue Verhandlungsrunde, die am 10. Juli zur Unterzeichnung eines Friedensvertrages führte. Er sah einen Waffenstillstand, den Rückzug aller ausländischen Truppen und einen nationalen Dialog zwischen Regierung und Oppositionsgruppen vor.

Es kam wieder, wie gehabt: Der Krieg wurde mal an diesen, mal an jenen Fronten fortgesetzt, weil es zu viele Kriegsgewinnler gab. Das Kabila-Regime konnte mit ihm leben, solange es die devisenbringenden Bergwerke kontrolliert. Die Rebellenorganisationen, die zusammen mit ihren Verbündeten aus Uganda und Ruanda etwa die Hälfte des Kongo kontrollieren, betreiben längst einen lukrativen Handel mit Diamanten, Gold und Edelhölzern und sind deshalb nicht sonderlich an einem Frieden interessiert. Uganda und Ruanda haben ihre Truppen nicht vertragsgetreu zurückgezogen, weil der sicherheitspolitische Grund ihrer Invasion – das Operieren von Rebellenorganisationen vom Ostkongo aus – nicht behoben wurde. Es ist noch nicht ersichtlich, ob und wie die am 24. Februar 2000 vom UN-Sicherheitsrat beschlossene Entsendung von Beobachtern und Blauhelmen diese Situation verändern kann. Anfang 1994 waren Blauhelme aus 24 Staaten auch in Ruanda stationiert, die größtenteils abgezogen wurden, als sich das Unheil des Genozids abzeichnete.

Was kann Europa zur Befriedung der Region an den Großen Seen tun?

Aldo Ajello, der Sonderbeauftragte der EU für die Kriegsregion, stellte resigniert fest: “Die Handlungsmöglichkeiten der EU sind durch das Fehlen von realen Druckmitteln auf afrikanische Staaten eingeschränkt. Das bedeutet, daß die EU wenig dagegen tun kann, wenn afrikanische Staaten der militärischen Option den Vorzug geben.” [8] Soll die EU also weiterhin dem Kriegsgeschehen hilflos zuschauen und auf sein “Ausbrennen” warten? Diese Haltung wäre allzu bequem, aber phantasie- und verantwortungslos. Ein konstruktiver Beitrag zu einer dauerhaften Konfliktlösung könnte so aussehen:

1. Anders als Ajello behauptet, muß die Entwicklungszusammenarbeit kein “ziemlich stumpfes Instrument” bleiben, wenn sich die Gebergemeinschaft auf eine koordinierte Konditionalität verständigen kann. Sie kann mit dem Mittel der politischen Konditionalität durchaus auf interne Prozesse Einfluß nehmen, die als friedensgefährdend

8 Aldo Ajello, a.a.O., S. 184.

erkannt werden. Uganda und Ruanda sind so existentiell von westlicher Überlebenshilfe abhängig, daß sie durch eine glaubwürdige Androhung des Subsidienentzuges dazu angehalten werden könnten, den Friedensvertrag vom Juli 1999 einzuhalten. Die EU würde dann auch die *African Ownership* unterstützen.

2. Voraussetzung dazu wäre freilich, daß sich die EU zu einer wirklich gemeinsamen GASP durchringt, die mehr ist als die Summe von 15 teilweise miteinander konkurrierenden Außen- und Entwicklungspolitiken. Eine wirksame Konfliktprävention ist durch eine parzellierte bilaterale Entwicklungspolitik nicht möglich, schon gar nicht, wenn die EU-Staaten um Absatzmärkte für Waffenexporte miteinander konkurrieren. Ohne Europäisierung der Entwicklungspolitik geht der GASP eine wichtige Kraftquelle verloren.
   Die EU könnte sich stärker als bisher am Aufbau von afrikanischen Sicherheitsstrukturen beteiligen, die die OAU oder Regionalorganisationen besser dazu befähigen könnten, aus eigener Kraft präventiv oder intervenierend tätig zu werden. Sie könnte das im Lomé-Vertrag verankerte Kapitel zur regionalen Kooperation gezielter für diese Aufgabe einsetzen. Hier geht es um Ausbildungshilfe und logistische Unterstützung, die einzelne OECD-Länder schon leisten, aber eben nebeneinander und nicht miteinander.
3. Die Krisen und gewaltsamen Konflikte in Zentralafrika, im besonderen die existentiellen Überlebensprobleme von Ruanda und Burundi, können nur in einem regionalen Rahmen gelöst werden, der die Grenzen auch für Menschen durchlässiger macht. Der ugandische Präsident Museveni betont häufig, daß nicht nur eine Revitalisierung der einst erfolgreichen und dann doch an nationalen Rivalitäten zerbrochenen Ostafrikanischen Gemeinschaft, sondern auch ihre Erweiterung nach Zentralafrika für eine wirtschaftliche und politische Stabilisierung der ganzen Region notwendig wäre. Dieser strategische Kopf hätte kaum eine Chance, in einer größeren Regionalorganisation eine von den Nachbarn befürchtete hegemoniale Rolle zu spielen, weil Uganda für eine solche Rolle zu schwach ist. [9]
4. Die EU hat die Option, mangels vitaler Interessen in zynischer Gelassenheit der weiteren Chaotisierung der Region um die Großen Seen zuzuschauen oder zumindest den Versuch zu unternehmen, durch die Unterstützung eines regionalen Kooperationsprojektes zur Entschärfung des scheinbar unlösbaren Konfliktszenarios beizutragen. Was könnte und sollte die EU in der Konfliktregion der großen Seen tun? Sie sollte über die Empfehlungen ihres eigenen Sonderbeauftragten für die Region hinausgehen und Führungsgruppen und Zivilgesellschaften – ähnlich dem Stabilitätspakt, den sie dem Balkan anbietet – das Angebot machen, durch massive Strukturhilfe den Aufbau einer neuen Ost- und Zentralafrikanischen Gemeinschaft unter Einschluß des ungeteilten Kongo zu unterstützen. Seine Teilung würde einen neuen Konfliktherd bilden. Es geht darum, neue Siedlungsräume in bisher wenig erschlossenen Regionen zu schaffen und den bereits dicht bevölkerten Raum um die Großen Seen zu entlasten. Ohne ein Hilfsangebot von außen, das die Bündelung der europäischen Kräfte voraussetzen würde, hätte ein solches Projekt der dauerhaften Friedenssicherung jedoch keine Realisierungschance.

9 Vgl. Stefan Mair, a.a.O., S. 41.

5. Den Anfang müßte eine regionale Konferenz über Sicherheit und Zusammenarbeit bilden. Bereits 1991 hatte eine in Kampala veranstaltete internationale Konferenz, an der Vertreter von Regierungen, regionale Organisationen, von Wissenschaft und Zivilgesellschaft aus der Region teilnahmen, die Einberufung einer "Konferenz über Sicherheit, Entwicklung und Zusammenarbeit" (CSSDC) gefordert. Wie der EU-Sonderbeauftragte Aldo Ajello bestätigte, unterstützt die EU "diskret" diese Konferenzidee, die einige Lehren aus dem KSZE-Prozeß ziehen könnte.[10] Sie müßte aber nicht nur die regionalen Kapazitäten und Mechanismen zur Vorbeugung und Bearbeitung von Krisen stärken, sondern auch institutionelle Grundlagen für eine regionale Kooperationszone schaffen. Die EU hätte die Chance, mit einem großzügigen und langfristigen Kooperationsangebot Anreize für einen CSSDC_Prozeß zu schaffen.

Die EU müßte sich vom Klagen über die eigene Hilflosigkeit verabschieden, das ihr Sonderbeauftragter zur Rechtfertigung der passiven Zuschauerrolle vorträgt, und sich zu einer aktiven und wirklich vergemeinschafteten Entwicklungs- und Friedenspolitik durchringen. Sie hätte die Chance, die im Lomé-Vertragswerk verankerte Entwicklungspartnerschaft zu einer Sicherheitspartnerschaft zu erweitern, wenn sie umsetzen würde, was sie in ihren Gremien zur Krisenprävention und "präventiven Diplomatie" beschlossen hat. Ihre Afrika-Politik leidet nicht an Ratlosigkeit, sondern an Tatenlosigkeit. Die feierlichen Reden auf dem ersten Europa-Afrika-Gipfel, der Anfang April 2000 in Kairo veranstaltet wurde, holten Afrika jedenfalls nicht aus dem Randdasein eines "vergessenen Kontinents" heraus.

Franz Nuscheler

10 1 Aldo Ajello, a.a.O., S. 187

1.12. Gute Waffen, schlechte Waffen? Streit um Rüstungsexporte

Im Oktober 1998 vereinbarten SPD und Bündnis 90/Die Grünen, der Aufweichung von Bestimmungen für die Ausfuhr von Waffen und Rüstungsgütern einen Riegel vorzuschieben. Restriktives Handeln sollte bekräftigt, der "Menschenrechtsstatus" möglicher Empfängerländer und die Sicherung einer "nachhaltigen Entwicklung" als zusätzliche Kriterien bei der Entscheidung über die Genehmigung von Rüstungsexporten eingeführt werden.[1] Der pointierte Text der Koalitionsvereinbarung ("Außenpolitik ist Friedenspolitik") ließ nicht ahnen, daß ein einzelner Panzer die neue Regierung bald vor eine Zerreißprobe stellen sollte. Vieles hatte sich 1999 angestaut: Der Kosovo-Schock, die Zustimmung der Regierung zur neuen NATO-Strategie, zur *Defence Capabilities Initiative* der USA, zur Bildung interventionsfähiger europäischer Streitkräfte, die Spekulationen über erweiterte Rollen, Rüstungen und Ausgaben für die Bundeswehr. Bei den Landtagswahlen kehrten enttäuschte Wähler und Wählerinnen den Regierungsparteien auch wegen der unerwarteten Wendungen in der Außen- und Sicherheitspolitik in Scharen den Rücken.

Nicht ohne Grund zog vor allem Rudolf Scharpings Eintreten für die Panzerlieferung an die Türkei massive Kritik nach sich. Noch 1995 hatte der damalige Oppositionsführer deutsche Waffenlieferungen öffentlich als "gottserbärmliche Politik" verurteilt und gefordert, daß sie "schlicht eingestellt" bzw. "absolut restriktiv" gehandhabt werden müßten, um der Gefahr zu begegnen, daß "Frauen und Kinder zusammengeschossen" werden. Scharping traf damit jenen Nerv, der 1998 die gemeinsame Forderung der Koalitionsparteien nach der Beachtung der Menschenrechte durch Empfängerstaaten deutscher Rüstungslieferungen begründete. Nur ein Jahr später sah sich die Regierung jedoch dem Verdacht ausgesetzt, von dieser Forderung ausgerechnet im Fall der Türkei abzurücken. Mit Hilfe gezielter Indiskretionen aus dem geheim tagenden Bundessicherheitsrat suchten die Kritiker des Exportvorhabens die Regierung zum erneuten Schwur auf eine konsequente Menschenrechtspolitik zu zwingen. Der Panzer bildete hierfür das Exempel, die zeitgleich ebenfalls an die Öffentlichkeit gesickerte Regierungsvorlage über geänderte Richtlinien zum Rüstungsexport die politische Kulisse. In dieser Vorlage war das Kriterium der Menschenrechtslage nach Ansicht der Kritiker viel zu schwach gewürdigt. Insbesondere bei Teilen der durch die Kosovo-Politik stark verunsicherten Grünen war damit die Toleranzschwelle überschritten. Sie schienen entschlossen, die Regierung an der Panzerfrage (präziser: an der Menschenrechtsfrage) sogar scheitern zu lassen. In letzter Minute zimmerte die Koalition einen Kompromiß: Das Testmodell wurde pünktlich verschifft, die endgültige Lieferentscheidung nur vertagt.

Zuvor hatte das Kabinett Forderungen der Abgeordneten beider Parteien nach einer völligen Neubearbeitung der Richtlinien für den Rüstungsexport akzeptiert. Binnen drei Monaten wurden in hermetischer Abgeschlossenheit, unter Beteiligung von Beauftragten der beiden Regierungsfraktionen, neue *Politische Grundsätze der Bundesregierung zum Export von Kriegswaffen und sonstigen Rüstungsgütern* verfaßt und am 19. Januar 2000

1 Aufbruch und Erneuerung – Deutschlands Weg ins 21. Jahrhundert. Koalitionsvereinbarung zwischen der Sozialdemokratischen Partei Deutschlands und Bündnis 90/Die Grünen, Abschnitt XI.1.

verabschiedet.[2] Daß die neuen Richtlinien präziser als der erste Entwurf ausgefallen sind, geht auf die Hartnäckigkeit einzelner Beteiligter zurück, aber auch auf die Einsicht, daß jede schwächere Variante kein Ende der politischen Querelen in der Koalition zur Folge gehabt hätte.

Es wäre allerdings naiv, anhand des verabschiedeten Textes zu vermuten, der prinzipielle Interessenkonflikt sei damit beigelegt. Sämtliche Beteiligten schienen zunächst erleichtert. Einige waren ob der schärferen Formulierungen zufrieden, andere, weil sie nach der Pleite des ersten Entwurfes wohl noch Schlimmeres befürchteten. Selbst die Anhänger einer großzügigeren Exportpraxis sahen sich wegen der von ihnen erhofften neuen Interpretationsspielräume auf der sicheren Seite. Insofern harren die neuen Grundsätze ihrer eigentlichen Belastungsprobe. Spätestens wenn sich die Regierung in Ankara für die Beschaffung deutscher Panzer entscheiden sollte, könnte der vorläufig nur übertünchte Streit erneut ausbrechen. Jüngste Äußerungen Schröders und Scharpings, angesichts mangelnder Fortschritte in der Menschenrechtslage der Türkei sei die Lieferung von Kampfpanzern dorthin zur Zeit wenig wahrscheinlich, dürften angesichts dessen als Signal sowohl an den deutschen Anbieter als auch an die türkische Regierung zu verstehen sein, nicht bedingungslos auf der Abwicklung dieses speziellen Geschäfts zu bestehen.

Die Schwierigkeit der Regierung, grundgesetzlich normierte und auch politisch gewollte Rüstungsexportrestriktionen im Einzelfall praktisch durchzusetzen, geht auf die frühe Metamorphose der Politik zur Restriktion deutscher Rüstungsexporte zurück.

Verbotsvorbehalt oder Genehmigungsvorbehalt?

Die Auseinandersetzung um die Ausfuhr von Waffen und Rüstungsgütern ist in der Tat keine Erfindung der rot-grünen Koalition. Die politische Beschränkung speziell des *Waffen*exports besitzt in der Bundesrepublik, im Unterschied zu anderen Staaten, sogar den Rang einer Verfassungsnorm. “Zur Kriegführung bestimmte Waffen”, so das Grundgesetz, “dürfen nur mit Genehmigung der Bundesregierung hergestellt, befördert und in Verkehr gebracht werden.”[3] Ohne Genehmigung regiert bei der Ausfuhr von *Kriegswaffen* das Verbot. Es war allein dessen Außerkraftsetzung im Ausnahmefall, die durch den Parlamentarischen Rat dem politischen Ermessen der Exekutive anheim gestellt werden sollte. Daß der Rat dem Prinzip der Freizügigkeit beim *Kriegswaffen*export eine Absage erteilte, war nach den Erfahrungen der deutschen Geschichte beabsichtigt. Im heraufziehenden Kalten Krieg und angesichts der beginnenden Wiederbewaffnung in den fünfziger Jahren wurde jedoch schon bald nach umgekehrtem Maßstab verfahren. So schien erlaubt, was nicht begründet verboten war. Verboten war zum Beispiel der Export von Komponenten zur Herstellung von ABC-Waffen. Untersagt war auch die Lieferung von Kriegswaffen an sogenannte “kritische Empfängerländer”. Die Ausführung des Grundgesetzes in Form des Kriegswaffenkontrollgesetzes (KWKG) war juristisch ohne Tadel, stellte jedoch die ursprüngliche Intention des Parlamentarischen Rates auf den Kopf: Die Regierung belegte, warum sich im Einzelfall die Ausfuhr von Waffenexporten verbot.

---

2 Frankfurter Rundschau, 20.1.2000 (Dokumentation).

3 Art. 26, Abs. 2, Grundgesetz für die Bundesrepublik Deutschland, GG 24 ROP, Lfg. 2/95, S. 030509. Wichtigste ausführende Bundesgesetze sind Kriegswaffenkontrollgesetz (KWKG) und Außenwirtschaftsgesetz (AWG).

Die konkrete Zweckbestimmung stand zur Disposition. "Alles, was schwimmt, geht.": Das berühmte Genscher-Diktum zu den Waffenlieferungen an die Türkei (Schiffe und U-Boote eigneten sich nicht zur Verfolgung der kurdischen Minderheit) rückte die Funktion der Waffen, nicht die Verläßlichkeit des Empfängers, Recht zu achten, in den Mittelpunkt. Gute Waffen, schlechte Waffen? Die Regierung handelte sich einige gerichtliche Niederlagen ein, weil ihre Begründung, Genehmigungen zu versagen, juristischer Prüfung im Einzelfall nicht ausreichend standhielt. Noch komplizierter war die Lage bei den "sonstigen Rüstungsgütern", die nicht den restriktiven Vorschriften des KWKG, sondern den großzügigeren Bestimmungen des Außenwirtschaftsgesetzes (AWG) unterliegen. Dies erklärt zum Teil, warum sich Deutschland trotz strenger Gesetze zum *Waffen*export frühzeitig im Kreis der weltweit größten *Rüstungs*lieferanten etablierte.

Zaghafte Versuche der sozial-liberalen Regierung, die ausufernde Exportpraxis politisch einzufangen, mündeten im zweiten Anlauf in Richtlinien für den Rüstungsexport (1982), die jedoch in den Folgejahren wiederholt unterlaufen wurden. Regulativ blieben Gesetze und Verordnungen, die oft überstürzt auf brisante Ereignisse reagierten, so die Aufdeckung illegaler Technologie-Lieferungen an Libyen oder den Irak Ende der achtziger Jahre. Im Detail veranlaßte Änderungen präzisierten zwar Verbots- oder Kontrollstandards, gaben der Regierung jedoch nicht die politische Initiative zurück. Außerdem wurden von der Industrie die zum Teil umständlichen und zeitraubenden Genehmigungsverfahren im Bereich der sonstigen Rüstungsgüter zunehmend als unerträgliches Risiko angesehen, insbesondere nachdem Anfang der neunziger Jahre eine erbitterte Konkurrenz um den schrumpfenden Weltmarkt entbrannte. Vor dem Hintergrund ständiger Klagen der Industrie, und auch weil es nicht gelang, die Partner in der EU und NATO für gemeinsame Restriktionen zu gewinnen, verordnete die Bundesregierung ab Mitte der neunziger Jahre den allmählichen Rückzug aus den Fesseln nationaler Selbstbeschränkung. Schrittweise wurden Erleichterungen durchgesetzt, selbst dort, wo die erklärte Absicht der Anpassung nationaler Vorschriften an großzügigere EU-Regeln keine hinreichende Erklärung bot. Drastisch wurde z.B. die Liste kritischer Empfängerländer gekürzt (vgl. Friedensgutachten 1997, Beitrag 6.2.). Der als Rechtfertigung gedachte Hinweis auf die deutsche Initiative beim Zustandekommen des EU-Kodex über Rüstungsexporte vom Juni 1998 konnte die Bundesregierung nicht entlasten, da dessen Umsetzung der alleinigen Verantwortung der Mitgliedstaaten überlassen blieb.

SPD und Grüne verabredeten im Herbst 1998, größere Klarheit bei der Kontrolle und Beschränkung von Rüstungsexporten zu schaffen. Die europäische Rüstungsindustrie sollte einem "verpflichtenden Verhaltenskodex" unterworfen werden, der neben dem Transparenzgebot auch die Beachtung der Menschenrechte und der Erfordernisse nachhaltiger Entwicklung durch potentielle Empfängerländer umfassen sollte. Ferner waren sie darüber einig, jeglichen Rüstungsexport außerhalb von NATO und EU restriktiv zu handhaben.

Nach dem "Fehlstart" bringt die zweite Fassung der Exportrichtlinien der Bundesregierung die ursprünglichen Erwartungen an die Koalition gewiß besser zum Ausdruck. Gestützt auf das Ziel einer restriktiven Exportpolitik wird der Katalog von Genehmigungsvoraussetzungen vor allem um die Beachtung der Menschenrechtslage in *allen* Bestimmungs- und Empfängerländern ergänzt. Auch sollen Rüstungsexporte außerhalb von EU und NATO eine nachhaltige Entwicklung der Empfängerländer nicht "ernsthaft" beeinträchtigen. Ob die neuen Richtlinien nicht erneut – wie ihre Vorgänger – unterlaufen werden, wenn andere "deutsche Interessen" ins Spiel kommen, bleibt abzuwarten.

Strittiger Nutzen von Rüstungsexporten

Sicherheitspolitisch erforderlich?

Rüstungsexporte – vor allem die Ausfuhr von Kriegswaffen – werden sicherheitspolitisch in der Regel dreifach begründet. Erstens dienten sie der Verteidigungsfähigkeit der Bundesrepublik und der Bündnisverteidigung. Zweitens zielte der Transfer auf die Kooperationsfähigkeit der Bundesrepublik als Mitglied der EU. Drittens sei nationaler Einfluß auf Entscheidungen der NATO ohne einen eigenen substantiellen Part an Rüstungskooperation und -export nicht im gewünschten Umfang auszuüben.

Nun ist Rüstungsexport in der besonderen Form wechselseitiger Lieferung und Kooperation für die kollektive Verteidigungsfähigkeit in der Tat hilfreich, wenn durch sie die Ziele der Streitkräfteintegration – die Standardisierung der Ausrüstung und die Interoperabilität des Truppeneinsatzes – begünstigt werden. Die sicherheitspolitische Plausibilität der Ausfuhr von Waffen und militärischen Ausrüstungen in Länder *außerhalb* der NATO erschließt sich daraus nicht. Aber auch innerhalb der NATO ist zu beachten, daß die konkrete Form der Beistandsleistung gemäß Artikel V des Washingtoner Vertrages keineswegs vorgeschrieben ist, also aus der kollektiven Verteidigung keine Automatismen für Art und Umfang wechselseitiger Rüstungstransfers abzuleiten sind. Im übrigen steht die Überlegenheit der Allianz gegenüber jedem denkbaren Gegner in der Welt außer Frage, so daß die zwingende Notwendigkeit einer Stärkung der kollektiven Schlagkraft ausgerechnet durch Rüstungsexport nicht ernsthaft zu begründen ist.

Was die Europäische Union betrifft, so wurden verteidigungspolitische Argumente für eine Ausweitung der Kooperation und den wechselseitigen Transfer von Rüstungsgütern zwischen den Mitgliedsländern bisher nicht bemüht. Zwar spielte dies im Kreis der WEU-Staaten eine größere Rolle, jedoch blieben echte Absprachen rar. Die jüngsten Entwicklungen (Stichwort: Gemeinsame Europäische Sicherheits- und Verteidigungspolitik/GESVP) werden dies jedoch ändern. Die Aneignung einer eigenen militärischen Rolle durch die EU könnte, wie einer beiläufigen Äußerung von Romano Prodi am 10. Februar 2000 in Riga zu entnehmen war, sogar darauf hinauslaufen, die Europäische Union in ein System kollektiver Verteidigung zu verwandeln: "Jeglicher Angriff oder eine Aggression gegen ein EU-Mitglied wäre ein Angriff oder eine Aggression gegen die gesamte EU, dies ist die höchste Sicherheitsgarantie."[4] Schon heute sind die Grenzen zwischen der NATO und der EU teilweise fließend. Elf der 15 EU-Staaten sind Mitglieder der NATO, nur acht von 19 NATO-Staaten nicht zugleich Mitglied der EU. Überschneidungen von Interessen und Regeln sind da letztlich unvermeidlich.

Für die EU-Integration war bisher vor allem der hohe Marktanteil sogenannter doppelt-verwendungsfähiger Güter (*Dual-Use*) von Belang, die aber – im Unterschied zu den Kriegswaffen – dem Gemeinschaftsrecht unterliegen. Diese sowohl für zivile als

4 Defence Systems Daily, 11. Februar 2000, http://defence–data.com/archive/page6466.htm.

auch für militärische Zwecke einsetzbaren Waren oder Technologien sind in wachsendem Maße für die Herstellung von Kriegswaffen von Bedeutung. Da andererseits jedoch alle Rüstungsgüter weiterhin gemäß Artikel 296 des Amsterdamer EU-Vertrages in die Zuständigkeit der Mitglieder fallen, beeinflußt jede restriktivere Haltung einzelner Staaten zum Kriegswaffenexport und auch zu Kontrollverfahren bei *Dual-Use*-Gütern gemäß Ausfuhrliste die Zulieferung und den Export von Kooperationsprodukten in Drittstaaten. Sie begünstigt zudem Produzenten in EU-Ländern mit großzügigerer Rüstungsexportpraxis.

Dieses Dilemma ist nur durch politische Entscheidung zu lösen. Entweder passen sich die "restriktiveren" Staaten an die "großzügigeren" Staaten an, oder letztere akzeptieren Beschränkungen ihrer Ausfuhrpraxis. Da eine Einigung bisher nicht erzielt wurde, versucht die EU seit Jahren die Quadratur des Kreises. In normativer Hinsicht wurden mit dem Export-Kodex vom Juni 1998 zwar strengere Kriterien für die Ausfuhr von Rüstungsgütern aus der Union vereinbart, doch blieben die souveränen Rechte der Staaten, diese Kriterien im Entscheidungsfall nach eigenem Ermessen anzuwenden, unangetastet.

Die Industrie sucht sich mittlerweile ihre eigenen Auswege. Grenzüberschreitende Kooperationen und Fusionen bieten die Chance, den Ursprung einer Ware an die jeweils bestehenden politischen Rahmenbedingungen anzupassen. Rüstungswirtschaftliche "Globalisierung" läßt auf diese Weise staatliche Regulierung als Anachronismus erscheinen. Dabei wäre ein Rüstungsbinnenmarkt für die EU nicht nur wirtschaftlich nützlich und rechtlich von Vorteil, sondern auch der Sicherheitspolitik der Mitgliedstaaten dienlich, wenn dadurch die hohen nationalen Verteidigungskosten gesenkt und die zivilen Haushalte entlastet würden.

Paradoxerweise spielen solche Überlegungen gegenwärtig nur eine untergeordnete Rolle. Statt dessen ist wie so oft von der Bewahrung nationaler Einflußfähigkeit die Rede. Nun besteht unstrittig ein Zusammenhang zwischen der Wirtschaftskraft eines Landes und seinem Einfluß auf multilaterale Entscheidungsprozesse. Jedoch würde Deutschland aufgrund seiner geographischen Lage, seiner wirtschaftlichen und Exportstärke sowie seiner aktiven Rolle in der internationalen Politik theoretisch selbst dann über einen großen Einfluß in der EU verfügen, wenn es überhaupt keine Rüstungsexporte tätigte.

Wird hingegen nationale "Einflußfähigkeit" in der NATO beurteilt, so steht und fällt diese für die Bundesrepublik – wie auch für die anderen europäischen Staaten – mit der Bereitschaft, sich gemeinsam gegen das Übergewicht der USA zu behaupten. Voraussetzung hierzu wäre der feste politische Wille der EU-Mitglieder, abgestimmte Positionen zur Sicherheitspolitik konsequent zu vertreten und bestehende Redundanzen, darunter gerade auch auf dem Rüstungssektor, abzuwickeln.

Entwicklungspolitisch vertretbar?

Das Angebot von Rüstungsgütern an Staaten außerhalb von NATO und EU wird oft mit dem Argument verteidigt, legitime Schutzbedürfnisse von Empfängerstaaten seien zu respektieren. Auch im Falle der Vereinigten Arabischen Emirate wurde diese These jüngst erneut bemüht. Sie ist aber nicht isoliert zu betrachten, denn der Transfer von neuen und gebrauchten Waffen in die Entwicklungswelt bildet in Verbindung mit überzogenen Rüstungsprogrammen der Empfängerländer auch eine mögliche Quelle zusätzlicher Instabilität. So gilt großzügige Bewaffnung in schwachen Demokratien als Symbol des Machterhalts und als Voraussetzung, interne Konflikte bei Bedarf mit Gewalt lösen zu können. Andererseits verschärfen perpetuierte Gewaltkonflikte innerhalb und zwischen ärmeren Staaten die Probleme der Unterentwicklung. Militärische Machtattribute bleiben für die Überwindung von Entwicklungs- und Demokratiedefiziten dysfunktional. Sie degenerieren oft zur Stütze gesellschaftspolitischer Stagnation und verzehren jene spärlichen Ressourcen, welche für eine nachhaltige Verbesserung der Lage benötigt werden. Auf die Folge der Ressourcenarmut verweist der Entwicklungsbericht der UNO: 80 Staaten der Welt haben heute ein geringeres Pro-Kopf-Einkommen als noch vor zehn Jahren. Die Schere zwischen Reich und Arm hat sich weiter geöffnet. Ob und wie jetzt "nachhaltige Entwicklung" wirklich als ein "hartes" Kriterium für die Genehmigung von Rüstungsexporten berücksichtigt wird, wenn es andererseits um politischen Einfluß und um wirtschaftlichen Vorteil geht, ist ungewiß. Größerer Optimismus scheint vorläufig nicht angebracht.

Wirtschaftlich überlebensnotwendig?

Zu den "Kernfähigkeiten" der deutschen Rüstungsindustrie zählen der Bau von Panzern, die Herstellung von Drohnen, Flugkörpern, Flugzeugen, der Marineschiffbau sowie der Bereich der Informations- und Aufklärungstechnik. Allein im Marineschiffbau läßt sich jedoch – bei einem Exportanteil von 75 Prozent sowie einer militärischen Auslastung der Werftkapazitäten von ungefähr 30 Prozent – eine gesamtwirtschaftliche Bedeutung der Rüstungsproduktion *und* des Rüstungsexportes nachweisen. Zwar ist auch in der Luft- und Raumfahrtindustrie der Rüstungsanteil an der Produktion mit knapp 20 Prozent hoch zu bewerten, jedoch liegt hier die Exportquote deutlich niedriger als beim Schiffbau. Die Frage, ob eine Aufrechterhaltung von traditionell wettbewerbsfähigen Kapazitäten unbegrenzt zu rechtfertigen ist, selbst wenn sich die Bedürfnisse des Marktes grundsätzlich ändern, ist keineswegs neu. Sie ist auch nicht auf den Rüstungsbereich beschränkt. Werden rechtzeitige Weichenstellungen versäumt, droht die Gefahr, den Anschluß an den Markt zu verpassen. Der Bau von schweren Panzern erscheint als ein Bereich, in dem solche Weichenstellungen bevorstehen. Natürlich ist Strukturwandel im Augenblick stets schmerzhaft und aufwendig. Der Schmerz wird jedoch um so größer sein, je weiter Entscheidungen, sofern unausweichlich, hinausgezögert werden. Substanzverlust muß dabei keineswegs die Folge sein, wenn es darum geht, zukunftsfähigen Bestand zu modernisieren und neue, marktfähige Kapazitäten zu entwickeln.

Nun begleitet stereotype Panikmache den Rückbau der Rüstungsproduktion schon seit zehn Jahren. Den schrumpfenden Bedarf eines lukrativen Marktes zu akzeptieren, fällt nicht leicht. An der Realität führt auf Dauer jedoch kein Weg vorbei. So erscheinen die Versuche der Industrie, durch Export von Kriegswaffen zu "überwintern" – spätestens bis zum erhofften Abbau des "Investitionsstaus" bei der Bundeswehr – kurzsichtig. Zwar stimmt es, daß die vorhandenen Kapazitäten nicht mehr allein durch Beschaffungsaufträge der Bundeswehr ausgelastet werden, jedoch dürfte der Export kaum ausreichen, das "Überleben"[5] der Rüstungsindustrie zu retten, insbesondere dann nicht, wenn die restriktiven Entscheidungskriterien der Bundesregierung konsequent angewendet werden.

Die volkswirtschaftliche Bedeutung insbesondere des Kriegswaffenexportes für die Bundesrepublik ist mit einem Volumen von 1,8 Mrd. DM für 1998 bzw. einem Anteil von 0,3 Prozent gemessen am Gesamtwertumfang aller Exporte von ca. 700 Mrd. DM gering. Wird der aus Export von Kriegswaffen erzielte Umsatz mit dem Gesamtumsatz der deutschen Produktion von Rüstungsgütern verglichen, ergibt sich ein grob geschätzter Anteil von zehn bis höchstens 15 Prozent. Allerdings sind die Angaben über das Produktionsvolumen wegen der mangelnden Transparenz des Rüstungssektors und der internationalen Kooperationen sowie des hohen Anteils von *Dual-Use*-Gütern an Umsatz und Export mit äußerster Vorsicht zu betrachten. Vermutlich liegt der Anteil des Exports am Umsatz deutlich höher, wenn alle Rüstungsgüter in die Rechnung einbezogen werden. Aus unterschiedlichen Schätzungen ergibt sich dann ein Mittelwert von bis zu 30 Prozent der Rüstungsproduktion. Eine zweckfremde Endnutzung für genehmigte Ausfuhren von *Dual-Use*-Gütern infolge der strengen Kontrollverfahren ist zwar kaum vorstellbar, sie ist aber – wie durch wiederholte Exportvergehen belegt – auch nicht völlig auszuschließen. Immerhin bearbeitet das Bundesausfuhramt ein Genehmigungsvolumen von durchschnittlich 30 Mrd. DM im Jahr. Angesichts dieses Volumens dürfte sich jedoch die Marktfähigkeit der doppelt-verwendungsfähigen Güter auch künftig eher am zivilen als am Rüstungsmarkt entscheiden.

Technologiepolitisch vorteilhaft?

Infolge der Spezialisierung nehmen im Hochkostenbereich die Überschneidungen ziviler und militärischer Entwicklungen seit Jahren ab. Richteten sich frühere Erwartungen der Industrie auf den sogenannten *spin-off* militärischer Technologie für die zivile Wirtschaft, ist die Lage heute umgekehrt: die Militärplaner hoffen auf die Anwendung kommerzieller Technologien im militärischen Bereich. Entscheidungen am Beschaffungsmarkt werden wegen der hohen Kosten und der knappen Kassen in fast allen Ländern zunehmend weniger allein durch die Leistungsparameter eines Systems, sondern durch dessen Kosteneffizienz und Rentabilität bestimmt. Im Lichte dessen nimmt die Marktfähigkeit speziell entwickelter militärischer Hochtechnologie tendenziell ab. Wettbewerbsfähigkeit auf dem Rüstungsmarkt wird nur behaupten, wer kostensparende Synergien ziviler und militärischer Technologie nutzt und seine Produkte an realistischen militärischen Zweckbestimmungen orientiert. Im militärischen Hochtechnologiebereich ist zu erwarten, daß die Zahl solventer Käufer weiter abnimmt. Statt exportpolitischer Diffusion auf einem limitierten Markt wäre insofern die kostensparende Konzentration auf zukunfts- und wettbewerbsfähige Schlüsseltechnologien gefordert. Dadurch würden die Risiken mangelnder Marktfähigkeit der Produkte vermieden, zugleich rechtzeitige strukturpolitische Weichenstellungen möglich, welche die Gefahr von Irrwegen und Sackgassen im Unterhalt rüstungsindustrieller Kapazitäten verringern.

---

5 Jürgen Erbe, Mindestkapazitäten und Rüstungsexport, in: Soldat und Technik, 10/1999, S. 581.

Arbeitsmarktpolitisch sinnvoll?

Angesichts der hohen Erwerbslosenzahlen eignet sich der Erhalt von Beschäftigung offenbar noch immer zur Verteidigung von Rüstungsexporten. Von 6.000 Arbeitsplätzen war anfänglich beim umstrittenen Panzergeschäft die Rede. Die Euphorie ebbte freilich rasch ab, nachdem die Türkei deutlich machte, daß sie vornehmlich an einer Lizenzproduktion interessiert sei und im übrigen künftig selbst als Anbieter – und damit als Konkurrent – auf dem Weltmarkt in Erscheinung treten wolle. Das beschäftigungspolitische Argument für den Rüstungsexport hält aber, gemessen an der Erwerbslage insgesamt, einer genaueren Prüfung ohnehin nicht stand. Rüstung bindet nach Angaben der Industrie in Deutschland 120.000 Arbeitsplätze – andere Schätzungen liegen mit 80.000 deutlich darunter. Das sind im höchsten Fall 0,35 Prozent der Beschäftigten (33,92 Millionen im Jahr 1999).

Auf die *Export*produktion von *Kriegswaffen* entfallen nur etwa 15.000 Beschäftigte, darunter 3.300 im Marineschiffbau. Weitere 15.000 bis 20.000 Beschäftigte dürften vom Export anderer Rüstungsgüter abhängig sein. Nur sechs Prozent aller Rüstungsexporte gehen jedoch an Länder, die nicht Mitglied der EU, der NATO oder ihnen gleichgestellt (Australien, Japan, Neuseeland, Schweiz) sind. Wird unterstellt, daß im Durchschnitt mindestens 70 Prozent der exportierten Kriegswaffen an EU-Partner "verbracht", d.h. im Verständnis der Europäischen Union und der deutschen Rechtssprechung eigentlich nicht "ausgeführt" werden, sind durch *außerhalb* der EU erteilte Exportaufträge für die *Kriegswaffen*produktion in Deutschland gegenwärtig noch höchstens 6.000 Arbeitsplätze, für die *Rüstungsproduktion* insgesamt vielleicht das Doppelte gesichert. Im Vergleich zur Anzahl der in der Rüstungsindustrie insgesamt Beschäftigten beträgt der Anteil der vom Export in Länder außerhalb der EU abhängigen Arbeitsplätze zwischen zehn und 15 Prozent. Gemessen an der Gesamtbeschäftigtenquote liegt der Anteil bei höchstens 0,05 Prozent. Wird die reale Beschäftigtenquote in der Produktion von Exportgütern außerhalb der EU nüchtern betrachtet, erübrigt sich fast die Frage nach arbeitsmarktpolitischen Steuerungseffekten von Rüstungsexport. Allein regionale, branchenspezifische und betriebsbedingte Abhängigkeiten sind im einzelnen zu beachten. In der Vergangenheit hat sich aber leider wiederholt bestätigt, daß der Export von Waffen und Rüstungsgütern durch die unmittelbar Betroffenen selbst in stark rüstungsabhängigen Regionen, Branchen oder Unternehmen eher als willkommene Kompensation von Auftragseinbußen denn als Chance für eine befristete Beschäftigungsbrücke während einer gleichzeitig eingeleiteten Konversion aufgefaßt wurde.

Fallstricke der "Harmonisierung" europäischer Exportpolitik

Geredet wird über die Harmonisierung "europäischer Rüstungsexportpolitik" schon lange. Konkrete Ergebnisse sind aber trotz einiger mühsam erzielter Fortschritte rar. Entscheidendes Hindernis kollektiven Einvernehmens bleibt das Festhalten an der exklusiven Zuständigkeit der Staaten. Dies gilt für die OSZE, die im November 1993 Prinzipien zur Regelung des Transfers konventioneller Waffen und im Dezember 1994 Prinzipien zur Regelung der Nichtverbreitung annahm, es gilt aber auch für die Europäische Union und ihren Verhaltenskodex für Rüstungsexporte vom Juni 1998. Sämtliche Vereinbarungen, die den Transfer von konventionellen Kriegswaffen, Munition und Rüstungsmaterial betreffen, sind auf multilateraler Ebene ausschließlich politisch verbindlich. Ihre Anwendung ist gemäß Artikel 296 EU-Vertrag der Auslegung durch die Staaten überlassen und – soweit überhaupt geregelt – ihrer souveränen Jurisdiktion unterworfen.

Vor allem Frankreich und Großbritannien sperren sich in der EU gegen grundsätzliche Änderungen an dieser Lage, weil sie eigene Sonderinteressen gefährdet sehen, darunter ihre überseeischen Bindungen und ihre Vollmachten als Ständige Mitglieder des UN-Sicherheitsrates. In Frankreich kommt die Angst vor feindlichen Übernahmen von Rüstungsunternehmen mit staatlichen Besitzanteilen und deren mögliche politische Folgen hinzu. Versuche anderer EU-Mitglieder, darunter auch Deutschlands, den Artikel 296 zu relativieren oder gar überwinden, sind bisher gescheitert. Es ist dieses Scheitern, das zugleich den Druck auf eine Abkehr von nationalen Restriktionen im Interesse der Gleichbehandlung, d.h. einer "Harmonisierung", erhöht.

Fortschritte waren bisher nur auf zwei Wegen möglich, durch Vereinbarung gemeinsamer Regeln (Prüfkriterien) für die Kontrolle – nicht für die Restriktion – des allgemeinen Transfers von Rüstungsgütern und durch gemeinsame Beschränkung des Transfers von bestimmten Rüstungsgütern in Form *Gemeinsamer Aktionen* gemäß Art. 14 EU-Vertrag (J.3), wenn eine solche Beschränkung im Interesse aller Mitglieder liegt. Beispiele für den ersten Bereich bieten das *Schengener Abkommen* (Kapitel 7), die EG-VO 3381/94 zur Ausfuhrkontrolle von Gütern mit doppeltem Verwendungszweck und die Regeln des *Wassenaar-Arrangements*. Im zweiten Falle ist vor allem die am 17. Dezember 1998 durch den Europäischen Rat beschlossene *Gemeinsame Aktion 1999/34/GASP* zur Bekämpfung der destabilisierenden Anhäufung und Verbreitung von Kleinwaffen und leichten Waffen zu nennen. Auch der Beschluß des Rates, auf der Grundlage des EU-Verhaltenskodex ab sofort jährlich Berichte über die Ausfuhrpolitik und -praxis veröffentlichen, ist positiv zu würdigen. Jedoch bestätigte bereits der erste Bericht vom 28. September 1999 das weiterhin sehr differenzierte Verständnis der Mitgliedsländer zur Notwendigkeit einer größeren Transparenz. Dänemark und Griechenland verzichteten zum Beispiel darauf, den Wertumfang ihrer Ausfuhren zu beziffern. Ein Drittel der EU-Staaten unterließ Mitteilungen an die Partner hinsichtlich abgelehnter Ausfuhrlizenzen. Während einzelne Staaten, darunter die Niederlande, Ausfuhrpositionen einzeln aufschlüsseln, ist dies bei anderen Staaten – darunter Deutschland – unter Hinweis auf die Wahrung von "Betriebsgeheimnissen" bisher nicht der Fall. Während sich also die Kluft zwischen Normierung und Praxis eines kontrollierten Rüstungsexportes nur geringfügig schließt, versammeln sich gleichzeitig die Bataillone derjenigen, die zum "europäischen Sturm" auf die internationalen Rüstungsmärkte blasen – trotz der längst bewiesenen Wechselwirkungen von Waffenhandel und Krieg, der Ausbreitung von Chaos, Spannungen und Gewalt in aller Welt.

So ist schon seit Jahren eine nachholende Konzentration auf dem europäischen Rüstungsmarkt zu beobachten. Der Zusammenschluß von DASA und Aerospatiale sowie der Einkauf in die spanische CASA ist nur ein Glied in einer ganzen Serie von Firmenfusionen. Herrschaft über den Markt ist das treibende Motiv der Industrie. Konzentration liegt jedoch auch im Interesse der Staaten, die größeren Einfluß bei den anstehenden institutionellen Reformen und der Erweiterung der EU wittern, aber auch Hoffnungen auf eine erhöhte Wirtschaftskraft und die Einsparung von Kosten hegen. Angesichts der Entscheidungen zur GESVP können die Vertreter des Ausbaus einer transnationalen Rüstungsbasis der EU mit noch stärkerem Rückenwind rechnen. Es ist zu vermuten, daß künftig jeder Versuch der Gegenwehr dem Vorwurf ausgesetzt wird, die Festigung der Union solle erschwert, Sonderwege beschritten werden. Solche Vorwürfe haben ihre Wirkung zumeist nicht verfehlt, waren sie an die deutsche Adresse gerichtet. Die fast kleinlaute Rücknahme der vollmundigen Forderung nach Abänderung der NATO-Nuklearstrategie ist hierfür nur ein Beispiel.

Es bleibt deshalb unklar, ob die Koalition das Stehvermögen besitzt, die europäischen Partner von der Richtigkeit der eigenen Position zu überzeugen. Die Entwicklung weist jedenfalls seit dem Kölner EU-Gipfel 1999 in eine andere Richtung. Bemühungen um die Schaffung einer Europäischen Rüstungsagentur schreiten weiter voran. Mit der vorgesehenen Einbindung der WEU in die EU und dem Aufbau einer Kampftruppe von 60.000 Mann erhalten sie noch zusätzlich beschleunigende Impulse. Die vier größten Rüstungsproduzenten der EU (Deutschland, Frankreich, Großbritannien, Italien), die zusammen mehr als drei Viertel aller EU-Kapazitäten binden, haben außerdem damit begonnen, sich institutionell auf Abstimmungsverfahren für die Rüstungskooperation und gemeinsame Regeln für die Ausfuhr von Rüstungsgütern zu verständigen. Dies geschieht innerhalb der von ihnen im September 1998 gegründeten OCCAR (*Organisme Conjoint de Coopération en Matière d´Armement*), die inzwischen ihren Sitz in Bonn genommen hat. Hinzu kommt die zu erwartende Einigung der vier Staaten mit Spanien und Schweden auf einen gemeinsamen Rahmen für die Tätigkeit transnational agierender Rüstungsunternehmen (*Letter of Intent*), der neben einer Angleichung von Gesetzen und Verfahrensbestimmungen für die Ländergruppe auch eine gemeinsame "Positivliste" für die Durchführung von Rüstungsexporten vorsieht. Ist die Harmonisierung von Verfahrensregeln für Kooperation und Export zu begrüßen, so steht doch zu befürchten, daß für den Fall der Einigung auf den kleinsten gemeinsamen Nenner strengere nationale Ausfuhrbestimmungen auf der Strecke bleiben. Da die Vereinbarung der Ratifikation bedarf, könnten sogar die politischen Möglichkeiten, auf nationaler Ebene weiterhin strengere Maßstäbe anzulegen – zum Beispiel gemäß der neuen Exportrichtlinien der Bundesregierung – auf "kaltem Wege" des Gesetzes ausgehebelt werden. Insgesamt besteht keineswegs Grund zu übertriebener Zuversicht. Die Bundesregierung trägt eine entscheidende Last der Verantwortung für die anstehenden Weichenstellungen in der EU. Die Glaubwürdigkeit ihrer erklärten Absichten wird dabei am Ergebnis zu messen sein.

Hans J. Gießmann

1.13. Die Zukunft der Bundeswehr – Von der Wehrpflicht zur Berufsarmee

Wiederbewaffnung und Wehrpflicht als Verfassungsproblem

Spätestens seit der Teilnahme der Bundesrepublik Deutschland an dem verfassungs- und völkerrechtswidrigen Kosovo-Krieg der NATO im Frühjahr 1999 können die historischen und konstitutionellen Wurzeln der Bundeswehr gar nicht eindringlich genug in Erinnerung gerufen werden. Das Grundgesetz enthält eine ganze Anzahl wohl einmaliger Verfassungnormen von sowohl grundrechtlicher als auch friedenspolitischer Bedeutung. Mit ihnen wollte der Parlamentarische Rat der zu errichtenden Bundesrepublik innenpolitisch, vor allem aber auch außenpolitisch den bewußten Neuanfang sichern: Der Friedenswille des deutschen Volkes sollte in eindeutiger Abkehr von einem System, das selbst vor Angriffskrieg und Massenmord nicht zurückgeschreckt war, zum unabänderlichen Leitgedanken und Wesensmerkmal des Grundgesetzes und der aus ihm erwachsenden Bundesrepublik erhoben werden.

Militärische Streitkräfte hatte der Parlamentarische Rat dagegen nicht vorgesehen. Entsprechend enthielt das Grundgesetz von 1949 keinen Wehrverfassungsteil. Allerdings schloß der Parlamentarische Rat eine Wiederbewaffnung des zukünftigen deutschen Staates als politische Option auch nicht ausdrücklich aus. Es war daher zulässig, aber eben auch unabdingbare Voraussetzung für die Einführung der Bundeswehr, militärische Streitkräfte durch Grundgesetznovellen verfassungsrechtlich zu legalisieren – juristisch gesehen ein erstes großes Reformvorhaben der jungen Bundesrepublik; politisch betrachtet sogar ein quasi-revolutionärer Akt. Seine demokratische Legitimation fand dieser Akt in der breiten und teilweise heftig geführten öffentlichen Diskussion zu Anfang der fünfziger Jahre um Wiederbewaffnung, Wehrbeitrag und Westintegration. Der eindeutige Sieg der CDU/CSU in der Bundestagswahl von 1953 machte für Konrad Adenauer den verfassungsrechtlichen Weg frei, mit der notwendigen Zweidrittelmehrheit des Bundestages das Grundgesetz zu ändern, die allgemeine Wehrpflicht einzuführen und deutsche Streitkräfte – die Bundeswehr – aufzustellen. Im einzelnen gingen insbesondere zwei Veränderungen in das Grundgesetz ein: In Art. 87a Abs. 1 Satz 1 GG – einer Regelung der Zuständigkeit (Exekutivkompetenz) – wurde verdeutlicht, daß der Bund (und nicht die Länder) “Streitkräfte zur Verteidigung” aufstellt. Mit Art. 12a Abs. 1 GG – einer Norm mit Ermächtigungscharakter – wurde geklärt, daß Männer vom vollendeten achtzehnten Lebensjahr an zum Dienst in den Streitkräften, im Bundesgrenzschutz oder in einem Zivilschutzverband verpflichtet werden “können”.

Wie bereits früher dargelegt, handelt es sich jeweils um rechtslogisch und gesetzessystematisch zutreffende Verankerungen in Form von “Kann-Bestimmungen” (vgl. Friedensgutachten 1997, Beitrag 4.4.). Sie konnten und wollten weder Leitgedanken des Grundgesetzes, wie sein herausragendes Friedensgebot, noch verfassungsrechtliche Wesensmerkmale, wie die starke Stellung der Grundrechte, verändern. Dies wird insbesondere bei Art. 12a Abs. 1 GG deutlich (“Männer können ... verpflichtet werden”). Die Norm erklärt die Wehrpflicht, d.h. eine öffentliche Dienstpflicht gemäß dem Grundgesetz der Bundesrepublik, für zulässig. Einen Imperativ setzt sie jedoch nicht. Die Wehrpflicht des Grundgesetzes besitzt keinesfalls den Charakter einer “Grundpflicht”; sie ist vielmehr "lediglich" eine Rechtspflicht, die erst durch die politischen Entscheidungsträger mit Leben gefüllt wird, gegebenenfalls aber auch unausgefüllt bleiben kann. Mehr noch: Als Ausnahmeregelung von den im Grundgesetz verankerten individuellen Freiheitsrechten (insbes. der Berufs- und Arbeitsfreiheit aus Art. 12 Abs. 1 GG) muß sie sogar ungenutzt bleiben, wenn von einer wehrpolitisch begründbaren Rechtfertigung der Wehrpflicht nicht mehr die Rede sein kann. Dem vormaligen Präsidenten des Bundesverfassungsgerichtes, Roman Herzog, ist deshalb zuzustimmen, wenn er als Bundespräsident im Rahmen einer Rede aus Anlaß des vierzigjährigen Bestehens der Bundeswehr die Frage aufwarf: "Wozu überhaupt Wehrpflicht?", um dann zu erklären:[1] "Die vielfältigen Vorteile für Staat und Streitkräfte reichen meines Erachtens nicht als Begründung aus, ebensowenig wie wolkige Rufe nach mehr Pflichtgefühl der jungen Leute. Die Wehrpflicht ist ein so tiefer Eingriff in die individuelle Freiheit des jungen Bürgers, daß ihn der demokratische Rechtsstaat nur fordern darf, wenn es die äußere Sicherheit des Staates wirklich gebietet. Sie ist also kein allgemeingültiges ewiges Prinzip, sondern sie ist auch abhängig von der konkreten Sicherheitslage. Ihre Beibehaltung, Aussetzung oder Abschaffung und ebenso die Dauer des Grundwehrdienstes müssen sicherheitspolitisch begründet werden können. ... Es ist vor allem die Landes- und Bündnisverteidigung und nicht die Beteiligung an internationalen Missionen, die Umfang und Struktur der Bundeswehr und die Beibehaltung der Wehrpflicht rechtfertigen."

Wehrpflicht und Landesverteidigung zu Zeiten des Kalten Krieges

Mit der Aufstellung von Streitkräften und dem Beitritt zur NATO akzeptierte die Bundesrepublik Deutschland in den fünfziger Jahren eine Kriegsverhütungs- und Verteidigungsdoktrin, die über Jahrzehnte hinweg mit den Begriffen "Abschreckung" und "Vorneverteidigung" gekennzeichnet wurde: Nach der Abschreckungsdoktrin sollten die Bündnisstaaten fähig und willens sein, sich gemeinsam nicht nur zu verteidigen, sondern auch das Risiko eines Angriffskrieges für den Aggressor unkalkulierbar zu halten. Diesem Ziel der Kriegsverhütung durch Abschreckung sollte die Strategie der *flexible response*, der "flexiblen Reaktion", dienen. Sie wiederum gliederte sich in drei militärische Reaktionsarten, deren Durchführung je nach Lage nacheinander oder gleichzeitig als möglich angesehen wurden: die "Direktverteidigung", die "vorbedachte Eskalation", die "Allgemeine Nukleare Reaktion". Wegen der Disparitäten in den Streitkräften (angebliche oder tatsächliche konventionelle Überlegenheit des Warschauer Paktes), ferner wegen der geostrategischen Asymmetrien (Landmacht Sowjetunion/Seemacht USA) und schließlich wegen der geringen Tiefe des Raumes in Mitteleuropa wurde das Prinzip der "Vorneverteidigung" als ein, wenn nicht sogar als das Kernstück des sicherheitspolitischen Konzepts der NATO und ihrer Strategie angesehen. Als Grundsatz verlangte die Vorneverteidigung im Kriegsfall die grenznahe zusammenhängende Verteidigung mit dem Ziel, möglichst wenig Gebiet zu verlieren.

Als Frontstaat zwischen Ost und West kam der Bundesrepublik Deutschland im Kalkül von Abschreckung und Vorneverteidigung sowohl strategisch als auch operativ

1 Roman Herzog: Vierzig Jahre Bundeswehr – Bilanz und Perspektiven, in: Bulletin der Bundesregierung 97/1995, S. 942 f.

die entscheidende Rolle zu. Zu den Folgen gehörte die Aufstellung einer Bundeswehr in einem Umfang von ca. 500.000 Soldaten. Ferner gehörte zu den Folgen die Stationierung von weiteren Streitkräften ausländischer Bündnispartner auf bundesdeutschem Boden in einem ähnlich hohen Gesamtumfang. Zu Beginn des Jahres 1990, d.h. am Ende des Ost-West-Konfliktes, standen allein im geteilten Deutschland beiderseits der Grenze ca. 1,5 Millionen Soldaten unter Waffen. Zu ihrer Ausrüstung gehörten ca. 13.000 Kampfpanzer und gepanzerte Gefechtsfahrzeuge, 8.000 Artilleriegeschütze, 1.100 Kampfhubschrauber, ca. 1.200 Kampfflugzeuge, von den Nuklearwaffen ganz zu schweigen. Nirgendwo auf der Welt sonst existierte jemals zuvor oder danach eine solche – nahezu unvorstellbare – Zusammenballung von Destruktionspotential. Nirgendwo sonst hätte die "Vorneverteidigung" im Falle des Ausbruchs eines Krieges so verheerende Wirkung hervorgerufen wie auf deutschem Territorium. Die Verteidigung der Bundesrepublik, verstanden als Vorneverteidigung des Bündnisses, verlangte in der zweiten Hälfte des 20. Jahrhunderts zweifelsohne die Inanspruchnahme der allgemeinen Wehrpflicht in Deutschland. Ohne sie wäre die Bundeswehr im genannten Umfang weder personell noch finanziell möglich gewesen. Seit Bestehen der Wehrpflicht wurden weit über sieben Millionen junge Männer eingezogen. Zu den makabren Paradoxien des Abschreckungssystems der vergangenen Jahrzehnte gehört es allerdings, daß Bundeswehr und allgemeine Wehrpflicht im Ernstfall gerade zur Vernichtung dessen beigetragen hätten, was zu verteidigen ihre wehrpolitische als auch verfassungsrechtliche Aufgabe war.

Landesverteidigung und Krisenintervention nach dem Ende des Ost-West-Konflikts

Vor dem Hintergrund dieser Analyse ist es kein Zufall, wenn die NATO- Strategie spätestens seit Beginn der achtziger Jahre in eine zunehmende Glaubwürdigkeitskrise geriet: Die Debatten um die sogenannte "Nachrüstung" oder um den "Krieg der Sterne" (*Strategic Defense Initiative*/SDI) sind hierfür ebenso bezeichnend wie die Diskussionen um durchaus gegenläufige Vorschläge zur Veränderung der NATO-Strategie. Zu nennen sind hier insbesondere der Vorschlag, von der Vorneverteidigung zur Vorwärtsverteidigung überzugehen (Rogers-Plan) oder die vielfältigen Modelle und Vorschläge im Rahmen der Diskussionen um Strukturelle Angriffsunfähigkeit bzw. um die strukturelle Kriegsführungsunfähigkeit hochindustrialisierter Staaten.

Weniger allerdings die Diskussionen um die Veränderungen der bis dato vorherrschenden NATO-Strategie als vielmehr die revolutionären Umwälzungen in Mittel- und Osteuropa in den Jahren 1989/90 und das Ende des Abschreckungssystems führten im November 1991 auf dem Gipfel der Staats- und Regierungschefs der NATO in Rom zur Verabschiedung eines neuen "Strategischen Konzepts des Bündnisses". Dieses strategische Konzept kann als Abkehr von der Bipolarität einerseits und einer allumfassenden Bedrohungswahrnehmung andererseits bezeichnet werden. Das Territorium der NATO-Staaten wird nunmehr zu Beginn der neunziger Jahre als nur noch an der Peripherie gefährdet angesehen. Insbesondere auch Deutschland wird "als von Freunden umgeben" bezeichnet. Neben der Fähigkeit zur Bündnisverteidigung – die angesichts der veränderten Bedrohungslage immer mehr in den Hintergrund tritt – sollen die Armeen der NATO-Staaten künftig die Fähigkeit zur schnellen Krisen- und Konfliktbewältigung besitzen. Infolgedessen werden zwei unterschiedliche Arten von Streitkräften geschaffen: zum einen die verbal immer noch als Hauptverteidigungskräfte bezeichneten Kontingente, die aber in ihrer Einsatzbereitschaft herabgesetzt sind und erst nach einer längeren Vorbereitungszeit zur Bündnisverteidigung genutzt werden können; zum anderen die zwar vorerst zahlenmäßig kleineren Krisenreaktionskräfte, die aber aufgrund ihrer erhöhten Mobilität und Flexibilität sowie gestärkten Einsatzbereitschaft zur Krisen- und Konfliktbewältigung jenseits der Landesverteidigung vorgesehen sind.

Um es den europäischen NATO-Staaten zu ermöglichen, Maßnahmen zur Aufrechterhaltung der Stabilität in Europa auch ohne die USA, aber unter Nutzung des Materials und der Logistik des Bündnisses durchzuführen, wurde ferner im Juni 1996 auf der Berliner NATO-Ratstagung das Konzept der *Combined Joint Task Force* (CJTF) verabschiedet. Mit diesem sogenannten CJTF-Konzept sollen die NATO-Partner in die Lage versetzt werden, mit unterschiedlicher Beteiligung militärische Operationen durchzuführen. Diese Operationen können auch Maßnahmen und Aktivitäten jenseits der sogenannten Artikel-5-Verpflichtung, d.h. der Landes- und Bündnisverteidigung, sein. Sie können ferner auch außerhalb des NATO-Bündnisgebietes stattfinden, und es können Streitkräfte der Allianzpartner sowohl unter dem Kommando der NATO als auch unter dem der WEU eingesetzt werden. Die Westeuropäische Union (WEU) hatte ihrerseits bereits im Juni 1992 die sogenannte Petersberg-Erklärung des Ministerrats gefaßt. Sie legt fest, daß militärische Einheiten "auch für folgende Zwecke eingesetzt werden: humanitäre Aufgaben und Rettungseinsätze, friedenserhaltende Aufgaben, Kampfeinsätze bei der Krisenbewältigung, einschließlich Maßnahmen zur Herbeiführung des Friedens".

Bis zur Öffnung der NATO nach Osten erstreckte sich der geographische Geltungsbereich des Nordatlantikvertrages auf die Territorien der 16 alten Bündnismitglieder. Bereits durch die deutsche Vereinigung im Oktober 1990 hatte sich das NATO-Hoheitsgebiet um das Territorium der ehemaligen DDR erweitert. Allerdings schließt der "Zwei-plus-Vier-Vertrag" vom 12. September 1990 aus, daß NATO-Truppen auf dem Gebiet der neuen Bundesländer stationiert werden können. Mit dem Beitritt Polens, Tschechiens und Ungarns umfaßt das NATO-Gebiet seit März 1999 auch das Territorium dieser Länder des vormaligen Warschauer Vertrages. In einem weiteren Sinne geht das NATO-Gebiet mittlerweile aber noch über die genannten Länder hinaus. Bereits im Dezember 1991, also kurz nach dem Ende des Ost-West-Konfliktes und der Auflösung des Warschauer Paktes sowie der Sowjetunion, beschloß die Allianz, einen NATO-Kooperationsrat (NAKR) zu schaffen. Dieser Rat sollte die Zusammenarbeit mit den Staaten Osteuropas regeln und fördern. Zu diesem Zweck bot die NATO den Mitgliedern des Kooperationsrates u.a. im Januar 1994 eine "Partnerschaft für den Frieden" an. Im Mai 1997 ging der NAKR in den Euro-Atlantischen Partnerschaftsrat (EAPR) über. Der EAPR umfaßt mittlerweile 44 Staaten, die offizielle Vertretungen bei der NATO unter der Leitung eines Botschafters eingerichtet haben, darunter alle 15 Nachfolgerepubliken der ehemaligen Sowjetunion.

Die Entwicklung des strategischen Konzepts der NATO nach dem Ende des Ost- West-Konfliktes fand ihren vorläufigen Höhepunkt im Rahmen des Gipfeltreffens aus Anlaß des fünfzigjährigen Bestehens im April 1999 in Washington. Dem Gipfeltreffen vorausgegangen war die Diskussion einer Reihe kontroverser Positionen, darunter die Frage der Erforderlichkeit eines Mandates der Vereinten Nationen als Voraussetzung für eventuelle

Einsätze der NATO – eine Frage, die bis dahin stets bejaht worden war. Zu den Streitpunkten gehörte aber auch der Katalog der zukünftigen Aufgaben der NATO, der insbesondere nach Ansicht der USA weit über die bisherige Landesverteidigung gemäß Artikel 5 hinausgehen und auch die Interessensicherung außerhalb des NATO-Gebietes mit umschließen sollte. Nicht zuletzt stand schließlich die künftige Rolle der Atomwaffen und ihres Ersteinsatzes zur Debatte. Entgegen ihrer bis dato stets nachdrücklich vertretenen Auffassung führte die NATO zur Verhütung einer "humanitären Katastrophe" im Frühjahr 1999 einen von den Vereinten Nationen nicht mandatierten Luftkrieg gegen Jugoslawien. Sicherlich mit Blick auf den zu diesem Zeitpunkt noch andauernden Krieg wurde das neue strategische Konzept der NATO am 23./24. April 1999 in Washington schließlich als ein Konsenspapier verabschiedet, in dem die neuen Aufgaben und Instrumente der NATO lediglich in allgemeiner Form beschrieben werden, d.h. wegen mangelnder Präzision sind sie für weite Interpretationen zugänglich. Gleichwohl macht das neue strategische Konzept der NATO durch verschiedene Formulierungen hinreichend deutlich, daß zur klassischen Kernfunktion der Bündnisverteidigung in Zukunft auch andere Aufgaben der Konfliktverhütung und Krisenbewältigung treten werden, "einschließlich der Möglichkeit der Durchführung von nicht unter Artikel 5 fallenden Krisenreaktionseinsätzen".

Ergänzt und bestätigt wird diese Tendenz der NATO – weg von der Landes- und Bündnisverteidigung hin zur Krisenintervention – auch und gerade durch Beschlüsse der europäischen NATO-Partner: Auf dem Gipfel des Europäischen Rates der EU in Köln im Juni 1999 wurde der "Ausbau von wirksamen europäischen militärischen Fähigkeiten" und die "Umstrukturierung der europäischen Verteidigungsindustrien mit dem Ziel einer engeren und effizienteren Zusammenarbeit" beschlossen. Im Rahmen des EU-Gipfels von Helsinki im Dezember 1999 einigten sich die Staats- und Regierungschefs ferner, bis zum Jahr 2003 eine Schnelle Eingreiftruppe von bis zu 60.000 Soldaten aufzustellen – für Aufgaben jenseits der Landesverteidigung, wie sie in der Petersberg-Erklärung von 1992 festgehalten wurden.

Bleibt nachzutragen, daß sich die Militärausgaben der NATO-Mitgliedstaaten nach Angaben der Allianz (für 1997) auf ca. 465 Milliarden US-Dollar belaufen. Zählt man die Ausgaben der drei neuen Mitglieder Polen, Tschechien und Ungarn hinzu und bezieht auch die Investitionspläne, insbesondere der USA, mit ein, so kann davon ausgegangen werden, daß die NATO gegenwärtig für Militär und Rüstung bis zu 500 Milliarden US-Dollar jährlich aufbringt. Damit tragen die 19 Staaten der NATO etwa vier bis fünf Achtel der gesamten Weltmilitärausgaben von etwa 190 Staaten. Zum Vergleich: Rußland soll für 1999 einen Militärhaushalt von ca. 20 bis 40 Milliarden US-Dollar vorgesehen haben. Die Anzahl der NATO-Soldaten hat sich im Zeitraum von 1985 bis 1997 von 5,4 Millionen Soldaten auf ca. vier Millionen Soldaten verringert. Der Anteil der USA an diesem Streitkräftebestand betrug 1997 ca. 1,5 Millionen Soldaten, derjenige der europäischen NATO-Staaten auf 2,5 Millionen Soldaten. Die Gesamtzahl der europäischen Nicht-NATO-Staaten belief sich 1997 auf ca. 1,85 Millionen Soldaten, die Zahl der russischen Soldaten wird mit 1,2 Millionen Personen angegeben, dürfte aber eher bei weniger als einer Million Soldaten liegen.

Die überwiegende Mehrheit der europäischen Nicht-NATO-Staaten sind der Allianz in vielfältiger Weise verbunden bzw. assoziiert. Selbst wenn man also fortfahren würde, eine Bedrohung der NATO durch den größten europäischen Nicht-NATO-Staat, Rußland, anzunehmen – ein Widerspruch zur NATO-Rußland-Akte von 1997 – so muß doch von einem Kräfteverhältnis zugunsten der NATO bzw. Westeuropas in einer Relation von drei zu eins bis fünf zu eins ausgegangen werden. Ein ähnliches Verhältnis gilt auch für die Großwaffensysteme in Europa – Kampfpanzer, gepanzerte Kampffahrzeuge, Artilleriewaffen, Kampfflugzeuge und Angriffshubschrauber –, deren Bestände durch den Vertrag über Konventionelle Streitkräfte in Europa (KSE) vom 19. November 1990 begrenzt werden. Zusammenfassend kann festgehalten werden,

- daß die Staaten der NATO und unter ihnen an erster Stelle die Bundesrepublik Deutschland noch nie so wenig bedroht waren wie in der Gegenwart (und wohl auch in der überschaubaren Zukunft),
- daß ferner die NATO militär- und machtpolitisch noch nie so unangefochten stark war wie heute,
- daß schließlich die Tendenz der Mitgliedstaaten von NATO, WEU und EU dahin geht, ihren Streitkräften immer weniger eine Funktion der Landesverteidigung als eine der Krisenintervention zuzusprechen.

Ist diese Lage- und Tendenzanalyse zutreffend, so kann sie nicht ohne Auswirkung auf die Verfassungsmäßigkeit der Wehrpflicht in Deutschland bleiben. Spätestens mit der veränderten sicherheitspolitischen Lage zu Beginn des 21. Jahrhunderts ist auch die Begründung für die Wehrpflicht als unabdingbare "Ausnahme" von den im Grundgesetz verankerten Freiheitsrechten entfallen. Richtig bleibt zwar – wie bereits früher betont (Friedensgutachten 1997, Beitrag 4.4.) –, daß in eine Lagebeurteilung stets politische und auch subjektiv gefärbte Einschätzungen und Wertungen mit einfließen. Dies gilt insbesondere für Fragen der Sicherheitspolitik, d.h. für einen politischen Gestaltungsbereich, in dem die Risiken und Gefahren von morgen durch die Prävention von heute entscheidend gemindert werden können. Grundsätzlich muß deshalb der Sicherheitspolitik ein breiter Ermessens- und Entscheidungsspielraum zugestanden werden. Hervorzuheben ist gleichwohl, daß es im vorliegenden Fall nicht um die – im übrigen zulässige – Abschaffung der Bundeswehr geht, sondern um die Veränderung des Charakters der Bundeswehr weg von einer (ohnehin nur noch teilweisen) Wehrpflichtarmee hin zu einer Streitkraft, bestehend aus Freiwilligen bzw. Zeit- und Berufssoldaten. Wie die Lagebeurteilung zeigt, wie aber auch die entsprechenden Umstrukturierungsmaßnahmen bei den Streitkräften der meisten Nachbarn Deutschlands belegen, ist die Beibehaltung der Wehrpflicht keinesfalls mehr sicherheitspolitisch erforderlich. Mit anderen Worten: Auch wenn sich die Wehrpflicht seit dem Ende des Ost-West-Konfliktes 1989/90 noch wegen des angeführten Ermessensspielraums für Jahre in einer Grauzone des "Noch-Verfassungsgemäßen" bewegen konnte, so wurde doch in dem Maße, in dem sich die sicherheitspolitische Lagebeurteilung über ein Jahrzehnt hinweg Tag für Tag bestätigte, die Verfassungwidrigkeit der Fortführung der Wehrpflicht immer deutlicher erkennbar. Bundestag und Regierung sind deshalb gut beraten, die Fortführung der Wehrpflicht in Deutschland möglichst rasch auszusetzen und die vom Bundesminister der Verteidigung noch für dieses Jahr angekündigten Vorschläge zur Neustrukturierung der Bundeswehr als Chance zur Diskussion eines Reformmodells der Bundeswehr auf der Basis einer Freiwilligenstreitkraft zu diskutieren.

Die Bundeswehr der Zukunft – Grundzüge eines Reformmodells

Wie ein solches Reformmodell aussehen könnte, hat in den vergangenen Monaten eine aus Wissenschaftlern, Offizieren und Politikern zusammengesetzte Expertenkommission "Europäische Sicherheit und die Zukunft der Bundeswehr" am Institut für Friedensforschung und Sicherheitspolitik an der Universität Hamburg (IFSH) diskutiert. Zu den Überlegungen und ersten Ergebnissen der Kommission gehören u.a.:[2]

- Die Wehrpflicht und mit ihr die Bundeswehr in der gegenwärtigen Form sind Relikte längst vergangener Zeiten. Ihre Fortführung ist nur noch ideologisch begründbar ("Demokratie und Wehrpflicht sind Kehrseiten einer Medaille"). Ideologie aber ist der größte Feind von Modernisierung, Leistungsorientierung und Kosteneffizienz. Demokratische Staaten wie Frankreich, Großbritannien oder die USA haben deshalb bereits vor Jahren Grundsatzentscheidungen für die Aufstellung von Freiwilligen- oder Berufsarmeen getroffen. In der deutschen Diskussion werden dagegen noch immer die Panzerschlachten der Vergangenheit geführt.
- Die Entscheidung für eine Freiwilligenstreitmacht ist längst überfällig. Sie muß unverzüglich getroffen werden. Durch das Aussetzen der Einberufung von Wehrpflichtigen für ein Jahr würden ca. 3,5 Milliarden Mark eingespart. In Kauf genommen werden muß kurzfristig allerdings eine unausgewogene Struktur. Dies ist jedoch allein der Tatsache geschuldet, daß die Chance, Übergänge zu schaffen, seit Jahren verpaßt wurde. Unabdingbare, wenngleich schmerzhafte Einschnitte werden aber nicht erträglicher, wenn überfällige Entscheidungen immer wieder und wieder verschoben werden – im Gegenteil.
- Wird die Wehrpflicht ausgesetzt, reduziert sich der Bestand der Bundeswehr von gegenwärtig ca. 330.000 Soldaten und Soldatinnen schlußendlich auf ca. 200.000 Freiwillige und Berufssoldaten. Dieser Bestand reicht – rechnerisch betrachtet – für die künftigen Anforderungen an die Bundeswehr aus. Für Deutschland sind es Herausforderungen, Bedrohungen, Gefahren, Risiken, die sich nicht gegen das Land allein richten, sondern Deutschland als Mitglied eines Militärbündnisses (konkret: als Mitglied in der NATO und der WEU), künftig vielleicht sogar als Mitglied in einem regionalen System Kollektiver Sicherheit in und für Europa betreffen. In dem Maße aber, in dem die kollektive Sicherheitsleistung eines Militärbündnisses oder eines Systems Kollektiver Sicherheit an die Stelle der nationalen Sicherheitsvorsorge tritt, wird Abrüstung möglich. Darüber hinaus dürften in vielen Konfliktfällen weniger als 100.000 Soldaten ausreichen, um auch einem erweiterten Aufgabenspektrum gerecht zu werden bzw. um die Normen der Völkergemeinschaft durchzusetzen (vgl. z.B. SFOR in Bosnien oder KFOR im Kosovo). Aber selbst mit Blick auf die traditionelle Aufgabe der Landesverteidigung, die einen (derzeit wohl kaum möglichen) großangelegten Angriff gegen Deutschland mit einschließt, wird sich ein (im traditionellen Sinne) starkes Militärbündnis bzw. eine starke Europäische Sicherheitsgemeinschaft mit multinationalen Streitkräften im Umfang von ca. ein bis zwei Millionen Soldaten begnügen können. Die derzeitigen Streitkräftezahlen in und für Europa gehen nicht nur erheblich über dieses Limit hinaus. Vielmehr ist auch kein Staat erkennbar (auch nicht Rußland), der – aus

2 Die Kommission wird von Oberstleutnant i. G. Dr. Jürgen Groß koordiniert, dessen Anregungen in die nachfolgende Darstellung eingegangen sind.

welchen Gründen auch immer – einen Krieg gegen Deutschland und seine Verbündeten mit Aussicht auf Erfolg führen könnte. Für Deutschland (und in ähnlicher Weise für alle anderen europäischen Staaten auch) ist damit – endlich – die Chance zur Abrüstung sogar auf Kontingente jenseits des hier vorgeschlagenen Modells von 200.000 Soldaten bei einer erheblichen Reduzierung der Wehretats gegeben.

- Geht man davon aus, daß Europa künftig eine gemeinsame Außen- und Sicherheitspolitik betreiben wird, so muß das Konzept der parallelen Aufstellung nationaler Armeen grundsätzlich überdacht werden. Das organisatorische und militärische Strukturgerüst eines eurokollektiven Sicherheitssystems, das modern, leistungsstark und gleichwohl schlank sein muß, verlangt neben der zumindest teilweisen Supranationalität der Streitkräfte und der Bildung gemischt-nationaler Kontingente eine verstärkte Arbeitsteilung unter den Mitgliedsstaaten der NATO, der Europäischen Union und gegebenenfalls auch der OSZE. Die arbeitsteilige Spezialisierung und Konzentration der Länder auf jeweils bestimmte Teilstreitkräfte statt wie bisher auf gleichermaßen drei setzt Kapazitäten und Ressourcen frei, die im Verbund der Staaten für die qualifizierte und synergetische Ausbildung und Ausstattung der Soldaten einer modernen Armee insgesamt genutzt werden können.
- Der Kern der künftigen deutschen Einsatzkräfte sollte aus zwölf gleichermaßen vollpräsenten, hochmobilen, modernst ausgerüsteten, infantriestarken Brigaden bestehen. Unter Zugrundelegung einer jeweils viermonatigen Stationierung im Einsatzgebiet und einer dazwischen liegenden 20-monatigen Nachbereitungs-, Konsolidierungs- und Vorbereitungsphase sind diese Kräfte – mit entsprechender Unterstützung – grundsätzlich in der Lage, zwei zeitlich parallele Einsätze, wie sie derzeit und auf absehbare Zeit als wahrscheinlich angenommen werden können, von unbestimmter Zeitdauer durchzuführen. Darüber hinaus wäre es bei diesem zweijährigen Einsatzrhythmus ggf. denkbar, mit den in der zwölfmonatigen Konsolidierungsphase befindlichen Brigaden (insgesamt jeweils sechs) erforderlichenfalls weitere kleinere und zeitlich eng begrenzte Einsätze zusätzlich durchzuführen.
- Zu den Einsatzkräften gehören neben den angeführten zwölf Brigaden – die in der Grundgliederung entweder in nationale Divisionen zusammengefaßt oder aber multinationalen Großverbänden fest zugeordnet werden können – zusätzlich eine Luftwaffen- und eine Marinekomponente, für besondere Einsätze das “Kommando Spezialkräfte” sowie mehrere national frei verfügbare Stäbe auf verschiedenen Führungsebenen (Nationale Befehlshaber im Einsatzgebiet). Die Einsatzkräfte umfassen, im Falle der festen Zuordnung des Großteils der Brigaden zu multinationalen Korps, insgesamt ca. 120.000 Soldaten.
- Die bisherige Gliederung der Streitkräfte in die Teilstreitkräfte Heer, Luftwaffe und Marine wird aufgehoben. “Streitkräftegemeinsame Operationen in multinationalen Formationen sind ein entscheidendes Merkmal militärischer Einsätze geworden. Streitkräftegemeinsame Operationen müssen auch im nationalen Bereich streitkräftegemeinsam geführt werden” (v. Kirchbach). Sämtliche Einsatzkräfte werden daher einem gemeinsamen Führungskommando unterstellt. Daneben treten ein zentrales Kommando für die Ausbildung in den Streitkräften sowie ein zentrales Kommando für Führungs-, Kampf- und Einsatzunterstützung. Diese drei Kommandobehörden sowie das Personalamt werden direkt dem Generalinspekteur der Bundeswehr unterstellt. In

dessen Stab fungieren (neben weiteren militärischen Abteilungen) die Inspekteure von Luftwaffe und Marine als Abteilungsleiter.

- Die Möglichkeiten einer Privatisierung von Dienstleistungen für die Streitkräfte sollen in einem weit größeren Maße als bisher genutzt werden. Als zentrale Aufsichtsbehörde wird ein "Betriebsaufsichtsamt" eingerichtet, das – ebenso wie die in ihrem Personalumfang erheblich reduzierten Ämter für die verbleibenden, nicht sinnvoll zu privatisierenden Aufgaben im Bereich der Rüstungsbeschaffung und der Verwaltung – dem (beamteten) Staatssekretär des Verteidigungsministerium zugeordnet ist.
- Der künftige Personalumfang der Streitkräfte beträgt unter diesen strukturellen Vorgaben ca. 200.000 Soldatinnen und Soldaten. Die Zahl der zivilen Mitarbeiter der Bundeswehr würde sich auf ca. 90.000 reduzieren. Dies impliziert die Aufgabe einer Vielzahl militärischer Liegenschaften und Standorte. In diesem Zusammenhang müssen zwar betriebswirtschaftliche Kriterien die maßgebliche Rolle spielen. Jedoch sollte bei der Neudislozierung den jeweiligen regionalen ökonomischen Strukturen in angemessener Weise Rechnung getragen werden. In jedem Fall muß die Konversion von Bundeswehrliegenschaften mit einem schlüssigen Bundeskonversionsprogramm einhergehen.
- Der Großteil der deutschen Einsatzkräfte sollte den (bereits aufgestellten) multinationalen Korps zugeordnet werden. Als Organisationsprinzip dieser Korps wäre das der Integration (Parität der nationalen Anteile, Rotation bei der Besetzung der Führungspositionen) zu bevorzugen.
- Der zu erwartende Haushaltsmittelbedarf für den Einzelplan 14 beläuft sich für das vorgeschlagene Strukturmodell bei einer angenommenen Investitionsquote von 25 Prozent auf ca. 39 Milliarden DM, bei einer Investitionsquote von 30 Prozent auf ca. 41,5 Milliarden DM (alle Preisangaben berechnet auf das Jahr 2003).[3]

Dieter S. Lutz

3 Die Berechnung wurde vom Institut für Sicherheits- und Militärökonomie der Universität der Bundeswehr München durchgeführt.

1.14. Besser als ihr Ruf – Die Vereinten Nationen im Dienst für den Frieden

"NATO is an organization for war, while the UN is an organization for peace", so formulierte Iqbal Riza 1994 die Auffassung des *Department of Peacekeeping Operations* (DPKO) der Vereinten Nationen, um mir zu Beginn meiner Tätigkeit dort klarzumachen, daß meine Erfahrungen aus dem NATO Hauptquartier nicht für den Dienst im Sekretariat der Vereinten Nationen taugten. Mittlerweile haben UNO und NATO einige Jahre lang zusammengearbeitet. Beide Organisationen sind noch heute auf den Konfliktfeldern des Balkans zum Zusammenwirken gezwungen um der Legitimation ihrer jeweils eigenen Ordnungen und politischen Zukunft willen. Obwohl die Vereinten Nationen mit einigen der in Kapitel VIII der UN Charta angesprochenen Regionalorganisationen in Friedenseinsätzen kooperiert hat – so mit der Organisation Amerikanischer Staaten (OAS) in Haiti, mit der Wirtschaftlichen Gemeinschaft Westafrikanischer Staaten (ECOWAS) in Liberia und mit der Organisation der Afrikanischen Einheit (OAU) in einigen afrikanischen Konflikten – hat doch keine andere eine vergleichbar enge Zusammenarbeit mit den VN aufzuweisen wie die NATO.

Gemäß Artikel 24 (1) der VN-Charta trägt der Sicherheitsrat die Hauptverantwortung für den Weltfrieden und die internationale Sicherheit. Wenn der Rat auch aus 15 Mitgliedsstaaten besteht, von denen die zehn gewählten, nichtständigen Mitglieder dem Gremium den Hauch demokratischer Legitimation verleihen mögen, so sind es doch tatsächlich die fünf ständigen Mitglieder, die bestimmen, was der Rat beschließt. Durch ihre ständige Mitgliedschaft, die ununterbrochene Einbindung in die Entscheidungen der UN und den damit verbundenen Informationsvorsprung haben die fünf Mächte bereits eine überaus privilegierte Stellung. Das Vetorecht, das ihnen darüber hinaus gemäß Artikel 27 zusteht, macht ihre Position in der Weltorganisation gegenüber allen anderen 184 Mitgliedern unvergleichlich. Wenn man angesichts des häufig nicht sachdienlichen Gebrauchs des Vetorechtes auch versucht ist, dessen damalige Einführung als einen Geburtsfehler der Vereinten Nationen zu betrachten, so war es wohl doch der Preis, den alle übrigen Mitglieder zahlen mußten, um die großen Mächte überhaupt in die Ordnungsprinzipien der Organisation einzubinden.

Aktuelle Nutzung des Vetorechtes

Während das Veto in der Zeit des Kalten Krieges wie ein politisches Kampfinstrument verwendet wurde, reicht seither in der täglichen Praxis des Sicherheitsrates schon die Andeutung, daß ein ständiges Mitglied einer gerade diskutierten Resolution nicht zustimmen werde, um das gleiche Ergebnis zu erzielen. In einer Art vorauseilenden Gehorsams wird dann der Resolutionsentwurf so "entschärft", daß man eine totale Blockade des Rates durch ein Veto vermeiden kann.

Jüngste Beispiele für solches Ratsverhalten bietet das Geschehen auf dem Balkan: Die dramatische Zuspitzung der Lage im Kosovo veranlaßte den Sicherheitsrat am 23. September 1998 festzustellen, daß "die Verschlechterung der Situation im Kosovo (Bundesrepublik Jugoslawien) eine Bedrohung des Friedens und der Sicherheit in der Region darstellt … ." Dann folgen in der genannten Resolution 1199 eine Reihe von Aufforderungen an die Adresse der Konfliktparteien, aber der entscheidende Entschluß, eine internationale humanitäre Intervention anzuordnen, erfolgte nicht. Das entsprang dem Bemühen, der Russischen Föderation die Annahme der Entschließung zu ermöglichen. Dennoch wurde die Resolution nur mit 13 Stimmen angenommen, bei Enthaltung Moskaus und Beijings. Der Machthaber in Belgrad interpretierte das russische Abstimmungsverhalten im Rat als das, was es auch sein sollte, nämlich eine Demonstration, daß Moskau jeden Versuch, Maßnahmen gegen das serbische Vorgehen im Kosovo zu beschließen, blockieren werde. Belgrad hatte damit gewissermaßen freie Hand, mit seinen Bürgern albanischer Volkszugehörigkeit nach eigenem Gutdünken zu verfahren.

Ein später oft gebrauchtes Bild forderte, man müsse für eine Lösung des Kosovo-Konfliktes "die Russen ins Boot holen." Mit ihrem eigenen Verhalten im Sicherheitsrat war die Russische Föderation sozusagen selber über Bord gesprungen. Präsident Jelzin hat das später erkannt und darauf nicht nur mit der Ersetzung Primakows durch Tschernomyrdin reagiert, sondern auch mit der Bereitschaft, nach dem Ende der Luftschläge der NATO an der Stabilisierung der Verhältnisse im Kosovo konstruktiv mitzuwirken. Der rein machtpolitisch motivierte Gebrauch des Vetorechts, wie ihn Moskau hier praktiziert hat, muß auf die Vorstellung von einer Weltfriedensordnung destruktiv wirken. Er diskreditiert das Ansehen der Vereinten Nationen und verhindert die wünschenswerte Verrechtlichung der internationalen Beziehungen gerade im Bereich des humanitären Völkerrechts.

Die Volksrepublik China bot ein ähnlich abschreckendes Beispiel für den Umgang mit der "Hauptverantwortung für den Frieden". Es waren besonders glückliche Umstände, die den Sicherheitsrat schon 1992 veranlaßt hatten, in Mazedonien eine Blauhelmtruppe aus je einem Nordischen und einem US- Bataillon zu stationieren. Diese war zunächst Teil der UN Mission UNPROFOR für das ganze ehemalige Jugoslawien, hatte aber den speziellen Auftrag, entlang der mazedonischen Grenze zu Serbien und zu Albanien grenzüberschreitende Gewaltanwendung aus dem oder in das Kosovo zu verhindern. Eine derartige präventive Stationierung von Friedenstruppen zur Verhütung einer als möglich eingeschätzten krisenhaften Entwicklung hatte es in der Geschichte der Vereinten Nationen noch nicht gegeben.

Der Einsatz wurde zwar besonders von den Russen kritisch verfolgt, weil sie Vorbehalte gegen die Beteiligung der USA an dieser Friedenstruppe im "russischen Interessengebiet Balkan" hatten, aber dennoch gelang es, die jedes halbe Jahr notwendige Verlängerung des Mandats im Sicherheitsrat durchzusetzen. Dieser Präzedenzfall eines präventiven Einsatzes von Blauhelmen überzeugte angesichts der dramatischen Zuspitzung der Lage im Kosovo auch Moskau so, daß es 1998 sogar einer Verstärkung der Kräfte zustimmte. Die von Generalsekretär Kofi Annan im Februar 1999 dem Sicherheitsrat vorgeschlagene abermalige Verlängerung des Mandats hätte darum eine reine Routineangelegenheit sein sollen. Um so mehr überraschte deshalb das Veto Chinas gegen diesen Vorschlag. Trotz 14 Ja-Stimmen mußte die so erfolgreiche Mission wegen der chinesischen Gegenstimme abgebrochen werden. Die offizielle Begründung des chinesischen Vetos lautete, daß die Lage in Mazedonien stabil sei, während sie gerade durch die Vertreibung von Kosovo-Albanern dorthin besonders prekär war. Tatsächlich legte China sein Veto ein, um Mazedonien dafür zu bestrafen, daß es als Entgegenkommen für eine sehr großzügige Entwicklungshilfe-Spende von 1,6 Mrd. US-Dollar aus Taipeh diplomatische Beziehungen zu Taiwan aufgenommen hatte. Einen so eklatanten Verstoß gegen Beijings "Ein China-Politik" wollte man dort nicht hinnehmen.

Reformvorschläge für den Sicherheitsrat gehen nicht nur davon aus, daß man die Gruppe der ständigen Mitglieder um Vertreter des politischen Südens erweitern müsse, um der seit 1945 fundamental veränderten Weltlage Rechnung zu tragen, sondern sehen auch vor, den Gebrauch des Vetorechtes zu modifizieren. Als Minimum ist vorzusehen, die Einlegung des Vetos künftig an Bedingungen zu knüpfen und eine eingehende Begründung zu verlangen. Ob es daneben gelingen wird, die historischen Erfahrungen der *Uniting for Peace*-Resolutionen so zu kodifizieren, daß die Vollversammlung mit der in Artikel 18 geforderten Zwei-Drittel-Mehrheit oder sogar einer Drei-Viertel-Majorität Blockaden des Sicherheitsrates übersteuern könnte, muß angesichts der Entschlossenheit aller Ständigen Mitglieder, ihre Privilegien zu verteidigen, zweifelhaft bleiben.

"Kapitel sechseinhalb"

So bezeichnete der zweite Generalsekretär, Dag Hammarskjöld, den Bereich der Friedensmissionen der Vereinten Nationen. Obwohl die Kapitel VI und VII der Charta durchaus Möglichkeiten aufzeigen, wie Streitigkeiten entweder friedlich oder mit Zwangsmitteln beigelegt werden können, hat sich der Sicherheitsrat in der Mehrzahl der Fälle von Gewaltanwendung, die man als "Krieg" oder "bewaffneter Konflikt" bezeichnen konnte, nicht zum Handeln entschlossen. Bei etwa 200 kriegerischen Auseinandersetzungen seit 1945 hat es nur in etwas mehr als 50 Fällen ein Mandat des Sicherheitsrates für eine internationale Intervention gegeben. Diese Zurückhaltung war während des Kalten Krieges zumeist durch die wechselseitige Blockade des Rates verursacht worden; seither aber spiegeln sich darin gleichermaßen eine generelle Zurückhaltung und Risikoscheu der *Permanent Five* wie ein strukturelles Defizit der Vereinten Nationen wider.

Als Defizit muß man sicher die Tatsache bezeichnen, daß die Charta Friedenssicherung nur im internationalen Bereich anspricht. Nicht nur die Ziele und Grundsätze der Organisation, sondern auch die als Sanktionen und Zwangsmaßnahmen in den Kapiteln VI und VII angesprochenen Handlungsmöglichkeiten beziehen sich auf zwischenstaatliche Streitigkeiten. Da deren Häufigkeit aber erheblich abgenommen hat, stehen die Vereinten Nationen vor den neuen Kategorien innerstaatlicher Gewalt ohne einen entsprechenden Katalog von notwendigen Aktivitäten. Dennoch haben bisher fast 800.000 Soldaten und Polizisten auf Grund von Mandaten des Sicherheitsrates in Einsätzen für den Frieden in der Welt Dienst getan.

Nicht selten wird in diesen Einsätzen ein Dilemma der Vereinten Nationen offenbar. Sie sind keine supranationale Organisation, und der Generalsekretär ist kein Oberbefehlshaber der weltweit eingesetzten Blauhelme, sondern kann ihnen nur in seiner Eigenschaft als Chef der Administration der Vereinten Nationen Weisungen erteilen. Ob die Blauhelme diese Weisungen ausführen, wird zumeist in den Hauptstädten der Länder entschieden, welche die Truppen in die Krisengebiete entsandt haben. Da gibt es mannigfaltige Ursachen für Spannungen. Bisweilen müssen Blauhelmkontingente im Einsatz ausgewechselt werden, weil ihre nationalen Bestimmungen ihnen zum Beispiel nicht erlauben, gegen Einbrecher Waffen zu gebrauchen. Für Aufgaben der inneren Sicherheit sind solche Kontingente dann nicht zu gebrauchen.

Daneben gibt es zahlreiche Fälle, in denen Regierungen die Möglichkeiten moderner Kommunikation einsetzen, um für ihre unter der Flagge der UNO im Friedenseinsatz befindlichen Einheiten Mikromanagement zu betreiben. Da wird z.B. die Errichtung eines festen Beobachtungspostens auf einer Höhe im Krisengebiet aus der Hauptstadt eines ständigen Sicherheitsratsmitgliedes für die dort befindliche eigene Truppe untersagt. Den Vereinten Nationen bleibt dann oft nur der Rückgriff auf Soldaten aus solchen Mitgliedsländern, die ihre Truppen ohne enge Einschränkungen verfügbar machen. Zugleich muß man aber feststellen, daß das Gewicht der Blauhelm-Kontingente aus unterschiedlichen Mitgliedsstaaten bisweilen vom politischen Kaliber ihres Heimatlandes abhängt. Bei allem verdienten Respekt vor den Leistungen und der Einsatzfreude der Blauhelm-Soldaten aus den nordischen Ländern, die miteinander das *Nordic Battalion* der Präventivmission UNPREDEP in Mazedonien bildeten und dort sicher 60 Prozent des Einsatzauftrages der Mission wahrgenommen haben, hatte die Präsenz des amerikanischen Bataillons neben dem nordischen Verband trotz der Erfüllung von nur 40 Prozent des Auftrages für den Zweck der Friedensbewahrung das größere politische Gewicht.

Die Implementierung des Systems der *Stand-by-Forces* hat die Planung friedenserhaltender Maßnahmen durch die Vereinten Nationen deutlich beschleunigt und qualitativ verbessert. Die in diesem System erklärte grundsätzliche Bereitschaft, Soldaten oder Polizisten für Blauhelm-Missionen verfügbar zu machen, setzt eigentlich nur die Verpflichtung aller Mitglieder nach Artikel 43 um. Dennoch bleibt der Generalsekretär vom politischen Willen der Mitglieder abhängig, ihm für die vom Sicherheitsrat mandatierten Einsätze im konkreten Einzelfall Truppen zur Verfügung zu stellen. Da sich etliche Staaten des Nordens dabei zurückhalten, bleibt oft nur der Rückgriff auf weniger gut ausgestattete Kontingente aus dem Süden – mit der Folge kritischer Einschätzung der Fähigkeiten der Vereinten Nationen, gerade im Norden.

Die aktuellste Illustration dieses Sachverhaltes bietet das Mandat für die Blauhelm-Mission in der Demokratischen Republik des Kongo (*Mission d´Observation des Nations Unies dans la Rèpublique Dèmocratique du Congo*, MONUC). Für dieses mit mehr als 2,3 Millionen Quadratkilometern zwölftgrößte Land der Erde hat der Sicherheitsrat eine Mission von 5.537 Blauhelmen autorisiert. Die mit dem Mandat genehmigten vier verstärkten Panzergrenadierbataillone, zwei Marine-Infanteriekompanien und 500 Militärbeobachter können kaum hoffen, in dem riesigen Land wenigstens sichtbar Flagge zu zeigen. Angesichts von mehr als 100.000 Kombattanten und kaum realistisch einzuschätzenden Untergrundkräften sind die Erfolgsaussichten der Blauhelme äußerst gering. Es steht nicht zu erwarten, daß Länder des Nordens sich in nennenswertem Umfang an diesem Einsatz beteiligen, trotz ihrer generell erklärten Bereitschaft, *Stand by*-Kräfte verfügbar zu halten. Insofern bleiben die Vereinten Nationen weiterhin vom politischen Willen in den Hauptstädten der Mitgliedsländer abhängig, ihre Verpflichtungen zur Wahrung des Friedens und zu diesbezüglicher Unterstützung des Sicherheitsrates ernst zu nehmen.

"Lessons Learned"

So wird ein Referat im DPKO bezeichnet, das ich dort 1995 im Auftrag meines damaligen Vorgesetzten Kofi Annan eingerichtet habe. Es galt, nach der Beendigung der Mission UNOSOM II in Somalia die dort gesammelten Erfahrungen kritisch auszuwerten und die Erkenntnisse für die noch laufenden oder gerade beginnenden Friedenseinsätze nutzbar zu machen. Daneben war natürlich auch die politische und wissenschaftliche Aufbereitung der Erfahrungen wichtig.

Obwohl die Vollversammlung die Arbeit der *Lessons Learned Unit* ausdrücklich lobt, mangelt es an der notwendigen finanziellen Ausstattung. Für die Startphase war DPKO deshalb auf großzügige Unterstützung durch die Ford-Stiftung, die Friedrich Ebert-Stiftung und eine schwedische Stiftung angewiesen. Auch weiterhin reichen die von der Vollversammlung genehmigten Mittel nicht zu verantwortungsvoller Arbeit. Das macht deutlich, wie schwer sich die Organisation damit tut, selber die richtigen Lehren aus ihren Erfahrungen zu ziehen. *Learning by doing* ist immer noch die aufwendigste Art des Lernens; intelligente Organisationen versuchen jedenfalls, nicht nur aus den eigenen Fehlern zu lernen. Außer durch den Mangel an Haushaltsmitteln stößt die *Lessons Learned Unit* auch gelegentlich durch die mangelnde Bereitschaft von Mitgliedsstaaten, ihre Archive zu öffnen oder wenigstens ihre ehemaligen Aktiven aus Friedensmissionen zu Berichten für die *Lessons Learned Unit* zu ermächtigen, an die Grenzen ihrer Möglichkeiten.

Gewiß macht eine so große und heterogene Organisation wie die Vereinten Nationen Fehler. Etliche davon haben ihre Ursachen in den vielen Hauptstädten. Andere werden im Sicherheitsrat, also mitten in der Zentrale gemacht. Einige dieser Fehler dürfen sich nicht wiederholen, wenn die Organisation glaubwürdig bleiben will:

- Es war ein Skandal, daß der Rat im Falle des Völkermordes in Ruanda 1994 nicht angemessen reagiert hat. Trotz frühzeitiger Warnung und trotz der Erfahrungen der Menschheit mit den Völkermorden an den Armeniern und an den Juden bestand der amerikanische Außenminister Christopher darauf, daß in den Konsultationen des Rates statt von *genocide* nur von *humanitarian atrocities* und *humanitarian catastrophe* gesprochen wurde, um zu verhindern, daß aus der von nahezu allen Staaten der Erde ratifizierten Konvention zur Verhütung und Bestrafung des Völkermordes von 1948 eine Verpflichtung zum Handeln abgeleitet werden konnte.
- Der amerikanische Präsident hat sich vor dem ruandischen Parlament in Kigali für das Verhalten seiner Administration entschuldigt und diese Entschuldigung vor der Vollversammlung in New York wiederholt. Seine Einsicht in die Notwendigkeit, massiven Menschenrechtsverletzungen nicht noch einmal tatenlos zuzusehen, mag einer der Gründe für die Entschlossenheit der USA gegenüber den verbrecherischen Aktionen der Belgrader Machthaber im Kosovo gewesen sein.
- Das Massaker an siebentausend Bosniern in und um Srebrenica 1995 geht auf ein fortgesetztes Fehlverhalten des Sicherheitsrates zurück. Mit der vom Rat entschiedenen Einrichtung von sechs Sicherheitszonen (*Safe Areas*) in Bosnien-Herzegovina hätte es der Autorisierung des Generalsekretärs bedurft, wenigstens die von diesem geforderten 34.000 zusätzlichen Blauhelme zum Schutz der Bevölkerung in den *Safe Areas* einzusetzen. Trotz der feindseligen Aggressivität der bosnischen Serben gegen die Sicher-

heitszonen und trotz der Gewaltanwendung von bosnischen Kräften aus diesen *Safe Areas* heraus erlaubte der Sicherheitsrat nur etwa 7.000 Soldaten, die auf alle sechs Sicherheitszonen verteilt werden sollten. Die Mitgliedsstaaten waren so zögerlich mit der Entsendung der notwendigen Kontingente, daß nur knapp 4.000 davon im Krisengebiet eintrafen und schließlich in Srebrenica nur etwa 400 niederländische Blauhelme dem entschlossenen Angriff der mehr als 3.000 bosnischen Serben unter ihrem Anführer Mladic gegenüberstanden. Natürlich müssen sich der Kriegsverbrecher Mladic und seine Auftraggeber für das Massaker vor dem Kriegsverbrechertribunal in Den Haag verantworten, aber die Analyse der Ursachen dieses Verbrechens führt zwangsläufig zum Sicherheitsrat und dessen unzulänglicher Lagebeurteilung und Entschlußfassung.

- Im Bürgerkrieg in Liberia wurde der Sicherheitsrat seiner Verantwortung für den Frieden nicht gerecht, sondern ließ sich 1990 von den Friedenstruppen der ECOMOG unter der hegemonialen Führung Nigerias das Gesetz des Handelns aus der Hand nehmen. In diesem Präzedenzfall einer internationalen Intervention ohne vorherige Autorisierung durch den Sicherheitsrat engagierte sich das höchste politische Gremium der Welt erst 1993, also im Nachhinein, mit der Beobachtermission UNOMIL, die zwar einen wirksamen Beitrag zum Frieden im dortigen Bürgerkrieg leistete, aber die Frage der Verletzung des Völkerrechts durch eine Regionalorganisation offenließ.

“Robust Peacekeeping”

Dieser Begriff bezeichnet einen wirklichen Qualitätssprung im Engagement der Vereinten Nationen für den Frieden. Ursprünglich wurden Blauhelme ausschließlich mit dem Konsens aller Konfliktparteien, der Verpflichtung zu Unparteilichkeit und dem prinzipiellen Verzicht auf die Androhung oder den Einsatz von Gewalt in Krisengebiete entsandt. Sie überwachten dort etwa Waffenstillstände und die Entflechtung von gegnerischen Streitkräften. Sicherlich wird es auch künftig noch Situationen geben, in denen solche klassischen Blauhelmeinsätze die richtige Antwort der internationalen Staatengemeinschaft auf das Geschehen in Konfliktgebieten ist. Als Beispiel aus jüngerer Zeit mag der Einsatz von 155 Militärbeobachtern in Guatemala 1997 dienen. Dieser Mission (Mision de las Naciones Unidas en Guatemala, MINUGUA) gelang die zuvor vertraglich vereinbarte Entwaffnung und Demilitarisierung der Guerilleros in nur 90 Tagen.

Erst die negativen Erfahrungen der Einsätze in Somalia und Bosnien änderten die Szenarien, in denen sich Blauhelme wiederfanden. Der Konsens der Parteien zerbrach oft während des Einsatzes. Die Lage eskalierte, und die unparteiischen Blauhelme sahen sich häufig als Ziel von Feindseligkeiten einer oder mehrerer Parteien. Darauf war ihr Mandat mit der Verpflichtung zu strikter Unparteilichkeit genauso wenig abgestellt wie ihre leichte Ausrüstung und Bewaffnung, die ihnen kaum ausreichenden Selbstschutz boten, geschweige denn geeignet waren, Eindruck auf aggressive Konfliktparteien zu machen. In solcher Lage entschied die dänische Regierung gegen den Willen des Sekretariats der Vereinten Nationen, ihre im bosnischen Tuzla eingesetzten Blauhelme mit einer Kompanie Kampfpanzer Leopard auszustatten. Von bosnischen Serben unter Feuer genommen, erwiderten die dänischen Blauhelme dieses im scharfen Schuß und erwarben sich innerhalb von wenigen Tagen den wünschenswerten Respekt. Wann immer in der Folgezeit dänische Kampfpanzer einen humanitären Hilfskonvoi begleiteten, erreichte dieser sein Ziel.

Das von der NATO in Bosnien-Herzegovina mit der Entsendung von zunächst 60.000 Soldaten der Implementation Force (IFOR) demonstrierte Prinzip der Überzeugung durch Abschreckung hatte in dem dänischen Beispiel sein Vorbild.

DPKO folgte wiederum den gleichen Grundsätzen, als die vom Generalsekretär zu errichtende Übergangsverwaltung für das kroatische Ost- Slawonien (United Nations Transitional Administration for Eastern Slavonia, UNTAES) sich ebenfalls auf einen multinationalen Gefechtsverband von 5.000 mit Kampf- und Schützenpanzern, Artillerie und Kampfhubschraubern ausgestatteten Soldaten abstützte. Als nach einem Jahr Einsatzdauer klar wurde, daß UNTAES die Lage im Einsatzgebiet zuverlässig kontrollierte, wurde ein ukrainisches Panzerbataillon repatriiert und durch leichte Infanterie und polnische Spezialpolizei ersetzt. Diese Deeskalation erlaubte zugleich, mit der Spezialpolizei den ersten gesuchten Kriegsverbrecher festzunehmen und zum Tribunal nach Den Haag zu überstellen.

Der Grundsatz, eine Friedenstruppe nur noch mit dem notwendigen Eigenschutz und angemessen bewaffnet in einen Einsatz unter der Flagge der Vereinten Nationen zu entsenden, ist kaum noch umstritten. Jüngste Beispiele dafür boten die beiden aufeinanderfolgenden Missionen in Ost- Timor (International Forces for East Timor, INTERFET und United Nations Transitional Administration in East Timor, UNTAET). Allerdings sollte man bei der politischen Situation in dieser ehemaligen portugiesischen Kolonie anmerken, daß der Sicherheitsrat zuvor mit einem zeitlich überaus "randgenähten" Mandat für die Beobachtung des Referendums im August 1999 nicht schuldlos an der Zuspitzung der Lage gewesen war. Gerade in Spannungsgebieten ist die Demonstration politischer Entschlossenheit mit dem frühzeitigen Einsatz einer auch zur Bewältigung von krisenhaften Entwicklungen befähigten internationalen Friedenstruppe zumeist die Maßnahme, die dem Frieden und der damit angestrebten Stabilisierung der Lage am besten nützt. Zögerliches Handeln mit unzureichenden Kräften birgt immer die Gefahr des Scheiterns.

Humanitäre Intervention – eine neue Dimension internationaler Beziehungen?

Wenn man die anhaltende Diskussion um die NATO-Operation Allied Force und deren völkerrechtliche Beurteilung verfolgt, wird die am Anfang dieses Beitrags zitierte Unterscheidung zwischen den Aufgaben der UNO und der NATO fragwürdiger denn je. Das Recht, Krieg zur Selbstverteidigung zu führen, wird vom Zentraldokument des internationalen Rechts, der Charta der Vereinten Nationen, als naturgegeben angesehen und erlaubt auch Maßnahmen, sich kollektiv zu wehren. So hat sich ja auch die NATO entwickelt, als sich durch die Aggressivität der Sowjetunion die als Vereinte Nationen konzipierte Friedensordnung als nicht tragfähig erwiesen hatte. Deshalb nimmt der Nordatlantikvertrag auch mehrfach explizit Bezug auf die Charta. Über die Ausnahme gemäß Artikel 51 der Charta hinaus gibt es kein kodifiziertes Recht zur Kriegführung ohne Autorisierung durch den Sicherheitsrat. Die Selbstautorisierung einer bewaffneten Intervention setzt also die Bedingungen individueller oder kollektiver Selbstverteidigung voraus. Der Bezug zum liberianischen Bürgerkrieg hat aber bereits aufgezeigt, daß das Völkergewohnheitsrecht sich wohl im Fluß befindet.

Ob die Entscheidung der NATO, angesichts der massiven Verletzungen der Menschenrechte der albanischen Bevölkerung im Kosovo mit Waffengewalt zu intervenieren, die Weiterentwicklung dieses Gewohnheitsrechts voranbringen wird, bleibt abzuwarten. Ohne Zweifel konnte die NATO sich aber hinsichtlich der gewählten Art des Einsatzes ihrer Streitkräfte auf Artikel 42 der VN Charta berufen, spricht dieser doch von erforderlichen Maßnahmen zur Wahrung oder Wiederherstellung des Weltfriedens und der internationalen Sicherheit, die mit Luft-, See- oder Landstreitkräften durchzuführen sind. Diese Maßnahmen "können Demonstrationen, Blockaden und sonstige Einsätze der Luft-, See- und Landstreitkräfte von Mitgliedern der Vereinten Nationen einschließen." Da der Versuch der Russischen Föderation, die Aktion der NATO durch den Sicherheitsrat verurteilen zu lassen, dort nur die Unterstützung Chinas und Namibias fand, also mit zwölf Stimmen abgelehnt wurde, erscheint es im Nachhinein unklug, daß die NATO-Staaten nicht versucht haben, zunächst Beijing und Moskau dadurch vor aller Welt ins Unrecht zu setzen, daß sie es auf ein Veto hätten ankommen lassen. Es gibt auch gute Gründe für die Annahme, daß es im Plenum der Weltorganisation eine erhebliche mehrheitliche Zustimmung zu einer humanitären Intervention gegeben hätte.

Natürlich bleiben schwierige Fragen: Wie viele Albaner hätten das sicherlich zeitaufwendige Verfahren in New York inzwischen mit ihrem Leben bezahlt? Wie viele Albaner wären zusätzlich zu den bereits vertriebenen in die Nachbarländer verjagt worden? Hätte sich die Destabilisierung der Lage in den unmittelbaren Nachbarländern als Eskalation der Situation auf dem ganzen Balkan ausgewirkt? Wie viele albanische Flüchtlinge hätten die Länder Europas wenigstens vorübergehend aufnehmen wollen? Sicher hätte man mit einem Votum der Vollversammlung die politische Legitimation zum Handeln auf eine solidere Basis als die der Selbstmandatierung gestellt, aber hätte das die Opfer gerechtfertigt? Hinweise, man hätte sich statt an die NATO doch eher an die OSZE wenden sollen, verkennen die Realitäten. Diese einst mit idealistischer Zielsetzung und vielen guten Ideen gestartete Organisation ist zu operativem Handeln noch weniger geeignet als zu entschlossener Rhetorik. Für letzteres lieferten die Mitglieder auf dem Gipfel in Istanbul mit ihrer schwächlichen Reaktion gegenüber den Drohungen Jelzins ein abschreckendes Beispiel, als es um die brutalen Verletzungen der Menschenrechte durch russische Truppen in Tschetschenien ging.

Mit seiner Resolution 1244 vom 10. Juni 1999 hat der Sicherheitsrat zur Stabilisierung der Lage im Kosovo ein Signal gesetzt. Generalsekretär Kofi Annan bemüht sich seither, unter dem Dach der *United Nations Mission in Kosovo*, UNMIK, mit *interlocking institutions* die Stärken unterschiedlicher Organisationen zusammenzubinden, um auf der Basis vertrauensbildender Maßnahmen den Aufbau menschenwürdiger Verhältnisse zu fördern. EU, UNHCR, UNICEF, WFP, Balkan Kontaktgruppe und andere, aber auch zahlreiche Nichtregierungsorganisationen sind in die Programme eingebunden; in vielen Bereichen geht es voran, so etwa bei den Schulen, Krankenhäusern und der Justiz.

Alle diese Aktivitäten können nur unter dem militärischen Schutz der *Kosovo Force* (KFOR) stattfinden. Soldaten aus viel mehr Staaten, als die NATO Mitglieder hat, riskieren dafür ihr Leben. So professionell die Militärs der NATO auch den politischen Auftrag zur Luftwaffen-Operation *Allied Force* umgesetzt haben und so rasch die NATO-Kommandobehörden anschließend mit Landstreitkräften an das Programm der Konfliktnachsorge gegangen sind, so wenig überzeugend war die Bereitschaft des Bündnisses und aller Regierungen der NATO-Staaten, die Stabilisierung der Lage im Kosovo mit den notwendigen zivilen Kräften zu unterstützen. Aus den Fehlern des Dayton-Abkommens mit seiner fast ausschließlichen Konzentration auf militärische Maßnahmen der Allianz und ihrer Partner hatte man offensichtlich wenig gelernt. Sonst hätte am Tage der Beendigung des Luftwaffeneinsatzes beispielsweise ein multinationales Kontingent Zivilpolizei bereitgestanden, um im Kosovo für Recht und Ordnung zu sorgen. Damit hätte man verhindert, daß eine der Konfliktparteien, die UCK-Truppe, das Gesetz des Handelns in die Hand nimmt. Daneben hätte zivile Konfliktnachsorge verlangt, daß Verwaltungsbeamte, Juristen, Ärzte und Minenräum-Experten unverzüglich in das Krisengebiet entsandt worden wären, um die Kompetenz der internationalen Organisationen sichtbar zu demonstrieren. Für nahezu alle im Kosovo deutlich gewordenen Defizite ziviler Autoritäten müssen die KFOR-Soldaten als Lückenbüßer einspringen. Sie tun das mit bewundernswertem Engagement, oft mit Tapferkeit und viel persönlichem Mut. Aber sie können letztendlich nicht auf Dauer die Rolle der Zivilpolizei oder der Justizverwaltung übernehmen.

Gewiß gilt noch immer Napoleons Motto, daß ein schlechter General besser sei, als zwei gute, daß es also auf eine einheitliche Führungsstruktur ankomme. Die politische Wirklichkeit in den Hauptstädten aber verhindert, daß die beiden Strukturen von KFOR und UNMIK unter einheitlicher Führung stehen. Ihre Zusammenarbeit im Einsatz ist sicher lobenswert, beruht im Kern jedoch ausschließlich auf dem menschlichen Verständnis der jeweiligen Personen an ihrer Spitze. Da die Kooperation der beiden Organisationen UNO und NATO im Kosovo Beispielcharakter hat, verlangt die Vorstellung, Regionalorganisationen könnten künftig quasi als Subunternehmer der Vereinten Nationen deren Verantwortung in ihren jeweiligen geographischen Bereichen übernehmen, noch intensive Diskussionen. Hier gibt es sicher Entwicklungspotential für den Sicherheitsrat und die politischen Führungsgremien solcher Regionalorganisationen, um ihr Zusammenwirken für den Frieden in der Welt von spontanen ad hoc-Entscheidungen unabhängig zu machen und sie statt dessen auf eine verläßliche Grundlage zu stellen. Hierzu wäre dringend zu wünschen,

- daß der Sicherheitsrat seine Selbstblockade aus nationalem Interesse der ständigen Mitglieder aufgibt, wenn diese nicht substantielle Gründe für ein Veto geltend machen können;
- daß Vollversammlung und Sicherheitsrat bei ihren Reformbemühungen Möglichkeiten kodifizieren, um mit besonders qualifizierter Mehrheit der Vollversammlung humanitäre Interventionen im Sinne der *Uniting for Peace*-Resolutionen beschließen zu können;
- daß alle Sicherheitsrats-Mandate für Friedensmissionen von der Vollversammlung mit einem ausreichendenden Budget aus dem *Peacekeeping Support Account* ausgestattet werden und die Praxis, statt dessen freiwillige Treuhandfonds zur Finanzierung heranzuziehen, wegen deren Unzuverlässigkeit aufgegeben wird;
- daß der Generalsekretär für die Finanzierung der notwendigen Startmaßnahmen von Friedensmissionen ein Verfügungskonto von 100 Millionen US $ erhält;

– daß die Mitgliedsstaaten ihre *Stand by*-Zusagen so um Kontingente von Zivilpolizisten ergänzen, daß diese für Friedensmissionen unverzüglich einsetzbar sind.

Manfred Eisele

2. Globale Herausforderungen

2.1. Umweltzerstörung und Ressourcenknappheit als Konfliktursachen

Im Jahre 1997 prophezeite der französische Präsident Chirac vor der UN-Vollversammlung, im 21. Jahrhundert würden Kriege um Wasser geführt. Hermann Scheer sagte im Oktober 1999 gar "das größte Gemetzel seit Menschengedenken" voraus, jedoch nicht wegen des Streits um Wasser, sondern um die zur Neige gehenden fossilen Energieträger.[1] Die Jahrhundertwende bot Anlaß zu Prognosen aller Art, auch zu düsteren Szenarien künftiger Kriege und ihrer Ursachen. Unter den Prognostikern ressourcenbedingter Kriege gehört Scheer zu einer Minderheit, Chirac dagegen zur Mehrheit: Wasser wurde als Kriegsursache des 21. Jahrhunderts am häufigsten angekündigt. Wasserknappheit, von der jetzt und in naher Zukunft vor allem südliche Länder betroffen sind, gefährdet das Überleben von Menschen. Bei weiterer Verschärfung kann dieses Problem in tropischen Ländern künftig andere wirtschaftliche und soziale Krisen gering erscheinen lassen.

Auch Umweltschäden können konfliktverschärfend oder auslösend wirken, wenn sie die Existenzgrundlage von Menschen zerstören. Seit den siebziger Jahren, verstärkt seit der Mitte der achtziger Jahre, hat sich deshalb ein Zweig der Friedens- und Konfliktforschung der Untersuchung von umwelt- bzw. ressourcenbedingten Konflikten gewidmet. Selbst die NATO hat sich hierfür interessiert. Im Jahre 1995 gab sie eine Studie mit dem Titel "Umwelt und Sicherheit im internationalen Kontext" in Auftrag. Man darf annehmen, daß sich das Erkenntnisinteresse der NATO in der Aussage von Manfred Wöhlcke widerspiegelt, künftig sei mit einer deutlichen Zunahme umweltbedingter Konflikte zu rechnen, deren "politische und militärische Dimension" dazu nötige, militärische Vorbereitungen zu treffen.[2]

Aber diese Schlußfolgerung ist schon deshalb nicht zwingend, weil die Prognosefähigkeit der Umwelt-Konfliktforschung noch sehr gering ist. In diesem Beitrag wird versucht, diese Schwäche verständlich zu machen. Eine andere Kritik kann hier nur genannt, aber nicht behandelt werden: Es wird kritisiert, daß mit unpräzisen Begriffen wie "Ressourcensicherheit", *ecological security* oder *environmental security* operiert wird. Der Begriff der Sicherheit werde dadurch in einer Weise ausgedehnt, daß er jede analytische Schärfe zu verlieren drohe. Dieser Einwand ist begründet. Der erweiterte Sicherheitsbegriff birgt die Gefahr, daß empirisch und theoretisch notwendige Unterscheidungen zwischen militärischen Bedrohungen staatlicher Integrität und ökologischen Gefährdungen des gesellschaftlichen Zusammenhaltes verschwimmen. Aber es ist nicht akzeptabel, daß um der Schärfe des Sicherheitsbegriffs willen ein zunehmend wichtiger Gegenstandsbereich verdrängt oder aus der Friedensforschung ausgeklammert wird: der

---

1 Hermann Scheer, Solare Wirtschaft – Strategie für die ökologische Moderne, München: Kunstmann 1999, zitiert nach FR-Dokumentation vom 9.10.1999.

2 Manfred Wöhlcke, Ökologische Sicherheit – Neue Agenda für die Umweltpolitik?, Baden-Baden: Nomos 1997, 30

Zusammenhang zwischen Ressourcenknappheit oder Umweltzerstörung und inner- oder zwischenstaatlichen Konflikten. Konfligierende Ansprüche auf knapper werdende Ressourcen oder die Zerstörung der natürlichen Lebensgrundlagen können konfliktauslösend oder -verschärfend wirken. Die Literatur nennt dafür zahlreiche Beispiele. Die Datenbank des Heidelberger Konfliktsimulationsmodells (KOSIMO) weist aus, daß "Konflikte über Ressourcen" nach dem zweiten Weltkrieg eine steigende Tendenz zeigen: von unter fünf solcher Konflikte zu Beginn der fünfziger Jahre auf ca. 25 gegen Mitte der neunziger Jahre.[3] Der Schlußbericht des "Environmental Conflict Project" (ENCOP) nennt über 30 umweltbedingte, zum Teil gewaltsame Konflikte.[4] Ihre Intensität variiert stark: das Spektrum reicht von geringen diplomatischen Spannungen, zum Beispiel im Streit über die Rheinverschmutzung zwischen Holland einerseits und der Schweiz, Frankreich und Deutschland andererseits, bis zu Bürgerkriegen (Sudan, Bougainville, siehe unten) oder zu Kriegsdrohungen zwischen Staaten (Ägypten/Äthiopien, siehe unten). In den im Folgenden ausgewählten Fällen spielen Ressourcen eine Rolle, die voraussichtlich auch in der Zukunft von großer Bedeutung sein werden.

Kriege um Wasser?

Wasser ist für das Überleben von Menschen eine der wichtigsten Ressourcen. Es ist in seiner lebenserhaltenden Funktion weder verzichtbar noch substituierbar. Mehr als 70 Prozent des weltweiten Wasserverbrauchs entfällt auf die Landwirtschaft, in Indien sind es 90 Prozent. Um den steigenden Nahrungsbedarf der Weltbevölkerung zu decken, wird künftig ein größerer Anteil der landwirtschaftlichen Flächen bewässert werden müssen. Derzeit sind weltweit nur 16 Prozent der Anbaufläche bewässert. Auf diesen Flächen werden jedoch 40 Prozent der Nahrungsmittel produziert. Gerade in den Ländern des Südens, in denen bereits heute Wasserknappheit herrscht, wird der landwirtschaftliche Wasserbedarf zunehmen. Wasserknappheit wird künftig ein immer drängenderes Problem.

Der Wassermangel wird durch fortschreitende Verschmutzung noch verschärft. In vielen Ländern des Südens sind Oberflächengewässer durch industrielle oder kommunale Abwassereinleitungen so belastet, daß sie weder als Trinkwasser noch für landwirtschaftliche Zwecke zu verwenden sind. Wo der Grundwasserspiegel durch Übernutzung sinkt, besteht die Gefahr, daß Wasser aus verunreinigten höheren Wasserschichten oder aus salzhaltigen tieferen Aquiferen in das nutzbare Grundwasser eindringt. Die qualitative und die quantitative Komponente der Wasserknappheit verstärken sich gegenseitig.

Die Versuchung, sich einen größeren Anteil an den schwindenden Wasserreserven auch zu Lasten anderer Bevölkerungsgruppen oder Staaten zu sichern, wird also zunehmen. Zwar ist die Behauptung nicht haltbar, Wasserknappheit sei "zu einem immer heißeren Kriegsherd geworden."[5] Zum Kriegsherd ist Wasser bisher noch nicht geworden. Ein Streit über die Nutzung des Euphrat-Wassers hat Syrien und Irak im Jahre 1975 an den Rand eines Krieges gebracht, die konfligierenden Ansprüche wurden aber friedlich ausge-

3 Heidelberger Institut für internationale Konfliktforschung, die Angaben finden sich in: http://www.hiik.de/kosimo_en.html

4 Günther Bächler/Volker Böge/Stefan Klötzli/Stephan Libiszewski/Kurt R. Spillmann, Kriegsursache Umweltzerstörung, Chur/Zürich: Rüegger, 1996, 329.

5 Wolfgang Roth, Wasserscheide der Weltbevölkerung, Süddeutsche Zeitung, 23.3.2000.

glichen. Kriegsdrohungen hat es auch zwischen Ägypten und Äthiopien wegen des Streits um das gemeinsam genutzte Nilwasser gegeben. Die beiden Länder stützen sich auf unterschiedliche Prinzipien, die in den juristischen Bemühungen um international verbindliche Regelungen für die gemeinsame Nutzung von Wasserreserven eine Rolle spielen. Die von der *International Law Association* im Jahre 1966 erarbeiteten Regeln (*Helsinki Rules on the Uses of Waters of International Rivers*) betonen das Prinzip der "vernünftigen und gleichen Anteile" für alle Anrainer-Staaten eines Flusses. (vgl. Friedensgutachten 1994, Beitrag 2.3.) Auf dieses Prinzip stützt Äthiopien den Anspruch, seinen bislang sehr geringen Anteil an der Nutzung des Nilwassers künftig zu erhöhen, um zusätzliche Flächen für Bewässerungslandwirtschaft erschließen zu können. Ägypten hingegen, das aufgrund eines bilateralen Übereinkommens mit dem Sudan aus dem Jahre 1959 75 Prozent der verfügbaren Wassermenge für sich beansprucht (Sudan ca. 25 Prozent, Äthiopien nutzt weniger als 1 Prozent des Nilwassers), betont das Vorrecht des ersten Nutzers vor späteren Ansprüchen.

Der ägyptische Botschafter in Addis Ababa hat 1998 das Nilwasser nicht nur zu einer Frage der nationalen Sicherheit sondern des nationalen Überlebens erklärt. Der damalige Präsident Anwar as-Sadat sagte 1979 nach der Unterzeichnung des Camp-David-Abkommens: "Der einzige Grund, der Ägypten wieder in einen Krieg führen könnte ist Wasser" und, in Richtung auf den Kontrahenten um die Nutzungsrechte: "Falls Äthiopien irgend etwas unternimmt, unsere Rechte am Nilwasser einzuschränken, wird es für uns keine Alternative zur Anwendung von Gewalt geben." Äthiopien machte deutlich, daß es sich von diesen und anderen ähnlich zu verstehenden Äußerungen ägyptischer Politiker nicht einschüchtern lassen werde. Der äthiopische Außenminister Seyoum Mesfin wird im Januar 1998 mit der Aussage zitiert: "Keine irdische Macht kann Äthiopien davon abhalten, aus dem Nilwasser Nutzen zu ziehen". [6]

Wassermanagement als Instrument der Konfliktminderung

So plausibel es erscheint, daß ein Streit über die vielleicht wichtigste Ressource der Menschen Konflikte auslösen oder verschärfen kann, so ist es doch nicht zwingend, daß geteilte Wasserreserven Konflikte zwischen den Nutzern nur zuspitzen. Ein Beispiel für die ambivalente Funktion konfligierender Nutzungsinteressen bietet der Wasserkonflikt im Jordan-Becken zwischen Israel, Jordanien, Libanon und Syrien. Die widerstreitenden Ansprüche auf das Wasser des Jordan und des Yarmuk, seines wichtigsten Nebenflusses, haben seit Bestehen des Staates Israel dessen Streitigkeiten mit den arabischen Nachbarn immer wieder verschärft. So richteten sich z.B. im Sechs-Tage-Krieg von 1967 militärische Operationen Israels auf die Zerstörung einer Staudamm-Baustelle am Yarmuk. Mit der Besetzung des Libanon und der Golan-Höhen 1967 kontrollierte Israel nicht nur militärstrategisch wichtiges Gelände, sondern auch den Lauf der Quellflüsse des Jordan.

Ungeachtet der politischen Differenzen zwischen den beteiligten Staaten gab es seit den fünfziger Jahren Bemühungen, die Zuteilung der verfügbaren Wassermengen vertraglich zu regeln. Im Zuge dieser Bemühungen wuchs bei den Parteien die Einsicht, daß kei-

6 Tesfaye Tafesse, Hydro Politics in the Nil Basin: Breaking the stalemate? in: NORD-SÜD-Aktuell, 4. Quartal 1999, 654–667.

ner der beteiligten Staaten gewinnen kann, wenn er bei der Wasserentnahme nur auf den eigenen Vorteil bedacht ist. Deshalb hat es, insbesondere zwischen Jordanien und Israel, Gespräche auf Expertenebene gegeben, deren vertrauensbildende Wirkung ihren Einfluß auch auf höheren diplomatischen Ebenen entfaltete. Auch in dem Verhandlungsprozeß zwischen den Israeli und den Palästinensern haben Vereinbarungen über konkrete infrastrukturelle Maßnahmen, insbesondere über die Wassernutzung, eine vertrauensbildende Wirkung.

Bergbau und Rohstoffgewinnung

Rohstoffvorkommen können auf dreierlei Weise Konflikte auslösen oder verschärfen:

a) Verschiedene Parteien streben wegen des realisierbaren wirtschaftlichen Gewinns nach dem Zugang zu einem Rohstofflager. Dies hat in zurückliegenden Jahrzehnten und Jahrhunderten eine Rolle sowohl in Europa als auch bei der Sicherung kolonialer Einflußbereiche gespielt. Heute spiegelt sich die Bedeutung des ungehinderten Zugangs zu den Ölquellen des persischen Golf in der gültigen Aufgabenbeschreibung für die NATO wieder. Auch im zweiten Golfkrieg war die Sicherung der Ölversorgung ein Motiv neben der Ahndung der Okkupation Kuwaits durch den Irak. Öl spielt auch in der Krisenregion Kaukasus eine Rolle. Um das Öl aus dem Nord- und Ostteil des Kaspischen Beckens auf den Weltmarkt zu bringen, müssen Pipelines zum Schwarzen Meer oder zum indischen Ozean gebaut werden. Letztere führen durch Afghanistan. Routen, die zum Schwarzen Meer führen sollen, verlaufen durch die Krisenregionen im Kaukasus. Mit der Kontrolle über die Trassen sind politische und wirtschaftliche Macht verbunden.

b) Mit den Erträgen aus dem Abbau von Rohstoffen werden Kriege finanziert. Das aktuelle Beispiel hierfür bietet Angola. Beide Seiten finanzieren ihre Armeen aus dem Verkauf von Rohstoffen. Die Regierung verfügt über die Öllagerstätten. Der Ölexport ist einer der wichtigsten Devisenbringer für die Regierung in Luanda. Durch eine militärische Offensive im November 1999 hat die UNITA die Kontrolle über das gesamte Cuango-Tal und damit die wichtigsten Lagerstätten von Diamanten zurückgewonnen. Es wird geschätzt, daß die UNITA zwischen 1992 und 1997 2,5 Milliarden Dollar aus dem illegalen Verkauf von Diamanten erworben hat. Die Erlöse dienen dem Kauf von Waffen für die 40.000 Kämpfer der UNITA. Versuche, die Handelswege für diese Diamanten zu blockieren, oder ein System der Zertifizierung einzufügen, das es Käufern erlaubt, die Herkunft von Diamanten zurückzuverfolgen, blieben bislang wirkungslos und gelten als wenig erfolgversprechend. Müßte eine der Konfliktparteien auf die Verkaufserlöse verzichten, wäre ihr Waffennachschub erschwert und ihre militärische Kraft geschwächt. Deshalb gerät die Kontrolle über die Lagerstätten zum Ziel militärischer Operationen. Der Krieg wird auch um die Ressourcen geführt, die ihn finanzieren.

c) Die Erschließung und die Verarbeitung von Rohstoffen erzeugen häufig schwere ökologische Schäden. Sie zerstören die Lebensgrundlage von Menschen, die selbst keinen Nutzen aus der Förderung ziehen. Diese Fälle, in denen sich Ressourcenkonflikte und Umweltkonflikte vermengen, sind vorwiegend in den Ländern des Südens anzutreffen, deren Volkswirtschaften einseitig von den Devisenerlösen aus einem oder wenigen Rohstoffen abhängen. Typischerweise profitiert nur die wirtschaftlich-politische Oberschicht von dieser als Maßnahme nationaler Entwicklung gepriesenen Industrialisierung. Entweder aus persönlichem Interesse oder, um den maximalen Gewinn für die Volkswirtschaft zu erzielen, werden kaum Investitionen zum Schutz der Umwelt getätigt. Über das hohe Startkapital für die Erschließung, Förderung, Verarbeitung und den Transport der Rohstoffe verfügen in der Regel nur multinationale Konzerne. Die Regierungen der betroffenen Entwicklungsländer sind sowohl vom technischen Wissen als auch von der Logistik und dem Kapital dieser Firmen abhängig. Sie haben keine Chance, gegen die Absichten der Konzerne zum Beispiel ökologische Schutzmaßnahmen durchzusetzen. Die Bevölkerung in der Umgebung der Rohstofflagerstätten und der Transportwege hat die Lasten in Form ökologischer Schäden zu tragen. Außerdem werden die häufig unklar geregelten Landbesitzrechte traditionell lebender Bevölkerungsgruppen mißachtet.

Ein Beispiel für diese Konfliktkonstellation bietet der Kupferbergbau auf der Insel Bougainville. Die Insel war nach dem zweiten Weltkrieg unter australischer Verwaltung. In den sechziger Jahren begannen australische Firmen mit dem Kupferbergbau. Nach der Unabhängigkeit geriet Bougainville unter die Herrschaft von Papua Neuguinea. Die australischen Konzerne erhielten Konzessionen, den Kupferbergbau weiterzuführen. Da sich die Kupferlagerstätten nahe der Erdoberfläche befinden, hinterläßt der Abbau riesige, bis zu 500 m tiefe Krater. Für die Minen und die Transportwege wurden Regenwaldflächen zerstört. Schlammfrachten und Schwermetalle belasten das Wasser der Flüsse, so daß es als Trinkwasser nicht mehr schadlos genutzt werden kann. Auch der Fischfang wurde stark beeinträchtigt. Viele Menschen verloren das von ihnen genutzte Land durch Enteignung, andere Landflächen wurden durch die ökologische Degradation in Folge des Minenbetriebs unbrauchbar.

Die betroffene Bevölkerung konnte sich mit friedlichen Mitteln kein Gehör verschaffen. Rechtlich geregelte Verfahren zur Wahrung ihrer berechtigten Interessen standen ihnen nicht zur Verfügung. Die quasi-koloniale Situation trug zur Verschärfung dieser Probleme bei. Die Bewohner von Bougainville sahen sich in ihrer Existenz bedroht und konnten nicht darauf hoffen, daß die Regierung der Okkupationsmacht Papua Neuguinea (PNG) ihren Interessen im Vergleich zu dem Nutzen aus dem Kupferbergbau Gewicht beimessen würde. Die früher in einzelne Stämme separierte Bevölkerung Bougainvilles entwickelte eine gemeinsame Identität gegen die Regierung von PNG und die Betreiber der Kupfermine. So entstand aus dem Widerstand gegen die Kupferminen eine Sezessionsbewegung, die seit 1983 gegen die Besatzungsmacht Krieg führt. Erst im März diesen Jahres endeten die gewaltsamen Auseinandersetzungen durch ein Autonomieabkommen.

Öl als Konfliktursache

Seit 1983 hält im Sudan der Bürgerkrieg zwischen dem arabisch-islamischen Norden, der die politische Führung stellt, und dem afrikanisch-christlichen Süden des Landes an. Er wird meist als ethnisch-religiöser Krieg klassifiziert. Dementgegen betont Mohamed Suliman die ökologischen Konfliktursachen. Ethnisch-religiöse Antagonismen zwischen Nord und Süd sind zwar nicht zu leugnen, ihr Konfliktpotential besteht seit der Kolonialzeit. Sie waren die Hauptgründe für den ersten Bürgerkrieg, der mit der Unabhängigkeit im Jahr 1955 begann und bis 1972 dauerte. Nach Suliman ist jedoch das wichtigste Motiv im jetzigen Bürgerkrieg der Zugriff auf Ressourcen, obwohl in der Rhetorik sowohl der Zentralregierung als auch der Guerilla die jeweilige ethnische Identität als Kriegsmotiv beschworen wird.

Im Sudan verläuft die Ressourcenverteilung entgegengesetzt zur Machtverteilung. Der Süden des Sudan ist durch relativ hohe Regenfälle begünstigt. Das Ökosystem des Nordens ist äußerst fragil, es reicht in die Wüstenzone des Sahel. Zwar gibt es nutzbare Böden und eine ausreichende Niederschlagsmenge für regenbewässerten Landbau, aber die ökologischen Grundlagen werden durch Übernutzung soweit geschädigt, daß die Nahrungsmittelerzeugung im Norden mit dem Bedarf nicht mehr Schritt halten kann. Um den Bewässerungslandbau im Norden auszuweiten, wurde geplant, durch den Bau des Jonglei-Kanals Wasser aus dem System des Weißen Nil im Süden für die Nutzung im Norden zu erschließen.

Der latente Konflikt brach aus, als im Jahre 1984 im Süden des Landes Ölvorkommen entdeckt wurden. Die Pläne zur Ausbeutung der Lagerstätten zeigten den Vertretern des südlichen Landesteils, daß die Erträge der Ölförderung dafür reserviert sein sollten, die wirtschaftlichen Probleme des Nordens zu lösen. Mit Angriffen auf die Ölförderstätten begann der Bürgerkrieg.

Der Krieg ist also weder ein rein ethnischer noch ein reiner Ressourcenkrieg. Erst aus der Verknüpfung mehrerer Faktoren entsteht die Virulenz: Die ethnische Trennungslinie markiert zugleich den Unterschied an politischer Macht, der sich auch in der Differenz sozialer Chancen niederschlägt. Die Menschen im Süden sehen sich kulturell diskriminiert, politisch unterdrückt und der natürlichen Reichtümer ihres Lebensraumes beraubt. Dagegen wenden sie sich mit Waffengewalt.

Im Tschad ist eine strukturell ähnliche Konstellation zu beobachten. Im Mai 1998 wurde zwischen der Regierung und einer der stärksten gegnerischen Gruppen nach 32-jährigem Bürgerkrieg ein Waffenstillstand geschlossen. Die hohen Spannungen sind jedoch noch nicht beendet, von einem Frieden kann nicht gesprochen werden. Die Kriegsparteien kämpften um die Macht im Staat. In der Kolonialzeit war der afrikanisch-christliche Süden unter anderem wegen der höheren Agrarerträge bevorzugt. Im Verlauf des Bürgerkrieges eroberte der arabisch-islamische Norden die Macht.

Auch hier droht der Konflikt wegen der Erschließung von Ölvorräten zu eskalieren. Die schrittweise Zuspitzung ist zum Teil schon sichtbar. Wie im Sudan waren die Ölfunde mit hohen Erwartungen an die Entwicklungschancen verbunden. Deshalb wird das Ölförderprojekt und der zugehörige Bau einer tausend Kilometer langen Pipeline durch Kamerun zu einem Atlantikhafen von der Weltbank unterstützt. Die Bevölkerung in der Förderregion im Süden mußte aber erkennen, daß sie keinen nennenswerten Nutzen zu erwarten hat, aber bereits jetzt unter ökologischen und wirtschaftlichen Schäden zu leiden hat.

Dagegen setzen sich Nichtregierungsorganisationen (NRO) zur Wehr. Sie beklagen, daß die Entschädigungen im Falle von Umsiedlungen, Enteignungen oder der Schädigung ihres Eigentums in keinem Verhältnis zum Wert des verlorenen Bodens oder der vernichteten Nutzpflanzen stehen. Zwischen der Weltbank, dem Konsortium der beteiligten Ölkonzerne und der Regierung des Tschad wurde ferner vereinbart, daß auch NRO als Vertreter der Zivilgesellschaft an der Verwaltung der Staatseinahmen aus dem Ölprojekt mitwirken. Sie haben Grund zu befürchten, daß sie davon ausgeschlossen werden. Eine gerechte Verteilung der Gewinne und ein Beitrag zu nachhaltiger Entwicklung für die Mehrheit der Menschen im Tschad ist auch deshalb kaum zu erwarten. Voraussichtlich wächst nur der Reichtum der regierenden Oberschicht. Dadurch steigen die sozialen Spannungen.

Ölförderländer decken häufig einen hohen Anteil der Staatsausgaben aus dem Export von Rohöl oder Raffinerieprodukten. Der Haushalt von Ecuador wird fast zur Hälfte aus Öl-Einnahmen finanziert[7], Nigeria, sechstgrößter Ölexporteur der Welt, deckt 80 Prozent der Staatseinnahmen aus dem Ölgeschäft. Die Ölförderung ist deshalb von nationalem Interesse. In Peru wie in Ecuador wurden rechtlich gesicherte Verfahren der Partizipation an Bergbau- und Erdölförder-Projekten von der Regierung eingeschränkt, um die gemeinsamen Gewinninteressen von Ölkonzernen und Regierung zu sichern.[8]

Widerspruch gegen die ökologischen Schäden oder die ungerechte Verteilung der Erlöse wird von den Machthabern im Tschad als subversive Handlung bewertet und geahndet, und die Betroffenen werden vom Militär systematisch eingeschüchtert. Über Entführung, Mord, Vergewaltigung und Brandstiftung wird ebenso berichtet wie über Diffamierungskampagnen gegen Nichtregierungsorganisationen, deren Unterstützung für die vom Projekt betroffene Bevölkerung als Mithilfe beim Versuch des politischen Umsturzes ausgelegt wird. Es ist zu befürchten, daß sich im Tschad Konfliktabläufe wiederholen, die aus Nigeria oder dem Sudan bekannt sind.

Umweltzerstörung als Konfliktursache

Die nationale Dimension

Der UNEP-Exekutivdirektor Klaus Töpfer vertritt die These, es gebe eindeutige Anzeichen dafür, daß umweltbedingte Engpässe zu gewalttätigen Konflikten in vielen Teilen der Welt beitragen können. Unter dem wachsenden Druck der fortschreitenden Zerstörung der natürlichen Lebensgrundlagen könne es zu Veränderungen des internationalen Systems kommen.[9] Umweltschäden wirken meist nur indirekt und im Zusammenspiel mit anderen Ursachen konfliktauslösend oder -verschärfend. Diese Wirkung entfalten sie vorwiegend in Entwicklungsländern, wo Umweltschäden sich zu einer existentiell bedrohlichen Zerstörung der natürlichen Lebensgrundlagen ausweiten und die Ernährung der Mehrzahl der Bevölkerung nicht dauerhaft gesichert ist. Verunreinigung von Oberflächen- und Grundwasser, Veränderung des Mikroklimas und des Wasserhaushalts durch Entwaldung, Absenken des Grundwasserspiegels, Degradation von Böden durch Übernutzung und Erosion und Verlust des Lebensraumes infolge von industriellen Großprojekten sind ein Geflecht von sich gegenseitig verstärkenden Umweltfaktoren, die in vielen Ländern die ohnehin prekäre Ernährungsbasis weiter schmälern. (vgl. den Beitrag 2.4.)

7 Theodor Rathgeber, Globalisierung, Umweltzerstörung, Gewalt: Ökologische und soziale Alternativen, Vortrag vom 17.11.1997, Marburg. Der Text ist zu finden auf der Internet-Seite der Gesellschaft für bedrohte Völker, http://www.gfbv.de.

8 Theodor Rathgeber, a.a.0.

9 Klaus Töpfer, Ökologische Krisen und politische Konflikte, in: Internationale Politik 2/3, 1999, 15 – 20.

Wenn die Tragekapazität einer Region durch ökologische Schäden und durch wachsenden Bevölkerungsdruck überschritten ist, kann der drohende oder bereits akute Hunger Migrationswellen auslösen. Klaus Töpfer spricht von weltweit 25 Millionen Umweltflüchtlingen im Jahre 1999, zusätzlich zu den ca. 22 Millionen, die wegen anderer Ursachen aus ihrer Heimat geflüchtet sind. Die Migration löst Folgeprozesse aus, die zu weiterer Konfliktverschärfung führen können. Zum einen versuchen Umweltflüchtlinge neue landwirtschaftliche Flächen zu erschließen. Es gibt auf der Erde aber nur noch wenige nicht kultivierte fruchtbare Gebiete. Marginale Böden landwirtschaftlich zu nutzen, führt in der Regel jedoch zu weiteren ökologischen Schäden und, als deren Rückwirkung, zu weiterer Not.

Andererseits können Migranten auf den Widerstand von Gruppen stoßen, die in den Zielgebieten ihrer Fluchtbewegungen bereits siedeln. Ein Teil der Unruhen in Indonesien läßt sich auf den Antagonismus zwischen alteingesessenen Bevölkerungsgruppen und Neusiedlern zurückführen. Die indonesische Regierung hatte in den siebziger und achtziger Jahren ein Umsiedlungsprogramm, *Transmigrasi*, durchgeführt, um die Bevölkerungsdichte in Java, Bali, Madura und Lombok zu verringern und landlosen Bauern eine kultivierbare Fläche auf dünner besiedelten Inseln zuzuweisen. (vgl. Beitrag 4.2. und Friedensgutachten 1999, Beitrag 6.2.) Die so erzeugte Nachbarschaft unterschiedlicher ethnischer und religiöser Kulturen wurde, als sich die ökologische und wirtschaftliche Lage in den neunziger Jahren verschlechterte, zum Konfliktherd. Ein Ausgangspunkt für das Transmigrasi-Programm war die ökologische Zerstörung und die Überschreitung der *Carrying Capacity* in den Zentralprovinzen. Die schweren Zusammenstöße auf den Molukken seit Herbst 1999 haben also auch ökologische Ursachen.

Die globale Dimension

Es ist ein Gemeinplatz, daß Umweltbelastungen nicht an Landesgrenzen haltmachen. Das kann zu internationalen Spannungen führen. Anthropogene Klimaveränderungen haben sogar globale Wirkungen. Die Häufung von Naturkatastrophen - Wirbelstürme wie in Mittelamerika, Dürren wie am Horn von Afrika, Überschwemmungen wie in Mocambique - werden von Experten als Anzeichen des beginnenden Klimawandels gesehen. Er wird von den Industriestaaten verursacht. Die gleichen Staaten, vor allen die USA, blockieren auf den internationalen Konferenzen wirksame Ansätze für eine nachhaltige internationale Klimapolitik. Klaus Töpfer sprach in diesem Zusammenhang vom ökologischen Krieg des Nordens gegen Afrika, aber auch die anderen Kontinente des Südens sind betroffen.

Ein anderes Beispiel für die ökologische Form des Nord-Süd-Konflikts: Die Fangflotten Europas, Nordamerikas und Japans haben die wichtigsten Fischgründe der Weltmeere stark dezimiert, auch die Küstengewässer der Entwicklungsländer. Wegen der Überfischung wird der Aufwand, den die Fischereiflotten betreiben, immer größer und die Gewinne pro Fahrt oder pro Fangmenge sinken. Europäische Staaten können sich leisten, die Fischerei zu subventionieren. Ohne diese Subventionen wäre die Zahl europäischer Hochsee-Trawler geringer. Dank der massiven finanziellen Unterstützung ist die gesamte europäische Fangflotte um ca. 40 Prozent größer, als sie für eine nachhaltige Fischerei sein dürfte. [10] Europa nutzt seine wirtschaftliche Macht, um seinen Anteil an der Ausbeu-

10 World Bank, World Development Report 1999/2000, 92.

tung der Meere zu sichern. Es steht dabei in Konkurrenz vor allem mit Nordamerika und Japan. Alle Beteiligten handeln ökologisch unverantwortbar und ökonomisch kurzsichtig. Die großen Fischereimächte schmälern damit zugleich die Lebensgrundlage vieler Bewohner von Entwicklungsländern, die sich gegen die geballte wirtschaftliche Macht des Nordens nicht zur Wehr setzen können. Die Anwendung wirtschaftlicher Macht gefährdet Menschenleben. Bewohner der südlichen Hemisphäre zögern deshalb nicht, von Gewalt zu sprechen.

Sind Umweltkonflikte vorhersehbar?

Die hier beschriebenen Konflikte und die anderen in der Literatur analysierten Fälle haben eines gemeinsam: Die Konflikte werden durch das Zusammenspiel mehrerer Faktoren ausgelöst, die sich in ihrer verschärfenden Wirkung zum Teil gegenseitig verstärken. Das beginnt bereits damit, daß Umweltzerstörungen in der Regel die Folge eines komplexen Syndroms natürlicher Gegebenheiten, menschlicher Aktivitäten und sozialer Disparitäten sind. Ob es sich um den Verlust des Regenwaldes, die Auswirkungen großer Staudämme, die Quecksilbervergiftung durch Goldgewinnung in Amazonien, Ölverschmutzungen, Bodendegradation oder Wasserknappheit handelt: stets haben wir es mit einem Geflecht von Ursachen und Wirkungen zu tun. Der wissenschaftliche Beirat der Bundesregierung für globale Umweltveränderungen (WBGU) hat die verschiedenen Konstellationen von Ursachen und Wirkungen globalen Wandels in sechzehn "Syndrome" zusammengefaßt. Bewußt ist von Syndromen des globalen Wandels die Rede, nicht von Syndromen der Umweltschädigung, da soziale Faktoren in die zu untersuchenden Wirkungszusammenhänge einbezogen werden.

Welche Umweltveränderung oder Ressourcennutzung zu ernsthaften politischen Konflikten führen, ist damit noch nicht geklärt. Zu Recht wird bemängelt, daß in der Literatur beschriebene Fälle bisher nur daraufhin analysiert wurden, welchen Einfluß die Umweltvariablen auf die Konfliktabläufe haben. Für die umgekehrte Fragerichtung, in welchen Fällen und warum gravierende Umweltveränderungen nicht zu Konflikten führten, fehlen bisher systematische Studien. Der Syndromansatz des WBGU erhebt den Anspruch, daß bei gründlicher Erhebung der insgesamt ca. 80 Variablen, mit denen die dynamischen Mechanismen der Syndrome abgebildet werden, Vorhersagen über Abläufe globalen Wandels möglich sein müssen. Der prognostische Anspruch innerhalb der Konfliktforschung verlangt aber noch mehr: Er fordert, das Zusammenspiel von Umweltvariablen, sozialen Spannungen, politischen Machtkonstellationen, wirtschaftlichen Entwicklungen, ethnischen und religiösen Differenzen etc. so weit zu verstehen, daß in regionalen Untersuchungen die Konfliktrelevanz beobachtbarer Umweltveränderungen oder der Ressourcenknappheit bestimmt werden kann. Einen Schritt in diese Richtung versucht das Heidelberger Institut für internationale Konfliktforschung, indem es den Syndromansatz mit seinem Konfliktsimulationsmodell. kombiniert. [11]

Für zwei der sechzehn Syndrome korrelieren die Autoren regionale Fälle, in denen diese Syndrome in unterschiedlicher Intensität nachzuweisen sind, mit Daten über Kon-

11 Frank Biermann/Gerhard Petschel-Held/Christoph Rohloff, Umweltzerstörung als Konfliktursache?, Zeitschrift für internationale Beziehungen 2/1998, 273–308.

flikte, die in der Vergangenheit auftraten. Sie wählten das Aralsee-Syndrom und das Sahel-Syndrom. Das Aralsee-Syndrom bezeichnet ausgedehnte Umweltschäden, insbesondere Störungen des Wasserhaushalts (Wasserknappheit), die durch großfläche Eingriffe in die Natur hervorgerufen werden. Das "Sahel-Syndrom" meint die Übernutzung und Degradierung marginaler Böden in Gebieten mit ländlicher Armut. Für das Aralsee-Syndrom finden die Autoren keine eindeutige Korrelation zwischen der Intensität des Ressourcenproblems und der Konflikthäufigkeit. In einer signifikanten Zahl von Fällen herrscht zwar Wasserknappheit und es gibt konkurrierende Ansprüche auf diese Ressource, dennoch brach kein Konflikt aus. Andererseits gibt es Wasser-Konflikte in Gebieten, die nicht dem Aralsee-Syndrom entsprechen. Hier traten weitere Ursachen hinzu, die in den Variablen des Syndroms nicht abgebildet sind, um aus der Konkurrenzsituation einen politischen Konflikt zu erzeugen.

Im Falle des "Sahel-Syndroms" ergibt sich zwar eine rechnerische Korrelation zwischen der Zahl der Regionen, in denen dieses Syndrom besonders intensiv zu beobachten ist, und der Konflikthäufigkeit. Bei genauerem Hinsehen entstehen aber Zweifel an der Bedeutung dieser Korrelation. Für ca. zehn von dreißig aufgelisteten Regionen mit Sahel-Syndrom sind zwar Konflikte registriert, sie wurden aber nicht durch dieses Syndrom ausgelöst. Die Autoren nennen den Konflikt zwischen Ecuador und Peru, aber auch die Konflikte zwischen Panama und USA, in Nigeria, El Salvador, Afghanistan und Guatemala, um nur einige Beispiele zu nennen, hängen nicht mit dem Sahel-Syndrom zusammen.

Auch hier ist also keine überzeugende Korrelation zu sehen, ein Anzeichen dafür, daß weitere Einflußgrößen in die Untersuchung einzubeziehen sind, wenn mit prognostischem Anspruch der Zusammenhang zwischen Ressourcennutzung, Umweltveränderungen und Konfliktentstehung analysiert werden soll. Dazu bedarf es weiterer Studien, und zwar auch für Regionen, in denen erhebliche Umweltzerstörungen trotz bestehender sozialer Spannungen nicht zu offenen Konflikten führen.

Empfehlungen

Für jede Region der Erde stellt sich die Umwelt- und Ressourcensituation verschieden dar. Deshalb ist es an dieser Stelle wenig sinnvoll, Empfehlungen im Detail auszuformulieren. Die generelle Forderung muß lauten, in Nord und Süd mit Nachdruck auf eine nachhaltige Entwicklung hinzuarbeiten. Das klingt wegen des inflationären Gebrauchs des Wortes "Nachhaltigkeit" banal, ist aber noch immer richtig. Und trotz des inflationären Gebrauchs in der politischen Rhetorik ist das Postulat noch lange nicht in die politsche Praxis umgesetzt worden. Das Ziel muß sein, Umweltschäden und Ressourcenkonflikte gar nicht entstehen zu lassen. Es wäre falsch, militärische Vorkehrungen gegen die zu erwartenden Umweltkonflikte zu treffen, wie Wöhlcke vorschlug. Die dafür benötigten Mittel wären besser zur Vermeidung und Beseitigung von Konfliktursachen eingesetzt.

Daraus ergeben sich Empfehlungen für die Agrarpolitik, die Klimapolitik, die Entwicklungspolitik (zum Beispiel Förderung lokaler Agenden 21), wie sie in den Beiträgen 2.2. bis 2.4. erhoben werden. Hervorzuheben ist die Dringlichkeit entschiedener Schritte in der internationalen Klimapolitik, hier sollte die deutsche Regierung stärkeren Einfluß auf die USA ausüben, und die Forderung, die Mittel für die Entwicklungszusammenarbeit drastisch aufzustocken und dem international vereinbarten Ziel von 0,7 Prozent des BSP anzunähern. Dann kann die Entwicklungspolitik dem proklamierten Ziel entsprechen, Friedenspolitik zu sein (vgl. Beitrag 1.11.).

Ulrich Ratsch

2.2. Die Weltkonferenzen der neunziger Jahre: Spielwiese oder Zukunftsmodell globaler Problemlösung?

In der Zeit von 1990 bis 1996 veranstalteten die Vereinten Nationen eine Serie von Weltkonferenzen zu globalen Problembereichen wie Umwelt, Ernährung, Frauen und Kinder, Bevölkerungswachstum, soziale Entwicklung und Wohnungs- und Siedlungswesen (siehe Schaubild).[1] Sie lassen sich als aufeinander bezogene Bausteine eines neu zu begründenden globalen Handlungsrahmens verstehen. Die Bedeutung dieser Konferenzen erschließt sich erst vor dem Hintergrund der neoliberalen wirtschaftlichen Globalisierung, bei der ungehinderte internationale Kapital- und Warenströme mit der Internationalisierung von technologischem Wissen insbesondere im Bereich der Kommunikation einhergehen. Die Wirkungen dieser Prozesse sind komplex und widersprüchlich. So wurden in den neunziger Jahren in vielen Ländern des Südens vermehrt Sonderwirtschafts- und Freihandelszonen mit günstigen Investitionsbedingungen für transnationale Konzerne (TNCs) errichtet. Die Arbeitsplätze, die dort entstanden, sind – gemessen an westlichen Standards – miserabel. Grundlegende Arbeitnehmerrechte wie das Recht auf gewerkschaftliche Organisierung, auf ausreichende Arbeitspausen und auf Mutterschaftsschutz werden mißachtet. Dennoch sind die Zustände in solchen sogenannten *sweatshops* meist deutlich besser als in einheimischen Unternehmen. Häufig bieten sie den Menschen die einzige Möglichkeit, überhaupt Arbeit zu finden.

Chancen des Globalisierungsprozesses liegen in Effizienz- und Produktivitätsschüben, die dieser hervorbringt und die weltweit zu mehr Wohlstand und zu sozialer Sicherheit führen können. Gefahren liegen in einer zunehmenden Komplexität und Interdependenz globaler Probleme durch menschengemachte Umweltkatastrophen, inner- und zwischenstaatlich gewaltsam ausgetragene Konflikte und Kriege, internationalen Drogenhandel sowie die Zunahme von Armut und Ungleichheit auf allen Ebenen und im globalen Maßstab. Die Ministerin für wirtschaftliche Zusammenarbeit und Entwicklung, Heidemarie Wieczorek-Zeul, spricht in diesem Zusammenhang von der "Globalisierung des Elends"[2] Diese Phänomene erfordern die Abstimmung globaler Politik, wobei es auch darum geht, kurzfristigen und partikularen Wirtschafts- und Machtinteressen Grenzen zu setzen. Zur Problemlösung wird eine globale Steuerung zum Beispiel als *global governance*[3] oder als die Bereitstellung globaler öffentlicher Güter[4] oder als globale Strukturpolitik[5] breit diskutiert. Eine solche Steuerung des globalen Wandels dient der gemeinsamen Zukunftssicherung in Kernbereichen wie Frieden, Sicherheit, Gleichheit, Gerechtigkeit, Umwelt und Gesundheit sowie dem Zugang zu Wissen und Markteffizienz. Dies geschieht vor allem in Aushandlungsprozessen für weltordnungspolitische Instrumente und Mechanismen, durch die Mitwirkung an internationalen Regelwerken und Konventionen, durch

1 Vgl. Dirk Messner/Franz Nuscheler, Weltkonferenzen und Weltberichte – Ein Wegweiser durch die Internationale Diskussion, Bonn 1996.

2 Heidemarie Wieczorek-Zeul, Aufgaben und Ziele Globaler Strukturpolitik im 21. Jahrhundert, in: Jahrbuch Dritte Welt 2000, Daten, Übersichten, Analysen, München 1999, S. 23.

3 Vgl. Messner/Nuscheler 1996, a.a.0.

4 Vgl. Inge Kaul/Isabelle Grunberg/Marc A. Stern, Global Public Goods – Internat. Cooperation in the 21st Century, New York 1999.

5 Wieczorek-Zeul, a.a.O.

Wichtige UN-Weltkonferenzen 1990 – 1996

Jahr	Konferenz	Ort	Kernergebnisse und -ziele
1990	**Weltkindergipfel**	New York	- Senkung der Kinder- und Müttersterblichkeit - Allgemeiner Grundschulbesuch - Bekämpfung der wichtigsten Kinderkrankheiten - Gesundheitsmaßnahmen
1992	**Konferenz für Umwelt und Entwicklung** (Erdgipfel)	Wien	– Nachhaltige Entwicklung - Agenda 21 - Konventionen zu Klima und Biodiversität und Desertifikation - Walderklärung
1993	**2. Weltmenschenrechtskonferenz**	Wien	- Universalität der Menschenrechte - Stärkung der wirtschaftlichen, sozialen und kulturellen Rechte - Stärkung der Menschenrechte von Frauen - Empfehlungen: Hochkommissariat für Menschenrechte, Internationaler Strafgerichtshof
1994	**3. Konferenz für Bevölkerung und Entwicklung**	Kairo	- Reproduktive Rechte und Gesundheit - Ermächtigung von Frauen
1995	**Weltgipfel für soziale Entwicklung** (Sozialgipfel)	Kopenhagen	- Armutsbekämpfung - Ziel der Vollbeschäftigung - Bildung und gesundheitliche Grundversorgung - Erhöhung der Mittel für soziale Entwicklung; 20:20 Initiative
1995	**4. Weltfrauenkonferenz**	Peking	-Bekämpfung von Armut und Feminisierung von Armut - Anerkennung unbezahlter Arbeit - Bekämpfung von Gewalt gegen Frauen in der Privatsphäre - Gleichberechtigte Teilhabe
1996	**2. Weltkonferenz für Wohn- und Siedlungswesen**	Istanbul	- Angemessene Unterkunft für alle - Nachhaltige Stadtentwicklung
1996	**Welternährungsgipfel**	Rom	- Recht auf angemessene Nahrung - Verhaltenskodex für Verpflichtungen der Staaten der internationalen Organisationen und TNCs

multilaterale, bilaterale und regionale Vereinbarungen sowie durch die Abstimmung von Innenpolitik mit internationalen Zielvorgaben. Die Einbeziehung unterschiedlicher Akteure und Akteurinnen auf allen Handlungsebenen, die zur Lösung globaler Probleme unterschiedliche Perspektiven und Sachkenntnisse einbringen, erscheint dabei wesentlich für die Erzielung befriedigender Ergebnisse. Dadurch entstehen globale Netzwerke aus Politik, Wirtschaft und Gesellschaft.

Vor dem Hintergrund eines wachsenden und immer komplexeren globalen Problemdrucks können die Weltkonferenzen der 90er Jahre als Bestandteil solcher Aushandlungsprozesse gelten. Wichtige Aspekte der wirtschaftlichen Globalisierung wie Schuldenabbau, internationale Finanz- und Handelsfragen waren auf diesen Konferenzen jedoch weitgehend ausgeblendet. Sie werden in anderen Gremien und Foren wie der Weltbank, dem IWF, der G-7 und der WTO verhandelt, was vielfach zur Einstufung der Weltkonferenzen als zahnlose Papiertiger führte. Die Konferenzen widmeten sich vorwiegend Themen wie Armut, Geschlechtergleichheit, Menschenrechte, soziale Gerechtigkeit und Umwelt, die im Unterschied zu wirtschaftlichen Fragen häufig als weiche Themen gelten. Die Erörterung und Bearbeitung dieser Politikfelder ist jedoch unerlässlich, weil Ungleichheit, Ungerechtigkeit und Umweltzerstörung schwerwiegende Konfliktpotentiale darstellen. Dies verdeutlichen die bewaffneten Konflikte, Bürgerkriege und Kriege der letzten Jahre beispielsweise in Ruanda / Burundi und auf dem Gebiet des früheren Jugoslawien. Die Konferenzen lassen sich somit als normativer Gegenpol zur neoliberalen Globalisierung, wie sie vor allem durch die WTO und den IWF gesichert werden soll, verstehen. Eine wichtige Funktion der Konferenzen besteht darin, international eine Verständigung über globale Herausforderungen herzustellen und gemeinsame Lösungsvorschläge zu erarbeiten.

Neue Impulse für globale Politik

Bereits in früheren Jahrzehnten veranstalteten die Vereinten Nationen Weltkonferenzen, deren Wirkung jedoch unterschiedlich beurteilt wird. Vor allem die ideologische Verhärtung durch den Ost-West-Konflikt und die anhaltende Konfrontation zwischen den Ländern des Nordens und des Südens über eine neue Weltwirtschaftsordnung beeinträchtigten den Erfolg früherer Konferenzen. Dennoch waren einige von ihnen themenspezifisch von großer Bedeutung. So wurde die Frauendekade der Vereinten Nationen auf der 1.Weltfrauenkonferenz 1975 in Mexiko ins Leben gerufen und durch zwei weitere Weltfrauenkonferenzen 1980 in Kopenhagen und 1985 in Nairobi evaluiert und abgeschlossen. Diese Konferenzen unterstützten die Schaffung wichtiger Instrumente wie das Übereinkommen zur Beseitigung jeder Form von Diskriminierung der Frau (CEDAW; sog. Frauenrechtskonvention). Im Unterschied zu den Frauenkonferenzen hatte die 1. Weltmenschenrechtskonferenz, die 1968 in Teheran wirtschaftliche, soziale und kulturelle Rechte und die Bedeutung von Entwicklung für den Menschenrechtsschutz in den Vordergrund rückte, nur eine geringe Wirkung auf die internationale Menschenrechtspolitik der nachfolgenden Jahre. Dies lag vor allem daran, daß die Industrieländer die Ergebnisse der Konferenz ignorierten.

Die Serie von Weltkonferenzen zu Beginn der 90er Jahre stellt bereits wegen ihrer zeitlichen Bündelung eine neue Qualität dar und wurde durch ein verändertes "Klima" in der internationalen Politik, das wesentlich auf das Ende des Ost-West-Konfliktes zurückzuführen ist, begünstigt. Auch wenn – trotz einer Ausdifferenzierung der Staaten der G-77 – die Lagerbildung zwischen Norden und Süden fortbesteht, so förderte der wachsende globale Problemdruck dennoch die Bereitschaft zu einem weniger konfrontativen Umgang zwischen Regierungen des Nordens und Südens. Dies eröffnete die Möglichkeit eines stärker problemorientierten Austausches. Geleitet vom Bewußtsein gemeinsamer globaler Probleme und Interdependenzen und von der Erkenntnis geteilter Verantwortung, gelangten die Weltkonferenzen der 90er Jahre im Ansatz zu einer Gesamtsicht auf wichtige Querschnittsthemen und Probleme, die die heutige Lage bestimmen. Darin liegt ein wesentlicher Unterschied zu früheren Konferenzen, deren Sicht stärker auf einzelne Sektoren beschränkt blieb. Auf einer internationalen Konferenz der Deutschen Stiftung für internationale Entwicklung (DSE) in Berlin 1996 zum Thema "Entwicklungspolitische Bewertung der UN- Weltkonferenzen 1990 – 1996" wurde sogar vertreten, daß "die Serie der Weltkonferenzen [in gewissem Sinne] eine neue Weltordnung begründet"[6] habe. Die Konferenzen lassen sich als Bausteine und möglicherweise Höhepunkte eines langjährigen Dialog- und Aushandlungsprozesses auf internationaler Ebene zur Behandlung dringender globaler Probleme verstehen.

Der Erfolg der Weltkonferenzen wird je nach der zugrunde gelegten Meßlatte unterschiedlich bewertet. Zieht man harte Kriterien wie die Institutionalisierung der Ergebnisse durch völkerrechtlich verbindliche Verträge oder die Schaffung neuer Instrumente heran, dann sind die Ergebnisse kaum zufriedenstellend. So mündete nur der Erdgipfel von Rio in völkerrechtliche Verträge, nämlich die Klimakonvention, die Konvention zum Schutz der biologischen Vielfalt und brachte die Konvention zur Bekämpfung der Wüstenbildung auf den Weg. Die Wiener Menschenrechtskonferenz empfahl mit der Errichtung eines Hochkommissariats für Menschenrechte und eines ständigen Internationalen Strafgerichtshofes die Schaffung bedeutsamer Instrumente für den Schutz der Menschenrechte, die relativ kurze Zeit danach auch errichtet wurden. Ansonsten liegen die Ergebnisse der Weltkonferenzen der 90er Jahre vor allem darin, daß veränderte Perspektiven, Politikkonzepte und Akteurskonstellationen neue Wege der Problemlösungen andeuten.

Inhaltlich sind die Abschlußerklärungen und Aktionsprogramme der Weltkonferenzen der neunziger Jahre in weiten Bereichen sektorübergreifend und aufeinander abgestimmt. Eine Besonderheit der überwiegenden Mehrheit dieser Weltkonferenzen liegt somit in dem Versuch, die komplexen Wechselwirkungen der Weltprobleme in ihrem Zusammenhang zu betrachten und diese Sichtweise als Herausforderung für die Gestaltung der Zukunft zu begreifen. Eine sehr positive Einschätzung der Weltkonferenzen liefert Hans Gsänger vom Deutschen Institut für Entwicklungspolitik (DIE): "Die Konferenzen bilden eine inhaltlich zusammengehörende Serie, die schrittweise eine ganzheitliche Problemsicht herstellt und differenzierte Lösungsansätze vorschlägt. Es ist eine stetige Progression und Präzision bei der Behandlung der großen Querschnittsaufgaben [....] erkennbar und nachvollziehbar."[7]

---

6 Deutsche Stiftung für internationale Entwicklung (DSE), Internationaler Round Table "Entwicklungspolitische Bewertung der UN-Weltkonferenzen 1990 – 1996". Ziele, Ergebnisse und Umsetzungsstrategien im Vergleich, Berlin 1997, S. 13.

7 Hans Gsänger, Entwicklungspolitische Bewertung der UN-Weltkonferenzen 1990 – 1996: Ziele, Ergebnisse und Umsetzungsstrategien im Vergleich, in: Deutsche Stiftung für internationale Entwicklung (DSE), Inter-

Eine solch stärker ganzheitliche Problemsicht zeigt sich beispielsweise im sogenannten Menschenrechtsansatz in der Entwicklungspolitik (*human rights approach to development*). Danach wollen internationale Organisationen wie UNDP und UNICEF, aber auch das Bundesministerium für wirtschaftliche Zusammenarbeit und Entwicklung sowie Nichtregierungsorganisationen (NRO) aus dem Entwicklungs- und Menschenrechtsbereich Entwicklungspolitik an Menschenrechtsstandards ausrichten. Dies soll Entwicklungspolitik auf eine völkerrechtlich anerkannte Grundlage stellen, die Nachhaltigkeit von Entwicklung sichern und zur Stärkung der Menschenrechte beitragen.

Themen, die auf vielen Konferenzen im Mittelpunkt standen, waren Nachhaltigkeit, Ökologie und Umweltschutz, Geschlechtergleichheit, Menschenrechte, partizipative Entwicklung und Armutsbekämpfung. Die Bearbeitung dieser Querschnittsaufgaben ist wesentlich, um globalen Herausforderungen (z.B. drohende Umweltkatastrophen) und negativen Auswirkungen der Globalisierung (z.B. der Abbau von Sozialstandards) erfolgreich entgegenzutreten. Entscheidend für diese holistische Sichtweise ist ein spezifisches, allen Konferenzen gemeinsam zugrunde liegendes Verständnis von Entwicklung. Dieses Konzept der nachhaltigen Entwicklung steht in diametralem Gegensatz zur herkömmlichen Bestimmung von Entwicklung als Wirtschaftswachstum und zur ungehemmten neoliberalen Marktentwicklung. Die nachhaltige Entwicklung – vor allem von den jährlichen UNDP-Berichten propagiert – stellt den Menschen und die Erweiterung menschlicher Wahlmöglichkeiten in Verbindung mit nachhaltigem Ressourcenmanagement und Partizipation in den Mittelpunkt von Entwicklung.

Stärkung der Zivilgesellschaft

Bei der Bewertung der Weltkonferenzen der 90er Jahre ist der Beitrag von NRO für das Zustandekommen und den Ablauf der Konferenzen hervorzuheben. Zugleich liegt für die NRO die Bedeutung dieser Konferenzen auch darin, daß sie Impulse geben und Orte für die Stärkung der Zivilgesellschaft sowohl auf der internationalen als auch auf der nationalen und lokalen Ebene darstellen.

Im Unterschied zu früheren Konferenzen waren und sind NRO in breitem Umfang an den Vorbereitungen, der Durchführung und den Folgeprozessen der Weltkonferenzen der 90er Jahre beteiligt. Ihre Zahl wuchs kontinuierlich vom Erdgipfel 1992 in Rio bis hin zum Sozialgipfel 1995 in Kopenhagen und überstieg regelmäßig die Tausend. Regierungsdelegationen – insbesondere aus dem Norden – verstehen die Teilnahme der NRO zunehmend als komplementär zur eigenen Arbeit. Dies reicht bis zur Einbindung von NRO-Vertretern und -Vertreterinnen in offizielle Regierungsdelegationen. Für den Anstieg der Teilnahme der NRO lassen sich unterschiedliche Gründe anführen. So begünstigten die Demokratisierungstendenzen in vielen Ländern des Südens die Einflußnahme von NRO. Weiter erkannten einige Regierungsdelegationen auch die Sachkompetenz von NRO als hilfreich für die eigene Arbeit an. Zum Teil läßt sich die Präsenz der NRO aber auch als Ausdruck für eine Privatisierung internationaler Politik verstehen, das heißt als Übertragung originär staatlicher Funktionen auf nichtstaatliche Akteure und Akteurinnen. Dies

---

nationaler Round Table "Entwicklungspolitische Bewertung der UN-Weltkonferenzen 1990– 1996". Ziele, Ergebnisse und Umsetzungsstrategien im Vergleich, Berlin 1997, S. 73.

zeigt sich insbesondere im Bereich der humanitären Hilfe aber zunehmend auch in der Entwicklungspolitik. Diese Tendenz ist durchaus widersprüchlich zu bewerten, weil eine solche Einbindung von NRO im Extremfall auch zur Delegitimierung staatlicher Herrschaft und zur weiteren Abwertung schwacher Regierungen beitragen kann.

Auf eigenen Foren entwickelten die NRO ihre Forderungen und nahmen Einfluß auf die Beratungen der Regierungen sowie die Abschlußdokumente der Konferenzen. Beispielsweise brachten in Bangkok 1993 durchgeführte regionale Vorbereitungstreffen zur Wiener Weltmenschenrechtskonferenz Gegensätze von Regierungen und NRO in Asien zu den Menschenrechten zu Tage. Während insbesondere südostasiatische Regierungen die Universalität der Menschenrechte mit Verweis auf die Besonderheit asiatischer Werte in Frage stellen wollten, bekräftigten die NRO die Notwendigkeit der Universalität der Menschenrechte auch in Asien. Dies beeinträchtigte die Verhandlungsposition der südostasiatischen Regierungsdelegationen in Wien, weil die Interessen hinter ihren kulturrelativistischen Argumenten durch die NRO deutlich gemacht wurden.

Erstmals waren nicht nur beim ECOSOC (Wirtschafts- und Sozialrat der UN) akkreditierte internationale NRO in diese Prozesse eingebunden, sondern die Vereinten Nationen mußten auch lokale und nationale NRO, die die Vorbereitungsprozesse mitgestaltet hatten, zu den Weltkonferenzen zulassen. Insofern machte nicht nur die Zahl der an den Konferenzen beteiligten NRO, sondern auch ihre Zusammensetzung – von internationalen bis hin zu lokalen Gruppen – die Qualität der Einflußnahme der NRO aus. Dies führte dazu, daß lokale Belange auf der internationalen Ebene stärker wahrgenommen wurden. Ausdruck dafür sind Konferenzen von Bürgermeistern und Bürgermeisterinnen und lokalen Verwaltungsstellen, die am Rande der Sitzungen der *Commission for Sustainable Development* (CSD) stattfinden, um die horizontale Vernetzung von Entscheidungsträgern und -trägerinnen voranzutreiben.

Allgemein ist die Ausdifferenzierung der Akteure und Akteurinnen Ausdruck dafür, daß globale Probleme sich nicht länger nur von Regierungen auf zwischenstaatlicher Ebene und mittels internationaler Organisationen lösen lassen, sondern die Einbeziehung privater Handlungsträger und -trägerinnen erfordern, zu denen neben der Wirtschaft vor allem NRO zählen. Die Durchdringung von Staaten- und Gesellschaftswelt tritt hier deutlich hervor.

Die Beteiligung der NRO an den Weltkonferenzen wirkte sich nicht nur auf die Ergebnisse der Konferenzen aus, sondern unterstützte ihrerseits die Stärkung der Zivilgesellschaft. So trugen die Weltkonferenzen dazu bei, daß immer mehr Gruppen entstanden, die sich den Themen der Konferenzen widmen. Weiter förderten die Konferenzen die nationale, regionale und internationale Kooperation der NRO. Dazu trägt auch der Zugang zum Internet bei. Dies kann sich positiv auf die Arbeit vor Ort auswirken, denn der Erfolg lokaler und nationaler NRO ist wesentlich abhängig von ihrer regionalen und internationalen Vernetzung. Sie bietet die Gewähr dafür, daß die lokale und nationale Arbeit international bekannt, unterstützt und geschützt wird, und sie ermöglicht auch die finanzielle Förderung einzelner Projekte. Diese Ausnutzung internationaler Aufmerksamkeit durch nationale und lokale NRO, um Druck auf die eigene Regierung auszuüben, charakterisieren Margret Keck und Kathryn Sikkink als Bumerang-Effekt der Arbeit internationaler NRO-

Netzwerke.[8] Sie verändert nationalstaatliche Souveränität und fördert die Durchdringung lokaler, nationaler und internationaler Belange.

Auf den Weltkonferenzen kam nicht nur zwischen Regierungen, sondern auch auf NRO-Ebene ein Nord-Süd-Konflikt zum Vorschein. So versuchten manche finanzstarke internationale NRO, die ihren Sitz meist im Norden haben, die Themen der NRO-Foren zu bestimmen. Sie mußten sich den häufig unterschiedlichen Auffassungen von NRO aus dem Süden und von lokalen NRO stellen. Diese Auseinandersetzungen brachten nicht nur Differenzen in der Sichtweise hervor, sondern sie lassen sich positiv auch als Lernprozeß und als Beitrag zur Verständigung zwischen Norden und Süden jenseits der Regierungsebene verstehen.

Ideen und Interessen

Häufig werden die Weltkonferenzen als kostspielige Inszenierung und als bloße politische Rhetorik abgetan. Richtig an diesem Argument ist, daß eine systematische Umsetzung der Beschlüsse und Empfehlungen der Konferenzen durch die Einzelstaaten, aber auch auf UN-Ebene fehlt. Es wäre jedoch ein Fehlschluß, aufgrund dieser Tatsache die Rhetorik nur als bloße Worthülse, ohne praktisch-politische Konsequenzen abzutun. Gerade die Weltkonferenzen verdeutlichen die langfristige und eigenständige Wirkung politischer Ideen, weil prinzipielle Aussagen der Regierungen auf den Konferenzen zum Maßstab der Bewertung von Regierungshandeln werden können. Mit den Bekenntnissen der Teilnehmerstaaten zu nachhaltiger Entwicklung, zum Schutz der Umwelt, zur Geschlechtergleichheit, zu den Menschenrechten und zur Armutsbekämpfung haben die Staaten selbst die Standards gesetzt, an denen sie sich zukünftig messen lassen müssen. Vor allem NRO und Medien nutzen die Rhetorik der Regierungen, um diese Standards einzufordern. Insofern bilden die Abschlußerklärungen und Aktionsprogramme der Konferenzen Orientierung und Bezugsrahmen für staatliche Politik und für Forderungen der Zivilgesellschaft. Die der Rhetorik zugrunde liegenden Ideen entwickeln eine eigenständige Kraft.

Besonders deutlich zeigt sich die Wirkung von Ideen am Beispiel der Menschenrechte, die erst nach dem Zweiten Weltkrieg als internationales Normensystem durch die Vereinten Nationen verankert wurden. Heute basieren viele nationalen Verfassungen auf den Menschenrechten, immer mehr Menschen wissen von ihren Rechten und fordern diese von ihren Regierungen und durch internationale Kooperation ein. So machte u.a. die Bewältigung der Beschwerdeflut, die jährlich beim Europäischen Gerichtshof für Menschenrechte eingeht, eine umfassende Reform des Gerichts erforderlich. Nach einer anfänglichen Zurückhaltung unter Verweis auf nationalstaatliche Souveränität wurden Menschenrechte insbesondere seit dem Ende des Ost-West-Konfliktes immer mehr ein Thema des außen- und entwicklungspolitischen Dialogs. Für die Verbreitung der Idee der Menschenrechte ist die Arbeit internationaler NRO-Netzwerke von herausragender Bedeutung.

Durch die Weltkonferenzen hat der internationale Diskurs verstärkt Einzug in die Innenpolitik gehalten, zugleich wurde die innenpolitische Debatte über globale Fragen be-

8 Vgl. Margret Keck/Kathryn Sikking, Activists Beyond Borders. Advocacy Networks in International Politics, Ithaca, London 1998, S. 12 f.

lebt und die internationale Perspektive auf scheinbar innenpolitische Probleme wie z.B. Asylpolitik gestärkt. Internationale Normen und Werte, wie sie auf den Weltkonferenzen erarbeitet und verhandelt wurden, finden Eingang in innenpolitisches Handeln von Staaten. Politik wird so nicht nur von Interessen und Strukturbedingungen, sondern auch vom Zusammenwirken von Interessen und Ideen bestimmt, wobei Ideen die Formulierung von Interessen mitprägen können.

Verstöße gegen internationale Normen, wie sie auf den Weltkonferenzen formuliert und im Konsens verabschiedet wurden, können für Regierungen sowohl in der eigenen Gesellschaft als auch international zum Legitimitätsverlust führen, den sie unbedingt vermeiden wollen. Insofern bilden die Konferenzen also die Grundlage und den Ausgangspunkt für den internationalen Dialog über gemeinsame Werte und Normen.

Stärken und Schwächen der Umsetzungsprozesse

Mit Ausnahme der Wiener Menschenrechtskonferenz haben alle Weltkonferenzen Folgeprozesse zur Überprüfung der Umsetzung der Aktionsprogramme festgelegt. Danach sollen die Regierungen Rechenschaft ablegen und international über weitere Maßnahmen beraten. Diese sogenannten *follow-up*-Prozesse finden ihren Höhepunkt in Sondergeneralversammlungen, die im Fünfjahres Rhythmus abgehalten werden. Sie heißen dementsprechend Peking plus fünf etc., in bezug auf Rio befinden wir uns bereits in der Rio plus zehn Phase.

Bedeutung und Wirkung der Folgeprozesse der Weltkonferenzen werden unterschiedlich bewertet. Jedoch ohne den Druck und die Expertise von NRO wäre auch die Umsetzung der Beschlüsse der Weltkonferenzen nicht gesichert. Die Dynamik der Folgeprozesse hängt somit wesentlich von der Rückkoppelung an die NRO und ihrer Beeinflussung der öffentlichen Meinung ab. Zusätzlich können NRO ihre innergesellschaftliche Position dadurch verstärken, daß sie die offizielle Berichterstattung ihres Landes durch eigenständige, kritische Stellungnahmen an das UN-System relativieren oder sogar diskreditieren. Häufig rücken die Ergebnisse der Weltkonferenzen erst auf die nationale Agenda, wenn zivilgesellschaftliche Gruppen und Organisationen – vermittelt über mediale Aufmerksamkeit – Druck ausüben. Ist dies nicht der Fall, geraten umsetzungswillige staatliche Instanzen, die sich den Beschlüssen und Empfehlungen der Konferenzen verpflichtet fühlen, in die Defensive. Hier treten einige Unterschiede hervor. Während in den Industrieländern politische Akteure und Akteurinnen zunehmend die Einflußnahme der Zivilgesellschaft wünschen und erwarten, um Politik gestalten zu können, stehen Regierungen des Südens den Aktivitäten der NRO aus unterschiedlichen Gründen eher skeptisch gegenüber. Zum Teil werden NRO als vom Norden finanzierte Störfaktoren verstanden. Manche Regierungen wollen den Einfluß der NRO auch zurückdrängen, weil sie die Kontrolle, den Druck der öffentlichen Meinung in der eigenen Gesellschaft und auch die internationale Bloßstellung befürchten. Dies trifft auch auf Regierungen des Nordens zu.

Prinzipiell setzen insbesondere die jährlichen Beratungen der Umsetzungserfolge in den zuständigen UN-Gremien (z.B. Kommission für nachhaltige Entwicklung, Kommission für soziale Entwicklung, Frauenrechtskommission, Menschenrechtskommission) sowie die Sondergeneralversammlungen der Vereinten Nationen in Fünfjahresintervallen alle Regierungen einem doppelten Legitimationsdruck aus. Auf der einen Seite werden von ihnen detaillierte, vorstrukturierte Staatenberichte gegenüber den Vereinten Nationen verlangt. Auf der anderen Seite bieten sie der einheimischen Zivilgesellschaft die Chance, Transparenz und Rechenschaftslegung der eigenen Regierung als Teil eines globalen Beobachtungsprozesses *(monitoring)* einzufordern und die nationale Umsetzung mit den Implementierungsergebnissen in anderen Ländern zu vergleichen *(benchmarking).*

In der Realität jedoch sind die Aktivitäten der Regierungen zu den Folgeprozessen kritisch zu sehen. Bereits durchgeführte Folgekonferenzen beispielsweise zum Kairoer Bevölkerungsgipfel und auch die laufenden Folgeprozesse zu Peking und Kopenhagen lassen am Sinn dieser internationalen Treffen Zweifel aufkommen. Die Verhandlungen zwischen Regierungen über die Ergebnisse und zukünftige Folgeprozesse sind langwierig und häufig werden auf den Weltkonferenzen getroffene Vereinbarungen und die dort gefundene gemeinsame Sprache in Frage gestellt. Erneut prägt der Nord-Süd-Konflikt die Folgeverhandlungen. Experten und Expertinnen bezweifeln, ob die Folgekonferenzen neue Impulse setzen können oder ob sie nicht gewissermaßen bereits zur Routine gehören. Auch steht zur Debatte, ob wirklich ein gemeinsamer Bericht über das bereits Erreichte erforderlich ist oder ein Konsens nur über die zukünftigen Ziele angestrebt werden soll.

Weltkonferenzen als Übungsfeld für *global governance*

Die Weltkonferenzen in ihrer Gesamtheit spiegeln die Strukturveränderungen in der Weltgesellschaft wider. Ihr Zustandekommen läßt sich durch vielfältige Einflußfaktoren, die zum Teil miteinander in Wechselwirkung stehen, beschreiben. Sie sind nicht der Beginn, sondern Bestandteil eines Prozesses, der wirtschaftliche, ökologische und friedenspolitische Globalisierungen widerspiegelt. Die Entstehung gemeinsamer Grundüberzeugungen wirkt sich positiv auf eine zunehmende Verrechtlichung und Verregelungstiefe aus. Die Handlungspielräume der Nationalstaaten verändern sich. Die traditionelle Unterscheidung von Innen- und Außenpolitik ist längst obsolet. Steuerungs- und Gestaltungspielräume werden in wichtigen Politikfeldern zwischen den Nationalstaaten, multilateralen sowie supranationalen Institutionen, Unternehmen und gesellschaftlichen Organisationen neu verteilt.[9]

Bei der Bearbeitung und Lösung der auf den Konferenzen behandelten Querschnittsaufgaben zeigen sich jedoch vielfältige Hindernisse. Globales Denken und die interministerielle Bearbeitung der Querschnittsthemen wird auf der nationalen Ebene häufig durch das alte Ressortdenken behindert. Weiter gehen viele Industrieländer davon aus, daß die Themen der Weltkonferenzen überwiegend die Entwicklungsländer betreffen, während sie in den Industrieländern gelöst seien. Diese arrogante Sicht beeinträchtigt nicht nur die Kooperation zwischen Norden und Süden, sondern sie entspricht auch nicht der Realität, wenn man die wachsende Einkommensschere in den reichen Industrieländern, die auch dort weiter bestehende Diskriminierung der Frauen, die anhaltende Verletzung von Menschenrechten und die wesentlich durch die Industrieländer verursachte globale Umweltzerstörung betrachtet. Die Verlagerung dieser Aufgaben in die Entwicklungspolitik ist nicht nur angesichts der Realität nicht zu rechtfertigen, sie stößt auch bei den Entwicklungsländern auf Ablehnung. Sie erschwert den Dialog zwischen Norden und Süden, un-

9 Vgl. Messner/Nuscheler 1996, a.a.O.

terstützt eine anti- westliche Blockbildung bei Regierungen des Südens und gefährdet die prinzipiellen Bekenntnisse der Weltkonferenzen insgesamt.

Man könnte die Weltkonferenzen und ihre Folgeprozesse als Laboratorium für neue Formen der Politikgestaltung, die als *global governance* diskutiert werden, verstehen. Auch wenn die Umsetzung auf den verschiedenen Handlungsebenen eher zufällig, disparat und halbherzig erscheinen mögen, so bieten diese Arenen einen Rahmen für gemeinsame Experimente und Lernschritte eines heterogenen Kreises von Akteuren und Akteurinnen. Die bei der Behandlung der sogenannten weichen Konferenzthemen gemachten Erfahrungen strahlen auf die eher harten Politikfelder aus, wie die Reformdiskussionen in IWF und Weltbank zeigen. Ein Beispiel dafür sind die neuen *Poverty Reduction Strategy Papers* (PRSP) der Weltbank. Danach müssen die ärmsten Länder des Südens erstmals selbst – unter Einbeziehung der Zivilgesellschaft – ein kohärentes Programm zur Armutsbekämpfung entwickeln, um sich für den Schuldenerlaß bzw. für neue Kredite der bi- und multilateralen Entwicklungshilfegeber zu qualifizieren. Dieser Paradigmenwechsel in der Politik der Weltbank ist ohne die Impulse des Sozialgipfels von Kopenhagen kaum denkbar.[10] Dasselbe gilt auch für das Scheitern der WTO-Konferenz im Dezember 1999 in Seattle. Denn ohne die inhaltliche Vorarbeit und globale Netzwerkbildung durch die Weltkonferenzen hätten die zivilgesellschaftlichen Akteure und Akteurinnen kaum so erfolgreich die Integration ökologischer, sozialer, menschen- und arbeitsrechtlicher Normen in die Steuerung des Welthandels einfordern können.

Ein wichtiger Erfolg der Prozesse um die Weltkonferenzen besteht darin, daß sie trotz fortdauernder Konflikte zwischen den Beteiligten das neue Leitbild einer global gültigen nachhaltigen Entwicklung festigen und ausbauen konnten. Dieses Paradigma, das auf die kooperative Bearbeitung globaler Probleme durch breite Akteursnetzwerke setzt, ist an die Werte von Demokratie, Menschenrechten, Geschlechtergleichheit, ökologischer Verträglichkeit und sozialer Integration gebunden. Diese Wertvorstellungen bilden die normativen Grundlagen von *global governance.*

Zweifellos konkurrieren diese Ziele und Ordnungsvorstellungen mit dem momentan dominanten neoliberalen Steuerungsmodell in der Weltwirtschaft. Dies zeigt sich am Widerstand der Industrieländer, eine Regulierung der internationalen Güter- und Finanzmärkte nach sozialen und ökologischen Kriterien zuzulassen. Abträglich ist auch der Hang der einzig verbliebenen Weltmacht USA zu einem auch militärisch abgestützten Unilateralismus bei der Verfolgung eng definierter Nationalinteressen. Symptomatisch für die Haltung der USA ist die Weigerung, die umweltzerstörerischen Folgen des eigenen Lebensstils im Rio-Prozeß zu reflektieren und wirksame Klimaschutzmaßnahmen zu unterstützen.

Sachliche Gründe sprechen jedoch dafür, daß eine erfolgreiche Bearbeitung und Lösung globaler Herausforderungen unter Zugrundelegung demokratischer Prinzipien und umfassender Partizipation effektiver mit dem Politikansatz der Weltkonferenzen als mit den anderen Handlungskonzepten realisiert werden kann. Ob sich langfristig eine solch rationale internationale Politik tatsächlich durchsetzen wird, bleibt offen. Möglich ist auch, daß positive Ergebnisse der Weltkonferenzen historisch bedingt eng geknüpft

---

10 Vgl. Walter Eberlei, Paradigmenwechsel in der Armutsbekämpfung: Poverty Reduction Strategies als neues Konzept – auch für das BMZ?, in: Entwicklung + Zusammenarbeit, Juni 2000.

waren an die zeitweise Aufbruchstimmung nach dem Ende des Ost-West-Konflikts. Dies würde bedeuten, daß die auf den Konferenzen gefundene gemeinsame Sprache nur vorübergehend war und auch zukünftig Blockbildung und Interessenpolitik überwiegen werden. Die Folgeprozesse der Weltkonferenzen lassen dies befürchten.

Da sich die rot-grüne Bundesregierung der globalen Strukturpolitik verschrieben hat, sollte sie mehr Engagement und Ressourcen in die Folgeprozesse der Weltkonferenzen investieren. Dies erfordert zum einen die Überprüfung der auswärtigen Beziehungen in ihrer gesamten Breite – etwa Exportbürgschaften, Rüstungsgeschäfte und Kredite an ärmere Staaten – an den Kriterien nachhaltiger Entwicklung. Zum anderen müßten die Mittel aus dem Bundeshaushalt für die internationale Umwelt- und Entwicklungspolitik aufgestockt und nicht reduziert werden, wie dies gegenwärtig geschieht.

Brigitte Hamm / Thomas Fues

2.3. Im Nord-Süd-Vergleich: Lokale Agenda 21

Die Agenda 21 als Aktionsprogramm für die Staaten

Die Agenda 21 wurde auf der Konferenz für Umwelt und Entwicklung (UNCED) in Rio de Janeiro im Juni 1992 von 178 Staaten als Aktionsprogramm für das 21. Jahrhundert verabschiedet. Ziel ist die globale Umsetzung des Konzepts der nachhaltigen Entwicklung. Die Agenda 21 ist, im Gegensatz zu den gleichzeitig beschlossenen Konventionen zur biologischen Vielfalt und zum Klimaschutz, völkerrechtlich nicht bindend sondern eine Absichtserklärung der an der Konferenz teilnehmenden Staaten. Das knapp 300 Seiten umfassende Dokument enthält 40 Kapitel, in denen wesentliche Teilbereiche der Problemfelder "Umwelt" und "Entwicklung" behandelt werden. Eines dieser Kapitel widmet sich dem kommunalen Bereich. Nach einer anfänglich eher zögerlichen Bereitschaft der Städte und Gemeinden, sich dieser Herausforderung zu stellen und eine "lokale" Agenda 21 in ihrem Einflußbereich und mit Beteiligung der Bürger auszuarbeiten, wenden sich seit einigen Jahren immer mehr Kommunen dieser Aufgabe zu. Dieser Umsetzungsprozeß, der in den einzelnen Ländern sehr unterschiedlich verläuft, soll in dem vorliegenden Beitrag analysiert werden. Neben einer aktuellen Bestandsaufnahme sollen die sich abzeichnenden Tendenzen bei den inhaltlichen Schwerpunkten dargestellt werden. Eine Betrachtung globaler Fragen auf der lokalen Ebene muß deren Behandlung auf der nationalen und internationalen Ebene einbeziehen und an die Themenstellung des sogenannten "Erdgipfels" und der Agenda 21 anknüpfen.

Mit der Zerstörung der Ozonschicht, dem drohenden Klimawandel und dem rapiden Rückgang der Artenvielfalt waren seit der ersten Umweltkonferenz in Stockholm 1972 neue Themen in den Mittelpunkt der weltweiten Umweltdiskussion gerückt, ohne daß die zuvor beherrschenden Probleme wie der ständig wachsende Bedarf an Rohstoffen und Energie, das gleichzeitig zunehmende Abfallaufkommen und die Verschmutzung der Meere einer dauerhaften Lösung näher gebracht werden konnten. Ein nicht minder besorgniserregendes Bild bietet, trotz der im Einzelfall notwendigen Differenzierung, die Betrachtung jener Indikatoren, in denen sich die Tendenzen der globalen Entwicklung widerspiegeln. Die wachsende Kluft zwischen den reichen und den ärmsten Ländern, das anhaltende Bevölkerungswachstum und die fortschreitende Urbanisierung sind Beispiele hierfür.

Über den globalen Charakter dieser negativen Trends und die von ihnen ausgehende Bedrohung herrschte in Rio de Janeiro weitgehende Einigkeit. In der Präambel der Agenda 21 wird hierzu festgestellt: "Die Menschheit steht an einem entscheidenden Punkt ihrer Geschichte." Mit dem Aktionsprogramm sollte der Versuch unternommen werden, "die Welt auf die Herausforderungen des nächsten Jahrhunderts vorzubereiten". Die erfolgreiche Umsetzung sollte in erster Linie Aufgabe der Regierungen sein. Durch die Erarbeitung nationaler Agenden und durch die internationale Zusammenarbeit insbesondere im Rahmen der Vereinten Nationen sollte global eine nachhaltige Entwicklung erreicht werden. Nur wenige Staaten, darunter China und die Philippinen, haben jedoch bislang eine nationale Agenda 21 aufgestellt. Deutschland ist, wie die Mehrzahl der Länder, dieser Verpflichtung nicht nachgekommen, obwohl es dabei zunächst nur um einen Ziel- und Maßnahmenkatalog und noch nicht um konkretes Handeln geht. Der vielbeschworene “Geist von Rio” war bald nach der Konferenz verflogen und die vereinbarte “globale Partnerschaft” mußte rasch wieder den handfesten (Wirtschafts-)Interessen im Ringen um die “beste” Standortpolitik weichen. So können auch die Weltkonferenzen nach 1992 nur bedingt positiv bewertet werden. Statt zu einer Problemlösung in Teilbereichen wie der Bevölkerungs- und der Siedlungsentwicklung beizutragen, bestand der “Erfolg” einiger Konferenzen darin, nicht hinter die in Rio getroffenen Vereinbarungen zurückzufallen. Ohne die Mitwirkung der Staaten sind die Möglichkeiten der Vereinten Nationen und ihrer Organe zwangsläufig gering, global ein Umsteuern in Richtung nachhaltige Entwicklung zu erreichen. Für die Umsetzung der Rio-Beschlüsse ist – wie bereits erwähnt – neben der nationalen und der internationalen Ebene besonders die lokale Ebene von Bedeutung. Die Städte und Gemeinden werden daher in der Agenda 21 unmittelbar zum Handeln aufgefordert. Nachfolgend soll dargestellt werden, inwieweit diese dem Auftrag der UNCED gerecht werden.

Der Auftrag an die Kommunen

Die lokale Ebene ist von zahlreichen globalen Entwicklungen betroffen, die in der Agenda 21 behandelt werden. Lösungen im Sinne der Nachhaltigkeit sind in vielen Bereichen nur dann denkbar, wenn auch in den Städten und Gemeinden die Teilziele einer nachhaltigen Entwicklung verfolgt werden. Bereits im Vorfeld der UNCED-Verhandlungen konnten sich die vom *International Council for Local Environmental Initiatives* (ICLEI) vertretenen Kommunen mit ihrer Forderung durchsetzen, nicht nur als ausführende Organe nationaler Politik, sondern als eigenständige Akteure bei der Umsetzung des globalen Aktionsprogramms berücksichtigt zu werden. ICLEI wurde 1990 auf dem “Weltkongreß der Gemeinden für eine bessere Zukunft” von über 200 Kommunen aus 43 Ländern gegründet. Das von ICLEI entworfene kommunale Handlungsprofil wurde als Kapitel 28 in die Agenda 21 aufgenommen. Es geht von folgender Handlungsgrundlage aus: Die Kommunen (im Original: *local authorities*) errichten und verwalten die soziale und wirtschaftliche Infrastruktur, sie haben im Bereich des Umweltschutzes eigene Kompetenzen und wirken bei der Umsetzung und Überwachung der nationalen Umweltpolitik mit. Sie repräsentieren zudem die für den Bürger unmittelbarste Politik- und Verwaltungsebene. Der Agenda 21 liegt also ein ganz bestimmtes Verständnis über den Aufbau der Staaten und über die Stellung des Einzelnen als “Bürger” zugrunde. Es wird vorausgesetzt, daß Kommunen in gewissem Umfang Handlungsautonomie besitzen, und somit in den einzelnen Ländern zumindest Ansätze dessen vorhanden sind, was in Deutschland unter dem Prinzip der kommunalen Selbstverwaltung im Sinne des Artikels 28 des Grundgesetzes verstanden wird. Darin heißt es in Absatz 2: “Den Gemeinden muß das Recht gewährleistet sein, alle Angelegenheiten der örtlichen Gemeinschaft im Rahmen der Gesetze in eigener Verantwortung zu regeln.” Der kommunale Ansatz der Agenda 21 impliziert außerdem, daß die Bürgerinnen und Bürger an den politischen Entscheidungen auf dieser Ebene partizipieren können, und daß eine stärkere Beteiligung sowohl der Kommunen als auch der einzelnen Bürger und gesellschaftlichen Gruppen bei der Problemlösung als wünschenswert erachtet wird. Die in der Agenda 21 geforderte Bürgerbeteiligung bei der Umsetzung konkreter Maßnahmen geht über den bereits zitierten Grundgesetzartikel hinaus, denn Artikel 28 Absatz 1 GG sichert dem Einzelnen zunächst nur die indirekte Mitwirkung über Wahlen zu.

Zwar haben 178 Regierungen der Agenda 21 zugestimmt, aber in zahlreichen Ländern widerspricht die politische Realität offenkundig den genannten Prinzipien. So war bereits 1992 absehbar, daß in vielen Staaten das gerade beschlossene "globale" Aktionsprogramm niemals implementiert würde. Dies beeinflußte zwangsläufig die Umsetzung auf kommunaler Ebene negativ. Dennoch werden in Kapitel 28 die Kommunen weltweit aufgefordert, die Agenda 21 zur Grundlage des künftigen Handelns zu machen: "Jede Kommunalverwaltung soll in einen Dialog mit ihren Bürgern, örtlichen Organisationen und der Privatwirtschaft eintreten und eine 'kommunale Agenda 21' beschließen." Die Mehrzahl der Kommunen sollte diesen Prozeß bis 1996 begonnen haben. Gerade auch in Deutschland wurde diese Aufforderung zunächst nur sehr zögerlich aufgegriffen. Neben der vermeintlichen Randständigkeit von Umwelt- und Entwicklungsfragen spielte dabei die Skepsis der gewählten Kommunalvertreter eine entscheidende Rolle. Sie sahen in den entstehenden "Arbeitskreisen", "Agenda-Foren" und "Lenkungskreisen" die Gefahr zivilgesellschaftlicher Parallel-Institutionen, welche die Regelungskompetenz der bestehenden Strukturen langfristig aushöhlen könnten. Diese Befürchtungen sind zumindest in Deutschland mittlerweile weitgehend ausgeräumt.

Obwohl das Kapitel 28 eines der kürzesten in der Agenda 21 ist und keine Vorschläge für konkrete Maßnahmen enthält, ergibt sich bereits aus der in zahlreichen Programmbereichen der Agenda 21 beschriebenen Betroffenheit der lokalen Ebene eine umfassende Handlungsgrundlage für die Kommunen. So sind die Beseitigung von Abfällen und Abwässern (Kapitel 21 der Agenda 21), die Bereitstellung von sauberem Trinkwasser (Kapitel 18) und die Planung zur Flächennutzung (Kapitel 10) in der Regel unmittelbare Einflußbereiche kommunalen Handelns. Die Dimension der kommunalen Aufgaben und der aufzubringenden Finanzmittel erschließt sich aus Kapitel 7, das die "Förderung einer nachhaltigen Siedlungsentwicklung" zum Gegenstand hat. Allein die in den Entwicklungsländern entstehenden Kosten für die Umsetzung der insgesamt acht Programmbereiche dieses Kapitels wurden vom Sekretariat der UNCED für die Jahre 1993 bis 2000 auf 218 Milliarden Dollar jährlich geschätzt. Ein großer Teil der Maßnahmen kann nur auf gesamtstaatlicher Ebene beschlossen und bearbeitet werden. Soweit die Städte und Gemeinden Projekte zur Agenda 21 durchführen sollen, sind sie in vielen Fällen auf Zuwendungen der nationalen Regierungen oder die Unterstützung im Rahmen der internationalen Zusammenarbeit angewiesen.

Die skizzierten Problemfelder stellen für die Kommunen vor allem auch eine planerische Herausforderung dar, die wiederum personelle und institutionelle Veränderungen nach sich ziehen muß. Die besondere Aufgabe der Kommunen und der kommunalen Verwaltung besteht darin, sowohl bei einzelnen Projekten (zum Beispiel zur Stadtteilsanierung) als auch bei längerfristigen und grundsätzlichen Entscheidungen zur Stadt- beziehungsweise Dorfplanung integrierte Ansätze einer nachhaltigen Siedlungsentwicklung zu verfolgen. Die Partizipation der Bevölkerung soll dabei eine bedarfsgerechte Planung sicherstellen und die Umsetzung erleichtern. Gleichzeitig soll so der für eine nachhaltige Entwicklung notwendige Bewußtseinswandel gefördert werden. In Deutschland ist mit der Lokalen Agenda 21 auch die Hoffnung verbunden, durch eine stärkere Einbeziehung der Bürger der Politikverdrossenheit entgegenwirken zu können. Generell soll durch das Angebot zur Mitwirkung das Vertrauen in demokratische Verfahren und Institutionen gestärkt und Demokratie von unten gefördert werden.

Zum Stand der Lokalen Agenda 21

Bestandsaufnahme zur "Rio plus 5"-Konferenz 1997

Anläßlich der Sondergeneralversammlung der Vereinten Nationen zur Überprüfung der UNCED-Beschlüsse 1997 (Rio plus 5) hat ICLEI in Zusammenarbeit mit den Vereinten Nationen die bislang einzige weltweite Studie zum Stand der Lokalen Agenda 21 durchgeführt.[1] Danach befaßten sich im Untersuchungszeitraum von April 1996 bis Januar 1997 insgesamt 1.812 Kommunen in 64 Ländern mit der Lokalen Agenda 21. Doch nur in der Hälfte dieser Kommunen (933) war ein solches Aktionsprogramm bereits initiiert worden, die übrigen 879 befanden sich zum Zeitpunkt der Erhebung noch in der Vorbereitungsphase. Neben der insgesamt geringen Beteiligung legte die Untersuchung zwei wesentliche Tendenzen offen:

- Die bestehenden lokalen Agenda-Prozesse konzentrierten sich fast ausschließlich auf Industrieländer, in Entwicklungsländern fand der Ansatz dagegen kaum Beachtung.
- Die Erarbeitung einer Lokalen Agenda 21 wurden überwiegend in jenen Ländern beschlossen, in denen die Kommunen von der übergeordneten, in der Regel nationalen Ebene in diesem Bemühen aktiv unterstützt wurden.

Über 80 Prozent der Aktivitäten konzentrierten sich auf jene elf Länder, in denen "nationale Lokale Agenda 21-Kampagnen" (ICLEI) betrieben wurden. Nur zehn Prozent (181) der 1.812 Prozesse fanden in Entwicklungs- oder Transformationsländern statt. Auch hier deuteten die vergleichsweise positiven Ausnahmen wie Südafrika (10 lokale Agenden), Bolivien (13) und China (14) auf die positive Wirkung nationaler Informationskampagnen hin. Eine nennenswerte Anzahl ohne einen zentralen Anschub wurde – mit 20 Initiativen – nur in Indien erreicht.

Von der Gesamtzahl entfielen 1.385 – über 75 Prozent – auf nur sechs europäische Staaten: neben den vier skandinavischen Ländern waren dies Großbritannien und die Niederlande. In Schweden und Norwegen hatten fast 100 Prozent der Städte und Gemeinden eine Lokale Agenda 21 initiiert, in Großbritannien waren es immerhin noch über 60 Prozent. Als ein wesentlicher Grund für die hohe Akzeptanz muß die Einrichtung einer zentralen Stelle zur Förderung des Agenda-Prozesses gewertet werden, die sowohl in Norwegen und Schweden als auch in Großbritannien unmittelbar nach der Rio-Konferenz erfolgte. Für Deutschland wurden Ende 1996 von ICLEI 30 Agenda-Kommunen ermittelt, das Deutsche Institut für Urbanistik kam zum gleichen Zeitpunkt auf 59 Agenda-Städte, ex post nennt Agenda- Transfer in Bonn 36 Beschlüsse. Bei einer Gesamtzahl von damals 15.770 selbständigen deutschen Städten und Gemeinden war der Beteiligungsgrad somit sehr niedrig. Zu den weiteren Industrieländern, in denen das Fehlen einer Koor-

---

1 International Council for Local Environmental Initiatives (1997): Local Agenda 21 Survey. A Study of Responses by Local Authorities and Their National and International Associations to Agenda 21. ICLEI: Toronto.

dinierungsstelle mit einer geringen Verbreitung der Lokalen Agenda 21 zusammenfiel, gehörten auch Japan (26) und die USA (19).

Parallel zu der quantitativen Erhebung wurde von ICLEI eine qualitative Untersuchung durchgeführt. Diese zeigte, daß in den Entwicklungs- und Transformationsländern das den lokalen Agenden zugrunde liegende Konzept der nachhaltigen Entwicklung die globale Dimension des Ansatzes kaum berücksichtigte. Angesichts der vielfältigen Problemlagen insbesondere in den Städten dieser Länder erscheint diese Tendenz beinahe zwangsläufig. Für die Akteure sind nicht die globale Klimaveränderung oder die Verschmutzung der Weltmeere vordringliche Aufgaben, sondern die enorme Luftverschmutzung in Ballungsräumen oder die maroden Abwassersysteme. Daher wurde auch der Zeithorizont, in dem von den Aktionsprogrammen konkrete Lösungen erwartet wurden, in den Entwicklungsländern relativ eng gefaßt. Von den befragten Kommunen erwarteten 64 Prozent bereits innerhalb der nächsten vier Jahre eine Problemlösung durch die Lokale Agenda 21. In den Industrieländern war dagegen eine längerfristig Zeitplanung vorherrschend. Innerhalb der nächsten vier Jahre erwarteten nur 19 Prozent konkrete Lösungen. Auch in den Kommunen der Industrieländer sind natürlich in erster Linie die lokalen Erfordernisse Ausgangspunkt und Motivationsanreiz für die Aktivitäten zur Lokalen Agenda 21. Doch gelingt es hier gerade in den Städten vielerorts, dank der deutlich besseren Ausgangssituation als im Süden, globale Fragen in den Agenda-Prozeß zu integrieren.

Zur aktuellen Situation der Lokalen Agenda 21-Prozesse

ICLEI geht in einer aktuellen Evaluation davon aus, daß sich die Zahl der Kommunen, die zum Thema Lokale Agenda 21 arbeiten, weltweit auf etwa 5.000 erhöht hat.[2] Der Anteil der europäischen Kommunen wird von ICLEI auf etwa 75 Prozent geschätzt, was gegenüber 1997 einen leichten Rückgang bedeuten würde. Da die übrigen Industrieländer nach wie vor nur einen geringen Anteil an der Gesamtzahl der weltweiten Agenda-Beschlüsse aufweisen, müßte die Akzeptanz der Lokalen Agenda 21 in Entwicklungsländern stärker gestiegen sein als in Europa. Die Grundlage für diese Zahlen besteht allerdings nicht in einer flächendeckenden Erhebung, sondern beruht auf der Einschätzung von Experten unter anderem aus den ICLEI-Regionalbüros. Betrachtet man die Daten im einzelnen, so scheint die Gesamtzahl zu hoch und der europäische Anteil zu niedrig ausgewiesen zu werden. Die regional äußerst ungleiche Entwicklung der Lokalen Agenda 21-Prozesse führt zu der Frage, ob es sich hierbei nicht primär um ein (west-) europäisches Phänomen handelt. Bereits die ICLEI Studie von 1997 hat eine starke Konzentration auf wenige EU- Staaten erkennen lassen, in denen der Prozeß durch die regionale oder nationale Ebene gefördert wird. Deutschland zählt mittlerweile ebenfalls zu diesen Ländern und liegt, in absoluten Zahlen gemessen, mit über 1.400 kommunalen Agenda-Beschlüssen sogar an der Spitze.

2 ICLEI Europasekretariat (2000): Lokale Agenda 21, unveröffentlichte Evaluation. ICLEI: Freiburg.

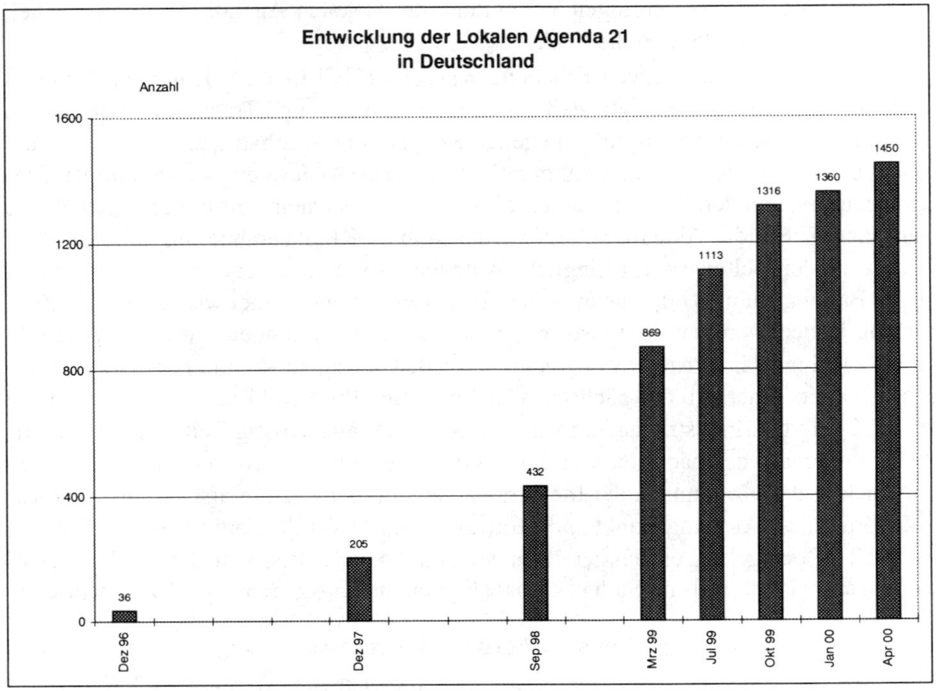

Wie die obige Grafik zeigt, ist bei den deutschen Agenda-Kommunen seit 1996 eine starke Zunahme zu verzeichnen. Wesentliche Ursache hierfür ist die Förderung des Prozesses durch einige Bundesländer – vor allem Nordrhein-Westfalen, Hessen, Bayern und Baden-Württemberg, auf die etwa 80 Prozent der kommunalen Agenda-Beschlüsse entfallen. In Deutschland haben zur Zeit etwa zehn Prozent der Kommunen die Umsetzung der Agenda 21 beschlossen. Da es sich hierbei vor allem um größere Städte und zum Teil auch um Landkreise handelt, ist nach eigenen Berechnungen davon auszugehen, daß über die Hälfte der Deutschen in einer Stadt oder Gemeinde lebt, die das Aktionsprogramm der UNCED zur Grundlage für das Handeln vor Ort erklärt hat.

Laut einer von ICLEI angeführten Umfrage des Rates der Gemeinden und Regionen Europas gab es 1999 in den übrigen Mitgliedsstaaten weitere 2.000 lokale Agenda 21-Prozesse. Somit entfallen rund 3.400 kommunale Aktivitäten in diesem Bereich auf (einige) europäische Staaten. In Afrika hingegen stagniert die Zahl der Gemeinden bei etwa 35. In Asien ist eine Zunahme auf über 200 zu verzeichnen, gegenüber 88 Gemeinden im Jahr 1996. Mehr als die Hälfte davon entfallen mit 112 auf Japan. Ausgehend von einem ebenfalls sehr geringen Niveau hat sich die Zahl der Gemeinden in Südamerika auf ca. 60 erhöht, 1996 wurden in dieser Region nur 34 Agenda-Kommunen gezählt. Zahlreiche der in Entwicklungsländern registrierten Aktivitäten sind im Kontext von internationalen Netzwerken und Städtepartnerschaften entstanden. Es handelt sich dabei also nicht immer um originäre, in der Kommune entstandene Prozesse, sondern zum Teil um Modellprojekte, die von außen initiiert wurden.

Netzwerke und internationale Kooperation

Vor allem im außereuropäischen Raum wird die Situation der Lokalen Agenda 21 wesentlich durch Projekte geprägt, die von internationalen Organisationen durchgeführt werden. In einem Gemeinschaftsprojekt von ICLEI, dem Internationalen Forschungszentrum (IDRC) und dem Umweltprogramm der Vereinten Nationen wurden unter Mitwirkung des Außenministeriums der Niederlande von 1993 bis 1997 weltweit 14 "Modellkommunen" bei der Planung einer Lokalen Agenda 21 unterstützt. Vier dieser Kommunen erhielten auch in dem auf zwei Jahre angelegten Folgeprojekt *Local Agenda 21 Incentive Grants* finanzielle Hilfe bei der Umsetzung von Pilotprojekten. Dieses Förderprogramm wird von ICLEI zusammen mit dem *Open Society Institut* (OSI) durchgeführt und umfaßt insgesamt 15 Städte in Entwicklungsländern.

Als besonders aufschlußreich für die Möglichkeiten der künftigen kommunalen Nord-Süd-Zusammenarbeit auf der Basis der Agenda 21 könnten sich die Ergebnisse des *Local Agenda 21 Charters Project* erweisen. Dabei arbeiten jeweils eine Stadt aus dem Norden und eine Stadt aus dem Süden in insgesamt zehn Städtepartnerschaften zusammen. Ziel des Projektes ist die Umsetzung einer bilateralen Charta zur kommunalen Agenda 21.[3] Das Projekt wird von der EU-Kommission und der niederländischen Regierung finanziert und ist zunächst von Mai 1997 bis September 2000 terminiert. Die Durchführung wurde von der *International Union of Local Authorities* (IULA) sowie von *Towns & Development* und ICLEI übernommen. Das Vorhaben soll auch Erkenntnisse darüber liefern, ob im Rahmen der Lokalen Agenda 21 konkrete Ergebnisse bezüglich der regionalen und globalen Probleme erzielt werden können. Dazu sollen verschiedene Meß- und Berichtssysteme getestet werden. Als einen Beitrag hierzu strebt die niederländische Stadt Haarlem gemeinsam mit der Partnerstadt Mutare in Simbabwe die Erarbeitung eines Systems von Nachhaltigkeits-Indikatoren an. Bei der Entwicklung partizipativer Ansätze arbeitet Haarlem neben Mutare auch mit den Partnerstädten Rivas in Nicaragua und Osijek in Kroatien zusammen. Aus Deutschland sind an dem *Charters Project* Bremen mit der Partnerstadt Windhoek in Namibia und der Berliner Bezirk Köpenick mit der Partnerstadt Cajamarca in Peru beteiligt.

Köpenick und Bremen zählen in Deutschland zu den "Kommunen", die in den vergangenen Jahren damit begonnen haben, die Lokale Agenda 21 und die kommunale Entwicklungszusammenarbeit zu verknüpfen. Gemeinsam mit der Gesellschaft für Technische Zusammenarbeit (gtz), der niederländischen Regierung und *Towns & Development* unterstützt Bremen Kampagnen zur Umsetzung der Lokalen Agenda 21 der *Southern African Development Community* und der *South Asia Association for Regional Cooperation.*[4] Die drei Städte Bremen, Pune und Pimpri-Chinchwad (beide Indien) unterhalten seit 1998 in Pune ein gemeinsames "Internationales Agenda 21-Büro", das die Zusammenarbeit zwischen den beteiligten Städten stärken und den kommunalen Agenda-Prozeß fördern soll. Eine vergleichbare Zielsetzung verfolgt das *African Sustainable Cities Network*, dem derzeit 30 afrikanische Städte angehören. Einer seiner Schwerpunkte ist die

3 Vgl. Knowles, Eleanor/Materu, Jossy (1999): Partnerships for Sustainable Development. North South Cooperation within the framework of Local Agenda 21. Guide to Good Practice: Africa. The Hague: IULA; 43–45.

4 Vgl. Landesamt für Entwicklungszusammenarbeit (1998): Kommunale Nord-Süd-Arbeit und lokale Agenda 21. Bremen, 10–13.

Verbesserung der Umweltplanungs- und Umweltmanagementkapazitäten in den Kommunalverwaltungen. Ein solches Netzwerk für Lateinamerika befindet sich derzeit noch im Aufbau.

Inhaltliche Schwerpunkte und Verfahren im Rahmen der Lokalen Agenda 21

Eine Betrachtung zur Organisation und zu den inhaltlichen Schwerpunkten der lokalen Agenden in Entwicklungsländern wird dadurch erschwert, daß dazu bislang kaum empirische Untersuchungen vorliegen. Soweit einzelne Fallbeispiele etwa im Internet dokumentiert sind, handelt es sich überwiegend um Kommunen, die von einer der genannten internationalen Organisationen betreut werden. Mit der Einbindung in bestimmte Förderprogramme geht aber häufig eine Beeinflussung der inhaltlichen wie organisatorischen Gestaltung der lokalen Agenda-Prozesse einher. Dies kann dazu führen, daß entgegen der Intention des lokalen Ansatzes die behandelten Themen und die angewendeten Verfahren nicht unbedingt mit jenen identisch sind, die von der Bevölkerung selbst in einem unabhängigen Prozeß ausgewählt würden. Mit dieser Einschränkung ist auch die bereits erwähnte Evaluation von ICLEI zu betrachten. Problematisch ist außerdem, daß diese Evaluation "nur" auf der Einschätzung von Experten beruht und nicht erkennbar ist, welche Kommunen im einzelnen berücksichtigt wurden. Gleichwohl kann diese Evaluation eine erste Einschätzung über die Tendenzen der weltweiten lokalen Agenda-Prozesse liefern.

Wie auch bei den europäischen Kommunen stehen demnach Umweltthemen in Afrika, Asien und Südamerika im Mittelpunkt der Agenda 21-Prozesse. Schwerpunkte bei den afrikanischen Kommunen sind die Wasserversorgung, der Wohnungsbau und die Entsorgung flüssiger und fester Abfälle. Auch in Südamerika sind Abfallwirtschaft und Recycling neben der Wasserversorgung und der Abwasserwirtschaft zentrale Themenfelder. Bei einigen asiatischen Kommunen wird dieses Themenspektrum durch die Bereiche Luftverschmutzung und Naturschutz ergänzt. Während bei europäischen Kommunen vielfach Bestrebungen erkennbar sind, die Agenda 21 als holistischen Ansatz und als Querschnittsaufgabe zu begreifen, steht aus den oben genannten Gründen vor allem in Afrika und Südamerika die erfolgreiche Behandlung einzelner Sachthemen im Vordergrund.

Nach Einschätzung von ICLEI gehen insbesondere in Südamerika von der Lokalen Agenda 21 neue Impulse für die Dezentralisierung der staatlichen Verwaltung aus. Die je nach Land unterschiedlich ausfallende Verlagerung von Kompetenzen zu Gunsten der Kommunalverwaltung hat demnach besonders in den Bereichen Stadtentwicklung und Wasserwirtschaft neue Handlungsspielräume für die Umsetzung von Projekten im Rahmen der Lokalen Agenda 21 geschaffen. Ähnliche Tendenzen werden auch in Südostasien beobachtet, wenngleich der Dezentralisierungsprozeß hier nur sehr langsam fortschreitet. Für beide Regionen wird eine zunehmende Öffnung der Verwaltung und die stärkere Beteiligung der Bevölkerung konstatiert. Dagegen öffnet sich die Verwaltung der afrikanischen Kommunen bislang kaum. Eine Beteiligung der Öffentlichkeit an den Entscheidungsprozessen zur Stadtplanung wird überwiegend als drohender Machtverlust wahrgenommen. Die Mitwirkungsmöglichkeit in Foren und Arbeitsgruppen bleibt hier laut ICLEI im wesentlichen auf die Umsetzung einzelner Projekte beschränkt.

Durban in Südafrika zählt mit dem Ratsbeschluß zur Umsetzung der Agenda 21 von 1994 zu den ersten Agenda-Kommunen des Kontinents. Der Prozeß ist hier auf der regionalen Ebene, der *Durban Metropolitan Area*, angesiedelt und muß im Zusammenhang mit dem Transformations- und Demokratisierungsprozeß in Südafrika gesehen werden. Die Lokale Agenda 21 soll dazu beitragen, die Kriterien der Nachhaltigkeit zu einem integralen Bestandteil bei der regionalen Umsetzung des nationalen *Reconstruction and Development Programme* zu machen. Dieses Programm ist darauf angelegt, Armut und soziale Ungleichheit als Folgen der Apartheid durch wirtschaftliche Entwicklung zu überwinden, blendet ökologische Aspekte dabei aber aus. In einer ersten Projektphase wurde in Durban ein Bericht über die Umweltsituation und die bestimmenden Entwicklungsfaktoren erarbeitet. Das dafür eingerichtete Projektteam wurde von zwei *Committees* beraten, die den Prozeß auch weiterhin begleiten und in denen Unternehmer, Umweltgruppen, Bürgervereinigungen und Gewerkschafter vertreten sind. Die Verwaltung ist über das *InterService Unit Network* einbezogen, das für die Abstimmung zwischen den Ressorts und den verschiedenen Verwaltungsebenen sorgen soll. Der Bericht des Projektteams wurde in einer Serie von Workshops mit Interessenvertretern aus den einzelnen Gemeinden des Bezirks diskutiert. Hierbei hatten die sogenannten *local stakeholders* die Möglichkeit, die Priorität der Maßnahmen und Ziele für die künftige Kommunalpolitik festzulegen. An erster Stelle wurden die Förderung von Frieden und Sicherheit genannt. Als weitere Ziele wurden Verbesserungen bei der Trink- und Abwasserversorgung sowie im Wohnungsbau gefordert. Zur Verbesserung des Umweltschutzes wurde der Aufbau eines integrierten Umweltmanagements in der Verwaltung angeregt. Der weitere Agenda-Prozeß ist darauf angelegt, die einzelnen Ziele mit konkreten Maßnahmen zu verknüpfen. Da ein Hauptproblem der Stadtplanung in Durban die unzureichende Datengrundlage war, wurde als eine der ersten Maßnahmen ein Geographisches Informationssystem aufgebaut. Die Verfügbarkeit aktueller Informationen werden in Durban neben der angemessenen Finanz- und Kapitalausstattung und der ressortübergreifenden Arbeit der Verwaltung als wichtige Erfolgskriterien für den Agenda-Prozeß erachtet. Als wesentlicher Aspekt wird darüber hinaus die Beteiligung der Bevölkerung gewertet.

In Essaouira (Marokko) werden partizipative Elemente ebenfalls als Bestandteil der kommunalen Agenda-Aktivitäten angesehen, Träger des Prozesses ist aber in erster Linie die Verwaltung. Die Stadt und die Provinz Essaouira werden im Rahmen des Projekts *Localising Agenda 21* vom *United Nations Centre for Human Settlements* unterstützt. Am Beginn stand auch hier eine Bestandsaufnahme der wichtigsten Handlungsfelder. An dem dazu abgehaltenen Workshop nahmen gewählte Stadträte, Vertreter der Verwaltung und kultureller Organisationen sowie private Berater teil. Als Ergebnis des Arbeitstreffens wurde ein *Urban Pact* verabschiedet. Der Aktionsplan für die nächsten Jahre sieht vor, die zum Teil verfallene Altstadt zu restaurieren und wiederzubeleben. In diesem Zusammenhang ist die Umsiedlung von 300 Familien mit geringem Einkommen aus baufälligen Häusern und der Erhalt der vom Einsturz bedrohten Stadtmauer vorgesehen. Das Kunsthandwerk und die kulturelle Vielfalt in der Hafenstadt sollen künftig stärker gefördert werden, um die Attraktivität für den Tourismus zu erhöhen. Zum Schutz der an die Stadt angrenzenden bewaldeten Dünen vor weiterer Zersiedlung wurde die Einrichtung eines Parks beschlossen, der als Pufferzone dienen soll. In Zusammenarbeit mit lokalen NGOs sollen weitere Maßnahmen zur Stadtbegrünung durchgeführt werden.

Stärkung der Lokalen Agenda 21

Der Beitrag der Lokalen Agenda 21 zur Problemlösung in einzelnen Teilbereichen muß bislang insgesamt als sehr gering eingestuft werden, wie auch die exemplarische Bewertung von ICLEI für die Problemfelder Wasser, Desertifikation und Klimaschutz zeigt. Zwar gibt es zahlreiche weitere Beispiele wie etwa das peruanische Cajamarca, bei denen die Verknüpfung von ökologischen, ökonomischen und sozialen Aspekten unter Einbeziehung der Öffentlichkeit zu einer Neuausrichtung der Stadtentwicklung im Rahmen der Lokalen Agenda 21 geführt hat, doch scheinen die bisherigen Prozesse angesichts der allgemein vorherrschenden nicht nachhaltigen Wirtschaftsentwicklung "ein Tropfen auf dem heißen Stein zu sein, der diese konträre Entwicklung nicht augenscheinlich zu verändern vermag".[5]

Die mangelnde Umsetzung der UNCED-Beschlüsse auf nationaler und internationaler Ebene hat die Zielsetzung einer global nachhaltigen Entwicklung seit der Rio-Konferenz in weitere Ferne rücken lassen. Zugleich wurde dadurch die lokale Umsetzung der Agenda 21 gehemmt. Die Aufforderung an die Kommunen aus Kapitel 28 der Agenda 21 war jedoch nicht als Ersatz, sondern als Ergänzung zu staatlichem Handeln formuliert worden. Die hier nur am Rande behandelten positiven Einzelbeispiele zur Lokalen Agenda 21 zeigen, daß dieser Ansatz in Industrie- wie auch in Entwicklungsländern ein sinnvoller Rahmen sein kann, um vor Ort auf eine nachhaltige Entwicklung hinzuwirken. Durch die Vernetzung unterschiedlicher Akteure, die Förderung des Bewußtseins über die Zusammenhänge lokaler und globaler Probleme und die veränderte Nutzung der vorhandenen Ressourcen können in vielen Bereichen bereits einige wesentliche Verbesserungen erzielt werden. Bei zahlreichen notwendigen Maßnahmen, wie beispielsweise dem Aufbau leistungsfähiger Nahverkehrs- und Abwassersysteme oder einer nachhaltigen Energieversorgung, sind die Kommunen auf finanzielle Unterstützung und eine flankierende nationale Politik angewiesen. Die vergangenen acht Jahre seit der Rio-Konferenz haben aber auch gezeigt, daß die Lokale Agenda 21 weder in den Industrie- noch in den Entwicklungsländern ein Selbstläufer ist. Eine nennenswerte Beteiligung der Kommunen ist nur dann zu erreichen, wenn eine zentrale Stelle die lokalen Prozesse beratend begleitet und gegebenenfalls die kommunalen Akteure auch finanziell unterstützt.

Von deutscher Seite könnte die Erarbeitung lokaler Aktionsprogramme auf mehreren Ebenen gefördert werden. Die Bundesregierung sollte insbesondere im Rahmen der Entwicklungszusammenarbeit bei ihren Partnerländern stärker auf die nationale und lokale Umsetzung der Agenda 21 hinwirken. Um dabei glaubwürdig auftreten zu können, muß sie selbst ihr Handeln konsequenter als bisher an den Zielen der Agenda 21 ausrichten. Es bedarf dringend einer umfassenden Strategie für eine nachhaltige Entwicklung, wie sie auch im "Gutachten 2000" des Rates von Sachverständigen für Umweltfragen angemahnt wird. Daß Deutschland, in Rio noch als Vorreiter gefeiert, international mittlerweile zu

5 ICLEI Europasekretariat (2000), 34.

den Nachzüglern zählt, widerspricht den Ankündigungen des Koalitionsvertrages der rot-grünen Bundesregierung ebenso wie Beschlüssen des Deutschen Bundestages zur Umsetzung der UNCED-Ergebnisse.

Eine Stärkung der Lokalen Agenda 21 wäre sowohl durch die Unterstützung einzelner kommunaler Agenda-Prozesse als auch durch die Förderung zentraler Agenda-Büros möglich. Auf der Ebene der Bundesländer sollte die Förderung der lokalen Agenda flächendeckend durchgeführt und – wie in Nordrhein-Westfalen – um den Aspekt der kommunalen Nord-Süd-Arbeit ergänzt werden. Die Kommunen schließlich sind aufgefordert, die Umsetzung der Agenda 21 auch im Rahmen ihrer internationalen Partnerschaften voranzutreiben. Wie die überwiegend erfolgreich verlaufenden Nord-Süd-Partnerschaften zeigen, fördert dieser Weg die Lokale Agenda 21 im Süden und bewahrt die Kommunen im Norden davor, die globale Dimension zu vernachlässigen.

Stefan Wilhelmy

2.4. Welternährung und internationale Agrarpolitik – ein gordischer Knoten?

Seit über einem Vierteljahrhundert ist die internationale Agrarpolitik immer wieder im Brennpunkt heftiger Auseinandersetzungen. Divergierende ökonomische Interessen kommen auf sehr verschiedene Weise zum Ausdruck: Manchmal erscheinen sie als nationale Politik, dann wieder als Unternehmensstrategie oder als Einstellung gegenüber bestimmten Anbautechniken oder Agrarstrukturen. Außerdem sind die einzelnen Interessengruppen auf sehr unterschiedliche Weise artikulations- und durchsetzungsfähig, ihre Ansichten im internationalen Konzert der Stimmen sind daher nicht alle gleichermaßen präsent. Die Frage, um die es im Kern geht, läßt sich einfach formulieren, aber nicht einfach beantworten: Wie läßt sich das Bedürfnis der Menschen auf der Erde nach ausreichender und gesunder Ernährung heute und in Zukunft am besten befriedigen?

Im folgenden Beitrag werden neuere Entwicklungen der Welternährungssituation geschildert. Es wird sodann gezeigt, welche Veränderungen der Agrartechnik – insbesondere im Bereich der Gentechnologie – propagiert werden, um die Welternährungssituation positiv zu beeinflussen; deren Möglichkeiten und Begrenzungen werden kurz angesprochen. Der Beitrag schließt mit Empfehlungen für eine zukünftige Agrarstrategie, die durch die kommenden Verhandlungsrunden auf internationaler Ebene – vor allem durch die WTO-Agrarverhandlungen – maßgeblich geprägt werden wird.

Die globale Versorgung mit Nahrungsmitteln

Hunger hat es zu allen Zeiten gegeben. Zwischen den Jahren 1000 und 1900 gab es in Westeuropa mindestens 450 Hungerjahre. Eine Auswertung chinesischer Chroniken zählt in den letzten 2000 Jahren 1.829 Jahre, in denen in China Menschen an Hunger gestorben sind. Für 1938 wird geschätzt, daß etwa 39 Prozent der Weltbevölkerung nicht über die notwendige tägliche Kalorienmenge verfügten. Dieser Anteil stieg auf fast 60 Prozent im Jahre 1948. 1958 war jeder zweite Bewohner der Erde nicht ausreichend ernährt.

Neuere Zahlenangaben sind widersprüchlich, nicht nur, weil die Statistiken ungenau sind – das waren sie schon immer –, sondern vor allem, weil unterschiedliche Minimum-Standards für eine ausreichende Ernährung zugrunde gelegt werden. Man kann aber davon ausgehen, daß 1985 zwischen einem Sechstel und etwas mehr als einem Drittel der Weltbevölkerung unter- oder mangelernährt waren. Auch Ende der neunziger Jahre kann von dieser Relation – im besten Fall von einem leichten weiteren Rückgang des Hungers in der Welt – ausgegangen werden. Neueste Schätzungen gehen von einer Zahl von 790 Millionen bis über eine Milliarde hungernden Menschen auf der Welt aus. Prozentual ist das zwar eine Verbesserung, aber aufgrund des Bevölkerungswachstums hat die Zahl der hungernden Menschen damit kaum abgenommen. Seit über 30 Jahren weisen die Statistiken der UN-Behörden aus, daß täglich zwischen 25.000 und 45.000 Kinder an den Folgen von Unter- oder Mangelernährung sterben.

Etwa seit Mitte der sechziger, spätestens seit Anfang der siebziger Jahre hätte theoretisch die globale Produktion von Nahrungsmitteln ausgereicht, um jeden Menschen auf der Erde ausreichend zu ernähren. Mitte der achtziger Jahre gab es eine Reihe von Untersuchungen, die die Produktionsziffern vom Ende der siebziger und Anfang der achtziger Jahre in Modellen abbilden und zu dem Ergebnis kommen, daß die "*potentiellen* Subsistenzgebiete" auf der Erde zunehmend kleiner wurden, das heißt: Defizit- und Überschussgebiete der Nahrungsmittelversorgung hätten weltweit bei einem *abnehmenden* Anteil des Außenhandels zum Ausgleich gebracht werden können. In den letzten zehn Jahren ist diese günstige Entwicklung jedoch zum Teil wieder zunichte gemacht worden, wobei nun Erfolge und Mißerfolge regional extrem unterschiedlich verteilt sind. Die Ernährungslage hat sich in den neunziger Jahren in Asien in der Regel deutlich und in Lateinamerika leicht verbessert, die Entwicklung in Afrika ist dagegen uneinheitlich. Besonders gravierende Probleme finden sich häufig in Regionen, die in den letzten Jahren unter kriegerischen Auseinandersetzungen zu leiden hatten: in Afghanistan, dem Irak, dem Horn von Afrika und in einigen zentralafrikanischen Ländern.

In den sechziger und den siebziger Jahren verdankt sich der positive Trend zu einem guten Teil den Erfolgen der sogenannten "Grünen Revolution", bei der erstmalig konsequent mit einem kombinierten Input aus Düngemitteln, Pestiziden, Herbiziden und eigens entwickeltem hochertragreichen Saatgut operiert wurde. Indien konnte seine Weizenproduktion zwischen 1965 und 1983 verdreifachen; Mexiko hat die Getreideproduktion zwischen 1950 und 1984 vervierfacht. Die Reisproduktion in Indonesien hat sich zwischen 1970 und 1984 verdoppelt; China konnte den Output von Getreide um 50 Prozent zwischen 1976 und 1984 steigern. In diesen vier Ländern lebten 1987 fast 43 Prozent der gesamten Weltbevölkerung: 2,1 von insgesamt 4,9 Milliarden Menschen.

Diese Entwicklung hat sich in den letzten 15 Jahren jedoch nicht mehr fortgesetzt. In manchen Ländern ist der Output insgesamt sogar rückläufig. Viel zahlreicher noch sind die Länder, in denen kein Anstieg oder rückläufige pro-Kopf-Produktionsmengen zu verzeichnen sind. Dazu gehören – neben den bereits genannten Ländern, die unter Kriegsfolgen leiden – auch Tansania, Sambia, Malawi, Madagaskar oder Kamerun.

Die Ursachen für diesen problematischen Trend sind sehr vielfältig. Einige Gründe stehen scheinbar unverbunden nebeneinander, so daß das Gesamtresultat manchmal auch als eine besonders unglückliche Verkettung von negativen Faktoren bewertet wurde. Zum Beispiel kann derzeit niemand mit Gewißheit sagen, ob dürrebedingte Ernteausfälle – etwa 1987 in Indien, 1980, 1983 und 1988 in den USA und Kanada – oder Ernteausfälle aufgrund von Überschwemmungskatastrophen auf "normale" Klimaschwankungen zurückzuführen oder ob sie erste Anzeichen einer globalen Klimaveränderung sind.

Mit Sicherheit kann man jedoch sagen, daß die Befürchtungen, die Kritiker der "Grünen Revolution" seit nunmehr 25 Jahren äußern, sich zumindest zum Teil bewahrheitet haben. In vielen Ländern ist der Produktionsanstieg seit 1984 auch auf den mit hochertragreichen Sorten bebauten Flächen zum Stillstand gekommen. Zum Beispiel wurden in Indonesien neue Anbauflächen meist durch Rodung tropischer Wälder erschlossen, die zu Beginn der achtziger Jahre äußerst fruchtbar waren; die Ertragskraft dieser Böden hat sich jedoch sehr stark und rapide verschlechtert. In Indien wurde die Ertragsminderung von Böden, die mit hochertragreichen Sorten bebaut und daher künstlich bewässert wurden, aufgrund von Versalzung schon Ende der siebziger Jahre dokumentiert. In den letzten zehn Jahren ist in vielen Ländern, zum Beispiel auch in Mexiko, die Anbaufläche hochertragreicher Sorten wieder zurückgegangen. Zum einen wurden Anbauflächen aufgegeben, deren Ertragskraft so weit abgesunken war, daß sich die teuren Inputs – Saatgut, Düngemittel und Pestizide – im Vergleich zum Output nicht mehr lohnten. Zum anderen wurden gute Böden auch auf den Anbau von *cash crops* für den Export umgestellt.

Schließlich muß berücksichtigt werden, daß Industrialisierungsprozesse auch in Ländern des Südens den Agrarsektor oft mehrfach belasten. Die einseitige Förderung des sekundären und des tertiären Sektors der Wirtschaft hat häufig dazu geführt, daß in der Landwirtschaft keine damit auch nur annähernd vergleichbaren Produktionssteigerungen erzielt werden konnten. Das Dumping von Überschüssen aus den Ländern des Nordens – teilweise sogar noch unter dem Etikett der Nahrungsmittelhilfe – hat die Wettbewerbsfähigkeit insbesondere von Kleinbauern in vielen Fällen zusätzlich untergraben. Ein ungleicher Zugang zu Ressourcen hat zu einer Verschärfung der Einkommensunterschiede auf dem Land geführt. Der Agrarsektor wurde daher in vielen Regionen der Erde unattraktiv, was sich fatal auf die Entwicklung des heimischen innovativen Potentials ausgewirkt hat.

Die weltweite Versorgung mit Grundnahrungsmitteln erscheint derzeit daher unsicherer als vor 15 Jahren. Das gilt vor allem angesichts des noch immer wenig gebremsten Bevölkerungswachstums. In den letzten 15 Jahren ist aber auch zum ersten Mal in größerem Umfang erfahrbar geworden, daß die industrialisierte Landwirtschaft auch mit hohen Dosen chemischer Inputs nicht nur ihre Hektarerträge nicht beliebig steigern kann, sondern sogar mit wieder sinkenden Produktionsergebnissen konfrontiert wird. Die nach der Mechanisierung zweite landwirtschaftliche Revolution – der konzentrierte Einsatz der Chemie – ist sichtbar an ihre Wachstumsgrenzen gekommen.

Gentechnik: "Schöpfung nach Maß" für Acker und Stall?

Die Visionen der Wissenschaftler, die an der sogenannten "Grünen Gentechnik" arbeiten, verkünden nun ebenso seit etwa 15 Jahren den Beginn einer dritten Agrarrevolution. Die rapide steigende Weltbevölkerung mache eine Ertragssteigerung notwendig, damit es nicht zu schrecklichen Hungerkatastrophen komme. Der einzige Weg dorthin sei die Gentechnik: "Wir werden diesen Planeten neu einkleiden – und zwar nach Maß." [1]

- Pflanzen sollen genetisch verändert werden, damit sie salzresistent werden oder unter ungünstigen Niederschlagsbedingungen – zu trocken oder zu naß – gedeihen;
- Pflanzen sollen auf gentechnischem Wege Wirkstoffe eingebaut bekommen, damit sie nicht von Pilzen und Viren befallen oder für Schädlinge ungenießbar werden;
- Pflanzen sollen so konstruiert werden, daß sie Luftstickstoff verwerten – damit könnte eine Revolution in der Düngetechnik erfolgen;
- gentechnisch veränderte Bakterien sollen Fungizide und Herbizide abbauen oder synthetische Proteine erzeugen;

Vertreter der "Grünen Gentechnik" wollen auf diesen Wegen das Welternährungsproblem bei gleichzeitiger Minderung der Umweltbelastung durch die Landwirtschaft lösen. In dieser Zielformulierung tauchen wirtschaftliche Interessen zunächst noch nicht auf, ob-

1 Kingler, Hermann (1988): "Zwischen Nobelpreis und schwedischen Gardinen", in: Naturschutz heute, 4/88, 4–9.

wohl sie die konkrete Gestalt der Grünen Gentechnik – wie zu zeigen sein wird – ganz entscheidend präformieren.

"Grüne Gentechnik" als Perfektionierung industrieller Landwirtschaft

Ein Schwerpunkt der Grünen Gentechnik ist der Bereich "nachwachsender Rohstoffe", mit anderen Worten: die Erzeugung agrarischer Rohstoffe mit maßgeschneiderten Inhaltsstoffen zur industriellen Verwendung. Produkte dieser Art verschlechtern die Wettbewerbsfähigkeit der Lieferanten der herkömmlichen Rohstoffe auf den Weltmärkten – meistens sind das Länder des Südens:

- Mit Hilfe von Enzymen ist es bereits heute möglich, Fruchtzucker aus Maisstärke billiger herzustellen als aus Zuckerrohr oder -rüben. Der Maiszucker kann sowohl in *softdrinks* wie Coca-Cola oder Fanta als auch als Basisstoff für die Herstellung bestimmter Klebstoffe und Pharmazeutika verwendet werden. Dieser "nachwachsende Rohstoff" trägt direkt dazu bei, den Rohstoffpreis für Zucker und damit die *Terms of Trade* und die Absatzchancen der Rohrzucker produzierenden Länder wie die Philippinen oder Kuba weiter zu senken.
- Bei der Produktion von Farben und Lacken, Seifen, Emulgatoren, Weichmachern und Fließmitteln spielen Fettsäuren und daraus abgeleitete Folgeprodukte eine große Rolle. Der Importbedarf ist hier hoch: Mehr als ein Viertel der von EU-Firmen verarbeiteten pflanzlichen Öle und Fette stammen von Öl- oder Kokospalmen. Eine gentechnische Veränderung einheimischer Ölpflanzen, vor allem Raps oder Sonnenblumen, soll nun die von der Industrie gewünschten Fettsäuren liefern. Andere Pflanzenarten wie Koriander sollen auf hohe Erträge hin verändert werden; tropische Wildsorten sollen außerdem mit Hilfe gentechnischer Manipulation an die klimatischen Bedingungen der südeuropäischen Länder angepaßt werden, damit sie im EU-Raum angebaut werden können. Betroffen sind die Palmölexporteure, deren Produkte auf diese Weise überflüssig gemacht werden sollen. Es sind dies gerade auch kleine und arme Entwicklungsländer, deren Devisenerlöse von diesen Exporten weitgehend abhängen.
- Der größte Teil pflanzlicher Fasern wird in der Textilindustrie verwendet. Dabei steigt die Nachfrage auch aus anderen Industriesektoren, etwa für Dämmstoffe und als Ersatz für Asbest. Die Grüne Gentechnik konzentriert sich in diesem Bereich auf Flachs; neue Sorten sollen Jute-Importe verdrängen. Auch hier sind vor allem einige der ärmsten Länder wie Bangla Desh betroffen.

Grüne Gentechnik im Bereich der nachwachsenden Rohstoffe hat also nichts mit der Erzeugung von Nahrungsmitteln zu tun; allenfalls könnte es *spill-over*-Effekte geben. Die Forschung ist kommerzialisiert und nahezu ausschließlich auf die Bedürfnisse von Konzernen in den Industrieländern ausgerichtet, die sich von Importen aus Entwicklungsländern unabhängiger machen wollen.

Ein anderer Schwerpunkt der Grünen Gentechnik versucht, Landwirtschaft von den Feldern in industrielle Produktionsstätten zu verlagern. Dabei werden Nahrungsstoffe isoliert im Labor erzeugt, die Unabhängigkeit vom natürlichen Produktionsprozeß macht auch die entsprechenden Agrar-Produzenten überflüssig:

- Die enzymatische Umwandlung von Palmöl in Kakaobutter ersetzt tendenziell den Anbau der Kakaopflanze. Betroffen sind vor allem die Länder Elfenbeinküste, Ghana, Kamerun, Malaysia und Ecuador. Eine Anwendung dieser Technik in größerem Stil ist in den nächsten Jahren allerdings noch nicht zu erwarten.
- Die Biosynthese von "natürlichem" Vanillin durch Gewebekulturen im Labor macht tendenziell den Anbau der Vanille-Pflanze überflüssig. Betroffen sind vor allem die Länder Madagaskar, Komoren und die Ile de Réunion, für die ein Rückgang der Exporte einen schweren Verlust bedeuten würde.
- Thaumatin ist ein Süßstoff, der aus einer westafrikanischen Regenwaldpflanze gewonnen wird. Er ist etwa 2.000 mal intensiver als Zucker und gilt als die süßeste bislang bekannte Substanz. Tate & Lyle vertreibt Thaumatin unter dem Namen "Talin" als Rohstoff für Süßtabletten. Viele Firmen arbeiten derzeit an einer künstlichen Synthetisierung. Durch ein wirtschaftliches Verfahren sollen zunächst die Thaumatin-Exporte von Ghana und der Elfenbeinküste überflüssig und vielleicht sogar dem Zuckerrohr Marktanteile abgerungen werden.

Die Zellkulturtechnik ist ein Verfahren, das die breite Anwendung gentechnisch veränderter Pflanzen unterstützt; es ist bei bestimmten Pflanzen schon seit längerer Zeit möglich. Aus teilungsaktivem Gewebe der Pflanze werden Zellen entnommen, die sich in einer Nährlösung mit einer bestimmten Zusammensetzung aus Pflanzenhormonen und -nährstoffen weitervermehren. Man erhält so eine große Anzahl von Pflanzenzellen, aus denen man, jetzt unter anderer Hormonbeigabe, wieder Keimlinge generieren kann. Das Resultat sind genetisch fast identische Pflanzen.

Angewendet wird diese Technik bereits bei Ölpalmen und bei bestimmten Gemüsesorten, etwa Broccoli. Bei den Ölpalmen besteht der Vorteil darin, daß die Zeit bis zu den ersten Erträgen der Bäume abgekürzt wird, allerdings nicht sehr erheblich. Bei Gemüsen besteht der Vorteil vor allem wieder in der Uniformität der Pflanzen, die den angeblich gestiegenen Konsumentenerwartungen so besser entsprächen.

Für den Landwirt bedeutet ein Wechsel auf den Anbau solcher Pflanzen in der Regel die völlige Abhängigkeit vom Züchter beziehungsweise Lieferanten des Saatguts. Das Ziel des Verfahrens ist dem Prinzip der Auslese bei der Züchtung von "herkömmlichem" hochertragreichen Saatgut sehr ähnlich. Alle Gefahren, die sich aus der Uniformität der Felder, der dadurch notwendigen intensiven Behandlung mit chemischen Inputs und dem Rückgang der Artenvielfalt ergeben, galten bereits als Risikopotential der Grünen Revolution. Sie bestehen hier in noch wesentlich stärkerem Maße.

Marktverwertbare Forschungsergebnisse kann die Industrie bei der Züchtung von gentechnisch verändertem Saatgut vorweisen. Wie bei der Zellkulturtechnik begibt sich der Landwirt auch hier in totale Abhängigkeit vom Lieferanten seiner *Inputs*. Saatgut wird auf Herbizidresistenz gezüchtet, und Breitbandherbizide mit teilweise schönen Namen wie "Basta" – das jüngst in "Liberty" umbenannt wurde – oder "Round-up" vernichten dann alles, was sonst noch auf den Feldern und deren Umgebung wächst. Breitbandherbizide und gegen sie resistentes Saatgut müssen im Kombi-Pack gekauft und angewendet werden, und, wie auch schon beim hochertragreichen Saatgut der vorigen Generation, muß das Saatgut jedes Jahr neu gekauft werden.

Das Problem der geringeren Artenvielfalt und der insgesamt höheren Anfälligkeit von Monokulturen ist ebenfalls schon zur Genüge beschrieben worden. Ein anderes Problem ist die Gefahr, daß die Herbizidresistenz unbeabsichtigt auf Wild- und Unkräuter übertragen werden kann. Nutz- und Wildpflanzen, die nahe verwandt sind, können durch gegenseitiges Bestäuben miteinander gekreuzt werden. Dann müssen die Nutzpflanzen gegen ein anderes Herbizid resistent gemacht werden. So droht ein Wettlauf zwischen resistenten Wildpflanzen und der Entwicklung von neuem, gegen andere Herbizide resistentem Saatgut. Es wird geschätzt, daß Resistenzen dieser Art nach fünf bis fünfzig Jahren übertragen werden könnten. Damit scheint die Beschäftigung der Wissenschaftler auf diesem Forschungsgebiet gesichert, aber es ist keineswegs gesichert, daß der damit verbundene Wettlauf gegen die Zeit immer zugunsten der Forschung endet.

Als letztes Feld der Grünen Gentechnik soll hier der Einsatz von Bakterien genannt werden. Ein verheißungsvolles Ziel der Forschung ist Getreide, das wie Leguminosen keine Gaben von Stickstoff-Düngern mehr benötigt. Auf mit bestimmten Bakterien beimpften Feldern können die Pflanzen Stickstoff aus der Luft in eine für sie verwertbare Form umwandeln. Die Gefahren einer Ausbringung gentechnisch veränderter Bakterien sind schon häufig beschrieben worden. Diese Entwicklungslinie der Grünen Gentechnik wird ebenfalls fast ausschließlich mit großindustrieller Beteiligung durchgeführt; vor allem jene Konzerne haben hier einen Fuß in die Türe gestellt, die einen wesentlichen Teil ihres Umsatzes im Düngemittelmarkt tätigen.

Konservierung genetischer Ressourcen

Schon bei der Grünen Revolution war eine der wesentlichsten Gefahren der zunehmende Artenverlust. Diese Gefahr hat sich in den letzten Jahren – zum Teil auch durch den Einsatz der Gentechnologie – noch verschärft. Aber gerade die Gentechnologie braucht auch genetisches Material als Rohstoff, Material, das sie nur in einer weitgehend unzerstörten Natur und in traditionellen landwirtschaftlichen Bewirtschaftungssystemen finden könnte, zu deren Zerstörung sie jedoch durch den Einsatz von gentechnisch verändertem Saatgut beiträgt.

Eine Reihe von Programmen soll der Entwicklung entgegensteuern, daß die Gentechnologie ihre eigenen Grundlagen vernichtet. Hier gibt es eine ökologisch angepaßte und eine großindustrielle Variante. Bei ökologisch angepaßten Programmen wird die Erhaltung der Wildpflanzen *in situ*, das heißt am ursprünglichen Ort, gefördert; dazu tragen neben dem Ausweisen von Naturschutzgebieten und Anreizen für die Fortsetzung des Anbaus traditioneller Sorten Programme zur Erforschung der Lebensbedingungen der Wildpflanzen und zur Dokumentation traditioneller Anbautechniken bei. Für Programme dieser Art wird jedoch nur ein Bruchteil der Gelder ausgegeben, die für die "großindustrielle Variante" zur Verfügung stehen: Weit beliebter bei den Vertretern von Industrienationen und Konzernen ist die Einlagerung und Konservierung von Genmaterial der Dritten Welt in Genbanken. Der Löwenanteil der ökonomischen Vorteile der Genkonservierung fällt dabei eindeutig den Industrienationen zu. Der *International Board of Plant Genetic Resources* wird von Wissenschaftlern aus Industrienationen dominiert; die Gelder, die für Sammel- und Konservierungsaktivitäten vergeben worden sind, flossen weit überwiegend an Wissenschaftler aus Industrienationen; das Genmaterial wurde zu einem hohen Anteil in Genbanken in Industrieländern oder in Genbanken gelagert, in denen die Vertreter der Industrieländer das Sagen haben.

Die Einlagerung von genetischem Material heißt überdies noch lange nicht, daß dieses sicher ist; aber auch abgesehen von technischen Defekten und Unglücksfällen, die immer wieder dokumentiert wurden, befinden sich die Betreiber von Saatgutbanken in einem unauflösbaren Dilemma: Wenn sie das Saatgut so lange lagern, daß nur ein kleiner Teil davon seine Keimfähigkeit behält, geht die genetische Information des Teiles unwiederbringlich verloren, der sich nicht mehr vermehren läßt. Wenn sie dagegen versuchen, das gelagerte Saatgut häufig auszusäen und zu regenerieren, verändert sich ein anderer Teil der genetischen Information im Prozeß der Regeneration selbst. Mit anderen Worten: Gleichgültig welcher Strategie sie folgen, auf lange Sicht wird eine Genbank zwar jenes Material behalten, das sich besonders gut angepaßt hat, um unter den Bedingungen einer Genbank zu überleben – aber eine ganze Reihe der Eigenschaften, die die Pflanzen unter natürlichen Bedingungen ursprünglich einmal aufgewiesen haben, geht verloren.

Aus dieser Konstellation muß eine Schlußfolgerung gezogen werden, die fast auf der Hand liegt: Die genetische Vielfalt kann nicht durch Genbanken allein erhalten werden. Daher müssen deren Anstrengungen durch andere Bemühungen auf regionaler und lokaler Ebene unterstützt werden, traditionelles Saatgut *in situ* zu erhalten. Vielfalt kann nur durch eine Vielfalt unterschiedlicher Methoden gerettet werden.

Genetische Manipulation von Nutztieren

Auch Nutztiere sollen auf gentechnischem Wege umgezüchtet werden, damit sie ertragreicher werden. Das reicht von Erbinformationsveränderungen, damit die Tiere gegen Krankheiten resistenter werden, bis zum Einbau bestimmter Wachstumshormone zum schnelleren Fleischansatz und zum *Gene Pharming,* der Medikamentenproduktion in Herden. Gearbeitet wird auch an gentechnisch hergestellten Immunitäten gegen bestimmte Krankheiten. In Maryland gab es schon vor über 10 Jahren Schweine mit menschlichen Wachstumsgenen, die die Tiere wesentlich schneller wachsen lassen. Seitdem es eine "Schiege" gibt, ist aus dem Scherz, das ideale Entwicklungsprojekt bestünde in der eierlegenden Wollmilchsau, plötzlich makabrer Ernst geworden. Die Grenze ethisch bedenklicher Techniken ist bei gentechnischer Manipulation von Nutztieren schneller erreicht als bei Pflanzen.

Ungeachtet der ethischen Normen, nach denen man die eine oder andere Manipulation noch als vertretbar ansehen mag oder nicht – gerade im Bereich der gentechnischen Forschung an Nutztieren ist das Verhältnis der Kosten zu dem für die nächsten Jahre zu erwartenden Ertrag im Blick auf die Ernährungssicherung äußerst fragwürdig.

Die Erforschung und gezielte Beeinflussung des Hormonhaushaltes der Tiere hat dagegen ökonomisch verwertbare Resultate gezeitigt. Aber der Umsetzung des wissenschaftlichen Fortschrittes setzt hier der Markt enge Grenzen. So ist das Rinderwachstumshormon BST fertig entwickelt;[2] wenn man es Kühen regelmäßig spritzt, geben sie

2 Aus den Kernen von Rinderzellen wurde das Gen gewonnen, das für die Synthese des Wachstumshormons verantwortlich ist. Dieses Gen wurde in das Erbgut von Koli-Bakterien eingebaut, die daraufhin dieses Hormon produzieren. Da sich diese Bakterien leicht vermehren lassen, könnte BST in großen Mengen hergestellt werden.

etwa 15 Prozent mehr Milch. Aber wozu? Das Problem in Europa ist die Überproduktion von Milch, so daß ein Einsatz von BST in großem Maßstab mit Sicherheit zu einem weiteren "Bauernsterben" führen würde. Die Steigerung der Milchleistung verringert die Widerstandskraft der Tiere und verkürzt ihr Leben; ein spezielles Kraftfutter und intensive tierärztliche Versorgung werden notwendig. Aus alledem wird deutlich, daß BST erst recht für den Einsatz in der Dritten Welt schon aus Kostengründen mit Sicherheit ungeeignet ist. Zudem gibt es ernstzunehmende Hinweise darauf, daß das humanmedizinische Risiko noch nicht endgültig geklärt ist.

Der Einsatz von Wachstumshormonen bei der Fleischerzeugung ist ebenfalls aus verschiedenen Gründen nicht sehr erfolgversprechend. Zum einen ist die Gewichtszunahme bei Schlachttieren an Grenzen gelangt, die auch mit Biotechnik nicht mehr viel zu erweitern sind. Die Gewichtszunahme beim Mastschwein beträgt mittlerweile zwischen 700 und 1200 Gramm pro Tag. Das unter Aufsicht von Veterinären auf diese Weise erzeugte Schweinefleisch wird im Fachjargon PSE-Fleisch (*Pale, Soft, Exudative*) genannt. Marktanalysen ergeben, daß der Verbraucher heute Qualitätsverbesserungen bei Fleisch kaum akzeptiert, weil ihm in den letzten Jahrzehnten die falschen Kriterien suggeriert wurden: möglichst helles und möglichst mageres Fleisch. Allerdings akzeptiert der Verbraucher auch keine hormonbehandelten Schlachttiere mehr – sofern er von der Behandlung erfährt.

Auch für die Dritte Welt ist die Forschung auf diesem Gebiet kaum geeignet, um Probleme der Ernährungssicherung zu lösen. Schon 1952 schrieb Alfred Sauvy, einer der Begründer der Demographie und ehemaliger Präsident der Bevölkerungskommission der UN: "In einem übervölkerten Land ist der Fleischesser ein Menschenfresser."[3] Durch die Diskussion um die Futtermittelimporte wurden schon Mitte der achtziger Jahre auch hierzulande die hohen Energieverluste problematisiert, die die Umwandlung pflanzlicher Kalorien in tierische bei der sogenannten "veredelnden Nahrungsmittelproduktion" mit sich bringt. Für die Sicherung der Ernährung erscheint es daher kein gangbarer Weg, in Ländern mit ungesicherter Nahrungsmittelversorgung pflanzliche Rohstoffe für die Veredelungsproduktion in Industrieländern anzubauen. Die Diskussion hält seit 20 Jahren an. Sie hat allerdings bislang keine nennenswerte Veränderungen der Handelsströme bewirken können.

Agrarstrategien und Welternährung

Als Begründung für die Notwendigkeit der "dritten Revolution" in der Landwirtschaft wird in der Regel der wachsende Nahrungsmittelbedarf einer rasch steigenden Weltbevölkerung genannt. Allerdings trägt der überwiegende Teil der bio- und gentechnologischen Forschung in der Landwirtschaft nichts dazu bei, um diesem Ziel näher zu kommen, wenn nicht gleichzeitig mit der biotechnologischen Revolution eine drastische Umverteilung des Besitzes an landwirtschaftlich nutzbarem Land durchgeführt wird, und die Welthandelsbeziehungen so verändert werden, daß sie die schwachen Marktteilnehmer schützen, und das Problem der internationalen Verschuldung gelöst wird. Ohne eine Veränderung der sozialen und ökonomischen Rahmenbedingungen an diesen Punkten

3 Sauvy, Alfred (1952): Théorie générale de la population, Vol. I: Economie et population. Paris: PUF, 247.

werden Gen- und Biotechnologie in der Landwirtschaft die Ungleichverteilung der Einkommen in der Landwirtschaft weiter verschärfen, denn die Erzeugnisse der biotechnologischen Revolution können nur ein Bruchteil der Landwirte in der Dritten Welt bezahlen, und es steht nicht zu erwarten, daß die *trickle-down*-Theorie jetzt zum ersten Mal funktioniert. Schließlich werden die biotechnisch erzeugten Substitutionsprodukte der Industrieländer die *Terms of Trade* für die Entwicklungsländer noch weiter verschlechtern.

Solange Forschungsmittel nicht im Überfluß vorhanden sind, erscheinen manche Forschungslinien überdies als unsinnig, da sie zum Teil Probleme lösen, die überhaupt nicht dringlich sind – etwa die Erzeugung einer "blauen Nelke" oder von Tomaten, die sich zur industriellen Weiterverarbeitung besonders gut eignen. Andere Forschungslinien werden – wie gezeigt wurde – direkt negative Konsequenzen für die Landwirtschaft vor allem in der Dritten Welt haben, sollten sie jemals in großem Stil marktfähig werden.

"The message of Northern science to the people in the Third World is that your crafts are useless ... your knowledge is useless ... your culture is useless ... you are finally a useless fellow."[4] Die Biotechnologie in der Landwirtschaft transportiert diese Botschaft in ihrer reinsten Form. Sie nimmt die genetischen Ressourcen aus der Dritten Welt und bewahrt sie in den Kühlhäusern der Industrieländer, weil sie nicht sicher sein kann, ob sie deren natürliche Lebensgrundlagen dort, wo der natürlicher Standort der Wildpflanzen ist, nicht doch zerstört. Auf die ökologischen, ökonomischen und sozialen Bedürfnisse der Landwirtschaft in der Dritten Welt nimmt sie wenig Rücksicht.

Es ist daher notwendig, alternative Entwicklungspfade im Agrarsektor wie etwa den standortgerechten oder ökologisch orientierten Landbau zu förden und durch eine entsprechende Ausgestaltung der internationalen Rahmenbedingungen einen "fairen Wettbewerb" der verschiedenen Entwicklungspfade überhaupt erst zu ermöglichen. Mit der Erforschung von *low-input*-Technologien oder von Anbaumethoden, die an lokale Standortgegebenheiten angepaßt sind, läßt sich allerdings nicht soviel Geld verdienen, denn diese haben entweder nicht den erforderlichen *cash flow* zur Folge oder sind eben nur lokal, das heißt auf begrenzten Märkten, einsetzbar.

Ein alternativer Entwicklungspfad der Landwirtschaft[5] müsste dagegen Agrarstrukturen fördern, bei denen so weit wie möglich die im Betrieb eingesetzte Energie selbst erzeugt wird. Dies erfordert einen Ausbau der Nutzung regenerativer Energiepotentiale. So weit wie möglich sollte der standortgerechte Landbau auch kleinräumige Bewässerungssysteme und Regenwasser nutzen und ausschließlich organische Düngemittel verwenden. Mischkulturen sollen Pflanzenkrankheiten und Schädlingsbefall verhindern, Monokulturen müssen vermieden werden. Außer bei Gefahr eines Totalverlustes sollte sich die Schädlingsbekämpfung auf mechanische und biologische Verfahren beschränken. Verwendet werden hauptsächlich heimische traditionelle Saatgutsorten. Die Vermarktung erfolgt überwiegend in regionalen Vertriebsstrukturen; Lager und Transportkapazitäten sind entsprechend dimensioniert.

---

4 Nagarajan, Samir (1989): "The Revenge of the Athena", in: Ziauddin Sardar (ed.): Science, Exploitation, and the Third World. London/New York: Mansell.

5 Zu dieser Zusammenstellung vgl auch ausführlich Pretty, Jules (1995): Regenerating Agriculture. London: Earthscan.

Bei den internationalen Verhandlungen hat es zum Jahreswechsel 1999/2000 zwei überraschende und – im Sinne einer weltweiten Strategie der Ernährungssicherung – erfreuliche Entwicklungen gegeben: Das Scheitern der WTO-Verhandlungen in Seattle hat zunächst einmal eine weitere einseitige Konzentration auf die Liberalisierung des Welthandels gestoppt. Zum anderen hat der Erfolg beim Zustandekommen eines *Biosafety*-Protokolls über den grenzüberschreitenden Verkehr genetisch manipulierter Organismen im Januar 2000 gezeigt, daß es möglich ist, Umweltrecht international auf dieselbe Stufe wie das Handelsrecht zu stellen.

Bei der anstehenden Fortsetzung der Agrarverhandlungen im Rahmen der WTO muß versucht werden, Verhandlungspositionen zu stärken, die den Forderungen des Welternährungsgipfels von 1996 mehr Gewicht geben. Im Globalen Aktionsplan von 1996 wurden alle Nationen aufgefordert, eine Strategie der Bekämpfung des Hungers zu entwickeln, die vorrangig auf den Ressourcen und Kapazitäten jedes Landes aufbaut. Zu einer solchen anderen Prioritätensetzung müssen funktionierende multilaterale Abkommen hinzukommen, durch die internationale Umweltstandards festgesetzt und deren Einhaltung bei Exporten gewährleistet werden könnten.

Es muß konstatiert werden, daß entscheidende Regelungen und Prinzipien der WTO dem Leitbild der Nachhaltigkeit nach wie vor widersprechen. Bei den anstehenden Verhandlungen der *Commission on Sustainable Development* oder bei der Überprüfung des TRIPs-Abkommen[6] muß versucht werden, die Leitlinien der Agenda 21 von Rio auch in die Details der internationalen Agrarabkommen "hinein zu buchstabieren". Dies ist ein mühevoller und langwieriger Prozeß, zu dem es aber offenkundig keine Alternative gibt.

Hans Diefenbacher

6 TRIPs = trade-related property rights.

2.5. Das Private sichtbar machen: Feministische Perspektiven auf Kriegs- und Friedensprozesse

Wider den schönen Mythos vom natürlichen Pazifismus der Frau

Als eine klare Orientierung galt nicht wenigen Feministinnen in den verschiedenen Friedensbewegungen lange Zeit der schöne Mythos von der Friedfertigkeit der Frau. Noch in den siebziger Jahren stimmten viele Lida Gustava Heymann zu, einer der wichtigsten Vertreterinnen des radikalen Flügels der bürgerlichen Frauenbewegung und 1919 Mitbegründerin der Internationalen Frauenliga für Frieden und Freiheit (IFFF), die in ihrer Schrift "Weiblicher Pazifismus" im Jahre 1922 das Bild von der friedfertigen Frau und dem kriegerischen Mann festgeschrieben hat: "Weibliches Wesen, weiblicher Instinkt sind identisch mit Pazifismus". Ihre Erkenntnis aus den Erfahrungen des Ersten Weltkrieges hieß, die "modernen Zivilisationsstaaten" seien "Staaten des Mannes, in denen alles auf dem männlichen Prinzip, d.h. dem Grundsatz der Gewalt, der Autorität, des Kampfes aller gegen alle, der Furcht des einen vor dem anderen aufgebaut und eingestellt" sei. Diesem "männlichen, zerstörerischen Prinzip", das die "völlige Vernichtung der Menschheit herbeiführen" könne, gelte es, das "weibliche aufbauende Prinzip" gegenüberzustellen, das durch "gegenseitige Hilfe, Güte, Verstehen und Entgegenkommen" geprägt sei.[1]

Die Beziehungen zwischen Frauen- und Friedensbewegung waren im Laufe ihrer Geschichte nicht immer einfach, auch wenn viele ihrer wichtigsten Vertreterinnen wie Lida Gustava Heymann in beiden aktiv waren. So lehnten andere herausragende Repräsentantinnen der jeweiligen nationalen Frauenbewegungen, in Deutschland etwa Helene Lange, die internationalen Friedensaktivitäten ihrer Mitstreiterinnen ab oder sahen in diesen gar Verrat an einer höheren Sache. Ja, oftmals gerieten die Interessen der Frauenbewegung ins Kreuzfeuer von Kriegen, später auch des Kalten Krieges, und ihre internationalen Begegnungen und Konferenzen konnten gar nicht oder nur unter massiver Einmischung der großen Weltpolitik stattfinden.

Schon der Erste Weltkrieg hat verhindert, daß der Weltbund für Frauenstimmrecht (IAW) – entsprechend der Beschlußlage – seine reguläre internationale Tagung im Juni 1915 in Berlin abhalten konnte, um seiner frauenpolitischen Forderung nach Wahlrecht Nachdruck zu verleihen. Allerdings fanden sich genügend Stimmrechtlerinnen unterschiedlichster Länder und darunter auch kriegführender Nationen, die es gerade in Kriegszeiten für notwendig hielten, in Verbindung zu bleiben und gegen den Ersten Weltkrieg zu protestieren. Unter Leitung der Niederländerin Aletta H. Jacobs organisierten sie 1915 eine Internationale Frauenkonferenz in Den Haag, um neben dem Frauenwahlrecht auch Grundsätze einer neuen Friedensordnung zu diskutieren. Der Bund Deutscher Frauen (BDF) gab dagegen den nationalen Verpflichtungen Vorrang und lehnte eine Beteiligung strikt ab, ja erklärte intern die Teilnahme an der Haager Konferenz für unvereinbar mit

1 Zit. nach Karen Hagemann, Venus und Mars. Reflexionen zu einer Geschlechtergeschichte von Militär und Krieg, in: dies./Ralf Prövan (Hg.), Landsknechte, Soldatenfrauen und Nationalkrieger. Militär, Krieg und Geschlechterordnung im historischen Wandel, Frankfurt a.M./New York (Campus) 1998, S. 13.

der Mitgliedschaft im BDF. Trotz der kriegsbedingten Schwierigkeiten gelang es 28 deutschen Frauen, an der Konferenz teilzunehmen.[2]

Die strikte Ablehnung von Krieg, Militär und Gewalt als Lösungsmittel von Konflikten ist nach dem Zweiten Weltkrieg in der Frauenbewegung bestimmend und wird von der feministischen Forschung der siebziger und achtziger Jahre nicht selten mit frauenspezifischen Eigenschaften wie dem *maternal thinking*[3] begründet. Dies spiegelt sich auch in der Friedensforschung wider, wo gegen das Bild des *male warrior* das der *female mediator*[4] gesetzt wird. Die damit verbundene Polarisierung der Geschlechtscharaktere geht in Deutschland einher mit einer weitgehenden Blockade innerhalb der Friedensbewegung und -forschung, sich mit dem Thema "Frauen und Militärdienst" auseinanderzusetzen.

Im Januar dieses Jahres stellte der Europäische Gerichtshof fest, daß das deutsche Waffendienstgebot in Artikel 12a des Grundgesetzes gegen Europarecht verstößt. Er gab einer jungen Frau aus Hannover Recht, die in eine bewaffnete Einheit der Bundeswehr aufgenommen werde wollte, um dort in ihrem Beruf als Elektronikerin an Waffensystemen zu arbeiten. In ihren jahrelangen Bestrebungen war sie zuvor lediglich vom Deutschen Bundeswehrverband unterstützt worden. Die zunächst um Hilfe angefragte Frauenbeauftragte ihrer Heimatstadt hatte wenig Verständnis, der Verteidigungsminister verwies auf das Grundgesetz, welches seit 1956 Frauen in Deutschland untersagt, Waffen zu tragen und im militärischen Auftrag Leib und Leben zu riskieren und zu töten. "Unsere Auffassung von der Natur und der Bestimmung der Frau verbietet einen Dienst mit der Waffe", hieß es damals im Bundestag. Stecken hinter der Ablehnung durch friedensbewegte Feministinnen, engagierte Frauenpolitikerinnen und konservative Männer ähnliche Auffassungen oder gar ein "überkommenes Frauenbild", wie der General a.D. Gerd Schmückle mutmaßt?[5] Manifestiert sich darin ein Festhalten an der Vorstellung, wie sie schon die alte Frauenbewegung vertreten hat, von der größeren Friedfertigkeit der Frauen?

Skeptische Einwände dagegen sind nicht neu. Lily Braun hatte schon 1915 nüchtern den "törichten Traum von der Schwesternschaft aller Menschen weiblichen Geschlechts"[6] kritisiert. Was bedeutet aber eine derartige kritische Distanz gegenüber feministischen Positionen, welche die soziale Konstruktion einer letztlich biologisch begründeten Zweigeschlechtlichkeit selbst mit festigen? Was bedeutet sie für eine feministische Perspektive, die diese Distanz einzubringen sucht in die Untersuchung so grundsätzlicher Fragen wie Krieg und Frieden?

Aus der Perspektive des Privaten

Mein persönlicher Blick auf Krieg war ganz am Anfang der eines kleinen Mädchens, eines Geschöpfs der Friedensgeneration, das in den Wohnzimmern Nachkriegsdeutschlands immer wieder auf schwarzumrandete Photographien von im Krieg gefallenen – meist jun-

---

2 Christina Klausmann/Reinhild Schäfer/Elke Schüller/Ulla Wischermann, Internationale Kongresse der alten und neuen Frauenbewegung, in: Feministische Studien, Heft 2 1994, S. 100ff.

3 Sara Ruddick, Maternal Thinking: Towards a Politic of Peace, London (Macmillan) 1989.

4 J. Ann Tickner, Gender in International Relations. Feminist Perspective on Achieving Global Security, New York (Colambia University Press) 1992

5 FAZ, 31.01.2000.

6 Zit. nach Christina Klausmann/Reinhild Schäfer/Elke Schüller/Ulla Wischermann, a.a.O., S. 102.

gen – Männern stieß, aufgewachsen zwischen Frauen, die ihre ersten Männer im Krieg verloren hatten, und nicht immer einen zweiten, körperlich unversehrten nach dem Krieg "abbekamen", die ihre Gefallenen und Vermißten für tot erklären mußten, um eine neues Leben beginnen zu können.

Als ich dann viele Jahre später, im Dezember 1992, in El Salvador die Übergabe der Waffen beobachtete, die das Ende des Bürgerkrieges symbolisierte, waren es weniger die Feierlichkeiten, mit denen sich die Guerilla ihrer Waffen in durchaus militärischen Ehren entledigte, sondern private Gespräche, die mich tief bewegten. In der Küche der Familie eines *excombatiente* war der Bürgerkrieg nicht zu Ende. Hier trafen eine Frau, die sich mit den drei Kindern jahrelang alleine und durchaus erfolgreich im mexikanischen Exil durchgeschlagen hatte, auf ihren in der Guerilla und im Bürgerkrieg stark gealterten Mann und seinen kleinen Sohn, dessen Mutter, eine *guerillera*, von den Militärs brutal umgebracht worden war. Das Schweigen zwischen dem Ehepaar, das viele Jahre nicht oder nur sehr selten mit Hilfe klitzekleiner Zettel in Kontakt gestanden hatte, und die Gleichgültigkeit der älteren Kinder gegenüber der Welt ihres Vaters waren erdrückend. Die Andersartigkeit der Erfahrungen mit Unsicherheiten, Gewalt, Angst, Verantwortung schien nicht vermittelbar, die gegenseitigen Erwartungen schienen allzu hoch, die gegenseitigen Enttäuschungen allzu groß zu sein. Dem gealterten, müden *guerillero*, auf dem die Verantwortung für "seine" Leute (Kämpfende und Nicht-Kämpfende, Männer, Frauen und Kinder) in den befreiten Gebieten lastete, stand eine Frau gegenüber, die sich ohne männliche Hilfe in einem fremden Land durchgesetzt hatte, wußte, was sie wollte, vital und immer noch attraktiv war.

In biographischen Arbeiten der Frauen- und Geschlechterforschung wird die Perspektive des Privaten produktiv umgesetzt und für die Untersuchung der Veränderungen im Geschlechterverhältnis in Kriegs- und Nachkriegszeiten genutzt. Die oft jahrelange Trennung durch Krieg und Gefangenschaft hatten im Nachkriegsdeutschland bei Männern und Frauen große Hoffnungen auf ein Wiedersehen wachsen lassen, denen in der Regel Entfremdung, Ernüchterung und Aggression folgten. Neben der veränderten Rollenteilung war es die Enttäuschung über das Bild des anderen Geschlechts, die zu massiven Spannungen in den Geschlechterbeziehungen führte. "Das abgemagerte und verhärmte Äußere paßte nicht zu den Vorstellungen oder Phantasien, die sich die Männer jahrelang von ihren Frauen gemacht hatten. Und umgekehrt erging es den Frauen nicht anders: Die erschöpften, teilweise mit schweren Kriegsverletzungen heimkehrenden Männer waren nicht die, die sie geheiratet hatten und die ihnen tatkräftig zu Seite stehen würden."[7]

Feministische Staatstheoretikerinnen kritisieren die etablierte Politikwissenschaft, insofern sie das Öffentliche nur sehr selektiv wahrnehme und das Private als Kategorie vernachlässige. Die Frauenbewegung wiederum hatte schon in den siebziger Jahren das Private zum Politikum erklärt und versucht, in diesem Sinne Einfluß auf die Politik zu nehmen. Heutzutage untergraben die zivilgesellschaftlichen Bewegungen in vielen Weltregionen nicht allein die jeweiligen politischen Systeme, gegen die sie aufbegehren, sondern auch die Grenzziehungen eines engen Politikbegriffs. Frauenbewegungen und ihre

---

7 Sibyllle Meyer/Eva Schulze, Krieg im Frieden. Veränderungen des Geschlechterverhältnisses untersucht am Beispiel familiärer Konflikte nach 1945, in: Jutta Dalhoff/Uschi Frey/Ingrid Schöll (Hg.), Frauenmacht in der Geschichte, Düsseldorf (Schwan) 1986, S. 188.

transnationalen Netzwerke agieren immer mehr als globale Akteurinnen, die auf Themen und Orientierungen internationaler und globaler Politik Einfluß zu nehmen suchen. Sie setzen sich damit über die Grenzen einzel- und zwischenstaatlicher Politik hinweg.

Nach meinem Verständnis bildet die Konstruktion von öffentlich/privat wesentliche Dimensionen der symbolischen Ordnung der Geschlechter ab und stellt unterschiedliche Handlungsmöglichkeiten, Macht- und Gestaltungspotentiale von Frauen und Männern dar. Entscheidend für die Chancen frauenpolitischen Handelns ist dabei, inwiefern konkurrierende Öffentlichkeiten entstehen, die die Artikulation von Erfahrungen, insbesondere die Artikulation der erlittenen Unrechtserfahrungen, erlauben und ein Sprechen über Recht ermöglichen.

In einem ersten Schritt versuche ich einen anderen Blick auf Kriegsprozesse zu gewinnen und – bestärkt durch die Berichte von Beobachterinnen von Friedensprozessen und Hilfsprogrammen in Konfliktregionen – die eindeutige Abgrenzung von Krieg und Frieden zu problematisieren. In einem zweiten Schritt suche ich nach Anschlußmöglichkeiten für frauenpolitisches Handeln sowie für eine friedenspolitische Frauen- und Geschlechterforschung. Die feministische Menschenrechtsarbeit der letzten Jahre hat hierbei für die aktuelle, insbesondere auch juristische Diskussion um Kriegsverbrechen gegen Frauen wichtige Wege eröffnet. Allerdings wird in diesem Zusammenhang ein weitergehender Problemkomplex deutlich, dessen Bearbeitung durch die Frauen- und Geschlechterforschung erst beginnt: die kritische Auseinandersetzung mit dem Verhältnis feministischer Positionen bzw. deren Blindstellen gegenüber dem staatlichen Gewaltmonopol.

Schwierige Abgrenzungen zwischen Krieg und Frieden

Aus der Perspektive des Privaten lassen sich gewaltsame Konflikte nicht einfach auf die zwischenstaatlichen Auseinandersetzungen oder auf die der Kombattanten begrenzen. Sie haben eine Vorgeschichte, benötigen eine Vorbereitung der Gesellschaft auf die Gewaltanwendung und die Produktion von Feindbildern. Nicht selten wird dabei mit Hilfe von Sexismus und Rassismus der Feind verweiblicht oder ethnisch abgewertet. "Die anderen" verwandeln sich in Gegner und Barbaren, indem man ihnen Greueltaten insbesondere gegen Frauen und Kinder zuschreibt und zugleich bestehende Gewaltstrukturen zwischen den Geschlechtern im eigenen Lager tabuisiert. Dabei spielt es für die Ausweitung von Gewalt oft keine Rolle, ob die Verbrechen tatsächlich in der Form und in dem Maße stattfanden, wie darüber berichtet wird. Meist lassen sich die Vergehen im konkreten Fall und in der aktuellen Situation kaum beweisen und, wenn überhaupt, erst später aufklären, nach dem Ende der gewaltsamen Auseinandersetzungen, die sie provoziert haben und die sie legitimieren sollen. Entscheidend ist, daß ein wachsender Teil der Bevölkerung sich "die anderen" als Täter und deren Verbrechen gegen die Menschlichkeit vorstellen kann. Dies fällt um so leichter, je stärker die zivile Bevölkerung von fremden oder eigenen bewaffneten Gruppen als Geisel genommen, aus ihren Häusern und Dörfern vertrieben und direkt in die Kampfhandlungen einbezogen wird.

Unabhängig davon, ob man das Urteil teilen will, daß die heutigen bewaffneten Auseinandersetzungen, die eher innerhalb staatlicher Grenzen ausgetragen werden, andere Formen von Gewalt hervorbringen als frühere zwischenstaatliche Kriege, ist der Einschätzung von Mary Anderson über die Erscheinungsformen aktueller Konflikte zuzustimmen: "Civilian-based civil wars are fought in everyday living spaces. The outdoor café, the intervillage bus, the weekend marketplace become battlegrounds, targeted because they are the places in which civilians live and work. ... Today's wars also produce gangs that take advantage of the attendant lawlessness to threaten, rob, rape, and kill common people." [8] Selbst wenn sich diese Männerbanden einer der offiziellen Kriegsparteien zuordnen ließen, sind sie doch im wesentlichen loyal nur gegenüber ihrem Anführer, handeln nach eigenem Gutdünken und setzen oftmals auch nach Beendigung der Kampfhandlungen noch darauf, daß sie sich einer Strafverfolgung durch wen auch immer mit ihren Waffen oder ihren Beziehungen und Loyalitäten unter Männern entziehen können.

So verschwindet auch mit dem Ende der Kampfhandlungen zwischen den kriegführenden Parteien die Gewalt nicht einfach aus der Gesellschaft. Dies wird bei Gewaltanwendung gegen Frauen insbesondere bei Vergewaltigung und Zwangsprostitution besonders deutlich, ist allerdings nicht auf diese begrenzt. Viele dieser Verbrechen sind nicht auf den feindlichen Aggressor beschränkt und finden nicht allein während der unmittelbaren gewaltsamen Auseinandersetzung als Teil der Kriegsstrategie statt. Gewalt in vielfältiger Form, ausgeübt von sehr unterschiedlichen Akteuren, entsteht bzw. verschärft sich im Kontext des Krieges. Ein immenses Waffenarsenal, bewaffnete Banden und mafiose Strukturen bleiben zurück, oftmals ohne daß den damit verbundenen privaten Gewaltakteuren durch das staatliche Gewaltmonopol Einhalt geboten wird. Die Aggressoren sind überwiegend junge Männer, die Opfer ebenfalls meist junge Männer, aber auch Frauen. El Salvador weist nach dem Ende des Bürgerkriegs im Landesdurchschnitt die höchste Rate an Mord- und Totschlagdelikten in Lateinamerika auf. Von 100.000 Einwohnern starben dort 1995 117 Personen, davon die große Mehrzahl männlichen Geschlechts, eines gewaltsamen Todes. [9] Die Städte im Kosovo gelten heute – unter dem Schutz internationaler Friedenstruppen – als Hochburgen vielfältiger Gewaltausübung.

Die skandinavische Ethnologin und Friedensforscherin Carolyn Nordstrom zieht nach vielen Jahren als Beobachterin von Kriegs- und Nachkriegssituationen in zahlreichen Ländern, in welchen sie Interviews mit Frauen, Mädchen und Kindern über ihre Erfahrungen mit Kriegs- und Friedenszeiten führte, eine provokative Schlußfolgerung: "Somewhere between the frontiers and the sweatshops in which I have seen children exploited, between the girls raped in war and prostituted in peace, I have lost the clear distinction dividing war and peace. I think this is a positive step, a useful ambiguity." [10]

Welche Einsichten erlaubt diese Ambivalenz? Zunächst wird die Perspektive der Opfer sichtbar. Damit zeigen sich die vielfältigen verborgenen Formen von Gewalt – ein klassisches Anliegen von Frauenforschung und -politik, das bei der Untersuchung von Kriegs- und Friedensprozessen zumeist ausgeblendet bleibt. Zugleich erlaubt das Hinterfragen der eindeutigen Grenzziehungen, "strukturelle Gewalt" weiterzudenken und dabei das Private als von Krieg, Vor- und Nach-Krieg geprägt einzubeziehen. Damit verbunden ist auch die Möglichkeit, nach Wechselbeziehungen in der Gewaltausübung von Feinden

8 Mary B. Anderson, "Do no Harm". How Aid can Support Peace – or War, Boulder/London (Lynne Rienner Publisher) 1999, S. 11f.

9 Irma Arriagada/Lorena Godoy: Seguridad ciudadana y violencia en América Latina: diagnostico y políticas en los años noventa, Serie políticas sociales, Santiago de Chile (CEPAL) 8/1999.

10 Carolyn Nordstrom, Visible wars and invisible girls, in: International Feminist Journal of Politics, 1:1 June 1999, S. 16.

und Freunden zu fragen und Gewaltverhältnisse deutlich zu machen, die nach der Beendigung der eigentlichen Kampfhandlungen anhalten oder dann erst entstehen.

Friedensabkommen bedeuten nicht Frieden für alle

Am Beispiel der Lebensgeschichten dreier Mädchen aus Mozambique macht Carolyn Nordstrom ihre Annäherung an Erfahrungen mit Gewalt deutlich. Sie fragt dabei jedoch nicht nur nach dem Schweigen der Frauen und Mädchen, sondern auch nach dem Verschweigen und den Profiteuren von Gewalt gegen Frauen und Kinder.

Zur Erinnerung: Nachdem Mozambique 1975 mit einer schwarzen, marxistischen Regierung unabhängig geworden war, begannen das südafrikanische Apartheid- Regime und westliche Regierungen, die Terrorgruppen der *Renamo* gegen die *Frelimo*-Regierung zu unterstützen, was zu einem der zerstörerischsten Kriege zwischen 1976 und 1992 führte, der etwa eine Million Menschen das Leben kostete. Nach dem Ende des Krieges 1992 wurden dem Land in seinen Bemühungen, die Spirale der Gewalt durchbrochen zu haben, durchaus Erfolge zugestanden. Doch die drei Mädchengeschichten zeigen: "Peace accords do not mean peace for all." [11]

Die erste Geschichte ist die eines zehnjährigen Mädchens, welchem Nordstrom 1990 auf dem Höhepunkt des Krieges in einer Kleinstadt begegnet, die einige Jahre von den *Renamo*-Rebellen besetzt gewesen war und schwer unter Menschenrechtsverletzungen zu leiden hatte. Das Mädchen, das Nordstrom apathisch und mit leerem Blick am Boden liegend findet, war, wie viele Kinder und Frauen während der Besetzung durch die *Renamo*-Soldaten, vergewaltigt und zur Prostitution gezwungen worden. Es war danach nie mehr dasselbe, niemand kannte die Details seiner traumatischen Erlebnisse, es sprach niemals darüber. Das zweite Mädchen in einem ähnlichen Alter fällt Nordstrom aufgrund des gleichen Blicks, derselben Haltung und Sprachlosigkeit auf – allerdings im Haus bei entfernten Bekannten des Kindes. Es war von einem erwachsenen Verwandten zu Hause sexuell mißbraucht worden.

Diskurse über Konflikte und Krieg bringen die Geschichten von Frauen, die von Feinden und von denjenigen, die von "Freunden" (eigene Soldaten oder Familienangehörige) vergewaltigt werden, selten zusammen. Doch dürften die leidvollen Erfahrungen der Betroffenen recht ähnlich sein. Und nicht selten stellen auch Freunde direkte Bezüge zu den Gewalttaten der Feinde her. Die Hoffnung, daß vom Feind vergewaltigte Frauen im eigenen Haus und in der eigenen Familie und Ehe mit Hilfe rechnen können, ist nur wenig begründet, sehr real dagegen ist die Gefahr, weiteren Gewalttätigkeiten ausgesetzt zu sein.

Die dritte Geschichte weiß Nordstrom aus der Nachkriegszeit zu berichten. Sie ist die eines der schätzungsweise 200.000 bis 300.000 in Mozambique lebenden Waisenkinder. Sie kommt ans Licht, als das Mädchen an Verletzungen durch einen Hund stirbt. Eine Gruppe europäischer Pornofilmer hatte seinen Tod verschuldet, als sie das Kind zwangen, Sex mit dem Tier zu haben. Der Arzt, der das Kind nicht retten konnte, ist über die Greueltat empört und forderte die Regierung auf, das Verbrechen zu verfolgen. Obgleich auch diese entsetzt war, verschwieg man das Verbrechen nach der Intervention der Botschaft und brachte die Pornomacher ohne Öffentlichkeit, ohne Presse und ohne Anzeige außer

11 Ebenda, S. 18.

Landes. Das internationale Netzwerk, welches diese Art von Gewaltfilmen hervorbringt, blieb unangetastet.

Für Berichterstatterin Nordstrom verschwinden angesichts ihrer Recherchen über Frauen in unterschiedlichen Regionen die klassischen Kampflinien: "War is best characterized not as a locale but as a process; not as distinct sets of troops, but as a compendium of international actors and forces visible, ethnographically, at any site of inquiry. I now speak of warzones – not as places but as vast sprawling processes where the tragedies of individuals' lives at the frontlines intersect with a host of transnational realities." [12]

In diesen weitgefaßten und unübersichtlichen *warzones* agieren neben Kombattanten und Waffenhändlern, Schwarzmarkthändlern, Drogen- , Frauen- oder Edelsteinschmugglern auch Kriegsberichterstatter und Diplomaten, NGOs, internationale Hilfsdienste und Friedenstruppen. Sie haben ihre eigenen Ideen davon, was Frieden konstituieren soll. Und sie stülpen ihre Vorstellungen den von Krieg und Nach-Krieg betroffenen Gesellschaften über und bringen nicht selten auch neue Formen von Gewalt hervor. Denn auch der Einsatz internationaler Schutztruppen ist mit der Entstehung neuer Gewaltphänomene verbunden, wie die Herausbildung und Zunahme von Frauenhandel und Zwangsprostitution zeigen.

Madeleine Rees, die Leiterin des UN-Büros der Hochkommissarin für Menschenrechte in Sarajevo, kritisiert die Rolle der internationalen Helfer im Geschäft mit Prostitution und Frauenhandel öffentlich. Für sie ist "Vergewaltigung ein Kriegsverbrechen, das nicht aufhört, wenn die Friedensverträge unterzeichnet sind" [13] und das bereits anfing, als die Vergewaltigung von Frauen des Feindes zur Kriegsstrategie wurde. "Wir wußten von Zwangsbordellen auf der serbischen Seite und konnten gleichzeitig beobachten, wie sich bosnische Frauen aus schierer Not für kanadische UN-Soldaten prostituierten." [14] Derartige Probleme sind auch aus anderen internationalen Friedensmissionen bekannt. In Kambodscha wuchs die Zahl der Prostituierten mit dem Eintreffen der UNO 1991 von 6.000 auf 20.000 und schuf ein bis dahin nicht bekanntes Problem: Menschenhandel, genauer Frauenhandel. [15]

Die Perspektive des Privaten erweist sich auch in der aktuellen Diskussion um friedenssichernde Einsätze von internationalen Schutztruppen sowie Konfliktprävention und -bewältigung als ergiebig und unverzichtbar. Sie kann nicht nur Gewalt gegen Frauen und Mädchen zutage bringen, sondern darüber hinaus überhaupt helfen, Gewaltformen und Gewaltausübung zwischen Privaten und in privaten Räumen zu thematisieren, die entweder aufgrund der Schwäche des Staates oder in Komplizenschaft mit diesem bestehen. Nimmt man das Persönliche als Politikum ernst und bezieht die Persönlichkeit der von Gewalt betroffenen Frauen ein, bildet die internationale Diskussion zum Thema "Frauenrechte sind Menschenrechte" einen Zugang, der auch für Friedensstrategien nutzbar gemacht werden kann. Dies zeigt die Einbeziehung von Vergewaltigung und Zwangsprostitution als Kriegsverbrechen in die Anklagen vor dem Internationalen Gerichtshof.

---

12 Ebenda, S. 21.
13 Madeleine Rees, zitiert in der Zeit vom 12.01.2000.
14 Ebenda.
15 Ebenda.

Hoffnung auf Schutz durch Recht

Die aktuelle Debatte um Kriegsverbrechen gegen Frauen wäre ohne die Bezugnahme der internationalen Frauendiskussion auf den Menschenrechtsdiskurs und die Einschreibung von Frauenrechten in die Menschenrechte, die zu Beginn der neunziger Jahre die Vorbereitung auf die UN-Menschenrechtskonferenz 1993 in Wien kennzeichnete, nicht denkbar. Das Einbeziehen von Gewalt gegen Frauen in der Privatsphäre in das Menschenrechtsverständnis hatte weitreichende Konsequenzen für die Perzeption und die kritische Auseinandersetzung mit der Diskriminierung von Frauen, veränderte es doch sowohl das Selbstverständnis der Frauen als auch die Wahrnehmung ihrer Unrechtserfahrungen durch andere. "Sie traten nun als Trägerinnen eines allgemeinen Rechtsanspruchs auf, als Rechtssubjekte, nicht mehr primär als Bittstellerinnen und Bedürftige." [16] Damit gelang es, das Unrecht an Frauen sichtbar zu machen und sie zugleich als politische und rechtliche Subjekte und Handelnde zu begreifen, die ihre Opferrolle zu überwinden suchen.

Die Verletzungen der Menschenrechte von Frauen lassen sich in drei Gruppen unterteilen:

Erstens: Verletzungen, die Frauen und Männer aufgrund politischer Einstellung, Religion und/oder ethnischer Zugehörigkeit erleiden, und Verletzungen, die ihre sozialen, ökonomischen und kulturellen Rechte betreffen. Sie wirken indes geschlechtsspezifisch, werden doch diese Verletzungen, wenn sie Frauen erfahren, von der Öffentlichkeit vielfach ignoriert. Nach herrschender Vorstellung ist der politische Akteur männlichen Geschlechts.

Zweitens: Diskriminierung und Menschenrechtsverletzungen werden verschärft, wenn bei politischer, ethnischer oder religiöser Verfolgung und Gefangenschaft Frauen zusätzliche Verletzungen erfahren, die sich ausschließlich aus ihrem Sexus herleiten, wie Vergewaltigung und sexuelle Folter.

Drittens existieren Menschenrechtsverletzungen, die Frauen einzig aufgrund ihres Geschlechts erleiden müssen. Dazu gehören Verweigerung des Rechts auf Leben und der physischen Unversehrtheit (wie durch die Abtreibung weiblicher Föten) sowie gesundheitliche und ernährungsmäßige Benachteiligung, Vergewaltigung und Verstümmelung von weiblichen Genitalien, Zwangsprostitution, Frauenhandel und Zwang zur Entbindung nach Vergewaltigung. Zu berücksichtigen sind insbesondere auch Menschenrechtsverletzungen bei Flucht (wie die Diskriminierung weiblicher Flüchtlinge und die Nichtanerkennung geschlechtsbezogener Verfolgung als Asylgrund) und die Verweigerung von Besitz- und Landrechten. Häusliche und familiäre Gewalttaten gegen Frauen stellen ebenfalls einen großen Teil kaum beachteter Menschenrechtsverletzungen dar.

In der klassischen Vorstellung, die Individuen vor unrechtmäßigen Übergriffen des Staates schützen zu müssen, hatten derartige Verletzungen der Menschenrechte von Frauen keinen Platz, solange sie als Angelegenheit zwischen Privaten galten. Werden aber in diesen privatesten, ja intimsten Beziehungen Diskriminierungen nicht mehr als natürlich, unvermeidlich und akzeptabel begriffen, so fordert dies zu einem prinzipiellen

16 Christa Wichterich, Frauenrechtspolitik im internationalen Menschenrechtsdiskurs, in: Widerspruch 35. Beiträge zur sozialistischen Politik. 18. Jg. / Heft 35 – Juli 1998, S. 57.

Überdenken der Menschenrechtskonzeption und des zugrundeliegenden Menschenbildes heraus.

Ähnliches ist nun sowohl von den internationalen Kriegsverbrechertribunalen als auch von internationalen Organisationen gefordert, wenn sie Frauenhandel und Zwangsprostitution durch ihre Eingriffe nicht provozieren und durch ihre Angehörigen decken wollen. Ein Bordellbesuch von Angehörigen der Schutztruppen ist keine Selbstverständlichkeit und Privatangelegenheit, da die Nachfrage nach Prostituierten durch die überwiegend männlichen Schutz- und Polizeitruppen massiv zum Entstehen und zur Ausweitung des Menschenhandels beiträgt. Die Entsendestaaten von Hilfspersonal und Schutztruppen sowie die internationalen Organisationen müssen sich den Vorwurf gefallen lassen, mit ihrem Nichteingreifen eine solche Sichtweise zu akzeptieren und damit einen Zustand der Straflosigkeit zu legitimieren.

Letztendlich geht es also bei Kriegsverbrechen gegen Frauen um die Frage nach der Universalität und der Unteilbarkeit von Menschenrechten bzw. um die faktische Legitimierung von Menschenrechtsverletzungen durch Straflosigkeit, wenn Frauen aus bestimmten Bevölkerungsgruppen oder Weltregionen in besonderem Maße von allgemeiner und frauenspezifischer Gewalt betroffen sind. Dabei wirkt geschlechtsspezifische Gewalt häufig auf die Frauen zurück, weil die betroffenen Frauen mit Scham und Angst vor der Reaktion der eigenen Männer reagieren und gar nicht wissen, daß sie über bestimmte Grundrechte verfügen könnten. Auch in den uns vertrauten Kontexten ist die Reaktion von Frauen auf Gewalt und Vergewaltigung nicht selten *Schweigen* aus Scham und Selbstverachtung, mitunter auch ein diffuses Unrechtsempfinden, das sich kaum zu artikulieren vermag. Kann sich in diesem wenig konturierten Unrechtsempfinden ein Unrechtsbewußtsein ausdrücken, wird die Legitimation von Gewalt durch das *Sprechen* über Unrechtserfahrungen in Frage gestellt. In dieser Selbstautorisierung zum Sprechen über Unrecht und damit zum Widerspruch gegen herrschende Unrechtshandlungen, was schließlich bis zu einer öffentlichen Anklage führen kann, kommt den Menschenrechten als Legitimation für Protest gegen Verhältnisse und Handlungsweisen, die von den Betroffenen als Unrecht empfunden werden, eine zentrale Bedeutung zu.

Für eine Instanz des Sprechens

Was also Menschenrechte weltweit und – wie die internationale Debatte über Frauenrechte zeigt – auch über den öffentlichen Raum hinaus ermöglichen, ist das Aussprechen von erlittenem Unrecht. Die allgemeinen Menschenrechte sind bedeutsam als eine Instanz des Sprechens über Recht, wo kein Recht herrscht. Sie stellen so gesehen einen Akt der Selbstautorisierung für sehr unterschiedliche Unrechtserfahrungen dar und verbinden sich mit vielfältigen kulturellen Ausdrucksformen von Subversion (gerade auch im Privaten). Sie helfen, eine Instanz zu imaginieren, deren Handeln ohne und notfalls gegen die herrschenden Gesetze legitimiert ist. Wie Antigone, die sich das Recht nimmt, ihren Bruder zu beerdigen, nehmen sich die argentinischen *madres de plaza de mayo*, die guatemaltekischen Witwen, die russischen Soldatenmütter, die sizilianischen Frauen gegen die Mafia, die türkischen Samstagsmütter, die vielen Frauen in Schwarz als Angehörigenorganisationen überall auf der Welt das Recht, ihre private Trauer öffentlich zu machen.

Auch wenn die meisten dieser Akteure Frauen sind, ist das sie Verbindende weniger die "Schwesternschaft des weiblichen Geschlechts", und schon gar nicht sind es weibliche Verhaltensweisen oder Wesensmerkmale, die dem Frauenkörper und dessen Funktionen zugeschrieben werden. Vielmehr ist umgekehrt zu fragen, ob es nicht der Ausschluß von Frauen aus jenen machtpolitischen Entscheidungsinstanzen ist, die über Krieg, seine Führung, Friedensverhandlungen und friedenspolitische Maßnahmen entscheiden, der Frauen dazu veranlaßt, in der Öffentlichkeit über Frieden zu sprechen, um sich überhaupt Gehör verschaffen zu können. Es ist weniger die Friedfertigkeit des Geschlechtes, sondern, wie Cordula Reimann zurecht herausstellt, die Exklusion von Frauen aus den harten Politikbereichen, die Frauen dazu bringt, über Frieden zu sprechen, damit sie sich zu Fragen über Krieg und Frieden öffentlich äußern dürfen: "If women do not speak for allegedly typical 'female behaviour' like cooperation, empathy, non violence etc. and values like peace they will be excluded from speaking on all aspects of life and death questions that face the species in general and which, particularly, matter in the conflict situation." [17]

Das Sprechen über Frieden stellt so betrachtet eine Instanz des Sprechens über Unrecht und Recht dar, mit der sich Frauen ermächtigen, über Krieg, Macht und Interessen zu sprechen, über Themen also, zu denen sie sonst nicht gehört werden würden.

Das vermännlichte Gewaltmonopol hinterfragen

Was in der Hoffnung auf Recht durch Recht deutlich wird, ist die Hoffnung, daß Gewalt gegen private Akteure selbst in privaten Räumen von staatlichen bzw. internationalen Institutionen geahndet und Straflosigkeit überwunden werden kann. Hierzu benötigen die Nationalstaaten und die internationalen Organisationen die Machtmittel, private Gewaltakteure und illegitime staatliche Gewalt zu verfolgen und rechtsstaatlich kontrolliert das Gewaltmonopol auszuüben. Dabei stellt sich sowohl im innerstaatlichen wie auch im zwischenstaatlichen Bereich die Frage, wie Institutionen und Apparate, die das staatliche Gewaltmonopol ausüben, mit Gewalt von Männern gegen Frauen und Kinder umgehen. Angesichts der spezifischen Konsequenzen männerbündisch strukturierter Gewaltapparate wurde in Großbritannien eine Werbekampagne gestartet, um Frauen für UNO-Einsätze zu gewinnen. Einer dieser PR-Spots zeigt eine Frau, die in einem zerbombten Haus kauert: "Sie ist von denselben Soldaten vergewaltigt worden, die auch ihren Mann ermordet haben", sagt eine Stimme im Hintergrund. "Das letzte, was sie jetzt sehen will, ist ein weiterer Soldat. Es sei denn, dieser Soldat ist eine Frau." [18]

Hier ist ein Problem angesprochen, das sich nicht nur auf den geringen Anteil von Soldatinnen und Polizistinnen in Schutz- und Polizeitruppen, die Friedensprozesse absichern sollen, reduzieren läßt. Konfliktbewältigung ist überhaupt – sowohl in konzeptionellen als auch in praktischen Bereichen – ein "Spiel der Männer", welches nicht selten dazu führt, daß *warlords* nicht nur straflos ausgehen, sondern auch am Verhandlungstisch sitzen. "The very exclusion of women from the UN-organised, -facilitated and -sponsored peace conferences helped e.g. in Somalia to enhance the legitimacy and authority of the warlords,

---

17 Cordula Reimann, The Field of Conflict Management: Why does Gender matter? Bonn: AFB-Texte, 1999, Nr. 4/99, S. 12.

18 Die Zeit, 12.01.2000.

who are often strangers to the local communities."[19] Allerdings garantiert ein Rückgriff auf traditionelle und lokale Vertreter, Organisationen und deren Regelungsmechanismen nicht die Einbeziehung von Frauen, gründen diese doch in der Regel auf Geschlechterungleichheit, die für Mädchen noch durch soziale Altersgrenzen verstärkt wird.

Allerdings ist das "Spiel der Männer" nicht wirklich gefährdet, solange es durch einen feministischen, essentialistischen Diskurs ergänzt wird, der Frauen aufgrund ihres sogenannten Frauseins zu natürlichen *peacemakers* macht und Mediation mit weiblichen Eigenschaften wie gegenseitige Hilfe, Güte, Verständnis, Fähigkeit zur Empathie und Entgegenkommen gleichgesetzt wird. Denn keineswegs ihre körperlichen Geschlechter prädestinieren die Frau zu Friedensstifterinnen und den Mann zum Kampf für "Volk und Vaterland". Vielmehr ist es ein institutionell verankerter Prozeß der Herstellung von Geschlechtlichkeit, das *doing gender,* welches bestimmte Handlungen, Verhaltensweisen, Habitus und Haltungen den jeweiligen Körpern zuordnet und sie dann auch als weibliche oder männliche legitimiert.

An einer Auseinandersetzung mit der sozialen Konstruktion von Zweigeschlechtlichkeit in militär- und friedenspolitischen Diskursen und Praxen müßte eine feministische Perspektive ansetzen, will sie nicht differenztheoretischen Aporien verfangen bleiben. Dabei gilt es, nach Bruchstellen in der Herstellung von Zweigeschlechtlichkeit zu suchen, die auf Veränderungen der Zuweisungsmöglichkeit von Handlungen, die das staatliche Gewaltmonopol ausmachen, auf den männlichen Körper hinweisen. Derartige, vielleicht für bestimmte feministische Perspektiven provokative Fragen[20] sollten wir stellen, weniger wegen der Gleichheit vor dem Recht, sondern aufgrund der unterschiedlichen Behandlung durch die Vertreter und Vollstrecker desselben, wollen wir den Schutz der Menschenrechte von Frauen in Konfliktprävention und Friedenssicherung einbringen. Denn, um mit Cynthia Enloe zu schließen: "A gender neutral discourse may conceal that the post-war period (is) crowded with gendered decisions."[21]

Marianne Braig

19 Cordula Reimann, a.a.O., S. 14.

20 Ruth Seifert stellt sie in ihrem Aufsatz: Militär, Nation und Geschlecht: Analyse einer kulturellen Konstruktion, in: Wiener Philosophinnen Club (Hg.), Krieg/War. Eine philosophische Auseinandersetzung aus feministischer Sicht, München (Fink Verlag) 1997, S. 49. Vgl. auch Christine Eifler/Ruth Seifert (Hg.), Soziale Konstruktion – Militär und Geschlechterverhältnis, Münster (Westfälisches Dampfboot), 1999.

21 Zit. in Cordula Reimann a.a.O., S. 14.

3. Krise der Abrüstung

3.1. Rüstungskontrolle – noch relevant für Abrüstung?

Es war kein Aprilscherz. Zum 1. April 1999 – 38 Jahre nach ihrer Einrichtung – wurde die Behörde für Rüstungskontrolle und Abrüstung *(Arms Control and Disarmament Agency, ACDA)* der Vereinigten Staaten aufgelöst. Einzig in ihrer Art wurde sie immer wieder anderen Ländern, Anfang der achtziger Jahre auch Deutschland, als Vorbild dafür empfohlen, wie man Abrüstung und Rüstungskontrolle besser voranbringen könnte.

Die Auflösung der ACDA bedeutet nicht das Ende US-amerikanischer Abrüstungspolitik, wenn auch manche Äußerungen aus den USA so klingen mögen. Die Institution wurde Opfer des innenpolitischen Machtkampfes zwischen der Clinton-Administration und rechts-republikanischen Gruppen unter Führung des Senators Helms (vgl. Beitrag 1.1.). Aber der Vorgang symbolisiert, zusammen mit dem Scheitern des nuklearen Teststopp-Vertrages *(Comprehensive Test Ban Treaty, CTBT)* im US-amerikanischen Senat, dem Stillstand bei der Abrüstungskonferenz in Genf *(Conference on Disarmament, CD)*, den Verzögerungen bei der Umsetzung der Chemiewaffenkonvention *(Chemical Weapons Convention, CWC)* und vielen anderen Ereignissen der späten neunziger Jahre, die tiefe Krise der institutionalisierten internationalen Rüstungskontrolle. Diese Krise ist keineswegs allein ein US-amerikanisches Phänomen. Auch in Rußland gab es in den letzten Jahren große Schwierigkeiten. Parlamentarische Mehrheiten für Verträge wie etwa die Chemiewaffenkonvention oder START II (vgl. Beitrag 3.3.) waren nur schwer zu erreichen. Indien und Pakistan haben mit ihren Nuklearwaffentests dem Nichtweiterverbreitungsregime für Atomwaffen schwere Schläge zugefügt. Nordkoreas und Iraks mangelnde Kooperation bei der Vernichtung von Massenvernichtungswaffen beschäftigen internationale Gremien. Die Liste läßt sich mit weiteren Beispielen fortführen.

Paradoxerweise aber ist diese Krise institutionalisierter Rüstungskontrolle (Rüstungskontrollverhandlungen und -verträge) zumindest bisher nicht mit dem Ende der tatsächlichen weltweiten Abrüstung einhergegangen. Unabhängig von Stillstand oder Rückschritt bei Rüstungskontrollverhandlungen wurden nämlich die Größe militärischer Apparate verringert, Waffen ausgemustert, Streitkräfte verkleinert, rüstungsindustrielle Kapazitäten abgebaut, Liegenschaften freigezogen und Militärausgaben reduziert. Die Abrüstung wird bis heute, wenn auch mit abnehmendem Tempo, fortgesetzt. Angesichts der grundlegenden politischen Veränderungen wären gerade in den Kernländern des Kalten Krieges noch weit tiefere Abrüstungsschnitte möglich gewesen. Aber auch bei kritischer Betrachtung ist der Abbau in den neunziger Jahren, der "Abrüstungsdekade", durchaus beeindruckend. Die Krise der Rüstungskontrolle ist zumindest bisher nicht mit einer Krise der Abrüstung gleichzusetzen.

Wie gravierend ist diese Entkopplung von tatsächlicher Abrüstung und institutioneller Rüstungskontrolle? Wie tief ist die Krise der Rüstungskontrolle? Ist Rüstungskontrolle überflüssig geworden? Kann Rüstungskontrolle überhaupt etwas leisten für die in den neunziger Jahren stärker wahrgenommenen Probleme innerstaatlicher militärischer Konflikte? Abrüstung kann dann eine Weile ohne institutionalisierte Rüstungskontrolle auskommen, wenn Regierungen bereit sind, auch unilateral abzurüsten. Das zeigt die Erfahrung der zweiten Hälfte der neunziger Jahre. Aber braucht Abrüstung nicht mittelfristig die Absicherung durch Rüstungskontrolle? Welche Prioritäten sollte eine deutsche Politik verfolgen, die Rüstungskontrolle für weitere Abrüstung nutzbar machen will?

Konzept und Kontext der Rüstungskontrolle

In den fünfziger Jahren waren alle Abrüstungsbemühungen durch den Ost-West-Konflikt blockiert. Gleichzeitig aber wurde bei den Vereinten Nationen über vollständige und allgemeine Abrüstung verhandelt, und zwar nur über diese umfassende Art. Angesichts der wachsenden Nuklearwaffenpotentiale und der zunehmenden Zahl der Atomwaffenstaaten, aber auch der steigenden Ausgaben für Militär und Rüstung war dieser Ansatz offensichtlich unproduktiv. Ende der fünfziger Jahre wurde daher, zunächst in der *strategic community* in den USA, dann auch in den dortigen Ministerien und in anderen Ländern, über eine Alternative nachgedacht. Das wichtigste Ergebnis war die *arms control*, die Rüstungskontrolle, oder wie der von Wolf Graf von Baudissin im Deutschen geprägte Begriff genauer beschreibt, die "kooperative Rüstungssteuerung".[1] Als "Manifest" der Verfechter der Rüstungskontrolle gilt vielfach ein Aufsatz von Morton Halperin und Thomas Schelling, der 1961 in der Zeitschrift "Daedalus" veröffentlicht und in weiteren Veröffentlichungen verfeinert wurde. Die Autoren entwickeln als zentrale Kriterien für erfolgreiche Kontrolle der Rüstung die Erhöhung der Stabilität der Rüstungslage, die Verringerung der Zerstörungsfähigkeit und die Verminderung der Kosten der Waffensysteme bzw. der Militärapparate.[2]

Aus dem Kriterium der Stabilität erwächst der Imperativ zu kooperativem Verhalten, am besten auf der Grundlage verbindlicher Abmachungen und unter intensiver gegenseitiger Aufsicht; denn, wie es später Egon Bahr für die "Palme-Kommission"[3] formulierte: Sicherheit kann es angesichts der gegenseitigen Zerstörungsfähigkeit nur gemeinsam geben. Alle Beteiligten, so die Grundannahme, haben Interesse an Stabilität, um die Kriegsgefahr zu mindern, riskantes Verhalten in Krisen zu vermeiden und die Kosten zu senken. Rüstungskontrolle bringt selbst antagonistischen Gegnern einen Zugewinn an Sicherheit vor Krieg und Zerstörung sowie die Möglichkeit geringerer Rüstungsausgaben.

Der Versuch der Stabilisierung der potentiell zerstörungsträchtigsten Rüstungen wurde in den folgenden drei Jahrzehnten zum zentralen Gegenstand vielfältiger Bemühungen. Auch die Verminderung der Zerstörungswirkung war ein, allerdings deutlich nachrangiges, Ziel internationaler Verhandlungen. Kaum eine Rolle spielten hingegen Kostenüberlegungen. Vielleicht wichtiger noch: In vielen Fällen wurde sogar hingenommen, daß Rüstungskontrolle zwischen den beiden Supermächten USA und Sowjetunion mit quantitativer und qualitativer Aufrüstung einherging. So ließen die SALT I– und SALT II–Verträge Raum für neue nukleare Waffen. Gegenüber "Habenichts-Staaten" wurde hinge-

1 Wolf Graf von Baudissin und Dieter S. Lutz, Kooperative Rüstungssteuerung. Sicherheitspolitik und strategische Stabilität, Baden-Baden 1981.

2 Morton Halperin und Thomas Schelling, Strategy and arms control, Washington DC 1975.

3 Der Palme-Bericht. Common Security. Bericht der Unabhängigen Kommission für Abrüstung und Sicherheit, Berlin 1982.

gen versucht durchzudrücken, daß diese sich verpflichteten, bestimmte Waffen nicht zu beschaffen.

Wegen dieses begrenzten Ansatzes fehlte es der Rüstungskontrolle nicht an Kritikern. Viele, nicht nur in der Friedensbewegung der späten siebziger und achtziger Jahre, sahen in der einseitigen Betonung der Stabilität einen Verrat am Ziel der Abrüstung. Einen Abbau der Waffenbestände hatte die Rüstungskontrolle bis in die achtziger Jahre hinein nicht erreicht. Andere kritisierten den Gedanken als realitätsfremd, daß miteinander verfeindete Staaten daran interessiert sein könnten, Stabilität, ein Festhalten am Status quo, zu vereinbaren. Der "harte Realist" – um es im Jargon der Fachwissenschaftler der internationalen Beziehungen zu sagen – Colin Gray etwa formulierte sinngemäß: Rüstungskontrolle ist unmöglich, wenn sie nötig ist, und nicht nötig, wenn sie möglich ist.[4] Die Empirie der siebziger und achtziger Jahre allerdings widerspricht dem ersten Teil dieses Diktums: Es gab durchaus Rüstungskontrolle, etwa im nuklearstrategischen Bereich, ohne allerdings damit notwendigerweise gleichzeitig Rüstungswettläufe zu beenden. Das änderte sich erst in der Endphase des Ost-West-Konflikts. Unter dem Eindruck wachsenden wirtschaftlichen Rückstands gegenüber dem Westen war die Sowjetunion bereit auch Verträge abzuschließen, die man zuvor noch als nachteilig abgelehnt hatte, wie den Vertrag über die Beseitigung von landgestützten Mittelstreckenraketen (*Intermediate Nuclear Forces, INF*). Das Tempo der Rüstungskontrolle steigerte sich und die Abkommen waren nun regelmäßig mit quantitativer Abrüstung, also mit Reduzierungen von Waffensystemen verbunden. In dieser Zeit fanden Rüstungskontrolle und Abrüstung parallel statt. Alle Akteure wollten die offensichtlich überdimensionierten Arsenale des Kalten Krieges abbauen. Mit dem INF-Vertrag verschwand eine ganze Klasse nuklearer Waffensysteme. Auf START I folgte START II mit tiefen Einschnitten bei den strategischen Nuklearwaffen. Die Chemiewaffenkonvention, die die Abschaffung einer ganzen Kategorie von Waffen vorsieht, wurde ausgehandelt. Nach anfänglichem Zögern erklärten sich die USA bereit, anders als bei den Nuklearwaffen auf eine Sonderposition zu verzichten und der allgemeinen und umfassenden Zerstörung von chemischen Kampfstoffen zuzustimmen. In Europa wurde der Vertrag über konventionelle Streitkräfte (KSE) abgeschlossen, in dem die Vertragsstaaten einem umfassenden Stabilitätssystem aber auch der Ausmusterung von über 50.000 schweren Waffen und einer deutlichen Reduzierung der Zahl der Soldaten zustimmten (vgl. Beitrag 3.4.).

Auch in dieser kurzen Hochphase der Rüstungskontrolle blieb das Kriterium der Stabilität vorrangig. Abrüstung war ein wichtiges Nebenziel und wurde beschränkt auf Fälle, die allgemein als stabilitätsfördernd angesehen wurden. Die Zerstörungswirkung der Waffen wurde ebenfalls stärker beachtet, etwa bei der Aushandlung der Chemiewaffenkonvention. Das Kriterium der Kostenersparnis stand weiterhin nicht im Vordergrund, obwohl finanzielle Engpässe viele Abrüstungsschritte beflügelten. Im Gegenteil, START II impliziert durch die veränderte Gewichtung bei land- und seegestützten, leichten und schweren Raketen erheblichen Nachrüstungsbedarf für Rußland. Nur am Rande wurden die in einzelnen Fällen erheblichen Kosten der Abrüstung für die Verschrottung oder Entsorgung der Waffen bedacht. Die Vernichtung konventioneller Waffen im Rahmen des KSE-Vertrages kostete zwar nur wenige hundert Millionen Mark, hätte aber bei Zulassung

---

4 Colin S. Gray, House of Cards. Why Arms Control Must Fail, Ithaca, NY, 1992.

einfacherer Zerstörungsmethoden, wie Einbetonieren von Panzern, noch billiger werden können. Besonders hoch sind die Kosten der Umsetzung der Chemiewaffenkonvention und zwar nicht nur für die Besitzer von Chemiewaffen sondern auch für alle anderen Beitrittsländer. Jeder Staat muß für sein Territorium garantieren können, daß es keine alten Waffenbestände gibt, sowie die Produktion relevanter Chemikalien erfassen und deklarieren. Alle Staaten müssen sich an den Kosten der Verifikation durch die Vertragsbehörde mit Sitz in Den Haag beteiligen.

Die Krise der späten neunziger Jahre

Die institutionelle Rüstungskontrolle der klassischen Art wie sie seit den sechziger Jahren betrieben wird, also mit dem vorrangigen Ziel der Stabilität, ausgehandelt in Geheimverhandlungen zwischen den Hauptbetroffenen und abgesichert durch ausgeklügelte, kostenintensive Verifikation, ist in der zweiten Hälfte der neunziger Jahre in eine schwere Krise geraten. Einer Reihe von nicht zustande gekommenen, stagnierenden und gescheiterten Verhandlungsprozessen stehen nur wenige Erfolge gegenüber. Der wohl wichtigste war die im Mai 1995 beschlossene unbefristete Verlängerung des Atomwaffensperrvertrages. Allerdings stellen die Atomwaffenstaaten diesen Erfolg durch ihr Verhalten wieder in Frage, weil sie ihre angekündigten Gegenleistungen, wie Teststopp-Abkommen und Beendigung der Produktion von spaltbarem Material, bisher nicht eingelöst haben.

Erfolgreicher war hingegen ein außerhalb der Muster der klassischen Rüstungskontrolle durchgeführter Verhandlungsprozeß mit dem Ziel des Verbots bestimmter Typen von Landminen. Ähnliche Bemühungen finden derzeit zur Kontrolle von Kleinwaffen statt. Hier deuten sich neue Formen der Rüstungskontrolle an. Die Krise der traditionellen Rüstungskontrolle hat vielfältige Ursachen, die eng mit den großen Veränderungen in der internationalen Politik der neunziger Jahre zusammenhängen. Drei Ebenen verdienen besondere Beachtung: die zunehmende militärische Überlegenheit der USA, die Veränderung der Wahrnehmung militärischer Bedrohungen und die veränderte Abschätzung von Kosten und Nutzen von Rüstungskontrolle und Abrüstung.

Solo-Supermacht

Die Rüstungskontrollverhandlungen der frühen neunziger Jahre spiegelten die besonderen Bedingungen des Endes der Blockkonfrontation wider. Zahlreiche Abkommen wurden möglich – START II, KSE-Vertrag, Chemiewaffenkonvention – weil die Sowjetunion bzw. Rußland in einer schwachen Position war und weil die USA und ihre Verbündeten ein Interesse daran hatten, diesen Moment der Möglichkeit zu nutzen und vertraglich festzuschreiben.

Mit der fortschreitenden Desintegration Rußlands nahm in den USA das Interesse an strategischer Stabilität durch paritätische Rüstungskontrolle ab. Stabilität kann auf verschiedene Weise angestrebt werden. Rüstungskontrolle versucht dies durch Einfangen der Dynamik der Aufrüstung. Eine andere Art der Stabilität beruht auf Überlegenheit. Mit der Auflösung der Sowjetunion und dem langsamen Zerfall des russischen Militärapparates verschob sich das Verhältnis zwischen den beiden früheren Supermächten zu einer Dominanz der USA. Gegenüber kleineren Staaten glaubt man in den USA zunehmend, sich militärisch durchsetzen zu können, selbst wenn sie etwa den Besitz von Nuklearwaffen anstreben. Es wurde für viele Militärs und Politiker in den USA immer unattraktiver, sich auf Begrenzungen von Waffensystemen festzulegen, wenn die Sonderrolle der USA keine Berücksichtigung findet und die Handlungsmöglichkeiten der USA als einziger global agierender Militärmacht begrenzt zu werden drohen.

Neue militärische Bedrohungen – neue Formen der Rüstungskontrolle

Parallel zur Etablierung der USA als einziger Supermacht aber setzte in vielen Ländern eine Neubewertung militärischer Risiken und damit auch der Bedeutung der Rüstungskontrolle ein. Interventionen in fernen Regionen wurden zahlreicher. Multilaterale Friedensmissionen auf der Basis eines Mandates der Vereinten Nationen rückten als neue militärische Aufgabenstellungen in den Mittelpunkt der Diskussion – am deutlichsten war der Wandel in Deutschland. Das Kriegsgeschehen in vielen Regionen der Welt, das auch nach dem Ende des Kalten Krieges nur wenig abnahm, wurde stärker beachtet. Neben der daraus abgeleiteten Notwendigkeit einer Umstrukturierung der Streitkräfte fanden die bei diesen Konflikten eingesetzten Waffen, wie Landminen und Kleinwaffen, erhöhtes Interesse in der internationalen rüstungs- und rüstungskontrollpolitischen Diskussion.

Die Art der Rüstungskontrolle, wie sie im Kalten Krieg etabliert worden war, erwies sich als nicht angemessen für diese neue Situation. Denn strategische Stabilität zwischen Staaten war offensichtlich nicht länger das wesentliche Problem. Wichtiger wurden die Verminderung der Zerstörungswirkung von Waffen und die Reduzierung ihrer Kosten. Besonders für die Vermeidung, Begrenzung und Beendigung innerstaatlicher Konflikte hatte Rüstungskontrolle zunächst nichts zu bieten.

Ein Beispiel für die Umorientierung der Rüstungskontrolle sind die Verhandlungen über die Landminen. Hier wollten wichtige Staaten, voran die USA, Antipersonen-Minen alter Bauart verbieten, Minen mit modernen Selbstzerstörungsmechanismen aber zulassen. Einer solchen Lösung, die dem Ansatz der klassischen Rüstungskontrolle entspricht, nämlich dem Problem der langfristigen Gefährdung von Zivilisten durch moderne Technik zu begegnen, stimmte die große Zahl der Staaten nicht zu. Weil eine Lösung im Forum der traditionellen Rüstungskontrolle, der CD in Genf, nicht erreichbar war, verhandelte eine große Zahl "gutwilliger" Staaten erfolgreich in einem neuen Rahmen, dem "Ottawa-Prozeß" (vgl. Friedensgutachten 1998, Beitrag 5.3.).

Was sind die Unterschiede zwischen der "klassischen" Rüstungskontrolle und den Verhandlungen im Rahmen des Ottawa-Prozesses? Zunächst ist hervorzuheben, daß im Ottawa-Vertrag militärische Stabilität keine Rolle spielt; im Vordergrund steht die "humanitäre" Seite. Nicht zuletzt deswegen fehlen wichtige Unterschriften unter dem Vertrag, wie die der USA, Rußlands und Chinas, die aus militärischen Gründen nicht auf Anti-Personenminen verzichten wollen.

Die mit einer Unterzeichnung des Vertrages von Ottawa verbundenen Kosten sind relativ gering. Die Staaten verpflichten sich unter anderem die vorhandenen Bestände an Minen zu zerstören. Weiterhin wird die Produktion bestimmter Minentypen verboten, was in Ländern, wo solche Minen gefertigt werden, zu Umstellungskosten führen kann. Aber es gibt keine aufwendige Verifikationsmaschinerie, nicht einmal eine Institution (wie im Falle der Chemiewaffen), die das Abkommen überwacht. Die Vertragsstaaten überwachen sich gegenseitig und durch regelmäßige Vertragskonferenzen. Wichtiger aber ist ein anderes Instrument der Überwachung, das im Abkommen gar nicht erwähnt ist: die internationale Szene von Nicht-Regierungsorganisationen (NRO). Die Kombination "gutwilliger" Regierungen, vielfältiger national oder international operierender NRO und mobilisierter Öffentlichkeit hat den Vertrag von Ottawa möglich gemacht. Sie ist auch der beste und im Grunde einzige Garant für die Einhaltung des Vertrages. Staaten, die den Vertrag umsetzen wollen, können darüber hinaus mit finanzieller Unterstützung für Minenräumprogramme durch andere Staaten rechnen. Für die Bereitschaft vieler armer Staaten, sich dem Ottawa-Prozeß anzuschließen, war wichtig, daß Entwicklungshilfeorganisationen und Geberländer ihre Kooperation bei der Minenräumung anboten.

Der Vertrag von Ottawa hat seine Grenzen; zu Überschwang besteht kein Anlaß. Viele wichtige Staaten fehlen. Es gibt keine Sanktionen. Minentypen, die für die Zivilbevölkerung ähnlich gefährlich sind wie Antipersonen-Minen, sind im Vertrag nicht verboten. Trotzdem: der neue Ansatz im Ottawa-Prozeß war weit erfolgreicher als die Verhandlungen im Rahmen der traditionellen Rüstungskontrollforen. Der Ottawa Prozeß ist bisher das einzige Beispiel "humanitärer" Rüstungskontrolle geblieben – der Schutz der Zivilbevölkerung vor diesen Waffen steht im Mittelpunkt. Ob es weitere Fälle geben wird, etwa im Bereich anderer Typen von Kleinwaffen, ist offen und wird sich bei der für das Jahr 2001 geplanten UNO-Konferenz zu diesem Thema zeigen.

Aus verschiedenen Gründen hat Rüstungskontrolle, mit der die Zerstörungswirkung und/oder Kostenbegrenzung der Waffen in den Vordergrund rückt, bislang nur begrenzt zur Bearbeitung der veränderten Konfliktlage in der Welt beigetragen. Die Bedeutung von Waffen und Rüstung für interne Kriegsführung ist komplex und kompliziert zu begrenzen. Viele und zum Teil wenig kooperative Akteure, wie Waffenhändler und Terrorgruppen, müssen in die Kontrolle einbezogen werden. Viele Staaten sind nicht bereit, ihre Souveränität in Bereichen eingrenzen zu lassen, die sie als innere Angelegenheiten betrachten. Die Schwierigkeiten sind absehbar groß, aber bisher sind die Möglichkeiten und Chancen für neue Formen der Rüstungskontrolle noch kaum ausgelotet.

Kosten und Nutzen von Rüstungskontrolle

Auch wenn sie auf ausgeklügelte Verifikation und umfangreiche Bürokratie verzichtet, ist Rüstungskontrolle kompliziert, komplex und kostenträchtig. Vielfältige Verpflichtungen sind zu beachten und einzuhalten. Bei Nichtbeachtung droht Abstrafung, je nach Art der Sanktionsbestimmungen und Vertragsverletzungen, zumindest der Pranger der internationalen Meinung. Abkommen sind oft starr, und es ist mühsam, sie an Veränderungen in der internationalen Lage anzupassen. All dies sind indirekte Kosten, welche die vertragschließenden Parteien zu tragen haben. Abmachungen mit Vernichtungs- und Verifikationsverpflichtungen sind darüber hinaus mit direkten Kosten verbunden. Abkommen sind für mögliche Beitrittsstaaten nur dann sinnvoll, wenn die Nutzen aus dem Beitritt die Kosten übersteigen. Diese Nutzen können vielfältiger Art sein. Die ursprünglichen Kriterien der Rüstungskontrolle liefern wichtige Anhaltspunkte für die möglichen Formen von Nutzen: mehr Sicherheit durch Stabilisierung und/oder Abbau von Rüstungen, verminderte Zerstörungswirkung durch Reduzierung oder Verbot bestimmter Waffentypen und geringere direkte Kosten für Militär und Rüstung. Hinzu kommen die allgemeinen positiven Wirkungen von Transparenz, Berechenbarkeit und kooperativem Verhalten auf die internationalen Beziehungen.

Anders als von Colin Gray vorhergesagt, hat sich Rüstungskontrolle nach einer kurzen Phase zum Ende des Kalten Krieges als schwierig erwiesen – dagegen wurde in großem Umfang abgerüstet. Der Zerfall des Drohsystems mag die Notwendigkeit von Rüstungskontrolle unter dem Aspekt der Stabilität vermindert haben, aber er hat sie nicht unbedingt erleichtert. In Kosten-Nutzen-Kalkülen über den Sinn oder Unsinn von Rüstungskontrolle spielen direkte Kosten (Aufwand für Rüstung und Abrüstung) gerade deshalb eine größere Rolle, weil ihr Nutzen für die Kriegsverhütung geringer geworden ist. Die geringe Kostensensibilität traditioneller Rüstungskontrolle erweist sich nun als Problem. Wenn Rüstungsarsenale sowieso abgebaut werden, ist der Anreiz, diesen Prozeß mit neuen Institutionen oder teurer Verifikation zu verbinden, eher gering.

Erfolg und Mißerfolg der Abrüstung

Abrüstung in der Abrüstungsdekade

Abrüstung ist einfacher als Rüstungskontrolle. Jede Regierung kann eigenmächtig darüber entscheiden abzurüsten und muß darüber nicht mit anderen Staaten verhandeln. Genau dies haben viele Staaten seit der zweiten Hälfte der achtziger Jahre und vor allem in den neunziger Jahren getan. Das Ausmaß der Abrüstung läßt sich an vielerlei Indikatoren festmachen. Die weltweiten Militärausgaben etwa sind zwischen 1988 und 1998 um 34 Prozent gesunken, die Bestände der schweren Waffen um 23 Prozent, die Zahl der Soldaten um 22 Prozent und die der Beschäftigten in den Rüstungsindustrien um 53 Prozent zurückgegangen. Der BIC3D-Index für Abrüstung, Demilitarisierung, Demobilisierung und Konversion des Internationalen Konversionszentrums in Bonn, in dem die vier genannten Indikatoren gleichgewichtig bewertet werden, verzeichnet zwischen dem Ende des Kalten Krieges und dem Jahre 1998 einen Rückgang um 30 Prozent.[5]

Trotz dieser auch im historischen Maßstab enormen Rüstungsminderung: Noch immer ist das Ausmaß der weltweiten Rüstung gewaltig. Die Militärausgaben betrugen 1998 in laufenden Preisen immer noch ungefähr 1.400 Mrd. DM, es waren mehr als 425.000 schwere Waffen in den Arsenalen der Streitkräfte, fast 22 Millionen Menschen als Angehörige von Streitkräften und mehr als acht Millionen in der Rüstungsindustrie beschäftigt. Der Anteil von Militär- und Rüstungsausgaben am weltweiten Bruttosozialprodukt beträgt etwa zwei Prozent, also ein Fünfzigstel aller wirtschaftlichen Aktivität. Vor zehn Jahren waren es noch fünf Prozent.

Deutschland hat in den neunziger Jahren überdurchschnittlich abgerüstet. Der BIC3D-Index für Deutschland für 1998 steht bei 49, das heißt, daß der militärische Sektor zwischen der Endphase des Kalten Krieges und 1998 um fast die Hälfte abgebaut wurde. Die Anzahl der schweren Waffen wurde von mehr als 16.000 auf 8.000 verringert, die Militärausgaben um mehr als 30 Prozent gesenkt, die Zahl der Soldaten von mehr als 750.000 (einschließlich NVA) auf 333.000 verringert, die Rüstungsindustrie verminderte die Zahl der Beschäftigten von 260.000 auf 90.000.

---

5 BICC (Bonn International Center for Conversion), Conversion Survey 2000, Baden-Baden 2000. Alle Zahlenangaben in diesem Abschnitt sind diesem Band oder früheren Ausgaben entnommen.

Der Trend zur Abrüstung läßt sich für alle Großregionen mit Ausnahme Südasiens feststellen. Zentrum der Abrüstung war eindeutig Europa, das allerdings auch während des Kalten Krieges die am höchsten gerüstete Region der Welt war. Der Trend zur Abrüstung hat sich in der zweiten Hälfte der neunziger Jahre verlangsamt, aber nicht umgekehrt. Während gemessen am BIC3D Index die militärischen Sektoren in der ersten Hälfte durchschnittlich um etwa 4 Prozent jährlich schrumpften, war diese Rate in der zweiten Hälfte der neunziger Jahre, soweit hierfür Zahlen vorliegen, auf etwa die Hälfte, nämlich zwei Prozent gefallen.

Zivile Umorientierung

Die genannten Zahlen geben einen ersten Hinweis auf die zivilen Nutzungsmöglichkeiten der freigesetzten Ressourcen. Aber bei weitem nicht alles, was noch vor zehn Jahren vom Militär beansprucht wurde, konnte zivil genutzt werden. Waffensysteme etwa sind praktisch überhaupt nicht konvertiert worden, und dort, wo es doch versucht wurde, zeigte sich bald, daß konvertierte Systeme im Betrieb deutlich teurer sind als originär zivile. Im Gegenteil war die Vernichtung von Waffen zum Teil, etwa bei chemischen Waffen, mit hohen Kosten verbunden. Die Umstellung der Rüstungsproduktion bereitete in vielen Ländern erhebliche Schwierigkeiten. In westlichen Ländern half eine insgesamt günstige wirtschaftliche Entwicklung ehemaligen Rüstungsfirmen zivile Märkte zu erschließen und aus der Rüstungsproduktion entlassenen Arbeitskräften neue Arbeit zu finden. In den ehemals sozialistischen Ländern, in denen die zivile Produktion vielfach parallel zur militärischen schrumpfte, gab es diese Möglichkeiten kaum, und Rüstungskonversion stagnierte. Ähnliche Unterschiede zwischen wachsenden und schrumpfenden Volkswirtschaften zeigen sich auch für die Reintegration ehemaliger Soldaten und für die zivile Nutzung ehemals militärisch genutzten Geländes und militärisch genutzter Infrastruktur.

Insgesamt war der Einfluß von Märkten auf die Umnutzung ehemals militärisch in Anspruch genommener Ressourcen zu einer zivilen Verwendung weitaus stärker als der von politischen Prioritätensetzungen. Nirgendwo zeigt sich das stärker als bei den Militärausgaben. Die weltweiten Militärausgaben sanken erheblich, zwar zum Teil in Ländern, in denen Staatsausgaben und wirtschaftliche Aktivität insgesamt zurückgingen, aber auch in vielen Ländern, in denen eine tatsächliche Umverteilung von finanziellen Ressourcen erfolgte. Die aus der Reduzierung der Militärausgaben freiwerdenden Mittel wurden jedoch überwiegend nicht für Ziele ausgegeben, die noch zum Ende der achtziger Jahre vielerorts favorisiert wurden, etwa für höhere Sozialausgaben oder für mehr Entwicklungshilfe. Vorrangig wurden sie vielmehr zur Verminderung von Haushaltsdefiziten oder staatlichen Schulden verwendet – eine Politik, die durchaus auch zur Schaffung einer "Friedensdividende" führen kann. Weil die zusätzlichen zivilen Ressourcen nicht dort auftauchten, wo sie erwartet worden waren, sprechen viele Beobachter davon, daß die "Friedensdividende" nie realisiert wurde. Tatsächlich waren die wirtschaftlichen Effekte aus der Umwidmung militärischer Ressourcen insgesamt geringer und regional begrenzter als vielfach vor den neunziger Jahren erwartet worden war. Aber die "Friedensdividende" ist nicht völlig ausgeblieben. Der am häufigsten von Nicht-Ökonomen übersehene Effekt war der Beitrag niedriger Militärausgaben zur Senkung des allgemeinen Zinsniveaus und damit zur Stimulierung der wirtschaftlichen Aktivität in den Ländern, in denen investiert wurde. Diese indirekte Friedensdividende kam damit vor allem Ländern mit wirtschaftlichem Wachstum, wie den USA, zugute, aber nicht den Ländern, die sie besonders nötig gehabt hätten. In Transformations- und Entwicklungsländern waren der Abbau von Streitkräften und die Verminderung der Rüstungsproduktion wirtschaftlich weit überwiegend eine Belastung.

Rüstung in der Abrüstung

Die quantitative Abrüstung in den neunziger Jahren wurde durch mehrere Entwicklungen konterkariert. Zum einen wurde in Regionen und Ländern, in denen Kriege herrschten oder ausbrachen, in der Regel aufgerüstet. Zum zweiten gab es einige Staaten mit wachsendem Ressourcenzufluß, wie Bahrein, die ihre Militärausgaben ohne finanzielle Probleme erhöhen konnten. Drittens bauten einige neugegründete Staaten auch neue Streitkräfte auf. Und *last but not least* ging mit der Abrüstung in vielen Staaten ein Modernisierungsschub der Rüstung einher. Quantitativ meßbare Abrüstung kann nicht mit Verminderung militärischer Kampfkraft gleichgesetzt werden; im Gegenteil, häufig wurde Abrüstung gerade dafür genutzt, finanzielle Mittel freizumachen, um die Effizienz der Streitkräfte zu steigern.

Ein Indikator für die Modernisierung militärischer Apparate sind die Ausgaben für militärische Forschung und Entwicklung. Neue Waffen müssen entwickelt, erprobt und fertigungsreif gemacht werden. In den Ausgaben für militärische Forschung und Entwicklung zeigt sich die neue Sonderstellung der USA besonders deutlich. Fast zwei Drittel der jährlichen Aufwendungen für neue militärische Technologie wurden in der zweiten Hälfte der neunziger Jahre von den USA aufgewendet, ca. 65 Milliarden DM von knapp 100 Milliarden DM. Auf die NATO-Staaten insgesamt entfielen fast 90 Prozent der weltweiten Ausgaben für militärische Forschung und Entwicklung. Deren Dominanz in diesem Bereich ist überwältigend. Da militärische Forschung und Entwicklung mittelfristig auch zur Einführung neuer Waffensysteme führt, ist hier ein starkes Wachsen der Überlegenheit des Westens, vor allem der USA, angelegt.

Abrüstung ohne Rüstungskontrolle?

Die knappe Analyse von Abrüstung und Rüstungskontrolle nach dem Ende des Kalten Krieges macht deutlich, daß sich offensichtlich Staaten vielfach in der Lage sahen, ihre Streitkräfte zu reduzieren und die Ausgaben für Militär und Rüstung zu vermindern, ohne daß dies durch entsprechende Abkommen abgesichert war. Allerdings geschah dies oft ohne eine Garantie, Abrüstung nachhaltig fortzusetzen.

Rüstungskontrolle kann eine solche Garantie auch nicht geben. Aber sie hätte möglicherweise zu weiterer Abrüstung führen und insbesondere die Gefahr erneuter Aufrüstung mindern können. Die in der Vergangenheit bestätigte Grundannahme der Rüstungskontrolle ist, daß durch vereinbartes Handeln der Staaten die Rüstungsarsenale auf geringerem Niveau, mit weniger Zerstörungswirkung und kostengünstiger stabilisiert werden können. Hier können auch Rüstungskontrolle und Abrüstung für die Zukunft ansetzen. Fünf zentrale Ansatzpunkte erscheinen vielversprechend:

1. Rüstungskontrolle sollte darauf zielen, *Abrüstung zu vertiefen* und den jeweils erreichten Stand der Abrüstung "aufrüstungsfest" zu machen. Sie kann nur da erfolgreich sein, wo die Nutzen die Kosten übersteigen. Erhöhter Nutzen durch Stabilisierung ist vor allem bei den Nuklearwaffen zu erreichen. Die USA und Rußland verfügen noch immer über mehr als zehntausend nukleare Sprengköpfe. Weitere Proliferation würde die Gefahr erhöhen, daß ein Konflikt zu einem Einsatz von Nuklearwaffen führt. Das labile Vertragssystem mit dem Atomwaffensperrvertrag als Kernstück würde brüchiger werden. Ziel nuklearer Rüstungskontrolle sollte die vollständige nukleare Abrüstung sein, wie auch die Nuklearwaffenstaaten anläßlich der unbefristeten Verlängerung des Atomwaffensperrvertrages im Mai 1995 erklärt haben (vgl. Friedensgutachten 1998, Beitrag 5.1.)
2. Ein weiterer Aspekt, in dem Rüstungskontrolle der traditionellen Art von zentraler Bedeutung ist, ist das Einhegen von Gefahren durch *technologische Neuerungen*. Rüstungskontrollverhandlungen können das rasante Tempo der Modernisierung von Waffensystemen bremsen. Hierher gehören zum Beispiel neue Technologien zur Raketenabwehr, die das noch vorhandene nukleare Abschreckungssystem einseitig aushebeln könnten, (vgl. Beitrag 3.2.) oder neue konventionelle Technologien. Das Streben nach einseitiger technologischer Dominanz, wie es derzeit in der NATO, vor allem in den USA, verfolgt wird, muß zugunsten kooperativer Strategien aufgegeben werden. Die Einsparung der wahrscheinlichen Kosten eines möglicherweise neu angefachten Rüstungswettlaufs kann die vertragliche Begrenzung solcher Technologien attraktiv machen.
3. Mit Hinblick auf ihre Zerstörungswirkung in gegenwärtigen kriegerischen Auseinandersetzungen sind vor allem Bemühungen zur Begrenzung des Handels mit und des Einsatzes von konventionellen Waffen, vor allem *Kleinwaffen* wie automatische Gewehre und Maschinenwaffen, vielversprechend (vgl. Beitrag 3.5.). Wenn dadurch die Intensität von Kriegen vermindert und die Kosten des nachträglichen Wiederaufbaus verringert werden können, ist dies nicht nur für die direkt Beteiligten, sondern auch für die Geber von Entwicklungshilfe von Nutzen.
4. Bisher kaum erprobt, aber zumindest potentiell vielversprechend sind Abmachungen, die *Kosten von Militär und Rüstung* direkt zu begrenzen. Während des Kalten Krieges haben die Sowjetunion, aber auch Frankreich, Vorschläge für eine vereinbarte Reduzierung von Militärausgaben gemacht, die vordergründig wegen der vielfältigen Datenprobleme verworfen wurden. Seit dem Ende des Kalten Krieges ist erstaunlich wenig über die Möglichkeit verbindlicher Abmachungen diskutiert worden. Stattdessen streitet die NATO über die vorgeblich zu geringen Aufwendungen für Militär und Rüstung in Europa.
5. Schließlich gehört die Verteilung der *Kosten und Nutzen* zum Komplex vereinbarter Rüstungskontrolle und Abrüstung. Häufig fallen die Nutzen von Rüstungskontrolle bei vielen Staaten an, während die Kosten auf wenige Beteiligte konzentriert sind. Ein Beispiel ist die Einsammlung und Zerstörung von Kleinwaffen. In solchen Fällen kann das Kosten-Nutzen-Kalkül durch Unterstützung von außen verändert werden. Das Abschöpfen und Verschrotten der in großen Mengen in Konflikt- und Kriegsregionen vorhandenen Kleinwaffen würde zwar nicht die Ursache der Auseinandersetzungen beseitigen, wohl aber deren gewaltsame Austragung beschränken oder verhindern.

Prioritäten deutscher Rüstungskontroll- und Abrüstungspolitik

Deutschland hat in den letzten zehn Jahren stark abgerüstet. Trotzdem ist das Niveau der Rüstung immer noch hoch. Deutschland war 1998 nach den letzten verfügbaren Zahlen nach den USA, Japan, Frankreich und, wenn auch nur sehr knapp, noch vor Großbritannien und China, das Land mit den vierthöchsten Militärausgaben weltweit. Das Interesse der Deutschen muß es sein weiter abzurüsten, nicht zuletzt, um weitere Mittel zivil nutzen zu können.

Folgende Maßnahmen sollten im Vordergrund stehen:

1. *Förderung multilateraler Rüstungskontrolle:* Rüstungskontrolle ist ein wichtiges Element, Abrüstungsschritte zu induzieren und festzuschreiben. Trotz der erst 1999 revidierten Höchstgrenzen im KSE-Vertrag sind angesichts der völlig veränderten Bedingungen in Europa weitergehende Schritte der Rüstungskontrolle und Abrüstung möglich. Klassische Aufgaben der Rüstungskontrolle, vor allem der Abbau nuklearer Waffen, haben ihre Bedeutung nicht verloren. Die Bundesregierung kann hier allerdings nur versuchen, auf andere einzuwirken, weitere Schritte in Richtung nuklearer Abrüstung zu gehen. Vorrangig ist dabei die ständige Mahnung an die Regierung der Vereinigten Staaten, ihre Position als alleinige Supermacht mit einer langfristigen Perspektive von Rüstungskontrolle und Abrüstung zu verbinden.
2. *Selektive Initiativen:* Während die Einbindung der USA in Rüstungskontrolle und Abrüstung zentrales Ziel der Bundesregierung sein muß, darf dies nicht zur Blockade gemeinsamer Anstrengungen mit anderen "gutwilligen" Staaten führen. Mit dem Ottawa-Vertrag haben viele Staaten deutlich gemacht, daß sie nicht bereit sind, sich zu Gefangenen der traditionellen Rüstungskontrolle zu machen, sondern gewillt sind, neue Wege zu beschreiten. Gelegentlich ist es erforderlich, die Blockade einzelner Staaten in der Rüstungskontrolle zu brechen oder zu überwinden, auch wenn es sich um Verbündete handelt. Selektivität ist durchaus kein neuer Ansatz in der Rüstungskontrolle. Bei den meisten der multilateralen Rüstungskontrollabkommen fehlen die Ratifizierungen wichtiger Staaten. Eine Reihe von Abkommen hat nur regionale Gültigkeit und ist gelegentlich, wie etwa die Abkommen über nuklearwaffenfreie Zonen (vgl. Friedensgutachten 1998, Beitrag 5.3.) gegen den Widerstand wichtiger Staaten zustande gekommen. Natürlich ist ein selektives Vorgehen "gutwilliger" Staaten nicht bei allen Arten von Waffen sinnvoll. Aber dort, wo die Verminderung der Zerstörungswirkung im Vordergrund steht, ist es geeignet, Fortschritte zu erreichen.
3. *Finanzielle und technische Unterstützung von Abrüstung:* Die Bundesregierung sollte ihre Unterstützung von Abrüstung in anderen Ländern verstärken. Häufig sind die Kosten ein wesentliches Problem der Umsetzung von Abmachungen, bei Antipersonen-Minen ebenso wie bei chemischen Waffen. Die Bundesregierung unterstützt Minenräumprogramme und auch die chemische Abrüstung in Rußland, aber mit eher bescheidenen Summen. Insgesamt sind für die Abrüstungszusammenarbeit (Titel 68623 und 68647) im Haushalt des Auswärtigen Amtes für das Jahr 2000 34 Mio. DM vorgesehen. Die geplanten Ausgaben des Verteidigungsministeriums betragen mehr als das 1300fache (45,3 Milliarden DM). Eine mittelfristige deutliche Erhöhung der Mittel für Abrüstungsprogramme ist vernünftig und würde die Position Deutschlands bei Initiativen außerhalb tradierter Rüstungsforen zusätzlich legitimieren. Die Bundesre-

gierung, die Konfliktprävention und -lösung zu einem ihrer außen-, sicherheits- und entwicklungspolitischen Ziele erklärt hat, muß Interesse an der Fortsetzung und Festschreibung von Rüstungskontrolle und Abrüstung haben, die Gewaltkonflikte verhindert oder zumindest den Grad der Zerstörung mindert. Soweit dies durch Begrenzung bestimmter Waffensysteme und deren Verschrottung möglich ist, wie zum Beispiel bei automatischen Gewehren, sollte die Bundesregierung sich für solche Regelungen einsetzen und sie finanziell und technisch fördern.

4. *Begrenzung des Rüstungsexports*: Die Bundesregierung hält sich viel auf ihre restriktive Rüstungsexportpolitik zugute. Bisher hat sie daraus aber keine Initiativen für weltweite Beschränkungen des Rüstungsexports entwickelt, weder auf der Exporteurs- noch auf der Importeursseite. Angesichts der eigenen politischen Ziele wäre sie hierzu aber geradezu prädestiniert; die eigene Politik könnte so effektiver gemacht werden (vgl. Beitrag 1.12.).
5. *Reallokation von Militärausgaben*: Wichtig ist auch, die tatsächliche Umwidmung von Militärausgaben für zivile Zwecke fortzusetzen. Die internationalen Zeichen dafür stehen momentan schlecht. Die NATO-Partner mit den USA an der Spitze verlangen eine Aufstockung der deutschen Ausgaben. In einer solchen Situation spricht viel für eine deutsche Initiative zur Begrenzung der Militärausgaben, etwa in Europa. Alle Regierungen könnten dadurch sparen. Die Überlegenheit der NATO-Staaten, die gegenwärtig mehr als 60 Prozent der weltweiten Militärausgaben tätigen, würde davon nicht tangiert. Eine solche Vereinbarung würde den ausländischen Druck auf die Bundesregierung mindern, die Verteidigensausgaben zu erhöhen.

Die hier eher beispielhaft genannten Prioritäten reichen von kurzfristig umsetzbaren bis hin zu derzeit noch utopischen Vorschlägen. Sie sollen das Spektrum einer aktiven Rüstungskontroll- und Abrüstungspolitik beleuchten. Künftige Vereinbarungen zur Rüstungskontrolle und Abrüstung müssen zur Verbesserung der Sicherheitslage Deutschlands beitragen. Sie sollen aber auch weitere Senkungen der Verteidigungsausgaben ermöglichen und zur Verhinderung oder zumindest Minderung des Kriegsgeschehens in allen Regionen der Welt beitragen. Die Vorschläge zeigen, wie wenig bisher in Deutschland über notwendige Neuansätze bei Rüstungskontrolle und Abrüstung nachgedacht worden ist. Einige der Vorschläge bedürfen der Konkretisierung und ernsthaften Prüfung. Dazu braucht Deutschland nicht unbedingt eine Behörde, wie sie in den USA gerade abgeschafft wurde. Aber mehr Nachdenken darüber, in Deutschland wie auf internationaler Bühne, könnte dazu beitragen, Rüstungskontrolle und Abrüstung gerade in Zeiten zu befördern, in denen die Signale in anderen Staaten wieder auf Aufrüstung stehen.

Michael Brzoska / Herbert Wulf

3.2. Raketenabwehrpläne in Zeiten des amerikanischen Wahlkampfs

Im Januar 1999, ein gutes Jahr vor Beginn der Präsidentschaftswahlen, gab die US-Administration einen Kurswechsel in ihrer Raketenabwehrpolitik bekannt. Präsident Clinton kündigte an, daß Verteidigungsminister Cohen im Sommer 2000 – also zu Beginn der heißen Phase des Wahlkampfs – einen verbindlichen Beschluß über die Aufstellung eines Nationalen Raketenabwehrgürtels (*National Missile Defense,* NMD) treffen werde. Im November 2000 wird nicht nur ein neuer Präsident gewählt, auch ein Drittel der 100 Senatoren und alle 435 Abgeordneten des Repräsentantenhauses stellen sich den amerikanischen Wählern.

Der Raketentest Nordkoreas am 31. August 1998, der die Risikoeinschätzung des sechs Wochen vorher veröffentlichten Rumsfeld-Reports bestätigte, alarmierte die US-Regierung nicht nur in sicherheitspolitischer Hinsicht (vgl. Friedensgutachten 1999, Beitrag 5.1.). Für den von Clinton favorisierten Nachfolger Albert Gore und die bei den Kongreßwahlen antretenden Demokraten tat sich auch ein wahlpolitisches "Fenster der Verwundbarkeit" auf. Um es zu schließen, entschied sich das Weiße Haus abermals für die Strategie, mit der Bill Clinton sowohl 1992 als auch 1996 gegen seine Herausforderer George Bush und Robert Dole die Präsidentschaftswahlen gewonnen hatte: Nachdem er bis dahin gegen die entsprechenden NMD-Gesetzgebungen der Republikaner sein Veto eingelegt hatte, besetzte Clinton nun durch die gravierende Kursänderung ein Themenfeld, das wie kein anderes die außen- und sicherheitspolitische Identität der Republikaner ausmacht.

Der Rumsfeld-Report und der nordkoreanische Raketentest führten in den amerikanischen Eliten zu teilweise hysterischen Reaktionen. Insgesamt entstand eine "Wir müssen etwas tun"-Haltung, der sich selbst liberale Demokraten in beiden Häusern des Kongresses nicht entziehen zu können glaubten. Dies führte im März 1999 zur Verabschiedung des "Nationalen Raketenverteidigungsgesetzes von 1999" (*National Missile Defense Act of 1999).* Die ungewöhnlich hohe Zustimmung in beiden Häusern ist sicherlich nicht in erster Linie auf wahltaktische Erwägungen zurückzuführen, wohl aber kommt ihnen eine verstärkende Funktion zu. Das Gesetz besteht aus zwei Komponenten, von denen die zweite erst die Zustimmung vieler Demokraten im Kongreß ermöglichte. Sie sieht nicht nur die Aufstellung eines wirksamen Verteidigungssystems vor, "sobald dies möglich ist". Vielmehr – und dieses Element wird oft übersehen – verpflichtet das Gesetz die Administration dazu, gleichzeitig den bilateralen Prozeß der Rüstungsverminderung mit Rußland fortzusetzen. Führende Demokraten haben deutlich gemacht, daß die erforderlichen Veränderungen des Raketenabwehr-Vertrages (*Anti-Ballistic Missile Treaty,* ABM) von 1972 ebenfalls bilateral ausgehandelt werden sollen; eine einseitige Aufkündigung des Abkommens lehnen mehrere Senatoren ab, genauso allerdings eine Vetorolle Rußlands bei der endgültigen amerikanischen Entscheidung zur Raketenabwehr.

Ende Juli trat das Gesetz durch Clintons Unterschrift in Kraft. Die Gesetzgebung, die beträchtliche Steigerung des Budgets für die Raketenabwehr und Clintons für Sommer 2000 angekündigte Grundsatzentscheidung sollen die Entschlossenheit der Demokraten, einen ausreichenden militärtechnologischen Schutz der USA zu schaffen, demonstrieren.

Die Regierung befürchtet, daß ein weiterer nordkoreanischer Raketentest die bis dahin in Sachen Raketenabwehr gleichgültige US-Öffentlichkeit auf den Plan ruft und die Republikaner bei den Wahlen im November stärkt.

Präsident Clinton macht seine Entscheidung für den Aufbau eines Nationalen Abwehrsystems von vier Kriterien abhängig: den Kosten (1), der technischen Machbarkeit (2), der Bedrohungslage (3) und den Folgen für die Rüstungskontrolle und für die strategische Gesamtsituation (4). Die mit diesen Kriterien verbundenen Probleme, Einschätzungen und Initiativen sollen im Folgenden erörtert und bewertet werden.

Kosten und technische Machbarkeit

Angesichts des anhaltenden US-Wirtschaftsbooms sind in der gegenwärtigen Diskussion die finanziellen Aufwendungen für das geplante System von geringer Bedeutung. Es gilt als finanzierbar – das erste Kriterium ist damit erfüllt. Für das am 1. Oktober 2000 beginnende Haushaltsjahr 2001 hat die Clinton-Regierung rund fünf Mrd. US-Dollar beantragt, davon soll der größte Teil, nämlich jeweils annähernd zwei Mrd., auf das Nationale Raketenabwehrsystem und auf die regionalen Verteidigungsprogramme (*Theater Missile Defense,* TMD) entfallen. Über zehn Mrd. US-Dollar insgesamt fordert die Administration für die Haushaltsjahre 2001 – 2005 für NMD-bezogene Aktivitäten. Inzwischen hat Clinton weitere 2,3 Mrd. US-Dollar für das Programm beantragt. 100 Abfangraketen werden nach den derzeitigen Plänen bis zum Jahre 2007 im Bundesstaat Alaska aufgestellt, die ersten 20 sollen bereits zwei Jahre vorher einsatzbereit sein. Dieses "Erweiterte C 1-System" ist auf den Schutz aller 50 Bundesstaaten gegen wenige feindliche Raketen ausgerichtet, die aus Versehen, unautorisiert oder absichtlich gestartet werden. Im Oktober und November 1999 hielt das Pentagon öffentliche Anhörungen über den Entwurf eines Umweltgutachtens (*Environmental Impact Statement*) in Alaska, North Dakota und in der US-Hauptstadt ab. 650 Amerikaner nahmen allein in Alaska an den Anhörungen teil. Die Frist für die öffentlichen Eingaben lief am 19. Januar 2000 ab, das endgültige Gutachten ist für den Frühsommer geplant.

Im Gegensatz zur Kostenfrage bereitet den NMD-Befürwortern in Administration und Kongreß die technische Machbarkeit große Sorgen. Denn mit ihrem Zeitplan hat sich die Regierung unter außerordentlichen Druck gesetzt. Nach dem gegenwärtigen Stand der Dinge soll die sogenannte *Deployment Readiness Review* im Juni Klarheit darüber ergeben, ob die angekündigte Entscheidung des Präsidenten technisch zu rechtfertigen ist. Die Aussichten sind angesichts der bisherigen Testergebnisse denkbar schlecht. Denn der am 18. Januar 2000 durchgeführte zweite Versuch schlug fehl. Die Waffe, die einen Sprengkopf durch Aufprall zerstören sollte, verfehlte ihr Ziel. Ein weiterer Versuch wurde verschoben. Die erste, Anfang Oktober 1999 durchgeführte und vom Pentagon als erfolgreich bezeichnete Erprobung wurde unter völlig realitätsfernen Versuchsbedingungen durchgeführt.

Es mag deshalb nicht überraschen, daß sich die Gegner und Skeptiker eines Nationalen Abwehrgürtels, die eigene Vorschläge präsentiert haben, in ihren Einwänden gegen das landesweite Vorhaben bestätigt sehen. Bemerkenswert ist die massive Kritik am übereilten Zeitplan aus den Reihen der Befürworter: Mitglieder des Kongresses haben den Präsidenten aufgefordert, seine Entscheidung zu überdenken und zu verschieben. Sie fürchten, daß sich ein überhastetes, technologisch unausgereiftes System negativ auf die weitere Entwicklung des Raketenabwehrgürtels insgesamt auswirkt. Philip Coyle, der im Verteidigungsministerium die Abteilung *Operational Test and Evaluation* leitet, hat unverhohlen den von politischen Erwägungen bestimmten Zeitplan als zu knapp bemessen kritisiert. Der Zeitpunkt für Clintons Beschluß sei "künstlich", die normalerweise zehn bis zwölf Jahre dauernde Entwicklungs- und Testphase müsse auf acht Jahre oder weniger verkürzt werden. Eine von Ex-General Larry Welch geleitete Expertengruppe hält es allein aus Zeitgründen für ausgeschlossen, daß die *Deployment Readiness Review* im Juni eine informierte Bewertung darüber abzugeben vermag, ob das Programm gestartet werden kann (*readiness*); nur über die grundsätzliche Machbarkeit (*feasibility*) des Vorhabens könne das Gremium bis dahin schon befinden. "Go Slower on Missile Defense", so lautet nach dem letzten fehlgeschlagenen Abfangversuch die Empfehlung führender überregionaler Zeitungen in den USA. Die Risse unter der Oberfläche des sich abzeichnenden neuen Konsenses über eine begrenzte Nationale Raketenabwehr sind unübersehbar.

Bedrohungen

Die Befürworter einer zügigen NMD-Aufstellung halten weiterhin daran fest, daß die wachsende Bedrohung des amerikanischen Festlandes durch Massenvernichtungsmittel real ist. Das Kriterium der direkten Bedrohung gilt somit als erfüllt. Nach dem nordkoreanischen Test bedurfte es keines weiteren Beweises. Die neueste offizielle Gefahreneinschätzung aller US-Geheimdienste (*National Intelligence Estimate,* NIE) vom September 1999 nennt in ihren Projektionen bis 2015 neben Nordkorea jedoch nur noch den Irak und Iran als bedrohende Staaten. Die Möglichkeit, daß irrtümlich oder unautorisiert abgefeuerte russische oder chinesische Nuklearsprengköpfe amerikanisches Territorium erreichen könnten, schätzt der Risikobericht – möglicherweise zu optimistisch – als höchst unwahrscheinlich ein.

Die Auswirkungen des Rumsfeld-Reports, der die Glaubwürdigkeit der Geheimdienste schwer erschüttert hat, sind insbesondere in der Methodik der letzten Einschätzung unverkennbar: Die NIE vom September spricht nicht mehr nur von wahrscheinlichen nordkoreanischen, irakischen oder iranischen Entwicklungs- und Testaktivitäten auf dem Gebiet der Massenvernichtungsmittel. Vielmehr nimmt sie als weiteres Kriterium die rein technische Möglichkeit hinzu (die Rumsfeld-Kommission hat ausschließlich diesen letzten Gradmesser angewandt). Auf diese Weise erhöht sich nunmehr auch aus der Sicht der Geheimdienste das Gefahrenpotential für die Vereinigten Staaten.

Dennoch enthält der September-Bericht Positionen, die die Abwehrkritiker als Unterstützung ihrer Auffassung werten. Zum einen betont die NIE, daß die Staaten, die eine Interkontinentalrakete testen, zahlreiche technische Gegenmaßnahmen zu entwickeln vermögen, um den Abwehrschild der USA zu durchdringen. Zum anderen stellen die Geheimdienste die Gefahren, die den Vereinigten Staaten durch Massenvernichtungsmittel drohen, in den Kontext einer breiteren Bedrohungspalette, die ausführlicher dargestellt wird als in früheren Berichten. Innerhalb des Gefahrenspektrums gilt ein Raketenangriff aus einem Land wie dem Irak oder Iran nicht als die wahrscheinlichste Bedrohung für die USA. Die neueste offizielle Einschätzung erwähnt zudem mehrere Vorteile, die insbesondere Terroristen hätten, wenn sie Sprengsätze auf das amerikanische Festland transportierten, gegen die das geplante Abwehrsystem nichts ausrichten könnte.

Während die isolationistisch orientierten Raketenabwehrbefürworter in erster Linie das US-Territorium vor Raketenangriffen schützen wollen, betonen die konservativen und liberalen Internationalisten die Wahrung amerikanischer Interessen in Konfliktsituationen. Dieses insgesamt wichtigste Motiv steht nicht nur hinter dem angestrebten Aufbau eines Nationalen Verteidigungsgürtels, sondern gilt *auch* für regionale Abwehrsysteme. "In vielfacher Weise", so der zuständige Beamte im *National Intelligence Council*, Robert Walpole, am 9. Februar 2000 vor einem Senatsunterausschuß, "sind derartige Waffen (...) primär strategische Waffen zur Abschreckung und erzwingenden Diplomatie". Die Raketenabwehr, so die Befürworter, soll die Glaubwürdigkeit der USA stärken, indem sie ihre politischen und militärischen Optionen erweitert. Allerdings ist die Clinton-Administration in ihrer mit Japan und Südkorea abgestimmten, durch Druck und Anreize gekennzeichneten Nordkorea-Politik bisher auch ohne ein amerikanisches Raketenabwehrsystem erfolgreich gewesen. Sie könnte sich als das Glanzstück ihrer gesamten Außenpolitik erweisen. Sonderberater William Perry bestärkte die US-Regierung in ihrem Kurswechsel gegenüber dem Regime in Pjöngjang. Die Administration erwartet nicht mehr die baldige Implosion des kommunistischen Regimes und setzt nicht mehr auf Ausgrenzung und Destabilisierung, sondern auf die Einbindung Nordkoreas durch materielle Hilfe und auf eine Normalisierung der Beziehungen.

Dem sich alles andere als irrational verhaltenden Regime ist es gelungen, zum größten Empfänger amerikanischer Auslandshilfe in ganz Asien zu werden. Washington erwartet im Gegenzug in erster Linie, daß Pjöngjang sein Testprogramm für Raketen mit "großer Reichweite" einstellt und sich in seiner Exportpolitik an die strikten Regeln des Raketentechnologie-Kontrollregimes (*Missile Technology Control Regime,* MTCR) hält. Auf die Lockerung der Sanktionen seitens der USA hat Nordkorea bisher insofern positiv reagiert, als es den erwarteten zweiten Raketentest nicht durchgeführt hat. Dieser Verzicht ist ein Wahlkampfgeschenk für die US-Administration, da er den Republikanern gerade nicht in die Hände arbeitet. Der Kandidat Bush hat sich entschiedener als sein Rivale Gore für die Aufstellung eines Nationalen Verteidigungssystems ausgesprochen. Die Zurückhaltung Nordkoreas könnte den entschiedenen Abwehrbefürwortern den Wind aus den Segeln nehmen, die Bush Ende März aufforderten, den Nationalen Schutzgürtel im Herbst zu einem zentralen Wahlkampfthema zu machen. Der Verzicht Nordkoreas auf einen weiteren Raketentest stellt jedoch auch die derzeit wichtigste offizielle Begründung der Administration für ein Nationales Verteidigungssystem in Frage. Bezeichnenderweise hält Sonderberater Perry im Rahmen der von ihm befürworteten *carrot and sticks*-Strategie einen territorialen Abwehrgürtel der USA offenbar nicht für notwendig.

Auswirkungen auf die Rüstungskontrolle und die strategische Gesamtsituation

Hier sind in erster Linie die Änderungen des ABM-Vertrages, die möglichen Reaktionen Chinas und die von den Europäern artikulierten Besorgnisse um die Rüstungskontrolle angesprochen. Seit Mitte August 1999 versuchen Delegationen der USA und Rußlands in Gesprächen, die notwendigen Modifikationen des Raketenabwehr-Abkommens auszuhandeln. Der Dissens ist in den öffentlichen Erklärungen beider Seiten nach wie vor unübersehbar. Die Russen wollen den Vertrag von 1972 unverändert erhalten, die Amerikaner wollen ihn aufweichen, damit er ihren Aufrüstungsplänen nicht im Wege steht.

Bisher ist Moskau auf die Kooperationsangebote Washingtons nicht eingegangen. Im Gegenteil: Rußland erwägt militärische und politische Gegenmaßnahmen. Dies würde auf eine erneute Aufrüstung hinauslaufen. China droht ebenfalls weiterhin mit dem Ausbau seiner Nuklearkapazitäten. Das Reich der Mitte sieht sich nach wie vor nicht nur durch das nationale, sondern auch durch das geplante regionale Abwehrsystem in Asien bedroht. Offizielle Gespräche zwischen Washington und Beijing fanden erstmals Mitte Februar 2000 statt, von einem konstruktiven Dialog läßt sich jedoch einstweilen noch nicht sprechen. Demgegenüber informiert die Clinton-Administration seit November 1999 die NATO-Verbündeten über ihre Raketenabwehrpläne. Die Europäer haben sich – sofern sie überhaupt bereits eine differenzierte Position einnehmen – hauptsächlich besorgt über die negativen Auswirkungen auf die Rüstungskontrolle geäußert, sei es im amerikanisch-russischen Verhältnis, sei es weltweit. Machen Moskau und Beijing mit ihren Aufrüstungsdrohungen ernst, ist der Nukleare Nichtverbreitungs-Vertrag (vgl. Beitrag 3.3.) zusätzlich gefährdet.

Das Rüstungskontrollkriterium sowie die von Rußland, China und den Europäern geäußerten Bedenken wird Außenministerin Albright in den Meinungsbildungsprozeß einbringen, an dessen Ende Clintons Beschluß stehen soll. Aber damit ist nur eine Facette der derzeitigen Diskussion benannt. Denn in den USA mehren sich Stimmen, die für eine Unterbrechung der bilateralen Gespräche mit Moskau plädieren. Parlamentarier und Meinungsführer wie Henry Kissinger befürchten, daß die Clinton-Administration unter dem selbst auferlegten Zeitdruck und noch dazu in der heißen Phase des Wahlkampfes zu sicherheitspolitisch nicht annehmbaren Zugeständnissen gegenüber Moskau bereit ist. Derzeit ist nicht zu erkennen, ob es gelingen wird, die Russen bis zur anstehenden Entscheidung des Präsidenten zu beträchtlichen Zugeständnissen zu bewegen. Denn auch Moskau weiß, daß zumindest ein neu gewählter republikanischer Präsident ein in der Ära Clinton erzieltes Übereinkommen neu aushandeln wird – zumal dann, wenn die republikanischen Mehrheitsverhältnisse im Senat durch die November-Wahlen erhalten bleiben. Das vierte Kriterium ist also noch nicht erfüllt.

Ausblick und Optionen

Präsident Clinton hat sich allein aus wahltaktischen Überlegungen in ein Dilemma gebracht. Einerseits muß er seinen favorisierten Nachfolger Gore und die zur Wahl stehenden Abgeordneten und Senatoren bis zum November davor schützen, daß sie etwa im Falle eines zweiten nordkoreanischen Raketentests gegenüber den Republikanern ins Hintertreffen geraten. Andererseits hat die komplexe Technologie der Raketenabwehr den Präsidenten im Stich gelassen, die Russen zeigen sich bislang nicht kompromißbereit, und die europäischen Verbündeten äußern mehr Bedenken als Zustimmung. Diese Gründe sprechen dafür, die Entscheidung für den Bau eines kontinentalen Abwehrsystems in die Amtszeit des nächsten Präsidenten zu verschieben.

Die Bundesregierung in Berlin und die mit dieser Frage befaßten Parlamentarier sollten sich ebenfalls für einen Aufschub stark machen. Die maßgeblichen deutschen Akteure sind gleichermaßen gut beraten abzuwarten, bis sich der durch den Wahlkampf aufgewirbelte Raketenabwehrstaub gelegt hat. In Berlin stellt man sich offenbar darauf ein, daß in den USA nach der Wahl "irgend etwas" stationiert werden wird. Die Positionen der Europäer bleiben auch für die nächste US-Regierung nicht unwichtig, aber derzeit käme es darauf an, Putin bei seiner Rüstungskontrolloffensive zu unterstützen. Nach der überfälligen Ratifizierung des START II-Vertrages und nach der Verabschiedung des umfassenden Teststopp-Abkommens durch die Duma sollten die Europäer Putin drängen, ebenso offensive Abrüstungsangebote bei den 20.000 bis 25.000 nichtstrategischen Atomwaffen zu machen. Die Europäer sollten China ebenfalls in eine Rüstungskontroll-Entente einbinden, um alle wichtigen Elemente eines Nichtverbreitungs-Regimes, einschließlich des ABM-Vertrags, zu erhalten. Dies würde den Außendruck auf die USA erhöhen, ihren auch militärtechnologisch instrumentierten Unilateralismus zugunsten multilateraler Diplomatie abzuschwächen.

Dennoch sollten die Europäer – und mithin die Berliner Regierung – die Chance nutzen, um gegenüber der Vormacht USA ein eigenes Profil zu entwickeln. Schon jetzt sind die Amerikaner dabei, den Europäern vor Augen zu führen, wie sehr sie bisher das in Nordafrika und im Nahen/Mittleren Osten entstehende Gefahrenpotential ignoriert haben. In der Tat sind Staaten wie Iran und Syrien dabei, im Prinzip auch für Europa bedrohliche Massenvernichtungsmittel zu entwickeln. Ein eigenes Profil läßt sich gegenüber den USA dadurch gewinnen, daß man deren undifferenzierte, zum Alarmismus verleitende Gefahreneinschätzung nicht übernimmt. Gleichzeitig bietet es sich etwa nach den Wahlen in Iran an, das sich öffnende Fenster der Gelegenheiten zu nutzen und zu versuchen, einen Rüstungskontroll-Dialog mit Teheran und anderen Staaten der Region zu beginnen. Syriens Position beginnt sich dadurch zu verändern, daß es zu einem – wenn auch schwierigen – Verhandlungspartner von Israel geworden ist, und selbst in Libyen gibt es derzeit Anzeichen für eine Kooperationsbereitschaft mit Europa.

Bevor Europa vorschnell eigene Abwehrwaffen und Sprengköpfe kauft, entwickelt oder testet, sollte es prüfen, was in den Köpfen der südlichen Nachbarn vor sich geht. Diplomatie statt Waffen – eine solche Politik verspricht am ehesten, daß Europa gegenüber dem amerikanischen Hegemon eine gewisse Handlungsfreiheit bewahrt. Denn an der gegenwärtigen historischen Weggabelung liefe die Einführung eines Nationalen Raketenabwehrsystems darauf hinaus sicherzustellen, daß sich das transatlantische Bündnis wie nach dem Ende des Zweiten Weltkrieges erneut auf eine waffentechnologische US-Überlegenheit gründet.

Bernd W. Kubbig / Götz Neuneck

3.3. Bröckeln die Pfeiler der multilateralen Rüstungskontrolle? Die Verträge zu den Massenvernichtungswaffen

Der Nukleare Teststoppvertrag (CTBT), das Chemiewaffen-Übereinkommen (CWÜ) sowie das Verifikationsprotokoll zum Biowaffen-Übereinkommen (BWÜ) sind zentrale Bestandteile der drei Kontrollregime für ABC-Waffen. Der CTBT ergänzt den Nuklearen Nichtverbreitungsvertrag (NVV) und die bilateralen Rüstungskontrollverträge zwischen den USA und Rußland um ein essentielles Verbot. Das CWÜ von 1993 stellt den ersten von seinem Ansatz her weltweit gültigen Abrüstungsvertrag dar, dessen umfassendes Verifikationsregime die zivile Chemieindustrie der Mitgliedstaaten internationalen Kontrollen unterwirft. Das Verifikationsprotokoll zum BWÜ, das derzeit von dessen Mitgliedstaaten verhandelt wird, zielt ebenfalls auf ein umfassendes Regime. Die drei genannten internationalen Übereinkommen intendieren also eine Konsolidierung der ABC-Kontrollregime und sind tragende Pfeiler von Rüstungskontrolle, Abrüstung und Nichtverbreitung. Allerdings läßt die politische Praxis hinsichtlich der Umsetzung der Übereinkommen, bzw. im Falle des BWÜ-Protokolls ihrer Aushandlung, Krisensymptome erkennen. Sind die als tragende Stützen der ABC-Kontrollregime konzipierten Übereinkommen einsturzgefährdet?

Falls das zuträfe, hätte es weitreichende Folgen: Je größer die Risse in den bestehenden Rüstungskontrollregimen für Massenvernichtungswaffen werden und je wahrscheinlicher ihr Zusammenbruch erscheint, desto größer wird die Zahl von Staaten, die ihre Sicherheitsinteressen neu definieren. Es ist zu erwarten, daß einige Staaten dabei zu dem Ergebnis gelangen werden, daß ihre Sicherheit mit ABC-Waffen eher zu gewährleisten sei als ohne. Ein neuer Rüstungswettlauf würde folgen, der die Sicherheit aller Staaten vermindert. Multilaterale, kooperative Rüstungskontrolle ist also auch zu Beginn des 21. Jahrhunderts noch immer ohne Alternativen.

Vollbremsung bei umfassendem Teststopp und nuklearer Rüstungskontrolle

Der umfassende Teststopp-Vertrag (CTBT) von 1996 bildet den bislang letzten Meilenstein der nuklearen Rüstungskontrolle (vgl. Friedensgutachten 1997, Beitrag 6.4.). Nachdem sich der diplomatische Staub der Vertragsunterzeichnung gelegt hatte, begann das mühsame Geschäft der Umsetzung. Der erste Schritt ist die Ratifizierung. Im CTBT wurde explizit vereinbart, daß er erst in Kraft treten kann, wenn er von 44 namentlich genannten Staaten, darunter auch den USA, ratifiziert ist. Im September 1999 fand die erste Sonderkonferenz der Mitgliedstaaten in Wien statt. Da jedoch einige der wichtigen Staaten noch nicht ratifiziert hatten, konnten die Konferenzteilnehmer nur den unbefriedigenden Stand der Dinge bedauern. Eine Initiative zur Beschleunigung des Inkrafttretens des CTBT wurde auf der Konferenz nicht ergriffen.

Kurze Zeit später verschärfte sich diese mißliche Lage: Am 13. Oktober 1999 fand überraschend die Abstimmung des US-Senats über die Ratifizierung des CTBT statt, die auf Grund innenpolitischer Querelen immer wieder hinausgezögert worden war. Anders als von vielen Beobachtern erhofft, versagte der Senat mit einer Mehrheit von 51 zu 48 Stimmen seine Zustimmung. Zumindest 67 Senatoren hätten für den Vertrag stimmen müssen, um die Administration zur Ratifizierung zu ermächtigen. Die Ablehnung verschiebt nun das Inkrafttreten des CTBT auf unbestimmte Zeit.

Daneben ist – ungeachtet der russischen CTBT-Ratifizierung im April 2000 – mit weiterem Stillstand auf Grund der Senatsentscheidung zu rechnen. China wird wohl den CTBT nicht ratifizieren, solange die USA diesen Schritt nicht getan haben. Auch ist fraglich, ob Indien den Vertrag unterzeichnet, bevor ihn China ratifiziert hat. Pakistan wird voraussichtlich wie bei anderen Entwicklungen im Nuklearbereich dem indischen Beispiel folgen.

Die Wahrscheinlichkeit, daß das entstandene rüstungskontrollpolitische Vakuum für Nukleartests genutzt wird, ist bei den genannten Staaten unterschiedlich groß. So hat China seine letzten Nuklearwaffentests mit dem Hinweis auf seinen Rückstand bei der Waffenentwicklung gegenüber den USA und Rußland gerechtfertigt. Je nachdem, wie groß der Druck zur Modernisierung ihrer Nuklearwaffen von der chinesischen Führung wahrgenommen wird, steigt der Anreiz zu weiteren Tests. Neben dem Testverhalten anderer Staaten dürfte vor allem die amerikanische Entscheidung über die Errichtung einer nationalen Raketenabwehr den von chinesischer – wie auch auf russischer – Seite perzipierten Modernisierungsdruck beeinflussen (vgl. Beitrag 3.2.).

Die russische Besorgnis über ein nationales Raketenabwehrsystem in den USA blockierte lange Zeit weitere bilaterale Schritte zur Reduktion der strategischen nuklearen Arsenale. Die Ratifizierung von START-II durch die russische Duma im April 2000 wurde denn auch an die Abkehr der USA von ihren Plänen für ein landesweites Raketenabwehrsystem geknüpft.

Im multilateralen Rahmen droht das Nicht-Inkrafttreten des CTBT die internationale Nichtverbreitungsnorm massiv zu schwächen. Das Verbot der Weitergabe von Nuklearwaffen und dafür verwendbarer Materialien und Technologien ist im Nuklearen Nichtverbreitungsvertrag von 1970 festgeschrieben. Die Schwächung dieser Norm wird sich bereits auf der nächsten Überprüfungskonferenz des NVV manifestieren, die für April/Mai 2000 angesetzt ist, denn es gibt eine Wechselbeziehung zwischen den beiden Verträgen: Der Abschluß eines CTBT wird in der Präambel des NVV explizit als wünschenswert genannt. Er wurde während seiner sämtlichen Überprüfungskonferenzen angemahnt und schließlich bei der NVV-Verlängerungskonferenz 1995 als verbindliches Ziel festgeschrieben – im Tausch gegen die unbefristete Verlängerung des NVV.

Die Genfer Abrüstungskonferenz (*Conference on Disarmament*, CD) wird durch den Stillstand beim CTBT zusätzlich belastet. Das mittlerweile 66 Staaten umfassende Gremium, das auch den Teststoppvertrag ausgehandelt hatte, bemüht sich seit über zwei Jahren um ein Verhandlungsmandat für den sogenannten *Cut-Off*-Vertrag. Dessen Grundgedanke ist es, zukünftiger Nuklearrüstung den "Nachschub" an waffenfähigem Spaltmaterial (Plutonium und hochangereichertes Uran) "abzuschneiden" (vgl. Friedensgutachten 1997, Beitrag 6.4.). Streitigkeiten über den genauen Verbotstatbestand eines solchen Vertrages, aber auch die Verknüpfung solcher Verhandlungen mit anderen Themen auf der Agenda der CD haben bisher den Beginn von Vertragsverhandlungen verhindert. Die Forderungen einiger blockfreier Staaten, allen voran Indien, Iran, Kuba und Mexiko, nach einem verbindlichen Abrüstungsfahrplan oder der Verhandlung von Sicherheitsgarantien im Rahmen der CD wurden von den USA, Frankreich, Großbritannien und Rußland immer wieder abgelehnt.

War man sich zumindest bislang darin einig, daß ein wie auch immer gearteter *Cut-Off*-Vertrag als nächster rüstungskontrollpolitischer Schritt wünschenswert wäre, so droht auch dieser Konsens nun zu zerbrechen. Die erwähnten Bedenken Chinas gegen amerikanische Pläne für ein Raketenabwehrsystem haben während des vergangenen Jahres zu einem Wandel der chinesischen Prioritäten in der CD geführt. Unterstützte die chinesische Führung bislang einen *Cut-Off*-Vertrag zurückhaltend, so nennt sie mittlerweile einen "Ausschuß zur Verhinderung eines Rüstungswettlaufes im Weltall" als vorrangiges Ziel. Damit will sie den weltraumgestützten Komponenten eines US-Raketenabwehrsystems auf möglichst breiter Front entgegenwirken. Daß die USA weder über die Multilateralisierung der nuklearen Abrüstung, noch über diese Forderung Chinas verhandeln, trägt mit zu der Paralyse der Genfer Abrüstungskonferenz bei. Werden die bekannten und unvereinbaren Positionen beibehalten, verkommt die CD zunehmend zum Papiertiger. Ein weiteres Jahr ohne konkrete Verhandlungen würde ihre Existenz in Frage stellen.

Schleppende Umsetzung des Chemiewaffen-Übereinkommens

Mit dem Inkrafttreten des CWÜ im April 1997 nahm die Organisation für das Verbot Chemischer Waffen (OVCW) in Den Haag ihre Arbeit auf (vgl. Friedensgutachten 1997, Beitrag 6.3.). Sie soll die Bestimmungen des CWÜ implementieren, vor allem im Verifikationsbereich. Allerdings muß die Umsetzung des CWÜ zu einem erheblichen Teil auch durch die Mitgliedstaaten erfolgen. Insbesondere dies ist schleppend vorangekommen. Dabei ist zu unterscheiden zwischen der Umsetzung der Vorschriften des CWÜ in innerstaatliches Recht einerseits und dem Regelbetrieb der Vertragsimplementierung – durch Meldungen an die OVCW und die Begleitung von Inspektionsteams der Organisation – andererseits.

Mangelndes Engagement vieler Vertragsparteien

Die Pflichten der OVCW-Mitgliedstaaten umfassen neben der Zahlung der jährlichen Beiträge an die Organisation auch ein umfangreiches Meldewesen. Zu melden sind chemische Waffen, dazugehörige Infrastruktur und die chemische Industrie der Vertragsparteien. Bei den Erstmeldungen gab es unmittelbar nach Inkrafttreten des CWÜ eine positive Überraschung: Neben den bekannten CW-Besitzern USA und Rußland meldeten auch Indien und Südkorea CW-Bestände an die OVCW. Lediglich Rußland hat als einziger der vier CW-Besitzer das erste Etappenziel nicht erreicht. Das CWÜ sieht vor, daß drei Jahre nach seinem Inkrafttreten ein Prozent der CW-Bestände vernichtet sein müssen. Für Rußland wären das ca. 400 Tonnen. Tatsächlich aber ist dort noch nicht einmal eine Vernichtungsanlage in Betrieb. Da der Beginn regelmäßiger Vernichtungsaktivitäten nicht abzusehen ist, droht das Land immer weiter hinter die verbindlichen Vorgaben des CWÜ zurückzufallen.

Weitere fünf Staaten – China, Frankreich, Iran, Japan und Großbritannien – meldeten CW-Produktionseinrichtungen, und zwar nicht nur aktuelle, sondern auch ehemalige. Daneben deklarierten sieben Staaten alte, sprich vor 1945 produzierte, oder zurückgelassene

CW: Belgien, China, Deutschland, Frankreich, Italien, Japan und Großbritannien. Trotz intensiver Konsultationen gelang es dieser Staatengruppe nicht, die noch offenen Sachfragen zu klären: die Kriterien zur Bestimmung der Verwendbarkeit "alter" chemischer Waffen, die für diese anzuwendenden Verifikationsmaßnahmen und die Kostenübernahme für die Verifikation. Solange Deutschland einer Lösung dieser Fragen nicht zustimmt, kann die OVCW die Zerstörung alter CW nicht nach einem standardisierten Verfahren regelgerecht überwachen.

Von 129 Mitgliedstaaten hatten 32 im Februar 2000 ihre Erstmeldung noch nicht an die OVCW übermittelt. Erstmeldungen weiterer Staaten waren unvollständig, darunter auch die der USA, die noch immer keine Meldung über ihre chemische Industrie abgeliefert hatten. Daraus resultiert ein massives wettbewerbsverzerrendes Ungleichgewicht zwischen der amerikanischen und den chemischen Industrien anderer – vor allem europäischer – Vertragsparteien im Hinblick auf die zu tragende Inspektionslast. Von den bisher über 200 Industrieinspektionen entfielen bis zu zwei Drittel auf die EU-Staaten, keine einzige jedoch auf die chemische Industrie in den USA.

Auch die Zahlungsmoral vieler OVCW-Vertragsparteien bleibt weit hinter den verbindlichen Vorgaben zurück: Im Februar 2000 hatte rund ein Viertel der Mitgliedstaaten die Beiträge für 1998 noch nicht gezahlt. 46 von 128 Mitgliedstaaten waren mit ihren Beiträgen für 1999 im Rückstand. 24 Staaten laufen bei weiterhin ausbleibenden Zahlungen Gefahr, ihre Stimmrechte in der Organisation entsprechend den Bestimmungen in Artikel VIII des CWÜs zu verlieren.

Vertragsumsetzung durch die Organe der OVCW

Die Konferenz der Vertragsstaaten, das höchste Gremium der OVCW, tagte bislang fünf Mal. Die konstituierende Sitzung fand im Mai 1997 statt. Neben der Verabschiedung des ersten Haushaltes der Organisation waren viele Entscheidungen des Vorbereitungsausschusses zu bestätigen, die übrigen Strukturen der Organisation – das Technische Sekretariat und der Exekutivrat – zu errichten sowie für die ungelösten Fragen einen Konsultationsprozeß in Gang zu setzen. Die zweite Sitzung der Konferenz im Dezember 1997 stand unter dem Zeichen des russischen Beitritts zum CWÜ, der im selben Monat erfolgte. Daneben galt es, den Haushalt der Organisation für 1998 zu verabschieden und die seit der ersten Sitzung gefundenen Lösungen für ausstehende Sachfragen zu bestätigen. Die weiteren Sitzungen der Vertragsstaatenkonferenz wurden durch Unstimmigkeiten über die Verifikationskosten, die bei der Vernichtung chemischer Waffen entstehen, und die ungleiche Verteilung der Industrieinspektionen auf Grund der ausbleibenden US-Industriedeklaration belastet.

Hauptaufgabe des Sekretariats ist die Durchführung von Inspektionen in der chemischen Industrie und in Anlagen und Einrichtungen mit CW-Bezug auf der Grundlage der von den Vertragsstaaten eingegangenen Meldungen. Seit Inkrafttreten des CWÜ bis Dezember 1999 führten die Inspektoren der OVCW 620 Inspektionen von 312 Einrichtungen in 35 Vertragsparteien durch. Die Berichterstattung des Sekretariats an den Exekutivrat über die Inspektionsergebnisse hat zu Friktionen zwischen beiden Organen geführt. Einigen Mitgliedern des Exekutivrats reichten die vom Sekretariat bereitgestellten Informationen nicht aus, um festzustellen, ob Mitgliedstaaten sich vertragskonform verhalten haben. Das Sekretariat hielt ausführliche Berichte nur dann für erforderlich, wenn bei den Inspektionen der Verdacht vertragswidrigen Verhaltens entsteht. Eine weitere Hürde bei dem Versuch, die Inspektionsergebnisse transparenter zu gestalten, stellt die Haltung einiger OVCW-Mitglieder dar, die um die Sicherheit von Industriegeheimnissen oder von Informationen aus ihren CW-Schutzprogrammen fürchten. Es gelang bislang nicht, sich auf ein Format zur organisationsinternen Offenlegung von Inspektionsergebnissen zu einigen.

Zähe Verhandlungen der Ad-hoc-Gruppe zum Biowaffen-Protokoll

Das BWÜ wurde 1972 abgeschlossen, ohne daß Verifikationsmaßnahmen als Bestandteil des Übereinkommens vereinbart worden waren. Zunächst versuchten die Vertragsparteien, diese Lücke durch vertrauensbildende Maßnahmen zu schließen. Spätestens mit Bekanntwerden des irakischen und des ehemaligen sowjetischen Biowaffen-Programms wurde die Unzulänglichkeit dieses Ansatzes deutlich. Eine Sonderkonferenz der BWÜ-Mitgliedstaaten beschloß deshalb im Herbst 1994, eine ad hoc-Gruppe von Regierungsexperten einzusetzen. Diese versucht seither, ein Protokoll zur verbesserten Vertragsumsetzung zu erarbeiten.

Mandat, Struktur und Verlauf der Verhandlungen

Allerdings zeigte sich bereits während der Formulierung des Mandats der ad hoc-Gruppe, daß viele Entwicklungsländer ein geringes Interesse an Verifikationsmaßnahmen haben (vgl. Friedensgutachten 1997, Beitrag 6.3.). Deren Zustimmung zu solchen Maßnahmen konnte nur dadurch erreicht werden, daß im Gegenzug über konkrete Schritte zur verbesserten Umsetzung von Artikel X des BWÜ, d.h. bei der internationalen Kooperation zur friedlichen Nutzung der Biowissenschaften, verhandelt werden soll. Hauptsächlich auf Betreiben Rußlands wurde die Ausarbeitung von Definitionen und objektiven Kriterien mit in das Mandat aufgenommen. Da die USA das Verifikationskonzept sehr eng auffassen und das BWÜ nach wie vor für nicht verifizierbar halten, ist in der Sprachregelung der Genfer Verhandlungen von "Maßnahmen zur Verbesserung der Vertragseinhaltung" – und nicht von Verifikationsmaßnahmen – die Rede.

Im bisherigen Verhandlungsverlauf hat man zunächst mögliche Elemente für ein Verifikationsprotokoll identifiziert. Daran schloß sich die Arbeit an einem sogenannten *rolling text* für das BWÜ-Protokoll an. Dabei wurden zu vielen grundsätzlichen und Detailfragen konkurrierende Textvorschläge vorgelegt. Daraus hat man das formale Gerüst für das Protokoll festgelegt und Verhandlungen über die Einzelheiten bei den Kernfragen des Protokolls begonnen. Die Lösung dieser Kernfragen muß nun in der vierten Verhandlungsphase, dem *end-game*, erfolgen. Dazu müßte aber für jeden der folgenden komplexen und kontroversen Themenbereiche ein konsensualer Protokolltext verhandelt werden.

Definitionen und objektive Kriterien

Die Kontroverse um die Aufnahme von Definitionen und objektiven Kriterien, wie Listen von BW-Agenzien und Toxinen, Ausrüstungsgegenstände und Aktivitäten, in das BWÜ-Protokoll berührt den in Artikel I enthaltenen Kern des BW-Übereinkommens: das Kriterium des Verwendungszwecks (*general purpose criterion*). Danach wird auf den Verwendungszweck eines Krankheitserregers oder Toxins abgestellt, um zu beurteilen, ob eine Aktivität dem BW-Übereinkommen zuwiderläuft oder nicht. Auf die Auflistung von bestimmten BW-Agenzien wurde im BWÜ bewußt verzichtet.

In den Verhandlungen der ad hoc-Gruppe sieht nun die Mehrzahl der beteiligten Staaten die Gefahr, daß eine Definition von zentralen Begriffen in Artikel I dem Zweckkriterium zuwiderlaufen könnte, etwa wenn der Begriff "Biologische Waffe" zu eng definiert oder gar an eine Liste von Krankheitserregern geknüpft würde. Es bestünde dann auch die Gefahr einer Veränderung des Übereinkommens selbst. Damit würde jedoch die ad hoc-Gruppe über ihr Mandat hinausgehen. Deshalb befürwortet eine große Zahl der an den Verhandlungen beteiligten Staaten, Definitionen nur dort zu verwenden, wo sie zur Errichtung eines Verifikationssystems unerläßlich sind. Eine kleine Gruppe von Staaten – darunter Rußland und einige blockfreie Staaten – hält demgegenüber die Definition auch von zentralen Begriffen aus Artikel I des BWÜ für essentiell bei der Schaffung eines effektiven Verifikationsprotokolls. Nur mit klaren Definitionen könne man erlaubte von verbotenen Aktivitäten unterscheiden.

Diese unvereinbaren Positionen haben sich in fünfjährigen Verhandlungen der ad hoc-Gruppe kaum verschoben, so daß Inhalt und Plazierung von Artikel II des Protokolls zu Definitionsfragen noch komplett offen sind. So wird noch darüber verhandelt, ob ein Artikel zu Definitionsfragen in den Hauptteil des Protokolls integriert, oder ob Definitionen lediglich in einem Anhang aufgeführt werden sollen. Außerdem besteht kein Konsens darüber, ob Definitionen kategorisiert und nur für bestimmte Zwecke – etwa Deklarationen oder Inspektionen – verwendet werden sollen.

Verifikationsmaßnahmen

Bei den Maßnahmen zur Verifikation ist zwischen den von den Mitgliedstaaten vorzunehmenden Deklarationen sowie Besuchen und Inspektionen der zukünftigen BW-Organisation zu unterscheiden. Diese drei Maßnahmen bilden die zentralen Bestandteile des zukünftigen Protokolls zum BWÜ. Für keinen dieser Themenkomplexe hat die ad hoc-Gruppe jedoch bislang einen Konsens erzielt.

"Inspektionen" heißen im BWÜ-Kontext ausschließlich Verdachtskontrollen für den Fall möglicher Vertragsverletzungen. Damit weicht die hier verwendete Terminologie bewußt von der im CWÜ gefundenene Sprachregelung ab. Eine stark abgeschwächte Form der dort als "Routineinspektionen" bezeichneten Aktivitäten der OVCW in der chemischen Industrie der Mitgliedstaaten wird im BW-Kontext unter der Rubrik "Besuche" diskutiert. Maßgeblich verantwortlich für diese Abweichung sind die Pharma- und Biotechnologie-Industrien, die jegliche Routinekontrolle in ihren Einrichtungen ablehnen. Insbesondere die US-Pharmaindustrie versucht – anders als die chemische Industrie während der Verhandlungen zum CWÜ –, routinemäßige Vor-Ort-Aktivitäten zu verhindern.

Inspektionen können im Rahmen des BWÜ-Protokolls entweder in spezifischen Einrichtungen – wenn eine Vertragspartei in den Verdacht der Protokollverletzung gerät – oder auch außerhalb – um einen natürlichen Ausbruch einer Krankheit von einem BW-Einsatz abzugrenzen – durchgeführt werden. Im Vergleich zu den Passagen des Protokolls, die sich mit Deklarationen oder Besuchen beschäftigen, ist der konsensuale Text zu Inspektionen am weitesten entwickelt.

Eine grundsätzliche Frage, die noch einer Antwort harrt, betrifft das Verfahren, mit dem eine Verdachtsinspektion ausgelöst werden kann. Dabei gibt es zwei verschiedene Möglichkeiten. Zum einen kann ein Automatismus installiert werden, demzufolge eine Verdachtsinspektion immer dann durchgeführt wird, wenn ein Staat sie einfordert und diese Forderung ausreichend begründet. Um eine Verdachtsinspektion zu verhindern, müßte eine qualifizierte Mehrheit der Mitglieder des Exekutivrats der zukünftigen BW-Organisation dagegen stimmen. Diese Position wird von Staaten vertreten, die ein starkes Verifikationssystem für das BWÜ errichten wollen, etwa von Großbritannien. Zum zweiten ist es denkbar, den Beginn einer Verdachtsinspektion von der ausdrücklichen Zustimmung einer qualifizierten Mehrheit der Mitglieder des Exekutivrats abhängig zu machen. Damit würde die Hürde für unberechtigterweise geforderte Verdachtsinspektionen höher gelegt, was Staaten mit einer hochentwickelten pharmazeutischen oder biotechnologischen Industrie, die sie vor Rufschädigung oder Industriespionage schützen wollen, befürworten.

Stellenwert und Charakter von "Besuchen" im Kontext des BWÜ-Protokolls sind umstritten. Befürworter solcher Vor-Ort-Maßnahmen sehen darin unter anderem eine Möglichkeit, die Transparenz der potentiell BW-relevanten Aktivitäten der Vertragsparteien zu erhöhen, das Vertrauen in das vertragskonforme Verhalten der Staaten zu stärken, die Entdeckungswahrscheinlichkeit von Vertragsverletzungen zu erhöhen, die Klärung von ungenauen oder falschen Deklarationen zu ermöglichen sowie die Kooperation zwischen den Vertragsparteien zu verbessern. Die EU-Staaten vertreten diese Position. Dem halten andere – darunter die US-Regierung, in diesem Punkt unter starkem Druck ihrer Pharmaindustrie – entgegen, daß die Entdeckung von Vertragsverstößen mit Hilfe von "Besuchen" äußerst unwahrscheinlich sei. Vielmehr bestehe die Gefahr, daß vertrauliche Wirtschaftsinformationen oder für die nationale Sicherheit relevante Informationen – etwa im Bereich B-Schutz – verlorengingen.

Es besteht die Möglichkeit, daß zwei Besuchstypen in das Verifikationsprotokoll Eingang finden: Erstens "Klärungsbesuche", die infolge von Deklarationen der Vertragsstaaten von der Organisation durchgeführt werden. Die Westliche Gruppe betrachtet diesen Besuchstypus als logischen Endpunkt einer Klärungsprozedur, die auch Anlagen und Einrichtungen betreffen kann, die nicht an die zukünftige Organisation gemeldet werden. Einige blockfreie Staaten lehnen dies kategorisch ab: Aus ihrer Sicht sollten Klärungsbesuche nur auf freiwilliger Basis in deklarierten Anlagen stattfinden. Zweitens scheiden sich in der Ad-hoc- Gruppe die Geister an "nach dem Zufallsprinzip ausgewählten Besuchen" (*randomly-selected visits*). Als "Berechnungsgrundlage" für die Verteilung der Besuche auf die Vertragsparteien kämen die Größe der biotechnologischen Industrie und der Umfang der militärischen B-Schutz- Aktivitäten in den jeweiligen Staaten in Frage. Daher zeigen die USA, Japan und in geringerem Umfang auch Deutschland wenig Neigung, diesen Aspekt des Besuchsregimes stark zu betonen. Die Blockfreien-Gruppe, aber auch einige Staaten der Westlichen Gruppe, die keine übermäßige Belastung durch diese Art der Besuche befürchten müssen, betonen demgegenüber seine positiven Aspekte.

Mit Blick auf die Deklarationen der Vertragsparteien an die zukünftige Organisation ist auch nach fünf Jahren Verhandlungen noch strittig, anhand welcher Kriterien Meldungen über Einrichtungen und Programme an die Organisation übermittelt werden sollen. Zwei verschiedene Herangehensweisen lassen sich in der Debatte identifizieren. Die erste will die Meldepflicht von Einrichtungen und Anlagen an die dort verwendeten Sicherheitsvorkehrungen knüpfen. Um eine einheitliche Handhabung zu gewährleisten, können hierfür die von der Weltgesundheitsorganisation festgelegten *Biosafety Levels* (BL) herangezogen werden. Da diese alleine von einigen Staaten als nicht ausreichend erachtet werden, ist zu erwarten, daß eine Kompromißlösung in dieser Frage unter Zuhilfenahme des zweiten möglichen Ansatzes erfolgen wird: der Berücksichtigung von spezifischen, für das Protokoll relevanten Programmen und Aktivitäten. Weitgehend ist man sich bereits darin einig, beendete BW-Programme, gegenwärtige B-Schutz-Aktivitäten und Impfstoffproduktionsanlagen zu melden. Weitere Kategorien bedürfen noch der Klärung.

Exportkontrollen und internationale Kooperation

In Artikel III des BW-Übereinkommens verpflichten sich die Mitgliedstaaten, Maßnahmen zur Nichtverbreitung von biologischen Waffen oder dafür verwendbaren Ausrüstungen, Materialien und Technologien zu ergreifen. Diese Maßnahmen können entweder in Form von unilateralen Exportkontrollen oder in Absprache mit anderen implementiert werden. Einige blockfreie Staaten, vorrangig China, Indien, Iran und Pakistan, sehen in der *Australien-Gruppe* – einer informellen Gruppe von etwa 30 Lieferländern mit fortgeschrittener chemischer, biotechnologischer oder Maschinenbauindustrie – jedoch kein legitimes Instrument zur Umsetzung von Verpflichtungen aus dem BW-Übereinkommen. Sie versuchen vielmehr, die Gruppe als ein Kartell der reichen Industriestaaten zur Unterdrückung der Entwicklungsländer zu diskreditieren.

Entsprechend wurden von diesen Staaten auch Textentwürfe für das Protokoll vorgelegt, die eindeutig darauf zielen, den Fortbestand der *Australien-Gruppe* zu verhindern. Erwartungsgemäß lehnen einige Mitglieder der Australien Gruppe jedoch Formulierungen kategorisch ab, die multilaterale Gruppierungen zur Umsetzung von Artikel III des BWÜ für unvereinbar mit dem Übereinkommen oder dessen Verifikationsprotokoll erklären. Eine mögliche Kompromißformel ist nicht in Sicht.

Im Gegensatz dazu sind die Verhandlungen zur Stärkung von Artikel X – internationale Kooperation im wissenschaftlichen und technischen Bereich – des BW-Übereinkommens weit vorangeschritten. In diesem Kontext beschäftigt sich die ad hoc-Gruppe verstärkt mit der Einrichtung eines sogenannten "Kooperationsausschusses" und den Kompetenzen, die diesem Gremium zugewiesen werden sollen. Mit Ausnahme der USA scheinen aber alle an der ad hoc-Gruppe beteiligten Staaten einem solchen Ausschuß zuzustimmen.

Fazit und Empfehlungen

Mit Blick auf alle drei Kategorien von Massenvernichtungswaffen zeigen die tragenden Säulen der Rüstungskontrollregime deutliche Risse. Im nuklearen Bereich sind diese – trotz der russischen Ratifizierungsoffensive vom April 2000 – mit der dreifachen

Blockade von CTBT, Cut-Off Vertrag und bilateraler Rüstungskontrolle am augenfälligsten.

Aber auch die in der CWÜ-Umsetzung beschönigend als "technische" Nichterfüllung von Vertragspflichten bezeichneten Vertragsverletzungen durch eine erhebliche Zahl von Mitgliedstaaten untergraben die Glaubwürdigkeit des CW-Kontrollregimes. Dies gilt gleichermaßen für die ausbleibenden Industriedeklarationen wie für das russische Eingeständnis, außerstande zu sein, den vorgegebenen Vernichtungsfahrplan für das eigene CW-Arsenal einzuhalten.

Im Falle des BWÜ-Protokolls zeichnet sich deutlich ein Trend ab, das Protokoll nicht mit möglichst effektiven Kontrollmechanismen auszustatten, sondern vermeintliche nationale oder Industrieinteressen zu schützen. Dies wird im Ergebnis zu einem schwachen Protokoll führen, welches im Falle einer Belastungsprobe leicht kollabieren könnte.

Was ist zu tun?

Hinsichtlich des CTBT ist die Ratifizierung durch die USA unverzichtbar. Allerdings fehlen zum Inkrafttreten des Vertrages noch einige weitere der 44 Staaten, die den CTBT ratifizieren müssen. Hier könnte die Bundesregierung im EU-Rahmen eine Initiative vorantreiben, um die USA, aber auch die anderen kritischen Staaten wie Israel, Indien, Pakistan und Nordkorea, zur Ratifizierung zu bewegen. Dies wird zweifelsohne nicht kurzfristig zu realisieren sein, ist jedoch in jedem Fall den Einsatz wert.

In der Zwischenzeit müßte in der Genfer Abrüstungskonferenz der Versuch unternommen werden, ein positives rüstungskontrollpolitisches Signal zu setzen. Der Beginn von Verhandlungen zu einem *Cut-off*-Vertrag wäre hier ein probates Mittel. Eine Möglichkeit, die festgefahrenen Fronten in der CD aufzubrechen, könnte darin bestehen, auf die scheidende Clinton-Administration einzuwirken, ihre starre Haltung gegenüber der Agenda der CD aufgeben. Da die Zustimmung zu der Agenda der CD ausschließlich in die Zuständigkeit der US-Administration fällt, könnte sie hier ein Gegengewicht zur politischen Linie der gegenwärtigen Senatsmehrheit setzen. Damit könnte sie ein nach wie vor vorhandenes grundsätzliches Interesse an weiteren, im multilateralen Rahmen vereinbarten Rüstungskontrollmaßnahmen demonstrieren. Dies würde auch die Überprüfungskonferenz des NVV in ruhigeres Fahrwasser bringen

Schließlich sollte die Bundesregierung erneut versuchen, bereits in die Diskussion eingeführte rüstungskontrollpolitische Maßnahmen im Nuklearbereich zurück auf die politische Agenda zu bringen – der Vorschlag, ein Kernwaffenregister zu errichten, bietet sich hierfür an. Noch immer stellt ein solches Register ein wichtiges Instrument für zukünftige Rüstungskontrollschritte dar (vgl. Friedensgutachten 1994, Beitrag 2.4. und 1998, Beitrag 5.1.).

Hinsichtlich der CWÜ-Umsetzung böte ebenfalls eine Korrektur der US-Politik die größte Wahrscheinlichkeit, die Risse im CWÜ und der OVCW zu glätten. Entsprechend muß die deutsche Seite im Verbund mit den europäischen Partnern auf die US-Administration einwirken, damit diese ihrer Deklarationspflicht im Industriebereich nachkommt und die amerikanischen Ausführungsgesetze zum CWÜ korrigiert. Die deutsche Verhandlungsposition hierfür könnte durch eine Neubestimmung der deutschen Haltung zur Frage der alten chemischen Waffen erleichtert werden. In diesem Punkt sieht die

Mehrheit der CWÜ-Vertragsparteien Deutschland eher als Teil des Problems, denn als Teil der Lösung. In den bisherigen Konsultationen war eine juristische Klärung der offenen Fragen nicht möglich, deshalb ist eine politische Neubestimmung der deutschen Interessen in diesem Punkt erforderlich.

Ein weiterer Schritt im CW-Bereich betrifft die Abrüstungshilfe für Rußland. Die russische Erklärung, die erste Abrüstungsmarke von einem Prozent des CW-Arsenals drei Jahre nach Inkrafttreten des CWÜ nicht erreichen zu können, hat die Schwierigkeiten Rußlands in diesem Bereich noch einmal schlaglichtartig beleuchtet. Hier ist zu prüfen, ob nicht durch eine Erhöhung der bereitgestellten Mittel auf Seiten der Geberländer und durch eine verbesserte Koordination unter ihnen das russische CW-Vernichtungsprogramm angeschoben werden könnte.

Mit Blick auf das BWÜ-Verifikationsprotokoll zeigten sich gelegentliche Unstimmigkeiten innerhalb der EU. Dies ist auf Grund verschiedener Industrieinteressen nicht ungewöhnlich. Es wäre jedoch wünschenswert, daß die EU-Mitglieder, nachdem der Schutz vertraulicher Informationen im Rahmen des BWÜ-Protokolls gesichert ist, weniger auf Partikularinteressen zielen, als vielmehr auf Maßnahmen zur Errichtung eines effektiven Verifikationsregimes. Daneben könnte die deutsche Diplomatie im Rahmen der *Australien-Gruppe* auf verstärkte Transparenzmaßnahmen hinwirken, um die Vereinbarkeit der Gruppe mit dem Protokoll deutlicher zu machen.

Auch wenn einige dieser Maßnahmen illusionär erscheinen mögen, so ist es gerade in einer Phase, in der sich die konstatierten Risse in den drei Rüstungskontrollregimen zu handfesten Krisen entwickeln könnten, erforderlich, Maßstäbe für eine pro-aktive Rüstungskontrollpolitik zu formulieren. Gehen diese Maßstäbe verloren, gerät das Ziel der vollständigen Abrüstung von ABC-Waffen vollends aus dem Blick und entziehen sich die Schritte dorthin der Möglichkeit einer Bewertung.

Alexander Kelle

3.4. Konventionelle Rüstungskontrolle im Belastungstest: Der Einfluß regionaler Gewaltkonflikte

Erfolge und Mißerfolge der konventionellen Rüstungskontrolle in Europa lagen im vergangenen Jahr dicht beieinander. Der Kosovo- und der Tschetschenienkrieg haben die laufenden Rüstungskontrollverhandlungen ebenso wie bereits bestehende Abkommen einem Belastungstest ausgesetzt, der noch längst nicht ausgestanden ist. Erschwerend kommt hinzu, daß inzwischen innerhalb des westlichen Bündnisses keine Einigkeit mehr über grundlegende Ziele der konventionellen Rüstungskontrolle besteht. Welcher Art diese Belastungen waren und sind, wie mit ihnen umgegangen wurde, ob schon bestehende Regime sich behaupten konnten und mit welchen Zukunftsaussichten sie aus diesem Belastungstest hervorgehen, soll im folgenden näher beleuchtet werden.

Stagnation der regionalen Rüstungskontrolle in Südosteuropa?

Rückkehr Serbiens in das Artikel IV-Abkommen

Mit dem Beginn der NATO-Luftangriffe hatte Serbien das Artikel IV-Abkommen suspendiert, das seit 1996 die konventionellen Streitkräfte Serbiens, Kroatiens sowie Bosnien und Herzegowinas begrenzt. Damit drohte der Zerfall dieses Regimes. Doch nachdem die NATO-Staaten ihre Militäroperationen gegen Serbien offiziell für beendet erklärt hatten, hob Milošević am 20. Juli 1999 die Suspendierung wieder auf. Serbien legte neue Daten vor, die zeigten, daß die NATO-Luftstreitkräfte weit weniger serbische Waffen zerstört hatten, als offiziell verkündet worden war. Zusätzlich bot Serbien den übrigen Teilnehmerstaaten an, die wegen des Kosovokrieges entfallenen Inspektionen nachzuholen. Das Artikel IV-Abkommen erhielt damit nach dem Krieg wieder seine volle Lebensfähigkeit und Effizienz zurück. Dieser Schritt von Milošević ist zu begrüßen, selbst wenn er in erster Linie erfolgte, um die internationale Isolierung Serbiens zu lindern.

Aussichten der Artikel V-Verhandlungen

Während des Kosovokrieges ruhten die Verhandlungen zur regionalen Stabilisierung Südosteuropas (zum bisherigen Verhandlungsablauf vgl. Friedensgutachten 1999, Beitrag 5.4.), da Serbien nicht mehr an ihnen teilnahm. Nach dem Ende des Krieges wurden sie bereits am 10. Juni 1999 in den Tisch III (Sicherheit) des neuen Stabilitätspakt für Südosteuropa integriert (vgl. Beitrag 1.10.). Die Wiederaufnahme der Gespräche am 6. September 1999 stand lange unter amerikanischem Vorbehalt, da die USA sich zunächst nicht mit serbischen Regierungsvertretern an einen Tisch setzen wollten. Die USA sind auch derzeit nicht bereit, ein Abkommen mit der Bundesrepublik Jugoslawien zu unterzeichnen, obwohl auf dem OSZE-Gipfel in Istanbul beschlossen wurde, die Artikel V-Verhandlungen im Jahr 2000 zu beenden. Der erfolgreiche Abschluß der Anpassung des Vertrages über die Konventionellen Streitkräfte in Europa (KSE) hat die Bedeutung dieser Gespräche allerdings geschwächt. Österreich, Slowenien und Mazedonien haben schon ihren Beitrittswunsch zum KSE-Vertrag angemeldet und wollen dort ihre Streitkräfte beschränken.

Vor dem OSZE-Gipfel hatte man sich am 4. Oktober 1999 auf einen fünfphasigen Arbeitsplan verständigt, der seitdem abgearbeitet wird. Auf der Tagesordnung stehen neben neuen vertrauensbildenden Maßnahmen (z.B. Transparenz und Beschränkung von Militärausgaben, Militärkontakte) vor allem Minenräumung, die Beschränkung und Abrüstung von Kleinwaffen, die Nonproliferation von chemischen Waffen, ein regionaler Verhaltenskodex und sowie ein Daten- und Informationsaustausch. Für das humanitäre Minenräumen und die Abrüstung der Kleinwaffen spielen finanzielle Abrüstungshilfen der westlichen Staaten eine wichtige Rolle, da die meisten Staaten in der Region große wirtschaftliche und finanzielle Probleme haben. Hier ist auch die Bundesregierung gefordert, mehr zu tun als in der Vergangenheit.

Ein grundsätzliches Problem für die Verhandlungen stellt die Haltung der USA dar, die von einem überhöhten moralischen Standpunkt aus zu einer Verzögerung und Blockade von Rüstungskontrolle führen könnte. Angesichts der Instabilität in der Region ist dies unangemessen, Miloševićs Machtbasis würde durch dieses Verhalten in keiner Weise berührt, der Region aber würden wichtige Stabilisierungsmaßnahmen vorenthalten.

Rückschritt: Vom Wiener Dokument 2000 zum Wiener Dokument 1999

Der Kosovokrieg stellte auch das Wiener Dokument über Vertrauens- und Sicherheitsbildende Maßnahmen von 1994 (WD 94) vor eine ernste Belastungsprobe. Nachdem Serbien auf die NATO-Luftangriffe mit einer massenhaften Vertreibung der Kosovoalbaner reagierte, sahen sich die NATO- Staaten zu humanitären Notmaßnahmen in Mazedonien und Albanien genötigt, für die sie aus Zeit- und Effizienzgründen ihre Streitkräfte einsetzten.

Nach dem WD 94 hätte die mazedonische Regierung sechs Wochen im voraus melden müssen, wann die Schwelle von 9.000 Soldaten in Mazedonien überschritten wird. Doch wurde Mazedonien von der NATO erst verspätet darüber informiert. Als die Schwelle von 13.000 Soldaten erreicht war, ersuchte Rußland die mazedonische Regierung im Einklang mit den Regeln des WD 94 um die Erlaubnis, eine Beobachterdelegation entsenden zu dürfen. Mazedonien hätte darüber alleine entscheiden können, fragte aber bei der NATO um Rat, wie es reagieren solle. In den NATO-internen Beratungen versuchte die amerikanische Seite alles, um diese Inspektion zu verhindern, obwohl die NATO-Truppen in Mazedonien einen ausschließlich humanitären und keinen Kampfauftrag hatten. Die NATO-Beratungen dauerten so lange, daß die mazedonische Regierung selbst entschied und die russische Beobachtermission einlud. Dies traf auf den Widerstand des amerikanischen Oberbefehlshabers, General Clark. Er verbot unter Umgehung der Souveränität Mazedoniens der russischen Delegation den Zutritt zu einem 70 Kilometer breiten Streifen entlang der serbischen Grenze, bewilligte keinen Hubschrauber für sie und ließ sie in schikanöser Weise nicht über den Flugplatz von Skopje, sondern einen abseits liegenden einreisen. Allerdings beachteten weder die deutschen noch die britischen Streitkräfte den Befehl des US-Kommandierenden und ließen ihre Verbände ohne Auflagen inspizieren. Danach gab es hitzige Debatten im Bündnis und in Washington. Deutschland sandte sogar eine Demarche nach Washington, um auf die Einhaltung des Wiener Dokumentes zu drängen. Eine kurze Zeit später folgende Beobachtermission in Albanien lief dann auch deutlich besser ab. Das Wiener Dokument stellte damit unter Extrembedingungen seine Lebensfähigkeit und Effizienz unter Beweis. Der Vorfall demonstrierte aber auch in eindringlicher Weise, wie in Washington zeitweise der Primat der Politik den Interessen amerikanischer Generäle geopfert wurde.

In den Wiener Verhandlungen zur Weiterentwicklung des WD legte der kanadische Vorsitzende am 1. September 1999 den letzten umfassenden Versuch zur Verbesserung des WD 94 vor, der folgende Vorschläge enthielt:
- einen neuen Krisenmechanismus, der dem OSZE-Vorsitz bei innerstaatlichen Gewaltkonflikten das Recht auf eigenständige Vermittlungsbemühungen und auf Inspektionen vor Ort einräumte, wenn alle anderen politischen Maßnahmen versagen sollten;
- mehr Transparenz bei paramilitärischen Verbänden, die in solchen Konflikten eine wesentliche Rolle spielen;
- Transparenz und Inspektionsmöglichkeiten bei Neubau und wesentlichen Modernisierungsmaßnahmen von Kampfflugzeugbasen;
- ein neues Kapitel über regionale Rüstungskontrolle, das aber lediglich einen umfangreichen Maßnahmenkatalog auflistete;
- diverse kleinere Verbesserungen etwa für die Durchführung der jährlichen Überprüfungskonferenz.

Die russische Führung war jedoch seit Beginn des Tschetschenienkrieg nicht mehr an einem eigenständigen Krisenmechanismus der OSZE interessiert und sperrte sich auch dagegen, die Transparenz von paramilitärischen Streitkräften zu verbessern. Zugleich war das eine Reaktion darauf, daß Rußland sich beim Krisenmanagement um den Kosovokonflikt weitgehend ausgesperrt und isoliert fühlte.

Die Frage der Transparenz bei militärischen Infrastrukturvorhaben hatte schon vorher an Bedeutung verloren. Rußland war hier nur an Beschränkungen interessiert gewesen, was die westlichen Staaten aber ablehnten. Es hatte daher die Gespräche schon vor den Ereignissen im Kosovo in den NATO-Rußlandrat verlagert, um dort mehr zu erreichen. Doch als Rußland aus Kritik an der westlichen Kosovopolitik seine Arbeit im NATO-Rußlandrat von März 1999 bis März 2000 weitgehend suspendierte, machte sich kaum noch jemand für diese zusätzlichen Transparenzmaßnahmen stark. Sie wurden deshalb in der Schlußphase fallen gelassen.

Als in Istanbul am 16. November 1999 die Verhandlungen über das Wiener Dokument abgeschlossen wurden, blieben mit dem neuen Kapitel über regionale Rüstungskontrollmaßnahmen und verschiedenen kleinen Änderungen nur noch symbolische Verbesserungen übrig. Das geplante Wiener Dokument 2000 wurde zum Wiener Dokument 1999 degradiert. Momentan gibt es wenig Hoffnung, den Prozess neu zu beleben.

Mit dem Tschetschenienkrieg wird das WD 99 einer erneuten Bewährungsprobe ausgesetzt, die noch nicht beendet ist. Die übrigen OSZE-Staaten haben Rußland schon seit Beginn der Offensivoperation zu mehr Transparenz und zur Einladung von Beobachtern aufgefordert. Rußland ist zwar seinen Verpflichtungen zur Notifikation nachgekommen und hat Ende Februar 2000 kurz vor dem jährlichen WD-Überprüfungstreffen Daten über den Umfang der an der Operation beteiligten regulären Verbände vorgelegt (45.950 Soldaten; 375 Panzer; 2.210 gepanzerte Kampffahrzeuge; 740 Artilleriesysteme), eine Beobachtermission steht jedoch nach wie vor aus. Einschränkend muß jedoch angemerkt werden, daß das WD nur für Frieden und Krise, nicht jedoch für den Kriegsfall gedacht ist. Während eines Krieges lassen sich Beobachtermissionen nicht durchführen, weil vor Ort niemand die Sicherheit der Beobachter garantieren kann. Insofern wird derzeit das Regime nicht verletzt. Trotzdem gibt es Probleme: So hatten die russischen Streitkräfte auf freiwilliger Basis Deutschland zu einer Beobachtungsmission im Aufmarschgebiet ihrer Truppen westlich von Tschetschenien vom 24. bis 25. Februar 2000 eingeladen. Doch hat es wenig mit Transparenz und Vertrauensbildung zu tun, wenn Generälen vor Ort erlaubt wird, wichtige Militärstandorte und rund 50 Prozent des Inspektionsgebietes einfach wieder auszunehmen. Auf dem jährlichen WD-Überprüfungstreffen in Wien hatte Rußland eine reguläre Beobachtungsmission in Tschetschenien angeboten, allerdings frühestens im Juni 2000. Das wurde von den übrigen OSZE-Staaten als viel zu spät kritisiert. Es bleibt abzuwarten, wann Rußland seinen Verpflichtungen nachkommen wird.

Open Skies

Am 2. März 2000 hat das ukrainische Parlament endlich den Open Skies-Vertrag ratifiziert, der eine großflächige Luftinspektion militärischer Potentiale erlaubt. Um das Regime in Kraft zu setzen, steht nur noch die Unterschrift der russischen Duma aus, die mit ihrer bisherigen Verweigerungshaltung nun endgültig isoliert ist. Ab dem 4. April will nun auch die Duma mit den Anhörungen zur Ratifizierung beginnen. Damit bleibt nur zu hoffen, das keine weitere Krise die Ratifikation erneut verzögert und der Vertrag noch in diesem Jahr in Kraft treten kann.

KSE-Anpassungsverhandlungen

Erfolgreicher Abschluß auf dem OSZE-Gipfel in Istanbul

Der Verhandlungsfortschritt zwischen Ostern und Juni 1999 war nur minimal. Das lag einmal daran, daß Lamberto Zannier als alter und neuer Vorsitzender der Arbeitsgruppe A wegen aserischer Bedenken bis Anfang Juni warten mußte, bevor er bestätigt werden konnte. Zum zweiten spielte nun der Kosovokrieg gleich eine doppelt nachteilige Rolle. Rußland machte weitere Fortschritte bei KSE davon abhängig, daß die NATO-Staaten auf eine Intervention mit Bodentruppen verzichteten. Da die NATO-Mitglieder in dieser Frage gespalten waren und gegen Ende des Konfliktes die Wahrscheinlichkeit für einen Einsatz von Bodentruppen sogar zunahm, wurde bis zum 8. Juni 1999, dem Ende des Krieges, nur wenig erreicht. Erschwerend kam hinzu, daß die US-Streitkräfte gleich mehrfach das WD 94 verletzten (siehe oben). Damit entwerteten sie die Bedeutung politischer Abmachungen, die einen wesentlichen Teil der KSE-Anpassung ausmachen.

Nach Kriegsende wurden die Verhandlungen wieder reaktiviert. Von entscheidender Bedeutung war dabei eine Konferenz von Rechtsexperten am 15. und 16. Juli 1999 in Wien, bei der es gelang, sich auf die Grundstruktur des neuen Vertrags zu verständigen. Sämtliche Änderungen des Vertrags sollten in einem rechtlich verbindlichen Text ("Übereinkommen über die Anpassung des Vertrags über konventionelle Streitkräfte") und sämtliche politisch verbindlichen Zusicherungen in einer separaten "Schlußakte" zusammengefaßt werden. Am 2. September 1999 präsentierten die westlichen Staaten in Wien einen ersten Vertragsentwurf, der zur Grundlage für die abschließenden Arbeiten wurde.

Aus Zeitgründen und um zusätzlichen Ratifikationsproblemen mit dem US- Kongress aus dem Weg zu gehen, schlug die US-Regierung Anfang Juni einen *Minimum Amendment Approach* vor, der vorsah, nur die unbedingt notwendigen Vertragsänderungen als Zusätze in den bisherigen Vertrag aufzunehmen. Aus diesem Grund lehnten die USA zunächst auch viele Änderungsvorschläge der europäischen NATO-Staaten ab. Selbst die Obergrenzen der "Gruppen von Vertragsstaaten" in der Präambel sollten nicht geändert werden, obwohl das dem Ziel, den Vertrag für neue Staaten zu öffnen, diametral entgegenstand. Der *Minimum Amendment Approach* zeigte auch, daß konventionelle Rüstungskontrolle und die KSE-Anpassung für die US-Regierung an Bedeutung verloren hatten.

Die Anpassung des Verifikationssystems an das neue Beschränkungskonzept war bis zuletzt in großen Teilen noch offen. Ein besonderes Problem bildeten dabei auch die USA, deren verschiedene Regierungsagenturen fast bis zur letzten Minute heillos über die Verifikation zerstritten waren. Die US-Streitkräfte debattierten mit ihren Geheimdiensten über die Frage, welches Maß an Transparenz und Verifikation wirklich notwendig sei. Die US-Geheimdienste, seit dem Ende des Ost-West-Konflikts auf der Suche nach neuen Aufgaben, verfolgten dabei den Ansatz des *TLE-Tracking* (TLE=*Treaty Limited Equipment*), das heißt, sie wollten jederzeit wissen, von wo eine Waffe, wann, wohin verbracht wurde, während dies den mehr an operativer Freiheit interessierten Streitkräften viel zu weit ging. Im Kern ging es dabei um die Frage, wann und wo destabilisierende Streitkräftekonzentrationen entstehen, die man rechtzeitig wahrnehmen können muß, um darauf angemessen reagieren zu können. Zu Zeiten des Kalten Krieges setzte man den Schwellenwert dafür bei zehn Divisionen an.

Unter den aktuellen sicherheitspolitischen Strukturen könnte jedoch in einzelnen KSE-Staaten schon ein einziges zusätzliches Bataillon eines zuviel für die militärische Stabilität sein. Deshalb wollten die USA die Zahl der Inspektionen um ein Drittel erhöhen. Andererseits war zweifelhaft, ob ein derart aufwendiges und teures Verifikationssystem wie das *TLE-Tracking* wirklich notwendig ist, zumal die Wahrscheinlichkeit von zwischenstaatlichen Kriegen im Vergleich zu innerstaatlichen deutlich abgenommen hat. Gerade ärmere KSE-Staaten wie die Ukraine, Moldau oder Georgien hätten ein derartiges Verifikationssystem kaum finanzieren können. Deutschland verfolgte einen anderen Ansatz: Es wollte die aktuellen Inspektionsquoten unabhängig von der Zahl der Verifikationsobjekte festschreiben und zusätzlich alle drei Monate einen allgemeinen Daten- und Informationsaustausch vornehmen lassen, um früher strukturelle Veränderungen in den Streitkräften zu entdecken.

Im Ergebnis einigte man sich auf vier Maßnahmen zur Kontrolle des neuen Beschränkungskonzeptes:

- Die jährliche Inspektionsquote wird um ein Drittel erhöht. Die USA und andere Vertragsstaaten müssen aber die Kosten für diese Erhöhung selbst tragen.
- Der Daten- und Informationsaustauch findet häufiger statt (viermal pro Jahr).
- Es werden qualitativ differenziertere Daten und Informationen erhoben, um Umgehungsversuche früher entdecken und ihnen besser vorbeugen zu können.
- In Krisensituationen wird die Nutzung der außerordentlichen vorübergehenden Dislozierung neben dem politischen Mechanismus mit einem Informations- und Überprüfungsmechanismus ausgestattet.

Die Nachwehen des Kosovokrieges veranlaßten Rußland, am 31. August 1999 neue Vorschläge vorzulegen:

- Die neuen nationalen KSE-Obergrenzen sollten unabhängig vom Beitritt weiterer Staaten zum KSE-Vertrag schon jetzt auf ganz Europa ausgedehnt werden. Besonders die USA sollten KSE-Limits nicht dadurch umgehen können, daß sie Waffen in Nicht-KSE-Staaten wie Albanien und Mazedonien stationierten.
- Weiter forderte Rußland mehr Transparenz bei der Verlegung von fliegenden Waffensystemen sowie
- die Verrechtlichung von Maßnahmen zur militärischen Zurückhaltung der mitteleuropäischen Staaten.

Die erste und die dritte Forderung waren wenig realistisch. Dagegen war der Wunsch nach mehr Transparenz bei den fliegenden Systemen begründet. Die USA wollten zunächst nur ein Notifikationssystem für den Abzug von Kampfflugzeugen. Die Verlegung nach Europa sollte dagegen aus Gründen der operativen Sicherheit nicht gemeldet werden. Dies stieß jedoch in Großbritannien und Frankreich auf Bedenken, weil diese Länder nicht jede Verlegung in ihre ehemaligen Kolonien im Rahmen von KSE notifizieren wollten. Schließlich einigte man sich darauf, Verlegungen ab einem Schwellenwert von 18 fliegenden Systemen zu melden.

Im September 1999 forderten Georgien, Moldau und Aserbaidschan, den *Host Nation Consent* (Zustimmung des Gaststaates zur Anwesenheit fremder Truppen) in die Präambel oder in den Vertrag selbst aufzunehmen, weil es in den bilateralen Abzugsverhandlungen mit Rußland kaum Fortschritte gab. Rußland hatte im Juni 1999 mit Georgien und Moldau bilaterale Verhandlungen über den Abzug seiner Truppen aufgenommen. Allerdings wollte Rußland erst bis zum Jahre 2005 seine Stationierungstruppen reduzieren, was für Georgien und Moldau unannehmbar war.

Die USA griffen diese Forderungen bereitwillig auf, obwohl sie gegenüber den eigenen Bündnispartnern bisher eine Änderung der Präambel hartnäckig abgelehnt hatten. Die Kaukasusstaaten hatten den Türöffner gefunden, über den nun doch Änderungen der Präambel möglich wurden. Die USA erklärten im Zuge der weiteren Verhandlungen den gesamten Vertrag zur Verhandlungsmasse, so daß viele Kompromisse möglich wurden, an die im Sommer noch nicht zu denken war. Die Hinlänglichkeitsregel, der alte Begrenzungsansatz und die Flankenregel in ihrer alten Form konnten nun gestrichen werden. Die Obergrenzen der Gruppen von Vertragsstaaten werden in der Präambel zwar noch erwähnt, sind aber für den neuen Vertrag nicht mehr gültig. Die Türkei bestand auf ihrer Erwähnung, um der künftigen Kritik am Flankenstatus besser begegnen zu können.

Die Entscheidung der russischen Regierung im September 1999, in Tschetschenien militärisch zu intervenieren, schuf ein neues Problem. Die russischen Flankenobergrenzen wurden dadurch eindeutig überschritten, und die KSE-Anpassung mußte in Istanbul während einer bestehenden Vertragsverletzung unterzeichnet werden. Rußland versuchte den rüstungskontrollpolitischen Schaden durch Transparenz zu minimieren, die westlichen Staaten stellten zwei Bedingungen für die Unterzeichnung:

- eine hochrangige (Jelzin oder Putin) politische Zusicherung, den KSE-Vertrag und seine Beschränkungen künftig einzuhalten;

– Beginn des russischen Truppenabzugs aus Moldau noch vor dem Istanbuler OSZE-Gipfel.

Putin sicherte dies am 11. November 1999 in Helsinki zu. Außerdem sei Rußland bereit, seine Streitkräfte innerhalb von zwei Jahren aus Moldau ganz und aus Georgien teilweise abzuziehen. Putin verknüpfte den Abzug jedoch mit einer politischen Lösung für den Autonomiestatus von Transnistrien und Abchasien. Dies hatte in der Vergangenheit immer dazu gedient, den russischen Truppenabzug zu verhindern.

Die Verhandlungen über den Vertragstext wurden erst am 12. November 1999 in Istanbul abgeschlossen. Danach ging es um den Text der Schlußakte, die die politischen Zusicherungen der KSE-Staaten zur KSE-Anpassung enthält. Am 16. November 1999 begannen die russischen Streitkräfte mit dem Abzug ihrer Truppen aus Moldau. Am selben Tag standen aber immer noch vier Punkte der Schlußakte offen.

Rußland ließ am 17. November 1999 die Forderung nach der europaweiten Ausweitung der Obergrenzen fallen und war mit der Erwähnung der NATO-Erklärung vom 8. Dezember 1998 in der Schlußakte einverstanden. Außerdem gelang die Einigung mit Georgien. Rußland ist bereit, dort zwei von vier Militärstandorten – darunter einen in Abchasien – bis zum 1. Juli 2001 zu schließen und will bis Ende 2000 seinen Teilabzug abschließen. Im Jahr 2000 soll ein Stationierungsvertrag für die verbleibenden Basen verhandelt werden. Rußland hatte darauf verzichtet, den Abzug mit der Autonomieregelung für Abchasien zu verbinden, umgekehrt akzeptierte Georgien eine längere Abzugsfrist. Am nächsten Tag sollte der OSZE-Gipfel beginnen und auch die KSE-Anpassung einschließlich der Schlußakte unterzeichnet werden. Doch wegen des noch immer offenen Truppenabzugs aus Moldau mußte dies auf den 19. November 1999 verschoben werden.

Als es am Abend des 18. November immer noch keine Lösung gab, vermittelte Lamberto Zannier zwischen beiden Seiten. In getrennten Verhandlungen mit beiden Delegationen gelang ihm am frühen Morgen des 19. November 1999 der Durchbruch. Moldau akzeptierte den phasenweisen Abzug der russischen Streitkräfte. Bis Ende 2001 müssen alle vertragsrelevanten russischen Waffen und bis Ende 2002 alle russischen Streitkräfte einschließlich 40.000 Tonnen Munition abgezogen sein. Dafür mußte Rußland auf die Verknüpfung mit der Autonomieregelung für Transnistrien verzichten. Die USA unterstützen den Abzug der russische Streitkräfte mit mehr als 30 Mio. US-Dollar. Mit eintägiger Verspätung konnten nun die beiden Dokumente zur KSE-Anpassung am 19. Dezember 1999 unterzeichnet werden. Vier Staaten – Litauen, Österreich, Slowenien und Mazedonien – erklärten bereits auf dem Gipfel ihre Bereitschaft, dem angepaßten KSE-Vertrag beizutreten. Damit hat sich die Öffnung des Vertrags für neue Mitglieder als Erfolg erwiesen.

Bewertung des angepaßten KSE-Vertrags

Das rechtlich verbindliche Übereinkommen über die KSE-Anpassung und die politisch verbindliche Schlußakte schaffen einen neuen Vertrag, der anderen Prinzipien folgt als der alte. Das Gruppenprinzip wird ersetzt durch ein System nationaler und territorialer Obergrenzen, die Suffizienzregel ist ebenso entfallen wie das Regionalsystem, die Flankenregel taucht im Haupttext nicht mehr auf, sondern wird in den Fußnoten des Protokolls über territoriale Obergrenzen versteckt. OSZE-Teilnehmerstaaten mit Hoheitsgebiet im Anwendungsgebiet können dem Vertrag nun beitreten. Trotz mancher Defizite, die das Ergebnis im einzelnen beeinträchtigen, ist damit konzeptionell ein Durchbruch gelungen. Sechs Aspekte sind dabei von besonderer Bedeutung:

Erstens sinkt die Summe der nationalen Obergrenzen gegenüber derjenigen der bisherigen Anteilshöchstgrenzen um ca. 11.000 TLE, also etwa sieben Prozent. Dies bedeutet jedoch für die allermeisten Vertragsstaaten keine Senkung der Ist-Bestände, vielmehr existieren auch nach der Absenkung der Obergrenzen immer noch erhebliche *Headrooms*. Die Bundesrepublik Deutschland z.B. verfügt in den fünf Waffenkategorien über nationale Obergrenzen von insgesamt 10.025 TLE, die Ist-Bestände betrugen jedoch zum 1. Januar 2000 nur 7.977 TLE. Damit existiert ein *Headroom* von 2.048 TLE, also etwa 25 Prozent. Obwohl der Vertrag nicht zu einer relevanten Absenkung der Bestände führt, ist die Absenkung der Obergrenzen langfristig deshalb von politischer Bedeutung, weil sie in kontrollierbarer Form erfolgt und schwerer revidiert werden kann als unilaterale Absenkungen.

Zweitens führt der angepaßte KSE-Vertrag zu einem höheren Maß an rüstungskontrollpolitischer Stabilität sowohl im gesamten Anwendungsgebiet als auch in einzelnen sicherheitspolitisch brisanten Regionen. Nach dem alten KSE-Vertrag konnten Streitkräfte innerhalb einer "Gruppe von Vertragsstaaten" fast beliebig verlegt und damit offensivfähige Konzentrationen gebildet werden. Die einzige Begrenzung dafür stellten die regionalen Obergrenzen dar, die jedoch angesichts der abgesunkenen Ist-Bestände kaum noch einen Begrenzungseffekt hatten. Unter dem neuen Regime wird die Konzentrationsfähigkeit von Streitkräften durch 28 territoriale Obergrenzen und zwei territoriale Zwischenobergrenzen (Flanke) begrenzt. Damit ist der von Deutschland während der gesamten Verhandlungen angestrebte Durchbruch auf konzeptioneller Ebene gelungen, während die USA mit der außerordentlichen vorübergehenden Dislozierung völlig überzogene Vorstellungen über militärische Flexibilität durchsetzen konnten, die den strukturellen Erfolg auf operativer Ebene wieder stark relativieren. Die Verhandlungen über die KSE-Anpassung haben eindrucksvoll unterstrichen, daß es innerhalb der Atlantischen Allianz weder einen Konsens über den Stellenwert konventioneller Rüstungskontrolle gibt noch über deren Ziele und Grundsätze. Daher waren die Verhandlungen innerhalb der NATO mindestens ebenso schwierig wie die im Kreise aller 30 Vertragsstaaten und führten zu bündnisinternen Kompromissen, die nicht konsistenter sind als diejenigen, die unter den 30 ausgehandelt wurden. Die größte Gefahr für konventionelle Rüstungskontrolle in Europa besteht längerfristig darin, daß es im westlichen Bündnis darüber keinen konzeptionellen Konsens (mehr) gibt. Der aktuelle Erfolg besteht darin, daß die KSE-Anpassung trotzdem gelang.

Drittens stabilisiert der angepaßte Vertrag bilaterale bzw. subregionale Kräfteverhältnisse. Anschaulich läßt sich dies am Verhältnis zwischen Rußland, Norwegen, Polen und Belarus zeigen. Die politisch verbindliche russische Erklärung, das Streitkräfteniveau in den Verwaltungseinheiten Kaliningrad und Pskov nicht zu erhöhen, hat wiederholt vorgetragene Besorgnisse der norwegischen Regierung gedämpft, Rußland könne Streitkräfte aus der südlichen in die nördliche Flankenregion verlagern. Dasselbe gilt für Polen, das sich daraufhin seinerseits bereit erklärte, seine Obergrenzen abzusenken und nicht wieder zu erhöhen. Dies wiederum wurde durch die Nichterhöhungserklärung von Belarus erleichtert, die zugleich Vorsorge trifft für den Fall einer Vereinigung von Belarus und Rußland. Das Beispiel zeigt, daß sich das System der territorialen Obergrenzen, ergänzt durch politisch verbindliche Erklärungen, hervorragend zur Stabilisierung subregionaler Kräfteverhältnisse einsetzen läßt.

Viertens können OSZE-Teilnehmerstaaten mit Hoheitsgebiet im Anwendungsgebiet dem angepaßten KSE-Vertrag nach dessen Inkraftsetzung beitreten. Die Tatsache, daß bereits vier Staaten ihre Absicht dazu erklärt haben, unterstreicht die ungebrochene Relevanz des Vertrags. Beschlüsse über Beitritte zum Vertrag sind im Kreise der bisherigen Vertragsstaaten im Konsens zu fassen. Das bedeutet, daß auch über die Bedingungen solcher Beitritte ein Konsens gefunden werden muß. Dies wirft insbesondere in bezug auf die baltischen Staaten eine Reihe interessanter Probleme auf. Denn wenn diese drei Staaten jeweils nationale und territoriale Obergrenzen notifizieren, dann hätte jeder von ihnen das Recht auf eine außerordentliche vorübergehende Dislozierung mit der Folge, daß die NATO rund sechs Divisionen zusätzlich in Estland, Lettland und Litauen stationieren könnte. Da dies für Rußland auch vor dem Hintergrund seiner eigenen Nichterhöhungsverpflichtung in Kaliningrad und Pskov kaum akzeptabel sein dürfte, stellt sich die Frage, zu welcher politisch verbindlichen Begrenzung der Anwendung des Flexibilitätsinstrumentariums sich die drei baltischen Staaten durchringen können. Von der Antwort darauf hängt auch ab, inwieweit die oben beschriebene Stabilisierung der Nordregion durch den angepaßten Vertrag aufrechterhalten bzw. weiter gefestigt werden kann.

Fünftens ist der angepaßte Vertrag ein unverzichtbares Instrument, um die ohnehin schon angeschlagene kooperative Basis mit Rußland wieder zu festigen. Auf rüstungskontrollpolitischer Ebene gewinnt Rußland mit der KSE-Anpassung eine starke Garantie gegen einen möglichen strategischen Streitkräfteaufbau an seiner Westflanke. Auf politischer Ebene wurde durch die KSE-Anpassung unterstrichen, daß die NATO und Rußland in sicherheitspolitischen Kernfragen kooperieren können. Angesichts der jüngsten Belastungen aufgrund des Kosovo- und des Tschetschenienkrieges und der künftig zu erwartenden – man denke nur an die US-amerikanischen Pläne einer strategischen Raketenabwehr – war dieser Erfolg aber auch dringend notwendig.

Sechstens stärkt der angepaßte Vertrag die Souveränität der Staaten insbesondere in der Flankenregion, indem er ausdrücklich auf die Notwendigkeit der Zustimmung des Gaststaates zur Stationierung ausländischer Streitkräfte verweist. Diese gewinnen damit ein zusätzliches Instrument, um die Präsenz russischer Streitkräfte entweder zu beenden (Moldau) oder zu begrenzen (Georgien). Damit stellt der angepaßte Vertrag ein zusätzliches Instrument zur Konfliktregulierung zur Verfügung, dessen Wirkung allerdings als begrenzt einzuschätzen ist. Grundsätzlich ändert auch der angepaßte KSE-Vertrag wenig daran, daß internationale Rüstungskontrolle für die Lösung primär innenpolitischer Konflikte kaum fruchtbar zu machen ist.

Insgesamt ist es gelungen, mit der Veränderung der strategischen Rahmenbedingungen in Europa Schritt zu halten und den Vertrag an ein Umfeld anzupassen, dessen heutige Parameter sich vor zehn Jahren, als die Verhandlungen über den alten KSE-Vertrag gerade in die entscheidende Phase traten, niemand hätte vorstellen können. Das KSE-Regime konnte strukturell aufrechterhalten und gefestigt werden, indem man es funktional grundlegend umgestaltet hat. Vor dem Hintergrund des abnehmenden US-Interesses an (europäischer) Rüstungskontrolle und des im wesentlichen daraus resultierenden konzeptionellen Dissenses innerhalb der Atlantischen Allianz ist das nicht wenig. Jetzt kommt es darauf an, den Vertrag zügig zu ratifizieren und in Kraft zu setzen, um einer schleichenden Aushöhlung seiner Substanz durch Nichtanwendung vorzubeugen. Dabei ist jetzt schon klar, daß die Ratifizierung in einer Reihe von Ländern, insbesondere in den USA, Rußland und einigen Flankenstaaten, sehr schwierig werden wird. Die russische Regierung hat bereits erkennen lassen, daß sie eine Ratifizierung der KSE-Anpassung von der Einhaltung des ABM-Vertrags abhängig machen will. Wenn Rußland diese Position aufrecht erhält, müßten die europäischen NATO-Staaten in Sachen ABM Farbe bekennen. Von daher wird die Inkraftsetzung der KSE-Anpassung mindestens so viel politische Energie erfordern wie die des alten KSE-Vertrags, für die man mehr als zwei Jahre benötigte. Eines allerdings ist sicher: Die KSE-Anpassung wird schon deshalb nicht die letzte gewesen sein, weil sich das strategische Umfeld weiter verändert.

Hans-Joachim Schmidt / Wolfgang Zellner

3.5. Kleinwaffen als Herausforderung für Rüstungskontrolle und Entwicklungspolitik

Nach dem Verbot von Anti-Personenminen durch den Vertrag von Ottawa 1998 steht nun das Problem der Kleinwaffen und der leichten Waffen auf der Tagesordnung. Es gilt, Feuerwaffen und Explosiva militärischen Typs, die von einer oder zwei Personen getragen und bedient werden können, strenger zu kontrollieren und ihre Ausbreitung einzuschränken. Solche Waffen sind in vielen Ländern allgemein erhältlich. Dort werden sie häufig zu politischen und kriminellen Zwecken mißbraucht, verursachen viele Opfer unter der Zivilbevölkerung und hemmen die soziale und wirtschaftliche Entwicklung. Es ist also dringend notwendig, ihre destabilisierende Anhäufung und ihren Mißbrauch einzudämmen. Im Jahr 2001 soll eine Konferenz der Vereinten Nationen zum Thema Kleinwaffen stattfinden. Was aber das Ergebnis dieser Konferenz sein soll, ist unklar und strittig. Die Meinungsunterschiede beginnen damit, wie Kleinwaffen völkerrechtlich und politisch behandelt werden sollen.

Inwiefern können die traditionellen Kriterien für erfolgreiche Rüstungskontrolle – Erhöhung der Stabilität der Rüstungslage, Verringerung der Zerstörungsfähigkeit und die Verminderung der Kosten der Militärapparate (vgl. Beitrag 3.1.) – auf Kleinwaffen angewendet werden?

Die Frage der Stabilität ist in der Rüstungskontrollpolitik bisher nur in bezug auf den Rüstungswettlauf zwischen Staaten relevant. In diesem Zusammenhang bilden Kleinwaffen kein bedeutendes Risiko. Aber die meisten Kriege spielen sich heute innerhalb von Staaten ab und werden zum größten Teil mit Kleinwaffen ausgetragen. Wenn diese Waffen allgemein verfügbar sind, ist das als ein destabilisierender und konfliktverschärfender Faktor anzusehen.

Mit Recht hat Michael Klare den männlichen Jugendlichen mit einer Kalaschnikow "das tödlichste Gefechtssystem unserer Epoche genannt."[1] Das Zerstörungspotential der Kalaschnikows und anderer Kleinwaffen liegt natürlich vor allem in ihrer Zahl, ihrer Ausbreitung und ihrer mangelhaften Kontrolle und nicht so sehr in der Zerstörungskraft der einzelnen Waffe. Deshalb kann die Rüstungskontrolle auch hier wenig bewirken. Außerdem können Kleinwaffen, anders als Landminen und Massenvernichtungswaffen, zielgenau eingesetzt werden. Schließlich kann man von Kleinwaffen nicht behaupten, sie seien unmenschlicher als andere Kriegswaffen. Es wird also keine pauschale Ächtung der Kleinwaffen geben. Auch wird kaum eine Regierung bereit sein, auf den Besitz und den Einsatz von Kleinwaffen für militärische und polizeiliche Zwecke verzichten zu wollen. Was die Kosten ihrer Beschaffung anbetrifft, sind die Kleinwaffen ein geringeres Problem als alle anderen Waffen. Freilich führen die massenhafte Ausbreitung und der Mißbrauch von Kleinwaffen zu erheblichen Kosten.

All diese Probleme schlagen sich zunächst auf der Mikro-Ebene nieder, bilden aber in der Masse eine weltweite Herausforderung, mit der sich die Rüstungskontrollpolitiker bisher kaum auseinandergesetzt haben.

In diesem Zusammenhang wäre ein neues Kriterium im Instrumentarium der Rüstungskontrollpolitik sinnvoll: Das Risiko, daß der Einsatz bestimmter Waffen zur Ver-

1 The Kalashnikov Age, *Bulletin of the Atomic Scientists*, January/February 1999, S. 19.

letzung von Menschenrechten und des humanitären Kriegsrechts führt. So plädiert Patricia Lewis, Direktorin des *United Nations Institute for Disarmament Research* (UNIDIR), für eine neue, am Schutz der Menschenrechte orientierte Herangehensweise, welche die Rüstungskontrolle aus ihrer heutigen Krise befreien soll.

Einen Ansatzpunkt, den offensichtlichen Problemen der rüstungskontrollpolitischen Behandlung der Kleinwaffen zu begegnen, bildet das Bedürfnis von Staaten, im Interesse der öffentlichen Sicherheit und der politischen Stabilität in ihrem Hoheitsgebiet den Besitz, den Handel und die Herstellung von Feuerwaffen zu kontrollieren. Eine strenge und effektive nationale Feuerwaffenkontrolle, die in vielen Entwicklungsländern (und manchen Industriestaaten) fehlt, trägt maßgeblich dazu bei, die Risiken einzuschränken.

Im September 2000 soll dem Vertrag der Vereinten Nationen zur Bekämpfung staatsübergreifender organisierter Kriminalität ein VN-Feuerwaffenprotokoll hinzugefügt werden, das auf der Ebene der Nationalstaaten helfen soll, illegalen Besitz, illegalen Handel und illegale Herstellung von Kleinwaffen einzudämmen. Etwa 30 Nicht-Regierungsorganisationen haben im Februar 2000 Verbesserungsvorschläge zum Protokollentwurf gemacht[2] und drängen auf die Einbeziehung des legalen Handels in Kontrolle und Regulierung. Die deutsche Regierung sollte diese Vorschläge unterstützen.

Die Kleinwaffenkonferenz der VN im Jahre 2001 könnte auf dem Feuerwaffenprotokoll aufbauen. Ein wünschenswertes Ergebnis dieser Konferenz wäre ein Vertrag, in dem sich Staaten verpflichten, ihren Sicherheitssektor rechtsstaatlich zu reformieren, die öffentliche Sicherheit zu gewährleisten, das Gewaltmonopol des Staates zu festigen und zu wahren sowie aus illegalem Besitz sichergestellte Waffen umweltgerecht zu vernichten. Die Umsetzung solcher Reformen wird in den meisten Fällen ein starkes Engagement der Industrieländer erfordern. Deutschland sollte dafür eintreten, daß die Europäische Union auf diesem Gebiet eine Vorreiterrolle spielt.

Auf folgenden Gebieten sind sinnvolle Maßnahmen zur Bekämpfung der Kleinwaffenproblematik möglich und erwünscht:

- Restriktivere Regeln, strengere Kontrolle und größere Transparenz bei Herstellung, Handel, Besitz und Nutzung
- Entwicklung und Verbesserung von Aufsichtsbehörden für die Waffenkontrolle
- Förderung der Einsammlung, der sicheren Lagerung von Kleinwaffen und der Vernichtung von unerwünschten Beständen
- Verbesserung der öffentlichen Sicherheit durch Verwaltungsreform und Stärkung der Zivilgesellschaft
- Förderung von Programmen zur Demobilisierung und Reintegration von Ex-Kombattanten
- Bekämpfung von Gewaltkulturen
- Förderung von Möglichkeiten zur gewaltfreien Konfliktbearbeitung.

Es gibt auf nationaler und regionaler Ebene sinnvolle Möglichkeiten, die Probleme der Kleinwaffen anzugehen:

Am 31. Oktober 1998 verhängte die Wirtschaftliche Gemeinschaft Westafrikanischer Staaten (ECOWAS) ein Moratorium über Import, Export und Herstellung von Kleinwaf-

2 Strengthening the UN Firearms Protocol: Recommendations British-American Security Information Council (BASIC), February 2000

fen in der Region. Bei dieser Initiative ging es darum, sich höchst unerwünschter, für die innere und äußere Sicherheit der Region bedrohlicher Waffen zu entledigen. So bat die ECOWAS die Industrieländer, alle Lieferungen von Kleinwaffen an Westafrika zu unterbinden. Viele Industriestaaten haben dies zugesagt, darunter auch die Vereinigten Staaten und die Europäische Union. Aber da Präsident Clinton in dieser Hinsicht von einer konservativen Mehrheit im amerikanischen Kongreß behindert wird, ist es um so wichtiger, daß Westeuropa das Programm zur Unterstützung dieses Moratoriums fördert.

Im Jahr 1997 verabschiedete die Europäische Union (EU) ein Programm zur Bekämpfung des illegalen Handels von konventionellen Waffen. 1998 folgte ein Verhaltenskodex für Rüstungsexporte. Ende 1998 beschloß sie eine Gemeinsame Aktion (GA) zur Bekämpfung der destabilisierenden Anhäufung und Verbreitung von Kleinwaffen. In dieser deutschen Initiative nimmt sich die EU vor, ihre Exporte und ihre eigenen Bestände und Beschaffungen einzuschränken. Sie tritt außerdem für eine größere Transparenz auf dem Gebiet der Kleinwaffen ein und nimmt sich vor, den Entwicklungsländern zu helfen, die Ursachen der Kleinwaffenproblematik zu bekämpfen.

Diese im Grunde wertvolle GA klammert, im Gegensatz zum VN-Regierungssachverständigenrat über Kleinwaffen, dem Wassenaar-Abkommen und dem obengenannten Feuerwaffenprotokoll der Vereinten Nationen, die Munition der Kleinwaffen aus. Dabei sind es gerade die Kugeln, die töten, die nur einmal benutzt werden können und die oft aus den Industrieländern beschafft werden müssen.

Unter dem Vorsitz von Bundesministerin Heidemarie Wieczorek-Zeul beschlossen die Entwicklungsminister der EU am 21. Mai 1999, Mittel für die GA bereitzustellen. Sie nahmen sich vor, die Kleinwaffenproblematik in ihren Dialog mit den afrikanischen, karibischen und pazifischen Staaten einzubeziehen, die Beseitigung von unerwünschten Waffenbeständen im Süden zu fördern, Entwicklungsländern zu helfen, die für eine wirksame Kleinwaffenkontrolle notwendigen Institutionen zu schaffen und einen Beitrag zur Bekämpfung von Waffen- und Gewaltkulturen zu leisten. Aber erst im Frühjahr 2000 startete in Kambodscha das erste Projekt im Rahmen dieser Entschließung. Wenn die EU ihren Anspruch, eine Hauptrolle bei Krisenprävention und Kriegsverhütung zu spielen, glaubhaft machen will, wird sie ihre guten Vorhaben schneller und effizienter umsetzen müssen.

Auch in Deutschland fehlt es nicht an starken Aussagen der Regierung zum Thema Krisenprävention und gewaltfreie Konfliktbearbeitung. "Entwicklungspolitik ist Friedenspolitik" sagt die Führung des Bundesministeriums für wirtschaftliche Zusammenarbeit und Entwicklung (BMZ) in Anlehnung an Willy Brandt. Seitdem die BMZ-Führung an den Sitzungen des Bundessicherheitsrats teilnimmt, hat sie ein Mitspracherecht bei allen Fragen der Sicherheitspolitik, inklusive der Beurteilung von deutschen Rüstungsexporten. Neuerdings wird bei solchen Exporten auch berücksichtigt, ob unverhältnismäßige Rüstungsausgaben die nachhaltige Entwicklung des Empfängerlandes beeinträchtigen – ein Erfolg für das BMZ. Was die Kleinwaffen anbetrifft, hat Deutschland gute Vorraussetzungen, um sich an Programmen zur Einsammlung und Vernichtung von unerwünschten Waffenbeständen in Entwicklungsländern zu beteiligen. Solche Aktivitäten lassen sich nicht nur gut von der deutschen Gesellschaft für Technische Zusammenarbeit (GTZ) bewältigen, sondern auch sinnvoll mit anderen Programmen verbinden. Das können Programme zur Demobilisierung von Ex-Kombattanten, zur Reform des Sicherheitssektors, zur Förderung einer guten Regierungsführung oder zur Stärkung der Zivilgesellschaft sein. Aber auch herkömmliche infrastrukturelle Entwicklungsprojekte können mit Abrüstungsinitiativen zu einem mehrschichtigen Programm kombiniert werden, wie man in Albanien beobachten kann. Dort realisierte das United Nations Development Programme (UNDP) 1999 zusammen mit den örtlichen Behörden ein Projekt unter dem Motto *Weapons in Exchange for Development*. Die Bevölkerung lieferte bei den Behörden Waffen ein, die 1997 aus staatlichen Waffenlagern gestohlen worden waren. Im Gegenzug legte das UNDP Straßen und Telefonnetze an und versah die Polizei mit Streifenwagen. Dieses innovative Programm wurde maßgeblich von einer Aufklärungskampagne und einem starkem Medienecho unterstützt. Dieses Experiment, das auch von Deutschland gefördert wurde, könnte in anderen Ländern nachgeahmt und weiterentwickelt werden.

Sami Faltas

4. Akute Krisenherde

4.1. Konfliktpanorama

Im Verlauf des Jahres 1999 wurden insgesamt 34 gewaltsame Konflikte[1] gezählt. 100 weitere politische Konflikte wurden ganz oder überwiegend gewaltfrei ausgetragen. Seit zwei Jahren ist eine leichte Zunahme der gewaltsamen Konflikte zu beobachten. Das Gewaltniveau der frühen neunziger Jahre, das höchste seit 1945, ist jedoch noch nicht wieder erreicht.

Intensität

- Im Verlauf der vergangenen acht Jahre öffnet sich eine Schere zwischen gewaltsamen und überwiegend gewaltfrei ausgetragenen Konflikten (Schaubild 1). Die Zahl der Gewaltkonflikte steigt langsamer als die Zahl der latenten Konflikte und der politischen Krisen. Dreiviertel aller politischen Konflikte verlaufen völlig oder überwiegend gewaltfrei.

Zwischen- und innerstaatliche Konflikte

- Bei den gewaltsam ausgetragenen Konflikten dominieren auch 1999 die innerstaatlichen Auseinandersetzungen.
- Zwischenstaatliche Konflikte werden fast ausschließlich gewaltfrei ausgetragen. Die wenigen gewaltsam ausgetragenen zwischenstaatlichen Konflikte resultieren aus vormals innerstaatlichen Sezessionskonflikten (u.a. Indien-Pakistan, Eritrea-Äthiopien).

Regionale Verteilung

- Mit zwölf gewaltsamen Konflikten ist Afrika wiederum die gewaltträchtigste Region (Schaubild 2). Es folgen Asien mit zehn und der Vordere und Mittlere Orient mit acht Gewaltkonflikten. Europa und Amerika bleiben mit je zwei Gewaltkonflikten die am wenigsten von Gewalt betroffenen Regionen. Auf dem amerikanischen Kontinent finden die wenigsten Konflikte überhaupt statt.

---

1 Alle Angaben und weitere Analysen vgl. HIIK 1999: Konfliktbarometer, http://www.hiik.de **Definition**: "Konflikt" als Oberbegriff umfaßt Interessengegensätze (Positionsdifferenzen) um nationale Werte (Unabhängigkeit, Selbstbestimmung, Grenzen und Territorium) von einiger Dauer und Reichweite zwischen mindestens zwei Parteien (Staaten, Staatengruppen, -organisationen, organisierte Gruppen), die entschlossen sind, sie zu ihren Gunsten zu entscheiden.

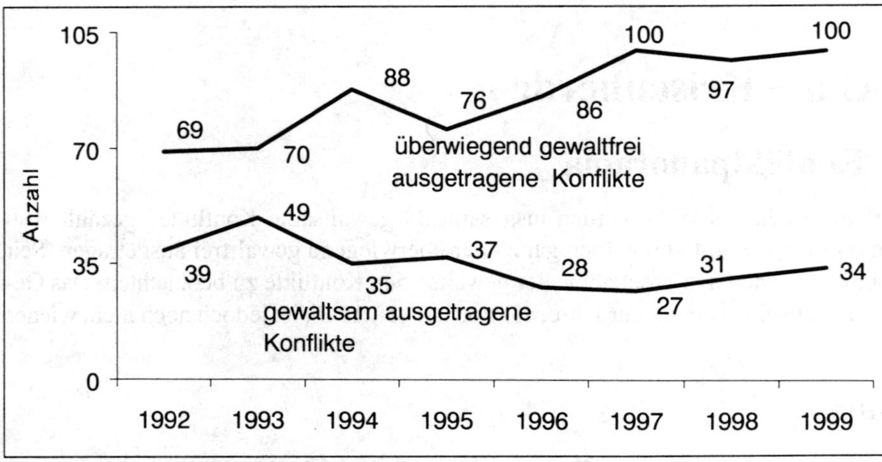

Schaubild 1: Konfliktintensität 1992 – 1999

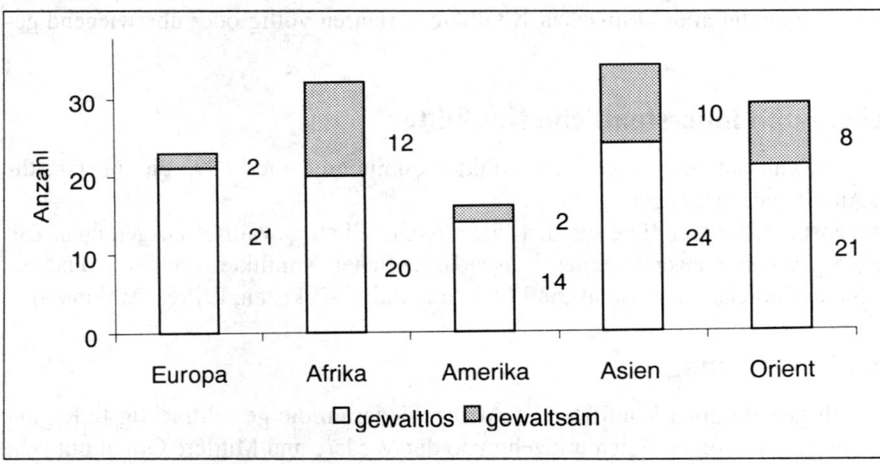

Schaubild 2: Regionale Konfliktverteilung

Heidelberger Institut für Internationale Konfliktforschung HIIK e.V.

4.2. Troubles mit dem Frieden in Nordirland

Das am Karfreitag 1998 in Belfast geschlossene Friedensabkommen geht in sein drittes Jahr. Insofern kann man bereits von einem historischen Fortschritt zumindest gegenüber seinen beiden relevanten Vorläufern (*Sunningdale* 1973, *Anglo-Irish Agreement* 1985) sprechen, die den Bürgerkrieg nur für kurze Zeit unterbrechen konnten. Ob der weitreichende Rahmen des Belfaster Abkommens für eine Neuordnung der politischen und gesellschaftlichen Verhältnisse in Nordirland und seiner Beziehungen zur Republik Irland und zu Großbritannien jedoch den hohen Erwartungen und Hoffnungen auf einen dauerhaften Frieden in Nordirland gerecht werden kann, ist angesichts der fast permanenten Krisen bei der Implementierung des Abkommens von Zweifeln begleitet (vgl. Beiträge Friedensgutachten 1998, 1.1., und 1999, 3.1.).

Überlebt das Friedensabkommen das Jahr 2000?

Während die Analytiker dazu neigen mögen, das wegen seiner institutionellen Innovationen international beachtete Regelwerk gegen die Widrigkeiten seiner Umsetzung zu verteidigen, mehren sich bei den Akteuren in Nordirland Stimmen, die das Abkommen selbst in Frage stellen. Die Rede vom *fudge* macht die Runde: Hierzulande vor allem als Übersetzung für Fondant, eine weiche Süßigkeit, geläufig, beschreibt der Begriff dort die Skepsis, ob das Friedensabkommen die ungelösten Fragen der post-conflict-Situation adäquat behandeln kann. Daß hierfür auch zunehmend widerstreitende Wahrnehmungen der Kontrahenten hinsichtlich Geist und Buchstaben des Vertrages verantwortlich sind und sich alte Vorbehalte gegenüber dem Abkommen (vor allem im protestantisch- unionistischen Lager) mit jüngerer Enttäuschung (vor allem bei den Republikanern) mischen, macht das Agieren in dem nur teilweise geräumten Minenfeld fortgesetzter Konfliktaustragung nicht leichter.

Woran liegt es, daß die beiden Hauptkonfliktparteien innerhalb Nordirlands, die protestantische *Ulster Unionist Party* (UUP) und die katholische *Sinn Fein* (SF), das von einer breiten Koalition und Zustimmung der Bürger getragene Abkommen vornehmlich als Verlust empfinden bzw. den ideellen Gesamtgewinn des Vereinbarung ihrer Klientel offensichtlich nicht vermitteln können? Was sind die Hauptursachen für die fast rituell wiederkehrenden Krisen und Hemmnisse im nordirischen Friedensprozeß? Eignet sich das Karfreitagsabkommen als Steuerungsinstrument des Prozesses?

Die kurzen Wochen der nordirischen Regierung

Das Jahr 1999 war nach zwei schweren Krisenzyklen im Frühjahr und im Herbst mit einem von der *Irish Times* als 'historisch' gefeierten Durchbruch zu Ende gegangen. Am 1. Dezember war nach mehr als 25 Jahren britischer Herrschaft (*direct rule*) das Kernstück des Abkommens in Kraft getreten: die Übertragung relevanter Machtkompetenzen von Westminster an eine nordirische Regionalregierung mit gleichberechtigter Besetzung der Ministerposten durch Protestanten und Katholiken (*power-sharing executive*). Den Weg aus der Sackgasse hatte eine elfwöchige Überprüfungsphase unter Leitung des bewährten Moderators US-Senator George Mitchell gewiesen. In zahllosen bilateralen und Rundtischgesprächen und unter weitgehendem Ausschluß einer oft eigendynamisch funktionierenden Öffentlichkeit gelang ein beachtlicher Vertrauenszuwachs: Die UUP unter Führung ihres Parteivorsitzenden und designierten Premierministers David Trimble wagte den Sprung und lockerte ihr Junktim '*no guns, no government*' (keine Ministerposten für die Sinn Fein, solange diese nicht mit der Abrüstung der ihr verbundenen IRA beginne). Verabredet wurde die Aufnahme der gemeinsamen Regierungstätigkeit, wenn die IRA (sowie die anderen, loyalistischen, paramilitärischen Organisationen) einen Verhandlungspartner für die *Independent International Commission on Decommissioning* (IICD) benennen, die die paramilitärische Abrüstung innerhalb von zwei Jahren nach Inkrafttreten des Abkommens praktisch regeln soll. Beides geschah nach der vom Vermittler vorgesehenen Choreographie. Es folgten zweieinhalb Monate ungewohnter Normalität – u.a. mit dem ehemaligen IRA-Kommandeur Martin McGuinness als Erziehungsminister – in der die nordirischen Bürger erleichtert zur Kenntnis nahmen, daß Schule, Kindergärten, Arbeitsplätze und Gesundheit eine höhere Aufmerksamkeit erfuhren als die Waffenproblematik. In diese Zeit fällt auch der wenig beachtete erste Zwischenbericht der britischen Regierung über die 'Rückkehr zu einer Normalität staatlicher Sicherheit'.[1]

Das Regieren auf Probe sollte sich jedoch als nicht tragfähig erweisen. Zu groß war der Druck der unionistischen Forderung, im gleichen Tempo bei der Abrüstung voranzukommen. Am 11. Februar 2000 suspendierte der britische Nordirlandminister Peter Mandelson die neugewählten Institutionen. Er kam damit dem drohenden Rücktritt des protestantischen Premiers David Trimble zuvor, zu dem dieser durch seinen Parteirat für den Fall verpflichtet worden war, daß bis Ende Januar keine ausreichenden Fortschritte bei der Abrüstung der IRA zu erkennen seien. Die Geschehnisse an diesem denkwürdigen Tag führten zur bisher tiefsten Krise des Friedensabkommens. Der Akt der Amtsenthebung durch die britische Regierung könnte von der historischen Konfliktforschung als eine weitreichende Fehlentscheidung gedeutet werden, wenn die Spekulationen über die Abfolge der Ereignisse einer nüchternen Analyse Platz machen. Denn zu den Fakten des 11. Februar gehört, daß der Vorsitzende der IICD, der kanadische Ex-General John de Chastelain, kurz vor der Suspendierung einen mit der irischen Regierung abgestimmten Bericht vorlegte, in dem sich die IRA selbst erstmals explizit zur Abrüstung erklärte und diese im Rahmen der vollständigen Implementierung des Abkommens in Aussicht stellte (Irish Times, 11.02.2000). Die neue Qualität dieses Schrittes – erst möglich geworden nach dem Beginn der Selbstregierung – konnte angesichts des unionistischen Ultimatums seine Wirkung nicht entfalten. Der Teufelskreis asymmetrischer Erwartungen und sich selbst erfüllender Prophezeiungen hatte sich wieder geschlossen.

Alte Frontstellungen überlagern Fortschritte

Die folgenden Wochen zeigten, wie dünn die Luft – und die Haut vieler Akteure – in Nordirland geworden ist. Die nordirischen Parteien der Mitte, die gemäßigte katholische *Social Democratic Labour Party* (SDLP), die *Alliance Party* und die *Womens Coalition*, und wichtige Teile der Zivilgesellschaft fühlen sich erneut ihrer Manövrierspielräume beraubt. David Trimble hatte angesichts der fragilen Mehrheiten im eigenen Lager von

1 Wortlaut siehe http://www.nio.gov.uk/991222a-nio.htm

dem Ultimatum mehr praktisches Entgegenkommen seitens der Republikaner erwartet. In deren Lager – einer komplizierten Ehe zwischen politischer Partei und Privatarmee im Waffenstillstand (*Sinn Fein* und IRA) – bewirkte die erneute, nicht im Abkommen vorgesehene Fristsetzung für das *Decommissioning* genau das Gegenteil: den Rückzug auf die traditionelle Verweigerung *'no surrender'*. *Sinn-Fein*-Chef Gerry Adams brachte die weitergehende republikanische Frustration über die Wiedereinführung der *direct rule* auf den Punkt: "Once again we get the situation that Ireland votes and Britain vetoes". Die britische und die irische Regierung – beide in der ambivalenten Rolle zwischen Konfliktpartei und Vermittler – hatten sich im Zuge der Umsetzung des Abkommens sichtbar angenähert. Der Machtakt aus London verschlechterte das Klima merklich.

Die Rückkehr von Krise und Mißtrauen droht den Blick für die Tatsache zu verstellen, daß die Umsetzung des Abkommens auf wichtigen Teilgebieten in den vergangenen Monaten vorangekommen war: Die Arbeit der Gleichstellungskommission für eine Reform der Arbeitsplatzgerechtigkeit, die Überprüfung der Strafgerichtsbarkeit und des Justizwesens, und hinsichtlich der sicherheitspolitischen Reformen am markantesten die Vorlage des Patten-Reports zur Neustrukturierung der nordirischen Polizei. Der Bericht der *Independent Commission on Policing for Northern Ireland*[2] unter Leitung des ehemaligen Gouverneurs von Hongkong und EU-Kommissars Chris Patten enthält weitreichende Vorschläge zur Reform der wegen ihrer Parteilichkeit im Bürgerkrieg umstrittenen nordirischen Polizei *Royal Ulster Constabulary* (RUC). Die Empfehlungen reichen von Veränderungen der polizeilichen Symbolik und Namensgebung über eine Halbierung und künftig gleichberechtigte Zusammensetzung der Polizeikräfte (gegenwärtig sind über 90 Prozent der ca. 11.000 RUC-Offiziere Protestanten) bis hin zu Fragen der (Nicht)bewaffnung und einer demokratischen Transparenz und Rückbindung der Polizei an neue Organe kommunaler Kontrolle. Daß die UUP Ende März den Erhalt des Namens der RUC zu einer neuen Vorbedingung für die Wiederaufnahme der nordirischen Regierung gemacht hat, ist Ausdruck ihrer verletzten Identität und kann der nächste Stolperstein im Friedensprozeß werden.

Der Mangel an Vertrauen und die Bedeutung der Entmilitarisierung

Das Mißtrauen der Konfliktparteien in der gespaltenen nordirischen Gesellschaft sitzt tief und speist die permanenten Krisen des Friedensprozesses. Wegen ihrer Rückbindung an die kulturellen Traditionen und politischen Identitätsmuster des Konfliktes fällt es den Kontrahenten schwer, sich in den Kompromißlinien des Karfreitagsabkommen dauerhaft aufgehoben zu fühlen. Zivile Konfliktaustragung – und das wäre die Umsetzung des Abkommens – fordert von den Parteien Einübung in demokratische Verfahren, Empathiebereitschaft und die Fähigkeit zur realistischen Evaluierung der eigenen politischen Ziele und ihres zeitlichen Rahmens. Aktuelle, auf Meinungsumfragen basierende Studien belegen, daß sich zentrale konfliktrelevante Perzeptionen in einer breiteren Öffentlichkeit und gegenüber dem jeweils 'Anderen' vor, während und nach dem Abschluß des Abkommens kaum verändert haben. Die Entmilitarisierung des Konfliktes, die Eindämmung paramilitärischer Gewalt ebenso wie der Abbau der überdimensionierten staatlichen Polizei-

2 Wortlaut bei http://www.nio.gov.uk

und Militärpräsenz gehören allerdings bei einer parteienübergreifenden Mehrheit zu den zentralen Vorstellungen von Vertrauensbildung. Noch hat sich kein neues, dem Geist und Buchstaben des Abkommens entsprechendes staatliches Gewaltmonopol und Sicherheitsgefüge in Nordirland etabliert.

Aus den bisherigen Erfahrungen des schwierigen nordirischen Friedensprozesses sind erste Lehren zu ziehen:

- Die Politik der Ultimaten und Junktims, wie beim *Decommissioning* und der Polizeireform, die im Abkommen nicht vorgesehen waren, hat sich als kontraproduktiv für die Vertrauensbildung erwiesen. Sie hat weder den für die vollständige Implementierung des Abkommens zentralen Beginn der Selbstregierung, noch das für die weitere Vertrauensbildung nötige Signal zur Abrüstung erbracht. Die festgelegte Frist für die Abrüstung (22. Mai 2000) wird voraussichtlich verstreichen.
- Die verständlichen Frustrationen sind jedoch bei nüchterner Betrachtung weder ein Grund, das Abkommen als Steuerungsinstrument des Friedensprozesses in Frage zu stellen noch die Thematik der Entmilitarisierung für obsolet zu erklären.
- Eine realistische Zwischenbilanz der implementierten und offenen Aufträge des Abkommens, wie sie gegenwärtig von der britischen und irischen Regierung erarbeitet wird, müßte daher eine größere Flexibilität in ihrer zeitlichen und sachlichen Abfolge vereinbaren.
- Wenn man die Waffen aus der Politik nehmen will, muß man zuweilen auch den politischen Druck aus der Waffenfrage nehmen. Abrüstung fängt in den Köpfen an, und Vertrauensbildung für weitreichende Veränderungen braucht offensichtlich mehr Zeit als im Abkommen bisher vorgesehen. In diesem Zusammenhang wäre u.U. das bisher vornehmlich technische Mandat der neutralen Abrüstungsbehörde neu zu definieren.
- Die Abrüstung und Kontrolle der paramilitärischen Waffen ist nur im Rahmen einer umfassenderen Konzeption von Entmilitarisierung und Reform der Sicherheitsstrukturen zu lösen. Der Abbau der britischen Militärpräsenz und die Polizeireform sind hierfür zentrale weitere Eckpfeiler. Möglicherweise wird die Umsetzung des in die Zukunft weisenden Patten- Reports vor der Abrüstung der 'Altlasten' beginnen müssen.
- In der Etablierung eines neuen staatlichen Gewaltmonopols liegt ein Schlüssel zur Überbrückung der vorhandenen Demokratiedefizite und berechtigten Ängste vor illegalen (und legalen) Gewaltstrukturen. Die für Nordirland wie andere *post-conflict*-Gesellschaften typische Vermischung von unbefriedetem Bürgerkriegserbe und moderner Alltagsgewalt kann auch eine Chance darstellen, um pragmatische und parteienübergreifende Konzepte der Entmilitarisierung und Gewaltkontrolle im Zuge der Umsetzung des Abkommens zu entwickeln.

Die überraschende Erklärung der IRA vom 6.5.2000, ihre Waffen "vollständig und verifizierbar aus dem Verkehr zu ziehen" und regelmäßige Inspektionen ihrer Arsenale durch Dritte zuzulassen, könnte der entscheidende vertrauensbildende Schritt sein, um den festgefahrenen Prozeß wieder flott zu machen. Die britische Regierung hat umgehend die Wiedereinsetzung der Selbstregierung in Belfast für den 22. Mai in Aussicht gestellt.

Corinna Hauswedell

4.3. Drei Schritte vor, zwei zurück: Der Friedensprozeß im Nahen Osten

Schlomo, der Schreiner, war hocherfreut. Ehud Barak hatte nach seinem glänzenden Wahlsieg nicht lange gefackelt und eine handfeste Entscheidung getroffen. Soeben hatte der Handwerker aus Jerusalem den Auftrag erhalten, den Kabinettstisch um 70 cm zu verlängern. Dort müssen 24 statt der gesetzlich vorgeschriebenen 18 Minister Platz finden. Die Vergrößerung des Kabinetts war nötig geworden, damit der neue israelische Premier alle Versprechungen an seine vielen Koalitionspartner einlösen kann. War der Pragmatismus Baraks als Signal zu deuten, daß er den schwierigen Weg, den sein Förderer Rabin vor sieben Jahren begonnen hatte, tatkräftig zu Ende führen werde?

Gegen die Unkenrufe all jener, die fürchteten, daß die komplizierte Koalition in Jerusalem den neuen Anlauf im Friedensprozeß bremsen werde, setzte Barak ehrgeizige Termine. Bereits binnen eines Jahres, so versprach er, werde Israel seine Truppen aus Südlibanon abziehen. Die vertragliche Beilegung der Konflikte mit Syrien und den Palästinensern sollte bis zu den Wahlen in den USA unter Dach und Fach sein. Zudem kündigte er an, beide Abkommen einem Referendum zu unterwerfen.

Palästina: Frieden in Prozenten?

Mit den Palästinensern war auf zwei Ebenen zu verhandeln. Es ging um die Einlösung ausstehender vertraglicher Verpflichtungen und um die abschließende vertragliche Beilegung des israelisch-palästinensischen Konflikts. Die Altlasten stammen aus dem Interimsabkommen vom 28. September 1995 (Oslo 2). Es verpflichtet Israel, weitere Teile der Westbank zu räumen, läßt dabei aber den Umfang dieser Abzugsschritte offen. In einer Reihe von Folgeverträgen wurde das Versäumte bis auf Zehntelprozentpunkte genau nachgeholt. Angaben über den Grenzverlauf der zu räumenden Gebiete enthält jedoch keine dieser Vereinbarungen. Im Lichte der Auseinandersetzungen um ihre Umsetzung muten die minutiösen Zahlenangaben geradezu surreal an. Dabei mußten die Palästinenser die Hoffnung begraben, ihre Autonomiegebiete vor den Verhandlungen über den Endstatus substantiell zu vergrößern. Nach sechs Jahren zähen Ringens werden sie in die Schlußphase der Verhandlungen mit einer Autonomieregelung gehen, die ihnen über die Hälfte des Territoriums, auf das sie Anspruch erheben, vorenthält (vgl. Friedensgutachten 1999, Beitrag 3.4.) .

Das Memorandum von Sharm el-Sheikh (Wye Plus)

Am 4. September 1999 unterzeichneten Barak und Yassir Arafat in Sharm el-Sheikh das Memorandum zur Umsetzung der Vereinbarungen, die ein Jahr zuvor in Wye River getroffen worden waren. Es übernahm die territorialen Bestimmungen des Wye-Abkommens bis auf das Komma genau, setzte aber für ihre Implementierung neue Fristen. Am 21. März 2000 übergab Israel weitere Teile der Westbank an die palästinensische Autonomiebehörde. In 17,2 Prozent der Westbank besitzt diese nunmehr zivile und polizeiliche Kompetenzen; 23,8 Prozent werden von ihr lediglich zivil verwaltet; 59 Prozent verbleiben vorerst unter ausschließlicher Kontrolle Israels, sind also weiterhin besetztes Gebiet, ebenso wie 20 Prozent des Gazastreifens.

Über diese vermutlich letzte substantielle Vergrößerung der Autonomiegebiete vor einem Vertrag über den Endstatus wurde besonders erbittert gestritten. Denn sie entschied über den Besitzstand der Parteien und damit über die Verhandlungsstärke, mit der sie in den Endspurt der abschließenden Konfliktregelung zu gehen hätten. Es war wie im Krieg: Steht ein Waffenstillstand bevor, eskalieren die Kampfhandlungen, weil die Gegner so viel Verhandlungsmasse wie möglich in die bevorstehenden Friedensverhandlungen einzubringen hoffen.

Widerstand der Rechten

An der Spitze der israelischen Agenda stand die Sicherheit von 144 jüdischen Siedlungen in der Westbank mit rund 190.000 Einwohnern. Doch die Zerstückelung der Autonomiegebiete durch diese Siedlungen und das Straßennetz, das sie untereinander und mit dem israelischen Staatsgebiet verbindet, bietet denkbar schlechte Voraussetzungen für ein lebensfähiges Staatsgebilde. Arafat forderte daher die Übergabe von Land, das zwischen den autonomen Inseln Verbindungen herstellen würde. Was mit Blick auf die künftige palästinensische Staatlichkeit eine logische Forderung war, stellte sich aus der Perspektive der jüdischen Siedler in der Westbank als Gefahr dar, daß die Siedlungen isoliert würden und damit schutzlos der palästinensischen Übermacht ausgeliefert wären.

Erstmals wurden zwei Ortschaften in unmittelbarer Nachbarschaft Jerusalems in die volle palästinensische Autonomie entlassen. Die israelische Rechte war dagegen Sturm gelaufen. Denn mit diesem Transfer ist die Hauptstadtfrage verknüpft. Nunmehr gibt es einen Präzedenzfall, und es ist ein offenes Geheimnis, daß eines der palästinensischen Dörfer im Ballungsraum Jerusalem – gehandelt wird hier Abu Dis – dereinst zum Sitz der Regierung eines unabhängigen Palästina werden und den Namen al-Kuds (die Heilige, arabisch für Ost-Jerusalem) tragen könnte.

Barak versuchte so lange wie möglich, dem offenen Konflikt mit den Siedlern aus dem Weg zu gehen. Von 42 wilden, auch nach israelischem Recht illegalen Siedlungen, die meisten nach Abschluß des Wye-Abkommens auf der Westbank entstanden, wurden nur zehn geräumt, in 32 weiteren wurde die Bautätigkeit lediglich eingefroren, einige von ihnen wurden sogar nachträglich legalisiert. Der Besänftigung der Siedler dienten auch die Ausschreibungen über Tausende neuer Wohnungen in der Westbank. Bereits fünf Monate nach Amtsantritt hat die Regierung Barak die jährliche Durchschnittszahl der Ausschreibungen während der Amtszeit Netanjahus übertroffen. Das geopolitische Ziel dieser groß angelegten Bauvorhaben ist unverkennbar. Fast alle Neubauten sind im Ballungsraum Jerusalem geplant, um die israelischen Annexionspläne zu untermauern.

Auf dem Weg zum Endstatus

Das Sharm el-Sheikh-Memorandum legt fest, daß bis zum 13. September 2000 ein "Friedenspakt" den Konflikt zwischen Israel und den Palästinensern umfassend und abschließend regeln soll. Bei der förmlichen Wiedereröffnung der Endstatusverhandlungen am 13. September 1999 steckten beide Seiten ihre Positionen ab. Israel nannte vier "unverrückbare Grundsätze": Keinen Rückzug auf die Grenzlinien vom 4. Juni 1967; keine Teilung Jerusalems; israelische Souveränität für die großen jüdischen Siedlungen; außer israelischen Streitkräften keine fremde Armee westlich des Jordan. Die Palästinenser hielten unter Berufung auf eine Reihe von Entschließungen des UN-Sicherheitsrates dagegen: Die ganze Westbank und den ganzen Gazastreifen für den souveränen Staat Palästina; al-Kuds als dessen Hauptstadt; Räumung der jüdischen Siedlungen; Regelung des Problems der palästinensischen Flüchtlinge auf der Grundlage ihres Rückkehrrechts. Für den Fall, daß es angesichts solcher Gegensätze nicht gelingt, den 13. September 2000 als Termin für die völkerrechtliche Beendigung des Palästinakonflikts einzuhalten, ist auf israelischer Seite bereits von einem weiteren "Übergangsabkommen" bzw. einem "versuchsweisen Endstatus" die Rede.

Die palästinensische Diapora beobachtet insbesondere die Verhandlungen über das Schicksal der Flüchtlinge und Vertriebenen aus den israelisch-arabischen Kriegen von 1948/49 und 1967 mit Argusaugen. Die Palästinenser fordern das Recht auf Rückkehr bzw. Entschädigung, wenn es nicht wahrgenommen wird. Israel strebt hingegen die Integration der Flüchtlinge in die umliegenden arabischen Staaten an. Obgleich die palästinensische Autonomiebehörde die Verhandlungen mit Israel führt, ist die Palästinensische Befreiungsorganisation (PLO) die Vertragspartnerin Israels. Sie muß für alle acht Millionen Palästinenser eine nationale Lösung finden, auch für die Flüchtlinge und deren Nachkommen, die mehr als die Hälfte aller Palästinenser ausmachen. Es scheint ausgeschlossen, daß dieses Problem in den verbleibenden Monaten gelöst wird. Für die Mehrzahl des palästinensischen Volkes – und für die arabische Bevölkerung der Region – wird der Frieden, der am 13. September 2000 geschlossen werden soll, wohl ein Frieden ohne Gerechtigkeit sein.

Die Verhandlungen über den Golan

Seit Eröffnung der Nahostkonferenz von Madrid im Oktober 1991 verhandeln Israel und Syrien über den Golan. Der auf syrischem Territorium gelegene Höhenzug wurde von Israel im Sechstagekrieg 1967 erobert und 1981 annektiert. Völkerrechtlich handelt es sich also um besetztes Gebiet. Israel nutzt den Golan als Horchposten bis nach Damaskus und in die libanesische Bekaa-Ebene hinein sowie für seine Wasserversorgung. Unter Berufung auf die einschlägigen Resolutionen des UN-Sicherheitsrates fordert Syrien die vollständige Rückgabe. Als Preis dafür verlangt Israel von Syrien Sicherheit. Was beides – vollständige Rückgabe und Sicherheit – bedeutet, ist zwischen den Parteien umstritten. Sicherheit verspricht sich Israel von der Installation bemannter Abhör- und Frühwarnanlagen auf dem Berg Hermon, die es vor Überraschungsangriffen aus dem Norden bewahren sollen. Der Umfang des israelischen Rückzugs hingegen ist in erster Linie von wasserpolitischer Bedeutung. Bei dem zähen, immer wieder von langen Verhandlungspausen unterbrochenen Ringen geht es um die Rechte an den dortigen Wasservorkommen, d.h. dem oberen Jordan und dessen Quellflüssen sowie dem See Genezareth. Israel bezieht gegenwärtig 30 bis 40 Prozent seines Bedarfs an Frischwasser aus diesen Reserven.

Welche Grenzen?

Zwischen Israel und Syrien gibt es drei Grenzlinien: die internationale Grenze von 1923, die offizielle Waffenstillstandslinie von 1949 und den tatsächlichen Frontverlauf am 4. Juni 1967. Über den künftigen Grenzverlauf haben sich die Parteien bisher nicht einigen können. Syrien fordert seit Verhandlungsbeginn Israels Rückzug auf dessen de facto-

Besitzstand vom 4. Juni 1967. Syrien hätte dann Zugang zum See Genezareth und zum Oberlauf des Jordan. Vorteilhafter für Israel wäre ein Rückzug nur zur internationalen Grenze, die einige Meter östlich des Sees verläuft. Aus dem Grenzverlauf ergeben sich Konsequenzen für die Kontrolle über Wasserressourcen, die Israel als lebenswichtig ansieht. Konzessionen in dieser Frage sind der israelischen Öffentlichkeit nicht leicht zu vermitteln. Dies dürfte erklären, warum sie unter den Ministerpräsidenten Rabin und Peres nicht als offizielles Angebot, sondern nur als unverbindliches "Gedankenspiel" in die Verhandlungen eingebracht wurden. Für Syrien hingegen war die Zusicherung Israels, den Golan bis zum Seeufer zu räumen, Voraussetzung für die Fortsetzung der seit 1996 unterbrochenen Verhandlungen.

Die Blockade löste sich erst nach dem Regierungswechsel in Jerusalem. Am 15. Dezember 1999 nahmen Syrien und Israel in den USA ihre Verhandlungen wieder auf. Barak schien darauf zu setzen, noch vor einem israelisch-palästinensischen Abkommen über den Endstatus zu einer Einigung über die Golanhöhen zu kommen. In den Augen des ehemaligen Generalstabschefs und höchstdekorierten Soldaten Israels wäre ein Frieden mit Syrien, dem letzten verbliebenen arabischen "Frontstaat", der Schlüssel zum Frieden mit der arabischen Welt insgesamt. In dieser Einschätzung trifft er sich mit Washington. Überdies dürfte er gehofft haben, mit einem israelisch-syrischen Friedensschluß in der Tasche gestärkt in die Auseinandersetzungen mit den Nationalreligiösen in seiner Koalition gehen zu können, wenn Entscheidungen zur Zukunft der jüdischen Siedlungen in der Westbank anstehen.

Noch kein Durchbruch

Die Verhandlungen liefen sich jedoch bereits vier Wochen nach ihrer Wiedereröffnung erneut fest. Nachdem ein von Bill Clinton vorgelegter Vertragsentwurf, den die Parteien zunächst als Arbeitspapier akzeptiert hatten, durch eine Indiskretion publik geworden war, sah sich der syrische Staatspräsident Hafez Assad gezwungen, in der Grenzfrage Härte zu demonstrieren. Weder die Konzession Baraks, daß bereits seine Vorgänger Rabin und Peres die vollständige Räumung des Golan bis zu den Frontlinien vom 4. Juni 1967 für verhandelbar erklärt hatten, noch ein Gipfeltreffen zwischen Clinton und Assad in Genf am 26. März 2000 konnte die erneute Blockade durchbrechen.

Für die Hoffnung des US-Präsidenten, bis zum Ende seiner Amtszeit doch noch einen Durchbruch in den Verhandlungen zu erzielen, bestand durchaus Anlaß. Denn verglichen mit dem hochkomplexen israelisch-palästinensischen Konflikt ist der Streit um die Golanhöhen ein vergleichsweise einfacher territorialer Disput. Für die Probleme Wasser und militärische Sicherheit lassen sich technische Regelungen finden, vorausgesetzt, die Kontrahenten wollen eine Friedenslösung. In einem Friedensvertrag werden die Grenzen voraussichtlich so gezogen, daß Syrien die Rückgewinnung des ganzen Golan bekanntgeben und Israel sicher gehen kann, daß es nicht von den Wasserreserven abgeschnitten wird. Zu einem Friedensvertrag gehört allerdings mehr als nur eine Übereinkunft über den Golan. Denn die israelisch-syrischen Verhandlungen sind nur vordergründig bilateraler Natur. Stets sitzt virtuell ein Dritter mit am Tisch: die schiitische Hizbollah Libanons – und hinter ihr ein Vierter: Iran.

Rückzug aus Südlibanon?

Der Grenzverlauf zwischen Israel und Libanon ist seit dem Waffenstillstandsabkommen von 1949 unstrittig. Doch seit der israelischen Operation "Frieden für Galiläa" (1982) gegen die vom Nachbarland aus operierende PLO beansprucht Israel den Süden Libanons als "Sicherheitszone". Mit dem erklärten Ziel, den Norden Israels vor Angriffen von Milizen zu schützen, beansprucht Israel die militärische Kontrolle über dieses Gebiet.

Unsicherheitszone Südlibanon

Seit 1990, als Syrien den libanesischen Bürgerkrieg beendete, danach seine Soldaten im Lande beließ und bis heute in der Außen- und Sicherheitspolitik Beiruts den Ton angibt, sichern syrische Truppen den Nachschub aus Iran für die im Grenzgebiet kämpfenden Milizen der Hizbollah. Doch während die Guerilla sich die Befreiung Südlibanons von israelischer Militärkontrolle auf ihre Fahnen geschrieben hat, duldet Syrien die Angriffe der Hizbollah, um Konzessionen in den Verhandlungen um den Golan zu erzwingen. Längst hat sich die sogenannte Sicherheitszone in ihr Gegenteil verkehrt, und die israelischen Verluste haben dazu geführt, daß der Krieg in Israel inzwischen äußerst unpopulär ist.

Neue Hoffnungen auf ein Ende der Kämpfe gibt es, seit Barak entschlossen scheint, das Territorium des Nachbarstaates zu räumen. Die Ankündigung des Rückzugs binnen Jahresfrist sollte die Regierung in Damaskus mit der Aussicht auf Verlust ihrer Südlibanon-Karte an den Verhandlungstisch zurückführen. Denn ohne eine Einigung mit Syrien wäre ein israelischer Rückzug aus dem Grenzgebiet äußerst riskant. Eine Garantie, daß sich die Milizen nach dem israelischen Rückzug entwaffnen lassen und ihre Angriffe auf Nordisrael einstellen, gibt es nicht – schließlich hätte die Hizbollah einen politischen Bedeutungsverlust im Lande zu befürchten. Die Hizbollah hat ihre Aktivitäten im Grenzgebiet seit September 1999 deutlich verstärkt und damit signalisiert, daß mit ihr auch in Zukunft zu rechnen sei. Israel reagierte mit einer Machtdemonstration seiner Luftwaffe. Die Angriffe, die größten seit der Operation "Früchte des Zorns" im März 1996, richteten sich nicht nur gegen Stellungen der Hizbollah, sondern überdies gegen die Infrastruktur des Nachbarlandes.

Rückzug ohne Syrien?

Als die Verhandlungen mit Damaskus wieder in Gang gekommen waren, hoffte Barak, den israelischen Abzug aus der "Sicherheitszone" in ein israelisch-syrisches Friedensabkommen einbinden zu können. Doch falls dies in der von Barak selbst gesetzten knappen Frist nicht gelingt, beabsichtigt der israelische Regierungschef, die Besatzung auch ohne eine Übereinkunft mit Syrien zu beenden. Am 17. April 2000 hat Israel den Vereinten Nationen formell die Absicht mitgeteilt, den Südlibanon bis zum 7. Juli 2000 zu räumen. Die Absichtserklärung bezieht sich ausdrücklich auf Resolution 425 des UN-Sicherheitsrates aus dem Jahre 1978, als Israel in der "Operation Litani" in den Nachbarstaat einfiel, um die palästinensischen Kämpfer aus dem Grenzgebiet zu vertreiben. Resolution 425 verlangt von Israel, die Invasion zu beenden, und Beirut stützt hierauf seither seine Forderung nach einem Rückzug der israelischen Truppen. Gleichwohl hatten Damaskus und Beirut zunächst *uni sono* einen israelischen Rückzug ohne Absprache mit Syrien abgelehnt. Die Anbindung der Rückzugsabsicht an Resolution 425 dürfte den Zweck verfolgen, den

Rückzug als Ausdruck der Achtung internationalen Rechtes durch Israel zu präsentieren und es Beirut zu erschweren, sich der Verantwortung für die Sicherheit der israelischen Nordgrenze zu entziehen. Die Rechnung ging auf. In Beirut bröckelt inzwischen der Widerstand gegen die Zustimmung zu internationalen Truppen, die in die von Israel geräumten Gebieten einrücken könnten, um eventuelle Grenzübergriffe der libanesischen – oder reaktivierter palästinensischer – Milizen zu verhindern.

Sollte dies jedoch nicht gelingen, ist eine Verschärfung der Lage im Grenzgebiet nicht ausgeschlossen. Eine Wiederbesetzung der "Sicherheitszone" erscheint indiskutabel. Die Entscheidung Baraks, das Grenzgebiet auch ohne Vertrag mit Syrien zu räumen, kann aber dazu führen, daß die gegenwärtige *low intensity warfare* in eine gefährliche direkte Konfrontation Israels mit Syrien umschlägt. Syrien könnte sich der Verantwortung für die Kontrolle der Milizen nur entledigen, wenn es seine Truppen aus dem Nachbarland abziehen, das nie aufgegebene Konzept eines "Großsyrien" begraben und Libanon erlauben würde, seine Interessen im Friedensprozeß souverän zu verfolgen. In ungewohnter Offenheit wird dies von führenden Presseorganen Libanons gefordert, seit der israelische Rückzug aus Südlibanon festzustehen scheint. Insbesondere hofft man in Beirut, eine Friedensdividende zu kassieren, indem Libanon seine traditionelle Rolle als Finanz- und Wirtschaftszentrum im Nahen Osten wiedererlangt.

Frieden in Nahost ohne Lösung des Palästinakonflikts?

Nahezu alle Analysen des Nahostkonflikts erklären die Palästinafrage zum Kern des israelisch-arabischen Konflikts. Wenn es Israel gelingen sollte, Frieden mit den arabischen Staaten zu schließen, ohne daß die Palästinafrage geklärt wird, muß diese Annahme überprüft werden. Ehud Barak scheint sie jedenfalls nicht zu teilen. Die selektive Bearbeitung der einzelnen Streitfragen des komplexen nahöstlichen Gesamtkonflikts, die bereits in den Madrider Nahost-Gesprächen angelegt war und durch den Alleingang der PLO in der israelisch-palästinensischen Grundsatzerklärung 1993 noch unterstrichen wurde, könnte in der Tat dazu führen, daß die Palästinenser am Ende mit einem halben Staat in der Hälfte der Westbank (mit der Zugabe des Gazastreifens, den Israel froh ist loszuwerden) abgespeist werden. In dem langen Ringen zwischen Israelis und Arabern wären die Palästinenser die großen Verlierer. Ob sie sich damit zufrieden geben können, ist eine offene Frage. Die Antwort entscheidet letztlich darüber, ob der Friedensschluß, der den Jahrhundertkonflikt zwischen Juden und Arabern beenden soll, von Dauer sein wird.

Margret Johannsen

4.4. Showdown im Jahr des Drachens? – Die sino-taiwanesischen Beziehungen

Am 18. März 2000 wurde in der Republik China auf Taiwan zum zweiten Mal nach 1996 der Staatspräsident in direkten Wahlen bestimmt. Es gewann überraschend der Kandidat der oppositionellen Demokratischen Fortschrittspartei (DFP) und frühere Bürgermeister der Hauptstadt Taibei, Chen Shuibian. Chen gilt in der VR China als einer der entschiedensten Vertreter einer taiwanesischen Unabhängigkeit, die für die VR China ein *casus belli* wäre. Im Februar veröffentlichte die chinesische Regierung ein Grundsatzdokument über "Das Ein-China-Prinzip und die Taiwanfrage", in dem erneut die Anwendung von Waffengewalt für den Fall einer Unabhängigkeitserklärung angedroht wurde. Im Gegensatz zu früheren Verlautbarungen sollte nun auch dann eine militärische Invasion erfolgen, wenn Taiwan bilaterale Verhandlungen über eine Wiedervereinigung der "beiden Seiten" auf inakzeptable Weise verzögere. [1]

Die chinapolitischen Positionen Beijings und Taibeis

Die in dem erwähnten Grundsatzdokument zusammengefaßte Haltung der chinesischen Regierung zur Taiwanfrage ist eindeutig: Die VR China sei in Rechtsnachfolge der untergegangenen chinesischen Republik seit 1949 die einzige legitime Regierung Gesamtchinas. Das habe die Staatengemeinschaft 1971 mit der Aufnahme der VR China in die Vereinten Nationen endgültig akzeptiert. Taiwan sei ein integraler Bestandteil dieses Gesamtchinas – eine Tatsache, die in zahlreichen Dokumenten, angefangen von der Kairoer Erklärung von 1943 und der japanischen Kapitulationsurkunde von 1945 bis hin zum sino-amerikanischen Kommuniqué von 1978 anerkannt worden sei. Die Wiedervereinigung Taiwans mit dem "Mutterland" solle friedlich und auf der Grundlage des in Hongkong bereits angewandten Modells "ein Land – zwei Systeme" vollzogen werden. Dabei werde Taiwan noch mehr Autonomie zugestanden als der früheren britischen Kronkolonie oder – seit dem Dezember 1999 – Macao. Die VR China sei bereit, mit der taiwanesischen Führung auf der Grundlage des Prinzips der Gleichheit über die Bedingungen einer Wiedervereinigung zu verhandeln. Dabei dürfe jedoch das Ein-China- Prinzip nicht infrage gestellt werden, demzufolge Taiwan eine Provinz der VR China darstelle, die aus historischen Gründen lediglich zeitweilig aus dem gesamtchinesischen Staatsverband ausgeschieden ist; einen dauerhaften Anspruch auf eine eigene Souveränität könne sie daraus nicht ableiten.

Lange Zeit hatte die regierende Nationale Partei (*Guomindang*/GMD) in Taiwan ebenfalls am Ein-China-Prinzip festgehalten, sah allerdings in der von ihr geführten Republik China den einzig legitimen Repräsentanten Gesamtchinas. Nach der Einleitung einer politischen Demokratisierung in den Jahren 1986/87 verabschiedete sie sich jedoch zügig von dieser Position. Zwar hält man bis heute auf offizieller Ebene an der Idee einer aus der VR China und Taiwan bestehenden, imaginären gesamtchinesischen Nation fest. Aber immer entschiedener wurde im Laufe der Zeit auf die politische Souveränität Taiwans ge-

1 "Yige zhongguode yuanze yu taiwan wenti", via internet: http://www.china.org.cn/WhitePapers/TaiwanIssue/index.htm

pocht. Daher kamen die seit Anfang der 90er Jahre zwischen der VR China und Taiwan auf inoffizieller Ebene geführten bilateralen Verhandlungen über praktische Schritte einer Zusammenarbeit kaum voran.

Im Juli 1999 gab Präsident Li Denghui der Deutschen Welle ein Interview, in dem er die sino-taiwanesischen Beziehungen als "Beziehungen zwischen Staaten, mindestens aber besondere zwischenstaatliche Beziehungen" bezeichnete.[2] Zwar sah die GMD-Regierung nach starkem Druck aus Washington davon ab, diese Äußerungen in eine neue offizielle Formel zur Bezeichnung des Verhältnisses zwischen der VR China und Taiwan zu gießen und damit die de facto-Unabhängigkeit der Insel offen auszusprechen; es konnte nun aber kein Zweifel mehr daran bestehen, daß man in Taiwan eine Politik der chinesischen Zweistaatlichkeit verfolgte, die mit dem Ein-China-Prinzip – jedenfalls nach Lesart der VR China – in keiner Weise zu vereinbaren war.

Hinter diese von seinem Amtsvorgänger gezogene Linie wird auch der neue Staatspräsident Chen Shuibian nicht zurücktreten. Dabei verweigern er und seine Partei sich einer Wiedervereinigung nicht grundsätzlich, doch könne darüber letztlich nur von den Bürgern Taiwans in einem demokratischen Akt nationaler Selbstbestimmung entschieden werden. Unter dieser Voraussetzung befürwortet die neue Regierung die Einrichtung direkter Flug-, Transport- und Handelsbeziehungen zwischen den beiden Seiten der Taiwanstraße sowie die Unterzeichnung eines Friedensvertrages. Dieser soll in Übereinstimmung mit den Resolutionen der Vereinten Nationen ein Gewaltverbot enthalten, die Respektierung der territorialen Grenzen beider Seiten festschreiben und eine gegenseitige staatliche Anerkennung aussprechen.

Die aus diesen sich gegenseitig ausschließenden Positionen resultierende Blockierung der sino-taiwanesischen Beziehungen scheint derzeit unüberwindbar. So ist Taiwan für die VR China ein nationales Symbol, auf das die Kommunistische Partei zur Legitimation ihres Herrschaftsanspruches nicht verzichten zu können glaubt. Im demokratischen Taiwan wiederum sieht man keinen überzeugenden Grund, sich trotz der relativ weitgehenden Autonomieangebote Beijings dem Souveränitätsanspruch der VR China zu unterwerfen. Alle Umfragen belegen unmißverständlich, daß die Bevölkerung unter den gegenwärtigen Bedingungen keine Wiedervereinigung mit dem Festland will.

Der externe Faktor: Die Haltung der USA

Bisher hat vor allem die im *Taiwan Relations Act* von 1979 gegenüber der Inselrepublik implizit ausgesprochene Sicherheitsgarantie der USA eine militärische Lösung der Taiwanfrage durch die VR China verhindert. In Übereinstimmung mit dieser Sicherheitsgarantie haben die USA stets auf einer friedlichen Lösung der Taiwanfrage beharrt und dies auch durch militärische Demonstrationen unterstrichen. So entsandten sie auf dem Höhepunkt der "Raketenkrise" im März 1996, als die Volksbefreiungsarmee im Vorfeld der ersten direkten taiwanesischen Präsidentschaftswahlen Militärmanöver mit teilweise scharfer Munition in der Taiwanstraße durchführen ließ, zur Abschreckung zwei Flugzeugträgerverbände ihrer Pazifik-Flotte in das Krisengebiet. Auch vor und nach den diesjährigen Präsidentschaftswahlen wurde Beijing von Washington vor gewaltsamen Aktionen gegen den Inselstaat gewarnt.

2 Für den englischen Wortlaut des Interviews vgl. http://www.mac.gov.tw/new/enews/990714.html.

Auf der Grundlage einer Bestimmung im *Taiwan Relations Act*, derzufolge eine "ausreichende Fähigkeit zur Selbstverteidigung" der Inselrepublik sicherzustellen ist, liefern die USA seit Jahrzehnten hochmoderne Waffensysteme, Kriegsschiffe und Kampfflugzeuge nach Taiwan – eine Politik, die von der chinesischen Regierung regelmäßig angeprangert wird und jeder substantiellen Verbesserung der sino-amerikanischen Beziehungen im Wege steht. Außer einer ständigen Verurteilung dieser "unbotmäßigen" Einmischung in innerchinesische Angelegenheiten hat die Führung in Beijing jedoch keine Mittel zu Hand, um die USA von ihrer Taiwanpolitik abzubringen. Mit anderen Worten: Beijing kann eine amerikanische Militäraktion zur Verhinderung einer gewaltsamen Operation der VR China gegen Taiwan nicht ausschließen – ein großer Unsicherheitsfaktor in jedem Interventionsszenario.

Diese Politik der USA wird sich in näherer Zukunft nicht entscheidend ändern. Zu groß ist das geostrategische Interesse Washingtons an Taiwan, das auch nach dem Ende des Kalten Krieges eine auf die kontrollierende Beeinflussung der chinesischen Außenpolitik gerichtete "Flugzeugträgerfunktion" für die USA im chinesischen Meer ausfüllt. Dies wurde jüngst besonders deutlich an den amerikanischen Plänen für einen Raketenabwehrschirm (*Theatre Missile Defense*), der neben Japan auch Taiwan überziehen soll sowie an dem Anfang Februar vom Repräsentantenhaus verabschiedeten *Taiwan Security Enhancement Act* zur Erhöhung der Verteidigungsfähigkeit der taiwanesischen Streitkräfte.

Das "deutsche Modell" – eine Option für die Lösung der Taiwanfrage?

Wie könnte der instabile Status quo in Richtung einer dauerhaften Konfliktlösung verändert werden? Die Unvereinbarkeit der Positionen Beijings und Taibeis erfordert hier letztlich eine in der Frage der (einstweiligen) politischen Souveränität Taiwans grundsätzliche Entscheidung für die eine oder die andere Seite. Alternativ könnte man zwar – wie dies auch die neue taiwanesische Regierung anzustreben scheint – darauf setzen, daß ein intensiver und erfolgreicher Dialog mit dem Ziel einer "pragmatischen Annäherung" zwischen beiden Seiten eines Tages das Souveränitätsproblem obsolet macht. Angesichts der nationalen und geostrategischen Bedeutung Taiwans für das KP-Regime sowie der entmutigenden Erfahrung der letzten zehn Jahre, daß substantielle Fortschritte in den bilateralen Verhandlungen immer wieder an der Frage des politischen Status der Inselrepublik scheiterten, erscheint diese Strategie jedoch wenig erfolgversprechend. Sie zielt letztlich auf Zeitgewinn und drückt allein die Hoffnung auf eine baldige Demokratisierung der VR China aus. Die chinesische Regierung hat jedoch unmißverständlich klargemacht, daß sie eine taiwanesische "Hängepartie" nicht länger dulden will.

Deshalb ist zu überlegen, ob die VR China von der internationalen Gemeinschaft nicht stärker mit einer Lösung nach dem Muster des "deutschen Modells" – in der Zeit zwischen 1972 und 1989 – einer staatlichen Teilung mit dem Postulat nationaler Wiedervereinigung konfrontiert werden sollte. Im "deutschen Modell" schlossen die BRD und die DDR 1972 einen Grundlagenvertrag und sicherten sich gegenseitige internationale Anerkennung zu. Zumindest der westdeutsche Teilstaat hielt dabei *de jure* stets an der nationalen Einheit Deutschlands und der Wiedervereinigung in demokratischer Selbstbestimmung *aller* Deutschen fest. Im Falle der VR China und Taiwans verhält es sich sogar so, daß *beide* chinesische Staaten eine solche Wiedervereinigung wollen bzw. ihr zumindest offen gegenüberstehen.

Die Zusicherung gegenseitiger staatlicher Souveränität würde im sino- taiwanesischen Fall zweifellos zu einer raschen und engen Zusammenarbeit auf allen Politikfeldern führen. Vor allem die wirtschaftliche Integration Taiwans mit dem chinesischen Festland dürfte sich dynamisieren. Sie drückt sich schon heute in einem in den 90er Jahren durchschnittlichen Anteil des Festlandes an Taiwans genehmigten Direktinvestitionen von knapp 40 Prozent aus. [3]

Unter diesen Voraussetzungen wäre möglicherweise sogar die Schaffung einer Art chinesischer Konföderation, die von verschiedenen Kreisen in Taiwan seit langem erwogen wird, schon mittelfristig eine realistische Perspektive. Sie könnte ein wesentlicher Schritt auf dem Weg in ein wiedervereintes China sein. Vor allem aber würde eine solche Lösung, die von einem bilateralen Gewaltverzichtsabkommen begleitet werden müßte, die derzeitige Kriegsgefahr in der Taiwanstraße bannen.

Die historischen Unterschiede zwischen der deutschen und der chinesischen Teilung können nicht bestritten werden. Die Frage ist jedoch, ob sich damit auch der *funktionale Nutzen* des "deutschen Modells" für eine Entschärfung des sino-taiwanesischen Konflikts erübrigt: Eine gegenseitige staatliche Anerkennung bei gleichzeitigem Festhalten an der gesamtnationalen Idee und dem langfristigen Ziel einer Wiedervereinigung. Wäre der politische Wille zu einer entsprechenden Einigung da, spielte das chinesische Argument eines andersgearteten historischen Kontextes sofort keine Rolle mehr.

Abgesehen davon läßt sich das Postulat einer taiwanesischen Eigenstaatlichkeit sehr wohl mit plausiblen Argumenten begründen, die gegen die Position der VR China geltend gemacht werden könnten: So hat die seit mehr als fünfzig Jahren gegebene, faktische Eigenständigkeit Taiwans bereits den Grad einer historischen Kontinuität und politischen Ausgestaltung erreicht, der dem chinesischen Souveränitätsanspruch objektive Grenzen setzt. Taiwan ist weder eine Kolonie wie ehemals Hongkong oder Macao, noch steht es als "autonome Region" wie etwa Tibet unter der Verwaltung der VR China. Die Inselrepublik hat zu rund dreißig, wenn auch weitgehend unbedeutenden Staaten diplomatische Beziehungen und unterhält quasi-konsularische Vertretungen auf der ganzen Welt. Vor allem muß aber auf das demokratische System Taiwans verwiesen werden, das keine obrigkeitsstaatliche Entscheidung gegen den Mehrheitswillen der Bevölkerung mehr zuläßt.

Eine besondere deutsche Rolle bei der Lösung der Taiwanfrage?

Wenn man den USA auch vorwerfen kann, daß sie bei der Ausbalancierung ihrer Beziehungen zur VR China einerseits und zu Taiwan andererseits einen äußerst schmalen Grad abschreiten, so handelt es sich hier immerhin um ein Konzept. Mit seiner Hilfe wird immerhin ein "kalter Friede" in der Taiwanstraße konserviert, wenn auch eine dauerhafte und belastbare Befriedung des sino-taiwanesischen Konfliktes von der gegenwärtigen amerikanischen Politik nicht zu erwarten ist.

3 Vgl. http://www.mac.gov.tw/english/CSExhan/invest.gif. Hinzu kommen Investitionen, die den taiwanesischen Behörden nicht gemeldet wurden und über deren Größenordnung daher keine gesicherten Angaben gemacht werden können

Die Europäische Union und speziell die deutsche Bundesregierung haben demgegenüber jedoch noch nicht einmal ein Konzept. Hier wird die Taiwanfrage einfach ignoriert bzw. die Haltung der VR China ohne Widerspruch akzeptiert. Dieses Verhalten ist durchaus rational. Anders als die USA besitzen die Europäer keine geostrategischen Interessen in der asiatisch-pazifischen Region und betrachten die VR China nicht als weltpolitischen Konkurrenten. Vielmehr ist man vor allem an der Entwicklung intensiver Außenwirtschaftskontakte zum "Reich der Mitte" interessiert. Auch betreibt die Europäische Union seit einigen Jahren einen von der Öffentlichkeit abgeschirmten Menschenrechtsdialog mit der VR China, den sie nicht riskieren will. Somit hat man bisher weder in Brüssel noch in sonst einer europäischen Hauptstadt einen ernstzunehmenden Gedanken darauf verschwendet, ausgerechnet in der hochsensiblen Taiwanfrage eine Vermittlerrolle zu spielen. Dabei liegt die Einsicht, daß man seinen eigenen wirtschaftlichen Interessen langfristig schaden könnte, wenn man sich nicht aktiv und nach besten Kräften an der Lösung latenter Konflikte in der asiatisch-pazifischen Region beteiligt, auf der Hand. Dies gilt nicht nur für die nukleare Gefahr auf der koreanischen Halbinsel oder die Territorialkonflikte im Südchinesischen Meer sondern auch für die Taiwanfrage.

Deshalb ist danach zu fragen, ob sich jenseits der gebetsmühlenartigen Bestätigung des Ein-China-Prinzips nicht gerade der deutschen Bundesregierung mehr Spielraum für die Erörterung des "deutschen Modells" als Lösungsoption für den sino-taiwanesischen Konflikt eröffnet als man in Berlin konzedieren möchte. Zwar müßte man sich anfangs auf heftige Proteste der VR China einstellen. Aber die politische Langzeitwirkung einer entsprechenden Positionierung Deutschlands, das mit einer eigenen historischen Erfahrung staatlicher Teilung *und* Wiedervereinigung aufwarten kann, auf die innerchinesische und auch auf die internationale Debatte über die Taiwanfrage darf nicht unterschätzt werden. Eine solche Positionierung präjudiziert nicht, wie die Regierung in Beijing argumentiert, die Teilung der chinesischen Nation. Die längst gegebene Faktizität dieser Teilung ist ohnehin nur durch hartnäckige Realitätsverweigerung zu leugnen. Vielmehr wird mit dem "deutschen Modell" ein Vorschlag zur Diskussion gestellt, der die Interessen beider Seiten der Taiwanstraße ausbalanciert, zum Aufbau gegenseitigen Vertrauens beiträgt und damit wichtige Voraussetzungen für eine Wiedervereinigung Taiwans mit dem chinesischen Festland auf demokratischem Wege schafft.

Gunter Schubert

4.5. Indonesien auf dem Weg zu einer neuen Ordnung?

Das Jahr 1999 ist zweifellos ein Schlüsseljahr im dramatischen Wandel Indonesiens vom Autoritarismus zu einer demokratisch legitimierten Politik. Zwei Daten ragen heraus: die Parlamentswahlen vom 7. Juni und die Wahl von Präsident Wahid am 20. Oktober. Dem neuen Präsidenten gelang es in wenigen Monaten, die indonesischen Streitkräfte unter eine zwar noch nicht institutionalisierte, aber trotzdem leidlich funktionierende zivile Kontrolle zu bringen. Das Parlament, das in den langen Jahrzehnten des Suharto-Regimes ein reines Akklamationsorgan gewesen war, erwies sich nun als funktionsfähiges und gegenüber der Regierung eigenständig agierendes Organ. Noch unter Präsident Habibi waren zwei Gesetze über die regionale Regierung und über fiskalische Dezentralisierung verabschiedet worden, die für die Zukunft Indonesiens von herausragender Bedeutung sein werden. Das neu zusammengetretene höchste Staatsorgan, die Beratende Volksversammlung (MPR), beschloß im Herbst 1999 einen ersten Zusatz zur indonesischen Verfassung von 1945, der Amtsdauer und Macht des Präsidenten begrenzte. Damit wertete sie einen Parlamentsbeschluß des Jahres 1998, wonach der Präsident nur einmal wiedergewählt werden kann, deutlich auf.

Trotz dieser begrüßenswerten Entwicklungen führten im Jahr 1999 gewaltförmige Auseinandersetzungen verschiedenster Art zu neuen Höhepunkten (vgl. Friedensgutachten 1999, Beitrag 6.2.). Den meisten noch im Gedächtnis ist die Zerstörung Osttimors durch Milizen und Militäreinheiten nach der Abstimmungsniederlage der Unabhängigkeitsgegner. Die Gewaltexzesse erregten zwar die westliche Öffentlichkeit und führten zur Entsendung von UN-Truppen, doch ragte Osttimor weder in der indonesischen Entwicklung des Jahres 1999 noch im Vergleich zu den vielen anderen Fällen staatlicher Gewalt in allen Teilen der Welt heraus.

Das im Vergleich zur mageren Berichterstattung über die vielfältige Gewalt in anderen Regionen Indonesiens eminente Interesse der westlichen Öffentlichkeit und Politik an Osttimor erklärt sich damit, daß der Fall Osttimor das Bedürfnis nach einfachen Schemata von Gut und Böse befriedigte; außerdem war ein Engagement für die osttimoresische Sache nach dem Zusammenbruch des Suharto-Regimes ideal geeignet, die frühere Komplizenschaft mit der indonesischen Diktatur zu verschleiern. Standen die westlichen Regierungen bis 1998 fest auf der Seite des Siegers Suharto, so beeilte man sich in den letzten Tagen seines Regimes, die Seite zu wechseln und steht nun, symbolisch untermauert durch den Einsatz für die Rechte eines kleinen geknechteten Volkes, wieder auf der richtigen Seite der Geschichte. Jetzt erweist sich die in früheren Zeiten für manche Akteure ärgerliche Beharrlichkeit der kleinen Kolonialmacht Portugal als vorteilhaft, symbolisiert sie doch die Beständigkeit des westlichen Engagements gegen Diktaturen, die diese Rechte mit Füßen treten. Mit der expliziten Unterstützung der portugiesischen Kolonialmacht, die sich als Beschützer der kolonialen Bevölkerung hervortut, wird das Bild des wohlwollenden gütigen Kolonialherren beschworen, der für die ihm anvertrauten Geschöpfe nur das Beste will. Die gegen die europäische Überlegenheitsthese gerichtete emanzipatorische Ideologie des Antikolonialismus wird im westlichen Engagement in Osttimor neu bestimmt. Es sind die ehemaligen Kolonialmächte, die im Eingreifen für die Rechte des bedrohten Volkes von Osttimor noch einmal ihre normative Überlegenheit zur Schau stellen und sich von jeglicher Schuld für die Gewalt der letzten Jahrzehnte freizusprechen suchen.

Die von der Weltöffentlichkeit weitgehend unbeachteten Pendants zu den Ruinen, Morden, Vergewaltigungen, Verstümmelungen, zu Flucht und Vertreibung in Osttimor finden sich in Aceh und auf den Molukken. In Aceh kamen bei Auseinandersetzungen zwischen der Unabhängigkeitsbewegung GAM und Sicherheitskräften, aber auch bei vielfältigen Übergriffen von Polizei und Militär zwischen August 1998 und Dezember 1999 nach Angaben unabhängiger Organisationen 534 Menschen ums Leben. Allein in den ersten zwei Monaten des Jahres 2000 starben nach offiziellen Angaben 238 Menschen. Auf den Molukken eskalierte im Januar 1999 die Gewalt zwischen Muslimen und Christen – dies kostete im letzten Jahr ca. 2000 Menschenleben. Viele Städte und Dörfer auf Ambon und anderen Inseln sind weitgehend zerstört, Kirchen und Moscheen wurden in immer wiederkehrenden Wellen der Gewalt niedergebrannt, über 100.000 Menschen waren oder sind noch auf der Flucht bzw. in Auffanglagern. Auf Kalimantan metzelten im Frühjahr 1999 einheimische Dayak und mit ihnen verbündete Malayen hunderte von eingewanderten Maduresen nieder. Die Bilder abgeschlagener und auf Stäbe gespießter Menschenköpfe gingen um die Welt, der Konflikt selbst wurde jedoch kaum thematisiert.

Osttimor ist von Jakarta aus betrachtet nur ein, wenngleich aus "diplomatischen Gründen" prominenter Ort der Gewalt in einem Land, das an allen Ecken brennt. Nach dem katastrophalen Ende der indonesischen Herrschaft in diesem entlegenen Flecken geht es für Jakarta nun vor allem darum, die Schäden der von den Streitkräften und den mit ihnen verbündeten Milizen entfachten Gewalt auf dem internationalen Parkett zu minimieren. Die zentralen Probleme auf dem Weg zu einem neuen Indonesien nach Suharto liegen jedoch:

- in der Sicherstellung des Primats der Politik über die Streitkräfte und ihrer Entpolitisierung. Hier muß es gelingen, die in vielfältiger Form in die zivile Politik, Wirtschaft und Gesellschaft involvierten Streitkräfte aus diesen Rollen zu entlassen, ohne daß ein Vakuum an staatlicher Organisation entsteht, in dem Provinz- bzw. Lokalfürsten kaum kontrollierbare quasi-feudale Lehen errichten können;
- in der Dezentralisierung und Demokratisierung des zentralistischen Staatswesens. Die neue politische Elite muß in Zusammenarbeit mit den Regionen funktionsfähige Autonomieregelungen für die Unruheprovinzen an den Rändern des Inselreiches erarbeiten, die den Wünschen nach einer deutlichen Erweiterung der lokalen fiskalischen und politischen Handlungsräume Rechnung tragen, ohne die Handlungsfähigkeit der Zentralregierung zu unterhöhlen;
- in der Ausarbeitung einer tragfähigen, gemeinsamen Vision für ein zukünftiges Indonesien, das der ethnischen, religiösen und kulturellen Vielfalt gerecht wird, die das Reich der mehr als 13.000 Inseln kennzeichnet. Die durch die Repression der vergangenen Jahrzehnte fraglich gewordene normative Grundlage der indonesischen Nation muß mit neuen Inhalten gefüllt werden, die nicht nur die nationale Elite in der Metropole, sondern auch das Gros der Bevölkerung in den außenliegenden Provinzen akzeptieren können.

Ein demokratisch legitimiertes Parlament und ein gewählter Präsident

Die Wahlen am 7. Juni 1999 brachten einen deutlichen Sieg der durchweg erst wenige Monate alten Oppositionsparteien. Allerdings resultierte aus der Wahl keine klare Mehrheit. Drei im wesentlichen gleich große Lager standen sich im 500-köpfigen Parlament gegenüber: die bisherige Regierungspartei Golkar (120 Sitze), die PDI-P von Megawati Sukarnoputri (153 Sitze) und die islamisch orientierten Parteien (PPP, PKB, PAN und PBB mit zusammen 156 Sitzen).

Das Patt im Parlament spiegelte sich auch in der für die Wahl des Präsidenten zuständigen Beratenden Volksversammlung. Nach vielfältigen Verzögerungen und Hinterzimmerverhandlungen gelang es am 20. Oktober den islamisch orientierten Parteien – wahrscheinlich mit Unterstützung von Golkar –, den Vorsitzenden der PKB, Abdurahman Wahid, mit 373 Stimmen zum neuen Präsidenten zu wählen. Megawati unterlag mit 313 Stimmen. Den prompt ausbrechenden Unruhen entzog die Entscheidung Wahids für Megawati als Vizepräsidentin rasch die Grundlage.

Das neue Führungsduo erweist sich in vielen Aspekten als Neuauflage der Anfänge der Republik Indonesien, als der säkular orientierte, einen starken, zentralistisch organisierten Staat anstrebende Präsident Sukarno mit Mohammad Hatta einen Stellvertreter zur Seite hatte, der islamische Werte in der Politik repräsentiert sehen wollte, wenngleich er einen islamischen Staat ablehnte und einer Beschränkung der Macht der Zentralregierung zugunsten der regionalen politischen Gremien das Wort redete. Mit Wahid und Megawati sind nun – mit vertauschten Rollen – Repräsentanten genau dieser Orientierungen wieder zu einem Team zusammengespannt. Megawati und die PDI-P stehen einer umfassenden Autonomieregelung für die Provinzen kritisch gegenüber und betonen die Notwendigkeit umfassender Prärogativen der Zentralregierung. Sie wollen die Streitkräfte in ihrer Doppelrolle als Garanten der äußeren und inneren Sicherheit und als Agenten der nationalen Integration, Administration und Entwicklung belassen und zielen auf eine Säkularisierung des indonesischen Staates ab. Demgegenüber steht Wahid für eine umfassende Föderalisierung Indonesiens, für das Zurückschneiden der Funktionen der Streitkräfte auf die Garantie der äußeren Sicherheit und für einen religiös toleranten Staat, der gleichwohl auf die religiösen Ansprüche der Bürger einzugehen hat – was im Effekt in einem regional unterschiedlichen Verhältnis zwischen Staat und Religion resultieren kann.

Das vom Präsidenten ernannte "Kabinett der nationalen Einheit" zollt vielfältigen Verpflichtungen Tribut – beinahe alle Parteien, Regionen und sozialen Gruppen sind vertreten. Das Gros der Kabinettsmitglieder gehört dem bisherigen politischen Establishment an. Sie sind zwar erwiesenermaßen reformbereit, entstammen aber durchgängig nicht der Reformbewegung, die Indonesien in den letzten Jahren in Atem gehalten hat. Die meisten repräsentieren eine bestimmte Klientel, wie der chinesischstämmige Minister für Wirtschaftskoordination, Kwik Kian Gie. Seine Berufung soll für Vertrauen bei der nach den anti-chinesischen Pogromen von 1998 zutiefst mißtrauischen chinesischen Minderheit werben. Der Ministerposten für Menschenrechte wurde mit Hasballa Saad, einem früheren NGO-Aktivisten aus Aceh, besetzt. Leute wie er können die Argumente der Zentralregierung gegenüber den Provinzen mit Sezessionsgelüsten am glaubwürdigsten vertreten. Zwar muß etwa ein Sechstel des Kabinetts den Streitkräften zugerechnet werden, doch ist dies der geringste Anteil seit über drei Jahrzehnten. Auch hat Wahid den Posten des Verteidigungsministers erstmalig mit einem Zivilisten besetzt. Das Gewicht des Militärs im Kabinett wurde im Februar 2000 durch den erzwungenen Rücktritt von General Wiranto drastisch verringert. Die den Streitkräften entstammenden Kabinettsmitglieder bilden keine Gruppe, die die Interessen der Streitkräfte vertritt. Der Grund ihrer Kabinettsmitgliedschaft ist nur begrenzt in ihrem militärischen Status zu suchen. So kann der Minister für Verwaltungsreform, Konteradmiral Numberi, als Repräsentant West Papuas gesehen werden, so wie der neue Innenminister, der ehemalige Generalleutnant Suryadi Soerdidja, seinen Posten weniger seinem militärischen Hintergrund, als vielmehr seiner früheren Arbeit als Gouverneur von Jakarta verdanken dürfte.

Wahids Strategie, in seine "Regierung der nationalen Einheit" alle im Parlament vertretenen Gruppierungen und die Streitkräfte zum Zweck der Herrschaftsstabilisierung zu kooptieren, muß in der gegenwärtigen Situation positiv gesehen werden. Nur solange es dem Präsidenten gelingt, alle wichtigen potentiellen Oppositionsgruppierungen in die Diskussion und die Entscheidung über den Weg und die Ziele der Entwicklung einzubinden, kann er in der im dramatischen Wandel begriffenen indonesischen Gesellschaft eine Polarisierung der politischen Lager und eine Rückkehr zur Mobilisierung der Straße und zur Gewalt verhindern. Gleichzeitig, und darin liegt das Dilemma dieser Strategie, kann damit längerfristig die Idee einer parlamentarischen politischen Opposition ausgehöhlt werden. Kooptierte Parteien werden ihre Interessen in Absprachen zwischen den Parteiführern durchsetzen und nicht in der parlamentarischen Debatte. Hier sei nur daran erinnert, daß schon der erste Präsident Sukarno die Demokratie im Sinne traditioneller javanischer Beratungsformen reinterpretiert hat, wonach Einmütigkeit (*mukafat*) aus der Beratung erwachsen müsse und es sich bei dem indonesischen Staat um einen Staat der gegenseitigen Kooperation (*gotong rojong*) handele. Der Präsident garantiert, wie die Geschichte der letzten Jahrzehnte zeigt, in einem solchen System den Ausgleich und die Balance zwischen den verschiedenen Gruppierungen. Hauptziel der politischen Aktivitäten ist der Zugang zu ihm; die wichtigsten Posten sind diejenigen, die die Kontrolle über diesen Zugang haben. Es gibt erste Zeichen, daß ein neuer "königlicher Hof" entsteht. So ist es durchaus problematisch, daß der Präsident Verwandte und Freunde in Positionen berufen hat, mittels derer sie den Zugang zu ihm kontrollieren können. Hier sind insbesondere seine Töchter, aber auch seine Brüder zu nennen. Derartige Praktiken mögen kurzfristig unumgänglich erscheinen, wenn der Präsident wenigstens ein Mindestmaß an Personal um sich haben will, dem er trauen kann, doch beinhalten sie die Keime zu einem "wohlwollenden Suhartostil". Dies scheint auch die ökonomische Elite Indonesiens so zu sehen, die Wahids Partei in den letzten Monaten mit beträchtlichen Spenden versorgt hat. Geschäftsleute versuchen, nach dem Zusammenbruch der *Suharto- Connection* nun neue Beziehungsnetzwerke zu Wahids Familie aufzubauen. Eine Wiederholung des schon zweimal – unter Sukarno und Suharto – abgelaufenen Prozesses ist nicht ausgeschlossen, in dem allmählich in der Person des Präsidenten ein zwar nicht allmächtiger, aber unverzichtbarer Dreh- und Angelpunkt errichtet wird, auf den das gesamte politische Machtsystem orientiert ist.

Primat der Politik und Entpolitisierung der Streitkräfte

Einer der wichtigsten Erfolge im Jahr 1999 ist zweifellos, daß Indonesien auf dem Weg der Entpolitisierung der Streitkräfte vorangekommen ist. Hierzu zählen nicht nur die Reduzierung der Repräsentanten aus den Streitkräften im Parlament von 75 auf 38 Plätze, sondern auch Veränderungen in der Organisationsstruktur der Sicherheitskräfte und der Besetzung militärischer Spitzenpositionen. Diese scheinen jedoch nicht allein von außen aufgedrängt, sondern wurden von reformorientierten Mitgliedern der militärischen Elite mitgetragen.

Intern wurde schon seit mehreren Jahren diskutiert, ob die traditionelle Doppelfunktion, die *Dwi-Fungsi*, nach der die Streitkräfte sowohl Garanten von äußerer Verteidigung und innerer Sicherheit (*hankam*) als auch sozio-politischer Stabilität und ökonomischer Entwicklung (*sospol*) sind, unverändert aufrechterhalten werden sollte, oder ob nicht eine deutliche Professionalisierung der Streitkräfte angestrebt werden solle. Dafür müsse, so die Kritiker der weit gefaßten *Dwi-Fungsi*-Doktrin, notwendigerweise die *Sospol-* Funktion deutlich zurückgefahren werden. Die Kritik zielte nicht nur auf die Politisierung der Streitkräfte auf der nationalen Führungsebene, sondern auch auf die Besetzung von Posten in der zivilen Administration mit aktiven Streitkräftemitgliedern (*kekaryaan*). Trotz mancher Widersprüchlichkeiten scheint das Militär zumindest auf der nationalen Ebene derzeit nach einem ehrenhaften Rückzug aus der Politik zu suchen. Die Gefahr eines Militärputsches besteht nicht, solange das Land nicht noch weiter im Chaos versinkt, als es in mehreren der äußeren Provinzen ohnehin schon der Fall ist.

Erste konkrete Reformschritte finden sich bereits unter der Präsidentschaft Habibis, der am 1. April 1999 die Polizei, die bis dahin dem Oberbefehlshaber der Streitkräfte unterstand, dem Verteidigungsministerium unterstellte. Als der neu gewählte Präsident Wahid mit Yuwono Sudarsono einen Zivilisten zum Verteidigungsminister ernannte, entzog er damit die Polizei dem direkten Zugriff des Militärs. Vollendet wird diese institutionelle Entflechtung voraussichtlich im Jahr 2001; dann soll die Polizei direkt dem Präsidenten unterstellt werden. Je nachdem, in welche institutionelle Arrangements sich diese Entscheidung umsetzt, besteht dann allerdings die Gefahr, daß dem Präsidenten mit der Polizei eine demokratisch nicht kontrollierte Hausmacht in die Hand gegeben wird.

Daß diese Veränderungen mehr als nur Maskerade sind, zeigte sich im Vorfeld der Wahlen vom Juni 1999, als die Streitkräfte sich als neutrale Kraft empfahlen und von jeder Einflußnahme absahen. Auch gibt es in den letzten Jahren Versuche, von Streitkräftemitgliedern verübte Gewalttaten aufzuklären und die Verantwortlichen zu benennen, selbst wenn Gerichtsverfahren gegen Soldaten bislang immer noch als Ausnahme die Regel bestätigen, wonach militärische Gewalttäter nicht zur Rechenschaft gezogen werden.

Teile der militärischen Elite versuchen im Verbund mit dem neuen Präsidenten Wahid, ihre Intention einer stärkeren Professionalisierung durch personelle Revirements umzusetzen. Als Resultat der Neubesetzung zentraler Positionen in den Streitkräften sticht eine deutliche Stärkung reformorientierter Kräfte hervor. Mit der Ernennung von Admiral Widodo zum Oberbefehlshaber stehen die Streitkräfte erstmals in der indonesischen Geschichte nicht unter dem Befehl eines Heeresoffiziers. Spektakulär gestaltete sich die Ausbootung des Ministers für Politik und Sicherheit, General Wiranto. Er wurde im Februar 2000 durch den massiven Druck des Präsidenten, aber auch der neuen militärischen Elite zum Rücktritt genötigt.

Die Eingriffsmöglichkeiten der Streitkräfte in die zivile Verwaltung sind durch die Abschaffung der *Kekaryaan*-Praxis deutlich beschränkt worden. Bis die derzeitigen Amtsinhaber ihre Plätze räumen, vergeht zwar noch einige Zeit – immerhin mußten sie schon, soweit sie sich entschlossen, ihre zivilen Posten zu behalten, die Streitkräfte verlassen. Inzwischen wird auch eine vollständige Abschaffung der für die Streitkräfte garantierten Sitze in Parlament und Beratender Volksversammlung diskutiert. Im Gegenzug sollte den Mitgliedern der Streitkräfte, wie allen anderen Staatsbürgern, das Wahlrecht gegeben werden. Die gesellschaftspolitische Rolle der Streitkräfte wird auch durch eine langsam anlaufende Beschneidung der in langen Jahren aufgebauten, in die zivile Administration hineinragenden Kontrollstrukturen verringert werden.

Bei allen Versuchen, den politischen Einfluß der Streitkräfte zu reduzieren, befindet sich der Präsident jedoch in einem Dilemma, daß er das Militär einerseits politisch entmachten und seiner innenpolitischen Rolle entkleiden will, es andererseits aber funktionsfähig und effizient erhalten muß, um die äußere und gerade auch die innere Sicherheit zu bewahren bzw. wiederherzustellen. Die inzwischen ausgegliederten, schlecht ausgerüsteten nationalen Polizeitruppen sind mit 180.000 Mann derzeit viel zu klein, um diese Aufgabe übernehmen zu können. Eine demoralisierte Armee aber wird nicht als Instrument der politischen Führung taugen.

Sezessionsbestrebungen und Autonomieoptionen

Die größte Herausforderung für die gegenwärtige politische Führung geht von den vielfältigen Autonomie- und Unabhängigkeitsforderungen vom westlichsten Ende der Republik in Aceh bis zur Ostgrenze in West-Papua aus. In keinem Fall ist die Unabhängigkeit die sinnvollste Lösung des Konfliktes. Damit könnte nicht nur in Indonesien, sondern auch bei seinen Nachbarn ein Prozeß des Staatszerfalls in Gang gesetzt werden, der die ganze Region destabilisieren würde. Das fehlende demokratische Unterfutter in den Unruheprovinzen und die dort bestehende ethnische bzw. religiöse Vielfalt lassen eine gewaltfreie Etablierung funktionsfähiger neuer Staaten als nicht sonderlich wahrscheinlich erscheinen. Wahrscheinlicher ist eine Entwicklung, in der die Machtkämpfe und Zerfallsprozesse im Inneren der neuen Staaten fortgesetzt würden. Deshalb gilt es, umfassende Autonomieregelungen zu entwickeln, die den lokalen Bedürfnissen Rechnung tragen und die Zentralregierung in Jakarta weiterhin handlungsfähig lassen. Die Grundlagen dafür wurden im letzten Jahr mit den Gesetzen über die regionale Regierung und fiskalische Dezentralisierung gelegt. Not tut ihre beschleunigte Umsetzung.

In diesem Prozeß der Föderalisierung Indonesiens kann die nationale Politik populistischen Forderungen, wonach es doch nur gerecht sei, den rohstoffreichen Provinzen das Gros der damit erzielten Einnahmen zu belassen, genausowenig entgegenkommen, wie den Rufen nach einem sofortigen Rückzug der Zentrale aus der regionalen Politik. So verständlich derartige Rufe erscheinen mögen, so kurzsichtig sind sie auch. Administrative und fiskalische Dezentralisierung führen nicht unbedingt zu erweiterter Demokratie, zu mehr sozialer Gerechtigkeit und effektiveren administrativen und ökonomischen Strukturen. Sie können vielmehr dort neue Schranken errichten, wo vorher Kooperation möglich war. Sie können nach dem Sturz Suhartos eine Vielzahl "kleiner Suhartos" ermöglichen, die auf der Grundlage umfassender Autonomieregelungen ihre Distrikte oder Provinzen in quasi-feudale Lehen zum eigenen Nutzen verwandeln. Derartige Entwicklungen lassen sich nur durch eine konzise Kontrolle des gesetzlichen Rahmens der Devolution zentralstaatlicher Macht verhindern.

Würde man sich darauf einigen, die Rechte der Provinzen auf die Einnahmen aus den auf ihren Territorien gewonnenen Rohstoffen deutlich zu stärken, so würde dies langfristig die Gefahr der zunehmenden Desintegration Indonesiens in sich bergen und notgedrungenerweise schon bald die Einnahmen des Zentralstaates dezimieren. Dieser könnte seinen bisherigen Leistungen gegenüber den armen Provinzen nicht mehr nachkommen. Die ohnehin bestehenden sozialen Disparitäten zwischen reichen und armen Provinzen würden sich dramatisch verschärfen.

Zwei Strategien der Dezentralisierung, die diesem Dilemma Rechnung zu tragen versuchen, werden in der Gesetzgebung und den Äußerungen der wichtigsten Politiker deutlich: Zum einen zielt die fiskalische Dezentralisierung nur auf eine Erhöhung der lokalen Kompetenz über die Ausgabenseite. Die Kontrolle über die Art und Weise sowie den Umfang der Staatseinnahmen bleibt – so die bisherigen Planungen – weitgehend in der Hand der Zentralregierung. Zum anderen werden die politischen Gremien der regionalen und lokalen Ebene zukünftig in direkter Wahl bestimmt und ihre Kompetenzen deutlich ausgeweitet. Die Führungspositionen in Distrikt und Provinz – *Bupati* bzw. Gouverneur – werden dann von den respektiven Parlamenten gewählt. Allerdings scheint die politische Dezentralisierung auch darauf abzuzielen, die Stärkung der Provinzebene so gering wie möglich zu halten, da man davon ausgeht, daß so Sezessionsbestrebungen am ehesten unterlaufen werden können. Einem entlang der Provinzgrenzen de facto föderalisierten Indonesien fehle, so die Angst der Kritiker, der einigende Kitt. Es würde in kürzester Zeit entlang dieser Grenzen zerfallen. Da diese in vielen Fällen umstritten sind, wären Territorialkonflikte vorprogrammiert. Um diesem Dilemma zu entgehen, soll ein großer Teil der Kompetenzen, die von der Zentrale abgegeben werden, direkt auf die Distriktebene verlagert werden. Bei ca. 400 Distrikten (*kabupaten*) dürfte die Macht der Zentralregierung kaum geschwächt werden, da die Distrikte selbst nicht über die autonomen Ressourcen verfügen, um eine potentielle Gegenmacht gegen die zentrale Administration in Jakarta aufzubauen.

Diese aus Stabilitätsgründen plausibel erscheinende Tendenz Jakartas, unter mehreren Optionen der Dezentralisierung in jedem Fall die zu wählen, die den Spielraum der Zentrale maximiert, beinhaltet jedoch die Gefahr der Ausgrenzung radikaler Kritiker. Dies wird besonders deutlich bei der Frage der politischen Repräsentation regionaler Interessen, der durch das 1999 verabschiedete Wahlgesetz enge Schranken gezogen sind. Um die staatliche Zulassung zu bekommen, muß eine Partei in mindestens neun der 27 Provinzen vertreten sein. In mindestens der Hälfte der Distrikte dieser Provinzen muß sie über eine Parteiorganisation verfügen – eine CSU würde in Indonesien nicht zugelassen. Diese Regelung macht die politische Artikulation regionaler Interessen und Präferenzen zur Prärogative überregionaler Parteien, und schließt damit nicht nur die politische Auseinandersetzung um das Recht auf Sezession innerhalb der politischen Institutionen weitgehend aus. Bedeutend fataler könnte sein, daß auch die Vertreter regionaler Autonomiebewegungen keine parlamentarische Option haben, um ihre Interessen auf nationaler Ebene verfechten zu können. Hier gilt es, Lösungen zu entwickeln, durch die rein regionale Interessen längerfristig in die parlamentarische Politik eingebunden werden können.

Das Ringen um Aceh

An der ölreichen Provinz Aceh lassen sich die Dilemmata der Föderalisierung ebenso aufzeigen wie die Strategie, mit der die Zentralregierung versucht, der Sezessionsproblematik Herr zu werden. Wollte die Zentralregierung die in Aceh vielfach vorgetragene Forderung erfüllen, wonach 75 Prozent der Einnahmen aus dem Ölgeschäft in der Provinz verbleiben sollten, so wäre die Zentralregierung zumindest partiell funktionsunfähig; andere Provinzen würden mit ähnlichen Forderungen nachziehen, und die Zentralregierung würde finanziell austrocknen.

Politische Dezentralisierung scheint gegenüber der fiskalischen grundsätzlich einfacher zu bewerkstelligen, doch sind auch hier vielfältige Hürden zu überwinden. In den Unruheregionen haben sich von unten autonome Gremien zur Vertretung der lokalen Interessen gegenüber der Zentralregierung entwickelt. Jede Dezentralisierung politischer Macht muß diese lokalen Gremien in Betracht ziehen, bilden sie doch derzeit die einzigen Foren, innerhalb derer tatsächlich vor Ort über regionale Interessen und Ziele gestritten werden kann. Hier vollzieht sich nicht nur demokratische Willensbildung, sondern es werden auch mögliche Alternativen zukünftiger Entwicklung herausgearbeitet. Diese Aktivitäten werden von der nationalen Regierung durchgängig toleriert und in Einzelfällen, wie Aceh, sogar aktiv gefördert.

So engagierten sich Präsident Wahid und der Minister für Menschenrechte, Hasballah Saad, aktiv für einen Volkskongreß in Aceh, in dem alle wichtigen Gruppierungen vertreten sein sollen, weil nur so das Hauptproblem der Zentralregierung, die Auswahl eines autoritativen Ansprechpartners, einigermaßen befriedigend gelöst werden kann. Nach bangen Monaten, in denen die Gewalt in der Provinz zunehmend eskalierte, scheint der Etablierung eines zivilgesellschaftlichen Repräsentationsorgans für die Bevölkerung der Unruheprovinz doch noch Erfolg beschieden zu sein, schreitet doch die Organisation des Kongresses trotz vieler Rückschläge voran. Seine Zusammenkunft ist für Mitte Mai geplant.

Während die repressive Politik der Jahre seit 1989 in der Bevölkerung große Sympathie für die Sache der Befreiungsbewegung GAM, wenngleich nicht unbedingt für die Organisation als solche, geweckt hat, zwingt die neue Politik Abdurahman Wahids dazu, die verschiedenen Ziele zu gewichten: Unabhängigkeit, Einführung islamischen Rechts und einer stark islamorientierten sozialen Ordnung, ökonomische Besserstellung, stärkere lokale politische Selbstbestimmung und andere. Die zunehmende politische Artikulationsfähigkeit größerer Bevölkerungsgruppen und die Bereitschaft gemäßigter Kräfte, nach Kompromissen zu suchen, mit denen beide Seiten leben können, isoliert die Propagandisten einer radikalen Lösung – worauf diese, wie zu erwarten war, 1999 mit einer Verschärfung und Ausweitung des bewaffneten Kampfes reagierten. Der Leiter der Polizeitruppen in Aceh beziffert die Zahl der Opfer unter den Sicherheitskräften zwischen Mai 1999 und Februar 2000 auf 538. Trotzdem ist die neue Militanz der GAM nicht als Stärke, sondern als Schwäche zu interpretieren. Mit jeder Annäherung zwischen den gemäßigten

Führern in Aceh und der nationalen Elite in Jakarta sinken ihre Optionen. Die neue Strategie der GAM – Attentate auf Polizisten und Soldaten – scheint darauf ausgerichtet zu sein, Gegengewalt der Sicherheitskräfte gegen die unbeteiligte Zivilbevölkerung zu provozieren. In Anbetracht der wachsenden Zahl der Toten, die inzwischen auch Polizei und Armee zu verzeichnen haben, wird es darauf ankommen zu verhindern, daß die staatlichen Sicherheitskräfte mit gewalttätigen Reaktionen das zarte Pflänzchen des Vertrauens zertreten, das auf der Ebene der politisch-religiösen Eliten zaghaft erste Blüten zeigt.

Die Suche nach einer neuen nationalen Identität

Im Gefolge des neuen Wahlrechts bildeten sich für die Wahlen des Jahres 1999 Dutzende von neuen Parteien. Während das säkulare Lager mit zwei dominierenden Parteiorganisationen – der PDI-P Megawati Sukarnoputris und der Golkar – klar strukturiert war, brachte die neue Offenheit für das islamische Lager eine weitgehende Zersplitterung in über ein Dutzend Parteien. Betrachtet man die regionalen Wahlergebnisse der islamisch orientierten Parteien, so tritt klar hervor, daß jede der größeren Parteien eigene regionale Schwerpunkte hat. So dominierte die PKB von Präsident Wahid in Ostjava, wo sie 35 Prozent der Wählerstimmen und 24 Mandate gewann, d.h. beinahe die Hälfte der Sitze von Abdurahman Wahids PKB wurden in einer einzigen der 27 Provinzen gewonnen. Wahids islamische Konkurrenten konnten dafür in Aceh und West Sumatra über 50 Prozent der abgegebenen Stimmen auf sich vereinigen. Außerhalb Sumatras und Javas spielten die islamisch orientierten Parteien keine nennenswerte Rolle. Die Auseinandersetzung wurde dort zwischen der PDI-P Megawatis und Golkar ausgetragen. Es ist also ein deutlicher Bruch zwischen der inneren und den äußeren Regionen festzuhalten. Das Interesse an einer Islamisierung der Politik beschränkt sich weitgehend auf Java und Sumatra.

Auch dort findet sich jedoch kaum ein Interesse an der Einführung des islamischen Rechts, geschweige denn der Umwandlung Indonesiens in einen islamischen Staat. Die Forderungen beschränken sich darauf, islamische Praktiken in staatlichem Recht berücksichtigt zu sehen (wie z.B. in bezug auf das Familien- und Erbschaftsrecht), ohne sie für die Staatsbürger anderen Glaubens verbindlich zu machen. Bei einer Beurteilung der Islamisierungstendenzen gilt es auch festzuhalten, daß mit Abdurahman Wahid ein deutlicher Kritiker eines politischen Islam zum Präsidenten gewählt worden ist, dessen ganzes bisheriges Handeln darauf abzielte, die Politisierung der Religion zu verhindern.

Auch andere islamisch orientierte Parteien wie die PAN streben nicht nach einer radikalen islamischen Umgestaltung der indonesischen Gesellschaft und Politik. So konnte sich auf dem Parteitag der PAN ein Antrag, wonach das Grundprinzip der Partei in "Glaube und Hingabe (*imam dan taqua*) umgewandelt werden sollte, nicht durchsetzen.

Die Problematik einer möglichen Islamisierung der gesellschaftlichen und politischen Ordnung Indonesiens muß im Kontext der derzeit verhandelten Frage der nationalen Identität betrachtet werden. Zwar hat Sukarno 1945 und in den Jahren danach mit den *Panca Sila*, den Fünf Prinzipien, versucht, für die indonesische Nation normative Fundamente zu errichten, doch verloren diese in den letzten Jahrzehnten, gerade weil sie zur allgemein verbindlichen Staatsdoktrin und zur legitimatorischen Grundlage einer Diktatur mutierten, ihre normative Kraft. Mit dem Zusammenbruch der "Neuen Ordnung" Suhartos stellt sich nun, unter den Bedingungen einer nur begrenzt handlungsfähigen Zentralregierung, die Frage nach der Identität der eigenen Gruppe, aber auch des politischen und sozialen Gemeinwesens. Der offizielle Leitgedanke des indonesischen Staates, "Einheit in Verschiedenheit" (*Bhinneka Tunggal Ika*), war unter Sukarno und viel mehr noch unter Suharto in Richtung auf den Einheitsgedanken verengt worden. Jetzt wird erstmals diskutiert, ob eine Akzentuierung der Verschiedenheit eine erfolgversprechende Zukunftsoption für Indonesien aufzeigen könnte.

Ausblick: Einfache Lösungen nicht in Sicht

Indonesien ist auf dem Weg zu einer neuen Ordnung. Die Unterordnung der Streitkräfte unter den Primat der Politik hat sich als weniger problematisch erwiesen, als vielfach befürchtet worden ist, gelang es doch der zivilen Führung, reformwillige Gruppierungen in den Streitkräften für ihr Unterfangen zu gewinnen. Ähnlich glatt verlief bisher die Neustrukturierung des politischen Systems und der Übergang zu einer Mehrparteiendemokratie.

Am bedrängendsten erscheinen die Fragen der territorialen Verfaßtheit und der normativen Fundierung Indonesiens. Hier muß es gelingen, den unitären Staat soweit zu föderalisieren, daß der kulturellen, ethnischen und religiösen Vielfalt Indonesiens große Spielräume eingeräumt werden. Gleichzeitig muß die zentrale Frage der Integration der derzeit nach Autonomie bzw. Unabhängigkeit strebenden Teile Indonesiens angegangen werden, da ansonsten eine erfolgreiche Föderalisierung zu einem wachsenden normativen Bedeutungsverlust der nationalen Politikebene führen würde. Ein "wertloser" nationaler Bezugsrahmen kann keine Grundlage für eine "wertvolle" Identität bilden – sehr schnell würde seine Existenzberechtigung in Frage gestellt.

So bietet das Jahr 1999 zwar einigen Anlaß für vorsichtigen Optimismus, doch ist für die Eskalation der kollektiven Gewalt in absehbarer Zeit keine Lösung in Sicht. Die Geschichte der Gewalt in Indonesien und die weitgehend fehlenden symbolischen und materiellen Ressourcen des indonesischen Staates, die kaum existenten Einflußmöglichkeiten der nationalen Politik auf die lokalen Konfliktformationen legen den Schluß nahe, daß kollektive Gewalt auch in den nächsten Jahren ein wiederkehrendes Phänomen sein wird. Phasen des Friedens sollten nicht mit einer strukturellen Zivilisierung des Konfliktaustrags verwechselt werden.

Die Einflußmöglichkeiten der westlichen Politik sind begrenzt. Grundsätzlich kann Europa die immer noch eminent labile Ökonomie Indonesiens durch eine umfassende wirtschafts- und entwicklungspolitische Zusammenarbeit stabilisieren. Ein verstärkter politischer Dialog mit den Führern der großen demokratischen Parteien und eine sichtbare, allerdings unaufdringliche Unterstützung der Föderalisierungsversuche wären wünschenswert. Das Engagement der EU sollte, wie in ihrem im Februar 2000 vorgelegten Indonesienkonzept auch anvisiert, konkrete Unterstützung bei den anstehenden Reformen im Justizwesen und der öffentlichen Verwaltung anbieten. Hier könnte auch die Bundesregierung, gerade wegen der technischen Schwierigkeit der Materie, aktiv werden. Diese Hilfe sollte auch für die Neustrukturierung der indonesischen Streitkräfte und den Aufbau einer modernen Polizei in Betracht gezogen werden.

Peter Kreuzer

4.6. Der Bürgerkrieg auf Sri Lanka: Singhalesische Hegemonie und tamilische Irredenta

Der siebzehn Jahre alte Bürgerkrieg auf Sri Lanka zählt inzwischen zu den langwierigsten, blutigsten und unlösbarsten Konflikten in Südasien. An Zeitdauer und Sprengkraft wird er nur vom Kaschmirkonflikt übertroffen. Dies könnte zu der Auffassung verleiten, daß der Konflikt das unausweichliche Resultat eines unüberbrückbaren ethnischen, also sprachlichen, religiösen oder historischen Gegensatzes zwischen den Singhalesen und den Tamilen sei und daß die koloniale Einigung der Insel und der Fortbestand dieser Einheit ihn notwendig und unvermeidbar gemacht hätten. Dies ist keineswegs der Fall und im folgenden soll gezeigt werden, wie politische Interessen und Kalküle, aber nicht kulturelle Unvereinbarkeiten oder eigenständige Geschichtsabläufe einen ethnischen Gegensatz und schließlich Bürgerkrieg hervorbrachten.

In dem 1983 ausgebrochenen Bürgerkrieg steht die singhalesische Mehrheit der größten Minderheit, den Sri Lanka-Tamilen gegenüber. Zwei kleinere Minderheiten, die indischen Tamilen, die seit 1870 in die Teeplantagengebiete des südwestlichen Berglandes zugewandert sind und die Muslime, die mehrheitlich an der Ostküste leben, haben sich aus dem Konflikt heraushalten können. Die indischen Tamilen, indem sie sich, gestützt auf eine Plantagenarbeitergewerkschaft, in kalkulierter Distanz mit den singhalesischen Mehrheitsparteien verbündeten, die Muslime, indem sie lange Zeit auf die Gründung einer eigenen Partei verzichteten, wofür im Gegenzug einzelne Colombo-Muslime in den zwei singhalesischen Mehrheitsparteien ihre Interessen verfolgen konnten. Die singhalesische Mehrheit verfügt über eine eigene Sprache und Schrift, Sinhala, und ist überwiegend (Theravada) buddhistisch. Die Sri Lanka-Tamilen haben wie die tamilischen Plantagenarbeiter ebenfalls eine eigene Sprache und Schrift, das Tamil, und sind überwiegend hinduistisch. Die Muslime sprechen im Osten Tamil und im Westen Sinhala.

Ethnische Gliederung der Bevölkerung Sri Lankas

	Einwohner (in 1.000)	Anteil (in %)
Singhalesen	13.200	74
Sri-Lanka-Tamilen	2.160	12
Indische Tamilen	1.080	6
Moors (Muslime)	1.260	7
Sonstige (Malaien, Burgher, Veddas)	180	1
Gesamt	18.000	100

(nach Central Bank of Sri Lanka, Stat. Departm. 1996)

Der gegenwärtige Konflikt ist das Resultat eines ethnischen Gegensatzes zwischen Tamilen und Singhalesen, den drei in ihrer Zeit als fortschrittlich eingestufte britische administrative Reformen, ökonomische Transformationen und politische Konzessionen über einen Zeitraum von 100 Jahren unfreiwillig hervorgebracht haben.

Seitdem eine auf große Bewässerungsanlagen gestützte buddhistische Zivilisation und singhalesische Siedlungszone im nördlichen Inselbereich seit dem zwölften Jahrhundert endgültig aufgegeben wurde, siedelten die Singhalesen im niederschlagsreichen Südwesten, während die seit der Mitte des ersten Jahrtausends aus Südindien zugewanderten (Sri Lanka)-Tamilen auf Jaffna und an der Ostküste siedelten. Über Jahrhunderte hinweg waren damit die beiden Gruppen durch ein *no man´s land*, die heutige Trockenzone, voneinander getrennt. Die heutigen ethnischen Gruppen definierten aber ihren Status und ihre Identität nicht im Idiom der Ethnizität, sondern unter den Kategorien der Kaste, der Lokalität oder der politischen Zugehörigkeit. So sahen sich etwa die Jaffna-Tamilen als die Untertanen des hinduistischen Lokalreiches auf Jaffna und die Tamilen und Muslime der Ostküste als die entfernten Mitglieder eines weitgehend wirkungslosen weil auf den Südwesten konzentrierten buddhistischen Königreiches. Diese räumliche Trennung und diese vormoderne Selbst- und Fremdeinschätzung wurden erst von der dritten, der britischen Kolonialmacht überwunden und umgewandelt.

Erst die Engländer können eine einheitliche Verwaltung über die gesamte Insel errichten. Sie etablieren in der Folgezeit eine erste bürokratische Verwaltung, die aus Kostengründen von Anfang an auf die Einstellung einheimischer qualifizierter Fachbeamten angewiesen war. Da die singhalesische Elite vorrangig in den rasch expandierenden Plantagensektor und dessen Versorgung investiert, sind es überdurchschnittlich viele Jaffna-Tamilen, die Zugang zum kolonialen Beamtenapparat finden. Seit der portugiesischen Zeit wurden auf der Halbinsel vorbildliche Missionsschulen errichtet und Jaffna-Tamilen, die der dominanten landkontrollierenden Kaste der Wellalas entstammen, sichern sich jetzt den fast monopolistischen Zugang zu Verwaltungsstellen, aber auch zu den neuen, auf eine qualifizierte Ausbildung gestützten Berufen: Landvermesser, Ingenieur, Arzt, Rechtsanwalt. Damit wird zum ersten Mal eine tamilische Beamtenelite in allen Verwaltungszentren der Insel und in Colombo zum ersten Mal präsent. Die singhalesische Mehrheit und insbesondere die singhalesischen Eliten sehen sich nicht von den Briten, sondern jetzt von Tamilen beherrscht. Fast zeitgleich beginnen die Engländer aus Kontroll- ebenso wie aus Gewinnüberlegungen im unzugänglichen Hochland Kaffeeplantagen anzulegen. Nachdem Ende der 70er Jahre des 19. Jahrhunderts eine Pflanzenkrankheit die Kaffeebäume ausrottet, sucht die britische Verwaltung die enormen Plantageninvestitionen dadurch zu retten, daß sie die Anpflanzung von Teesträuchern propagiert, mit Erfolg: Weite Teile des Hochlandes verwandeln sich jetzt in von britischen *agency houses* verwaltete *tea gardens*. Bereits bei der Kaffee-Ernte hatte man aus Mangel an lokalen singhalesischen Arbeitskräften auf südindische Wanderarbeiter zurückgegriffen. Der Teeanbau, der eine ganzjährige Ernte und die Verarbeitung des Tees in einer "Teefabrik" verlangt, führt jetzt zu einer dauerhaften Ansiedlung dieser tamilischen Arbeiter und ihrer Familien. Parallel zu der Ausdehnung des Teesektors und partiell mit der Errichtung von Gummibaumplantagen werden jetzt mehr und mehr Südinder, zumeist niedriger Kastenherkunft, in den sogenannten *Kuli lines* der Plantagen auf Dauer angesiedelt. Um die Jahrhundertwende ist diese neue Gruppe indischer (Plantagen)-Tamilen mit einer Million Menschen genauso groß wie diejenige der Jaffna- und Ostküstentamilen. Weniger die singhalesische Mehrheit als die singhalesische Elite sieht sich durch diese Zuwanderung bedroht. Nationalistische Singhalesen beklagen, daß das letzt Rückzugsgebiet einer sinhala-buddhistischen Zivilisation von tamilischen Unberührbaren, Arbeitskontraktoren und Händlern übernommen wird, daß die Singhalesen durch Teeplantagen und Tamilen von ihrem Land vertrieben würden. Das hindert diese Elite allerdings nicht daran, den

Plantagenausbau durch spekulative Bodenverkäufe voranzutreiben und selbst in den weit größeren, im Hinterland von Colombo gelegenen, Kokosplantagensektor zu investieren.

Damit ist auf der Grundlage eines seit 1900 virulenten sinhala- buddhistischen Nationalismus eine Situation entstanden, in der sich die singhalesische Mehrheit immer stärker als eine von Jaffna-Tamilen beherrschte und von indischen Tamilen belagerte Minderheit sieht. Diese Verdrängungsangst wird um so akuter als die singhalesischen Nationalisten darauf verweisen können, daß der Buddha durch drei legendäre Besuche die Insel zur "Dharma Dipa", zur "buddhistischen Gesetzes-Insel" aufgewertet und sie dem "Löwenvolk" (Sinha: der Löwe) vorherbestimmt habe.

Dieser anti-tamilische Nationalismus wird hoffähig, nützlich und schließlich breitenwirksam, nachdem die Engländer in einer dritten, unvorhergesehenen Innovation 1931 der Insel ein allgemeines Wahlrecht und damit de facto die politische Selbstbestimmung konzedieren. Alle Minderheiten sehen sich jetzt durch das allgemeine Mehrheitswahlrecht bedroht, während die bislang äußerst anglophile und in den Augen der singhalesischen Bauern korrupte singhalesische Elite sich eine Propaganda zu eigen machen muß, mit der sie die singhalesischen Wähler an sich bindet. Über Nacht gezwungen, ihre Wählerstimmen bei jenen zu maximieren, die sie bislang feudal unterdrückt oder durch (Kokos)Plantagenspekulationen marginalisiert hat, greift sie jetzt zu einem xenophoben sinhala-buddhistischen Nationalismus.

Das Parteienspektrum, das ab 1931 entsteht, spiegelt einerseits die Minderheitenängste, andererseits den Erfolg dieses Sinhala-Chauvinismus wider: Es entsteht ein rein ethnisches Parteienspektrum. Die Sri Lanka- Tamilen orientieren sich auf den von Jaffna-Beamten dominierten *Tamil Congress* (TC); die Plantagentamilen, soweit sie das Stimmrecht haben, wählen den aus ihrer Gewerkschaft hervorgegangenen *Ceylon Indian Congress* (CIC); die Muslime organisieren sich in keiner Partei, lediglich in einer *Muslim Association*, die rasch das Bündnis mit der singhalesischen Elite sucht; die singhalesische Mehrheit wählt schließlich die 1946 aus einer Vorgängerorganisation, dem *Ceylon National Congress* (CNC), hervorgegangene *United National Party* (UNP). Von 1931 bis zur Unabhängigkeit 1948 hält die singhalesische Elite zunächst im Rahmen des CNC dann der UNP die Macht ausschließlich in Händen. Die Partei der singhalesischen Mehrheit, die UNP, trägt damit eine dreifache Fehlbezeichnung: Sie ist nicht national, sondern zumindest implizit pro-singhalesisch orientiert; sie ist nicht geeinigt, sondern zwischen unterschiedlichen regionalen (Hochland vs. Tiefland) und religiösen (Anglikanern, Katholiken, Buddhisten) Lagern zerstritten und sie ist keine Partei, sondern ein loser Zusammenschluß von Honoratioren – ein Omnibus, in den alle Elitemitglieder einsteigen können, um ins Parlament zu fahren. Das Machtmonopol des CNC/UNP und eine gegen beide Tamilengruppen gerichtete Rhetorik und Gesetzgebung beginnen den neuen ethnischen Gegensatz zu verschärfen. Insbesondere kristallisieren sich bereits jetzt zwei Streitfragen heraus: Was soll künftig mit den indischen Tamilen auf der Insel, ihrem Wahlrecht und de facto Bürgerrecht geschehen? Welche Sprache soll künftig zur Staatssprache werden – ausschließlich die Sprache der Mehrheit oder neben der Sprache der Mehrheit auch die Sprache der Minderheit, also Sinhala und Tamil?

Die britische Kolonialmacht zieht es vor, die Lösung der beiden Fragen auf die Zeit nach der Unabhängigkeit zu verschieben. Die Insel wird unter UNP- Herrschaft 1948 in die Unabhängigkeit entlassen und pro-singhalesische Lösungen der beiden Fragen verändern und radikalisieren das bereits bestehende ethnische Parteienspektrum. Das bildet schließlich die entscheidende Ursache für eine immer weiter voranschreitende Ausgrenzung der beiden tamilischen Minderheiten, und damit die Verschärfung des ethnischen Gegensatzes zwischen der singhalesischen Mehrheit und der tamilischen Minderheit.

Bereits 1949 beginnt die Regierung mit einer "Überprüfung" des Bürgerrechts der indischen Tamilen. Während dieser Überprüfung wird ihr Wahlrecht aufgehoben. Die Überprüfung selbst dauert fast zehn Jahre und am Ende wird lediglich einer winzigen Minderheit der indischen Tamilen das Bürger- und damit das Wahlrecht zuteil. Diese Maßnahme führt zum Kollaps des *Ceylon Indian Congress*. Der Jaffna-tamilische *Tamil Congress* hatte die Ausbürgerungsmaßnahmen mitgetragen. Die extrem kastenbewußten Jaffna-Tamilen hatten die niedrigkastigen Teearbeiter stets verachtet, zudem hoffte der *Tamil Congress* die UNP würde ihm bei der für die Jaffna-Beamten weit wichtigeren Sprachentscheidung entgegenkommen. Dissidenten innerhalb des TC lehnen aber diesen "Verrat" ab und gründen jetzt eine zweite (Sri Lanka)-tamilische Partei, die *Federal Party*, die ergebnislos für einen Föderalstaat eintritt. Die Ausbürgerung führt damit nicht nur zum Verlust des Stimmenpotentials der Plantagentamilen, sondern zur Spaltung des Stimmenpotentials der Sri Lanka-Tamilen. Die noch wahlberechtigten Sri Lanka-Tamilen können ihren Einfluß und ihre Interessen nicht mehr einheitlich in das politische Spiel einbringen.

Noch verhängnisvoller ist die Entwicklung und Lösung der Sprachenfrage. Die UNP schiebt sie vor sich her, denn diese anglophone Eliteschicht will sich nicht durch die Einführung des Sinhala einer Konkurrenz mit der Masse der einfachen Singhalesen aussetzen. Dies verschafft dem neuerdings buddhistischen und chauvinistischen Sohn der reichsten Plantagenfamilie der Insel, S.W.R.D. Bandaranaike seine politische Chance. Er tritt 1951 aus der UNP aus, gründet die propagandistisch *Sri Lanka Freedom Party* (SLFP) genannte neue Organisation und verspricht während des, zeitgleich zum 2.500jährigen Jubiläum der "Buddha-Erleuchtung" ablaufenden Wahlkampfes die Einführung des Sinhala, *Sinhala only*. Der Wahlkampf und der Wahlsieg nehmen Züge einer millenaristischen Bewegung an. Damit konkurrieren jetzt zwei pro- singhalesische Parteien um die Gunst der singhalesischen Wählermehrheit. Die UNP verwandelt sich ebenfalls zu einer massenmobilisierenden und zugleich bürokratisch zentralisierten Organisation. Unter Zugzwang gebracht, übernimmt sie die chauvinistische Rhetorik und Politik der pro- singhalesischen Wahlversprechungen der SLFP. Beide Parteien wechseln sich mit Ausnahme der Periode 1978–1994 in der Regierungsmacht ab und stehen immer stärker unter den Erwartungen einer Parteigefolgschaft, die nach dem Wahlsieg gegen Tamilen gerichtete Maßnahmen erwartet, die entweder die Patronageressourcen für singhalesische Parteigänger vergrößern oder zumindest den Machtanspruch der Singhalesen symbolisch befriedigen.

Diese zum wirtschaftlichen Vorteil oder zur politischen Aufwertung der singhalesischen Mehrheit vorangetriebene Politik der Ausgrenzung der Tamilen zeigt sich seit 1956 im Bereich der Sprach-, Wirtschafts- und Landerschließungspolitik: Mit der Einführung des Sinhala als ausschließlicher Staats- und Verwaltungssprache verliert die tamilische Beamtenelite den Zugang zum Verwaltungsapparat sowie zu den staatlich kontrollierten

Unternehmen. Die Ausschließlichkeit des Sinhala steht aber eine Schulpolitik und Massenalphabetisierung entgegen, die darauf beharren, die Minderheit und die Mehrheit jeweils in ihrer Muttersprache zu unterrichten und das Erlernen des Sinhala und des Tamil als Zweitsprachen zu hintertreiben. Da auch die Universitäten weitgehend "singhalisiert" und neue Zugangsquoten eingeführt werden, die den überdurchschnittlich hohen Anteil der Jaffna-Studenten zurückdrängen, sieht sich die Jaffna-Elite zunehmend von den für sie bislang selbstverständlichen höheren Bildungs- und Karrierechancen ausgegrenzt.

Die Wirtschaftspolitik versteht sich als Entwicklungspolitik, sie soll der Masse der Armen, also den Singhalesen helfen. Der singhalesische Staat verfügt nicht über genügend Kapital, um in großem Umfang Staatsindustrien zu begründen, aber er greift zum Mittel der Verstaatlichungen. Diese treffen insbesondere Sektoren, in denen tamilische Unternehmer, Angestellte oder Arbeiter tätig sind. Nach der Verstaatlichung der Transportindustrie, eine parteitaktische Maßnahme der SLFP, um UNP-nahe Busunternehmer daran zu hindern UNP-Wähler, oft mehrmals, zu den Wahlstationen zu fahren, erfolgt die Verstaatlichung der Banken, der großen Handelshäuser, der Häfen von Colombo und Trincomali und schließlich des Teeplantagensektors. Jedesmal sind es tamilische Unternehmer, Angestellte oder Arbeiter, die ihre Positionen und Arbeitsplätze verlieren, während die frei werdenden Stellen mit Parteigängern der jeweiligen Regierungspartei besetzt werden. Baut die UNP- oder SLFP- Regierung neue Staatsindustrien auf, so werden diese bevorzugt im Südwesten errichtet. Werden sie im Osten, in Trincomali oder Batticaloa errichtet, so werden auch hier bevorzugt Singhalesen eingestellt. Die ethnische Balance und die Machtverteilung beginnen sich in diesen zwei Städten an der Ostküste zu verschieben.

Die Politik der Landerschließung trägt allerdings entscheidend zur Radikalisierung des ethnischen Gegensatzes bei. Die klassische buddhistische, inzwischen nationalistisch verklärte Zivilisation war seit dem dritten vorchristlichen Jahrhundert bis zum elften nachchristlichen Jahrhundert im trockenen Norden der Insel entstanden. Seit der Unabhängigkeit verspricht die Regierung, in diesem Gebiet neue Bewässerungsanlagen und singhalesische Siedlungskolonien zu errichten, um dem singhalesischen Bevölkerungswachstum, der Bodenknappheit und dem wachsenden politischen Druck im Südwesten zu begegnen. Mit dem Plan, den einzigen ganzjährig wasserführenden Strom der Trockenzone, die Mahaveli- Ganga, in fünf Talsperren aufzustauen, nehmen diese Versuche seit Beginn der siebziger Jahre eine neue Dimension an. Die 1977 ins Amt gewählte neoliberale UNP-Regierung beschließt, dieses Mahaveli-Programm "zu beschleunigen". Das "beschleunigte Mahaveli-Programm" richtet sich aber nicht auf die klassische Siedlungszone im leeren Norden, sondern auf das Hinterland der von Tamilen und Muslimen seit über tausend Jahren bewohnten Ostprovinz. Im Einklang mit früheren Siedlungsprojekten wird so die ethnische Balance zugunsten der Singhalesen und der mit ihnen politisch verbündeten Muslime verschoben. Zu Recht oder zu Unrecht müssen die Tamilen befürchten, daß die Verbindung zwischen Jaffna und der Ostprovinz durch singhalesische Siedlungsenklaven unterbrochen wird und daß sie in der Ostprovinz politisch entmachtet werden.

Zunächst die Jaffna-Intelligentia, schließlich eine tamilische Unternehmer- und Mittelschicht, am Ende die Gesamtheit der Sri Lanka- Tamilen sehen sich deshalb von singhalesischen Regierungen ausgegrenzt und bedroht. Dies führt seit Mitte der siebziger Jahre zu einer Radikalisierung des tamilischen Widerstandes und zur Gründung der späteren *Tamil Tigers*. Zunächst schließen sich die beiden (Jaffna-) tamilischen Kleinparteien, TC und FP, zu der *Tamil United Liberation Front* (TULF) zusammen. Dieser Zusammenschluß zweier Oberkasten- und Honoratiorenparteien kann inzwischen die arbeitslosen tamilischen Studenten und radikalisierten Schüler nicht mehr überzeugen. Sie finden sich in einer von V. Prabhakaran geleiteten militanten Studentenorganisation, den zukünftigen *Liberation Tigers of Tamil Eelam* (LTTE) zusammen. Ebenso wie die TULF, aber mit Hilfe von Anschlägen und Morden fordern sie jetzt die Errichtung eines eigenen, die Nord- und die Ostprovinz umfassenden tamilischen Staates, eines *Tamil Eelam*.

1977 kommt im Pendelschlag singhalesischer Politik wiederum die UNP an die Macht, mit einer überwältigenden, zur Verfassungsänderung befähigenden Vierfünftel-Mehrheit. Ein Jahr später verabschiedet sie eine neue, die inzwischen dritte Verfassung der Insel: Hatte die SLFP 1972 die Insel in eine sozialistische Republik umgewandelt und in die Verfassung die Sonderstellung des Buddhismus und das Verbot jedweder föderaler Reform aufgenommen, so wandelt diese neue Verfassung jetzt Sri Lanka in ein semi- präsidentielles System nach französischem Vorbild um. Anstatt ihre überlegene Machtstellung für Verhandlungsangebote an die TULF oder die LTTE zu nutzen, beginnt die UNP-Regierung den Konflikt zu verschärfen. Die bislang unbedeutende singhalesische Armee wird auf die Jaffna-Halbinsel entsandt, um den LTTE-Aufstand zu unterdrücken. Nachdem die LTTE 13 singhalesische Soldaten tötet und die UNP-Regierung diese Märtyrer öffentlich und feierlich in Colombo bestattet, kommt es im August 1983 in der Hauptstadt zum Ausbruch eines von UNP-Gefolgsleuten unterstützten Pogroms an den Tamilen. Im Verlauf einer ganzen Woche breitet sich das Pogrom im gesamten singhalesischen Siedlungsraum aus, die Regierung schreitet nicht ein. Damit ist der von Prabhakaran ebenso wie von militanten Buddhisten ersehnte erste Schritt zu einem offenen Bürgerkrieg vollzogen.

Die UNP begegnet den *boys* der *Tamil Tigers* mit einer aus arbeitslosen singhalesischen Jugendlichen rekrutierten Armee und einer neuen *Special Task Force*. Sie trägt die *Counterinsurgency* in die Ostprovinz, weil sie den Zugang zur Jaffna- Halbinsel seit 1984 verloren hat. Ein mittelalterlich anmutender Krieg von Jugendbanden, mit Bauernvertreibung und Landnahme macht Tausende zu Flüchtlingen und verschiebt die traditionellen Siedlungsgrenzen in der Ostprovinz. In der Mitte des Jahres 1987 ist die indische Zentralregierung unter Rajiv Gandhi nicht mehr willens, die eventuelle Entstehung eines tamilischen Separatstaates auf Sri Lanka in Kauf zu nehmen. Indische Kriegsschiffe liegen vor Colombo, während Rajiv Gandhi Präsident Jayawardene einen *Indo-Sri Lankan Peace Accord* aufzwingt. Dieser war wenige Tage zuvor nach Geheimverhandlungen auch von einem unwilligen Prabhakaran unterzeichnet worden. Das Abkommen sieht vor, daß sich die singhalesischen Truppen auf ihre Ausgangsstellung zurückziehen und die *Tamil Tigers* ihre Waffen abgeben – an indische Truppen, die im Norden der Insel zur Bewahrung des Abkommens Stellung nehmen. Jayawardene muß sich verpflichten, im Rahmen einer Verfassungsänderung Sri Lanka in eine föderale Union nach indischem Muster umzuwandeln, nach vorheriger Volksbefragung im Osten eventuell die Nord- und Ostprovinz zusammenzulegen und Sri Lanka als eine von unterschiedlichen ethnischen und religiösen Gemeinschaften bewohnte Insel anzuerkennen.

Während Prabhakaran nach seiner Rückkehr nach Jaffna den Vertrag widerruft, die Waffenübergabe einstellt und einen neuen *Eelam Krieg*, jetzt gegen die indischen Besatzungstruppen auslöst, entwickelt sich auf der singhalesischen Seite ein weiterer, innersinghalesischer Aufstand. Die ursprünglich maoistische und zugleich sinhalachauvinistische "Volksbefreiungsfront", Janata Vimukti Peramuna (JVP), die bereits 1971 einen ersten von arbeitslosen Schülern und Studenten getragenen Aufstand unternommen hatte, beginnt jetzt einen Schattenkrieg gegen das UNP-Regime. Die JVP wirft der UNP neben Korruption, Willkürherrschaft und neo- liberaler Ausbeutung jetzt auch die Allianz mit dem indischen "Imperialismus" und die Aufgabe der Souveränität Sri Lankas vor. Kader und Sympathisanten der Geheimorganisation greifen UNP-Parlamentarier im Parlamentsgebäude, auf den Straßen Colombos und vor allem in ihren Wahlkreisen an. Sie liquidieren ganze Familien und drohen der Beamtenschaft, lokalen Basarhändlern und Busunternehmern den Tod an, sofern sie ihrem Dienst und ihren Geschäften nachgehen.

Außerhalb von Colombo beginnen die Verwaltung, die Versorgung und der Verkehr zusammenzubrechen. Die UNP-Politiker, ihre lokalen Gefolgsleute und die Polizeitruppen werden dieser größten Bedrohung, der der singhalesische Staat bislang ausgesetzt war, nur dadurch Herr, daß sie sich in den jeweiligen Wahlkreisen zu Todesschwadronen formieren und Jagd auf JVP- Sympathisanten machen. Um den Preis von vermutlich 40.000 Toten, fast ausschließlich JVP-Sympathisanten, kann die Aufstandsbewegung Ende 1989 niedergeworfen werden.

Der Initiator und Nutznießer dieses Gegenterrors ist R. Premadasa, der Ende 1988 einen von Einschüchterung, Terror und Gegenterror geprägten Präsidentschaftswahlkampf gewinnt. Ein halbes Jahr später gelingt es Premadasa im Rahmen überraschender Verhandlungen mit der LTTE einen prekären Waffenstillstand auszuhandeln. Darauf gestützt, fordert er die indische Regierung zum Rückzug ihrer Truppen auf. Der Waffenstillstand bleibt aber lediglich Episode, denn wenige Wochen nach dem Rückzug der indischen Interventionstruppen überrennen die LTTE-Kämpfer alle jetzt wieder von Singhalesen besetzten Polizeistationen der Ostprovinz. Prabhakaran eröffnet damit seinen dritten *Eelam Krieg*. Eine wesentliche Veränderung in der Innenpolitik und damit zugleich im Bürgerkrieg tritt aber erst mit den Parlaments- und Präsidentswahlen des Jahres 1994 ein.

Die LTTE, die inzwischen immer stärker zur Taktik der Selbstmordkommandos und der "lebenden Bomben" greift, tötet 1991 Rajiv Gandhi und 1993 auch Präsident Premadasa. Die Nachfolgekämpfe innerhalb der UNP schwächen die Partei, machen es ihr unmöglich, die Präsidentschafts- und Parlamentswahlen aufzuschieben oder zu manipulieren, und verschaffen somit der SLFP seit 1977 wieder eine erste Erfolgschance. Die SLFP wird jetzt von der Bandaranaike-Tochter Chandrika Kumaratunge/Bandaranaike geführt und der SLFP gelingt es im Sommer 1994 die Parlamentswahlen und im Spätherbst die Präsidentschaftswahlen zu gewinnen. Chandrika Bandaranaike, die neue Präsidentin, hatte im Wahlkampf neben einer Beendigung der Menschenrechtsverletzungen und politischen Rechtslosigkeit seitens des UNP-Regimes vor allem neue Initiativen zur Beendigung des Bürgerkriegs versprochen. Der überlegene Wahlsieg verschafft ihr ein Mandat dafür. Sie bleibt allerdings bei der Regierungsbildung und bei der Sicherung einer parlamentarischen Mehrheit auf verschiedene kleinere Parteien, insbesondere auf die Unterstützung seitens einer neuen Muslim-Partei angewiesen.

Die großen Erwartungen, die die Wählerschaft ebenso wie das Ausland in die Friedensbemühungen und das Verhandlungsengagement der Präsidentin gesetzt haben, werden allerdings enttäuscht. Der SLFP gelingt es zwar, einen kurzfristigen Waffenstillstand mit der LTTE auszuhandeln, dieser wird aber nach rund 100 Tagen, Anfang April 1995, von der LTTE einseitig aufgekündigt. Beide Seiten hatten den Waffenstillstand zur weiteren Kriegsvorbereitung genutzt und vor allem die SLFP-Regierung hatte keine glaubwürdigen Schritte in Richtung auf eine Eröffnung von Verhandlungen unternommen. Über den Verlauf der nächsten fünf Jahre zeichnet sich statt dessen auf der Regierungsseite eine zweigleisige Entwicklung, vermutlich eine doppelte Strategie ab: Auf der einen Seite gibt sich die SLFP- Regierung im Prinzip verhandlungsbereit, nimmt aber die Bedingungen, die die LTTE für Verhandlungen stellt, nicht zur Kenntnis. Zu diesen Bedingungen zählen, daß nicht eine Mehrheit und eine Minderheit, sondern zwei prinzipiell gleichberechtigte Nationalitäten am Verhandlungstisch sitzen müssen, daß an einem neutralen Ort verhandelt wird, daß die Regierung hochrangigen Regierungsvertretern die Verhandlungen überträgt und daß sie sicherstellt, daß die Verhandlungen und ihre eventuellen Ergebnisse von der entscheidenden Oppositionspartei, der UNP, mitgetragen werden.

Auf der anderen Seite beginnt die SLFP die militärischen Auseinandersetzungen in einem bislang unbekannten Ausmaße zu eskalieren. Sie erobert auf dem Seeweg die Halbinsel Jaffna und versucht die Stadt Jaffna zumindest formal ihrer Kontrolle zu unterstellen und weitgehend ergebnislos versucht sie den Landweg durch das nördliche, von der LTTE kontrollierte Dschungelgebiet freizukämpfen. Diese Anstrengungen werden von einer massiven Aufrüstung und Vergrößerung der Armee begleitet.

Nach zahlreichen, von UNP wie SLFP, immer wieder gebrochenen Zusagen und Versprechungen und siebzehn Jahren Bürgerkrieg können sich die LTTE und die verantwortlichen Tamilpolitiker nur mit der Konzession unwiderrufbarer und massiver Autonomierechte zufrieden geben. Dieses Autonomiestatut müßte entweder von einer dritten Macht garantiert werden oder es müßte Chancen der eventuellen Verteidigung, also zumindest die Kontrolle über eigene Polizeikräfte einschließen. Der Bruch des Waffenstillstands Anfang 1995 seitens der LTTE gibt der Regierung in den Augen der Präsidentin jetzt das Recht militärisch zu eskalieren oder zumindest aus einer Position der Stärke zu verhandeln. Hinter dieser Haltung, eventuelle Verhandlungen nur im Schatten der Aufrüstung und der militärischen Konfrontation einleiten zu wollen, steht aber ein pragmatisches Kalkül:

Weder die UNP noch die singhalesische Öffentlichkeit sind bislang bereit, einschneidende Konzessionen an die LTTE, also weitgehende Autonomierechte mitzutragen und am Wahltag zu honorieren. Auf der anderen Seite hat die SLFP-Regierung seit 1994 die Erfahrung gemacht, daß sie trotz militärischer Eskalation ein hohes Wirtschaftswachstum für den singhalesischen Siedlungsbereich der Insel sichern kann. Sie kann und will es sich nicht leisten, aufgrund entscheidender Zugeständnisse abgewählt oder zum Angriffsziel eines dritten, chauvinistischen inner- singhalesischen Jugendaufstands zu werden. Hinzu kommt, daß die politischen Kosten fortdauernder Kriegführung inzwischen die UNP stärker als die SLFP belasten: Aufgrund einer während der UNP-Herrschaft angelaufenen Veränderung ihrer Wählerschaft findet inzwischen die UNP und nicht mehr die SLFP einen hohen Anteil ihrer Wählerschaft in den unterentwickelten Hinterlandswahlkreisen. Es ist aber im verarmten und peripheren Hinterland, wo die Armee arbeitslose Jugendliche als Rekruten anwirbt und wo die wachsende Zahl der Deserteure Unterschlupf findet. Solange die Kosten des Krieges auf die Peripherie und die ärmeren Bevölkerungsschichten abgewälzt werden können, solange der Großraum Colombo trotz gelegentlicher Selbstmordattacken der LTTE funktionsfähig bleibt und prosperiert, solange der Krieg mit einem relativ hohem Wirtschaftswachstum einhergeht und solange eine durch den Krieg ausgelöste Isolation der Nord- und Ostprovinz es gestatten, alle Ressourcen auf die Entwicklung der singhalesischen Siedlungszone zu konzentrieren, muß die Regierung einen mit nachhaltigen Konzessionen erkauften Frieden mehr fürchten als einen entwicklungspolitisch ertragbaren und parteitaktisch vorteilhaften Krieg.

Die letzte Wahl, Anfang dieses Jahres, hat dieses Kalkül und diese Strategie der SLFP vorerst bestätigt. Fünf Jahre der prätendierten Friedensbereitschaft und massiven Kriegssteigerung haben der SLFP einen zweiten, wenn auch geringeren Wahlsieg gesichert. Ob sie unter den Bedingungen erschwerter parlamentarischer Mehrheitsbeschaffung und gegenüber einer gestärkten UNP jetzt versuchen wird, von einer Rhetorik des Friedenswillens zu einem für sie immer riskanten Prozeß der Friedensverhandlungen zu kommen, muß abgewartet werden.

Jakob Rösel

III.

Zeittafel

1.3.1999 bis 29.2.2000

Gliederungsübersicht

1. Friedensmacht Europa?

1.1. Die Republiken des früheren Jugoslawien

Aufgrund eines am **25.2.1999** im UN-Sicherheitsrat von Seiten der VR China eingelegten Vetos gegen die Verlängerung der UN-Blauhelm-Mission in der Ehemaligen Jugoslawischen Republik Makedonien, UNPREDEP, endet die Mission am **1.3.1999**.

Am **5.3.1999** beschließt ein internationales Schiedsgericht, die Stadt Brcko unter die direkte Verwaltung der gesamtbosnischen Regierung zu stellen und ihr einen neutralen und entmilitarisierten Status zu verleihen. Am selben Tag erklärt der Hohe Repräsentant für Bosnien-Herzegowina, Westendorp, den Präsidenten der Serbischen Republik, Poplasen, für abgesetzt. Serben aller Fraktionen sowie die jugoslawische und die russische Regierung lehnen beide Entscheidungen ab.

Die kosovoalbanische Delegation unterzeichnet am **18.3.1999** den von der Balkankontaktgruppe vorgelegten Friedensvertrag von Rambouillet; die serbische Delegation hingegen lehnt den Vertrag ab. Nachdem sich im Kosovo der Bürgerkrieg zwischen serbischen und jugoslawischen Einheiten einerseits und der kosovoalbanischen Rebellenorganisation UCK andererseits verschärft hat, werden die dort tätigen Mitglieder der Kosovo Verification Mission der OSZE, des UNHCR und der nichtstaatlichen Hilfsorganisationen am **20.3.1999** in die Ehemalige Jugoslawische Republik Makedonien evakuiert.

Vom **24.3.1999** bis **9.6.1999** bombardiert die NATO Ziele in der Bundesrepublik Jugoslawien. Gleichzeitig eskaliert der Bürgerkrieg im Kosovo. Jugoslawische und serbische Einheiten vertreiben mehrere hunderttausend Menschen, v.a. Kosovoalbaner, in die Nachbarstaaten, insbesondere nach Albanien und in die Ehemalige Jugoslawische Republik Makedonien. Am **24.3.1999** verhängt die jugoslawische Regierung den Kriegszustand und bricht am **25.3.1999** die diplomatischen Beziehungen zu Deutschland, Frankreich, Großbritannien und den USA ab. Rußland und die VR China verurteilen die NATO-Intervention, der kein entsprechender Beschluß des UN-Sicherheitsrat vorausging. Die russische Regierung bricht sämtliche offiziellen Kontakte zur NATO ab und suspendiert damit u.a. ihre Beteiligung am *Partnership for Peace Programm.* Im UN-Sicherheitsrat scheitert am **26.3.1999** ein von Rußland, Weißrußland und Indien eingebrachter und nur von der VR China und Namibia unterstützter Resolutionsentwurf zur sofortigen Beendigung der Luftangriffe. In Belgrad führen am **30.3.1999** der russische Ministerpräsident Primakow, der russische Außenminister Iwanow und der russische Verteidigungsminister Sergejew Gespräche mit dem jugoslawischen Staatspräsidenten Milosevic. Am **9.4.1999** veröffentlicht UN-Generalsekretär Annan einen Fünf-Punkte-Plan zur Lösung des Konfliktes. Während eines Treffens der EU-Staats- und Regierungschefs mit Annan legt Bundesaußenminister Fischer am **14.4.1999** einen aus sechs Punkten bestehenden Friedensplan für Kosovo vor. Am **24.4.1999** verhängt die NATO eine Teilseeblockade gegen Jugoslawien. Sie bombardiert am **7.5.1999** die Botschaft der VR China in Belgrad.

Im Grenzgebiet zwischen der Bundesrepublik Jugoslawien und der Ehemaligen Jugoslawischen Republik Makedonien werden am **31.3.1999** drei US-Soldaten von jugoslawischen Einheiten gefangen. Sie werden nach einem Treffen des US-Bürgerrechtlers Jackson mit dem jugoslawischen Staatspräsidenten Milosevic am **2.5.1999** freigelassen.

Das serbische Fernsehen zeigt am **1.4.1999** Bilder einer Begegnung zwischen dem jugoslawischen Staatspräsidenten Milosevic und dem Vorsitzenden der kosovoalbanischen Partei LDK, Rugova. Beide Politiker unterzeichnen am **28.4.1999** ein Kommuniqué zur Bildung einer Interimsverwaltung im Kosovo. Am **5.5.1999** trifft Rugova mit seiner Familie in Italien ein.

An der jugoslawisch-albanischen Grenze eskalieren **Anfang April 1999** die Kämpfe zwischen serbischen bzw. jugoslawischen Einheiten und der UCK, die sich auf das Staatsgebiet Albaniens zurückzieht. Anläßlich des orthodoxen Osterfestes kündigt die jugoslawische Regierung am **6.4.1999** eine einseitige Waffenruhe an. Am **18.4.1999** bricht sie die diplomatischen Beziehungen zu Albanien ab und schließt die gemeinsame Grenze.

Am **3.4.1999** sprengen Einheiten der in Bosnien-Herzegowina stationierten SFOR das durch die Republik verlaufende Teilstück der Eisenbahnverbindung zwischen Serbien und Montenegro.

Mit großer Mehrheit spricht sich das jugoslawische Parlament am **12.4.1999** für den Beitritt zur Union zwischen Rußland und Weißrußland aus. Die Mehrheit der russischen Duma unterstützt diesen Antrag am **16.4.1999.**

Der russische Balkan-Beauftragte Tschernomyrdin reist am **22.4.1999** nach Belgrad, wo er mit dem jugoslawischen Staatspräsidenten Milosevic ein gemeinsames Dokument verabschiedet, dessen Auslegung zwischen ihnen allerdings umstritten ist.

Nach der Kritik des jugoslawischen Vizepremiers Draskovic (Serbische Erneuerungsbewegung, SPO) an der Informationspolitik der jugoslawischen Staatsführung am **25.4.1999** teilt der jugoslawische Ministerpräsident Bulatovic am **28.4.1999** die Entlassung Draskovics mit, woraufhin drei der SPO angehörende Bundesminister zurücktreten.

Auf dem Petersberg bei Bonn verständigen sich die Außenminister der G 7-Staaten und Rußlands am **6.5.1999** auf einen Prinzipienkatalog zur politischen Lösung des Kosovo-Konfliktes. Sowohl die jugoslawische Regierung als auch die Kosovoalbaner lehnen verschiedene Elemente des Planes ab. Am **14.5.1999** verabschiedet der UN-Sicherheitsrat die Resolution 1239, in der er seine Sorge über die verschlechterte humanitäre Situation im Kosovo zum Ausdruck bringt und den Prinzipienkatalog vom **6.5.1999** billigt. In Belgrad einigen sich Milosevic und Viktor Tschernomyrdin am **19.5.1999** auf eine Beilegung der Kosovo-Krise auf der Grundlage des Prinzipienkatalogs. Nach einer neuen Belgrad-Mission Tschernomyrdins erklärt sich Milosevic grundsätzlich zur Annahme dieses Katalogs bereit. Auf Einladung der deutschen Regierung verhandeln Tschernomyrdin, der EU-Vermittler Ahtisaari und US-Vizeaußenminister Talbott am **1.** und **2.6.1999** auf dem Petersberg über die Modalitäten der Beendigung der Luftschläge und über die Friedensbedingungen. Als Resultat der Verhandlungen mit Ahtisaari und Tschernomyrdin am **2.** und **3.6.1999** in Belgrad akzeptiert Milosevic den Friedensplan. Die jugoslawische Regierung und das serbische Parlament stimmen am **3.6.1999** dem Friedensplan zu. Aus Protest gegen die geplante Anwesenheit der internationalen Streitkräfte Kosovo Force, KFOR, tritt die Serbische Radikale Partei vorübergehend aus der jugoslawischen Regierung aus.

Das in Den Haag ansässige Internationale Tribunal für Verbrechen im früheren Jugoslawien (ICTY) teilt am **27.5.1999** mit, daß der jugoslawische Staatspräsident Milosevic sowie vier weitere führende jugoslawische Regierungsmitglieder wegen Verletzung der Menschenrechte angeklagt worden seien. Von **November 1999** an prüft das Tribunal einen von westlichen Juristen und Abgeordneten der russischen Duma verfaßten Bericht, der 68 Regierungspolitiker der NATO beschuldigt, Kriegsverbrechen in Jugoslawien begangen zu haben. Wegen der Bombardierung Jugoslawiens reicht die jugoslawische Regierung am **4.1.2000** beim IGH Klage gegen die NATO ein.

Am **9.6.1999** einigen sich Vertreter der NATO und der jugoslawischen Armee in Kumanovo auf ein militärisch-technisches Abkommen zum Abzug der jugoslawischen Armee aus dem Kosovo. Die NATO setzt am **10.6.1999** ihre Luftangriffe aus. Bei Enthaltung der VR China verabschiedet der UN-Sicherheitsrat am **10.6.1999** die Resolution 1244, mit der er den Friedensplan für Kosovo billigt und eine "internationale Sicherheitspräsenz" im Kosovo, die KFOR, entsendet. Sie soll Feindseligkeiten zwischen den dort lebenden ethnischen Gruppen verhindern, die UCK entwaffnen und den Vertriebenen ein sicheres Umfeld für die Rückkehr ermöglichen. UN-Generalsekretär Annan wird ermächtigt, eine zivile Übergangsverwaltung für Kosovo, UN Administration Mission in Kosovo, UNMIK, einzurichten. Zum Hohen Beauftragten der UN und Chef der UNMIK ernennt Annan am **4.7.1999** den bisherigen französischen Staatssekretär für Gesundheit und Mitbegründer der Organisation "Ärzte ohne Grenzen", Kouchner.

Eine auf Initiative der deutschen Regierung von der EU einberufene und am **10.6.1999** in Köln abgehaltene Außenministerkonferenz von 38 Staten sowie von 15 internationalen Organisationen richtet einen Stabilitätspakt für den Balkan ein, der mit einem umfangreichen Hilfsprogramm verbunden sein soll. Zum Koordinator für die Umsetzung des Stabilitätspaktes wird am **29.6.1999** der bisherige deutsche Kanzleramtsminister Hombach ernannt. Repräsentanten von über 100 Staaten und Organisationen treffen sich am **28.7.1999** in Brüssel zur ersten Geberkonferenz für den Wiederaufbau im Kosovo. Auf Beschluß des am **30.7.1999** in Sarajevo abgehaltenen Balkan-Gipfeltreffens von 29 Staaten bleibt Serbien von Hilfen ausgeschlossen, solange dort kein demokratischer Wandel stattgefunden hat; Montenegro soll dagegen in die Unterstützungsmaßnahmen einbezogen werden. In ihrer Schlußerklärung verpflichten sich die Teilnehmer auf Maßnahmen zur Förderung der Demokratie und Menschenrechte, der wirtschaftlichen Entwicklung und Zusammenarbeit sowie der Sicherheit. Die EU beendet am **6.9.1999** ihre Sanktionen gegen Kosovo und Montenegro. Am **17.11.1999** wird in Brüssel auf einer Konferenz internationaler Geber eine umfangreiche Hilfe für Kosovo beschlossen. Das von der EU im Rahmen ihres Programms "Energie für Demokratie" beschlossene Pilotprojekt der Lieferung von Heizöl an von oppositionellen Bürgermeistern regierte serbische Städte beginnt am **24.11.1999**. Nach mehrtägiger Blockade läßt der jugoslawische Zoll am **7.12.1999** die mit Heizöl gefüllten Tankwagen der EU nach Nis fahren.

Nach dem Abzug der jugoslawischen und serbischen bewaffneten Kräfte aus dem Kosovo sowie der Flucht von zehntausenden Menschen, vor allem Serben, rückt die KFOR vom **11.6.1999** an in die serbische Provinz ein. In der Folgezeit kehren die meisten vertriebenen Kosovoalbaner zurück. Nachdem ein russischer SFOR-Verband am **12.6.1999** den Flughafen von Pristina eingenommen hat, einigen sich Rußland und die NATO am **18.6.1999** und erneut am **5.7.1999** über die Einbindung russischer Einheiten in die KFOR. Am **18.6.1999** schließen die NATO und die UCK ein Rahmenabkommmen zur Entwaffnung der kosovoalbanischen Kämpfer. Die NATO läßt am **20.6.1999** verlauten, daß die jugoslawischen und serbischen Kräfte Kosovo vollständig geräumt hätten und die NATO-Operationen gegen Jugoslawien offiziell beendet seien. Im Kosovo häufen sich die Zusammenstöße zwischen Serben und Albanern sowie von Kosovoalbanern begangene Racheakte an Serben und Roma. Am **14.7.1999** kehrt Rugova nach Pristina zurück. Die UNMIK verfügt am **3.9.1999** die Herauslösung Kosovos aus dem jugoslawischen Währungssystem und erklärt die DM zur Hauptwährung. Am **20.9.1999** wird die UCK vertragsgemäß in eine zivile Schutztruppe umgewandelt.

Am **24.6.1999** hebt die jugoslawische Regierung das Kriegsrecht auf. Aus Anlaß des Jahrestages der Schlacht auf dem Amselfeld distanziert sich die Führung der serbisch-orthodoxen Kirche von der jugoslawischen Regierung am **28.6.**. Auch eine Gruppe serbischer Intellektueller, die Führung der Serben im Kosovo sowie die unabhängigen serbischen Gewerkschaften verlangen den Rücktritt Milosevics. In vielen serbischen Städten werden in den folgenden Wochen Protestdemonstrationen veranstaltet. 17 serbische Oppositionsparteien einigen sich am **14.10.1999** auf eine gemeinsame Plattform.

Der Präsident Montenegros, Djukanovic, veröffentlicht am **3.8.1999** eine "Plattform zur Neugestaltung der Beziehungen zwischen Montenegro und Serbien innerhalb der Bundesrepublik Jugoslawien". Vor dem Europarat wirbt Djukanovic am **22.9.1999** für die Eigenständigkeit Montenegros. Am **24.9.1999** kündigt die montenegrinische Regierung eine eigene Zoll- und Devisenpolitik an. Vertreter der Regierungsparteien beider Teilrepubliken führen am **26.10.1999** Gespräche über die Zukunft Jugoslawiens.

Am **31.10.1999** und **14.11.1999** werden in der Ehemaligen Jugoslawischen Republik Makedonien Präsidentschaftswahlen abgehalten, bei denen sich laut offiziellem Ergebnis der Kandidat der nationalkonservativen Regierungspartei VRMO-DPMNE, Trajkovski, mit 53% der Stimmen durchsetzen kann. Trotz einiger Unregelmäßigkeiten bezeichnen internationale Wahlbeobachter die Wahlen als weitgehend korrekt. Das oberste nationale Gericht erklärt am **27.11.1999**, daß die Wahl wegen Fälschung in 199 der 2793 Wahlbüros zu wiederholen sei. Bei den am **5.12.1999** durchgeführten Nachwahlen wird laut offiziellem Ergebnis der Sieg Trajkovskis bestätigt, wogegen die oppositionellen Sozialdemokraten protestieren.

Der SFOR-Kommandant Adams teilt am **2.11.1999** mit, daß die NATO aufgrund der verbesserten Sicherheitslage in Bosnien-Herzegowina ihre dortige Truppenstärke von 30000 auf 20000 Soldaten reduzieren werde. Am **16.11.1999** kündigen die Mitglieder des bosnischen Staatspräsidiums die Bildung einer gemeinsamen Grenzpolizei der beiden Entitäten an. Am **29.11.**1999 entläßt der Hohe Repräsentant der Internationalen Gemeinschaft für Bosnien Herzegowina, Petritsch, 22 Kommunalpolitiker wegen Widerstandes gegen das Friedensabkommen aus ihren Ämtern.

Am **6.12.1999** veröffentlicht die OSZE ihren Bericht über die Menschenrechtsverletzungen im Kosovo. Vertreter der UNMIK und der kosovoalbanischen Bevölkerung schließen am **15.12.1999** ein Abkommen über die Bildung eines Übergangsverwaltungsrats. Der für die serbische Minderheit reservierte Sitz bleibt vakant, da der Exekutivausschuß des Serbischen Nationalrats im Kosovo die Mitarbeit in dem Gremium boykottiert.

Die EU fordert am **10.12.1999** die jugoslawische Regierung auf, die Behinderungen der unabhängigen Medien zu beenden.

Der Staatspräsident Kroatiens, Tudjman, stirbt am **10.12.1999**. Bei den Parlamentswahlen in Kroatien am **3.1.2000** gewinnt das Oppositionsbündnis aus Sozialdemokraten (SDP) und Sozialliberalen (HSLS) mit 47% der Stimmen vor der seit fast zehn Jahren ununterbrochen regierenden HDZ, auf die 30% der Stimmen entfallen. Bei den am **24.1.2000** und **7.2.2000** abgehaltenen Präsidentschaftswahlen setzt sich der Oppositionskandidat Mesic durch. Am **27.1.2000** tritt die neue, aus zwei Mehrparteienbündnissen bestehende Regierung ihr Amt an.

Am **15.1.2000** wird der Mord am serbischen Milizenführer "Arkan" gemeldet.

1.2. NATO, EAPR und WEU

Polen, Ungarn und die Tschechische Republik werden am **12.3.1999** in die NATO aufgenommen, die damit 19 Mitglieder hat. Die russische Regierung protestiert gegen die Erweiterung der NATO.

Zum 50jährigen Bestehen der NATO halten die Staats- und Regierungschefs der Mitgliedstaaten vom **23**. bis **25.4.1999** in Washington einen Jubiläumsgipfel ab, auf dem sie ein neues strategisches Konzept verabschieden. Der bisherige Aktionsbereich, die kollektive Verteidigung, wird um Krisenbewältigung und Friedensoperationen auch außerhalb des Bündnisgebietes und gegebenenfalls ohne Mandat des UN-Sicherheitsrates erweitert. Auf dem Gipfeltreffen des Euro-Atlantischen Partnerschaftsrates, EAPR, am **25.4.1999** legt die NATO einen Aktionsplan für die Mitgliedschaft vor. Der russische Verteidigungsminister Sergejew lehnt am **27.4.1999** das neue Konzept der NATO und deren Option ab, das Bündnis um weitere Staaten zu erweitern; er kündigt eine Revision der russischen Sicherheitsdoktrin an.

Erstmals wieder seit der NATO-Luftoperation gegen Jugoslawien tagt am **23.7.1999** der NATO-Rußland-Rat.

NATO-Generalsekretär Solana lehnt am **28.7.1999** das am **8.7.1999** eingereichte NATO-Beitrittsgesuch Argentiniens ab.

Am **14.10.1999** tritt der frühere britische Verteidigungsminister Robertson das Amt des NATO-Generalseketärs an.

1.3. EU

Als Reaktion auf Korruptionsvorwürfe gegen einzelne EU-Kommissare tritt am **16.3.1999** die EU-Kommission zurück. Auf ihrem am **24.3.1999** in Berlin durchgeführten Gipfeltreffen nominieren die Staats- und Regierungschefs der EU den ehemaligen italienischen Ministerpräsidenten Prodi zum EU-Kommissionspräsidenten, den das Europaparlament am **5.5.1999** mit großer Mehrheit bestätigt. Am **26.3.1999** einigen sie sich auf die Agenda 2000, die die Stärkung und Erweiterung der Union vorsieht.

Differenzen bezüglich der Menschenrechte, der NATO-Intervention im Kosovo-Konflikt und der Position gegenüber der Militärregierung von Myanmar / Burma kennzeichnen das Außenministertreffen des Asia-Europe Meeting, ASEM, am **28.** und **29.3.1999** in Berlin. Vereinbart wird eine Intensivierung der Zusammenarbeit im Wirtschaftsbereich sowie in der Außen- und Sicherheitspolitik.

Auf der Außenministerkonferenz der 15 EU-Staaten und der 12 südlichen Mittelmeeranrainer am **14.** und **15.4.1999** in Stuttgart werden Leitlinien für die Ausarbeitung einer "Euro-Mediterranen Charta für Frieden und Stabilität" verabschiedet.

Am **20.5.1999** findet auf dem Petersberg bei Bonn eine Ministerkonferenz der EU- und der Staaten Zentralamerikas im Rahmen des San José-Dialoges statt. Behandelt werden u.a. die Integrations- und Demokratisierungsprozesse und die Drogenbekämpfung in der Region.

Auf dem EU-Gipfeltreffen in Köln am **3.** und **4.6.1999** ernennen die Staats- und Regierungschefs NATO-Generalsekretär Solana zum Hohen Repräsentanten für die Gemeinsame Außen- und Sicherheitspolitik der EU und verabschieden die Entschließung über den Europäischen Beschäftigungspakt, die Erklärung zur Stärkung der Gemeinsamen Europäischen Sicherheits- und Verteidigungspolitik, einen Beschluß zur Erarbeitung einer Charta der Grundrechte der EU sowie eine Erklärung zu Kosovo und die "Gemeinsame Strategie der EU für Rußland".

Als Resultat der Wahlen zum Europaparlament, die vom **10.** bis **13.6.1999** in allen EU-Staaten durchgeführt werden, lösen die konservativen und christdemokratischen Parteien die Sozialdemokraten als stärkste Gruppe ab. Auch die Umweltparteien verzeichnen Zuwachs. Im Durchschnitt aller EU-Staaten liegt die Wahlbeteiligung erstmals unter 50%.

Das erste Gipfeltreffen zwischen den Staats- und Regierungschefs aus 33 Staaten Lateinamerikas und der Karibik sowie den 15 EU-Staaten und dem EU-Kommisionspräsidenten findet am **28.** und **29.6.1999** in Rio de Janeiro statt. In ihrer "Erklärung von Rio de Janeiro" verpflichten sich die Teilnehmer auf die gemeinsamen Werte: Demokratie, Rechtsstaatlickeit, Menschenrechte, Pluralismus, Frieden und Sicherheit.

EU-Kommissionspräsident Prodi stellt am **9.7.1999** die Mitglieder der neuen EU-Kommission vor. Auf ihrer ersten Arbeitskonferenz am **16.7.1999** in Aartselaar verabschieden sie Verhaltensregeln für aus dem Amt scheidende EU-Kommissare sowie Richtlinien für Nebentätigkeiten der Kommissare. Nachdem Fachausschüsse des Europäischen Parlaments vom **30.8.** bis **7.9.1999** die Anwärter für die neue EU-Kommission einzeln befragt haben, bestätigt das Europäische Parlament die neue EU-Kommission am **15.9.1999** mit deutlicher Mehrheit für die bis 2005 laufende Amtsperiode.

Ein Sondergipfel der EU, in dessen Mittelpunkt die Schaffung eines gemeinsamen Raumes der Freiheit, der Sicherheit und des Rechts steht, wird am **15.** und **16.10.1999** in der finnischen Stadt Tampere abgehalten.

Am **11.10.1999** wird zwischen der EU und der Republik Südafrika ein Freihandelsabkommen geschlossen.

Auf dem am **10.** und **11.12.1999** in Helsinki durchgeführten Gipfeltreffen der EU wird der Türkei der Status eines Beitrittskandidaten gewährt. Aufnahmeverhandlungen sollen mit Bulgarien, Lettland, Litauen, Rumänien, der Slowakei und Malta aufgenommen werden. Zur Vorbereitung auf die Erweiterung soll die EU bis Ende 2002 reformiert werden. Bis zum Jahr 2003 soll eine schnelle Eingreiftruppe der EU aufgestellt werden. In ihrer Erklärung zu Tschetschenien vom **10.12.1999** üben die EU-Staats- und Regierungschefs scharfe Kritik am russischen Vorgehen.

Der EU-Ratsvorsitzende, der portugiesische Außenminister Guterres, veröffentlicht am **31.1.2000** eine gemeinsame Stellungnahme von 14 der 15 EU-Mitgliedstaaten, in der im Falle der Beteiligung der FPÖ an der österreichischen Regierung Konsequenzen für die Beziehungen der 14 Staaten mit EU-Mitglied Österreich angekündigt werden.

Am **14.2.2000** setzen die EU-Außenminister in Brüssel ein Politisches und Sicherheitspolitisches Komitee (PSK) ein, das Empfehlungen zur weiteren Gestaltung der Sicherheits- und Verteidigungspolitik geben soll. Sie einigen sich auch darauf, das Flugverbot gegen Serbien für zunächst sechs Monate auszusetzen.

Die EU-Verteidigungsminister beraten auf einem informellen Treffen in Sintra am **28.2.2000** über die Modalitäten der geplanten EU-Interventionstruppe, die 50000 bis 60000 Soldaten umfassen und innerhalb von 60 Tagen mobilisierbar sein soll.

1.4. OSZE

Verärgert über die westliche Position zum Tschetschenienkrieg verläßt der russische Staatspräsident Jelzin das vom **17.** bis **19.11.1999** in Istanbul abgehaltene OSZE-Gipfeltreffen vorzeitig. Die Bundesrepublik Jugoslawien, deren OSZE-Mitgliedschaft seit **1992** suspendiert ist, wird nicht zum Gipfeltreffen eingeladen, wogegen sie protestiert. Am **19.11.1999** wird das Wiener Dokument über Maßnahmen zur Vertrauensbildung und Verbesserung der Sicherheit, die "Charta für europäische Sicherheit", unterzeichnet, in der die Gültigkeit der Schlußakte von Helsinki von 1975 bekräftigt sowie neue Instrumente der Konfliktbearbeitung eingerichtet werden. Nach zähen Verhandlungen konzediert die russische Regierung der OSZE eine Vermittlungsrolle im Tschetschenienkrieg, lehnt jedoch nach Beendigung des Gipfeltreffens jegliche politische Vermittlung der OSZE oder anderer internationaler Organisationen in dieser "inneren Angelegenheit" Rußlands ab.

1.5. Westeuropa

Die IRA teilt **Ende Februar 1999** mit, daß sie den von ihr verkündeten Waffenstillstand bis zum Jahr 2002 verlängert habe. Am **8.3.1999** unterzeichnen die britische Nordirlandministerin Mowlam und der irische Außenminister Andrews in Dublin vier Verträge, die die rechtliche Grundlage der geplanten Institutionen für die Zusammenarbeit zwischen Irland und Nordirland bilden sollen. In Nordirland kommt es ab **März 1999** vermehrt zu Bombenanschlägen und Straßenschlachten. Vom **29.** bis **31.3.1999** verhandeln in Schloß Hillsborough bei Belfast Mowlam, Andrews, der britische Premierminister Blair und der irische Regierungschef Ahern über die Beilegung des Nordirland-Konfliktes. Gemäß ihrer am **31.3.1999** veröffentlichten Erklärung soll innerhalb eines Monats die nordirische Regierung zusammentreten und ihre Befugnisse vom britischen Parlament übertragen bekommen. Parallel dazu soll mit der Entwaffnung der IRA begonnen werden. Falls sich diese ihrer Entwaffnung widersetzt, soll die provisorische Regierung aufgelöst werden. Mehrere nordirische Parteien, darunter die Sinn Féin, lehnen die Vereinbarung ab. Blair und Ahern legen am **2.7.1999** einen Plan zur Bildung einer Regierung für Nordirland und zur vollständigen Entwaffnung der Untergrundbewegungen vor. Nachdem die Wahl einer Exekutive für Nordirland am Boykott durch die Unionisten gescheitert ist, suspendiert die britische Regierung am **15.7.1999** das nordirische Parlament. Am **29.11.1999** nominieren die nordirischen Parteien ihre Minister für die neue autonome Nordirland-Regierung. Das Gesetz über die Übertragung der Exekutivgewalt sowie der regionalen Gesetzgebungskompetenzen an Nordirland wird am **30.11.1999** vom Oberhaus und am **1.12.1999** vom Unterhaus des britischen Parlaments verabschiedet. Im Rahmen einer Verfassungsänderung der Irischen Republik beschließt das irische Parlament am **1.12.1999** die Streichung des Passus, in dem Irland bisher den Anspruch auf Nordirland erhob. Am **2.12.1999** gehen die Gesetzgebungskompetenzen und die Exekutivgewalt an die autonome Regierung in Belfast über. Am selben Tag unterzeichnen Vertreter Irlands und Großbritanniens die verbliebenen Verträge im Rahmen des Friedensabkommens. Da sich die IRA weigert, mit der Ablieferung ihrer Waffen zu beginnen, übernimmt die britische Regierung am **11.2.2000** wieder die Regierungsgewalt in Nordirland. Am **15.2.2000** bricht die IRA ihre Kontakte zur internationalen Abrüstungskommission für Nordirland ab.

Am **17.6.1999** entscheidet der französische Verfassungsrat, daß die Europäische Charta zum Schutz von Regional- und Minderheitensprachen den französischen Verfassungsprinzipien widerspreche. Gegen den Widerstand der sozialistischen Mehrheit in der Nationalversammlung lehnt der konservative Staatspräsident Chirac eine Verfassungsänderung ab.

Als Resultat der am **3.10.1999** in Österreich abgehaltenen Nationalratswahlen erhalten die SPÖ 33% und die ÖVP und FPÖ jeweils 27% der Stimmen. Am **21.1.2000** scheitern die Verhandlungen zwischen der SPÖ und der ÖVP über eine Fortsetzung der bisherigen Koalition. Ohne offiziellen Auftrag von Bundespräsident Klestil beginnt die ÖVP am **25.1.2000** Koalitionsverhandlungen mit der FPÖ. Parallel dazu bemüht sich Bundeskanzler Klima (SPÖ) vergeblich um die Bildung eines Minderheitenkabinetts. Am **28.1.2000** kündigt die SPÖ die parlamentarische Zusammenarbeit mit der ÖVP auf. Der ÖVP-Vorsitzende Schüssel und der FPÖ-Vorsitzende Haider legen Klestil am **2.2.2000** die Koalitionsvereinbarung vor und unterzeichnen am **3.2.2000** die von Klestil formulierte Erklärung "Verantwortung für Österreich – Zukunft im Herzen Europas", die die beiden Regierungspartner auf demokrarische Grundwerte und ein Bekenntnis zu Europa verpflichtet. Gegen zwei von der FPÖ benannte Minister legt Klestil sein Veto ein. Am **4.2.2000** vereidigt Klestil das ÖVP-FPÖ-Kabinett. Gegen die neue Regierung werden mehrfach Demonstrationen in Wien durchgeführt. Am **28.2.2000** tritt Haider vom Vorsitz der FPÖ zurück.

Die ETA widerruft am **28.11.1999** ihren im **September 1998** verkündeten Waffenstillstand und ermordet am **21.1.2000** einen Offizier. Am **22.1.2000** protestieren in Bilbao mehrere zehntausend Menschen gegen den Terror.

Ein am **20.1.2000** in Ankara durchgeführtes Außenministertreffen, in dessen Verlauf mehrere bilaterale Kooperationsabkommen unterzeichnet werden, trägt zur Entspannung der türkisch-griechischen Beziehungen bei.

1.6. Osteuropa

Bei den ersten Direktwahlen zum slowakischen Staatspräsidialamt am **15.** und **29.5.1999** siegt Schuster vor seinem Kontrahenten, dem ehemaligen Ministerpäsidenten Meciar. Bis zu den Wahlen war das Amt des Staatsoberhauptes über ein Jahr vakant. Die Parlamentarische Versammlung des Europarats beschließt am **21.9.1999**, die Slowakei wegen ihrer Fortschritte bei der Umsetzung rechtsstaatlicher Normen und der Menschenrechte aus dem parlamentarischen Überwachungsverfahren zu entlassen.

Am **8.7.1999** verabschiedet das lettische Parlament ein Sprachengesetz, das die Verwendung der russischen Sprache einschränkt, die etwa ein Drittel der Bevölkerung als Muttersprache spricht. Die EU, die OSZE, der Europarat und Rußland sowie zahlreiche einheimische NGOs üben harte Kritik an dem Gesetz. Staatspräsidentin Vike-Freiberga, die am selben Tag vereidigt wird, verweigert ihre Unterschrift unter das Gesetz. Als sie am **12.7.1999** den Vorsitzenden der Volkspartei, Skele, zum neuen Premier designiert und er am **16.7.1999** vom Parlament bestätigt wird, erhält Lettland die achte Regierung seit der Unabhängigkeit im Jahre 1991.

Die lettische Volksfront, die sich seit ihrer Gründung 1988 für die Unabhängigkeit der baltischen Republik einsetzte, erklärt sich am **9.10.1999** für aufgelöst, da sie ihr Ziel erreicht habe.

Am **21.10.1999** räumt Rußland seine letzte Radarstation im lettischen Skrunda. Damit endet die russische Militärpräsenz im Baltikum.

Der Regierungschef Albaniens, Majko, tritt am **25.10.1999** zurück. Unter der Leitung des vormaligen Vizepremiers Meta nimmt das neue Kabinett am **29.10.1999** seine Tätigkeit auf. Die oppositionelle Demokratische Partei bezeichnet die neue Regierung als illegal.

Nach heftigen Protesten seitens der EU und internationaler Menschenrechtsorganisationen läßt die tschechische Stadt Usti nad Labem am **24.11.1999** eine neuerrichtete Mauer an einer Straße abreißen, die von Roma bewohnte Sozialwohnungen von Bewohnern angrenzender Einfamilienhäuser trennte.

Die Ministerpräsidenten der Tschechischen Republik und der Slowakei, Zeman und Dzurinda, unterzeichnen am **24.11.1999** in Bratislava eine Vereinbarung über die Aufteilung des früheren gemeinsamen Staatsvermögens.

1.7. GUS

Kaukasus

Nachdem am **5.3.1999** Schpigun, der Vertreter des russischen Innenministers Stepaschin, in Grosny entführt worden ist, evakuiert die russische Regierung ihre Mitarbeiter bei der tschetschenischen Regierung und dem Präsidialamt, versetzt ihre Truppen im Nordkaukasus in Alarmbereitschaft und schließt die Grenze zwischen Dagestan und Tschetschenien.

Bei Bombenanschlägen in der nordossetischen Hauptstadt Wladikawkas werden am **21.3.1999** und am **16.5.1999** mindestens 55 Menschen getötet. Stepaschin ordnet am **26.4.1999** an, die administrative Grenze zwischen Tschetschenien und dem restlichen russischen Staatsgebiet zu schließen. Der "Kongreß der Völker Tschetscheniens und Dagestans" bezeichnet diese Maßnahme als feindseligen Akt. Bei neuen schweren Gefechten im russisch-tschetschenischen Grenzgebiet sowie in Dagestan werden ab **Ende Mai 1999** mehrere Menschen getötet.

Nach einem Treffen in der inguschischen Hauptstadt Nasran unterzeichnen der russische Ministerpräsident Stepaschin und der tschetschenische Präsident Maschadow am **11.6.1999** eine Resolution, in der beide Seiten die "bedingungslose Erfüllung" aller bestehenden Abkommen bekräftigen und Rußland die Realisierung der vereinbarten finanziellen Unterstützung für Tschetschenien zusagt. Daneben betonen sie das gemeinsame Engagement bei der Bekämpfung des Terrorismus, vor allem der zahlreichen Entführungen.

Am **3.7.1999** erklärt der russische Innenminister Ruschailo, er habe Präventivschläge gegen Stützpunkte tschetschenischer Rebellen angeordnet. Am **16.7.1999** verhaften russische Behörden den Minister für innere Sicherheit Tschetscheniens, Atgerijew, nach dem in Rußland als Terrorist gefahndet wird. Aus Protest schließt Tschetschenien seine Vertretung in Moskau.

Auf einen Überfall von Islamisten auf dagestanische Dörfer am **7.8.1999** reagiert das russische Militär mit einer Boden- und Luftoffensive auf dagestanischem und tschetschenischem Gebiet. Die Islamisten proklamieren am **10.8.1999** den Islamischen Staat Dagestan und rufen zum Heiligen Krieg auf. Maschadow, der nur einen kleinen Teil Tschetscheniens kontrolliert, distanziert sich von den Rebellen und verhängt am **14.8.1999** den Ausnahmezustand über die Republik. Am **25.8.1999** meldet das russische Militär die erfolgreiche Niederschlagung der Revolte in Dagestan, doch am **29.8.1999** gehen die Gefechte weiter.

Bei einer Serie von Bombenanschlägen auf große Wohnblocks in russischen Städten sowie auf eine Wohnsiedlung russischer Offiziere in Dagestan werden zwischen dem **31.8.** und **16.9.1999** insgesamt ca. 300 Menschen getötet. Die russische Regierung macht tschetschenische Rebellen für die Taten verantwortlich.

Nach dem erneuten Eindringen tschetschenischer Islamisten nach Dagestan **Anfang September 1999** beginnt am **9.9.1999** eine russische Luftoffensive, die sich ab **23.9.1999** auch gegen Tschetschenien richtet. Maschadow verfügt am **11.9.1999** die allgemeine Mobilmachung, fordert aber gleichzeitig die tschetschenischen Rebellen in Dagestan zum Rückzug auf. Am **15.9.1999** meldet das russische Verteidigungsministerium den Sieg über die Rebellen in Dagestan. Durch tägliche russische Luftangriffe auf Grosny werden hunderte Menschen getötet.

Erstmals warnen die USA sowie in einer gemeinsamen Erklärung Frankreich, Deutschland und Italien **Ende September 1999** die russische Regierung vor einer Eskalation im Tschetschenienkrieg.

Am **1.10.1999** marschieren russische Bodentruppen in Tschetschenien ein, wo sie bis zum **5.10.1999** rund ein Drittel des Territoriums unter ihre Kontrolle bringen. Die Forderung Maschadows nach Verhandlungen sowie dessen am **10.10.1999** vorgelegten Friedensplan lehnt die russische Regierung ab, da sie ihn vom **1.10.1999** an nicht mehr als rechtmäßigen tschetschenischen Präsidenten anerkennt. Maschadow verhängt am **5.10.1999** das Kriegsrecht über Tschetschenien.

Von **Oktober 1999** an fordern schwere russische Luftangriffe auf Grosny und Gudermes zahlreiche zivile Opfer. Ca 190000 Menschen fliehen bis zur Sperrung der Straße durch das russische Militär am **24.10.1999** in die Nachbarrepubliken, vor allem nach Inguschetien. Die russischen Kontrollposten gestatten ab dem **4.11.1999** den Flüchtlingen wieder den Grenzübertritt.

Am **23.11.1999** entläßt der inguschetische Präsident Auschew das Kabinett. Am **29.10.1999** verabschiedet die Duma einstimmig eine Resolution, in der sie die Maßnahmen der russischen Regierung unterstützt. Die USA, die EU, das Europaparlament und der Europarat üben scharfe Kritik am russischen Vorgehen. Im Zusammenhang mit dem Tschetschenienkrieg verstärken sich auch die Spannungen zwischen Rußland einerseits und Georgien und Aserbaidschan andererseits, denen die russische Regierung vorwirft, die tschetschenischen Rebellen zu unterstützen. Der georgische Präsident Schewardnadse lehnt am **8.11.1999** die russische Forderung ab, militärische Infrastruktur in Georgien benutzen zu dürfen.

Eine OSZE-Delegation trifft am **10.11.1999** in Inguschetien ein, die Einreise in die von den russischen Truppen kontrollierten Gebiete in Tschetschenien wird ihr jedoch verwehrt. Als letzte der in Tschetschenien verbliebenen Hilfsorganisationen stellt das IKRK am **12.11.1999** aus Sicherheitsgründen seine dortige Tätigkeit ein.

Die russischen Truppen erobern am **12.11.1999** Gudermes und nehmen nach eigenen Angaben am **17.11.1999** die Rebellenhochburg Bamut ein.

In einem Telefongespräch wirft UN-Generalsekretär Annan am **13.11.1999** der russischen Regierung vor, Zivilisten zu vernichten und damit über das Ziel der Terrorismusbekämpfung hinauszugehen. Am **24.11.1999** stimmt die russische Regierung einem Besuch des OSZE-Vorsitzenden Vollebaek in Tschetschenien zu, verlangt aber, daß sich die OSZE auf eine rein humanitäre Funktion beschränkt. Eine Reise nach Dagestan wird ihm am **15.** und **16.12.1999** gestattet.

Die russische Militärführung stellt am **6.12.1999** den in Grosny verbliebenen Zivilisten und Rebellen ein Ultimatum zum Verlassen der Stadt innerhalb von fünf Tagen und verkündet am **7.1.2000** eine dreitägige Feuerpause.

Am **8.12.** bzw. **15.12.1999** verurteilen die USA, die EU, die OSZE, die UN-Menschenrechtskommission, der Europarat sowie die NATO die Verletzung der Menschenrechte und des humanitären Völkerrechts durch Rußland. Nachdem am **18.** und **19.1.2000** eine Delegation des Europarats Tschetschenien bereist hat, droht am **27.1.2000** die Parlamentarische Versammlung des Europarats Rußland mit dem Ausschluß aus der Organisation bis **April 2000.**

Ende Januar 2000 meldet die russiche Armee die Einnahme Grosnys.

Weitere GUS-Regionen

Auf ihrem Gipfeltreffen signieren die GUS-Staatschefs am **2.4.1999** in Moskau ein Protokoll über eine Freihandelszone. An dem Pakt über kollektive Sicherheit der GUS von **Mai 1992**, der am **20.4.1999** ausläuft, wollen nur Rußland, Weißrußland, Armenien, Kasachstan, Kirgistan und Tadschikistan weiterhin teilnehmen; Usbekistan, Aserbaidschan und Georgien wollen ihre militärische Zusammenarbeit mit Rußland reduzieren oder beenden.

Am **24.4.1999** ratifiziert das ukrainische Parlament die drei mit Rußland vereinbarten Abkommen zur Schwarzmeerflotte und setzt den bilateralen Grundlagenvertrag von **Mai 1997** in Kraft.

Am **27.4.1999** wird Georgien in den Europarat aufgenommen. An seine Mitgliedschaft ist u.a. die Bedingung geknüpft, daß die Regierung innerhalb von zwei Jahren mit den Gebieten Adscharien, Ossetien und Abchasien einen Rechtsstatus aushandelt.

Zwischen Rußland und Weißrußland werden am **28.4.1999** Kooperationsverträge auf dem Gebiet der Sicherheits- und Grenzpolitik geschlossen. Am **8.12.1999** wird in Moskau der russisch-weißrussische Unionsvertrag unterzeichnet, der u.a. die Schaffung einer Zolluniom und die Einführung einer gemeinsamen Währung vorsieht. Protestaktionen der weißrussischen Opposition werden von der Polizei unterbunden.

Der russische Staatspräsident Jelzin entläßt am **12.5.1999** Ministerpräsident Primakow und nominiert Stepaschin zu dessen Nachfolger. Stepaschin wird am **19.5.1999** von der Duma bestätigt. Das von ihr betriebene Impeachment-Verfahren gegen Jelzin scheitert am **15.5.1999**. Jelzin entläßt am **9.8.1999** Stepaschin und ernennt den bisherigen Chef des Föderalen Sicherheitsdienstes, Putin, zum neuen Regierungschef. Am **6.8.1999** wird Putin von der Duma bestätigt.

Nach den Wahlen zum Präsidenten der russischen Kaukasus-Republik Karatschajewo-Tscherkessien am **16.5.1999**, die von den Anhängern der beiden Kandidaten gefälscht werden, verschärfen sich die Spannungen zwischen Karatschaiern und Tscherkessen. Am **23.10.1999** erklärt der russische Ministerpräsident Putin, daß der Konflikt durch einen Kompromiß beigelegt sei: Wahlsieger Semjonow müsse sich am **22.10.2000** einer Vertrauensabstimmung der Bevölkerung stellen.

Aus den von zahlreichen Unregelmäßigkeiten begleiteten Parlamentswahlen in Armenien am **30.5.1999** geht nach den Angaben der zentralen Wahlkommission der Wahlblock “Einheit” als Sieger hervor. Am **11.6.1999** wird Wasgen Sarkisjan zum neuen Ministerpräsidenten ernannt. Bei einem Überfall auf das armenische Parlament ermorden Aktivisten der Karabach-Bewegung am **27.10.1999** acht armenische Politiker, darunter Ministerpräsident Sarkisjan, und nehmen über 40 weitere Politiker als Geiseln. Nach Verhandlungen mit Staatspräsident Kotscharjan ergeben sie sich am **28.10.1999**. Am **3.11.1999** ernennt Kotscharjan den Bruder des ermordeten Regierungschefs, Aram Sarkisjan, zum neuen Ministerpräsidenten.

Obwohl die weißrussische Opposition, die EU, die OSZE und die USA den weißrussischen Staatspräsidenten Lukaschenko mit Ablauf seiner Amtszeit am **20.7.1999** nicht mehr als legitimes Staatsoberhaupt anerkennen und Neuwahlen fordern, bleibt Lukaschenko im Amt. Im **November 1996** ließ er sich in einem nicht internationalen Standards entsprechenden Referendum bis zum Jahr 2001 im Amt bestätigen. Die zwischen dem **8.** und **16.5.1999** von der weißrussischen Opposition veranstalteten alternativen Präsidentschaftswahlen scheitern an internen Differenzen der Opposition. Vom **Sommer 1999** an kommt es vermehrt zu Protestaktionen seitens der Opposition und Repressionen des Regimes gegen Oppositionelle und Medien.

Die Vereinigte Tadschikische Opposition (UTO) erklärt am **3.8.1999** ihre Kampfverbände für aufgelöst und signalisiert damit ihr Festhalten am Friedensabkommen vom **Juni 1997**, das u.a. ihre 30prozentige Beteiligung an der Regierung vorsieht. Per Referendum wird am **26.9.1999** eine Verfassungsänderung angenommen, durch die ein weiterer Bestandteil des Friedensabkommens für Tadschikistan realisiert wird: die Aufhebung des Verbots religiöser Parteien. Am **6.11.1999** wird Staatspräsident Rachmanow in allgemeinen Wahlen laut Angaben der zentralen Wahlkommission mit 97% der Stimmen im Amt bestätigt. Die OSZE verzichtet auf die Entsendung von Beobachtern, weil sie die Durchführung der Wahl als undemokratisch qualifiziert.

Am **22.8.1999** trifft der Staatspräsident Aserbaidschans, Alijew, mit seinem Amtskollegen aus Armenien, Kotscharjan, in Genf zu Verhandlungen über den Karabach-Konflikt zusammen.

Islamistische Freischärler unter dem Kommando eines usbekischen Feldherrn dringen am **23.8.1999** aus Tadschikistan nach Kirgistan ein, wo sie mehrere Dörfer besetzen. Der kirgisische Staatspräsident Akajew verhängt am **27.8.1999** den Ausnahmezustand über die umkämpfte Region und verfügt eine Teilmobilmachung. Die Außen- und Verteidigungsminister Usbekistans, Tadschikistans und Kasachstans sagen Kirgistan am **28.8.1999** militärische Unterstützung gegen die Rebellen zu. Da die Kämpfe im **September 1999** intensiver werden, fliehen mehrere tausend Zivilisten.

In der abtrünnigen georgischen Provinz Abchasien werden am **3.10.1999** Präsidentschaftswahlen sowie ein Referendum über die Unabhängigkeit und über eine neue Verfassung durchgeführt, dem 97 % der Wähler zustimmen. Die georgische Regierung bezeichnet die Wahlen als rechtswidrig. Aus den am **31.10.1999** in Georgien abgehaltenen Parlamentswahlen geht laut offiziellem Ergebnis die von Staatspräsident Schewardnadse geleitete Bürgerunion mit 42% der Stimmen als Sieger hervor. Schewardnadse und der das oppositionelle Bündnis Union der demokratischen Wiedergeburt Georgiens leitende Abaschidse werfen sich gegenseitig Wahlbetrug vor. OSZE-Wahlbeobachter stellen zahlreiche Unregelmäßigkeiten fest.

Die zahlreichen Manipulationen sowie die Bedrohung der Oppositionskandidaten bei den Parlamentswahlen in Kasachstan am **10.10.** und **24.10.1999** werden von der OSZE-Beobachtungsmission scharf kritisiert.

Als das Parlament Moldovas am **9.11.1999** der Regierung das Mißtrauen ausspricht, ereignet sich der achte Regierungswechsel Moldovas seit seiner Unabhängigkeit 1991.

Bei Präsidentschaftswahlen in der Ukraine, bei denen Opposition und OSZE-Wahlbeobachter Verstöße gegen die Grundsätze freier, demokratischer Wahlen bemängeln, wird Amtsinhaber Kutschma am **14.11.1999** laut offiziellem Ergebnis mit 56% der Stimmen im Amt bestätigt.

Vertreter Rußlands und Georgiens einigen sich am **18.11.1999** auf die Schließung von zwei der vier in Georgien existierenden russischen Militärstützpunkte.

Am **18.11.1999** unterzeichnen die Türkei, Georgien und Aserbaidschan ein Abkommen über den Bau einer Pipeline vom Hafen Baku nach Ceyhan an der türkischen Mittelmeerküste, durch die das kaspische Öl auf die Weltmärkte gelangen soll.

In Usbekistan werden am **5.12.1999** und am **9.1.2000** Parlaments- und Präsidentschaftswahlen abgehalten, bei denen oppositionelle Parteien nicht zugelassen sind. Deshalb entsendet die OSZE keine Beobachtermission. Nach Angaben der staatlichen Wahlkommission wird Staatspräsident Karimow mit 92% der Stimmen im Amt bestätigt.

Am **12.12.1999** wird in Turkmenistan ein neues Parlament gewählt. Die OSZE verzichtet auf die Entsendung von Beobachtern, da die Wahl selbst minimalen demokratischen Maßstäben nicht genüge. Das turkmenische Parlament verlängert am **28.12.1999** die Amtszeit von Staatspräsident Nijasow auf Lebenszeit.

Aus den Parlamentswahlen in Rußland am **19.12.1999** geht die Kommunistische Partei erneut als stärkste Fraktion hervor. Das Regierungslager um Ministerpräsident Putin wird durch den Stimmenzuwachs der ihm nahestehenden Parteien "Einheit" und "Union rechter Kräfte" gestärkt. Die OSZE charakterisiert die Wahl als "pluralistisch", kritisiert aber die Rolle der Medien im Wahlkampf. Aus Protest gegen die Absprache der Kommunisten und der Partei "Einheit" bei der Wiederwahl von Parlamentspräsident Selesnjow und bei der Besetzung der Duma-Kommissionen boykottieren 100 oppositionelle Abgeordnete vom **18.1.2000** an die Parlamentsarbeit.

Am **31.12.1999** erklärt der russische Staatspräsident Jelzin seinen Rücktritt und überträgt seine Amtsbefugnisse auf Ministerpräsident Putin. Dieser sichert Jelzin mehrere Privilegien, darunter Immunität vor Strafverfolgung, zu.

1.8. Deutschland

Mit großer Mehrheit stimmt der Deutsche Bundestag am **26.3.1999** der Fortsetzung von NATO-Luftangriffen auf Ziele in Jugoslawien zu. In einer Sondersitzung debattiert er am **15.4.1999** erneut über den Krieg im Kosovo.

UN-Generalsekretär Annan besucht vom **25.** bis **28.4.1999** Deutschland.

Am **7.5.1999** verabschiedet der Deutsche Bundestag mit großer Mehrheit das neue Staatsbürgerschaftsgesetz.

Die Bundesversammlung wählt am **24.5.1999** den ehemaligen Ministerpräsidenten von Nordrhein-Westfalen, Johannes Rau (SPD), zum neuen Bundespräsidenten.

Am **30.6.1999** endet die deutsche EU-Ratspräsidentschaft.

Mit großer Mehrheit billigt der Deutsche Bundestag am **7.10.1999** die Beteiligung der Bundeswehr an der internationalen Friedenstruppe in Ost-Timor.

Die Entscheidung vom **20.10.1999** über die Lieferung eines Testpanzers an die Türkei löst einen Streit zwischen verschiedenen Ressorts sowie zwischen SPD und Grünen aus.

Am **17.12.1999** einigen sich die Verhandlungsdelegationen Deutschlands und der USA in Berlin darauf, ehemalige Zwangsarbeiter des NS-Regimes mit insgesamt 10 Mrd. DM zu entschädigen.

Der Europäische Gerichtshof entscheidet am **11.1.2000**, die Bundeswehr dürfe Frauen nicht generell den Zugang zum Dienst an der Waffe verwehren. Die deutschen Rechtsvorschriften verstießen gegen den Gleichheitsgrundsatz. Bundesverteidigungsminister Scharping begrüßt die Entscheidung.

Unter der Beteiligung von Beauftragten beider Regierungsfraktionen verabschiedet eine interministerielle Arbeitsgruppe am **19.1.2000** die Politischen Grundsätze der Bundesregierung zum Export von Kriegswaffen und sonstigen Rüstungsgütern.

2. Globale Herausforderungen

2.1. Wirtschaft, Umwelt und Entwicklung

Auf ihrem Gipfeltreffen in Köln vom **18.** bis **21.6.1999** beschließen die G7-Staats- und Regierungschefs für die 41 ärmsten Staaten der Welt einen Teilschuldenerlaß, der an wirtschaftspolitische Bedingungen geknüpft ist. Am **20.6.1999** nimmt auch der russische Staatspräsident Jelzin am Gipfeltreffen teil.

In Japan ereignen sich am **12.7.1999,** am **18.7.1999** und am **30.9.1999** Störfälle in Atomkraftwerken, wobei die IAEO den letzten Atomunfall als drittschwersten Störfall nach den Störfällen in Tschernobyl und Harrisburg einstuft.

Die UN proklamieren den **12.10.1999** als den Tag, an dem die Weltbevölkerung die Grenze von sechs Milliarden Menschen überschritt. Seit 1960 hat sich die Zahl der Gesamtbevölkerung verdoppelt.

In Bonn findet vom **25.10.** bis **5.11.1999** die 5. Weltklimakonferenz der UN statt, die der Überprüfung der 1992 geschlossenen Klima-Rahmenkonvention von Kyoto dient. Die Konvention ist noch nicht in Kraft getreten, da sie erst von 14 der mindestens 55 Staaten ratifiziert wurde.

Am **29.1.2000** wird in Montreal das *Biosafety*-Protokoll im Rahmen der UN-Konvention über Biodiversität von Repräsentanten aus 134 Staaten verabschiedet. Darin wird der internationale Transport von genetisch veränderten Produkten geregelt.

2.2. UN

Der UN-Sicherheitsrat richtet am **26.3.1999** eine Untersuchungskommission ein, die ausgehend von der Rolle der UN im Vorfeld des Massenmordes in Ruanda im Jahre 1994 die Reaktion der UN auf Warnungen vor möglicherweise bevorstehenden Massenmorden prüfen soll. In ihrem am **16.12.1999** veröffentlichten Bericht gibt die Kommission dem UN-Sekretariat und dem heutigen UN-Generalsekretär Annan eine Mitschuld am Massenmord. Annan entschuldigt sich bei der ruandischen Regierung für die Rolle der UN.

Mit der Aufnahme der pazifischen Inselstaaten Tonga, Nauru und Kiribati am **14.9.1999** steigt die Gesamtzahl der UN-Mitgliedsstaaten auf 188.

Der französischen Hilfsorganisation Ärzte ohne Grenzen (Médecins Sans Frontières, MSF) wird am **15.10.1999** der Friedensnobelpreis zuerkannt.

Die UN legen am **15.11.1999** einen Abschlußbericht über die Ereignisse in Srebrenica im **Juli 1995** vor. Trotz des Versagens der UN-Blauhelme trügen ausschließlich die bosnisch-serbischen Militärs die Verantwortung für das Massaker an vermutlich Tausenden von Zivilisten.

2.3. Regionale Kooperation im Nahen und Mittleren Osten, in Afrika, Asien und Pazifik sowie in Latein- und Nordamerika

In Santo Domingo wird am **16.** und **17.4.1999** ein Gipfeltreffen von 25 Staats- und Regierungschefs der Vereinigung der Karibikstaaten, ACS, abgehalten. Auf ihm werden die Nutzung des Meeres für den Transport von Atom- und Giftmüll sowie das Wirtschaftsembargo der USA gegen Kuba abgelehnt.

Kambodscha tritt am **30.4.1999** als 10. Mitglied der ASEAN bei.

In Guatemala-Stadt tagt vom **6.** bis **9.6.1999** die 29. Vollversammlung der OAS. Die USA scheitern mit ihrem Antrag, Interventionen "in befreundeten Ländern auf dem Kontinent" zu gestatten, wenn dort die Demokratie gefährdet sei. Über die Wiederaufnahme Kubas in die OAS wird trotz breiter Zustimmung keine Entscheidung gefällt. Die Teilnehmer billigen mehrere Resolutionen, die u.a. die Bekämpfung des Waffenhandels betreffen.

Auf ihrer vom **12.** bis **14.7.1999** in Algier abgehaltenen Gipfelkonferenz verabschieden die Staatsoberhäupter von 46 OAU-Mitgliedsstaaten eine Deklaration, in der sie sich für die friedliche Regelung von Konflikten und gegen die Androhung oder Anwendung von Gewalt als Mittel der Politik aussprechen.

Am **18.8.1999** wird in der mosambikanischen Hauptstadt Maputo das Gipfeltreffen der Southern Africa Development Community, SADC, abgehalten. Die Teilnehmer verabschieden mehrere Dokumente über die regionale Integration, Uneinigkeit besteht jedoch über den Bürgerkrieg in der Demokratischen Republik Kongo.

Die Staatschefs Rußland, Kasachstans, Tadschikistans, Kirgistans und der VR China treffen am **24.** und **25.8.1999** in der kirgisischen Hauptstadt Bischkek zu einem Gipfel der Shanghai-Gruppe zusammen. In ihrer gemeinsamen Erklärung bekräftigen sie ihren Kooperationswillen in den Bereichen der Wirtschaft und der Bekämpfung der grenzüberschreitenden Kriminalität und sprechen sich für die Multipolarität der Welt aus.

Auf dem in der kanadischen Stadt Moncton vom **3.** bis **5.9.1999** abgehaltenen Gipfeltreffen der frankophonen Staaten wird vorrangig das Thema Menschenrechte behandelt.

Im Verlauf ihres am **12.** und **13.9.1999** in Auckland abgehaltenen Gipfeltreffens beschließen die anwesenden Staats- und Regierungschefs der APEC-Staaten die Entsendung einer Friedenstruppe nach Ost-Timor und fordern die weitere Liberalisierung des Welthandels.

Während des Gipfeltreffens des Südpazifischen Forums, SPF, am **4.** und **5.10.1999** auf Palau wird die Organisation in Pazifik-Insel-Forum, PIF, umbenannt; damit wird der geographischen Ausweitung der Mitgliedschaft Rechnung getragen.

In der Republik Südafrika findet vom **12.** bis **15.11.1999** das Gipfeltreffen der 54 Commonwealth-Mitgliedstaaten statt. In ihrer "Deklaration von Fancourt" verpflichten sich die Teilnehmer, auf eine gerechte soziale und wirtschaftliche Weltordnung hinzuarbeiten. Das Thema Menschenrechte wird kontrovers diskutiert.

Erstmals wird am **15.** und **16.11.1999** der Iberoamerikanische Gipfel im kommunistisch regierten Kuba abgehalten. Die Teilnehmer befassen sich hauptsächlich mit den Auswirkungen der internationalen Finanzkrise und der Globalisierung und bekräftigen ihre Ablehnung des US-amerikanischen Helms-Burton-Gesetzes gegen Kuba.

3. Krise der Abrüstung

Die US-Behörde für Rüstungskontrolle und Abrüstung wird am **1.4.1999** aufgelöst.

Mitte April 1999 führen Indien und Pakistan Tests ihrer Mittelstreckenraketen durch.

Am **27.4.1999** verabschiedet das japanische Unterhaus drei Gesetze, wonach US-Truppen im Krisenfall die japanische Infrastruktur nutzen können. Zu einem solchen Krisenfall zählt nicht nur ein Angriff gegen Japan, sondern auch ein Konflikt in der unmittelbaren Nachbarschaft Japans.

Die zweite Session der Abrüstungskonferenz in Genf wird am **11.5.1999** eröffnet. Vertreter der VR China und Rußlands wenden sich gegen den Versuch der USA, ein neues weltraumgestütztes Raketenabwehrsystem zu installieren. Am **5.8.1999** wird die Konferenz um Ecuador, Irland, Kasachstan, Malaysia und Tunesien erweitert; sie hat damit 66 Teilnehmerstaaten.

Das seit den achtziger Jahren größte Manöver des russischen und weißrussischen Militärs findet vom **19.** bis **24.7.1999** statt. Laut russischem Verteidigungsministerium werden das "Zurückschlagen eines hypothetischen Angriffs" aus dem Westen sowie eine symbolische Besetzung Litauens und Polens geübt.

Am **31.7.1999** einigen sich Vertreter der Ukraine und der USA auf die Verlängerung des Abkommens über die Verschrottung von den in der Ukraine befindlichen ehemals sowjetischen Langstreckenraketen um weitere sechs Jahre.

Ohne ein konkretes Ergebnis zu erzielen, führen Repräsentanten Rußlands und der USA vom **17.** bis **19.8.1999** Gespräche über ein START III-Abkommen und über die Pläne der US-Regierung für ein nationales weltraumgestütztes Raketenabwehrprogramm.

Am **3.10.1999** schließen die USA und Rußland ein Abkommen zur atomaren Sicherheit und vereinbaren die Einrichtung eines Krisenzentrums, das eine direkte Verbindung zu den jeweiligen Hauptstädten hält.

Mit 51 gegen 48 Stimmen lehnt der US-Senat am **13.10.1999** die Ratifizierung des CTBT ab.

Am Rande des OSZE-Gipfels in Istanbul einigen sich die 30 Signatarstaaten des KSE-Vertrages am **19.11.1999** auf ein Übereinkommen zur Anpassung des Vertrages an die veränderte politische und militärische Lage in Europa.

Der rumänische Verteidigungsminister Babiuc kündigt am **13.10.1999** an, daß die Truppenstärke bis zum Jahr 2003 von derzeit 180000 auf 112000 Mann verringert werden soll.

Den Test der russischen Interkontinentalrakete SS27 am **14.12.1999** nimmt der russische Ministerpräsident Putin zum Anlaß, die NATO vor einer Einmischung in die inneren Angelegenheiten Rußlands zu warnen.

Mitte Januar 2000 veröffentlicht die russische Regierung ein neues Sicherheitskonzept, das den Einsatz von Nuklearwaffen im Falle einer gegen das Land oder seine Verbündeten gerichteten Aggression vorsieht, "wenn die Zerstörung Rußlands als Subjekt der internationalen Beziehungen ... mit konventionellen Mitteln nicht verhindert werden kann". Zudem wird der Versuch angeprangert, eine unilaterale Weltordnung "auf der Basis der Dominanz westlicher Länder unter der Führung der USA" zu schaffen. Neben der Osterweiterung der NATO werden der Terrorismus, die Kriminalität sowie ethnische und soziale Spannungen als Sicherheitsrisiken genannt.

4. Akute Krisenherde außerhalb Europas

4.1. Naher und Mittlerer Osten

In der turkmenischen Hauptstadt Aschgabad führen vom **10.** bis **14.3.1999** unter der Vermittlung des UN-Sondergesandten Brahimi erstmals die afghanischen Bürgerkriegsparteien, die Taliban und die Nordallianz, Verhandlungen miteinander. Die Übereinkunft, eine gemeinsame Regierung zu bilden, wird von den Taliban kurze Zeit später dementiert. **Ende März 1999** brechen neue Kämpfe aus, in denen die Nordallianz am **20.4.1999** die Schiitenhochburg Bamiyan zurückerobert.

Nach der Vermittlung durch den südafrikanischen Staatspräsidenten Mandela und ein Mitglied des saudischen Königshauses übergibt die libysche Regierung ihre beiden Staatsbürger, die des Anschlags auf das US-amerikanische Passagierflugzeug über dem schottischen Lockerbie im Dezember 1988 verdächtigt werden, am **5.4.1999** an die UN. Am selben Tag werden die UN-Sanktionen gegen Libyen aufgehoben.

Nachdem alle Mitbewerber ihre Kandidatur zurückgezogen haben, wird Bouteflika am **15.4.1999** zum neuen Staatspräsidenten Algeriens gewählt. Er ist das erste zivile Staatsoberhaupt in der Geschichte Algeriens. Die AIS kündigt **Anfang Juni 1999** ihren Gewaltverzicht an. Am **4.7.1999** verfügt Bouteflika die Begnadigung von Tausenden von Mitgliedern und Anhängern militanter islamistischer Gruppen, die zwar Terroristen unterstützt, jedoch selbst keine Gewalttaten begangen haben. Bei einer Stimmbeteiligung von 85% billigen 98% der Bevölkerung am **16.9.1999** in einem Referendum den Kurs Bouteflikas zur "Verwirklichung des Friedens und bürgerlicher Eintracht". Zwischen **Juli** und **Dezember 1999** fallen mindestens 500 Menschen politisch motiviertem Terror zum Opfer. Nachdem Bouteflika am **10.1.2000** den AIS-Mitgliedern Straffreiheit gewährt hat, erklärt deren Chef Mezrag am **11.1.2000** die AIS für aufgelöst.

Nach neuen militärischen Auseinandersetzungen im Südlibanon besetzen das israelische Militär und die mit Israel verbündete christliche Miliz SLA am **15.4.1999** erneut das dortige Dorf Arnoun, das außerhalb der von Israel beanspruchten "Sicherheitszone" liegt. Gemäß einem Beschluß vom **31.5.1999** räumen die Verbände der SLA und Israels nach vierzehnjähriger Besatzungszeit die libanesische Kleinstadt Jezzine. Nach einer Serie von gegenseitigen Angriffen fliegt die israelische Luftwaffe am **24.6.1999** auf Anordnung des noch amtierenden Regierungschefs Netanyahu schwere Angriffe gegen mutmaßliche Stellungen der Hisbollah und gegen die libanesische Infrastruktur. Der designierte Premierminister Barak distanziert sich von den Luftschlägen. **Ende Januar 2000** eskalieren in der israelisch besetzten Zone im Südlibanon erneut die Auseinandersetzungen zwischen dem israelischen Militär und der SLA einerseits sowie der Hisbollah andererseits. Die israelische Luftwaffe bombardiert am **7.2.2000** Ziele im Libanon und zerstört einen großen Teil der Elektrizitätsversorgung.

Der Zentralrat der PLO beschließt am **28.4.1999**, die für den **4.5.1999** vorgesehene Proklamation eines unabhängigen Palästinenserstaates auf die Zeit nach den israelischen Wahlen am **17.5.1999** zu verschieben.

Aus der Direktwahl des israelischen Ministerpräsidenten am **17.5.1999** geht der Kandidat der Arbeitspartei, Barak, als Sieger hervor. Sein Wahlbündnis "Ein Israel" wird mit 26 der 120 Sitze stärkste Kraft in der Knesset. Am **6.7.1999** tritt die aus acht Parteien bestehende israelische Koalitionsregierung ihr Amt an.

PKK-Führer Öcalan wird am **29.6.1999** zum Tode verurteilt. Am **31.5.1999** und erneut am **3.8.1999** ruft er die PKK zur Einstellung ihres Kampfes auf und bittet den türkischen Staat um eine Amnestie für sich und alle anderen PKK-Aktivisten. Er beschuldigt Dissidenten der PKK, im Jahre 1986 den damaligen schwedischen Ministerpräsidenten Palme ermordet zu haben. Die PKK gibt am **5.8.1999** bekannt, daß sie Öcalans Aufruf zur Beendigung des Kampfes folgen wolle. Am **25.11.1999** bestätigt der Appellationsgerichtshof in Ankara das

Todesurteil gegen Öcalan. Die türkische Regierung entscheidet am **12.1.2000**, die Hinrichtung Öcalans aufzuschieben und die Entscheidung des Europäischen Gerichtshofs für Menschenrechte in Straßburg in dieser Angelegenheit abzuwarten.

Iranische Polizisten töten am **9.7.1999** mehrere Studenten, die gegen das kurz zuvor vom Parlament verabschiedete restriktive Pressegesetz und gegen das Verbot einer Zeitung protestieren. Danach kommt es zu schweren Zusammenstößen zwischen Studenten und der Polizei sowie zu einer Gegendemonstration der islamischen Führung des Landes. Bei den am **20.2.2000** abgehaltenen Parlamentswahlen im Iran erhalten die Anhänger des reformorientierten Präsidenten Khatami die Mehrheit.

Bei seinem Antrittsbesuch in Washington vom **15.** bis **19.7.1999** verspricht der neue israelische Premierminister Barak, innerhalb von 15 Monaten den Weg zum Frieden im Nahen Osten zu ebnen. Im Gegenzug sagt US-Präsident Clinton eine während der Regierung Netanyahu eingefrorene finanzielle Hilfe zu. Beide Seiten vereinbaren eine verstärkte Zusammenarbeit im militärischen, wirtschaftlichen und technologisch-wissenschaftlichen Bereich.

Nach dem Tod des marokkanischen Königs Hassan II. am **23.7.1999** wird dessen Sohn Mohammed VI. zum neuen König proklamiert.

In Anwesenheit der US-amerikanischen Außenministerin Albright, des ägyptischen Staatspräsidenten Mubarak und des jordanischen Königs Abdallah unterzeichnen am **4.9.1999** im ägyptischen Sharm el Sheich der israelische Premierminster Barak und Palästinenserführer Arafat den Wye-II-Vertrag. Er enthält folgende zentrale Punkte: den Rückzug der israelischen Truppen aus weiteren elf Prozent des Westjordanlandes in drei Phasen bis zum **20.1.2000**, die Freilassung von 348 palästinensischen Gefangenen aus israelischer Haft, den Bau eines Seehafens in Gaza, die Eröffnung zweier Transitstrecken zwischen dem Gazastreifen und dem Westjordanland sowie die Verpflichtung beider Seiten, bis zu dem für den **13.9.2000** vorgesehenen Abschluß eines Friedensabkommens auf "einseitige Maßnahmen" zu verzichten. Das Abkommen wird am **5.9.1999** von der israelischen Regierung und am **8.9.1999** von der Knesset mehrheitlich gebilligt. Am **9.9.1999** läßt Israel 199 palästinensische Gefangene frei, die zuvor eine Gewaltverzichtserklärung unterschrieben, und übergibt am **10.9.1999** sieben Prozent der besetzten Gebiete an die PNA. Die Delegationen Israels und der Palästinenser nehmen am **14.9.1999** ihre Schlußverhandlungen auf. Am **15.10.1999** läßt die israelische Regierung weitere 151 palästinensische Gefangene frei. Die erste Transitstrecke wird am **25.10.1999** eröffnet. Die **Ende Oktober 1999** durch die israelische Regierung verfügte Räumung einer illegal errichteten jüdischen Siedlung führt zu heftigem Widerstand radikaler Siedler. Am **1.** und **2.11.1999** treffen Barak, Arafat und der US-amerikanische Präsident Clinton zu Gesprächen in Oslo zusammen, wo sie sich zum zügigen Abschluß des Friedensprozesses verpflichten. Die für den **15.11.1999** geplante Übergabe von weiteren fünf Prozent des Westjordanlandes an die PNA wird wegen Differenzen zwischen beiden Seiten über die zu übergebenden Ortschaften zweimal verschoben. Wegen der Genehmigung neuer israelischer Wohnungen im Westjordanland werden die am **8.11.1999** erneut begonnenen Schlußverhandlungen **Anfang Dezember 1999** unterbrochen, aber am **10.1.2000** in Ramallah fortgesetzt.

Das Oberste Gericht Israels entscheidet am **6.9.1999**, daß künftig die Anwendung der Folter bei Verhören durch den israelischen Geheimdienst verboten ist.

Nach US-amerikanischer Vermittlung nehmen der israelische Premierminister Barak und der syrische Außenminister ash-Sharaa am **15.** und **16.12.1999** in Washington die seit Anfang 1996 unterbrochenen Friedensverhandlungen wieder auf und setzen sie vom **3.** bis **9.1.2000** im US-amerikanischen Shepherdstown fort. Am **11.1.2000** protestieren ca. 150000 Israelis gegen die potentielle Rückgabe des Golan an Syrien. Die für den **19.1.2000** vorgesehene neue Runde der Verhandlungen wird am **17.1.2000** auf unbestimmte Zeit verschoben.

Am **17.12.1999** hebt der UN-Sicherheitsrat die Obergrenze für die Erdölexporte des Irak zum Ankauf von Nahrungsmitteln und Gütern des täglichen Bedarfs auf und setzt zugleich als Nachfolgerin der UNSCOM die neue Rüstungskontrollkommission UN Monitoring Verification and Inspection Commission, UNMOVIC, ein. Die irakische Regierung lehnt die Kooperation mit der UNMOVIC ab.

Die türkische Polizei nimmt im **Januar 2000** rund 750 Hisbollah-Anhänger fest, denen zahlreiche Morde und Folterungen an politischen Gegnern zur Last gelegt werden.

Am **15.2.2000** schließen Vertreter des Vatikan und der PNA in Rom ein Abkommen über die religiösen Beziehungen zwischen beiden Seiten. Das israelische Außenministerium protestiert gegen die Vertragsunterzeichnung.

4.2. Afrika südlich der Sahara

Kongo

Der Staatschef der Demokratischen Republik Kongo, Kabila, setzt am **16.3.1999** eine neue Regierung ein, in der er die Ämter des Premiers und des Verteidigungsministers selbst übernimmt. In der sambischen Hauptstadt Lusaka findet **Mitte April 1999** erstmals ein Treffen zwischen Vertretern der Rebellen und der Regierung statt. Am **6.5.1999** gibt Kabila bekannt, daß seine am **17.5.1997** auf zwei Jahre befristete Amtszeit unbegrenzt sei. In der libyschen Stadt Sirte kommen am **16.5.1999** die Staatschefs des Tschad, Burkina Fasos, Eritreas, der Zentralafrikanischen Republik sowie der Vizepräsident und Verteidigungsminister Ruandas, Kagame, mit Kabila und dem libyschen Revolutionsführer Gadhafi zusammen. Laut libyschem Fernsehen einigen sich auf dem nach libyscher Vermittlung zustandegekommenen Treffen Kabila und Kagame auf einen Waffenstillstand und auf Friedensverhandlungen, an denen auch die kongolesischen Rebellen teilnehmen sollen. Die ruandische Regierung dementiert eine Einigung.

Am **29.5.1999** teilt Ruanda die einseitige Einstellung aller Feindseligkeiten im

Kongo mit. Nach schwierigen Verhandlungen in der sambischen Hauptstadt Lusaka unterzeichnen Vertreter Angolas, Namibias, Zimbabwes, Ugandas und Ruandas sowie der kongolesische Staatschef Kabila unter Vermittlung Sambias und der Republik Südafrika am **11.7.1999** ein Friedensabkommen. Die in zwei Flügel gespaltene kongolesische Rebellenbewegung Rassemblement Congolais pour la Démocratie, RCD, beteiligt sich an den Verhandlungen, leistet aber wegen interner Differenzen keine Unterschrift und fühlt sich nicht an die Vereinbarung gebunden. Auch die kongolesische Rebellenorganisation Mouvement pour la Libération du Congo, MLC, lehnt das Abkommen ab. Wichtige Fragen bleiben in der Vereinbarung ungeklärt. Auch weiterhin kommt es zu Kämpfen. Nach Angaben des MLC bombardieren am **4.8.1999** kongolesische Regierungstruppen mit Hilfe sudanesischer Kampfflugzeuge zwei Ortschaften im Norden des Kongo und töten über 500 Menschen.

Am **7.8.1999** stimmt der UN-Sicherheitsrat der Stationierung von 90 Militärbeobachtern zu. In Kisangani brechen am **14.8.1999** heftige Kämpfe zwischen ugandischen und ruandischen Truppen aus, die unterschiedliche Flügel des RCD unterstützen. Nach langwierigen Verhandlungen schließen der ugandische Staatspräsident Museveni und der ruandische Vizepräsident Kagame eine sofortige Waffenruhe. Aufgrund der Vermittlung durch Sambia und der Republik Südafrika unterzeichnen sämtliche 51 Gründungsmitglieder des RCD am **31.8.1999** das Friedensabkommen von Lusaka. Die auf dem Territorium des Kongo agierenden ausländischen Rebellenbewegungen sollen entwaffnet werden.

Ende **August 1999** und verstärkt im **November 1999** flammt der Krieg wieder auf. Die **Mitte September 1999** begonnene Stationierung der UN-Mission wird in der Folgezeit wegen Sicherheitsrisiken abgebrochen. **Anfang Oktober 1999** rufen der MLC und der eine Flügel des RCD in den jeweils von ihnen kontrollierten Gebieten eine Gegenregierung aus. Von **Herbst 1999** an werden im Nordosten Kongos nach Schätzungen christlicher Hilfsorganisationen bei Massakern zwischen Hema und Lendu ca 8000 Menschen ermordet, ca. 100000 Menschen fliehen aus ihren Siedlungsgebieten.

Die drei kongolesischen Rebellenorganisationen einigen sich am **20.12.1999** in Uganda auf eine gemeinsame Verhandlungsposition gegenüber der Kabila-Allianz. Auf Einladung des US-amerikanischen UN-Botschafters Holbrooke verhandeln die Staatschefs Kongos, Ruandas, Ugandas, Angolas, Namibias und Zimbabwes sowie der UN-Sicherheitsrat vom **24.** bis **26.1.2000** in New York. Die Forderung der afrikanischen Statschefs nach Entsendung einer Friedenstruppe stimmt der UN-Sicherheitsrat am **24.2.2000** zu.

Weitere Regionen in Afrika südlich der Sahara

Anfang März 1999 rufen Botswana und Namibia den IGH wegen ihres Streits um die Insel Sedudu/Kasikili an, wobei sie ihren Willen zu einer friedlichen Lösung betonen.

Der Staatspräsident des Tschad, Idriss Déby, gesteht am **9.3.1999** erstmals Kämpfe der Armee mit einer Rebellenorganisation im Norden des Landes ein.

Mitte März 1999 überfallen Rebellen aus Sierra Leone eine Stadt in Guinea und verüben im **April 1999** in Sierra Leone ein Massaker an über 100 Zivilisten. Unter Vermittlung Togos beginnen am **25.4.1999** Verhandlungen zwischen den Bürgerkriegsparteien in Sierra Leone. Nach der Unterzeichnung eines Waffenstillstands am **18.5.1999** schließen der Staatspräsident Sierra Leones, Kabbah, und der Chef der Rebellenorganisation RUF, Sankoh, am **7.7.1999** unter der Vermittlung Togos, Nigerias, Liberias und Burkina Fasos sowie der UN ein Friedensabkommen, das den achtjährigen Bürgerkrieg beenden soll. Sankoh wird zum Vizepräsidenten ernannt, und die RUF erhält vier Ministerposten. Sämtliche in dem Krieg begangene Greueltaten sollen straffrei bleiben, es wird jedoch eine Wahrheits- und Versöhnungskommission eingerichtet. Die UN lehnt die generelle Amnestie ab. In veränderter Zusammensetzung und mit verändertem Mandat verbleibt die ECOMOG im Land. Am **3.10.1999** werden die sierraleonischen Rebellenführer Sankoh und Koroma in die Regierung aufgenommen. Der UN-Sicherheitsrat billigt am **22.10.1999** einstimmig die Entsendung einer 6000 Mann starken Friedenstruppe nach Sierra Leone. Trotz des Friedensabkommens ziehen die Rebellen weiterhin mordend und plündernd durch das Land.

Aufgrund der sich verschärfenden Kämpfe in Angola beginnt am **20.3.1999** der Rückzug der dortigen UN-Friedensmission. Wegen des Vorwurfs der angolanischen Regierung, Sambia unterstütze die angolanische Rebellenbewegung UNITA, versetzt die sambische Regierung ihre Truppen in Alarmbereitschaft.

Bei den am **21.3.1999** in Togo abgehaltenen Parlamentswahlen, die von acht wichtigen Parteien boykottiert werden, gewinnt die Partei von Staatspräsident Eyadéma laut offiziellem Wahlergebnis 77 der 81 Sitze. Die EU erkennt die Wahlen nicht an. Einem Bericht von Amnesty International vom **5.5.1999** zufolge verübten togolesische Sicherheitskräfte während der Präsidentschaftswahlen im **Juni 1998** ein Massaker an mehreren hundert Oppositionellen. Nach der Veröffentlichung des Berichtes werden zahlreiche Oppositionelle und AI-Mitarbeiter festgenommen. Die politischen Parteien einigen sich am **30.7.1999** auf ein Grundsatzabkommen zur Bendigung der politischen Krise und zur weiteren Demokratisierung.

Versuche der OAU sowie Ägyptens und Libyens, im verlustreichen Krieg zwischen Äthiopien und Eritrea zu vermitteln, scheitern im **April** und **Mai 1999**. Bei tagelangen Gefechten im äthiopisch-eritreischen Grenzgebiet kommen im **Juni 1999** Tausende von Soldaten beider Seiten ums Leben. Der UN-Sicherheitsrat fordert am **22.6.1999** die Kriegsparteien zu einem sofortigen und bedingungslosen Waffenstillstand auf und verlangt von ihnen, sich an den UN-Friedensplan zu halten, der u.a. den Rückzug eritreischer Einheiten von äthiopischem Staatsgebiet und die Stationierung einer internationalen Friedenstruppe vorsieht. Er appelliert an Drittstaaten, den Kriegsparteien keine Waffen zu liefern. Das UN-Welternährungsprogramm warnt vor einer Hungerkatastrophe in der Region.

Zwischen Angola, der Demokratischen Republik Kongo, Zimbabwe und Namibia wird am **8.4.1999** in der angolanischen Hauptstadt Luanda ein Verteidigungsbündnis geschlossen.

Im Verlauf eines Militärputsches wird der Staatspräsident Nigers, Barré Mainassara, am **9.4.1999** ermordet. Die am **16.4.1999** gebildete "Regierung der nationalen Einheit" annulliert die im **Februar 1999** abgehaltenen Regional- und Kommunalwahlen. Die neue Regierung führt am **18.7.1999** ein Verfassungsreferendum durch, das, bei einer Wahlbeteiligung von 30%, von 90% der Wähler akzeptiert wird. Als letzte Phase der von der Militärjunta eingeleiteten Demokratisierung werden am **17.10.** und **24.11.1999** Präsidentschaftswahlen und ebenfalls am **24.11.1999** Parlamentswahlen abgehalten. Mit 62% der Stimmen wird der frühere Oberst Tandja zum neuen Staatsoberhaupt gewählt.

Zwei der wichtigsten somalischen Führer, die beiden selbsternannten Präsidenten Muhammad und Aidid, protestieren am **12.4.1999** beim UN-Generalsekretär gegen die äthiopische Regierung, deren Truppen auf somalisches Territorium vorgedrungen seien.

Unter der Schirmherrschaft der OAU wird am **23.4.1999** in der Hauptstadt Madagaskars, Antananarivo, ein Verfassungsentwurf für eine künftige "Union der Komorischen Inseln" ausgehandelt. Die Vertreter der sezessionistischen Insel Anjouan weigern sich, das Dokument zu unterzeichnen. Durch einen Putsch übernimmt die Armee der Komoren am **30.4.1999** die Macht. Am **10.5.1999** fordert die OAU alle Staaten auf, die Kooperation mit der Militärjunta auf den Komoren zu beenden. Auf Anjouan wird am **23.1.2000** ein Referendum über den Friedensplan der OAU abgehalten, der einen Verbleib der Insel in einem lockeren Staatsverband mit den zwei anderen zu den Komoren gehörenden Inseln vorsieht. Mit rund 90% der Stimmen votiert die Bevölkerung Anjouans für die Unabhängigkeit.

Am **30.4.1999** schließen die Republik Südafrika und Rußland einen Partnerschafts- und Freundschaftsvertrag, der eine verstärkte Kooperation im wirtschaftlichen und militärischen Bereich vorsieht.

In Guinea-Bissau übernimmt Rebellenchef Mané durch einen Putsch am **7.5.1999** die Macht, woraufhin dem gestürzten Staatspräsidenten Vieira in Portugal Asyl gewährt wird. Am **14.5.1999** wird der frühere Parlamentspräsident Sana zum neuen Staatspräsidenten ernannt. Die EU verurteilt den Machtwechsel. Am **28.11.1999** werden Präsidentschafts- und Parlamentswahlen abgehalten, wobei erstmals seit der Unabhängigkeit Guinea-Bissaus von Portugal 1974 mit der Partei PRS eine andere Partei als Partido Africano gewinnt. In der Stichwahl am **16.1.2000** wird der PRS-Kandidat Yala mit ca 72% der Stimmen zum Staatspräsidenten gewählt.

Im Nigerdelta Nigerias eskalieren ab **Mai 1999** erneut die blutigen Unruhen zwischen verschiedenen ethnischen Gruppen um den Anteil an den Ölgewinnen, wobei wiederholt Anschläge auf Ölförderanlagen verübt werden. Als am **29.5.1999** der gewählte Staatspräsident Obasanjo vereidigt wird, endet die 15jährige Militärherrschaft. In das Commonwealth wird Nigeria wieder aufgenommen, und die EU beendet ihre Wirtschaftssanktionen. Bei blutigen Auseinandersetzungen zwischen Yoruba und Haussa werden ab **Juli 1999** ca. 1000 Menschen getötet.

Am **2.6.1999** werden in der Republik Südafrika die zweiten Parlamentswahlen nach dem Ende der Apartheid abgehalten. Der ANC verfehlt die Zweidrittelmehrheit im Parlament nur um ein Mandat. Das neue Parlament wählt am **14.6.1999** Mbeki (ANC) zum neuen Staatspräsidenten und Regierungschef. Die Inkatha Freedom Party, auf die 8% der Stimmen entfallen, behält ihre Ministerposten in der neuen Koalitionsregierung.

Nach den Präsidentschaftswahlen in Malawi am **15.6.1999**, bei denen Amtsinhaber Muluzi laut offiziellem Ergebnis im Amt bestätigt wird, kommt es zu gewaltsamen Ausschreitungen zwischen Regierungs- und Oppositionsanhängern.

Im **August 1999** nehmen im Caprivi-Streifen die Auseinandersetzungen zwischen der für die Unabhängigkeit von Namibia kämpfenden Caprivi-Befreiungsfront und dem namibischen Militär an Intensität zu.

In Burundi eskalieren im **August 1999** die verlustreichen Kämpfe zwischen Hutu und Tutsi erneut. Im **September** und **Oktober 1999** werden ca. 300000 Menschen, überwiegend Hutu, von Soldaten der Tutsi-Regierung in Lager zwangsumgesiedelt. Die im tansanischen Arusha abgehaltenen Friedensgespräche über Burundi werden am **19.9.1999** ergebnislos vertagt.

Rebellen aus Guinea besetzen am **12.8.1999** mehrere Orte in Liberia, woraufhin der liberianische Staatspräsident Taylor die Grenzen zu Guinea und Sierra Leone schließen läßt und Militär in die Region entsendet.

Im Zusammenhang mit den Präsidentschaftswahlen in der Zentralafrikanischen Republik am **19.9.1999** kommt es zu schweren Zusammenstößen zwischen Anhängern und Gegnern von Staatspräsident Patassé, der laut offiziellem Ergebnis mit 51% der Stimmen im Amt bestätigt wird. Die neun Gegenkandidaten bemängeln Wahlfälschung und fordern die Wahlannullierung. Der UN-Sicherheitsrat empfiehlt die Bildung einer Allparteienregierung.

Laut Berichten des sudanesischen Fernsehens schließen am **28.11.1999** der sudanesische Staatspräsident al-Bashir und der Führer der Umma-Partei, al-Mahdi, ein Abkommen zur Beendigung des Bürgerkriegs. Der sudanesische Rebellenführer Garang lehnt das Abkommen ab. Am **12.12.1999** löst al-Bashir das Parlament auf und verhängt einen auf drei Monate befristeten Ausnahmezustand.

Die zweiten Parlaments- und Präsidentschaftswahlen in Mosambik seit Beendigung des Bürgerkriegs **1992** werden vom **3.** bis **5.12.1999** abgehalten. Laut offiziellem Ergebnis, das der Kandidat der Oppositionspartei RENAMO, Dhlakama, nicht anerkennt, wird Präsident Chissano mit 52 % im Amt bestätigt; dessen Partei FRELIMO erhält 133 der 250 Parlamentssitze.

Zwischen Sudan und Uganda wird am **8.12.1999** die Wiederaufnahme der **1995** abgebrochenen diplomatischen Beziehungen vereinbart. Der ugandische Staatspräsident Museveni und sein sudanesischer Amtskollege al-Bashir unterzeichnen ein Abkommen, in dem sie einander zusagen, die Rebellengruppen des jeweils anderen Staates nicht mehr zu unterstützen, die Terrorgruppen aufzulösen und die territoriale Integrität des jeweils anderen Staates zu respektieren.

Mitte Dezember 1999 gestattet die Regierung Namibias den angolanischen Regierungstruppen die Benutzung von Militärflughäfen und die Verfolgung der UNITA-Rebellen über die namibische Grenze hinweg. Die namibische Bevölkerung flieht aus der Kampfzone.

In der Elfenbeinküste übernimmt am **24.12.1999** das Militär durch einen Putsch die Macht. Am **4.1.2000** wird eine Interimsregierung aus Juntamitgliedern und Vertretern fast aller Parteien gebildet. Nach dem Putsch suspendieren westliche Staaten ihre Entwicklungshilfe.

Bei Verhandlungen in der gambischen Hauptstadt Banjul unterzeichnen Vertreter der senegalesischen Regierung und des separatistischen Mouvement des Forces Démocratiques de Casamance am **26.12.1999** einen Waffenstillstand, der den seit 17 Jahren dauernden Bürgerkrieg beenden soll.

4.3. Asien und Pazifik

Als Reaktion auf eine Koalitionskrise und den Verlust der parlamentarischen Mehrheit tritt die von Premierminister Vajpayee geleitete indische Regierung am **17.4.1999** zurück. Am **26.4.1999** löst Staatspräsident Narayanan das Parlament auf. Bei den vorgezogenen Parlamentswahlen, die zwischen dem **5.9.** und **3.10.1999** abgehalten werden, erhält die nationalistische Hindupartei BJP gemeinsam mit 24 verbündeten Gruppierungen 296 der 545 Parlamentssitze. Am **13.10.1999** wird die neue Regierung Vajpayee vereidigt.

In dem von Indonesien annektierten Ost-Timor schließen proindonesische Milizen und die osttimoresische Unabhängigkeitsbewegung FRETILIN am **21.4.1999** ein Friedensabkommen. Die Milizen, deren Entwaffnung nicht beschlossen wird, brechen den Waffenstillstand. Nach längeren durch die UN vermittelten Verhandlungen mit der ehemaligen Kolonialmacht in Ost-Timor, Portugal, stimmt Indonesien am **27.4.1999** der Abhaltung einer Volksbefragung zu, bei der sich die örtliche Bevölkerung zwischen einem Autonomiestatut und der Unabhängigkeit von Indonesien entscheiden soll. Am **5.5.1999** unterzeichnen Vertreter Indonesiens, Portugals und der UN in New York ein entsprechendes Abkommen. Im **Juni 1999** treffen unbewaffnete internationale Polizisten und die UN Assistance Mission for East-Timor, UNAMET, in Ost-Timor ein. Trotz der Einschüchterungsversuche durch die pro-indonesischen Milizen stimmen in dem am **30.8.1999** abgehaltenen Referendum, bei einer Wahlbeteiligung von 99%, 79% der osttimoresischen Bevölkerung für die Unabhängigkeit und 21% für die Autonomie. Nach der Bekanntgabe des Resultats töten die pro-indonesischen Paramilitärs tausende von Menschen und vertreiben Zigtausende in das indonesische West-Timor. Das indonesische Militär bleibt passiv oder unterstützt die Milizen. Am **7.9.1999** verhängt die indonesische Regierung das Kriegsrecht über Ost-Timor. Wenige Tage später wird die UNAMET evakuiert. Am **12.9.1999** gibt die indonesische Regierung dem wachsenden internationalen Druck nach und akzeptiert die Stationierung einer internationalen Eingreiftruppe. Unter Bezugnahme auf Kapitel VII der UN-Charta verabschiedet der UN-Sicherheitsrat ohne Gegenstimme am **15.9.1999** die Resolution 1264, die die Grundlage für die Entsendung der UN-Eingreiftruppe für Ost-Timor, der INTERFET, bildet. Am **20.9.1999** landen die ersten INTERFET-Soldaten in Ost-Timor. Gleichzeitig kehrt die UNAMET zurück. Der indonesische Staatspräsident Habibie hebt am **23.9.1999** das Kriegsrecht wieder auf.

Bei den vorgezogenen Parlamentswahlen in Nepal am **3.** und **17.5.1999**, denen schwere Gewalttaten vorausgehen, erzielt mit der Nepali Congress Party erstmals seit mehreren Jahren eine politische Partei die absolute Mehrheit.

Die Bombardierung der chinesischen Botschaft in Jugoslawien durch Kampfflugzeuge der NATO am **7.5.1999** sowie ein am **25.5.1999** veröffentlichter Bericht des US-amerikanischen Kongresses über angebliche Spionageaktivitäten der VR China in den USA belasten das bilaterale Verhältnis. Nachdem es in der VR China zu gewaltsamen Demonstrationen gegen Einrichtungen der USA gekommen ist, schließt die US-Regierung am **9.5.1999** ihre dortigen Vertretungen. Am **10.5.1999** suspendiert die Regierung der VR China die bilateralen militärischen Kontakte, die Konsultationen zur Verhinderung der Weiterverbreitung von Massenvernichtungswaffen sowie die Gespräche über Rüstungskontrolle, internationale Sicherheit und Menschenrechtsfragen. US-Präsident Clinton entschuldigt sich mehrfach öffentlich für das Bombardement und gibt den Export US-amerikanischer Satellitentechnik an die VR China frei.

In der zwischen Indien und Pakistan umstrittenen Region Kaschmir beginnen am **26.5.1999** Kämpfe zwischen dem indischen Militär und Rebellen, die aus Pakistan eindringen. Nachdem die indische Luftwaffe schwere Angriffe in Kaschmir geflogen hat, versetzt die pakistanische Regierung ihre Luftwaffe in Alarmbereitschaft und beschuldigt Indien, pakistanisches Territorium verletzt zu haben. Am **18.7.1999** erklärt die indische Regierung die Kämpfe in Kaschmir für beendet, da sich die pakistanischen Streitkräfte zurückgezogen hätten. Gleichzeitig mit dem Abschuß eines pakistanischen Militärflugzeugs durch die indische Luftwaffe am **10.8.1999** und dem Beschuß zweier indischer Kampfflugzeuge durch die pakistanische Luftwaffe am **11.8.1999** verschärfen sich die Kämpfe in Kaschmir.

In Indonesien werden am **7.6.1999** die ersten freien Parlamentswahlen seit 1955 abgehalten. Dem offiziellen Endergebnis zufolge, das Staatspräsident Habibie am **3.8.1999** bekanntgibt und trotz einiger Unregelmäßigkeiten für gültig erklärt, erhält die von Megawati Sukarnoputri geleitete Demokratische Partei Indonesiens-Kampf, PDI-P, mit ca. 34% der Stimmen die relative Mehrheit. Auf die bis dahin regierende GOLKAR-Partei, die bisher stets ca.

70% der Stimmen errang, entfallen 22% und auf die von Wahid geleitete PKB 12%. Das noch amtierende indonesische Parlament verabschiedet am **23.9.1999** ein Sicherheitsgesetz, das den Streitkräften bei der Aufstandsbekämpfung weitreichende Vollmachten verleiht. Bei Demonstrationen gegen das Gesetz werden mehrere Peronen getötet. Nachdem Habibies Rechenschaftsbericht am **19.10.1999** mit knapper Mehrheit vom Parlament zurückgewiesen worden ist, verzichtet er auf eine erneute Kandidatur für das Präsidialamt. Die aus den Parlamentsabgeordneten, Deputierten der Streitkräfte, aus Provinzversammlungen und Standesorganisationen zusammengesetzte Beratende Volksversammlung MPR wählt am **20.10.1999** Wahid zum Staatspräsidenten und am **21.10.1999** Sukarnoputri zur Vizepräsidentin. In der am **26.10.1999** vereidigten "Regierung der nationalen Einheit" sind die PKB, die PDI-P, die GOLKAR und kleinere Moslemparteien vertreten. Danach enden die tagelangen Straßenschlachten zwischen Demonstranten und der Polizei.

Im **Juni 1999** eröffnet die Armee Sri Lankas eine Offensive gegen die tamilische Guerillaorganisation Liberation Tigers of Tamil Eelam, LTTE. Bei ihrer Anfang **November 1999** begonnenen Gegenoffensive nimmt die LTTE mehrere Militärstützpunkte und eine Stadt ein. Die Kämpfe fordern sehr hohe Verluste auf beiden Seiten und veranlassen Hundertausende von Zivilisten zur Flucht. Im Vorfeld der Präsidentschaftswahlen in Sri Lanka am **21.12.1999** wird neben weiteren Gewalttaten ein Mordanschlag auf Amtsinhaberin Kumaratunge verübt, den sie überlebt. Laut offiziellem Ergebnis erhält sie 51% der Stimmen.

Die Regierung des südpazifischen Staates Salomonen verhängt am **15.6.1999** den Notstand, nachdem sich von **November 1998** an Spannungen zwischen Alteingesessenen und Binnenmigranten verschärft haben. Im Namen des Commonwealth-Sekretariats vermittelt der frühere Premierminister von Fidschi, Rabuka, am **2.7.1999** ein Friedensabkommen zwischen den Konfliktparteien.

In einem Abschnitt des Gelben Meeres, den sowohl Nord- als auch Südkorea als ihr Hoheitsgewässer bezeichnen, kommt es am **15.6.1999** zu einem Gefecht zwischen Kriegsschiffen beider Seiten. Am **2.9.1999** erklärt die nordkoreanische Regierung die bislang geltende Demarkationslinie zwischen beiden koreanischen Staaten für ungültig und legt einen neuen Grenzverlauf fest, wogegen die südkoreanische Regierung protestiert. Nachdem US-Präsident Clinton **Mitte September 1999** bekanntgegeben hat, einen Teil der US-amerikanischen Sanktionen gegen Nordkorea aufzuheben, suspendiert Nordkorea am **24.9.1999** die Erprobung neuer Langstreckenraketen für die Dauer der laufenden Verhandlungen mit den USA über eine vollständige Einstellung der Tests.

Als Taiwans Präsident Lee Tenghui am **9.7.1999** die Beziehungen zur VR China als "besondere Beziehungen von Staat zu Staat" bezeichnet, droht die Regierung der VR China am **15.7.1999** mit militärischer Gewalt gegen Taiwan und teilt mit, daß sie seit langem das Know-how zum Bau der Neutronenbombe besitze. Am **2.8.1999** erprobt die VR China eine neue Langstreckenrakete.

Am **22.7.1999** erläßt die Regierung der VR China ein Verbot der religiösen Bewegung Falun Gong, die im **April 1999** in Peking eine Kundgebung von mehreren tausend Menschen organisierte. Die Regierung der Sonderverwaltungszone Hongkong schließt sich dem Verbot nicht an.

Mit dem Amtsantritt der neuen von Ministerpräsident Amarjagal geleiteten Regierung vollzieht sich am **30.7.1999** in der Mongolei der vierte Regierungswechsel innerhalb der letzten 18 Monate.

Das australische Parlament spricht am **26.8.1999** erstmals formell sein Bedauern über die ungerechte Behandlung der Aborigines in der Vergangenheit aus.

Zwischen der VR China und Kirgistan wird am **26.8.1999** in Bischkek ein Grenzabkommen geschlossen.

Durch einen Militärputsch unter der Leitung von General Musharraf wird der pakistanische Premierminister Sharif am **12.10.1999** abgesetzt. Als Reaktion versetzt Indien seine Truppen in Alarmbereitschaft. Am **15.10.1999** verhängt Musharraf den Ausnahmezustand und ernennt sich zum alleinigen Machthaber. Das Bundes- und alle Provinzparlamente werden aufgelöst. Am **18.10.1999** wird Pakistan aus dem Commonwealth ausgeschlossen.

Im Verlauf seines Besuches in der VR China unterzeichnet der kasachische Staatspräsident Nasarbajew zusammen mit dem Staatsoberhaupt der VR China, Jiang Zemin, am **24.11.1999** eine Deklaration über die Vertiefung der bilateralen Kooperation und ein Kommuniqué über die definitive Festlegung der 1700 km langen gemeinsamen Grenze.

Der russische Präsident Jelzin und das Staatsoberhaupt der VR China, Jiang Zemin, unterzeichnen während Jelzins Besuch in der VR China am **9.** und **10.12.1999** Abkommen über die Festlegung von Grenzabschnitten, die gemeinsame wirtschaftliche Nutzung umstrittener Inseln sowie über die gemeinsame Bekämpfung von Kriminalität, Separatismus und religiösem Extremismus. In ihrer Erklärung fordern die Präsidenten eine multipolare Welt, warnen die USA vor dem Aufbau eines nationalen Raketenabwehrsystems und wenden sich gegen die These von dem Vorrang der Menschenrechte vor der staatlichen Souveränität. Am **17.1.2000** vereinbaren beide Seiten eine enge militärische Zusammenarbeit.

Am **19.12.1999** übergibt Portugal seine Besitzung Macao an die VR China.

Die VR China und Vietnam schließen am **30.12.1999** ein Abkommen über den Verlauf der gemeinsamen Landgrenze, der jahrzehntelang zwischen ihnen umstritten war.

Am **5.1.2000** flieht der dritthöchste buddhistische Würdenträger Tibets nach Indien.

4.4. Latein- und Nordamerika

Nachdem der Kongreß Paraguays am **11.2.1999** ein Amtsenthebungsverfahren gegen den Staatspräsidenten eingeleitet hat, Vizepräsident Argana am **23.3.1999** ermordet wurde und schwere Unruhen ausbrachen, tritt Staatspräsident Cubas am **28.3.1999** zurück. In Brasilien wird ihm Asyl gewährt. Gemäß der paraguayischen Verfassung wird Parlamentspräsident Gonzalez Macchi am **28.3.1999** als neuer Staatspräsident vereidigt.

Bei seinem Aufenthalt in Guatemala am **10.3.1999** entschuldigt sich US-Präsident Clinton für die Rolle der USA in dem Bürgerkrieg, der das Land 36 Jahre erschütterte. Durch ihre langjährige Unterstützung der dortigen rechtsgerichteten Regierungen trage die US-Regierung eine Mitverantwortung für die Ermordung von Zehntausenden von Rebellen und Maya-Indios. Die von der Regierung Guatemalas befürwortete und im Friedensvertrag von **1996** enthaltene Verfassungsreform, die u.a. eine Heeresreform und die Erweiterung der Rechte der Urbevölkerung vorsieht, wird am **16.5.1999** per Referendum abgelehnt.

Angesichts wochenlanger Proteststreiks ruft der Staatspräsident Ecuadors, Mahuad, am **16.3.1999,** am **5.7.1999** und erneut am **5.1.2000** den Notstand aus und ordnet die Mobilmachung von Polizei und Armee an. Am **21.1.2000** stürmen Indianer und meuternde Militäreinheiten das Parlament, das Oberste Gericht und den Präsidentenpalast in Quito. Die Armee setzt am **22.1.2000** Mahuad ab und beauftragt Vizepräsident Noboa mit der Staatsführung.

In Kanada wird am **1.4.1999** das Territorium Nunavut gebildet. Es ist der erste kanadische Landesteil, in dem die indigene Bevölkerung Inuit die Autonomie innehat.

Im **Mai 1999** setzt die kolumbianische Regierung ihre geplanten Friedensgespräche mit den linksgerichteten Guerillaorganisationen FARC und ELN aus, da diese weiterhin Personen entführen, um Lösegeld zu erpressen. Die kolumbianische Regierung lädt am **11.6.1999** die Regierungen Deutschlands, Spaniens und Venezuelas ein, an den Verhandlungen mit den Rebellen teilzunehmen. Ohne Ermächtigung der deutschen Regierung versucht der deutsche Ex-Staatsminister Schmidbauer **Mitte Juni 1999**, die Freilassung der Geiseln zu erreichen. Am **8.7.1999** beginnen schwere Kämpfe zwischen der Armee und der FARC, woraufhin die Regierung über ein Drittel des Staatsgebietes eine Ausgangssperre verhängt. Anberaumte Gespräche zwischen der Regierung und den Rebellen werden mehrfach verschoben. Im **August 1999** häufen sich die Anschläge rechtsgerichteter Paramilitärs und linksgerichteter Guerillaorganisationen. Am **24.9.1999** vereinbaren Repräsentanten der Regierung und der FARC die Wiederaufnahme der Friedensgespräche und einigen sich am **29.9.1999** auf die Einsetzung einer internationalen Beschwerdekommission für die Überprüfung der Vereinbarungen. Die für den **18.11.1999** geplante Fortsetzung der Friedensgespräche zwischen der Regierung und den Guerillaorganisationen FARC und ELN wird überschattet von einer neuen Offensive der FARC. Am **10.1.2000** kündigt die FARC das Ende des von ihr seit dem **20.12.1999** eingehaltenen Weihnachtsfriedens an. Dennoch werden die Friedensgespräche am **13.1.2000** wieder aufgenommen.

Die Regierung Perus gibt am **15.7.1999** bekannt, daß der letzte hochrangige Befehlshaber der Guerillaorganisation Sendero Luminoso verhaftet worden sei.

Bei den Wahlen zur Verfassungsgebenden Versammlung in Venezuela am **25.7.1999** erhalten bei einer Wahlbeteiligung von 47% die Anhänger des seit **2.2.1999** regierenden Statspräsidenten Chavez 123 der 128 Sitze. Am **12.8.1999** verleiht sich die Verfassungsgebende Versammlung Notstandsvollmachten und verhängt am **19.8.1999** den Ausnahmezustand über das Justizwesen. Am **25.8.1999** entzieht sie dem Parlament, in dem die Opposition über die Mehrheit verfügt, die meisten Befugnisse und entmachtet es am **30.8.1999** vollständig. Die Polizei verwehrt oppositionellen Abgeordneten den Zutritt zum Parlament. Nach Wochen des Machtkampfes einigen sich die Verfassungsgebende Versammlung und die Parlamentsabgeordneten am **1.10.1999** auf einen Kompromiß. Am **14.12.1999** verabschiedet die Verfassungsgebende Versammlung die neue Verfassung, die einen Tag später per Referendum gebilligt wird.

Die mexikanische Regierung veröffentlicht am **7.9.1999** einen neuen Vorschlag für einen Dialog in Chiapas.

Am **8.10.1999** entscheidet ein Londoner Richter, daß der frühere chilenische Staatspräsident Pinochet, der seit einem Jahr in Großbritannien festgehalten wird, an Spanien ausgeliefert werden kann. Der britische Innenminister Straw erklärt am **11.1.2000**, daß er aufgrund eines neuen medizinischen Gutachtens über Pinochet die Auslieferungsgesuche aus Spanien, Belgien, Frankreich und der Schweiz ablehnen werde.

Ihren 120 Jahre dauernden Grenzkonflikt legen Peru und Chile am **13.11.1999** durch ein Abkommen bei: Peru erhält Hoheitsrechte in der nordchilenischen Stadt Arica, die vor dem bilateralen Krieg (1879 1884) zu Peru gehörte.

Das honduranische Parlament ratifiziert am **30.11.1999** den **1986** mit Kolumbien geschlossenen Vertrag über die Festlegung der gemeinsamen Seegrenze. Dies löst einen Steit mit Nicaragua aus, das sich von Honduras übervorteilt sieht und eine Klage beim IGH einreicht. Die EU ruft beide Staaten zur Mäßigung auf.

Beim zweiten Durchgang der Präsidentschaftswahlen in Chile am **16.1.2000** setzt sich mit 51% der Stimmen der Sozialist Lagos durch.

Zusammengestellt von Sabine Klotz

IV.

Anhang

Glossar der Fachausdrücke und Abkürzungen

ABC-Waffen: atomare, biologische, chemische Waffen

ACDA: Arms Control and Disarmament Agency / US-amerikanische Rüstungskontroll- und Abrüstungsbehörde

AKP-Staaten: afrikanische, karibische und pazifische Länder

APM: Anti-Personen-Minen

APS: Ausschuß für politische und Sicherheitsfragen, von der EU als neues Gremium im Kontext der geplanten europäischen Streitmacht geschaffen

AWG: Außenwirtschaftsgesetz

BMZ: Bundesministerium für wirtschaftliche Zusammenarbeit und Entwicklung

BWÜ: Biowaffen-Übereinkommen

CD: Conference on Disarmament / Abrüstungskonferenz in Genf

CEDAW: Convention on the Elimination of all forms of Discrimination Against Women / Übereinkommen zur Beseitigung jeder Form von Diskriminierung der Frau

CFSP: Common Foreign and Security Policy / Gemeinsame Außen- und Sicherheitspolitik

COREU: Correspondance europėene / GASP-Informationsverbund

CPN: Conflict Prevention Network / Netzwerk zur Konfiktprävention

CSD: Commission for Sustainable Development / Kommission der Vereinten Nationen zu nachhaltiger Entwicklung

CWC: Chemical Weapons Convention / Chemiewaffen-Konvention

CWÜ: Chemiewaffen-Übereinkommen

DAC: Development Assistance Committee / Enwicklungshilfekomitee der OECD

DPKA: Department of Peacekeeping Operations / Planungsstab für friedenserhaltende Missionen beim Generalsekretär der Vereinten Nationen

ECHO: European Community Humanitarian Office / Nothilfeabteilung der Europäischen Kommission

ECOSOC: Economic and Social Commission / Wirtschafts- und Sozialrat der Vereinten Nationen

ECOWAS: Economic Community of West African States / Wirtschaftsgemeinschaft westafrikanischer Staaten

ECPC: European Civilian Peace Corps / Europäisches Friedenskorps

EG-VO: Verordnung der Europäischen Gemeinschaft

EP: Europäisches Parlament

ESVI: Europäische Sicherheits- und Verteidigungsidentität

EU: Europäische Union

EZ: Entwicklungszusammenarbeit

FEWER: Forum for Early Warning and Early Response / europäisches Forum für Frühwarnung und frühzeitige Reaktion

G-7: Group of 7 / Gruppe der führenden Industrienationen

G-77: Gruppe der blockfreien Staaten

GASP: Gemeinsame Außen- und Sicherheitspolitik der EU

GESVP: Gemeinsame Europäische Sicherheits- und Verteidigungspolitik

HIPC: Heavily Indebted Poor Countries / Hochverschuldete arme Länder

ICLEI: International Council for Local Environmental Initiatives / Internationaler Rat für kommunale Umweltinitiativen

IDA: International Development Association / Internationale Entwicklungsagentur

IFFF: Internationale Frauenliga für Frieden und Freiheit

INF: Intermediate-Range Nuclear Forces / Nukleare Mittelstreckenwaffen

IULA: International Union of Local Authorities / Internationaler Gemeindeverband

IWF: Internationaler Währungsfond

KFOR: Kosovo Force / Kosovo Streitmacht – internationale Sicherheitstruppe im Kosovo unter Führung der NATO

KSE: Vertrag über konventionelle Streitkräfte in Europa

KVM: Kosovo-Verifikationsmission – Verifikationsmission der OSZE im Kosovo (tätig vom 25. Oktober 1998 bis 20. März 1999)

KWKG: Kriegswaffenkontrollgesetz

LTTE: Liberation Tigers of Tamil Eelam / Tamilische Befreiungsfront auf Sri Lanka

MTCR: Missile Technology Control Regime / Raketentechnologie-Kontrollregime

NGOs: Non Governmental Organizations / Nichtregierungsorganisationen

NIE: National Intelligence Estimate / offizielle Gefahreneinschätzung aller US-Geheimdienste

NRO: Nichtregierungsorganisation

OECD: Organization for Economic Co-operation and Development / Organisation für Wirtschaftliche Zusammenarbeit und Entwicklung

PNG: Papua-Neu Guinea

PRSP: Poverty Reduction Strategy Papers / Strategiepapiere zur Verringerung der Armut

SADC: Southern African Development Community / Südafrikanische Gemeinschaft für Entwicklung – Mitglieder: Angola, Botswana, Kongo, Lesotho, Malawi, Mauritius, Mosambik, Namibia, Sambia, Seychellen, Simbabwe, Südafrika, Swasiland, Tansania

SALT: Strategic Arms Limitation Talks / Gespräche über die Begrenzung strategischer Waffen – bis 1981 gültige Bezeichnung für die Verhandlungen zwischen den USA und der UdSSR, aus denen 1972 der SALT I- und der SALT II-Vertrag hervorgingen

SFOR: Stabilisation Force / Stabilisierungsstreitmacht – internationale Sicherheitstruppe in Bosnien-Herzegowina unter Führung der NATO

SLA: Südlibanesische Armee – von Israel unterhaltene libanesische Miliz in der von Israel beanspruchten "Sicherheitszone" im Südlibanon

Stabex: Stabilisierungsfonds zum Ausgleich von Einnahmeschwankungen beim Export von sonstigen Rohstoffen

START: Strategic Arms Reduction Talks / Verhandlungen über die Reduzierung strategischer Waffensysteme zwischen den USA und der UdSSR bzw. Russland, die 1991 zum START I- und 1993 zum START II-Vertrag führten

SWP: Stiftung Wissenschaft und Politik

Sysmin: Stabilisierungsfonds für verläßliche Erlöse beim Export von Mineralien

TLE: Treaty Limited Equipment / vertraglich begrenzte Ausrüstung

TNC: Transnational Company / transnationaler Konzern

UN: United Nations / Vereinte Nationen

UNCED: United Nations Conference on Environment and Development / Konferenz der Vereinten Nationen zu Umwelt und Entwicklung 1992 in Rio de Janeiro

UNDP: United Nations Development Programme / Entwicklungsprogramm der Vereinten Nationen

UNEP: United Nations Environment Programme / Umweltprogramm der Vereinten Nationen

UNICEF: United Nations Children's Fund / Kinderhilfswerk der Vereinten Nationen

UNIDIR: United Nations Institute for Disarmament Research / Institut der Vereinten Nationen für Abrüstungsforschung

UNITA: Uniao para la Independencia Total de Angola / Nationalunion für die völlige Unabhängigkeit Angolas – Befreiungsbewegung in Angola

UNMIK: United Nations Mission in Kosovo / Mission der Vereinten Nationen im Kosovo

UNTAES: United Nations Transitional Administration for Eastern Slavonia – Übergangsverwaltung der Vereinten Nationen für Ost-Slawonien

WD 94 / 99: Wiener Dokument 1994 / 1999 – Vereinbarung der OSZE-Staaten über Vertrauensbildende Maßnahmen

WEU: Westeuropäische Union

WFP: World Food Programme / Welternährungsprogramm – ständige Hilfsorganisation der Vereinten Nationen

WTO: World Trade Organization / Welthandelsorganisation

Verzeichnis der Autorinnen und Autoren

Prof. Dr. Marianne Braig, Universität Frankfurt a.M.

Dr. Michael Brzoska, Leiter der Forschungsabteilung am BICC

Tobias Debiel, wissenschaftlicher Referent der Stiftung Entwicklung und Frieden (SEF), Bonn

Dr. Matthias Dembinski, wissenschaftlicher Mitarbeiter bei der HSFK, z.Z. Planungsstab des Auswärtigen Amtes

Dr. Hans Diefenbacher, wissenschaftlicher Referent an der FEST

Manfred Eisele, General a.D., vormals Beigeordneter Generalsekretär der Vereinten Nationen

Dr. Sami Faltas, Projektleiter am BICC

Dr. Martina Fischer, wissenschaftliche Mitarbeiterin am Berghof Forschungszentrum für konstruktive Konfliktbearbeitung, Berlin

Sabine Fischer M. A., wissenschaftliche Mitarbeiterin bei der HSFK

Dr. Thomas Fues, wissenschaftlicher Mitarbeiter am INEF

Dr. Hans J. Gießmann, stv. wissenschaftlicher Direktor des IFSH

Dr. Brigitte Hamm, wissenschaftliche Mitarbeiterin am INEF

Dr. Corinna Hauswedell, Projektleiterin am BICC

Dr. Margret Johannsen, wissenschaftliche Mitarbeiterin am IFSH

Dr. Alexander Kelle, wissenschaftlicher Mitarbeiter an der Universität Frankfurt a.M. und Gastforscher an der HSFK

Dr. Peter Kreuzer, wissenschaftlicher Mitarbeiter an der HSFK

Dr. Bernd W. Kubbig, Projektleiter bei der HSFK

Prof. Dr. Dieter S. Lutz, wissenschaftlicher Direktor des IFSH

Dr. Dirk Messner, wissenschaftlicher Geschäftsführer des INEF

Prof. Dr. Harald Müller, Forschungsgruppenleiter und geschäftsführendes Vorstandsmitglied der HSFK

Dr. Reinhard Mutz, stv. wissenschaftlicher Direktor des IFSH

Dr. Götz Neuneck, wissenschaftlicher Referent am IFSH

Prof. Dr. Franz Nuscheler, Direktor des INEF

Dr. Ulrich Ratsch, wissenschaftlicher Referent und stv. Leiter an der FEST

Prof. Dr. Hans-Richard Reuter, Direktor des Instituts für Christliche Gesellschaftslehre an der Universität Münster

Christoph Rohloff M. A., wissenschaftlicher Mitarbeiter am INEF

Dr. Jakob Rösel, Privatdozent, Universität Rostock

Dr. Peter Schlotter, Projektleiter bei der HSFK

Hans-Joachim Schmidt, wissenschaftlicher Mitarbeiter an der HSFK

Dr. Bruno Schoch, Projektleiter bei der HSFK

Dr. Gunter Schubert, wissenschaftlicher Referent an der FEST

Stefan Wilhelmy, wissenschaftlicher Mitarbeiter an der FEST

Dr. Herbert Wulf, Direktor des BICC

Dr. Wolfgang Zellner, stv. Leiter des Zentrums für OSZE-Forschung am IFSH

Anschriften der Institute

Bonn International Center for
Conversion – Internationales
Konversionszentrum Bonn
(BICC) GmbH
An der Elisabethkirche 25
52113 Bonn
Tel.: 0228 / 911960
Fax: 0228 / 241215
http://www.bicc.de

Institut für Entwicklung und Frieden
der Universität Duisburg – INEF
Geibelstr. 41
47057 Duisburg
Tel.: 0203 / 3794420
Fax: 0203 / 3794425
rohloff@uni-duisburg.de

Hessische Stiftung für Friedens- und
Konfliktforschung – HSFK
Leimenrode 29
60322 Frankfurt/Main
Tel.: 069 / 959104 - 0
Fax: 069 / 558481
schoch@hsfk.uni-frankfurt.de

Institut für Friedensforschung
und Sicherheitspolitik an der
Universität Hamburg – IFSH
Falkenstein 1
22587 Hamburg
Tel.: 040 / 866077 - 0
Fax: 040 / 8663615
johannsen@rrz.uni-hamburg.de

Forschungsstätte der Evangelischen
Studiengemeinschaft – FEST
Schmeilweg 5
69118 Heidelberg
Tel.: 06221 / 9122 - 0
Fax: 06221 / 167257
http://www.fest-heidelberg.de

Rüstungs- und Rüstungsexportpolitik kritisch untersucht. Drei Beiträge zu Konfliktabläufen im Nahen Osten und in Afrika bilden das abschließende Kapitel der Einzelanalysen.
1994, 352 S., 24,80 DM, br., ISBN 3-8258-2086-6

Friedensgutachten 1995

hrsg. von Reinhard Mutz, Bruno Schoch und Friedhelm Solms

Das Friedensgutachten 1995 widmet sich schwerpunktmäßig den Problemen von Krieg und Frieden in Europa fünfzig Jahre nach dem Ende des gewalttätigsten und opferreichsten Krieges der Weltgeschichte. Im Mittelpunkt stehen die neuen Brandherde auf dem Balkan und im Kaukasus, zusammengesehen mit der Frage nach der künftigen Friedensfähigkeit Europas, seiner Institutionen, Strategien und politischen Konzepte.
Gleichwohl erliegt das Friedensgutachten auch im Jahr der Gedenktage keiner eurozentrischen Weltsicht. Dieselbe Aufmerksamkeit erfahren globale Herausforderungen des Friedens: Gewaltverhütung und Sicherheitsvorsorge im weltweiten Kontext werden unter politischen, wirtschaftlichen und rechtlichen Aspekten untersucht. Das Kapitel über außereuropäische Konflikte nimmt den Nahen Osten, Schwarzafrika, den Maghreb und Ostasien in den Blick. Zunehmende Beachtung erfordern erneut die Probleme von Rüstung und Abrüstung. Mit dem Stand nuklearer und konventioneller Rüstungskontrolle, militärischer Technologie und des Exports von Kriegswaffen befaßt sich der Schlußteil des Buches.
1995, 381 S., 24,80 DM, br., ISBN 3-8258-2480-2

Friedensgutachten 1996

hrsg. von Bruno Schoch, Friedhelm Solms und Reinhard Mutz

Das Friedensgutachten, das 1996 zum zehnten Mal erscheint, befaßt sich mit Ereignissen, deren Wirkungen weit ins nächste Jahrhundert reichen. Die beginnende EU-Regierungskonferenz stellt die Weichen: Wird es den Europäern gelingen, ihre politischen Streitfragen und Gegensätze auf vielen Gebieten – Währung, Nuklearwaffen, Balkanpolitik, Osterweiterung von EU und NATO – zu überwinden? Bekommt die Vision von Europa wieder den Schwung, den sie dringend braucht, auch in Deutschland? In den USA wird die Präsidentschaftswahl zum außenpolitischen Unterschied ums Ganze. Auch in Rußland steht eine folgenschwere Wahl an. Ihr Ausgang bestimmt über das Schicksal des fragilen Transformationsprozesses in Rußland und in der GUS, woran wiederum die gesamte internationale Lage und damit auch unsere Zukunft hängt.
Weitere Einzelanalysen erhellen die kaukasische Konfliktregion, den gefährdeten Friedensprozeß im Nahen Osten, die strategische Machtbalance in Asien, die Rolle der Türkei zwischen Europa und dem islamischen Orient sowie politische Entwicklungen im Islam. Mit Analysen zu der beängstigenden Zunahme von Terrorismus und Fundamentalismen betreten wir Neuland. Gleichwohl werden auch die harten Themen, mit denen sich das Friedensgutachten seinen Namen gemacht hat, nicht vernachlässigt: nukleare Abrüstung, Teststop, Chemiewaffen, Landminen, konventionelle Abrüstung und präventive Rüstungskontrolle.
1996, 392 S., 24,80 DM, br., ISBN 3-8258-2829-8

Friedensgutachten 1997

hrsg. von Friedhelm Solms, Reinhard Mutz und Bruno Schoch

Das Friedensgutachten thematisiert in einem eigenen Kapitel Ursachen und Hintergründe der prekären Situation in Zentralafrika während der jetzigen zweiten Dekolonialisierungsphase, die für die dortige Bevölkerung mit Verelendung und Vertreibung in einem kaum beschreibbaren Ausmaß verbunden ist. Hier entstehen neue Bedrohungen des Friedens und der internationalen Sicherheit, die die Weltöffentlichkeit weitgehend ignoriert.
Zwei Diskussionsbeiträge zur NATO-Osterweiterung setzen die Kontroverse über die Rolle des Militärs beim Aufbau eines europäischen Sicherheitssystems fort, die seit einigen Jahren ein thematischer Schwerpunkt des Friedensgutachtens ist. Es plädiert für weitere Truppenreduzierungen und die Aufhebung der Wehrpflicht. Parallel dazu werden die Integrations- und Erweiterungsbemühungen der EU sowie die unterschiedlichen Aktivitäten der OSZE untersucht. Gegenstand von weiteren Analysen sind die wirtschaftlichen und politischen Entwicklungstendenzen in Rußland und den GUS-Ländern, der Konflikt zwischen Indien und Pakistan, der "Dayton-Prozeß" im früheren Jugoslawien sowie der Stand der Friedensverhandlungen zwischen Israel, den Palästinensern und den arabischen Staaten. Kritisch diskutiert werden schließlich die Chancen für eine weitere Abrüstung nuklearer, chemischer und konventioneller Waffensysteme sowie Tendenzen zur Lockerung der Rüstungsexportkontrollen.
1997, 390 S., 24,80 DM, br., ISBN 3-8258-3352-6

Friedensgutachten 1998

hrsg. von Reinhard Mutz, Bruno Schoch und Friedhelm Solms

Das Friedensgutachten 1998 sucht die unmittelbaren Schauplätze auf, an denen über Krieg oder Frieden entschieden wird: die Regionalkonflikte von Nordirland über Algerien und Zypern bis Burma. Je zwei Analysen des Themenschwerpunktes befassen sich mit dem Balkan und dem Nahen Osten. Wird Europa die Herausforderungen bestehen, von denen

seine Zukunft und seine Sicherheit im einundzwanzigsten Jahrhundert abhängen? Das Schicksal der europäischen Integration und die politische Orientierung Rußlands setzen die maßgeblichen Daten. Nach Antworten auf offene Fragen sucht auch die Zwischenbilanz deutscher Politik: Was hat es auf sich mit den vielbeschworenen deutschen Interessen? Wie steht es um die Menschenrechte? Wer darf deutscher Staatsbürger werden? Wohin treibt die Bundeswehr?
Zwischen den Polen des Friedens und der Gewalt spannt sich ein Themenbogen von gleichermaßen prinzipieller wie aktueller Bedeutung: Kann oder soll militärisches Eingreifen bewaffnete Konflikte beenden? Sind interventionsfähige Streitkräfte noch politisch zu kontrollieren? Läßt sich das skandalöse Kriegführen mit Kindersoldaten unterbinden? Der Schlußteil des Buches untersucht die Nuklearrüstung der Großmächte in der Perspektive ihrer vollständigen Beseitigung, die Proliferation von Massenvernichtungswaffen und die Plage der Landminen.
Von 25 Wissenschaftlerinnen und Wissenschaftlern verschiedener Disziplinen erarbeitet, erscheint das Friedensgutachten 1998 zum zwölften Mal.
1998, 380 S., 24,80 DM, br., ISBN 3-8258-3735-1

Friedensgutachten 1999
herausgegeben von Bruno Schoch,
Ulrich Ratsch und Reinhard Mutz

Das Friedensgutachten 1999 hat zwei Schwerpunkte. Den ersten setzt der Balkan. Seit dem 24. März 1999 führt die NATO ohne UN-Mandat Krieg gegen Jugoslawien – eine Zäsur für die Atlantische Allianz, die bisher Kriege androhte, um sie nicht führen zu müssen. Ebenfalls ein Novum ist, daß die Bundeswehr an der Seite ihrer Verbündeten in diesem Kampf steht. Wir versuchen, die Implikationen für die deutsche und westeuropäische Außen- und Sicherheitspolitik zu analysieren. Der zweite Schwerpunkt thematisiert die Asienkrise und ihre Auswirkungen. Entwickelt sich China zum letzten Stabilitätsanker, während Indonesien am Rande des Abgrundes steht? Bedroht das geteilte Korea die regionale Sicherheit? Und was hat es mit den "asiatischen Werten" auf sich? Weitere Beiträge erörtern unter anderem den Machtverfall Rußlands, die Entstehung eines nachhaltigen Kriegssystems im Zentrum Afrikas und die brisante Lage im Nahen und Mittleren Osten. Außerdem bilanzieren wir die Kriege am Ende des 20. Jahrhunderts und reflektieren die friedenspolitischen Möglichkeiten des neuen Internationalen Strafgerichtshofs. Wahrheitskommissionen in Südafrika und Chile verweisen auf den grundsätzlichen Stellenwert von Versöhnung in gespaltenen Gesellschaften. Schließlich kommen aber auch die Themen nicht zu kurz, mit denen sich das Friedensgutachten seinen Namen gemacht hat: die gefährliche Demontage des ABM-Vertrags, die bedrohliche Entwicklung der Massenvernichtungswaffen in Asien, das Konzept der nuklearfreien Zonen, die konventionelle Abrüstung in Europa sowie die Neustrukturierung der europäischen Rüstungsindustrie.

Von mehr als dreißig Wissenschaftlerinnen und Wissenschaftlern verschiedener Disziplinen erarbeitet, erscheint das Friedensgutachten 1999 zum dreizehnten Mal. Es wird im Auftrag der drei Institute herausgegeben von Bruno Schoch, Ulrich Ratsch und Reinhard Mutz.
1999, 384 S., 24,80 DM, br., ISBN 3-8258-4249-5